novum  pro

Jürgen Schubert

Mit VBA zu Visual Basic

Ein Praxisbuch für Programmiereinsteiger

novum ◢ pro

Bibliografische Information
der Deutschen Nationalbibliothek:

Die Deutsche Nationalbibliothek
verzeichnet diese Publikation in
der Deutschen Nationalbibliografie.
Detaillierte bibliografische Daten
sind im Internet über
http://www.d-nb.de abrufbar.

Gedruckt in der Europäischen Union
auf umweltfreundlichem, chlor- und
säurefrei gebleichtem Papier.

© 2022 novum Verlag

ISBN 978-3-99131-159-1
Lektorat: Melanie Dutzler
Umschlaggestaltung: novum Verlag
Umschlagfotos: Nicholas Moore,
Raman Shapavalav | Dreamstime.com
Layout & Satz: Jürgen Schubert
Innenabbildungen: Jürgen Schubert

www.novumverlag.com

Climate neutral
Print product
ClimatePartner.com/16547-2201-1002

Mit VBA zu Visual Basic

Ein Praxisbuch für Programmiereinsteiger

Mit Hilfe von VBA die Programmierung von Windows-Anwendungen erlernen

Nicht zuerst die hohe trockene Theorie durcharbeiten, sondern sofort in die Praxis eintauchen und daraus den Gewinn des nötigen theoretischen Wissens schöpfen.

Der Autor im fiktiven Dialog mit seinen Lesern

Damit wendet sich das Buch vor allem an viele Computer-Praktiker, die sich alles autodidaktisch erschlossen haben somit viel Erfahrung mit Anwendungsprogrammen und oft auch gute Hardware-Kenntnisse haben, aber bisher noch keine theoretische IT-Ausbildung hatten.

Jeder kann mit Hilfe von VBA das Programmieren in VISUAL BASIC effektiv erlernen.

Und VBA ist in jedem MS-Office vorhanden!

Wer Office hat, hat VBA! Wer VBA beherrscht, kann sich die Programmierung von Windows-Anwendungen erschließen!

Meiner geliebten, mathematisch, physikalisch und sportlich
begabten Enkelin

Josephine

und ihrer klugen Mama

Silke

gewidmet.

Inhaltsverzeichnis

Vorwort zu diesem Buch

Die Programmiersprache Visual Basic hat sich über mehrere Jahrzehnte sukzessive zu einem der meistverwendeten „Werkzeuge" zur Erstellung von Anwendungs-Programmen, die unter dem Betriebssystem Windows laufen, entwickelt. Das liegt u.a. daran, dass durch die große Sprachnähe zur englischen Sprache und die gute (ich sage bewusst nicht *leichte*!) Erlernbarkeit schon viele Computer-Nutzer das Erfolgserlebnis „Programmieren" für sich erfahren konnten. Damit ist das Programmieren als Domäne von Profis durchbrochen und breiteren Kreisen von Anwendern erschlossen worden. Trotzdem schrecken viele noch vor dem Programmieren zurück, weil sie der Meinung sind, dass es theoretisch zu anspruchsvoll, zu langwierig und zu teuer sei. Den meisten ist nicht bekannt, dass sie mit MS-Office bereits ein komplettes Programmierwerkzeug, nämlich
VBA (**V**isual **B**asic für **A**nwendungen), zur Verfügung haben. Sie müssen nur noch erfahren, wo es sich befindet und wie sie es einsetzen können.

Da VBA (nicht aber Visual Basic!) als Besonderheit über ein spezielles Instrument, den **Makro-Recorder**, verfügt, der einem geradezu vorführt, wie bestimmte Abläufe programmiert werden können bzw. müssen, setzt das Buch an diesem Punkt an. Mit einer umfassenden Erläuterung und praktischen Übungen zur Wirkungsweise der Makro-Recorder von VBA-Excel und VBA-Word werde ich Sie an die Programmierung heranführen.
Gleichsam aus der Excel-Praxis heraus werden Ihnen also die Grundlagen des Programmierens vermittelt, ohne dass Sie sich zuerst umfassend mit der oft recht „trockenen" Theorie des Programmierens vertraut machen müssen.

Nach einigen einleitenden Kapiteln und Übungen zu unverzichtbaren Grundlagen, für die ich praxisgenutzte kleinere Beispiele verwende, behandle ich im weiteren Verlauf dieses Buches ein von einem Fachkrankenhaus mehrere Jahre erfolgreich genutztes großes VBA-Programm, das in VBA-Excel erstellt wurde. Das geschieht so, dass Sie Grundlagen des Programmierens dadurch erlernen, indem ich die einzelnen Schritte so ausführlich erkläre, dass Sie sie verstehen, durch praktische Übung nachvollziehen und für ähnliche Lösungen wieder zur Anwendung bringen werden.
Im zweiten Teil des Buches wird das mit VBA Erlernte eingesetzt, um direkt mit Visual Basic professionell programmieren zu lernen und eigenständige Windows-Anwendungen zu schaffen, die installiert werden können (setup.exe) und zwar VBA nicht mehr benötigen, aber aus sich heraus durchaus auch nutzen können. Dazu habe ich das VBA-Programm des Fachkrankenhauses neu mit Visual Basic programmiert und damit eine echte Windows-Anwendung geschaffen, die heute noch genutzt wird. Durch den Vergleich mit dem VBA-Programm, das fast genau die gleiche Funktionalität hat, werden Sie das Programm in Visual Basic (im Folgenden kurz VB genannt) sehr gut verstehen lernen.

Wie oben gesagt, bekommt man VBA mit Microsoft Office quasi gratis. Aber woher bekommt man Visual Basic? VB ist seit 1997 in einem Microsoft-Produkt enthalten, das sich Visual Studio nennt. Das bekommt man allerdings nicht gratis.
Wenn das nicht so wäre, könnte Microsoft seine Programmierwerkzeuge
Visual Studio nicht verkaufen! Aber es sei bereits hier gesagt: Wenn Sie mit Hilfe dieses Buches erfolgreich programmieren gelernt und Freude an dieser sehr schöpferischen Tätigkeit gefunden haben, werden Sie sehr wahrscheinlich eine Version von Visual Studio anschaffen. Aber bis dahin ist noch Zeit. Vorerst reicht VBA völlig aus, um das Programmieren erst einmal zu erlernen.
Um mit VB programmieren zu lernen, braucht man nicht unbedingt die neueste (teuerste!) Version. Die volle Funktionalität ist auch in Vorgänger-Versionen vorhanden. Z.B. Visual Studio 2015 bekommt man sehr preisgünstig. Eine Internet-Recherche lohnt dazu immer.

Natürlich geht das alles nicht ohne Theorie, wenn Sie über einen bestimmten Anfängerstand hinausgelangen wollen. Die theoretische Untersetzung wird aber immer anhand des jeweils praktisch zu lösenden Problems als Verallgemeinerung und damit als Grundlage für höhere Erkenntnisse und Fertigkeiten vorgenommen. Nur in einigen Fällen, in denen eine Erläuterung vonnöten ist, bevor ein praktisches Beispiel verstanden werden kann, wird etwas von diesem Prinzip abgewichen.
Am Anfang dieses Buches mache ich Sie mit einigen geschichtlichen Ereignissen der Computerentwicklung und auch der Entwicklung der Programmiersprachen bekannt, ehe es wirklich an die praktischen Arbeiten geht. Lesen Sie diese bitte alle durch, auch, wenn Sie vielleicht etwas Geduld dazu brauchen. Aber ich gehe davon aus, dass Sie bisher damit noch nicht bekannt gemacht worden sind, und will Sie auf diesem Wege langsam an die Programmierarbeit heranführen.

Für den Einstieg in das Erlebnis „Programmierung" wünsche ich allen Anwendern dieses Buches viel Erfolg und Freude am Lernen, aber auch Durchhaltevermögen für die „Durststrecken". Ich werde versuchen, mit kleinen Anekdoten die ernste Arbeit des Programmieren-Lernens etwas aufzulockern und mit Vergleichen aus dem täglichen Leben schwierige Passagen einfach und verständlich zu erklären. Ich werde mich bemühen, Sie immer wieder in Spannung zu versetzen.

Jürgen Schubert
im Mai 2021

Einleitung: Für wen und wofür dieses Buch gut ist

Das Buch Mit VBA zu Visual Basic wendet sich an einen sehr breiten Leserkreis. Vor allem sind die vielen jungen Computerfreaks angesprochen, die schon viel vom Computer, seiner Hardware, den Anwendungsprogrammen (heute Apps), den Internet-Anwendungen und weiteren interessanten Teilgebieten verstehen, aber noch nicht wissen, wie sie erreichen können, dass der Computer das macht, was <u>sie</u> wollen.

Natürlich sind auch Leser angesprochen, die sich bereits theoretisch (z.B. im Studium) mit den Grundlagen des Phänomens „Computer„ befasst haben und das Programmieren auf rationelle Weise schnell erlernen wollen.

Wenn ältere User schon einmal Kontakt mit höheren Programmiersprachen, wie etwa Fortran, Algol, Pascal usw. hatten und den Schritt noch gehen wollen, sich mit den modernen Programmierwerkzeugen vertraut zu machen, werden sie anhand dieses Buches auf ihren eigenen Erfahrungen aufbauen können.

Alle haben mit dem Buch ein Mittel in der Hand, sich so zu weiterzubilden, dass sie zu den von der IT-Branche dringend benötigten Programmierern werden können, die mehrere Programmiersprachen beherrschen, indem sie nach dem Erfolg bei VB das Erlernen anderer Programmiersprachen angehen. Jeder andere Weg ist schwieriger. Das sei an dieser Stelle betont. Und damit ist ein weiterer Vorzug von VBA / VB ganz nebenbei genannt worden: VB ist auch der Einstieg in das Erlernen anderer Programmiersprachen! Diese sind übrigens im Visual Studio auch zahlreich vorhanden, wie z.B. Visual C++ und weitere. Der Kauf von Visual Studio lohnt sich auch unter diesem Aspekt!

Sie als Anwender dieses Buches erfahren quasi nebenbei, wie Sie sich in die Lage versetzen können, mit dem Programmieren auch Geld zu verdienen. Wenn Sie noch Anfänger in der Programmierung sind, wird VBA / VB Mut geben, weiterzumachen, weil Sie merken, dass es gar kein <u>Buch mit sieben Siegeln</u> ist, mit professionellen „Werkzeugen„ wie VB professionelle Windows-Programme zu erzeugen.

Was zum Lesen dieses Buches nötig ist?

- Natürlich ein gut arbeitender Computer mit einem Windows-Betriebssystem (ab Version 7 empfohlen)
- Die Anwendungsprogramme MS-Excel, MS-Word und später das Programmiersystem Visual Studio (ich arbeite hierbei mit Microsoft Office 2013 und Visual Studio 2017)

- Ausdauer und Durchhaltevermögen und

- ggf. eine Brille

Bei Excel und Word sollten es Versionen ab Office 2010 sein. Alles Weitere hängt nur noch von Ihnen ab!

Die Idee zu diesem Buch

In einer Bildungseinrichtung für Erwachsene habe ich Mitte der 1990er Jahre die etwas undankbare Aufgabe übernommen, einen ausgefallenen Kollegen im Fach „Kaufmännisches Rechnen" zu vertreten. In der Vorbereitung darauf merkte ich, dass das grundlegende Studienmaterial und die dort dargelegten Methoden ziemlich antiquiert waren. (Die Kollegen dieses Fachbereichs mögen mir das bitte nicht als Überheblichkeit der Computerleute auslegen!) Aber wer wendet heute noch, auch als moderner Kaufmann, die Rechentricks von vor 120 Jahren im Kopf und auf dem Papier an? Damit will ich nicht sagen, dass die Fähigkeit, gut im Kopf zu rechnen, etwas Schlechtes wäre – im Gegenteil. Aber notwendig ist es nicht, denn inzwischen haben wir die Computer und ihre kleinen Brüder, die Laptops, Smartphones usw. Kurz und gut, aufgrund der Vorgaben wurden die ersten vier von fünf Unterrichtstagen ziemliche Langweiler mit Wiederholung der Grundrechenarten usw. Logischerweise rief das bei den Teilnehmern Unmutsäußerungen hervor, was mich veranlasste, mit Einverständnis der Lehrgangsteilnehmer, die von Tabellenkalkulationsprogrammen noch wenig gehört haben, von den Vorgaben abzuweichen und den letzten Tag zu nutzen, um die Leistungsfähigkeit des MS-Rechenkünstlers Excel zu umreißen. Dass Excel es gewährleistet, Zahlen- und Text-Tabellen zu erstellen, Summen und Differenzen zu bilden und weitere Berechnungen vorzunehmen, wussten fast alle.

Dass Tabellenformeln in die Excel-Zellen eingegeben werden können, die kompliziertere Berechnungen realisieren, wussten zwar einige, beherrschten es aber nicht. Dass aber mit und innerhalb von Excel mit VBA regelrecht programmiert werden kann, wusste niemand.

Eine der Teilnehmerinnen interessierte sich näher dafür und hinterfragte diese Möglichkeit. Wie sich später herausstellte, war sie Mitarbeiterin in einem kleinen mittelständischen Handwerksunternehmen und quasi für die Büroarbeiten und damit auch für die Rechnungslegungen verantwortlich. Einige Zeit später erhielt ich die Anfrage, ob ich ein Programm in Excel erstellen könnte, das die notwendigen Büroarbeiten der Firma unterstützt. Ich wusste von Anfang an, dass damit kein großes Geld zu verdienen ist, aber die Aufgabe, mit VBA-Excel eine spezifische kaufmännische Anwendung zu schaffen, reizte mich. Ich sagte zu. In der Folge entstand ein Programm, das seitdem erfolgreich genutzt wurde. Natürlich gab es „Geburtswehen" und Fehler, aber diese hielten sich im Rahmen. Was aber das Wichtigste ist: Die Firma hatte eine „auf den Leib geschriebene Firmensoftware" ohne Schnörkel und nutzlose Tools und konnte mitbestimmen, was das Programm können muss und wie es arbeiten soll.

In der weiteren Folge habe ich in Auswertung von Nachteilen dieses VBA-Programms, die es natürlich gibt, und mit der Absicht, dieses Buch zu schreiben, die VB-Variante noch mit VB 6.0 programmiert, die recht gut gelungen war. Aber das ist nun schon lange her. Deshalb habe ich in der jüngeren Vergangenheit für dieses

Buch eine ähnliche Vorgehensweise gewählt. Dazu habe ich das VBA-Programm „Patientenbefragung" eines Fachkrankenhauses geschrieben und danach in VB neu programmiert. Es wird bis heute in der Praxis des FKH genutzt.

Das alles bietet eine Menge Material, Programmieren anhand praktischer Aufgaben lehren und lernen zu können, die viel wertvoller sind als kleine konstruierte Beispiele. Und so wollen wir es in diesem Buch bis zum Ende halten:

Praxis vor der Theorie, ohne letztere zu vernachlässigen.

Halten wir es wie in Goethes Faust, wo einem Schüler dasselbe Prinzip mit den Worten klar gemacht wurde:

> „Grau, teurer Freund, ist alle Theorie
> und grün des Lebens gold'ner Baum"

Beginnen wir also die Ersteigung des goldenen Baums der Programmier-Praxis!

Vorab noch etwas zur Methodik und zum Ziel dieses Buches

Der Untertitel sagte es bereits. Das Buch ist praxisorientiert. Das ist als neuer Ansatz gedacht, Interessenten anzureizen, das Programmieren zu erlernen. Dabei wird ausgenutzt, dass Sie als Computer-Nutzer (User) schon sehr viel praktische Erfahrung haben und nicht bei null anfangen. Diese, Ihre Praxiserfahrung, werde ich gezielt einsetzen, um Sie zu höheren und noch unbekannten Erfahrungen und Erkenntnissen und damit zum Durchbrechen vorhandener Hemmschwellen zu bringen. Mit dem Erfolgserlebnis ES FUNKTIONIERT! wird erreicht, dass Sie auch die genauen Hintergründe verstehen wollen und damit unterschwellig bereit gemacht werden, sich auch mit den manchmal schwerer zu verstehenden theoretischen Grundlagen zu befassen, ohne deren Verständnis es letztendlich nicht geht. Noch einmal: Ich werde Sie nicht sofort mit den ziemlich umfangreichen theoretischen Grundlagen „zuschütten", sondern praktische Aufgaben nutzen, um Sie mit den dafür erforderlichen theoretischen und syntaktischen Details bekannt zu machen. Wenn wir also für die Lösung der Aufgaben neue Steuerelemente oder neue Objekte einer bestimmten Art verwenden, werde ich genau diese erklären. Auf artverwandte werde ich zwar an diesen Stellen hinweisen, diese aber nicht sofort in die Erklärungen einbeziehen. Nur bei den absolut wichtigen und unverzichtbaren Grundlagen hole ich etwas weiter aus.

Ich werde versuchen, alles ausführlich und verständlich zu erklären. Sie können sicher sein, dass nichts unbehandelt bleibt, aber in einigen Fällen muss ich auf weiterführende Literatur verweisen und setze dann den Hinweis so (L). Einiges können Sie auch im Glossar am Ende des Buches finden. Dazu setze ich den Hinweis als G in Klammern (G). Erfolgt die Behandlung noch im laufenden Kapitel, wird die Textstelle ohne Zusatzzeichen nur unterstrichen. Besonders hohe Wichtigkeit und Teilüberschriften setze ich fett. Kritische und gefährliche Sachverhalte wie auch Schwerpunkte sowie Kernsätze setze ich fett, unterstreiche sie und zentriere sie mittig. Es ist mir bisher keine komplette Anwendung (G) bekannt geworden, die in VBA erzeugt wurde. Es war auch nicht das Anliegen von VBA, größere Programmeinheiten zu erzeugen. Meist handelt es sich um Makros (G) oder relativ kleine Probleme, die mit VBA gelöst werden. In diesem Buch finden Sie aber drei komplette VBA-Anwendungen, nämlich ein Programm in VBA-Excel zur Verfolgung und Erfassung einer privaten Geldanlage in einem Investmentfond als erstes Lehrbeispiel und einem größeren Programm in VBA-Excel, mit der die rationelle Erfassung von Daten, die Patienten in Fragebögen abgeben, im PC erfasst und nach Jahresfrist statistisch ausgewertet werden. Das Ergebnis liegt dann in Form von Tabellen und Diagrammen druckfähig vor.

Als kleineres Beispiel für das Programmieren in VBA-Word stelle ich eine VBA-Anwendung vor, die in einem sächsischen Regierungspräsidium bei der Umstellung von DM auf Euro im Jahr 2002 genutzt wurde.

Mit dieser VBA-Word-Programmierung will ich Gemeinsamkeiten und Unterschiede innerhalb VBA verdeutlichen.

Derartige Programme gibt es am Markt in zahlreichen Varianten, höre ich Sie jetzt denken! Das stimmt, aber eben nicht in VBA. Nicht als gut verständliches Programmierlehrbuch und schon gar nicht mit Offenlegung und detaillierter Erläuterung des gesamten Quelltextes, also des Programms selbst.

Es ist also von Vorteil, wenn Sie sich gut mit MS Excel und MS Word auskennen. Gleich hier noch der Hinweis, dass sich VBA-Excel besser zum Erlernen von VBA eignet als VBA-Word. Ich verwende also vorwiegend VBA-Excel.

Im zweiten Teil des Buches wird der Übergang von VBA zu Visual Basic vollzogen. Mit dem Kenntnisstand in VBA, den Sie bis dahin erworben haben, wird das gleiche Programm auf einer höheren Stufe in Visual Basic erneut erarbeitet und durch Funktionen, die VBA nicht bieten kann, noch leistungsfähiger gemacht. Mit Hilfe von VBA wird also auch das Programmieren in VB erlernt, wie es im Buchtitel angekündigt wird. Natürlich lösen wir uns in dieser Phase von Excel und VBA, denn ab hier erfolgt die Nutzung der VB-Entwicklungsumgebung, die in Visual Studio enthalten ist.

Das Ergebnis erscheint als perfektes, verkaufsfähiges Endprodukt, das mit seiner Setup.exe-Datei auf jedem Windows-Computer installiert werden kann.

Mit dem vollen Verständnis dazu sind Sie an Ihrem Lernziel angekommen und haben das Rüstzeug erworben, selbstständig erfolgreich weiter zu programmieren.

Einige Vereinbarungen und Hinweise zu typografischen Besonderheiten

Sie werden es viel leichter haben, mit diesem Buch zu arbeiten, wenn Sie von vornherein wissen, wie Tastatur- und Mausaktionen in Kurzform aufgeschrieben werden, welche Schriftarten und Stile benutzt werden, um bestimmte Sachverhalte hervorzuheben, abzugrenzen usw. **Sie sollten also auch diesen Abschnitt sehr aufmerksam und nicht diagonal lesen.**
Ich werde kontinuierlich neue Begriffe einführen müssen, sobald diese benötigt werden. Diese unterstreiche ich mit gerader Linie. Alle diese Begriffe werden ausreichend erklärt, aber nicht immer sofort, um den roten Faden nicht zu verlieren. Einen Teil der Erklärungen finden Sie auch im Glossar am Ende dieses Buches. Wie bereits im vorigen Abschnitt erwähnt, setze ich deshalb hinter die unterstrichenen neuen Begriffe Zeichen, die Ihnen ankündigen, wo die Begriffsbehandlung detailliert erfolgt.

Beim fiktiven Dialog mit meinem Leser setze ich dessen Meinungen und Gedanken in kursive Schrift, damit sie sich von meinen Ausführungen abheben.

Anekdoten und Geschichten zur Auflockerung schreibe ich in einer anderen Schriftart (Times New Roman10).

Programmtext erscheint in der Schriftart Times New Roman 11 farbig, nicht aber wie im Editor(G) der Entwicklungsumgebung. Dort wird vom System die Schriftart Courier New 10 genutzt. Das ist im Buchtext m.E. zu klein und nicht so gut lesbar Deshalb vergrößere ich hier im Buchtext und bei Listings(G) die Schrift auf Times New Roman 11, wenn eine bessere Lesbarkeit nötig ist. Da die Schriftfarben der Programmiersyntax direkten Bezug zur Programmierlogik haben, gebe ich diese weitestgehend auch farbig wieder. Da aber die Anzahl der Seiten mit Farbanteil vom Verlag begrenzt ist, werden weniger wichtige einzelne Syntaxteile auch schwarz gedruckt.

Hinweise auf andere Teile im Buch wie Stellen oder Kapitel in den Anhängen A, B und C oder im laufenden Textteil, wie z.B. *siehe Anhang B Kasten B6* setze ich kursiv und fett. In der PDF-Ausgabe des Buches hatte ich das Inhaltsverzeichnis und viele der Querverweise mit Hyperlinks versehen. Wenn man diese klickt, springt man direkt zu dieser Stelle. Am Ende des zum Querverweis gehörenden Teils im Buch findet man *zurück zu ....* Im gedruckten Buch erfolgt das analog. Sie sollten sich dabei mit Lesezeichen markieren, von welcher Seite Sie „abgesprungen" sind, um den roten Faden danach wieder aufnehmen zu können. (In der letzten PDF-Fassung habe ich die Hyperlinks wieder entfernt, da die PDF-Datei nicht zur Veröffentlichung als Ebook vorgesehen ist).
Kernsätze und wichtige Aussagen setze ich in etwas größere Schrift, formatiere diese auf Fett und besonders wichtige unterstreiche ich zudem.

Die Angabe von Programmsyntax, also der gerade zu behandelnden Programmtextstellen, nehme ich bei den laufenden Erklärungen sofort im Buchtext vor.

Zusammengehörige Programmtextblöcke, Listings genannt, finden Sie sowohl im laufenden Buchtext als auch im Anhang C >> Listings. Im laufenden Buchtext haben die Listings das Präfix T1 oder T2 und eine laufende Nummer, also z.B. Listing T1_4 oder Listing T2_3, wenn diese sich im laufenden Buchtext befinden. T1 oder T2 sind dann die Bereiche Teil 1 oder Teil 2 des Buches. Die Listings zu allen Lern-Projekten finden Sie komplett und fortlaufend im Anhang C. Die Bezeichnung des Listings lautet dann Listing 1, Listing 1.1 oder Listing 2. Die Untergliederung wie z.B. 1.1 sagt mit der ersten Ziffer aus, dass es zu einem bestimmten Projekt des Buches gehört und die zweite Ziffer benennt die Nummer des Listings in diesem Projekt. Mit allen Listings haben Sie am Ende den gesamten Quelltext aller Projekte des Buches einsehbar zur Verfügung. Ich rate Ihnen aber dringend, nicht einfach abzuschreiben, sondern nach meinen Anleitungen im Text die Syntax selbst zu erzeugen und zu verstehen! Wenn Sie an manchen Stellen die gesamte Syntax zu bestimmten Programmierschritten sehen wollen, die Sie dann auch mit Ihren eigenen Quelltexten vergleichen wollen, haben Sie diese im Anhang C komplett und wegen der Zeilenlängen im Querformat gut lesbar zur Verfügung.

Und noch ein wichtiger Punkt. Ich benutze im Buch den Begriff SYSTEM nicht für Betriebssystem, sondern für das Entwicklungssystem VBA / VB.

Betriebssystem schreibe ich aus oder einfach Windows, denn VBA / VB läuft nur unter Windows!

Einige Begriffe vorab

Da ich verschiedene Begriffe noch vor den ersten Erläuterungen zu Programmierungen verwenden muss, nenne ich diese hier mit ihren deutschen und englischen Bezeichnungen. Damit gewöhnen Sie sich schon etwas daran. Beispiele:

- Kontrollkästchen (engl. Checkbox)

Das sind die grafischen Elemente, in die man Häkchen setzt oder entfernt. Ich kürze diese in Texten mit **chk** ab. Als Vorgriff sei hier erwähnt, dass das die Vorsilbe ist, die ich auch bei der Programmierung verwende. Die Verfahrensweise, dem Namen dieser Grafik-Objekte oder auch von Variablen-Namen eine Vorsilbe voranzustellen, nennt sich Präfixverfahren.

Dieses ist nicht zwingend erforderlich, aber sehr zu empfehlen, denn es gewährleistet, am Präfix zu erkennen, um welche Art von Objekt es sich handelt, wenn der Objektname im Programm erscheint.

Ein derartiges Kontrollkästchen, mit dem z.B. eingestellt wird, ob Mehrwertsteuer berechnet wird, könnte beispielsweise MwSt heißen. Aber MwSt könnte auch eine Schaltfläche heißen, die die Mehrwertsteuerberechnung auslöst.

Jedoch darf ein Name im gleichen Programmteil nur einmal vorkommen!

Hier hilft auch das Präfixverfahren, denn chkMwSt ist ein anderer Name als cmdMwSt.
Der erste benennt das Kontrollkästchen, der zweite die Schaltfläche
(Command Button → Präfix cmd). Damit sind gute Lesbarkeit und Eindeutigkeit hergestellt

Auf das Präfixverfahren komme ich zwingend zurück.

Zwei weitere Beispiele vorab:

- **(Befehls-) Schaltfläche** (Command-Button) → Präfix cmd

  MwSt

  (die am meisten geklickten Grafikobjekte in einem Fenster, die „Schalter")

- **Auswahlkästchen** (Option-Button) → Präfix opt

  (Das sind die kleinen runden Objekte, von denen das jeweils aktivierte einen schwarzen Punkt zeigt.)

Das soll vorab genügen.

Aktionsfolgen

Unter Aktionsfolgen verstehe ich zusammengehörige Eingaben am Computer mit Tastatur und Maus. Diese schreibe ich in einer ganz bestimmten kurzen Art und Weise auf, damit sie nachvollzogen werden können. Sie beziehen sich immer auf den aktuellen Bildschirm, also das Excel-Fenster, das Explorer-Fenster usw. Für einen Klick mit der linken Maustaste, falls extra darauf hingewiesen werden muss, schreibe ich einfach Klick. Mit der rechten Maustaste dagegen reKlick.

Beispiel einer Aktionsfolge (für Excel-Fenster mit Tabelle1):

DATEI > Optionen > Formeln > Z1S1-Bezugsart (Häkchen setzen oder lassen) > [OK]

Das bedeutet:
Das Menü DATEI über der Excel-Tabelle mit der linken Maustaste anklicken. Da das selbstverständlich ist, weil sich sonst nicht viel tut, wird der Klick hier nicht extra geschrieben. Menünamen schreibe ich also in Aktionsfolgen immer mit Großbuchstaben! Sie stehen oft am Anfang einer Aktionsfolge, aber nicht unbedingt immer, wie Sie noch sehen werden.
Im sich öffnenden Dialogfenster ‚Excel-Optionen' das Untermenü ‚Formeln' anklicken (natürlich mit der linken Maustaste – Normalfall also).

In diesem Untermenü auf der rechten Seite die Gruppe ,Arbeiten mit Formeln' suchen und darin im Kontrollkästchen ,Z1S1-Bezugsart' den Haken setzen.

Handhabungen, Einstellungen und Reaktionen schreibe ich also in runden Klammern. Das [OK], eingeschlossen in die beiden eckigen Klammern, bedeutet, dass ein Button (Schaltfläche) mit der Beschriftung OK zu drücken ist. Es beendet die Aktionsfolge und eine Reaktion tritt ein. Die eckigen Klammern stellen somit die beiden Enden einer Schaltfläche dar. Weiterhin benutze ich geschweifte Klammern für {Ordnernamen} und {Dateinamen}.

Wenn in einem Dialog nichts zu tun ist, folgt lakonisch [Weiter] oder [OK]. Tun Sie das einfach.

Wenn Sie das obige Beispiel einmal praktisch durchführen, werden Sie feststellen, dass sich die Spaltenkopfbeschriftungen der Excel-Tabelle von Buchstaben in Zahlen gewandelt haben. A wurde zu 1, B zu 2 usw. Diese Einstellung werden wir beim Programmieren oft benutzen, deshalb habe ich dieses Beispiel gewählt.

Setzen Sie das bitte wieder zurück, da wir zunächst mit der absoluten Bezugsart „A1" ; „B2" usw. arbeiten wollen. Also nochmals in der Tabelle1:

DATEI > Optionen > Formeln > Z1S1-Bezugsart (Häkchen raus) > [OK]

Übungen

Viele Dinge lernt der Mensch, indem er sie einfach tut, also durch learning by doing. Davon haben Sie sicher schon einmal gehört? Deshalb werde ich viele Abläufe als Übungen konzipieren, vor allem dann, wenn ich die Programmiersyntax vorgebe, bevor ich sie erkläre.

Ich empfehle Ihnen, diese Übungen generell durchzuführen. Der Aha-Effekt ist meist garantiert.

Und noch eine wesentliche Neuerung mache ich Ihnen zugänglich:
Von vielen Programmierschritten und Beispielen habe ich Videos erarbeitet, die auf DVD diesem Buch beiliegen und die Sie mit dem Windows-Media-Player anschauen und nachvollziehen können und sollen. Ich werde dazu jeweils auffordern. Die Buch-DVD beinhaltet weiterhin fast alle Abbildungen des Buches, damit Sie diese bei Erfordernis im Computer größer anschauen können. Weiterhin finden Sie auf der DVD im Ordner {Material} vorbereitete Dateien, zu deren Nutzung ich Sie im Buchtext jeweils auffordere, wenn diese im Projekt benötigt werden.

Teil 1: VBA

Visual Basic für Anwendungsprogramme (Applications)

1. Geschichtliches über Computer und Programmiersprachen

1.1 Woher kam Visual Basic?

Verschaffen wir uns zuerst einen Überblick und beginnen mit der Herkunft und Entstehung von Visual Basic und damit von VBA. Der Kern ist das Wort BASIC, Visual kam erst viel später hinzu.

Die Programmiersprache Basic, die als eine der ersten höheren Programmiersprachen für breite Anwenderkreise gedacht war, bekam von „Experten" sogleich mit ihrem Erscheinen einen Stempel aufgedrückt, nämlich den, eine „Hausfrauenprogrammiersprache" zu sein. Dieses Negativ-Image hat sich lange Zeit gehalten. Dass dies nicht berechtigt war, beweist das Auferstehen wie „Phönix aus der Asche" in Form der uns heute vorliegenden Leistungspakete Visual Basic und VBA. Dass es sich dabei um zwei der besten Produkte dieser Art handelt, behaupte ich an dieser Stelle einfach, werde es aber in der Folge auch beweisen.

Basic entstand bereits zu einer Zeit, als es noch gar keine PCs gab, nämlich in der ersten Hälfte der 1960er Jahre des vorigen Jahrhunderts.

Damals gab es doch überhaupt noch keine Computer,

höre ich Sie jetzt denken. Natürlich nicht die, die heute überall verfügbar sind, aber deren Vorgänger, sogenannte IBM-Großrechner, die als raum- und gebäudefüllende Ungetüme eine aus heutiger Sicht eher bescheidene Rechenleistung erbrachten, gab es schon. Diese auf der Basis von diskreten Transistoren (z.T. sogar noch Röhren), Dioden und anderen elektronischen Grundbausteinen wie Kondensatoren gebauten Elektronenrechner erhielten von ihren amerikanischen Schöpfern sehr schnell den Namen Computer, abgeleitet vom englischen Verb to compute >> rechnen eben.

Damit ist eines auch gleich deutlich geworden – Computer wurden mit der Absicht erfunden, konstruiert und gebaut, schnell eine große Anzahl von komplizierten und komplexen mathematischen Aufgaben lösen zu können, an denen ganze Heere von Leuten monatelang zu tun hätten, wenn sie mit Papier und Bleistift, eventuell noch mit dem Rechenschieber und elektromechanischen Rechenmaschinen arbeiten müssten. An Bildschirmgrafik, Multimedia, Actionspiele und dgl. hat damals noch niemand gedacht. Vorläufer dieser ersten Computer war eine auf der Basis von Lochkarten arbeitende Erfindung des deutsch-stämmigen Amerikaners Hermann Hollerith, die zur amerikanischen Volkszählung vor über hundert Jahren zum Einsatz kam und erstmalig erlaubte, mit relativ wenigen Leuten eine ungeheure Datenmenge auszuwerten (Hollerithmaschine).

Auch die ersten Elektronenrechner arbeiteten häufig mit Lochkarten oder Lochbändern als Ein- und Ausgabemedium. Der Bildschirm kam erst später hinzu. An Festplatten oder gar SSD's war damals noch nicht zu denken. Überhaupt war das Speichern eines der damaligen Hauptprobleme. Weder Arbeitsspeicher, vergleichbar mit den heutigen RAM's, noch Massenspeicher, vergleichbar den Festplatten, USB-Sticks, CD's oder DVD's usw., waren damals in befriedigender Größe verfügbar. Das führte dazu, dass eine lange Zeit der Computerentwicklung von „Speicherhunger" gekennzeichnet war, der erst relativ spät (1990er Jahre) komplett befriedigt werden konnte. Erreicht wurde das schließlich durch die Leistungen der Chip-Industrie sowie der elektromechanischen Feinwerktechnik, die Miniaturisierungsgrade bzw. Präzisionsgrade erreichen und beherrschen lernten, deren Vorstellung menschliche Sinnesorgane bereits überfordert. Aber erreicht wurde es – menschliche Schöpferkraft scheint keine Grenzen zu kennen!

Amerikanische Universitätsprofessoren, die maßgeblichen Einfluss auf die Entwicklung der Elektronenrechner hatten (neben den Militärs), erkannten schnell, dass die Kompliziertheit damaliger Programmierungsarbeit auf der Grundlage des Maschinencodes(G) oder erster Programmier-Werkzeuge, Assembler genannt, es der breiten Masse der Studenten und anderer potenzieller Computernutzer und Interessenten verwehrte oder verleidete, das Programmieren von Computern zu erlernen. Diese Arbeit war so aufwändig und zeitraubend, dass sie nur von hochbezahlten Experten ausgeführt werden konnte. Ein „Werkzeug" musste her, das gut und schnell erlernbar und möglichst universell einsetzbar ist. Basic musste erfunden werden und wurde erfunden.

Das Wort Basic ist eine Abkürzung für

BEGINNERS ALL PURPOSE SYMBOLIC INSTRUCTION CODE

– frei übersetzt: Symbolischer Anweisungscode (oder Befehlscode) für Anfänger, womit der Programmieranfänger gemeint war. (Wäre damals das Wort „Anfänger" im Namen vermieden worden, wäre das Negativ-Image vielleicht nicht entstanden.) Der Begriff symbolisch deutete darauf hin, dass für die komplizierten Maschinenbefehle einfach Begriffe aus der (englischen) Umgangssprache benutzt werden und symbolisch für Maschinenbefehle (G vgl. Maschinencode) stehen.

Haben Sie eigentlich bemerkt, dass ich die ganze Zeit nur über Basic geschrieben habe? Sicherlich. Das hat auch seinen Grund, denn Vieles hat sich seit der Zeit des Ur-Basic nicht grundsätzlich geändert. Viele Prinzipien gelten für VB / VBA noch genauso, wie sie vor nahezu 55 Jahren entwickelt wurden.

(Vergleichen Sie das mit dem Auto – da gilt das Gleiche: vier Räder, Karosserie, Lenkrad, Getriebe, Motor – damals wie heute: Nur heute viel schöner, komfortabler, schneller und mit neuem Beiwerk wie etwa Navigationssystem. Stimmt doch, oder?)

Fast zum Schluss der Einleitung im Schnellverfahren noch etwas zu einigen Entwicklungsetappen und Versionen von Basic, bevor wir nur noch von VBA und VB sprechen. Trotz des durch die Profis verpassten Negativ-Stempels verbreitete sich Basic sehr rasch. (Vielleicht haben die Profis dieses Vorurteil auch in die Welt gesetzt, weil sie Einbrüche des „Volkes" in ihre hoch dotierte Domäne befürchteten. Wer weiß?)

Da es kaum Standards gab, konnte jeder, der es wollte, die Programmiersprache Basic seinen Bedürfnissen anpassen. Das geschah auch, wobei oft der eine vom anderen nichts wusste. Die Folge war, dass verschiedene Basics entstanden, die eine gemeinsame Herkunft (Ur-Basic) hatten, aber ansonsten nicht zusammenpassten. Man nannte das Basic-Dialekte, wieder in Analogie zur lebendigen Sprache. Wollte man ein Programm des einen Dialekts auf einem Computer eines anderen Dialekts laufen lassen, gab es Abstürze – die Versionen verstanden sich nicht mehr.

Vergleichen Sie das damit, dass ein Oberpfälzer in seinem Dialekt mit einem Hamburger, der Platt antwortet, sprechen will. Die Verständigung geht steil gegen Null. ☺

Das Programm musste also in derartigen Fällen umgeschrieben werden. Das allerdings funktioniert und geht auch schneller, als alles noch einmal neu zu erfinden. Bekannte Basic-Dialekte waren GWBasic und QBasic, um nur zwei zu nennen. Die Basic-Schlüsselwörter(G) fanden auch Eingang in ganz neue Programmiersprachen wie z.B. Pascal oder Turbo-Pascal, die Basic stark ähneln.

Warum gibt es eigentlich so viele unterschiedliche Programmiersprachen?

Nun, dazu gibt es eine wesentliche Erklärung: wegen der Spezifik der Aufgabenstellung, der eine in einer bestimmten Sprache programmierte Anwendung genügen soll. Stark auf mathematische Aufgabenstellungen ausgerichtet wurden Sprachen wie FORTRAN, COBOL und ALGOL, andere unterstützen optimal schnellen Grafikaufbau auf dem Bildschirm, wie dieser bei Action-Spielen benötigt wird, also C, C++, VISUAL C++, C# usw.

1.2   Wohin geht Visual Basic heute?

Ist eigentlich Visual Basic wirklich so gut und perfekt, dass es in nahezu alle Anwendungsbereiche Einzug gehalten hat?

Im Prinzip ja, denn sonst würde es nicht so geschehen, wie es die tägliche Praxis beweist. Wie im Vorwort bereits angedeutet, war VB auf dem Weg, nahezu zum universellen Programmierwerkzeug unter Windows zu werden. Inzwischen hat sich der Schwerpunkt etwas auf andere Programmiersprachen verlagert, aber für den Einstieg und das Lernen ist VB nach wie vor sehr gut geeignet.

Aber VB / VBA hat auch seine Grenzen, nämlich genau dort, wo die Stärken von C und C++ liegen – im schnellen Grafik-Aufbau. Auch große Anwendungen wie EXCEL, WORD usw. sowie WINDOWS selbst sind in C geschrieben. Die Programmier-Profis, die jahrelang nichts anderes machen, als für große

Anwendungen und Betriebssysteme zu programmieren, zogen ‚C' vor. Das ist aber kein Negativ-Aspekt für VB / VBA, sondern hat neben praktischen auch „historische" Gründe.

Ich bleibe bei der Aussage:

Mit VB kann alles programmiert werden!

Den Begriff des <u>Codes</u> habe ich im vorigen Abschnitt bei der Erläuterung der Abkürzung Basic eingeführt.

Jetzt gleich ein praktisches Beispiel:

Wenn ein „Uneingeweihter" die Zeichenfolge eines <u>Maschinenbefehls</u> (Befehl im Maschinencode) sieht, die etwa so aussehen könnte:

1100110110011101

kann er sich schwerlich vorstellen, was dieser Code bewirken soll. Der Computer würde den Code aber verstehen, wenn er diese Zeichenfolge in geeigneter Weise (d. h. als elektrische Signale) übergeben bekäme. Er würde darauf mit irgendeiner Aktion reagieren.
Wird aber dem „Uneingeweihten", der mehr oder weniger viele englische Vokabeln versteht, die Zeichenfolge
PRINT

vorgegeben, dann weiß der zumindest sofort, dass es irgendetwas mit dem Drucken zu tun hat.
(Anmerkung: Die obige erste Zeichenfolge ist frei erfunden und steht nicht für den echten Maschinenbefehl für das Drucken. Wie der wirklich aussieht, müssen wir als Programmierer höherer Programmiersprachen zum Glück nicht mehr wissen. Aber ein sogenanntes Bitmuster(G), das aus Nullen und Einsen besteht, ist er auf jeden Fall.)

Halten wir also fest, dass die Anweisungen und Daten, die ein Computer verarbeiten soll, in codierter (verschlüsselter) Form aufgeschrieben werden. Es entsteht damit zunächst ein <u>Quellcode</u>, auch <u>Quelltext</u> oder einfach <u>Programmtext</u> genannt. Alle drei Begriffe bezeichnen dasselbe → die vom Programmierer in der Programmiersprache aufgeschriebene Anweisungsliste. Das war beim Ur-Basic schon so und das gilt auch heute noch.

2. Grundlegende Sprachelemente und Kategorien

2.1 Programmtext, Syntax und Fehler

Das Wort PRINT im vorigen Beispiel steht symbolisch für den Druck-Befehl. Das Symbol ist sprachnah und damit gut zu lernen. Basic hat viele derartige symbolische Wörter. Sie werden als Schlüsselwörter(G) bezeichnet. Diese müssen immer korrekt geschrieben und dürfen nicht anderweitig verwendet werden. PRINNT würde nicht verstanden, PRNT auch nicht. Also bereits **ein** falsches, unterlassenes oder überflüssiges Zeichen führt zu einem Fehler – das Programm würde an dieser Stelle versagen. Das zeigt, dass der Programmierer **zeichengenau** arbeiten muss.

Das klingt nach „Erbsenzählen" – ist es aber nicht. Mit Fehlern, die abgefangen werden müssen, werden wir uns noch ausführlich auseinander setzen.

Die Schlüsselwörter belaufen sich auf einen überschaubaren Umfang von rund zweihundert. Der Programmier-Einsteiger muss also nicht erst die gesamte englische Sprache erlernen, um programmieren zu können – aber von Vorteil ist es natürlich, wenn er Englisch kann.
Diese Schlüsselwörter nun müssen und können in geeigneter Weise mit weiteren Sprachelementen, wie etwa den vom Programmierer selbst festlegbaren Namen von VARIABLEN (G) oder KONSTANTEN (G) kombiniert werden. Dazu gibt es Vorschriften wie in der normalen menschlichen Sprache, die auch SYNTAX (G) (Satzbau) genannt werden.

Im Vergleich zur menschlichen Sprache kann also gesagt werden, dass der Programmierer in der Programmiersprache „Sätze schreiben" muss, die syntaktisch richtig sind. Sind sie das nicht, gibt es einen Syntaxfehler (G). Diese Sätze werden aus der höheren Programmiersprache, also z.B. Basic in die Maschinensprache (Maschinencode) übersetzt, die einzige „Sprache", die der Computer versteht, und damit dem Computer als Anweisungsliste zur Ausführung übergeben.
Und wenn die „Sätze" richtig geschrieben sind, wird der Computer reagieren.
Das heißt aber noch nicht, dass die Sätze auch logisch richtig sein müssen. Gut, dann kommt es eben zu einer unsinnigen Reaktion des Computers – aber wie gesagt, reagieren wird er, wenn die „Sätze" syntaktisch richtig sind.
Befindet sich in einem solchen „Satz", auch Befehlszeile genannt, ein logischer Fehler, reagiert der Computer eben falsch, denn denken kann nur der Mensch.
Hat der Mensch falsch gedacht und gibt auf dieser Basis dem Computer Anweisungen, wird dieser ein falsches Ergebnis zurückgeben.

Damit sind wir bei der schlimmsten Fehlerkategorie → den logischen Fehlern (G).
Diese kann nur der Mensch erkennen und damit auch beseitigen. Das ist oft ein schwieriges Unterfangen und wird uns noch stark beschäftigen. Für die Beseitigung anderer Fehler, also der bereits genannten Syntaxfehler und der noch nicht behandelten Laufzeitfehler (G) gibt es im VB-/ VBA-Entwicklungssystem

hervorragende Unterstützung. Z.B. werden Syntaxfehler gar nicht erst zugelassen. Sobald Sie einen solchen schreiben, gibt das System Alarm und sagt Ihnen, wo Sie etwas falsch geschrieben haben. Der Syntaxfehler kann sich also gar nicht erst in Ihr Programm einschleichen.

Das war nicht immer so, schon gar nicht bei den ersten Basic-Versionen. Dort mussten Sie auch diese Fehler selbst finden und beseitigen, sonst verabschiedete sich Ihr Programm mit einem lakonischen ERROR (deutsch: Irrtum, Fehler) und stürzte ab.

Damit ist ein weiterer Vorteil von VB/VBA gegenüber anderen Programmiersystemen genannt, die umfassende Unterstützung des Programmierers durch das Entwicklungssystem, kombiniert mit riesig großen Hilfe-Dateien(G), zu denen ich an geeigneter Stelle ausführlich Erläuterungen gebe.

2.2 Programmcode, Maschinencode und Pseudocode

Wer übersetzt denn nun unser Basic-Programm in den Maschinencode?

Dafür gibt es zwei mögliche Helfer (Übersetzungs-Software), die die Bezeichnungen

Interpreter (G) und Compiler (G)

haben. Diese befinden sich als Bestandteil in den Systemen und werden bei der Installation mit installiert. Sie müssen sich darum nicht kümmern. Wer von beiden wo und wann für die Übersetzung zum Einsatz kommt, hängt von verschiedenen Faktoren ab. Beide Übersetzungsprogramme sind in der Lage, aus dem Quelltext Maschinencode zu erzeugen, den der Computer ausführen kann. Der Hauptunterschied zwischen beiden liegt darin, dass der Interpreter jeweils eine Programmzeile übersetzt (interpretiert) und dem Computer sofort zur Ausführung übergibt, ehe er die nächste Zeile übersetzt. Das hat den Vorteil, dass eine fehlerhafte Zeile sofort erkannt wird. Der Compiler hingegen übersetzt zunächst das ganze Programm und übergibt es dann geschlossen – einschließlich enthaltener Fehler – zur Ausführung an den Computer. Durch die geschlossene Übergabe sind Compiler in der Regel schneller als Interpreter. In vielen Fällen wie z.B. in VBA wird dieser Unterschied aber gar nicht merklich wirksam.

Zurück zu den von mir „Sätze" genannten syntaktischen Gebilden. Ich vergleiche diese wieder mit der menschlichen Sprache. Basic ist auch hier sehr sprachnah, denn mit etwas Übung kann man diese „Sätze" wieder verständlich machen.

Ich greife hier vor bezüglich des schon im Vorwort genannten besonderen Hilfsmittels, des Makroreorders. Dieser kann in VBA-Sprache aufschreiben, was der User macht. Der Makro-Recorder „fotografiert" quasi die Handlungen des Users z.B. in einer Excel-Tabelle oder in einem Word-Dokument und schreibt diese in korrekter VBA-Syntax auf.

Da der noch ungeübte Programmiereinsteiger meistens nicht sofort versteht, was der Makro-Recorder "programmiert" hat, muss er versuchen, die erzeugte Syntax zurück zu übersetzen, um die einzelnen syntaktischen Einheiten zu verstehen und sich möglichst auch zu merken.

Bei der Rück-Übersetzung kommt etwas heraus, das man mit dem vergleichen kann, was manche Deutsche leider mit Ausländern machen, wenn sie mit diesen Deutsch sprechen. Sie ahmen nämlich deren Sprachschwierigkeiten nach, statt ordentlich Deutsch mit ihnen zu sprechen und sie damit unaufdringlich zu lehren, richtig Deutsch zu sprechen. Sie sagen also z.B. „Du das sehen?" statt „Siehst du das?" Ähnlich ist das mit den Sätzen in der Programmiersprache, wenn man diese rückübersetzt.

Ein Beispiel:

In einem VBA-Programm sei ein Fenster erzeugt, das frmHaupt heißt. In diesem Fenster gibt es einen Button, der cmdMwSt heißt und mit ‚Mehrwertsteuer berechnen' beschriftet sei. Diese Beschriftung hat vom System die Schriftfarbe Schwarz erhalten. Die Syntaxzeile soll erreichen, dass die Beschriftung auf diesem Button die Farbe Rot bekommt. Diese Zeile lautet so:

frmHaupt.cmdMwSt.ForeColor = vbRed

Übersetzt man das zurück, könnte herauskommen:

HauptfensterSchalterMwStBerechnenVordergrundfarbe ist Rot (zu setzen).

Das ist noch relativ gut zu verstehen. (Vordergrundfarbe ist hier die Schriftfarbe.) Bei einer anderen Syntax kann das viel schwieriger zu verstehen sein. Auch dann z.B., wenn man ein Programm liest, das ein anderer geschrieben hat. Der Sinn lässt sich recht schnell erfassen und das Programm verstehen, wenn nach dieser Methode vorgegangen wird. Hier wird diese Untugend (wie z.B. „Du das sehen?") bewusst eingesetzt, um den Sinn des Quelltextes zu erfassen. Auf diese von mir scherzhaft „Ausländersprech" ☺ genannte Methode der Rückübersetzung komme ich immer wieder zurück, wenn der Makro-Recorder im Spiel war oder ein Syntaxbeispiel aus dem Hilfesystem verstanden werden soll.

Einige Programmierer benutzen beim Entwurf eines Programms eine Zwischenform zwischen der lebendigen Sprache und der Programmiersprache, um den grundsätzlichen Ablauf zu skizzieren. Dieses Gebilde wird als Pseudocode bezeichnet. Aus ihm macht später der Programmierer korrekten Quelltext. Wir sparen uns hier den Schritt mit Pseudocode und schreiben lieber alle Vorlaufaktivitäten in gutem Deutsch auf, weil das verständlicher ist. Daraus leiten wir dann gleich den Quelltext ab.

Andere Programmiersprachen sind im Vergleich zu Basic / VB viel abstrakter, also schwieriger zu lesen, weil sie nicht so sprachnah zur lebendigen Sprache sind.

Wieder ein Pluspunkt für VB / VBA!

Sie merken vielleicht schon hier, warum Visual Basic so viele Marktanteile erobern konnte. An dieser Stelle sollte nicht verschwiegen werden, dass das auch einen „Preis" hat. Der Quelltext von VB/VBA ist viel umfangreicher als der vergleichbare in anderen Programmiersprachen. Aber damit kann jeder um dieses Vorteils willen leben.

2.3. Ein erstes Beispiel für den Satzbau (Syntax)

Das Zeichen ∪ soll dabei vorläufig für ein Leerzeichen (Leertaste) stehen, weil das leicht zu übersehen ist. Fehlende Leerzeichen oder Leerzeichen an der falschen Stelle können ebenfalls zu Fehlern führen!

Die zu betrachtende Zeile Programmtext lautet:

PRINTER∎PRINT∪„Dieser Satz soll auf dem Papier erscheinen!"

Frei rückübersetzt heißt das:
DRUCKER.DRUCKE das, was nach dem Leerzeichen in Anführungszeichen steht (also den Text: Dieser Satz soll auf dem Papier erscheinen!).

Ich nehme jetzt etwas vorweg.
Im korrekten „Programmier-Chinesisch" würde formuliert werden:
Die Druck-Methode (G) wird auf das Drucker-Objekt (G) angewendet (manche Programmierer sagen sogar: „wird über dem Drucker-Objekt angewendet"). An die Druck-Methode wird als Argument (G) der zu druckende Text in Anführungszeichen übergeben.
Das Ganze ist schon etwas schwerer zu verstehen, wird aber noch mehrfach ausführlich erläutert.
Sie werden bemerkt haben, dass hinter dem Namen des Drucker-Objekts PRINTER ein dicker Punkt steht und dahinter folgt die Bezeichnung der Druck-Methode, also das Schlüsselwort PRINT. Das folgende Leerzeichen trennt hier das Argument vom Befehl ab, denn um einen solchen handelt es sich hier. Der Drucker soll nämlich eine Druck-Aktion ausführen – den Auftrag dazu erhält er vom Computer. Die Anführungszeichen werden hier nicht mit gedruckt, sondern zeigen nur an, dass der Inhalt ein reiner Text (engl. STRING (G), deutsch Zeichenkette oder Zeichenfolge) ist.

2.4 Problemorientierung und Objektorientierung

Im vorigen Abschnitt habe ich Ihnen die Begriffe Objekt und Methode einfach an den Kopf geworfen, ohne sie zu erklären. Aber vom Wortsinn her haben Sie natürlich eine Vorstellung, was ein Objekt ist, und haben den Drucker (engl. Printer) als Objekt akzeptiert. Weiterhin haben Sie auch akzeptiert, dass Drucken (engl. to print) eine Methode ist, nämlich die, irgendwo Schrift oder Grafik darzustellen. Natürlich genügt diese Nähe zur lebendigen Sprache noch nicht, um diese Kategorien der Programmierung exakt zu definieren. Aber eine gewisse Vorstellung haben Sie dabei entwickelt, nicht wahr?

Zu diesen wichtigsten Sprachkategorien wie **Objekte, Methoden, Eigenschaften** und **Ereignisse** muss ich Sie deshalb an geeigneter Stelle (***Anhang A Lektionen 1 – 4***) mit etwas mehr Theorie quälen, denn das sind die Kategorien, die grundsätzliches Verständnis zur gesamten Programmierung erzeugen. Wer damit sicher umzugehen lernt, wird erfolgreich programmieren. Ich habe hier bei den Hinweisen, wohin Sie gehen sollen (Querverweise), den Schriftschnitt Fett und kursiv verwendet. Wenn Sie dem folgen, setzen Sie ein Lesezeichen in den laufenden Text, damit Sie zurück finden, wenn Sie den Querverweis abgearbeitet haben.

In diesem Zusammenhang ist zu ergänzen, dass am Anfang der Computernutzung die zu lösenden Probleme im Mittelpunkt standen. Es wurde ausschließlich problemorientiert gearbeitet und der Programmierer hatte dazu Zeilen mit alphanumerischen Zeichen erst auf Papier und später auf Bildschirmen zur Verfügung. Mit der Weiterentwicklung und Vervollkommnung der Computertechnik, vor allem nach Erfindung der echten Bildschirmgrafik, rückten Objekte in den Vordergrund. Es wurde begonnen, objektorientiert bzw. objektbasiert zu arbeiten (objektorientierte Programmierung). Was Objekte im Sinne der Programmierung sind und wie mit diesen umgegangen werden muss, ist zwingend notwendiges Wissen und wird ebenfalls noch breiten Raum in diesem Buch einnehmen. Natürlich müssen auch bei der objektorientierten Programmierung nach wie vor Probleme gelöst werden, wie z.B. komplizierte Berechnungen. Der Unterschied zu früher ist, dass für die Problemlösung eine Vielzahl unterschiedlichster Objekte benutzt werden kann, die zwischenzeitlich in die Computer Einzug gehalten haben. Diese Objekte sind quasi vorkonfektionierte Programmelemente, die Sie für die Lösung Ihres Problems heranziehen können. Das verkürzt und erleichtert die Programmierarbeit ungemein. Sie müssen also in vielen Fällen das Rad nicht noch einmal erfinden!

3. VBA – Visual Basic für Anwendungen

3.1 Makros in der IDE

Wie bereits weiter oben erwähnt, haben die Basic-Dialekte verschiedenste Bereiche erobert. Einer davon ist der Bereich der Makros (G). Makros sind im Prinzip (kleine) Programme, die in jeder Programmiersprache geschrieben werden können.
Aber es sind nur kleine Helferlein, die größere Programme unterstützen. Sie sind hauptsächlich dazu da, häufig vorkommende Routineaktionen automatisch, quasi auf Knopfdruck, wiederholbar zu machen.

Nehmen wir als Beispiel eine Diagrammerstellung in Excel.
Das Material dazu seien mehrere Zahlenkolonnen zu einer Sparanlage vermögenswirksamer Leistungen in einem Investmentfonds. Das sind u.a. Datum der Einzahlung, eingezahlte Beträge und deren Gesamtsumme sowie der augenblickliche Wert des ganzen Depots. Sie wollen im Diagramm darstellen, wie sich Ihr Geld im Laufe der Zeit vermehrt (hoffentlich) und wie die prozentuale und absolute Wertentwicklung verläuft. Schauen Sie sich dazu das Diagramm in Abb.1 und die zugehörigen Daten in **Tafel B1 – Anhang B** an. (Die Daten sind zum Teil in den 1990er Jahren entstanden, als es noch hohe Renditen und Zinsen gab!)

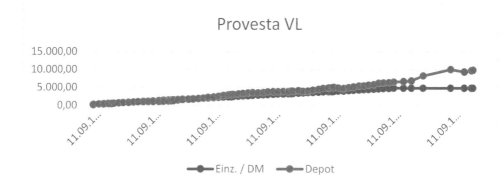

Abb. 1: Excel-Diagramm mittels Makrorekorder erzeugt (dazu Tafel B1, Anhang B)

In der Excel-Tabelle **(Tafel B1 Anhang B)** ist der obere Teil des Zahlenmaterials zu sehen, aus dem das Diagramm erzeugt wurde. (Die gesamte Tabelle mit 81 Zeilen befindet sich in der {Datei PROVVL.xlsm} im Ordner {Material} / {Dateien} auf der Buch-DVD). Verwendung fanden die Spalten Datum, Einzahlungen und Depot. (Ganz nebenbei – es sind echte Zahlen. Es ist beiläufig zu erkennen, wie lohnend eine solche Anlage damals sein konnte. Aus insgesamt eingezahlten 4836,- DM wurden innerhalb von sieben Jahren 9870 DM. Dazu kommt, dass bereits nach dem fünften Jahr nichts mehr eingezahlt werden musste. Die Arbeitnehmersparzulage, die als Zusatzgewinn noch über das Finanzamt kam, ist hier gar nicht berücksichtigt und kommt als Sahnehäubchen noch obendrauf. Auch interessant, nicht wahr?)

Der Ablauf der Erstellung dieses Diagramms ist für geübte Excel-Anwender nicht sonderlich schwer, macht aber Arbeit. Gehen Sie nun davon aus, dass regelmäßig eingezahlt wird und Sie jedes Mal die aktuelle Fortschreibung des Polygonzuges (eine echte Kurve ist das nicht) sehen wollen. Sie müssten jedes Mal den gleichen Arbeitsgang der Diagrammerzeugung von Anfang an wiederholen, nämlich die Zahlenkolonnen mittels Mehrfachmarkierung auswählen und danach alle Schritte der Diagrammerzeugung erneut ausführen. Dies ist eine prädestinierte Domäne für einen Makro in Excel, bestehend aus zwei Schritten: 1. Markieren der Kolonnen einschließlich der neuen Zahlen und 2. „Knopf drücken", der den Makro auslöst. Wie von Geisterhand erzeugt, zeigt sich sofort das aktuelle Diagramm. Das „Knopfdrücken" kann dabei auf verschiedene Weise realisiert werden. Wir werden diese Übung mit der Datei {Tests_VBA.xlsm} noch praktisch durchführen.

Für die Erzeugung und Aufbewahrung von Makros bedarf es sowohl einer geeigneten Programmiersprache als auch eines Speicherortes. Microsoft hat sehr bald erkannt, dass sich für die Makro-Erzeugung in den großen MS-Anwendungen Excel, WinWord, PowerPoint und auch Access die Sprache Basic sehr gut als Makrosprache einsetzen lässt. Anfangs marschierte man auch hier, wie bei anderen Basic-Dialekten, auf verschiedenen Wegen dem gleichen Ziel entgegen. Im Ergebnis gab es Word-Basic, eine Variante für Access, eine für Excel vor Version 5.0 usw. – also wieder neue Basic-Dialekte. Ab der Version 5.0 von MS Excel zog Visual Basic mit dem aktuellen Stand in die Makroprogrammierung von MS-Anwendungen ein – das war ein wesentlicher Schritt nach vorn, aber noch nicht das Ziel, eine einheitliche Makrosprache auf der Basis der aktuellen Version von Visual Basic, also auch mit gleicher Entwicklungsumgebung IDE für alle MS-Anwendungen zu haben.
Ein interessanter Aspekt der Version Excel 5.0 und der Nachfolgeversion Excel 7.0 war, dass auch in Deutsch programmiert werden konnte.
Das funktionierte, erwies sich aber nicht als die glücklichste Lösung. Die Schlüsselwörter in Deutsch waren ellenlang und klangen oft seltsam (würden Sie ‚Zelleliste' deuten können? Das stand z.B. für das englische cells). Die deutsche Sprache ist viel redundanter (weitschweifiger) als die englische. Mit Version 8.0 von Excel (Microsoft Office 97) kehrte Microsoft wieder zu nur Englisch zurück. Zudem – und das ist das Wichtigste - fand Microsoft endlich zu einer einheitlichen VBA-Sprache für Excel, Wort und PowerPoint auf der Grundlage von und mit der IDE.

IDE

Integrated Development Environment → Integrierte Entwicklungsumgebung

von Visual Basic 6.0., das damals in Visual Studio die genutzte Version war. Schauen Sie sich dazu die Abbildungen 2 und 3 an und vergleichen Sie diese.

Abb. 2 Die IDE von Visual Basic 2017

Abb. 3 Die IDE von VBA-Excel 2013

Die IDE ist der Arbeitsbereich einer Software, in dem programmiert werden kann.

Die einzelnen Bereiche der IDE erläutere ich etwas weiter unten im Buch. Hier erst einmal die Feststellung, dass sich beide Entwicklungsumgebungen ähneln, dass aber z.B. Teilfenster in der Anordnung vertauscht sind. Die Werkzeugleisten (Toolbox) sind verschiebbare Fenster.

Nicht alle Software-Produkte haben eine IDE, eher die wenigsten. Da VB 6.0 eine Programmier-Software war, war auch deren IDE ihr Hauptarbeitsbereich, der sich beim Programmstart sofort zeigt. Das Gleiche gilt für das heutige VB im Visual Studio Abb.2. Im Gegensatz dazu ist die VBA-IDE etwas versteckt, denn die Hauptarbeitsbereiche in den Anwendungen sind die Excel-Tabelle, das Word-Dokument oder die Power-Point-Präsentation. Soll programmiert werden, muss die IDE extra geöffnet werden. Wie das geht, erfahren Sie im Abschnitt 4.4.

3.2 Die Versionen von Microsoft Office

Noch etwas war erreicht worden. Der Versions-Dschungel bei Microsoft lichtete sich. Während sich im Paket Microsoft Office 4.0 noch Excel 5.0 mit Word 6.0 im Sammelsurium befand, wurden bei Microsoft Office 95 schon die Versionen Excel 7.0 und Word 7.0, also gleiche Versionsnummern für alle ‚Familienmitglieder' vergeben. Bei Microsoft Office 97 war dann Excel 8.0 mit Word 8.0 und PowerPoint 8.0 usw. einträchtig vereint, wobei aber noch Verwechslungen möglich waren, weil z.B. Excel 97 mit Excel 7.0 identifiziert wurde. Und das war eben falsch.

Ab Microsoft Office 2000 wurden dann endlich Excel 2000 mit Word 2000 und PowerPoint 2000 usw. einträchtig vereint – es war ein langer und schwerer Weg, um diese Ordnung zu schaffen!
Unter dem Strich aber ist wichtig: Diese großen MS-Anwendungen haben endlich eine einheitliche VBA-Programmiergrundlage (Makrosprache) auf der Basis einer aktuellen Version von Visual Basic! Das wird Ihnen in der weiteren Folge noch sehr von Nutzen sein. Es ist der Ausgangspunkt der weiteren Ausführungen in diesem Buch.

4.   Das Anwendungsprogramm Excel und die VBA-Programmierung

4.1 Erst einmal das Werkzeug zurechtlegen und schärfen

Ich halte es auch bei der Arbeit am Computer mit der bewährten Arbeitsweise der Handwerker, vor dem Beginn einer Arbeit das Werkzeug zu sichten, zu ordnen und

bei Erfordernis zu schärfen. (Reinigen nicht, denn das sollte man sofort nach der Arbeit tun.)
Ich habe Anekdoten zur Auflockerung versprochen – hier kommt eine:

Ein Holzfäller geht mit seiner ziemlich stumpfen Axt auf die Bäume los. Der Förster merkt es und sagt: „Geh' doch erst einmal zum Dorfschmied und lass' deine Axt schärfen." „Keine Zeit, ich muss Bäume fällen", antwortet der Holzfäller.

Also, es muss immer Zeit sein, das Werkzeug vor Arbeitsbeginn zu schärfen, denn dann verläuft die Arbeit mit wesentlich weniger Mühe und benötigt viel weniger Zeit.

Unsere Handwerkszeuge sind in diesem Fall zunächst das Anwendungsprogramm Excel und der Computer. Dass Ihr Computer ordnungsgemäß mit einem Minimum an Abstürzen läuft, setze ich einfach mal voraus!

Was gibt es denn da zu tun?

Nun, einige Einstellungen und ggf. auch Nachinstallation in MS-Office. Ich gehe hier davon aus, dass Sie eine Version von MS-Excel ab Version 2010, also MS-Office 2010 oder höher benutzen.
Vollziehen Sie bitte einmal die folgenden Einstellungen, beginnend in einer Excel-Tabelle:
Schauen Sie sich die Menüleiste an, die mit dem Menü ANSICHT endet. Von VBA oder Makros ist zunächst nichts zu sehen. Realisieren Sie die nachstehende Aktionsfolge

DATEI > Optionen > Menüband anpassen > Entwicklertools (Häkchen setzen) > [OK]

Schauen Sie jetzt wieder die Menüleiste über der Tabelle an > ein Menü **ENTWICKLERTOOLS** ist dazu gekommen. **Das beinhaltet die gesamte VBA-Funktionalität.**

Klicken Sie dieses Menü ruhig schon einmal an. Es erscheint eine große Symbolleiste. In Abb. 4 ist ein Teil davon zu sehen

Abb. 4 Die Symbolleiste des Menüs ENTWICKLERTOOLS (Excel 2013)

Führen Sie die gleichen Aktionen gleich noch in Ihrem Word aus, denn auch für VBA-Word werde ich in diesem Buch ein interessantes Programmierbeispiel liefern, das in einem sächsischen Regierungspräsidium angewendet wurde. Ich wiederhole es noch einmal ➜ Praktisch genutzte Beispiele sind erprobt und eignen sich für die Lehre besser als konstruierte.

Und noch etwas ist ganz wichtig: Einstellungen in Excel (Word), die das Nutzen von VBA überhaupt erst ermöglichen. Denn das ist mit der Installation von MS Office durchaus nicht realisiert. Sie müssen aktiv das Folgende tun.
Öffnen Sie eine Excel-Mappe (Word-Dokument). Realisieren Sie folgende Aktionsfolge:

DATEI > Optionen > Trustcenter > [Einstellungen für das Trustcenter:Klick] > Makroeinstellungen > Option: Alle Makros aktivieren Klick > Zugriff auf das VBA-Projekt Modell vertrauen (Häkchen setzen) > [OK] > [OK]
(In älteren Office-Versionen heißt das Trust-Center noch Sicherheitscenter).

Auch wenn für die Option ‚Alle Makros aktivieren' gewarnt wird, muss diese gewählt werden, denn sonst kann man VBA nicht nutzen. Die Warnung bezieht sich auf fremde Makros, die viral sein könnten. Aber die fremden haben Sie nicht. Also nicht vor Angst sterben!
Und noch eine wichtige Einstellung ist nötig: Gehen Sie wieder in die Tabelle und lösen die folgenden Aktionen aus:

ENTWICKLERTOOLS > Visual Basic (IDE-Fenster erscheint) > EXTRAS > Optionen >
Register Editor Klick > (Variablendeklaration erforderlich Haken setzen) > [OK]

Machen Sie bitte das Gleiche aus einem leeren Word-Dokument heraus.

Was das bewirkt, wird ein paar Seiten weiter erläutert.

Um Ihre Übungen und das Material für diesen VBA_VB_Kurs unterzubringen, legen Sie bitte an einem Ort Ihrer Wahl folgenden Ordner an: {VBA_VB_Kurs}. Kopieren Sie von der Buch-DVD die Ordner {MATERIAL}, {ÜBUNGEN} und {VIDEOS} in Ihren Kurs-Ordner. Kontrollieren Sie, ob die kopierten Dateien einen Schreibschutz haben. Falls ja, schalten Sie diesen ab.(Siehe *Anhang B Kasten B7*)

4.2   Die Visual Basic-Hilfe aktivieren

Ich habe das umfangreiche Hilfe-System in der Einleitung bereits erwähnt. Es ist ein wesentliches Hilfsmittel bei fast jedem Programmierschritt. Die Vielfalt der Varianten, um Quelltext zu schreiben, die in die Tausende geht, veranlasst auch den erfahrenen Programmierer, immer wieder nachzuschlagen, denn so viel kann man nicht im Kopf behalten.

Früher war die Hilfe in die Anwendung integriert und wurde mit installiert. Heute wird die Hilfe online abgerufen. Ihr Computer sollte also online sein, damit Sie die Hilfe nutzen können.

Wenn die Hilfe nicht verfügbar ist, sollte man gar nicht erst anfangen! Die Syntax von VBA und erst recht von VB ist so groß und komplex, dass selbst der erfahrene Programmierer nicht alles kennen kann.

Ein Hilfebeispiel werde ich noch erläutern, um Ihnen die Nutzung der oft verwirrenden Vielfalt zu ermöglichen.

An dieser Stelle noch ein wichtiger Hinweis zu den Online-Hilfesystemen, damit ich Ihnen evtl. Enttäuschungen erspare. Die Hilfen sind sehr umfangreich. Jeweils das Richtige zu finden, erfordert einige Übung, aber manchmal ist es einfach nicht vorhanden, vor allem gibt es nicht zu jedem Thema auch Beispiele – leider. In diesem Fall müssen Sie versuchen, mit den Erläuterungen zur Syntax, an die Sie sich erst gewöhnen müssen, ein eigenes Beispiel zu programmieren. Das ist mit vielen Fehlversuchen (trial and error) verbunden. Das kann nerven! Bitte nicht die Flinte ins Korn werfen! Was aber noch schlimmer ist: Einige der Beispiele sind sogar fehlerhaft! Wenn Sie diese nachvollziehen und es funktioniert nicht, werden Sie als korrekter Mensch den Fehler erst einmal bei sich selbst suchen. Das kann einen zur Verzweiflung treiben. Oft ist es ganz banal, es fehlen beispielsweise nur Trennzeichen oder es sind falsche Zeichen abgedruckt –alle möglichen Tücken des Objekts können Ihnen also zusetzen. In diesem Falle rate ich Ihnen, es erst einmal anders zu versuchen. Nach einiger Zeit werden Sie gelernt haben, diese Fehler zu erkennen und selbst zu beseitigen. Verfallen Sie aber bitte jetzt nicht in das andere Extrem und suchen den Fehler, wenn ein Beispiel nicht funktioniert, generell bei Ihrem Microsoft-Kollegen oder den Arbeitern in der Druckerei.

Die Masse der Beispiele funktioniert schon. Aber für diese Beispiele trifft das zu, was ich schon mehrfach als nicht besonders günstig bezeichnet habe. Sie sind häufig etwas konstruiert, schweben in höheren Regionen der Programmierkunst und gehen an unserem konkreten Programmieranliegen vorbei. Trotz dieser Wermutstropfen am Ende nochmals das Ausrufezeichen:

Die Online-Hilfen sind gut und unverzichtbar für die Arbeit!

4.3 Weitere Einstellungen in Excel (Word) vornehmen

Wer hat das nicht schon erlebt? Sie haben sich zwei Stunden lang mit einer Excel-Tabelle abgeschunden, hunderte Zahlenwerte eingetippt, Formeln entworfen, wollen das Ergebnis endlich sehen – und „die Kiste schmiert ab". (Das Programm stürzt ab oder Sie sehen einen der „beliebten" Blue Screens, der Ihnen einen schweren Ausnahmefehler meldet.) Stundenlange Arbeit ist unwiderruflich für die Katz'.
Das muss aber nicht so bleiben. Dagegen können und müssen Sie etwas tun! Wer eine solche Situation beim Briefeschreiben in Word erlebt hat, wird gemerkt haben, dass die Datei nach dem Absturz wiederhergestellt wurde und maximal die letzten zehn Minuten der Arbeit verlorengegangen sind, <u>sofern die Datei schon einmal unter einem Dateinamen abgespeichert worden war!</u>

<u>Daraus folgt, dass jeder beim Eröffnen einer neuen Datei diese generell sofort unter einem Namen abspeichern sollte!</u>

Wird am Ende diese Datei verworfen (gelöscht), ist das kein Verlust. Bleibt sie aber in Verwendung, kann ein „Absturz" nur die letzten 10 Minuten Ihrer mühsamen Arbeit vernichten. Alles andere ist in einer „Rettungsdatei" rechtzeitig vom System gespeichert worden und kann zum Wiederherstellen Ihrer Datei abgerufen werden.

Im Ordner {MATERIAL} habe ich für Sie schon etwas vorgearbeitet. Sie finden dort im Unterordner {Dateien} u.a. die Datei {Tests_VBA.xlsm} vor. Diese nutzen wir, um bestimmte syntaktische Lösungen zu erarbeiten und zu testen. Verschieben Sie deshalb die Datei aus dem Ordner {DATEIEN} in den Ordner {ÜBUNGEN}.
An dieser Stelle noch ein wichtiger Hinweis hinsichtlich der Dateiendungen. Ich habe für das Abspeichern einer Excel-Datei die Dateiendung **.xlsm** vorgegeben. Das bedeutet Excel-Arbeitsmappe mit Makros (m). Analog wäre das bei Word **.docm**.
Früher gab es nur Dateiendungen mit 3 Zeichen nach dem Punkt. Seit einiger Zeit sind nach dem Punkt auch 4 Zeichen möglich. Alternativ wäre .xlsx >> die Endung für eine Mappe ohne Makros .

Die 'Verlustquote' bei Abstürzen ist bei Word und Excel deshalb so gering, weil die Microsoft-Kollegen das sogenannte ‚Automatische Speichern' alle 10 Minuten in die Standardinstallation aufgenommen haben. (Das war nicht immer so, vor allem bei Excel nicht!) Damit ist jetzt diese Funktion generell vorhanden, sobald Office installiert ist.
Kontrollieren Sie aber nach, ob das auch zutrifft. Nutzen Sie folgende Aktionsfolge:

DATEI > Optionen > Speichern > AutoWiederherstellen-Informationen speichern alle > (Häkchen setzen, falls nicht vorhanden)

Die Zeit 10 Minuten könnten Sie ändern. Sie hat sich aber bewährt.

Schauen Sie sich zu allen Einstellungen, die bis hierher behandelt wurden, das *Video_T1_Vi1* aus der Buch-DVD mit dem Windows Media Player an. Schalten Sie dazu die Tonwiedergabe des Computers ein, denn die Videos habe ich kommentiert. Sie haben diese Videos von der Buch-DVD in Ihren Kurs-Ordner kopiert. Starten Sie diese besser von dort, nicht von der DVD.

4.4 Erster Kontakt mit der IDE von VBA

Zunächst rufen wir die IDE erst einmal auf den Bildschirm. Starten Sie Excel, das sich mit einer (oder drei) leeren Tabelle(n) zeigen wird.
Führen Sie jetzt bitte die folgende Aktionsfolge aus:

ENTWICKLERTOOLS > Visual Basic (Die IDE erscheint, aber noch anders als in Abb. 3)

Das ändern wir sofort. Zunächst werden wir die große graue Fläche füllen. Führen Sie bitte mit der kurzen Aktionsfolge weiter aus:

EINFÜGEN > UserForm

Die große graue Fläche wird weiß und eine gerasterte kleinere graue Fläche zeigt sich in der linken oberen Ecke, überschrieben in der blauen Titelleiste mit „UserForm1". Wenn bei Ihnen noch ein grauer Rand zu sehen ist, klicken Sie doppelt in die Titelleiste ganz oben, in der Sie lesen: „Mappe1 – Userform1(UserForm)".

Jetzt wird die Erscheinung auf Ihrem Bildschirm der Abb. 3 schon ähnlicher sein. Nur die Größe der UserForm1 wird bei Ihnen kleiner sein. Das rührt daher, dass ich die Größe der UserForm1 am rechten unteren Anfasser durch Ziehen verändert habe. Probieren Sie es ruhig einmal aus.

Warum bei VBA die Teilfenster (Funktion und Bezeichnung erläutere ich gleich) links und bei VB rechts angeordnet wurden, müssten wir wieder bei Microsoft anfragen. Es gibt keinen plausiblen Grund – und alles auf der gleichen Seite wäre besser. Da wir aber vorerst noch nicht zwischen IDE-VB und IDE-VBA hin- und herwechseln, ist die Seite egal. Funktionell hat es keinen Einfluss.
Sie werden auch noch einen Unterschied gemerkt haben.
Das kleine verschiebbare Teilfenster in der VBA-IDE mit einer Reihe von Symbolen – das ist die Werkzeugsammlung (Toolsammlung; Toolbox). Sie sieht im Vergleich zur VB-IDE etwas anders aus und nicht alle Symbole sind gleichermaßen vorhanden. Das ist eine der von mir schon einmal erwähnten Spezifika von VBA gegenüber VB. Wir nehmen es erst einmal zur Kenntnis. Sollte bei Ihnen die Werkzeugsammlung nicht zu sehen sein, führen Sie aus:

ENTWICKLERTOOLS > Visual Basic > ANSICHT > Werkzeugsammlung

(und schon erscheint sie, wenn zuvor eine UserForm eingefügt worden ist.)

Wenn jetzt die Werkzeugsammlung noch andere Bereiche verdeckt, ziehen Sie diese einfach mit der Maus in einen freien Bereich, damit Sie alle Bereiche sehen. (Falls es noch nicht geläufig ist – die Fenster werden zum Ziehen in der Titelleiste angefasst und mit gehaltener linker Maustaste gezogen.) Sehen Sie mehrere Fenster auf dem Bildschirm, ist die Titelleiste des aktiven Fensters blau, die der inaktiven sind grau oder blasser. Hineinklicken in die Titelleiste aktiviert ein Fenster und deaktiviert ein anderes. Es kann immer nur ein Fenster aktiv sein.
Testen Sie das, indem Sie abwechselnd in die Titelleisten klicken, z.B. Projekt-VBA-Projekt > die Titelleiste wird kräftiger blau, die anderen Titelleisten aber blasser. Jetzt klicken Sie in die Titelleiste von UserForm1 > diese wird kräftiger blau, die anderen blasser. Jetzt klicken Sie in die helle Titelleiste der Werkzeugsammlung >> sie wird aktiv und die von UserForm1 blasser. Aber diese wird nicht blau. Warum? Das müssen wir Microsoft fragen. Ich weiß es auch nicht, denke aber, es hängt damit zusammen, dass in der Werkzeugsammlung nichts verändert, sondern nur benutzt werden kann.
Und nun schauen wir uns diese VBA-IDE mal etwas näher an und ich erläutere die Teile, die wir danach unmittelbar brauchen werden. Andere werde ich zunächst nur nennen und viel später erst behandeln.

4.4.1 Einige Erläuterungen zur IDE von VBA

Wenn Sie die Aktionsfolgen nachvollzogen haben, sollten Sie jetzt die VBA-IDE so auf dem Bildschirm haben, dass Sie 9 Teilflächen sehen.

1. Die Titelleiste ganz oben mit der Beschriftung (*engl. Caption*): „Microsoft Visual Basic for Applications – Mappe1 – [UserForm1 (UserForm)]"
2. Darunter die Menüleiste mit speziellen Menüs
3. Darunter eine Symbolleiste mit speziellen Symbolen
4. Darunter am linken Rand oben ein kleines Teilfenster mit der Caption: „Projekt – VBA-Project" → das ist der Projektexplorer. Dieser dient, ähnlich dem Windows-Explorer, der Verwaltung ihrer Projektbestandteile in der Ordner-Struktur.
5. Darunter eine weiteres Teilfenster mit der Caption: „Eigenschaften – UserForm1" → das ist das Eigenschaftenfenster des Formulars (sh. Pkt. 7)
6. Rechts davon, die große weiße Fläche → ist das Designerfenster Ich nenne es im weiteren Buchtext kurz Designer.
7. In dieser Fläche oben links eine kleinere Fläche (grau, gerastert) mit der Caption: „UserForm"1 → das ist ein Formular, das ein Windows-Fenster wird.
8. Schließlich die verschiebbare Werkzeugsammlung. Die ordnet sich immer in der Nähe des Formulars an, sobald sie benötigt wird.
9. Unter dem großen Designerfenster ein schmales Fenster mit der Caption ‚Direktbereich'. Das dient zum direkten Testen von Programmtext und zum Entstören. Dazu später mehr.

Jetzt fügen wir noch einen 10. Bereich sichtbar hinzu, den wir eigentlich zuerst brauchen werden, ein allgemeines Modul (G).

Führen Sie dazu in der IDE folgende Aktion aus: EINFÜGEN > Modul

Ihre sichtbare IDE hat sich jetzt verändert, nicht wahr?

Statt des Formulars im Designerfenster sehen Sie nur eine große weiße Fläche, über der sich zwei Kombinationsfelder befinden, das linke mit dem Text (Allgemein), das rechte mit dem Text (Deklarationen). Die Listen der Kombinationsfelder sind noch leer. Die große weiße Fläche ist der → Quelltextbereich des Moduls.
Auch links im Projekt-Explorer hat sich einiges verändert – unter UserForm1 ist ein neuer Ordner mit dem Namen {Module} erschienen und darin befindet sich Modul1.
Im Eigenschaftenfenster darunter ist es leerer geworden und die Caption lautet jetzt: „Eigenschaften – Modul1"
Damit halten wir eine erste wichtige Aussage zur IDE fest:

Im Eigenschaftenfenster sind immer die Eigenschaften des aktiven Objekts zu sehen und zu bearbeiten.

Im vorigen Vorgang war das Formular das aktive Objekt – sie sahen dessen Eigenschaften im Eigenschaftenfenster.
Jetzt ist das Modul1 das aktive Objekt – Sie sehen seine Eigenschaften. Und das ist im Moment nur eine, sein Name.
Sie sehen auch, dass im Projekt-Explorer das aktive Modul1 markiert ist (etwas blass).
Jetzt schalten wir zur vorigen Ansicht zurück: Setzen Sie dazu bitte im Projekt-Explorer auf das Objekt UserForm1 einen Doppelklick. Das Bild, das Sie jetzt auf Ihrem Bildschirm haben, müsste der Abb. 5 gleichen, allerdings ohne die Pfeile und den Erklärungstext zu diesen.
Falls Sie das im Buch nicht gut erkennen können, öffnen Sie die Abbildung 5 von der Buch-DVD und skalieren Sie diese größer.

(Falls das nicht gelungen ist, wiederholen Sie bitte alle Aktionen von Anfang an. Schließen Sie vorher Excel und starten Sie es dann neu.)

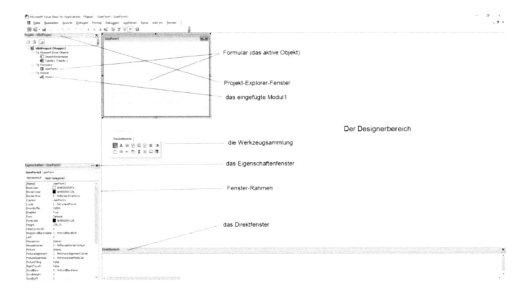

Abb. 5: Die VBA-IDE mit einem Formular und einem allgemeinen Modul

Schauen Sie sich jetzt bitte einmal die IDE etwas genauer an. Die Rahmen der Teilbereiche gehen ineinander über. Prüfen Sie das, indem Sie den Rahmen, der in Abb. 5 mit Fensterrahmen bezeichnet ist, mit der Maus nach rechts und dann wieder zurückziehen. Sie stellen fest, dass beide Teilfenster links vom Fensterrahmen gleichzeitig verändert werden. Das wird als

verankerte Fenster

bezeichnet.

Die Verankerung lässt sich auch lösen, wenn ein Fenster vergrößert bzw. allein verschoben werden soll. Aber das Lösen empfehle ich nicht, denn es ist fast unmöglich, den Ausgangszustand wieder herzustellen.

Das, was jetzt angezeigt wird, sind noch längst nicht alle Bereiche der IDE. Sie finden alle im Menü ANSICHT wieder. Zudem sehen Sie dort die Bezeichnungen nachstehender weiterer IDE-Bereiche, die ich vorerst nur nenne.

- Objektkatalog
- Direktfenster
- Lokal-Fenster
- Überwachungsfenster
- (Und weitere)

In der folgenden ersten Erklärung zur Nutzung der IDE-Bereiche werde ich nur das Direktfenster mit einbeziehen. Die anderen heben wir uns für später auf.
(Hier noch einmal eine Bemerkung zu meiner Methodik:
Ich erkläre immer die Elemente dieses riesig großen Entwicklungssystems, die für die unmittelbar folgende Arbeit gebraucht werden. Damit müssen Sie nicht gedanklich verarbeiten, was vielleicht nur selten oder nie gebraucht wird. Allerdings müssen Sie damit leben, in der weiteren Folge Nachträge zu Ihren Notizen zu machen, die weiter vorn stehen. Wir werden also Bekanntes ständig ergänzen und erweitern. Diese Methode, Wesentliches und Unwesentliches zu trennen, hat sich im Unterricht bewährt!)

4.4.2   Sinn und Zweck der wichtigsten Teilbereiche der IDE

Die drei Leisten im oberen Bereich kennen Sie aus anderen Programmen. Sie haben analoge Funktionen.

4.4.2.1 Der Projekt-Explorer

Er ist wie der Windows-Explorer als hierarchisches System von Ordnern mit entsprechendem Inhalt aufgebaut. Oberstes Objekt dieser Hierarchie ist die Excel-Arbeitsmappe selbst → Mappe1 im Beispiel.
Sie haben mit dem Projekt-Explorer Überblick über die Hauptobjekte Ihres Programmierprojektes, verwalten diese hier und können zwischen ihnen hin- und herschalten (das nennt man navigieren). Explorer kommt von to explore → untersuchen, erforschen.

Beim Öffnen einer neuen Excel-Arbeitsmappe ist die IDE nicht zu sehen. Sie wartet arbeitsbereit im Hintergrund darauf, aufgerufen zu werden. In erster Linie benutzt man in Excel die Tabellen-Objekte – das ist Hauptsinn und -zweck von Excel. Eine neue leere Arbeitsmappe startet zunächst mit einer leeren Tabelle (früher drei; die Anzahl ist jetzt einstellbar). Sie sehen diese zuerst im Tabellenfenster am unteren Bildrand im Arbeitsmappenregister, bei Aufruf der IDE dann noch einmal im Projekt-Explorer im Ordner {Microsoft Excel Objekte}. Weitere Objekte gibt es anfangs hier nicht. Sie erinnern sich, dass wir sowohl das Formular als auch das Modul1 über das Menü EINFÜGEN zusätzlich in das Projekt eingefügt haben. Das System legt die erforderlichen Ordner selbst an, sobald eine neue Objektart in das Projekt eingefügt wird. Auf ähnlichem Wege lassen sich Objekte auch entfernen – aber mindestens ein Objekt muss im Projekt verbleiben!

Betrachten Sie bitte den oberen Teil des Projekt-Explorers. Dort befindet sich unter der Titelleiste eine kleine Symbolleiste mit drei Symbolen. Das ganz rechte sollte aktiviert sein, denn dann sind die Ordnersymbole zu sehen. Sollten Ihre Ordner einmal verschwunden sein, wurde sicher versehentlich hier geklickt. Klicken Sie erneut und die Ordner sind wieder sichtbar.

Wichtiger sind die beiden Symbole links davon. Das mittlere zeigt Ihnen beim Anklicken das jeweilige Objekt, das linke den zum Objekt gehörigen Quelltextbereich.

Prüfen Sie das, indem Sie zunächst auf UserForm1 doppelklicken. Sie sehen dann wieder das Formular mit seinen Eigenschaften. Zeigen Sie jetzt mit der Maus auf das ganz linke Symbol von diesen drei. Zeigen heißt, die Mauscursorspitze darauf zu platzieren, aber noch nicht zu klicken. Wenn Sie einen Augenblick warten, erscheint ein Tooltip, also ein kurzer Text im gelben Feld. In diesem Fall lautet er „Code anzeigen". Zeigen Sie jetzt mit der Maus auf das mittlere Symbol. Der Tooltip meldet „Objekt anzeigen".

Und jetzt zeigen Sie wieder auf das linke Symbol und klicken es an. Im Designerbereich verschwindet das Objekt, die weiße Fläche zeigt sich wie anfangs beim Einfügen des allgemeinen Moduls und darin zeigen sich oben mindestens 2, eventuell auch 3 Textzeilen, deren Schrift verschiedene Farben hat, etwa so:

```
Option    Explicit  'diese  Zeile   ist   entstanden  durch  die   Aktivierung   der
                      'Variablendeklaration gemäß Video_T1_Vi2
Private Sub UserForm_Click()

End Sub
```

Schauen Sie sich hier schon einmal das *Video_T1_Vi2* an. Am Anfang finden Sie die Erklärung zur Zeile Option Explicit.

Durch das Hin- und Herschalten in der IDE kommt es garantiert dazu, dass das System im Quelltextbereich des Formulars den leeren Prozedurkörper für das Klick-Ereignis des Formulars anlegt.

```
Private Sub UserForm_Click()
```

Den Text nehmen wir erst einmal nur zur Kenntnis. Wichtig zu wissen ist, dass diese Objekte des Projekt-Explorers alle einen gesonderten Bereich haben, in dem Programmtext für dieses Objekt eingetragen werden kann. Dieser nennt sich wiederum Modul.

Hier haben wir es leider mit einer Mehrfachverwendung des Wortes Modul zu tun. Obwohl die Grundbedeutung eigentlich Baustein (modulare Bauweise) ist, wird er hier verwendet, um generell einen Bereich zu bezeichnen, in dem Programmtext erzeugt und gespeichert wird. Es gibt also ein Modul für jedes Formular und auch für jede Tabelle. Eigentlich auch für jedes allgemeine Modul, aber das ist doppelt gemoppelt, denn das ist es selbst. Sie werden gleich sehen, was das bedeutet.

Klicken Sie bitte zuerst im Projektexplorer doppelt auf die Tabelle1. Das Modul der Tabelle 1 erscheint, wahrscheinlich völlig weiß oder maximal mit der Zeile „Option Explicit". Dass Sie sich im Modul der Tabelle1 befinden, erkennen Sie nur daran, dass diese im Projekt-Explorer schwach markiert ist.

Das ist eine gemeine Fehlerquelle!

Sie können sich ganz schnell im Modulbereich eines falschen Objektes befinden und dort Quelltext erzeugen. Das passiert z.B., wenn der Doppelklick nicht kommt und Sie im vorigen Objekt verbleiben. Überzeugen Sie sich immer im Projekt-Explorer, dass Sie im richtigen Modul stehen!

Wenn Sie jetzt im Modul einer Tabelle stehen, klicken Sie im Projekt-Explorer auf das Symbol oben Mitte (Objekt anzeigen). Jetzt haben Sie die Tabelle selbst vor Augen. Kontrollieren Sie unten im Arbeitsmappenregister, welche es ist.

Wie kommen wir denn zurück in unsere IDE ?

Entweder so wie am Anfang (die Aktionsfolge steht weiter vorn), einfacher aber über die Task-Leiste von Windows, denn dort erscheint die IDE als eigenständiger Task (G). Sie ist mit Microsoft Visual Basic und einem Symbol beschriftet. Irgendwo daneben finden Sie als weiteren Task das Excel-Symbol und die Beschriftung „Microsoft Excel-Mappe". Mit diesen beiden Buttons in der Task-Leiste können Sie schnell zwischen Tabellenfenster und IDE-Fenster hin- und herschalten!

Gehen Sie in den IDE-Bereich zurück und klicken Sie jetzt im Projekt-Explorer noch einmal doppelt auf Modul1 und schauen Sie dann bitte auf das Symbol für „Objekt anzeigen". Dieses Symbol ist jetzt abgeblendet, es lässt sich nicht betätigen. Das liegt daran, dass ein allgemeines Modul keine Oberfläche hat. Das klingt etwas befremdlich, denn natürlich sehen Sie Flächen auf dem Bildschirm. Leider ist dies wieder ein Problem der lebendigen Sprache, die gleichen Wörtern unterschiedliche Bedeutungen zuweist. Hier steht Oberfläche für ein grafisches Objekt. Halten wir hier fest:

Die Oberfläche zum Modul des Formulars ist das Formular selbst. Die Oberfläche für das Tabellen-Modul ist die Tabelle selbst und ein allgemeines Modul hat keine Oberfläche.

Dass das allgemeine Modul trotzdem immense Bedeutung hat, werden wir noch häufig feststellen. Nebenbei bemerkt sind auch das wieder nicht alle Objekte, die in einem Projekt Verwendung finden können. In VBA-Excel gibt es ein weiteres, das

<u>Klassenmodul (G)</u>. Schauen Sie bitte in das Menü EINFÜGEN. Dort sind sie alle versammelt. (Vorab: In Visual Basic 2017 gibt es noch viel mehr!)
Wir werden es vorerst hauptsächlich mit den drei Erstgenannten zu tun haben.

Jetzt ist es endlich an der Zeit, aufzuklären, was es mit der Zeile „Option Explicit" auf sich hat!

höre ich Sie wieder denken. Da haben Sie recht.

Sie haben weiter vorn eine immens wichtige Funktion eingeschaltet, die Sie vor vielen Fehlersituationen bewahren wird, und sich einen Zwang zur <u>Variablendeklaration</u> (G)_selbst auferlegt. Das ist bisher noch nicht behandelt worden und erfolgt auch nicht gleich. Die Voraussetzung ist aber geschaffen.

<u>Die explizite Variablendeklaration ist eine Möglichkeit, sich vor vielen Fehlern zu bewahren. Sie sollte in jedem Projekt aktiviert sein!</u>

Die Option ist nicht sofort wirksam, sondern erst beim Einfügen eines weiteren Objekts. Fügen Sie deshalb, wie schon einmal, ein allgemeines Modul in Ihr Projekt ein. Wie das geht, finden Sie weiter vorn. Der Modulbereich dieses Modul2 zeigt jetzt die Zeile „Option Explicit". Falls Sie ein Projekt verwenden wollen, bei dem einige Modulbereiche diese Zeile noch nicht haben, sollten Sie diese jeweils ergänzen. Besser wäre es, das Projekt zu verwerfen und ein neues zu beginnen, in dem die „Option Explicit" von Anfang an aktiviert ist. Übrigens reicht es, diese im Editor(G) einmal zu aktivieren. Sie ist dann solange für alle Projekte aktiv, bis der Haken wieder entfernt wird – und das ist nicht zu empfehlen!

Schauen Sie sich dazu das *Video T1_Vi2* noch einmal an, welches das bisher Beschriebene zeigt und zusammenfasst.

4.4.2.2   Das Eigenschaften-Fenster

Unterhalb des Projekt-Explorers befindet sich das Eigenschaftenfenster. Es ist eines der wichtigsten Fenster. Alle Eigenschaften eines Objektes sind hier aufgelistet. Bis jetzt habe ich Ihnen nur die Hauptobjekte der IDE vorgestellt, aber es gibt noch viel, viel mehr. Im Eigenschaftenfenster können Sie die Eigenschaften eines beliebigen aktiven Objekts zur Kenntnis nehmen, aber auch neu festlegen, sofern das gestattet ist. Meistens ist es gestattet. Sie tun das erstmalig, während Sie Ihr Projekt gestalten und programmieren, also in der IDE entwerfen. Deshalb wird diese Phase auch als <u>Entwurfszeit(G)</u> bezeichnet. Sie können aber auch dann die Eigenschaften noch beeinflussen, wenn Ihr Programm schon läuft. Beispielsweise könnte sich aus Effektgründen eine Schriftfarbe von Schwarz auf Rot ändern, wenn z.B. (da sei Gott vor!) ein Kontostand negativ würde (rote Zahlen!). Diese Änderung müsste dann Ihre Programmierung realisieren, während das Programm läuft. Diese Phase wird als Laufzeit(G) bezeichnet.

Jedes Objekt hat seinen ganz eigenen Satz von Eigenschaften. Viele Eigenschaften sind bei unterschiedlichen Objekten gleich (z.B. Schriftfarbe bei Objekten, die beschreibbar sind), andere sind extrem unterschiedlich und spezifisch. Wieder ein Fakt, der uns intensiv beschäftigen wird.

Schauen wir uns deshalb an dieser Stelle einmal eine Eigenschaft des Formular-Objekts an und ändern diese als Übung zur Entwurfszeit.

Gehen Sie bitte in die IDE und wählen Sie das Formularobjekt aus. (Klick in die blaue Titelleiste.) Ich schreibe jetzt generell über die IDE von Excel.

Links unten zeigt sich das Eigenschaftenfenster des Formulars Falls es nicht aktiv ist, wählen Sie das Register ‚Alphabetisch' aus. Schauen Sie jetzt bitte das Eigenschaftenfenster aufmerksam an und suchen Sie in der linken Spalte die Eigenschaft ‚Caption'. Weiter vorn habe ich Ihnen diese Eigenschaft allgemein schon vorgestellt – es ist eine Beschriftung (oder Überschrift).

Die Caption unseres Formulars wurde vom System vorgegeben und zwar mit „UserForm1". Schauen Sie in die Titelleiste, dort können Sie sie lesen. Schauen Sie in die rechte Spalte des Eigenschaftenfensters neben Caption, dort steht ebenfalls „UserForm1". Und hier können Sie die Caption ändern. Klicken Sie deshalb in die linke Seite (Caption) doppelt, um die Schrift rechts zu markieren, und überschreiben Sie sie dann mit „Hauptformular". Noch während Sie schreiben, können Sie in der Titelleiste des Formularfensters beobachten, wie sich die Caption-Eigenschaft ändert.

Sie haben soeben zur Entwurfszeit die Caption-Eigenschaft eines Formular-Objekts verändert!

Analog geschieht das mit allen anderen Eigenschaften auch. Bearbeitet werden müssen aber nur die, die für Ihr Programm von Bedeutung sind! Manche Eigenschaften brauchen Sie nicht einmal zur Kenntnis zu nehmen.

Der Satz von Eigenschaften, den jedes Objekt mitbringt, ist quasi seine Standardausstattung. Wenn nichts verändert wurde, gelten also die Standard-Einstellungen der Eigenschaften zu jeder Zeit, also auch zur Laufzeit des Programms. Wird eine Eigenschaft aber zur Laufzeit verändert, gilt diese Änderung nur für diesen Programmlauf. Nach Programm-Ende, es ist dann quasi wieder Entwurfszeit, gilt zunächst wieder die Standardeinstellung, bis erneut geändert wird. Viele Einstellungen werden bereits beim Entwurf geändert. Das wird als Voreinstellung bezeichnet.

Abschließend noch zur Vervollständigung:

In der linken Spalte des Eigenschaftenfensters stehen die Bezeichnungen der Eigenschaften (auch Eigenschaftsnamen genannt), in der rechten die Inhalte oder

Werte (Values). Die Inhalte (Werte) sind wesentlich. Sie können über ihre Bezeichnungen (Namen) im Programm angesprochen und benutzt (gelesen, d.h. ausgewertet, oder festgelegt, d.h. verändert) werden. Das ist einer der Vorzüge der objektorientierten Programmierung, den ich weiter vorn in diesem Buch schon einmal erwähnt habe.

4.4.2.3   Der Designer-Bereich (Formulardesigner)

Der große Bereich rechts in der IDE muss von Bedeutung sein, sonst hätten ihm die Microsoft-Kollegen nicht so viel Fläche zur Verfügung gestellt.

Ist er auch, denn hier werden Sie Ihre Bildschirme gestalten, die der Benutzer Ihres Programms während des Programmlaufes zu sehen bekommt. Das ist der Bereich, der durch das Wort VISUAL zu Basic hinzugekommen ist. Hier arbeiten Sie also sehend (visualisiert) mit Grafik-Objekten, hauptsächlich mit denen der Werkzeugsammlung. Sie können also optisch die Gestaltung vornehmen, wo die armen Programmierer früherer Zeiten mühsam nur mit alphanumerischen Zeilen jede Funktionalität erzeugen mussten. Das kleine Fenster links oben im Designer-Bereich – das Wort Bereich lasse ich künftig weg und schreibe nur noch Designer – ist das erste Fenster Ihres Programms, deshalb habe ich es auch bei der Übung mit der Caption-Eigenschaft in „Hauptformular" geändert. Es könnte der Anfangs-Bildschirm sein, der nach Programmstart erscheint, muss es aber nicht. Ich werde Ihnen noch zeigen, dass das Programm mehrere Startmöglichkeiten hat.
Das soll es zunächst zum Designer gewesen sein. Wir kommen zwingend wieder darauf zurück. Halten wir zunächst fest:

Der Designer ist der Bereich der IDE, in dem sehend (visualisiert) die Gestaltung von Fenstern (Bildschirmen) des künftigen Programms vorgenommen wird.

4.4.2.4   Der Modul des Formulars

Erinnern Sie sich bitte an den Begriff der Oberfläche. Sie haben mit dem Formular die Oberfläche eines künftigen Bildschirms vor sich. Das ist auch logisch, denn die ist im Programmlauf zu sehen.
Es muss also noch etwas geben, was unter der Oberfläche verborgen ist.
Ganz richtig: Das ist der Modul-Bereich des Formulars – Sie haben ihn schon kennengelernt.

Klicken Sie also bitte doppelt in die graue, gerasterte Fläche des Formulars – und voilà – die Modulfläche, die unter der Oberfläche versteckt war, kommt hervor und zeigt etwas Text, den das System erzeugt hat. Sollte bei Ihnen die **Option Explicit** schon wirksam sein, steht sie noch darüber. Das sieht ungefähr so aus, wie hier unten dargestellt. (Weiter vorn hatten wir das schon einmal.)

Option Explicit

Private Sub UserForm_Click()
End Sub

Mit diesen Texteinträgen müssen wir uns bald erstmalig befassen, denn schließlich haben Sie ein Recht, zu erfahren, was hier eigentlich vor sich geht.

Vorerst tun wir aber etwas, was die Übersichtlichkeit erhöht. Ich habe Ihnen gezeigt, dass Sie oft nur sehen, in welchem Modul Sie gerade arbeiten, wenn Sie im Projekt-Explorer das aktivierte (markierte) Objekt suchen.

Tragen Sie bitte ganz oben im Modul eine zusätzliche Zeile ein. Gehen Sie dabei so vor, wie Sie es von der Textverarbeitung gewöhnt sind. Sie werden bemerken, dass fast alle wichtigen Textverarbeitungsfunktionen zur Verfügung stehen.

Schon wieder ein Pluspunkt für VBA / VB.

Tragen Sie dort bitte folgende Textzeile ein (Achtung, es geht mit einem Apostrophzeichen los!):

MODUL DES HAUPTFORMULARS

Wenn Sie diese Eingabe mit ENTER oder Mausaktion beendet haben, muss der eingegebene Text eine grüne Farbe bekommen haben.

Sie haben soeben einen Kommentartext im Modul eines Formulars eingetragen.

Kommentartext erscheint in den Quelltextmodulen **grün**, sofern die Standardeinstellungen nicht verändert wurden. Kommentar muss immer mit einem Apostrophzeichen beginnen. Ausführbarer Quelltext, der in einer Zeile **hinter** einem Kommentar steht, wird ebenfalls als Kommentar behandelt und **nicht ausgeführt!**

Wenn eine ausführbare Quelltextzeile kommentiert werden soll, muss der Kommentar rechts hinter dem Quelltext stehen (oder in der Zeile darüber quasi als Überschrift).

Kommentare sind insofern wichtig für das Programmieren, als dass sie einem Lesenden kurz erklären, was der Quelltextabschnitt bewirken soll. Dieser Lesende können Sie selbst sein, denn nach einiger Zeit wissen Sie oft selbst nicht mehr, warum Sie gerade diese programmiertechnische Lösung gewählt hatten. D.h., es kann für den Moment sein, dass Sie Ihr eigenes Programm nicht mehr verstehen.

Schwer wird es in der Regel, zu verstehen, was ein Fremder programmiert hat. Vor allem dann, wenn dieser kaum oder schlecht kommentiert hat.
Ich gebe hiermit eine wichtige Empfehlung:

Kommentieren Sie immer ausführlich und gut verständlich,

was eine bestimmte Quelltextzeile bewirkt. Sie müssen lange nicht jede Zeile kommentieren, denn oft ist das bekannt oder sofort klar zu erkennen. Aber eine gefundene syntaktische Lösung, die Sie verwenden wollen, sollten Sie schon kommentieren. Auch ganze Überschriften über einem Quelltextabschnitt sollten Sie verwenden, wie z.B. ' hier beginnen die Berechnungen (**Apostroph Text!)**
Wie Sie im Beispiel gesehen haben, eignen sich Kommentare auch als Überschriften und Zwischenüberschriften. Dann steht in der Zeile überhaupt kein ausführbarer Quelltext, sondern nur Kommentar. Erinnern Sie sich, ich hatte Kommentare zu den Anweisungen gezählt. Diese gelten nicht dem Computer, sondern dem Leser. Der „Übersetzer" (Interpreter / Compiler) übergeht Kommentare einfach, als wären diese im Quelltext nicht vorhanden.
Jetzt testen wir am eingegebenen Text einmal, was das System macht, wenn ein Syntaxfehler verursacht wird. Einleitend habe ich angekündigt, dass das System Alarm gibt und Sie veranlasst, den Fehler sofort zu korrigieren.
Überzeugen Sie sich, dass die eingefügte Kommentarzeile außerhalb der beiden Zeilen steht (ich habe ganz oben noch über Option Explicit empfohlen). Also so:

```
` MODUL DES HAUPTFORMULARS
Option Explicit
Private Sub UserForm_Click()

End Sub
```

Löschen Sie jetzt das Apostrophzeichen und setzen Sie einen Klick irgendwo in die Fläche. Beobachten Sie, was nach Verlassen der Zeile geschieht. → Der Kommentartext hat die Farbe zu Rot gewechselt und ein kleines Fenster erscheint, das meldet: "Fehler beim Kompilieren". Rot ist die Signalfarbe für Alarm. Das System sagt Ihnen, dass hier etwas nicht stimmt.
Jetzt fügen Sie bitte den Apostroph wieder ein, um die Ordnung wieder herzustellen.
Fügen Sie jetzt bitte einen weiteren Kommentar ein und zwar zwischen den beiden Zeilen, in denen sich das Schlüsselwort Sub befindet. Ergänzen Sie wie unten dargestellt:

```
` MODUL DES HAUPTFORMULARS

 Option Explicit
Private Sub UserForm_Click()
```

` Hier beginnt Quelltext der Prozedur UserForm_Click

End Sub

In Ihrem Quelltextmodul befindet sich jetzt schon Quelltext. Es gibt aber noch keine ausführbaren Zeilen. Trotzdem kann das begonnene Programm schon etwas ausführen, nämlich das, was es vom System mitbekommen hat. Es kann das noch leere Hauptformular als Fenster anzeigen und wieder schließen. Das werden wir anschließend machen.

Sie lernen bei dieser Gelegenheit kennen, wie der Programmierer seinen Quelltext testen kann, indem er ihn „laufen lässt", also in die Laufzeit-Phase geht.

Schauen Sie sich diesbezüglich die Symbolleiste in der IDE an. (ENTWICKLERTOOLS> Visual Basic > (Symbolleiste oben)

Sie finden dort drei Symbole auf Buttons in grüner und blauer Farbe, die Sie von Ihrem Videorecorder oder Audiorecorder kennen, nämlich Start, Pause und Stopp. Hier heißen sie

- ▷   Sub / UserForm ausführen   (Start also)

- ‖   Unterbrechen   (Pause also) und

- ▪   Beenden   (Stopp also)

              (Ich werde immer Start, Pause und Stopp schreiben!)
Suchen Sie diese, indem Sie mit der Maus darauf zeigen. Es lohnt sich, sich diese Schaltflächen gleich zu merken. Für die Tastatur-Freaks: Schauen Sie in das Menü AUSFÜHREN. Dort finden Sie sowohl die Symbole noch einmal als auch die Tastenkürzel dazu. F5 sollten wir uns also merken für den „Schnellstart".

Jetzt gleich der praktische Test mit Hinweis auf eine Tücke, die von Anfang an bekannt sein sollte.

a)   Aktivieren Sie das Objekt UserForm1 (IDE zeigt das Formular in der
     Entwurfsphase).
b)   Klicken Sie auf den Button für Start oder drücken Sie F5.

In der Mitte des Bildschirms erscheint Ihr leeres Hauptformular, jetzt ohne Raster, sondern so, wie es sich für ein ordentliches Windows-Fenster gehört. Das würde für alle Zeiten so bleiben, wenn Sie nichts tun, denn das ist das Einzige, was Ihr

Programm bisher kann. Es bleibt in der Laufzeit stehen und wartet auf eine Handlung des Benutzers.

Das Einzige, was der noch machen kann, ist, auf das Schließkreuz oben rechts zu klicken. Tun Sie das! Das Programm beendet die Laufzeit und die IDE meldet sich entwurfsbereit wieder zurück.

Jetzt folgen einige Aktionen, um Systemreaktionen zu veranschaulichen. Zunächst wird der letzte Vorgang noch einmal etwas anders realisiert:

a) Klicken Sie auf den Button für Start oder drücken Sie F5.
b) Wechseln Sie unten in der Task-Leiste zurück zur IDE und schauen Sie die 3 Buttons an (Start, Stopp, Pause).
Der Start-Button ist abgeblendet, denn das Programm läuft noch (es ist Laufzeit).
c) Klicken Sie jetzt den Pause-Button: Der Start-Button wird aufgeblendet, der Pause-Button wird abgeblendet, alles in der Laufzeit. Das Programm wurde nur angehalten. Bitte merken Sie sich das für später.
d) Zeigen Sie mit der Maus auf den Start-Button: Der Tooltip meldet jetzt ‚Fortsetzen‘, denn das Programm wartet.
e) Klicken Sie auf Start: Das Hauptformular in der Mitte zeigt sich wieder.
f) Wechseln Sie erneut in der Task-Leiste zur IDE zurück, klicken Sie auf Pause.
g) Doppelklicken Sie jetzt im Projekt-Explorer alle Objekte, außer UserForm1.

Wie Sie feststellen werden, lassen sich so im Haltemodus die Modulbereiche der anderen Objekte anzeigen, um eventuell eine Textstelle zu kontrollieren.

Klicken Sie aber doppelt auf das aktive Objekt, wird die Laufzeit beendet und das System kehrt in die Entwurfsbereitschaft zurück → im Fachjargon heißt das: Das Projekt wird zurückgesetzt.

Wiederholen Sie den Vorgang von a) bis d).
Klicken Sie jetzt auf den dritten Button → Stopp: Das Projekt wird zurückgesetzt.

An diesem Punkt liegt eine kleine Tücke versteckt, die aber erst später wirksam werden wird. Es ist nichts Gefährliches, Sie werden sich anfangs nur wundern.

Bei einem Fehler hält Ihr System automatisch an. Es befindet sich dann im Haltemodus, so, als hätten Sie selbst den Pause-Button gedrückt. Da das System einen Fehler meldet, könnten Sie versucht sein, irgendwo im Quelltext Änderungen vorzunehmen. Das System gibt dann nur einen Beep (Pieps- oder Ping-Ton) von sich und es rührt sich nichts. Sie müssen dann erst in der IDE den Stopp-Button drücken, damit das System zurücksetzt. Dann können Sie nach Herzenslust wieder ändern.

Jetzt machen wir bewusst einen Fehler, um eine weitere Reaktion des Systems zu veranschaulichen.

Entfernen Sie den Apostroph vor der Zeile ` Hier beginnt die Prozedur UserForm_Click
und beenden Sie die Aktion, indem Sie mit der Maus hinter End sub klicken.

Abb. 6 : Eine Fehlermeldung

Es erscheint dieser Dialog, die Zeile wird rot und ein Wort in der Zeile wird blau markiert sein.
Hier beginnt die Prozedur UserForm_Click

Wenn Sie jetzt den Button [Hilfe] klicken, tritt die Hilfe erstmalig in Erscheinung mit dem Thema :
„Erwartet: <Verschiedenes>"

Lesen Sie diesen Text ruhig einmal durch, auch, wenn Sie noch nicht alles verstehen. Auf jeden Fall versucht das System, in der Zeile ohne Apostroph ein Quelltextelement zu finden, das eine Aktion auslöst. Das gibt es aber hier nicht. Deshalb werden Vermutungen angestellt, woran dies liegen könnte. Immer kann also die Hilfe die wahre Fehlerursache nicht finden. In diesem Fall müssen Sie selbst überlegen, woran es liegt. Prüfen Sie dann die Möglichkeiten, die dieses Hilfethema anführt.
Hier wissen wir es → der Apostroph fehlt. Setzen Sie ihn wieder rein.
Ehe ich in einem weiteren Abschnitt etwas zu den Schriftfarben und weiteren Zusammenhängen erläutere, zur Abrundung erst noch ein paar Worte zum allgemeinen Modul.

4.4.2.5   Das allgemeine Modul

Sie wissen jetzt schon, dass das allgemeine Modul auch dazu da ist, wie auch die Objekt-Module Quelltext aufzunehmen. Er selbst hat aber keine eigene Oberfläche. Während die Objekt-Module (Module der Fenster oder Tabellen) i.d.R. Quelltext aufnehmen, der zum Objekt gehört, nimmt das allgemeine Modul Quelltext auf, der

nicht einem Objekt zugeordnet werden kann oder soll → allgemeinen Quelltext also. Das Ganze ist nicht ganz so streng zu sehen. Vermischungen sind dort zulässig, aber es gibt sogar einige Fälle, in denen spezieller Quelltext in einem allgemeinen Modul stehen **muss** oder in einem Objekt-Modul **nicht stehen darf**. Ich nenne vorab ein Beispiel: Öffentliche Deklarationen (G) müssen in ein allgemeines Modul eingetragen werden. Nun wissen Sie aber weder, was ‚Öffentlich' ist, noch was ‚Deklarationen' sind → Ich sagte es doch, besser erst nennen und erklären, wenn es gebraucht wird. Jetzt brauchen wir beides noch nicht. Sie dürfen es erst noch einmal vergessen.
(Diejenigen, die es schon wissen, mögen mir die Feststellung nachsehen!)

Übrigens: Es gibt auch Programme, die gar keine eigene Oberfläche brauchen, so wie früher bei Basic. Und so werden wir auch mit Quelltexterzeugung in einem allgemeinen Modul beginnen. Nicht jetzt sofort, aber gleich nach der Abrundung dieses Teils nach der abschließenden Erläuterung des Editors im übernächsten Abschnitt.

4.4.2.6   Das Direktfenster der IDE

Das Direktfenster wird beim Start der IDE nicht unbedingt sofort zu sehen sein. Sie müssen es aufrufen, dann blendet es sich unterhalb des Designers als relativ schmaler Streifen ein. (Klick auf das Schließkreuz blendet es wieder aus.) Führen Sie in der IDE aus:

ANSICHT > Direktfenster > (Direktfenster blendet sich ein)

Das Direktfenster hat einen englischen Namen, der nicht sinngemäß übersetzt ist. Dort heißt es Debug oder Debug-Fenster. Wie so vieles in der Programmierung, ist ein solches Fenster auch ein Objekt, ein Fenster-Objekt eben. (Ich gewöhne Sie an die Objektdenkweise, indem ich die Begriffe einfach verwende. Erst viel später folgt noch eine genaue, programmiertechnische Definition der Objekte. Aber schon hier können Sie sich merken, dass so ziemlich alles ein Objekt ist – es wimmelt nur so von Objekten).

Das Debug-Fenster repräsentiert also das Debug-Objekt. Das ist ein besonderes Objekt.

Das Debug-Objekt, repräsentiert durch das Debug-Fenster (Deutsch: Direktfenster), dient der Entstörung und Erprobung von Programmtext.

Wieso denn nun Debug, das gibt es doch im Englischen gar nicht?

Debug nicht, aber Bug gibt es. Bug ist Wanze, Käfer, Motte, Ungeziefer. Dahinter steckt eine wahre Computer-Geschichte, die zur Anekdote wurde. Hier ist sie:

In den ersten Groß-Rechnern wurden noch elektromechanische Relais verwendet. Das sind elektromagnetische Schalter mit Kontakten. Eines dieser Computer-Ungetüme funktionierte eines Tages nicht mehr. Nach intensiver Suche fand ein Techniker zwischen den Kontakten eines Relais eine tote Motte. Einen Bug also, der den Kontakt isoliert hatte. Nach Entfernen des Bugs arbeitete der Großrechner wieder. Das Entfernen dieses Hardware-Fehlers erhielt die Bezeichnung <u>Debugging</u> (Fehlerbeseitigung).
Später wurde das auch auf Software-Fehler übertragen und ein Fehler im Programm ist auch ein Bug. Seine Beseitigung wird auch als Debugging bezeichnet.
So kamen die Motten in die Computer ☺

Sie ahnen garantiert, warum das kleine Fenster unten Debug-Fenster heißt. Hier können Bugs gesucht bzw. vermieden werden, indem kurzerhand Quelltext direkt ausgetestet wird, ehe er in das Programm aufgenommen wird. Deshalb auch die deutsche Bezeichnung ‚Direktfenster'.

An dieser Stelle folgt eine kleine Übung mit dem Direktfenster. Wir werden die PRINT-Methode im Debug-Fenster anwenden (auf das Debug-Objekt..., über dem Debug-Objekt...→ alles ist richtig. Ich verwende das Verständlichste: im Debug-Fenster, wende damit natürlich die Methode auf das Debug-Objekt an, denn in dem befinde ich mich. Wundern Sie sich bitte nicht, wenn Sie in anderen Büchern andere Formulierungen finden.)

Schreiben Sie im Direktfenster nachstehenden Programmtext zeichengenau (∪ ist die Leertaste; Sie erinnern sich?)

Debug.Print∪8*4   Beenden Sie die Eingabe mit [ENTER]

Und in der nächsten Zeile des Debug-Fensters erscheint lakonisch das Ergebnis der Multiplikation von: 8*4 = 32 und das stimmt augenscheinlich.

<u>Sie haben soeben eine Multiplikation mit Programmtext im Debug-Fenster kennengelernt und dabei beiläufig auch den Multiplikations-Operator, dargestellt durch</u>

<u>das</u> * <u>-Zeichen.</u>

Dieses Sternchen, das als Mal-Zeichen bei Multiplikationen verwendet wird, heißt englisch <u>Wildcard</u>, weil es auch als Jokerzeichen bzw. Ersatzzeichen verwendet wird. Es repräsentiert in der Computeranwendung häufig auch unbekannte Zeichen.

Sie erinnern sich sicher an *.xls → alle Excel-Arbeitsmappen. Das Wildcard steht hier als Ersatzzeichen (Platzhalter) für alle Arbeitsmappen-Namen.

Oben aber ist es der <u>Multiplikations-Operator</u>.

Gleich noch eins drauf. Ersetzen Sie im Direktfenster das Debug.Print durch ein Fragezeichen, also so: ? 8*4   >[ENTER].
Sie erhalten das gleiche Ergebnis → 32.
Hier haben wir es mit Uralt-Guthaben von Basic zu tun. Schon seit Ur-Basic-Zeiten lässt sich das Schlüsselwort <u>PRINT</u> durch <u>?</u> ersetzen → ein Kürzel also. Hier ersetzt es gleich das ganze Debug.Print, aber nur im Debug-Fenster. Sobald Sie es im Quelltext-Modul verwenden, muss es ausgeschrieben werden!
Das Debug-Fenster ist nicht die einzige Möglichkeit, um Quelltext zu entstören. Das Debugging wird durch eine größere Anzahl weiterer Funktionen in diesem Software-Entwicklungssystem unterstützt. Sie finden diese im Menü TESTEN. Wir verwenden sie, sobald sie gebraucht werden.

Der Vollständigkeit halber nenne ich noch eine zweite Methode des Debug-Objektes,
<u>Debug.Assert</u>. Diese hält die Prozedur an, aber sie benutzen wir zunächst nicht.

Haben Sie gemerkt, dass der gesamte Quelltext im Debug-Fenster schwarz blieb? Das wird sich nicht ändern, sondern wird dort immer so sein. Über die Schriftfarben in den Quelltext-Modulen erfahren Sie im übernächsten Abschnitt mehr.

4.4.2.7 Der Editor

Der Begriff dürfte Ihnen nicht neu sein. Es ist ein Programm bzw. Programmteil, mit dem etwas editiert werden kann (engl. to edit → bearbeiten, redigieren). Textverarbeitungs-Software wird häufig auch als Text-Editor bezeichnet.
Hier in unserem VB / VBA ist es der Programmteil, der die Textverarbeitung des Quelltextes unterstützt. Er hat nicht so viele Funktionen wie ein großer Text-Editor (z.B. Word), sondern so viele, wie hier gebraucht werden, um Quelltext komfortabel zu bearbeiten.

Probieren Sie es einfach aus. In einigen Fällen gebe ich noch Hinweise.
Wesentlich ist, dass bestimmte Eigenschaften des Editors verändert werden können. Einmal haben wir es schon getan, als wir die ‚Option Explicit' aktivierten. Jetzt schauen wir ihn uns ganz bewusst an. Er versteckt sich im Menü EXTRAS der IDE. (Im Tabellenbereich gibt es auch ein Menü EXTRAS → dort suchen Sie den Editor vergebens! Achten Sie also auch auf doppelt vorkommende Menünamen.)

<u>Übrigens:</u> Inkonsequent wird manchmal die ganze IDE als Visual Basic-Editor bezeichnet. Das ist zwar sinngemäß nicht falsch, begrifflich aber wieder eine Mehrfachverwendung. Nun, wir werden damit leben können.

Führen Sie folgendes in der IDE durch:

EXTRAS > Optionen > Register Editor

Die Aktionsfolge führt Sie zu den Haupteinstellungen des Editors. Allgemein sind alle Check-Boxen mit Häkchen versehen, außer der ‚Option Explicit'. Der Grund ist wiederum unbekannt. Wir haben das Häkchen gesetzt.

Diese Funktionen muss ich nicht erklären. Sie können, wenn Sie wollen, den Hilfe-Button drücken und sich die Erklärungen durchlesen. Das muss aber für das weitere Verständnis jetzt nicht sein und belastet nur den Kopf. Ich überlasse es Ihnen. Sobald eine dieser Funktionen bedeutsam wird, gebe ich eine Erklärung dazu.

Schalten Sie jetzt in das benachbarte > Register: Editorformat um.

Hier könnten Sie hauptsächlich Änderungen an der Schriftgestaltung vornehmen.
Beispielsweise könnten Sie die Farben der einzelnen Quelltext-Arten verändern, was ich nicht empfehle (Kommentar haben wir schon kennengelernt, der ist grün): Ich verwende in diesem Buch die Standardfarben. Es kann sinnvoll sein, Schriftart und -größe zu verändern. Gut lesbar ist im Editor die Schriftart Courier New in der Größe 10.
Das ist ein guter Kompromiss zwischen der Länge einer Textzeile und der Lesbarkeit.
Welche Schriftgröße Sie für Ihr System einstellen, hängt aber auch von der Bildschirmauflösung ab, die Sie verwenden. Ich gebe hier die Empfehlung:

<u>So klein wie möglich und so groß wie nötig.</u> Sie werden merken, dass es vorteilhaft ist, wenn in einer Zeile viel Quelltext untergebracht werden kann.

4.4.2.7.1 Die Schriftfarben im Editor

In der Gruppe Code-Farben oben links finden Sie ein Listenfeld mit den Bezeichnungen der einzelnen Quelltextarten. Quelltext wird im Englischen mit ‚Code' bezeichnet (Beginners All Purpose Symbolic Instruction **Code** → Basic).

Wenn Sie einen Listeneintrag durch Anklicken auswählen, sehen Sie darunter die verwendete Schriftfarbe und im Gruppen-Rahmen ‚Beispiel' das, was der Name sagt.
Schauen Sie sich die Farben nacheinander bitte aufmerksam an.

Das gilt hier für die ganze Aufzählung.

- Markierungstext (blau unterlegt),
- Kommentartext (grün),
- Syntaxfehlertext (rot)
- Schlüsselworttext (blau) und
- normalen Quelltext (schwarz)

haben Sie in den Beispielen schon gesehen. Die anderen wiederum erkläre ich, wenn deren Zeit gekommen ist. Sie sehen aber bereits an unseren kleinen Beispielen, dass diese Farbgebung die Lesbarkeit der Programme immens erhöht. Damit wird die Fehlersuche wesentlich erleichtert. Folgen Sie der Empfehlung und lassen Sie diese Farben unverändert.

Das soll zum Editor vorerst genügen.

Jetzt ist das Werkzeug zurechtgelegt und neues hinzugekommen → Jetzt können wir zu ersten praktischen Handhabungen übergehen.

4.5 Der Makro-Recorder von VBA

Eigentlich müsste ich schreiben: die Makro-Recorder von VBA. Leider gibt es, wie so oft bei Microsoft, Unterschiede, die m.E. nicht sein müssten. Die gibt es auch wieder zwischen dem Makro-Recorder von Excel und dem von Word. Das ist zwar nicht gravierend, zwingt aber den Anwender, sich Unterschiede zu merken. Nun gut, das wirft uns nicht aus der Bahn. Wir beginnen mit dem von VBA-Excel.

Speichern Sie die bisher benutzte {Mappe1.xlsm} mit neuem Namen {Startprojekt.xlsm} im Ordner {ÜBUNGEN} ab und schließen Sie diese.
Öffnen Sie eine neue Mappe und speichern Sie diese sofort im Ordner {ÜBUNGEN} mit dem Namen {Makro_Excel.xlsm} ab. Schreiben Sie in Zelle A1 der Tabelle1 den Text:
Das ist der erste Beispieltext für das Kennenlernen des Makro-Recorders.

Als Excel-Experte wissen Sie, dass Text in Excel-Zellen über den Zellrahmen hinaus erscheint, wenn die Nachbarzelle(n) leer ist / sind.

Formatieren Sie die Zelle"A1" in Schriftart Arial 12 um.

Führen Sie bitte nachstehende Aktionen aus:

a) Gehen Sie zur Excel-Tabelle1 > in die Zelle „A1" > [Enter] (Cursor steht in „A2")
b) ENTWICKLERTOOLS > Makro Aufzeichnen > (ein Dialog wird eingeblendet) → Abb. 7:

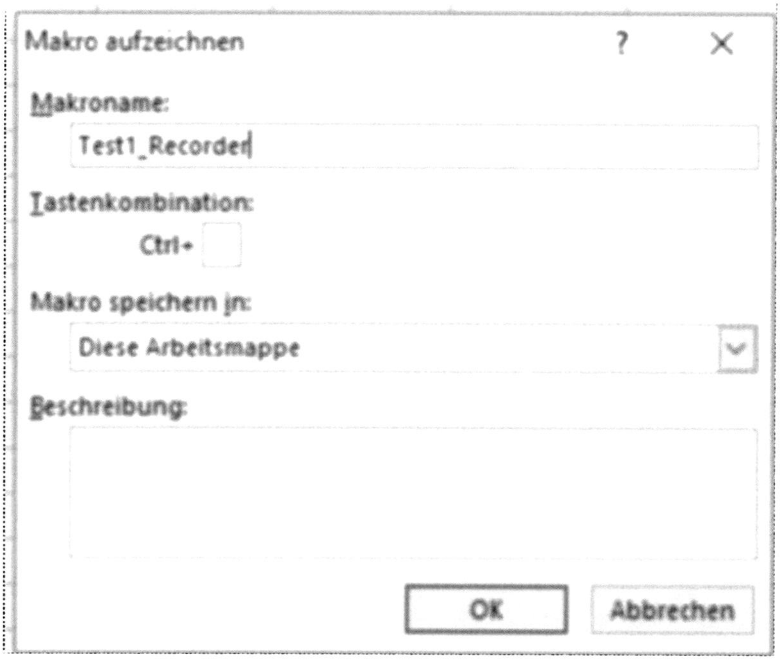

Abb.7: Dialog ‚Makro aufzeichnen'

Ändern Sie den Makronamen in Test1_Recorder (hier im Bild schon erfolgt) und klicken Sie auf [OK] > Der Dialog wird ausgeblendet und der Text am Button in der Symbolleiste von ENTWICKLERTOOLS hat sich in „Aufzeichnung beenden" geändert.
D.h. der Benutzer muss jetzt Aktionen per Eingaben machen, die der Recorder aufzeichnen soll. Das machen Sie bitte wie folgt:

c) Setzen Sie den Zellcursor wieder in die Zelle "A1".
d) START > Schriftschnitt:Fett > Klick (Fett wird gesetzt) > Farbe:Rot > Klick (ändert Schwarz in Rot).
e) ENTWICKLERTOOLS > ‚Aufzeichnung beenden' > Klick > (Text des Buttons ist wieder "Makro aufzeichnen" geworden).

In der Zelle „A1" wurde das alles sofort ausgeführt. Der Schriftzug wurde rot gefärbt und fett formatiert.

Bevor wir das erzeugte Makro auswerten und neu ablaufen lassen, müssen wir in der Excel-Tabelle erst den alten Zustand wieder herstellen, diesmal ohne Makro-Recorder.

Zellcursor in Zelle „A1", dann:

f)   START > Schriftschnitt:Fett > Klick (Fett wird zurück gesetzt) > Farbe:Schwarz
     > Klick (ändert Rot in Schwarz)
Im Ergebnis hat alles wieder Standardformat und der Zellcursor steht in „A2".

Jetzt können wir uns das Objekt unserer Begierde, das neue Makro, anschauen.

Der Makro-Recorder hat in die IDE ein neues allgemeines Modul eingefügt und dort
hinein das Makro geschrieben. Wenn Sie nachschauen, müssten Sie den Text, der
hier mit Listing T1_1 bezeichnet ist, so oder ähnlich vorfinden. (Abweichungen durch
Excel-Version möglich).

```
Sub Test1_Recorder()
'
' Test1_Recorder Makro
'
    Range("A1").Select
    Selection.Font.Bold = True
    With Selection.Font
        .Color = -16776961
        .TintAndShade = 0
    End With
End Sub
```

Listing T1_1: Das erste erzeugte Makro

Ich werde dieses Listing dann rückübersetzen und dabei gleichzeitig grundlegende
Sprachelemente erläutern. Doch vorher müssen wir uns erst noch überzeugen, ob
das Makro auch arbeitswillig ist. Setzen Sie in Zelle „A1" erst alles von Hand auf die
alten Werte zurück (Calibri 11, Farbe schwarz).

Gehen Sie in die Tabelle zurück und führen Sie aus:
ENTWICKLERTOOLS > Makros > (Dialog Makro erscheint)

Der Dialog zeigt alle vorhandenen Makros mit ihren Namen an. Hier haben wir nur
einen, mehr sind noch nicht erzeugt.
Klicken Sie zunächst den Button [Ausführen.

Der Effekt wird Sie überwältigt haben!
Das Makro funktioniert. Die Schrift ist wieder fett und rot, der Cursor umrahmt Zelle
„A1".

Jetzt die Erklärung des Listings:

Das Makro beginnt mit dem Schlüsselwort Sub. Das stammt vom Begriff Sub-Procedure, was so viel wie Unterprogramm bedeutet. Alle Makros werden also als Sub-Prozeduren (G) aufgeschrieben, genau so, wie wir in der weiteren Folge verfahren werden, wenn wir „von Hand" programmieren. Wir werden also unseren Quelltext hauptsächlich in Sub-Prozeduren ablegen. Damit ist gesagt, dass es noch andere Bereiche geben muss! (Später mehr.)

Schauen Sie gleich das Ende des Listings an: End Sub (muss nicht erläutert werden).

Die Zeilen Sub ProzedurName und End Sub begrenzen also den Prozedurkörper.

Würden die Zeilen dazwischen gelöscht, wäre die Prozedur leer (leerer Prozedurkörper). Sie werden in der weiteren Folge noch merken, dass Ihnen das System auch hier hilft, indem es leere Prozedurkörper für Sie anlegt, sobald Sie eine ganz bestimmte Programmierhandlung beginnen. Sie brauchen dann ihren Quelltext nur noch dazwischen zu setzen. (Nur noch?!)

Die Kommentarzeilen sprechen für sich. Leerzeilen können Sie mittels Apostroph, aber auch völlig ohne Zeichen erzeugen. Leerzeilen erhöhen oft die Lesbarkeit. Vom System werden sie ignoriert.

Erste Listingzeile:
Range("A1").Select
Range (Deutsch: Bereich usw.) ist ein Objektbezeichner (ObjektName) für das Bereichs-Objekt. (Bezeichner-Text ist schwarz, sh. Textfarben)

Das Argument zum Bereich „A1" bezeichnet den Bereich näher und wird in einem runden Klammernpaar ohne Leerzeichen direkt hinter den Objektnamen geschrieben.

Dieses Argument ist ein String (Zeichenfolge), deshalb wird es in Anführungszeichen gesetzt. Die gesamte Syntax Range(„A1") spricht also das Objekt (Zelle „A1") an und zwar in absoluter Adressierung. Gleich hier schon: Für die Programmierung „von Hand" ist die absolute Adressierung ungeeignet, aber der Makro-Recorder verwendet diese. (Sie ahnen, dass wir die relative Adressierung lernen müssen, aber das hat vorerst noch Zeit.)

Es folgt der Punkt, den ich ab sofort nicht mehr extra groß und fett mache, sondern im gleichen Format wie die Schrift schreibe.

Nach dem Punkt folgt das Wort Select. Es handelt sich um die Select-Methode (Deutsch: Auswählen). Die Select-Methode wählt ein Objekt aus, indem sie es markiert.

Hier ist zu beachten, dass das Markieren unterschiedlich erfolgen kann. Bei Excel ist ein Zelle-Objekt bereits markiert, wenn der Zell-Cursor darin steht. Im

Allgemeinen erfolgt eine blaue Hinterlegung als Markierung. (Dazu folgt noch ein Beispiel in Word.)

Hier haben wir ein Musterbeispiel für eine Grundregel:

1. Grundregel der VB-/VBA-Programmierung

In der Syntax, mit der Objekte benutzt werden, steht immer zuerst ein konkretes Objekt. Danach folgt ein Punkt und danach entweder eine Eigenschaft des Objekts, die verändert oder gelesen wird, oder eine Methode, die auf das Objekt angewendet wird.

Also :   Objektname Punkt Objekteigenschaft
oder
        Objektname Punkt Methode

Daraus folgt u.a., dass ein Objektname nie allein stehen kann. Eine Zeile PRINTER wäre falsch.

In unserem Beispiel stand nach dem Objekt eine Methode, die Select-Methode.

Vorab schon einmal: Eine Methode ist eine Aktion, die ein Objekt ausführt oder die mit einem Objekt von statten gehen kann. Die Betonung liegt auf Aktion → Es geschieht etwas.

In unserem Beispiel wird die Zelle „A1" ausgewählt. Prüfen Sie das noch einmal, indem Sie den Zellcursor in Tabelle 1 irgendwohin setzen und danach das Makro noch einmal laufen lassen. Vergessen Sie nicht, vorher alles wieder auf Standardwerte zu formatieren.

Wie Sie feststellen konnten, steht dann der Zellcursor wieder in Zelle „A1", die Select-Aktion hat stattgefunden und „A1" ist umrahmt, also markiert.

Nächste Listingzeile:
Selection.Font.Bold = True

Unsere Objektspezifizierung ist hier Selection.Font
Selection   → (deutsch Auswahl)
Font   → (deutsch Schriftart)

Selection ist ein Objekt → das Auswahl-Objekt. Es bezeichnet also allgemein jede Markierung, sobald eine existiert. In Excel ist immer (auch zufällig) irgendeine Zelle, auch eine leere, umrahmt. Das ist dann das Selection-Objekt. Wird in Word ein Stück Text oder in Excel ein Tabellenbereich markiert, repräsentiert das Selection-Objekt genau diese Markierung. Das Selection-Objekt ist also ein vielgestaltiger Geselle.

Font ist hier eine Eigenschaft, nämlich die Eigenschaft „Schriftart" des Auswahlobjektes.

Die Schriftart soll auf FETT (engl bold) gesetzt werden, es muss also eine Zuweisung für das Objekt Selection.Font erfolgen, also Auswahl.Schriftart. Das erfolgt mit weiterer Spezifizierung auf Auswahl Punkt Schriftart Punkt Fett, die aber im Moment noch nicht gilt, also falsch (false) ist, weil die Schrift noch nicht fett ist. Fett muss also erst zugewiesen werden, um damit wahr (true) zu werden. Das erfolgt mit = True (Erinnerung: = >> Zuweisungsoperator).

Selection.Font.Bold = True 'weist der gewählten Schriftart die Eigenschaft FETT zu.

Nächste Zeile
With Selection.Font

Das Schlüsselwort **With** (Deutsch: mit) eröffnet eine sogenannte Blockstruktur (G). Die Blockstruktur endet mit den Schlüsselwörtern **End With**. Weiter unten im Listing finden Sie das Blockende. Der Makro-Recorder als ordentlicher Programmierer hat den Block eingerückt. Das erhöht die Lesbarkeit des Quelltextes, deshalb sollten Sie das auch machen. (Es gibt noch weitere Blockstrukturen neben **With**.)

Die Übersichtlichkeit von Quelltext lässt sich durch Einrücken verbessern.

Der **With-Block** lässt zu, dass mit einem Objekt eine Reihe von Maßnahmen durchgeführt wird, die alle einzeln genannt werden müssen. Um nicht jedes Mal die ganze Objektspezifizierung wiederholen zu müssen, wird der With-Block mit der grundsätzlichen Syntax angelegt.

> **With** Objekt (Objekt ist hier das spezifizierte Objekt),
> d.h. mit dem Objekt, das spezifiziert wurde, die Liste der Blockanweisungen durchführen, die zwischen **With** und **End With** stehen
> **End With**

Vorab: Die Schriftart ist andererseits selbst ein Objekt. D.h. es gibt viele gleiche Bezeichner, die sowohl ein Objekt als auch eine Eigenschaft bezeichnen. In den ersten Lektionen Theorie werde ich diese Zusammenhänge erklären. Die ist also bald fällig, wie Sie hier feststellen werden.

Ausgewählt ist die Zelle "A1" in der Tabelle.

Diese hat als Objekt einen Satz Eigenschaften, den sie wie alle anderen Zellen auch von der Excel-Installation mitbekommen hat. Dazu gehören auch die Schriftart-Standardeigenschaften, gleichgültig, ob Text in der Zelle steht oder nicht. Sobald aber Text in die Zelle eingetragen wird, repräsentiert der Text die Zelle, bekommt also die Schriftart-Eigenschaften der Zelle übertragen, die damit erst sichtbar werden. Der Text ist selbst ein Objekt innerhalb des Objekts Zelle.

Ahnen Sie etwas? Die ersten Theorie-Lektionen werden alles aufklären.

Weiter in unserem Listing und in der Blockstruktur.

Ein unerfahrener Programmierer, als es der Makro-Recorder ist, hätte eventuell folgendermaßen programmiert:

```
Sub Test1_Recorder() '
    Range("A1").Select
    Selection.Font.Bold = True
    Selection.Font.Color = -16776961
    Selection.Font.TintAndShade = 0
End Sub
```

Das würde genauso funktionieren wie die Lösung des Makro-Recorders, aber sehen Sie, wo die Weitschweifigkeit liegt? In der ständigen Wiederholung der Objektspezifizierung Selection.Font → deshalb der With-Block.

Nächste Zeile
.Color = -16776961

Das ist wieder eine Zuweisung. Dem Selection.Font-Objekt, das schwarz ist, wird eine neue Farbe (Color), nämlich ein Rot, zugewiesen. Das ist in der Zahl -16776961 verschlüsselt. Ein Rot deshalb, da es viele Farbnuancen einer Farbe gibt. Wir hatten im Beispiel in START > eine rote Farbe angeklickt und die hatte zufällig diese Schlüsselzahl, die der Makro-Recorder abgeschrieben hat. Es gibt noch andere Methoden, um Farben zu bestimmen, nämlich mit RGB(Zahl Rot, Zahl Grün, Zahl Blau) und mit VB-Konstanten, wie z.B. vbRed für Rot.

Dabei wären RGB(255,0,0) oder vbRed ein sattes Rot. Dazu folgt dann gleich eine praktische Übung.

Nächste Zeile
                        .TintAndShade = 0

(Farbton und Schatten den Wert 0 zuweisen) Das ist verzichtbar, da sich mit Null nichts ändert. In der Übung werden wir das sehen.

Nächste Zeilen
End With beendet den With -Block
End Sub beendet die Prozedur

Damit ist das Makro rückübersetzt und Sie haben ziemlich viel Neues gesehen, was in der weiteren Folge oft wieder erscheint.

Jetzt zu praktischen Übungen zum ersten Makro:
Gehen Sie in die IDE und setzen Sie einen dblKlick auf das Modul (Doppelklick). Modul1 wird geöffnet und zeigt seinen Inhalt, der außer den Kopfzeilen nur aus der Subprozedur des Makro besteht.
Kommentieren Sie die Zeile .Color = -16776961 aus, indem Sie einfach einen Apostroph vor den Punkt setzen. Damit wird die Schrift grün und die Zeile zum Kommentar also unwirksam.

Setzen Sie jetzt darunter folgende neue Zeile
.Color= RGB(255,0,0) (den führenden Punkt nicht vergessen!)
Jetzt zeige ich Ihnen die nächste Startmöglichkeit (wie angekündigt).
Bleiben Sie in diesem Fenster, in dem das Makro-Listing steht, und klicken Sie oben den grünen Button [Start]. Es kann sein, dass die Reaktion sofort erfolgt, weil nur ein Makro im Modul vorhanden ist. Meist aber wird sich der Makrodialog mit mehreren Makros melden, von denen Sie einen markieren und mit dem Button [Ausführen] aktivieren müssen. Wenn Sie in die Tabelle gehen, sehen Sie, dass das Makro gearbeitet hat. Und die Schrift ist satt rot und fett.
Mit der neuen Methode, Farben zu setzen (RGB), ist die Sache nicht erschöpft. Es gibt noch eine, die ich schon seit langer Zeit benutze, die sogenannten Visual Basic-Farbkonstanten, wie z.B. vbRed für Rot, vbGreen, vbBlue usw.
Ändern Sie im Makro die Farbzuweisung nochmals in
.Color = vbBlue
und testen Sie das Makro nochmals. Die Schriftfarbe ist satt blau geworden.

Eine vorletzte Übung mit dem Makro:
Kommentieren Sie die folgende Zeile aus (Apostroph davor setzen)
'.TintAndShade = 0
Führen Sie ihn aus und schauen Sie in die Tabelle. Das Ergebnis ist das gleiche wie bisher – die Zeile ist verzichtbar.

Jetzt nutze ich das Makro dazu, Sie mit einer eleganten Form des Hilfe-Aufrufs vertraut zu machen. (Ihr PC muss online sein, denn die Hilfe kommt aus dem Web!)
Gehen Sie zum Text des Makros im Modul1 und setzen Sie den Cursor mitten in das Wort .Color.
Drücken Sie jetzt Ihre Taste F1 auf der Tastatur:
Nach kurzer Zeit sollte sich eine Internetseite mit der Hilfe zu COLOR zeigen wie in Abb. 8.

Font.Color-Eigenschaft (Excel)

26.04.2019 • 2 Minuten Lesedauer •

Gibt die Primärfarbe des Objekts zurück oder legt diese fest, wie in der Tabelle im Abschnitt mit den Hinweisen aufgeführt. Verwenden Sie die **RGB** -Funktion, um einen Farbwert zu erstellen. **Variant** mit Lese-/Schreibzugriff.

Syntax

Ausdruck. **Farbe**

Ausdruck Ein Ausdruck, der ein Font -Objekt zurückgibt.

Bemerkungen

Objekt	Farbe
Border	Die Farbe des Rahmens.
Borders	Die Farbe aller vier Rahmenseiten eines Bereichs. **Color** gibt 0 (Null) zurück, wenn die Farben unterschiedlich sind.
Font	Die Farbe der Schriftart.
Interior	Die Farbe des Innenbereichs der Zellen bzw. des Zeichnungsobjekts.
Tab	Die Farbe der Registerkarte.

Beispiel

In diesem Beispiel wird die Farbe der Teilstrichbeschriftungen auf der Größenachse auf Chart1 festgelegt.

Abb. 8 Ausschnitt aus der Hilfeseite zu Color im Internet

Schauen Sie sich diese ruhig komplett an. Sie finden den Hinweis auf RGB und auch ein Beispiel. Den „veralteten", aber bequemen Weg mit VB-Konstanten finden Sie nicht mehr, aber wir haben gezeigt, dass er noch funktioniert. (Abwärtskompatibilität).

Gleich noch ein zweites Beispiel für die Nutzung der Hilfe über F1 mit dem, was Sie schon gesehen haben. Fügen Sie in die Mappe {Makro_Excel.xlsm} ein Formular ein

ENTWICKLERTOOLS > Visual Basic > EINFÜGEN > UserForm > klick

Schauen Sie nochmals in das *Kapitel 4.4.2.2* (Eigenschaftenfenster) und gehen Sie hier in der IDE links oben in den Projektexplorer und setzen Sie einen dblKlick auf UserForm1 im Ordner {Formulare}. Damit wird links unten das Eigenschaftenfenster des Formulars aktiv.

Klicken Sie dort in der linken Spalte auf Font (rechts steht die augenblickliche Schriftart), Font wird markiert, und dann wieder [F1]. Sie erhalten Hilfe zu Font wie folgt (Abb. 9)

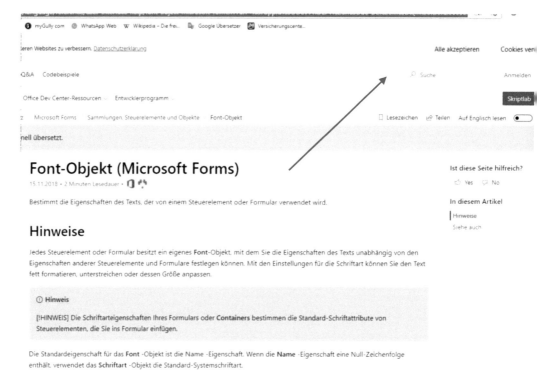

Abb. 9 Hilfe über [F1] zu Font im Eigenschaftenfenster

Da nicht immer ein Hilfethema gefunden wird, können Sie auf der Webseite auch die Suchfunktion nutzen Der blaue Pfeil in Abb.9 zeigt auf das Eingabefeld. Tragen Sie dort den Begriff ein, z.B. Range, und **[Enter];** aber **nicht** rechts daneben auf Anmelden klicken! Die Hilfe bietet Lösungen an. *Video_T1_Vi5*

Ausgehend von dem, was der Makro-Recorder „programmiert" hat, sind viele grundsätzliche Lösungen zu sehen, die aber nicht immer optimal sind, obwohl sie natürlich funktionieren. Dem Makro-Recorder muss man immer „den Weg zeigen", also meist Objekte anklicken, mit denen etwas geschehen soll. Oft ist der Makro-Recorder weitschweifig und schreibt Zeilen, die gar nichts bewirken. Die kann man getrost löschen. Trotzdem ist der M-Recorder eine gute Möglichkeit, sich

Programmierlösungen zeigen zu lassen, um diese dann selbst zu optimieren. Damit lernt man auf einfache Art, Lösungen zu sehen, zu denen man nur mit hohem Zeitaufwand selbst gekommen wäre.

Deshalb lautet die Devise: Vom M-Rekorder zeigen lassen und dann optimieren.

Gehen wir zu unserem Beispiel zurück:

Da man weiß, was in der Zelle „A1" passieren soll (Schrift fett setzen und einfärben), muss man die Zelle gar nicht markieren. Man spricht das Objekt „Schriftart" für die Zelle direkt an. Damit könnte man das Listing T1_1 wie folgt optimieren:

```
Sub Makro1_optimal()
    With Range("A1").Font 'Das Objekt ist sofort die Schriftart in "A1"
        .Bold = True 'Fett
        .Color = vbRed ' Schrift Rot
    End With
End Sub
```

Listing T1_1a : das optimierte Makro 1

Tragen Sie dieses Listing im Modul1 als zweites Makro ein und testen Sie es. Es funktioniert genau so, nur der Zellcursor wird nicht bewegt, da nichts markiert wird. Sie sehen, mit dem Makro-Recorder läuft es etwas anders, als wenn der Quelltext geschrieben worden wäre. Die Funktionalität ist allerdings die gleiche, deshalb ist der M-Recorder gut geeignet, Programmierschritte vorzuführen.

Aber noch etwas Wichtiges: Der Makro-Recorder ist manchmal auch ein „Schwätzer", denn er zeichnet auch Quelltext mit auf, der gar nichts bewirkt. Das rührt daher, dass manchmal der ganze Eigenschaftsatz des Objektes mit aufgezeichnet wird, also auch Eigenschaften, die in die augenblickliche Aufgabe gar nicht einbezogen sind. Funktionell macht das nichts, aber es bläht das Makro auf. Das ist nicht schlimm, denn in der Überarbeitung löscht man das aus dem Quelltext einfach heraus.

Deshalb abschließend folgendes neues (größeres) Makro:

Gehen Sie wieder in die Tabelle. Dort wird folgendes realisiert:

ENTWICKLERTOOLS > Makro aufzeichnen (bestätigen Sie den Namen Makro2)

START > (die 5 Aktionen abarbeiten)

- Zelle „A1" anklicken (auswählen; also markieren)
- Schriftart auf Tahoma ändern
- Schriftgröße auf 10 ändern
- Schriftschnitt auf Fett ändern
- Schriftfarbe auf Rot ändern, danach Aufzeichnung beenden!

Nun schauen wir mal, was der „Schwätzer" daraus gemacht hat. Sie werden staunen. **Das Listing T1_2 dazu** finden Sie im Kasten auf den nächsten Seiten. Der zweite Schritt ist hier etwas vorgezogen, da das Listing T1_2 eine ganze Seite benötigt.

Der Makroname kann bei Ihnen anders sein. Ändern Sie ihn einfach in Makro3. Daneben kommentiere ich im zweiten Kasten, was es bedeutet und wie man optimieren kann. Danach führen wir die Optimierung durch und zeigen, dass es trotzdem funktioniert, aber mit deutlich abgespecktem Quelltext. Mit dem, was wir löschen, lernen Sie aber weitere Eigenschaften kennen. Die müssen Sie aber nicht beherrschen und dürfen viele erst einmal wieder vergessen.

Allgemein gilt:
Wenn eine Zuweisung auf False (Falsch) lautet, kann die Zeile weg, es sei denn, sie war vorher true. Wenn eine xlKonstante auf None endet, gilt das Gleiche >> Zeile kann weg. Wenn ein Wert 0 (Null) zugewiesen wird > >ebenso.
Sie sehen, wie redundant der M-Recorder arbeitet.
Ich arbeite ihn jetzt zu Listing T1_2a um.

Was Sie in Listing T1_2a sehen, ist das, was von dem Ganzen übrig bleibt. Wir bringen es mit Kopieren und Einfügen wieder in das Modul1 und testen die Funktion. Nicht vergessen, vorher in der Tabelle alles wieder zurückzusetzen.

```
Sub Makro3a()
'Makro3a Makro

Range("A1").Select      'markieren „A1"
   With Selection.Font
   .Name = "Tahoma"     'Schriftart ändern auf Tah.
   .Size = 10      'Schriftgröße von 12 auf 10
   .Bold = True       'Schriftschnitt auf Fett
   .Color = vbRed      'Schriftfarbe auf Rot
   End With
End Sub
```

Listing T1_2a Das „abgespeckte" Makro3 als Makro3a

Sub Makro3()	Die verzichtbaren Zeilen markiere ich mit
' Makro3 Makro	X
Range("A1").Select	Bereich „A1" markieren erforderlich, also OK
With Selection.Font	Dieser gesamte erste With-Block ist redundant,
.Name = "Tahoma"	da sich zuerst nur die Schriftart auf Tahoma ändert
.Size = 12	X Größe 12 wird hier noch nicht geändert
.Strikethrough = False	X Wenn durchgestrichen falsch ist > keine Ändg.
.Superscript = False	X Wenn hochgestellt falsch ist, keine Änderung.
.Subscript = False	X Wenn tiefgestellt falsch ist, keine Änderung.
.OutlineFont = False	X Es ist keine Gliederungsschriftart
.Shadow = False	X Kein Schatten
.Underline =	X Unterstreichung keine
xlUnderlineStyleNone	
.ColorIndex = xlAutomatic	X Schriftfarbe Automatic ist schwarz > bleibt
.TintAndShade = 0	X Farbe und Schatten keine Änderung
.ThemeFont = xlThemeFontNone	X Keine Designschriftart
End With	X Blockende
With Selection.Font	Neuer Block beginnt
.Name = "Tahoma"	Bleibt, wenn der erste Block gelöscht wird
.Size = 10	Bleibt, denn hier wird die Größe reduziert
.Strikethrough = False	X Wenn durchgestrichen falsch ist, keine Ändg.
.Superscript = False	X Wenn hochgestellt falsch ist, keine Änderung.
.Subscript = False	X Wenn tiefgestellt falsch ist, keine Änderung.
.OutlineFont = False	X Es ist keine Gliederungsschriftart
.Shadow = False	X Kein Schatten
.Underline =	X Unterstreichung keine
xlUnderlineStyleNone	X Schriftfarbe Automatic ist schwarz > bleibt
.ColorIndex = xlAutomatic	X Farbe und Schatten keine Änderung
.TintAndShade = 0	X Keine Designschriftart
.ThemeFont = xlThemeFontNone	
End With	Blockende bleibt
Selection.Font.Bold = True	Fett setzen bleibt
With Selection.Font	Der dritte with-Block könnte in den 2. rein
.Color = -16776961	Farbe auf Rot bleibt
.TintAndShade = 0	X Farbe und Schatten keine Änderung
End With	Blockende bleibt
End Sub	Prozedurende bleibt

Listing T1_2 : Makro 3 und Änderungsvorschläge dazu (siehe vorherige Seite)
(Schrift hier verkleinert, weil die Seitenbreite nicht reichte)
Testen Sie in folgender Weise, damit Sie auch das richtige Makro verwenden:
In die Tabelle gehen und alles auf die Ausgangswerte zurücksetzen. Dann

ENTWICKLERTOOLS > Makros > (Auswahldialog für Makros wird wie folgt eingeblendet:

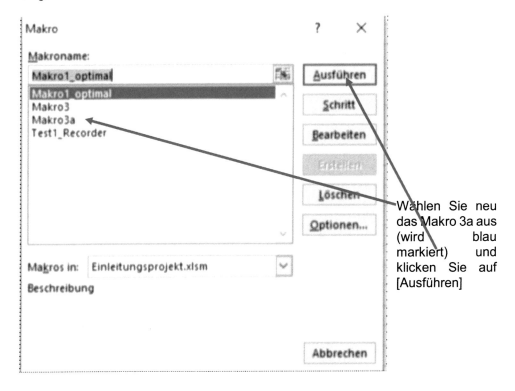

Abb. 10 Der Makro-Auswahldialog

Der Dialog wird ausgeblendet aus und die Wirkung des Makros wird in der Tabelle sichtbar.
Man sieht, dass das abgespeckte Makro 3a das Gleiche realisiert, wie das aufgeblähte Makro3.

Tipp von mir: Lesen Sie bei der Rückübersetzung das Objekt von hinten herein, z.B.:

With Selection.Font >>> Mit Schriftart.der Auswahl

oder
with Range(„A1").Font >> Mit Schriftart.des Bereichs(„A1") (mache folgendes denkt man sich dazu).

Wie Sie sehen, bewirken nur 4 Zeilen des Blockes eine Veränderung gegenüber der Standardschrift, der Rest ist Redundanz → der Makro-Recorder „schwätzt" und bläht damit den Quelltext auf!
Noch etwas haben Sie kennengelernt:

Mit dem Gleichheitszeichen wird keine Gleichheit festgestellt, sondern eine Zuweisung veranlasst. Das Gleichheitszeichen wird in der VBA /- VB-Programmierung auch als Zuweisungs-Operator bezeichnet.

Der Makro-Recorder hat also in dem Text vier Eigenschaften verändert → programmiertechnisch korrekt gesagt: Er hat den vier Eigenschaften neue Werte zugewiesen!
Die anderen hat er gelassen, wie sie waren. Diese anderen Zuweisungszeilen waren damit überflüssig, denn es waren die alten Einstellungen!

Damit müsste man diese Zeilen doch streichen können?
Ganz richtig, das haben wir auch gemacht (Sh. Listing 2a)

Vorher aber noch eine Erläuterung zu den Unterschieden bei den Zuweisungszeilen:

„Tahoma" ist ein String. Da Tahoma nichts anderes sein kann als Tahoma, also konstant bleibt, haben wir somit eine <u>String-Konstante</u> (korrekt: eine Konstante mit dem <u>Daten-Typ</u> (G) String) vor uns. Erinnern Sie sich an die Einleitung: Variable und Konstanten?

Schriftschnitt „Fett"   → String-Konstante
Schriftgröße 10   → Zahlenkonstante
Alle mit False   → <u>Bool'sche (G</u>) Konstante FALSCH

Unterstreichungsart xlUnderlineStyleNone → Excel-Konstante als Zahlenwert.
xlUnderlineStyleNone bedeutet also keine Unterstreichung und ist eine Zahl.
(*Wieso?* Höre ich Sie denken.)
Sie haben aufmerksam mitgearbeitet! Warten Sie bitte bis zur Theorie-Lektion und glauben Sie es mir im Moment. Es ist wirklich eine Zahl.

Schriftfarbe vbRed   → Farbkonstante für Rot: Auch als Zahlenwert 3 möglich:.Colorindex = 3 (.Colorindex ist eine weitere Möglichkeit, um Farben zu bestimmen)

Wenn es auch „Geschwätz" vom Makro-Recorder war, hatte es auch sein Gutes – Sie haben zumindest einige Eigenschaften des Schriftart-Objektes kennengelernt. Zwar ist noch einiges zu erklären, aber das Prinzip, wie eine Wertzuweisung an eine Eigenschaft erfolgt, müsste klar geworden sein!

Q.e.d – hätten die alten Römer jetzt gesagt: Quod erat demonstrandum (Was zu beweisen war)!

Speichern Sie jetzt die Excel-Mappe {Makro_Excel.xlsm} in dem von Ihnen am Anfang angelegten Ordner (VBA_VB_Kurs) endgültig im Unter-Ordner {ÜBUNGEN} ab.

Nach den bisher praktisch durchgeführten übungsmäßigen Handlungen in der VBA-IDE kommen jetzt die ersten Lektionen Theorie. Ich hatte es versprochen und muss es auch halten. Sie finden diese im Anhang A Theoretische Grundlagen. Arbeiten Sie die **Lektionen 1 – 4** intensiv durch, ehe Sie hier fortsetzen. (Vorher Lesezeichen setzen!)

Gratulation! Sie haben sich erfolgreich durch die ersten theoretischen Lektionen nach vorn gearbeitet und wissen jetzt schon so viel, dass Sie das Nachfolgende schon viel besser verstehen werden.

Bestimmt sind Sie neugierig, die Behauptungen, die ich noch ohne Beweis in meinen bisherigen Beispielen aufgestellt habe, auch in der Praxis bewiesen zu sehen.
Öffnen Sie bitte jetzt die Datei {Tests_VBA.xlsm} aus dem Unterordner {Dateien}, die wir gleich brauchen werden, und speichern Sie diese im Ordner {Übungen} wieder ab. Nutzen Sie diese fortan aus diesem Ordner heraus.

---

5. Erprobung der Beispiele in der IDE

5.1 Das Diagramm für die Investmentanlage
(Diagramm mit Makro erzeugen)

In Vorbereitung des Projektes „Investmentfond" soll jetzt in der Mappe {PROVVL.xlsm} ein Diagramm erzeugt werden, zunächst ohne Makro-Recorder. (Das ist noch reine Excel-Arbeit, die ich voraussetze.) Verschieben Sie dazu aus dem Ordner {MATERIAL}/{Dateien} die Datei {PROVVL.xlsm} in den Ordner {ÜBUNGEN}. Schließen Sie noch offene Excel-Dateien. Öffnen Sie dann {PROVVL.xlsm}. Diese enthält die Tabelle1_kpl mit 81 Zeilen echter Daten aus den 1990er Jahren sowie eine verkürzte Tabelle1 als Kurztab37 mit 37 Datenzeilen, die wir später benutzen werden. Benennen Sie zunächst die Tabelle1_kpl um in Tabelle1.
Darin ist jetzt eine Mehrfachmarkierung erforderlich.

Mein Tipp: Markieren Sie von unten her, weil sonst das Markierungsende schwer zu fixieren ist (die modernen Rechner sind einfach zu schnell!).

Hier geht es einmal nicht in einem Menü los! → Beachten Sie, dass Sie nicht zwischenklicken, sobald eine Markierung steht, denn dann ist die weg! **Tücke!**
Lesen Sie bei Schwierigkeiten evtl. bei Excel zum Thema Mehrfachmarkierung nach.

Aktionsfolge:

Klicken Sie in die Zelle der Tabelle1, in der Datum steht, damit eine eventuell noch vorhandene alte Markierung verschwindet.

- (Cursor in Zelle A"81") > (ziehen hoch bis „A5" (Datum)→ Spalte A ist markiert vom Ende bis „A5"). Achten Sie streng darauf, dass die Markierungen nur von der unteren Überschriftenzeile bis zum Ende der Zahlenkolonne gehen. Wird eine falsche Zelle markiert, scheitert die Diagrammerstellung!

- (Strg-Taste drücken und halten!) > (Cursor in Zelle G81) > (Ziehen hoch bis „G5") > (G ist zusätzlich markiert bis „G5" → [Strg] nicht loslassen !) > (Cursor in Zelle „I81") > (ziehen bis „I5") > (An dieser Stelle sind 3 Spalten markiert (Mehrfachmarkierung), die die Werte für das Diagramm bereitstellen.) >

- EINFÜGEN > Diagramme (ungefähr in der Mitte der Symbolleiste Einfügen sehen Sie die Diagramme > Zeigen Sie zunächst nur auf das mittlere Diagramm der ersten Spalte und lesen Sie den Tooltip ‚Liniendiagramm einfügen', dann klicken Sie darauf. >> (Es werden mehrere Möglichkeiten angeboten. Entscheiden Sie sich für das zweite von oben ‚Linie mit Datenpunkten'. Das Diagramm erscheint im Tabellenbereich als Shape in bestimmter Größe.
Jetzt ist die Grundlage für die Makro-Erstellung gegeben.

Löschen Sie das Diagramm erst noch einmal (Anklicken des Rahmens > [Del-Taste].)
Jetzt wird das Diagramm nochmals erzeugt und als Makro aufgezeichnet:

- ENTWICKLERTOOLS > Makro aufzeichnen > (Dialog: Makronamen ändern in Diagramm) > [OK]> a) bis d) der vorigen Aktionsfolge wiederholen > Diagramm fertig

- ENTWICKLERTOOLS > Aufzeichnung beenden (wird gern vergessen).

Im Projekt-Explorer der IDE müsste das Makro im Modul2 erschienen sein. (Modul1 wurde von mir für später vorbereitet.) Dieses allgemeine Modul2 wurde vom System automatisch eingefügt, um das erste Makro der Datei unterzubringen. Wenn Sie das Modul2 öffnen, finden Sie das Listing des neuen Makros vor.
Bei Ihnen könnte das Listing geringfügig anders aussehen, weil Ihre Aktionen eventuell ein wenig anders verlaufen sind als meine. Der Makro-Rekorder „fotografiert" genau, was Sie tun!
Wenn das Ergebnis stimmt, ist das unerheblich. Sie müssen ein Diagramm sehen, das dem in Abb.1, Seite 32 entspricht. Mein Listing 2 finden Sie gleich hier unten.

Noch ein Wort zu Tücken bei der Markierung:
Wenn Sie versehentlich am unteren Ende der Spalte eine leere Zelle mit markieren, haben Sie quasi einen Wert Null unten angefügt. Dadurch wird das Diagramm extrem verfälscht, wie in Abb. 11 zu sehen ist!
Ebenso darf oben nur eine Zeile Text mit markiert werden, hier Zeile 5. Wenn Zeile 4 mit markiert wird, gibt es ebenfalls Verfälschungen. Das ist Übungssache. Probieren Sie ruhig auch diese Fehler einmal aus. Fehler zu beseitigen, macht schlau.

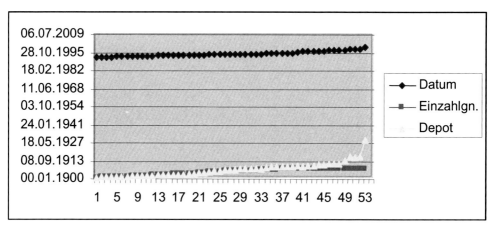

Abb. 11 Das durch falsche Markierung extrem fehlerhafte Diagramm

```
Sub Diagramm()
    '
'Diagramm Makro
    '
    Range("A5:A81,G5:G81,I5:I81").Select
    Range("I5").Activate
    ActiveSheet.Shapes.AddChart2(332, xlLineMarkers).Select
    ActiveChart.SetSourceData Source:=Range( _
"Tabelle1!$A$5:$A$81,Tabelle1!$G$5:$G$81,Tabelle1!$I$5:$I$81")
End Sub
```

Listing 2: Das für die Diagrammerstellung erzeugte Makro

Schauen Sie sich zu dem Thema Diagrammerstellung das **Video_T1_Vi6** an.

Ich nehme jetzt hier nicht sofort die Rückübersetzung vor, sondern erst dann, wenn ich Ihnen gezeigt habe, wie Sie das selbst machen können. Hier wird es schon wieder richtig spannend.

5.2 Die Hilfe für die Rückübersetzung verwenden

5.2.1 Die Hilfe-Syntax ins Deutsche übersetzen

Gehen Sie dazu in die IDE und zwar in das Modul zum Quelltext des Makros „Diagramm". Führen Sie das analog durch, was ich hier anhand meines Makros erkläre.

Wir benötigen dazu noch eine Möglichkeit der englisch-deutschen Übersetzung. Gut geeignet ist der Google-Übersetzer.

Wenn Sie noch kein Übersetzungsprogramm zur Verfügung haben, tut es zunächst auch ein Wörterbuch. Halten Sie also Ihren Übersetzungshelfer bereit, falls Sie es überhaupt nötig haben.

Wir beginnen:

Die erste Makrozeile spricht das Bereichsobjekt direkt an, da nur eine Tabelle da ist.

Wären mehrere Tabellen da, müsste geschrieben werden:

Sheets(„Tabelle1").Range(„A5 ....usw.). Vorher müsste die richtige Tabelle noch aktiviert werden: Sheets(„Tabelle1").Activate reicht hier aber.

1.   Makrozeile

Range("A5:A81,G5:G81,I5:I81").Select 'markiert 3 Spalten jeweils von Zeile 5 bis 81.

Beachten Sie, dass das Argument für Range in runden Klammern steht und die Spalten durch Komma trennt. Das Von_Bis wird durch Doppelpunkt realisiert.

2.   Makrozeile

Range("I5").Activate 'Zelle „I5" aktiviert kam aus der Markierung. Offensichtlich wurde zuletzt die Zelle("I5") geklickt >>> Zeile ist verzichtbar.

3.   Makrozeile

ActiveSheet.Shapes.AddChart2(332, xlLineMarkers) ' Im aktiven Tabellenblatt ein Diagramm vom Typ2 (Nr 332 , Excel-Konstante für Linie mit Datenpunkten) Shapes.AddChart2(….) einfügen.

4.   Makrozeile (fortgesetzt in Zeile 5)   Merken Sie sich mal diese Stelle vor

ActiveChart.SetSourceData Source:=Range(_
"Tabelle1!$A$5:$A$83,Tabelle1!$G$5:$G$83,Tabelle1!$I$5:$I$83")

Hier wird die Datenquelle gesetzt, d.h. es wird angegeben, wo die Daten für das Diagramm stehen. ActiveChart ist das aktive Diagramm, Punkt Setze die Datenquelle Leerzeichen Source:= Bereiche der Tabelle1(mit den 3 markierten Spalten)

Hier erfahren Sie gleich drei Neuheiten, die SetSourceData-Methode und einen **neuen Zuweisungsoperator**, nämlich

$$:=$$

Hier wird hinter der Methode SetSourceData die Quelle-Eigenschaft benannt und ihr direkt der Datenbereich mit diesem Zuweisungsoperator **:=** zugewiesen. Nehmen Sie es vorläufig einfach zur Kenntnis, später dazu mehr.

Und die dritte Neuheit?
Ich habe bei der vierten Makrozeile aufgefordert, sich diese Stelle vorzumerken. Der Pfeil zeigt auf einen Unterstrich. Das ist der

Zeilenfortführungsoperator
Ihm muss ein Leerzeichen voranstehen.

Der wird eingesetzt, wenn eine zusammengehörige Quelltextzeile nicht in die normale Zeile reinpasst, also zu lang ist. Das ist so ähnlich wie das Abteilen eines normalen langen Wortes. Hier wurde nach Range die ArgumentklammerAuf, ein Leerzeichen und der Zeilenfortsetzungsoperator noch auf der oberen Zeile geschrieben und der Rest des Arguments, einschließlich KlammerZu in die nächste Zeile. Das wird uns in der Programmierung noch oft begegnen.

Damit haben wir das Makro rückübersetzt. Ich zeige jetzt noch, wie man für die Rückübersetzung wieder die Hilfe über F1 einsetzen kann.
Aber warum machen wir eigentlich diese Rückübersetzung?

Nun, damit verstanden wird, was der Makro-Recorder „programmiert" hat, um damit Kenntnisse zu gewinnen, die wir für spätere eigene Lösungen einsetzen können. Meine Absicht ist, gleich nach dem nächsten Abschnitt mit diesem Makro den Schritt vom Makro zur eigenen Sub-Prozedur zu gehen, und das erfordert eine eigene Programmierung.

5.2.2. Mit dem Hilfe-System eigene Lösungen finden

Jetzt kündige ich Ihnen **einen der größten Hits** an, der mit der Hilfe machbar ist. Das ist der **Hauptschlüssel** → mit der Hilfe neue Lösungen für die Programmierung zu finden.

Ich zeige Ihnen zunächst, wie Sie aufklären können, was der Makro-Recorder „programmiert" hat. Gehen Sie dazu in das Makro für die Diagrammerstellung und setzen Sie den Cursor in AddChart2(.....). Drücken Sie dann Taste [F1]. Die Hilfe sollte via Internet die Erklärung für die Shapes.AddChart2-Methode liefern. Das müsste im oberen Teil des HTML-Fensters ungefähr so aussehen wie in Abb. 12.

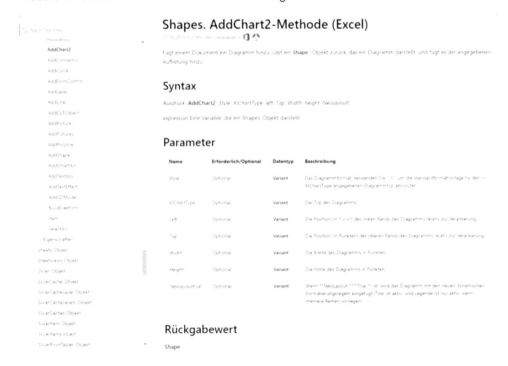

Abb.12 Eine Hilfeseite zur Shapes.AddChart2-Methode

Schauen Sie sich das Fenster auf Ihrem PC einmal genau an, auch wenn Sie Verschiedenes noch nicht verstehen. Oben finden Sie zwei Wörter, die blau gefärbt sind. Das bedeutet, dass dahinter ein neues Hilfethema steht, das zu dem augenblicklichen viele Bezüge hat.

Klicken Sie zunächst oben auf Shape. > Das sollte so aussehen wie in Abb. 13. (Ich bilde nur den oberen Teil ab, damit Sie sehen, ob es bei Ihnen klappt, und kopiere, worauf es mir ankommt, die **Beispiele**.)

Shape-Objekt (Excel)

25.04.2019 • 2 Minuten Lesedauer • ⬚ ⁙

Repräsentiert ein Objekt in der Zeichnungsschicht wie eine AutoForm, eine Freihandform, ein OLE-Objekt oder ein Bild.

Bemerkungen

Das **Shape** -Objekt ist ein Element der **Shapes** -Auflistung. Die Sammlung **Shapes** enthält alle Formen in einer Arbeitsmappe.

Abb.13 Kopf der Hilfeseite zum Shape-Objekt

Wenn Sie im Fenster nach unten scrollen, finden Sie mehrere Beispiele vor, wie Sie das Shape-Objekt in Ihren eigenen Programmen verwenden könnten.
Ein Bsp. davon hier:

Im folgenden Beispiel wird die Füllung für die erste Form in der Auswahl im aktiven Fenster festgelegt, vorausgesetzt, es ist mindestens eine Form in der Markierung vorhanden.

ActiveWindow.Selection.ShapeRange(1).Fill.ForeColor.RGB = RGB(255, 0, 0)
AktivesFenster.Auswahl.Objektbereich1.Ausfüllfarbe zuweisen Rot

Ich erwarte nicht, dass Sie diese Beispielsyntax schon jetzt allein verstehen, sondern will Ihnen zeigen, wie Sie Hilfe finden können, wenn Sie selbst mit eigenen Objekten arbeiten.

Leider gibt es nicht zu jeder Syntax Beispiele, aber mit der Zeit werden Sie lernen, aus Beispielen eigene Lösungen abzuleiten.

Abschließend folgt noch die zweite Hilfeseite für Shapes. (Sie merken, dass Shape und Shapes nicht ganz das Gleiche ist.) Klicken Sie auf das blaue Shapes.

Shapes-Objekt (Excel)

02.04.2019 • 2 Minuten Lesedauer • ⬚ ⁙

Eine Auflistung aller **Shape** -Objekte auf dem angegebenen Blatt.

Hinweise

Jedes **Shape**-Objekt stellt ein Objekt in der Zeichnungsebene, wie beispielsweise eine AutoForm, Freihandform, ein OLE-Objekt oder Bild, dar.

Ist diese Seite hilfreich?
○ Yes   ○ No

In diesem Artikel
Hinweise
Beispiel
Methoden
Eigenschaften
Siehe auch

Abb.14 Kopf der Hilfeseite zum Shapes-Objekt

So müsste der obere Teil der Internet-Seite dazu aussehen. Schauen Sie alles an und scrollen Sie nach unten. Ganz unten finden Sie alle Methoden und Eigenschaften für das Shapes-Objekt. Klicken Sie als weiteres Beispiel auf die letzte Methode SelectAll.
(Selection = Auswahl hatten wir im bisherigen Buchtext schon mehrfach.) Hier steckt das Wort to select wieder im Bezeichner der Methode, also >> wähle alles aus bzw. markiere alle. Auf diese Weise können Sie sich über die Hilfe Lösungen suchen, die zu Ihrem Programmier-Anliegen passen.

5.2.3 Weitere Möglichkeiten des Hilfe-Systems

Bis jetzt haben wir nur direkt über die Syntax mit [F1] die Hilfe gerufen. Immer geht das nicht. Es kann sein, dass Sie die Meldung „Kein Thema vorhanden..." erhalten. Aber auch da gibt es Möglichkeiten:
In einschlägigen Fachbüchern zu Excel und VBA-Excel finden Sie weitere Erklärungen und ganz besonders, so verwunderlich das klingt, in älteren Excel-Versionen, in denen die Hilfe mit installiert wird und nicht online kommt. Wenn Sie diese Installation noch nicht zugunsten Ihrer neuen Version deinstalliert haben, können Sie diese für die Hilfe noch gut nutzen. Gehen Sie dann einfach in diese Version und tippen oder kopieren den gesuchten Syntax-Teil in einen allgemeinen Modul des anderen Excels, klicken hinein und mit [F1] kommt dort die Hilfe direkt.
(Ich verrate Ihnen etwas >> Ich mache das heute noch so, wenn ich es anderweitig nicht finde.)

(*Brauchen Sie mich eigentlich noch?*
Aber ja, das werden Sie merken.)

Ich denke, dass Ihnen das Prinzip, wie Sie effektiv artverwandte Themen und Beispiele finden können, jetzt klar ist.
Wenn Sie es selbst versuchen, werden Sie merken, dass Sie keine Übersetzung für verschiedene Konstanten finden können. Das müssen Sie selbst herausbekommen. Deshalb auch die Wörterbücher. Gehen Sie nach dem "Ausländersprech" 😕 vor und übersetzen Sie jedes Element der Konstanten. Zum Glück ist die Schreibweise so, dass Sie durch die Großschreibung innerhalb der Konstanten sehen, wo eine neue englische Vokabel beginnt. (Übrigens wird das Camel Case genannt, weil die Großbuchstaben innerhalb der Syntax nach oben ragen wie Kamelhöcker.) Nehmen wir aus der Zeile

$$\text{ActiveSheet.Shapes.AddChart2(332, \underline{xlLineMarkers}).Select}$$

(Hier oben fett markiert die „Kamelhöcker").

→ <u>xlLineMarkers</u> : LinienSichtzeichen. Davon auf Linie mit Datenpunkten zu kommen, ist nicht ganz plausibel → also immer klappt das auch nicht! Dann muss die Phantasie mit ran. Aber meistens ist es nicht so schwer!
Wenn Sie Übersetzer bemühen, dann finden Sie für engl. Marker viele verschiedene Möglichkeiten. Am besten hat mir dabei gefallen: ein Objekt, das zur Angabe einer Position, eines Ortes oder einer Route verwendet wird.
Für Line ist Linie/Zeile als Übersetzung einfach.

Wir sind mit unserem Makro noch nicht ganz fertig.

Wenn Sie es wieder ablaufen lassen, erzeugt es immer nur das Diagramm für genau die markierten Spalten von Zeile 5 bis 81. Wenn Sie jetzt in Zeile 82 neue Werte eingeben, müssten Sie alle Zahlen 81 im Makro durch 82 ersetzen. Das wäre bereits Programmieren, aber eine sehr bescheidene Lösung. Es gibt aber Möglichkeiten, das Programm selbst herausfinden zu lassen, wie weit es markieren muss, nämlich bis zur letzten beschriebenen Zeile. Die letzte Zeile einer Tabelle zu finden, ist einfach. Das führen wir durch, wenn ich Ihnen mit dem Beispiel „Investmentfond" Ihr erstes eigenes VBA-Programm mit Bedienoberfläche erstellen lasse.

Damit haben wir mit den Erläuterungen zu diesem Makro, seiner Erzeugung und Rückübersetzung wieder viel Neuland erschlossen.
Speichern Sie diese Arbeitsmappe {PROVVL.xlsm} erst einmal wieder, schließen diese und richten eine neue Excel-Mappe ein. Speichern Sie diese mit dem Namen {Üb_Nwurzel.xlsm}.

5.3 Das Beispiel Nwurzel-Funktion

Die neue Arbeitsmappe bitte sofort unter dem Namen {Nwurzel.xlsm} in Ihren Übungsordner abspeichern. (Die geschweiften Klammern natürlich nicht mit!)

Da wir jetzt den Makro-Recorder nicht benutzen, müssen Sie ein allgemeines Modul selbst einfügen (in der IDE: → EINFÜGEN > Modul) und schreiben Sie dort oberhalb Option Explicit >> 'MODUL1.
Tragen Sie jetzt die 3 Zeilen der Funktion aus Lektion 2 ein:

Function NWurzel(N, Zahl) 'beachten: Function mit c
NWurzel = Zahl ^ (1 / N)
End Function

Fügen Sie jetzt oberhalb der Funktionsprozedur direkt unter Option Explicit ganz langsam nachstehende Zeile ein: Dim N as Integer und beobachten Sie dabei die entstehende Zeile. Schreiben Sie zunächst bis hierher: Dim N as⏑. Sobald Sie die Leertaste nach as gedrückt haben, wird ein Menü eingeblendet, wie es Abb. 15 zeigt. Warten Sie hier kurz.

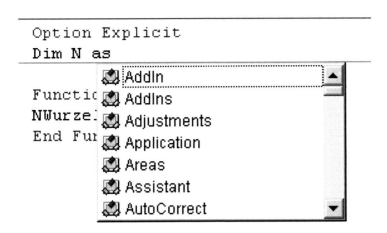

```
Option Explicit
Dim N as
```

Abb. 15: Drop-Down-Listen als Systemhilfe

Beim Schreiben des Quelltextes werden Drop-Down-Listen eingeblendet, wie hier zu sehen ist.

Das ist eine weitere Systemhilfe!

Sie können in der Liste scrollen, bis Sie das sehen, was eingefügt werden soll (hier Integer), und dieses durch Betätigen der Leertaste einfügen. Das erspart das Eintippen.

Probieren Sie das einmal aus und löschen Sie die Zeile dann noch einmal heraus.
Jetzt nochmals neu: Schreiben Sie jetzt bis hierher: Dim N as In .
Sobald das In geschrieben steht, zeigt die Liste ganz oben das Integer an, das markiert ist. Auch hier brauchen Sie nur noch die Leertaste zu drücken und das Integer steht drin. Sie werden diese kleine, aber effektive Hilfe des Systems noch schätzen lernen → UUND !!!!!!! →
Was das System schreibt, kann nicht falsch sein, aber <u>Sie</u> können sich vertippen!

<u>Eine weitere Systemhilfe ist das Einblenden von Drop-Down-Listen mit der Syntax, die weitergeschrieben werden könnte. Die Match-Entry-Eigenschaft ergänzt von Ihnen geschriebenen Text durch das Anbieten der wahrscheinlich passenden Syntax.</u>

<u>Match-Entry</u> bedeutet, dass das System mit den ersten getippten Zeichen vergleicht und Syntax anbietet, die dem entspricht. Sobald das eindeutig wird, ist der richtige Begriff markiert und im Drop-Down-Menü oben zu sehen. Er kann mit einem Tastendruck auf die Leertaste eingefügt werden.

Beobachten Sie diese Hilfe noch einmal beim Schreiben der nächsten Zeile direkt darunter: Dim **Zahl** as Single

Jetzt sind N als Ganzzahl und Zahl als Gleitkommazahl einfacher Genauigkeit deklariert und wir können die Funktion mit Hilfe des Direktfensters auch testen. Schreiben Sie deshalb folgende Zeile in das Debug-Fenster, zunächst bis zur öffnenden Klammer:

? **Nwurzel(** → und Sie sehen das, was Abb. 16 zeigt, nämlich die nächste System-Hilfe:

Abb. 16: Weitere Systemhilfe: Angabe der Schreibweise einer Funktion und Abforderung der weiteren Eingaben

Das System sagt Ihnen, wie diese Funktion beschaffen ist und welche Werte sie erwartet. Das fett formatierte Argument (hier **N**) ist als nächstes einzugeben (wir geben 3 ein). Sobald das erfolgt ist, wird das nächste Argument fett formatiert und wir geben für Zahl **27** ein. Damit haben wir der Funktion Werte in der Weise übergeben, dass sie die dritte Wurzel aus 27 ziehen soll, deren Ergebnis bekanntlich 3 ist.

Eine weitere Systemhilfe ist bei der Benutzung von Functions gegeben. Das System zeigt in einem Tooltip die Schreibweise der Function an und unterstützt die Eingabe der Funktionsargumente.

Führen Sie die Eingabe im Direktfenster zu Ende, bis darin steht:
? **Nwurzel(3, 27)**
Wenn Sie jetzt [Enter)] drücken, werden Sie das Ergebnis 3 sehen.

Es ging hier um die Demonstration der Benutzung von Funktionen mit Parameterübergabe und Ergebnis-Rückgabe. Das funktioniert, wie Sie sehen konnten.

5.4 Demonstration der String-Verknüpfung

Die Stringverknüpfung haben Sie ebenfalls in Lektion 2 kennengelernt.

Für den praktischen Vorgang genügt das Direktfenster. Dabei lernen Sie eine Möglichkeit kennen, um dort mehrere Befehle in einer Zeile zu schreiben. Gehen Sie in der IDE ins Direktfenster.

Geben Sie dort zeichengenau die unten stehende lange Zeile ein. Beachten Sie, dass 'So ' und 'ein ' als letztes Zeichen ein Leerzeichen haben. Die einzelnen Anweisungen sind durch Doppelpunkte voneinander getrennt. Das ist das Gleiche wie die Anordnung aller einzelnen Befehle untereinander. Im Direktfenster ist das nicht zulässig. Deshalb ist eine Zeile mit Doppelpunkten als Trennzeichen notwendig. In Sub-Prozeduren ist beides zulässig: mit Doppelpunkten in einer Zeile, untereinander und gemischt.

Mehrere Befehle lassen sich in einer Zeile schreiben, wenn sie durch Doppelpunkt getrennt werden (Trennzeichen).

So, nun geben Sie in das Direktfenster ein:

Z1="So ":Z2="ein ":Z3="Sau":Z4="Wetter":NeuString= Z1 & Z2 & Z3 & Z4: ? Neustring

Das sind fünf Zeichenfolgezuweisungen. Der Variablen NeuString wird dabei die Verknüpfung der vier ersten Strings zugewiesen. Als letzter Befehl steht die Ausgabe von NeuString. Diese erfolgt in der nächsten Zeile des Direktfensters, wenn Sie [Enter] drücken. Machen Sie's.
Bewiesen !

Übrigens: Haben Sie gemerkt, dass Sie bei Eingaben im Direktfenster nicht erst deklarieren mussten? Z1 bis Z4 sowie NeuString hätten im Modulbereich erst als Strings deklariert werden müssen!. Ich verrate es ungern, weil es zum Schludern verleitet. Nachdem es aber schnell geht, auf diese Weise etwas Syntax zu testen, hat das auch seine gute Seite. Dafür ist u.a. das Direktfenster schließlich auch gedacht.

5.5 Demonstration von Reaktionen des Systems auf Fehler

In Lektion 4 hatte ich auf zwei dieser Fehler aufmerksam gemacht, die sich erst auswirken, wenn das Programm läuft (Laufzeitfehler). Das testen wir jetzt praktisch. Speichern Sie die offene Mappe ab und öffnen Sie eine neue, die Sie gleich als {Fehlertest.xlsm} im Ordner {Übungen} wieder abspeichern.
Fügen Sie ein allgemeines Modul ein.
Schreiben Sie oberhalb Option Explicit die Zeile:'Allgemeines Modul 1
und unter Option Explicit

```
Dim N as Integer
Dim Tier as String

Sub Fehlertest()
N= 3
Debug.Print N
```

Tier = „Pferd"
Debug.Print˙ Leerzeile
Debug.Print Tier
End Sub

Klicken Sie irgendwo in die Prozedur und anschließend auf den Start-Button oder [F5]. Im Debug-Fenster müssen untereinander 3 und Pferd als Ausgabe erscheinen. Das Programm ist okay.

Jetzt machen wir bewusst die Fehler aus Lektion 4.

Ändern Sie die Zuweisungszeile für N auf 100000 > Cursor in die Sub > |F5|
Die Laufzeitfehlermeldung '6' für Überlauf wird gemäß Abb. 17 angezeigt, weil der Wert 100000 für die Integervariable zu groß ist. (Wertebereich Integer : -32768 bis 32767)

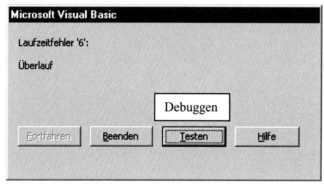

Abb. 17: Laufzeitfehler 6 „Überlauf"

(In manchen Excel-Versionen statt Debuggen >> Testen)
Klicken Sie jetzt auf den Button > [Debuggen] in dieser Fehlermeldung und Sie erfahren anschaulich, wo der Fehler verursacht wird. (Abb. 18)

```
Option Explicit

Dim N As Integer
Dim Tier As String

Sub Fehlertest()
⇨  N = 100000
   Debug.Print N
   Tier = "Pferd"
   Debug.Print
   Debug.Print Tier
   End Sub
```

Abb.18: Fehlermarkierung bei Test des Überlauffehlers

N war als Integer deklariert. Integer liegt aber im Wertebereich weit unter 100000, deshalb der Laufzeitfehler 'Überlauf'.

Jetzt müssen Sie das Projekt zurücksetzen! Drücken Sie den Stopp-Button in der IDE oben.
Und nun noch die Typunverträglichkeit.

Ändern Sie auf N = "Pferd" > (Cursor in Sub) > |F5|
Sollten Sie einmal den Cursor nicht zuerst in die Sub setzen und gleich starten, erhalten Sie einen Dialog, der alle Subs auflistet und Sie fragt, welche ausgeführt werden soll. Wählen Sie diese dann aus und klicken Sie auf [Ausführen].

Das Ergebnis dieses fehlerhaften Subs ist in Abb. 19 zu sehen:

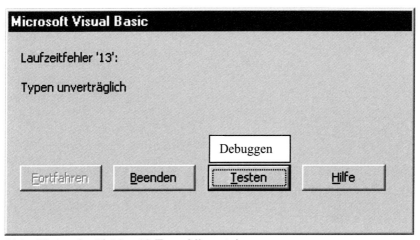

Abb. 19: Laufzeitfehler 13 Type Mismatch

Bei Klick auf [Testen] wird wieder die fehlerhafte Stelle gelb markiert und ein Pfeil zeigt darauf.

Damit haben Sie selbst praktisch meine Behauptungen aus den Lektionen bewiesen.
Nachdem ich schon mehrfach aufgefordert habe, den Quelltext zu testen, und einige Testmöglichkeiten mit Ihnen geübt habe, folgen hier jetzt noch einige Hinweise, wie man rationell und effektiv testen kann und sollte. Der Cursor sollte immer in der zu testenden Prozedur stehen.

- Den grünen Startbutton oder [F5] hatten wir schon ➜ die ganze Sub wird geprüft.
- IDE > Debuggen > Einzelschritt oder [F8] prüft jede einzelne Zeile immer weiter mit [F8]. Dabei wird jede Zeile gelb markiert. Am Ende ist mit dem blauen Stopp-Button oben das alles zurückzusetzen.
- Prüfen bis zu einer bestimmten Zeile in der Prozedur kann man mit einem Haltepunkt. Dazu klickt man links von der Zeile in den grauen Rand. Dadurch entsteht ein brauner Punkt und die Zeile rechts davon wird ebenfalls braun markiert. Damit kann man die Prozedur bis zum Haltepunkt laufen lassen. Den Haltpunkt klickt man ebenfalls mit neuem Klick darauf wieder weg. (Rücksetzen!)
- Ähnlich geht das, indem man unter der letzten intakten Zeile das Schlüsselwort Stopp einträgt. Dann hält die Prozedur an dieser Stelle wieder an. Stopp wird gelb unterlegt und ein gelber Pfeil zeigt darauf. (Rücksetzen!)
- Mit dem Überwachungsfenster kann man eine Überwachung organisieren. (Nutzen wir zunächst nicht).
- Den Test im Direktfenster hatten wir schon mehrfach.

Speichern und schließen Sie {Fehlertest.xlsm}.

5.6 Der Makro-Recorder von Word

Bei der Vorstellung des Makro-Recorders von Excel habe ich bereits auf Unterschiede hingewiesen, die zu anderen Makro-Recordern bestehen. Da vielfach auch mit VBA-Word interessante Programmierlösungen erzielbar sind, die ich schon angekündigt hatte, führen wir analoge Aktionen jetzt unter Word durch. Ziel ist es, die Arbeitsweise des Makro-Recorders, aber auch die Unterschiede der Syntax bei scheinbar gleicher Aufgabe aufzuzeigen.
Sie werden überrascht sein, das kündige ich bereits hier an.
Starten Sie also Word, das sich mit einem leeren Dokument öffnet. Ich gehe davon aus, dass Sie die Standardeinstellungen in der Datei Normal.dot nicht verändert haben.
Speichern Sie die Datei sofort als {Üb_Makro_Word.docm} ab.
Schreiben Sie in die erste Zeile 1, darunter 2 usw. bis 14. Damit sehen Sie, in welcher Word-Zeile Sie stehen.

Schreiben Sie jetzt bitte wie bei der Übung in Abschnitt 4.5 den fast gleichen Text in die Zeile 15 des Word-Dokuments:

„Das ist der erste Beispieltext für das Kennenlernen des Makrorecorders von Word.“

Beachten Sie bitte, dass hier die Anführungszeichen wiederum nicht geschrieben werden sollen, da diese nur die Zeichenkette begrenzen. Auf die Fälle, bei denen Sie die Anführungszeichen mit eingeben sollen, mache ich Sie extra aufmerksam.
Bei Ihnen müsste dieser Satz jetzt in irgendeiner Schriftart und Größe 10 erschienen sein.
In Excel hatten wir Schriftart Arial, deshalb passen wir das noch an. Zeigen Sie mit der Maus links vor den Satz außerhalb des Textbereiches. Der Mauscursor wird zum Pfeil, der aber nicht nach links oben (Normalfall), sondern nach rechts oben zeigt.
Klicken Sie einmal und der ganze Satz ist mit einer grauen Hinterlegung markiert.
(Falls Sie die Klicktechniken in Word noch nicht kennen, schauen Sie in den **(Anhang B, Kasten B4)**.
Ändern Sie die Formatierung des Satzes auf die Schriftart Arial 12 ab.
So, jetzt haben wir die gleiche Ausgangsposition wie bei dem Excel-Beispiel und können den Makro-Recorder von Word aktivieren:

ENTWICKLERTOOLS > Makro Aufzeichnen > (Makronamen ändern in Makro1_Word) > [OK]

Der Mauspfeil bekommt ein Anhängsel in Form einer stilisierten Tonbandkassette
, d.h. der Makro-Recorder läuft.

Der erste Unterschied zu Excel ist rein optisch nicht sehr groß. Eigentlich ist es doch ganz schön, das Kassettensymbol zu sehen und damit zu wissen, dass der Makro-Recorder aktiv ist.

Bei dem Excel-Beispiel hatten wir jetzt die Zelle "A1" aktiviert und damit eine Markierung des Schriftzuges vorgenommen.

Markieren Sie jetzt auf eine Ihnen geläufige Art den ganzen Satz in Word.

Bis auf wenige User, die dies schon kennen, werden Sie jetzt überrascht sein, dass das Markieren mit der Maus bei laufendem Makro-Recorder nicht mehr funktioniert. Wieder ein Unterschied zu Excel!

Natürlich muss es Möglichkeiten zur Markierung geben.

Navigieren Sie Ihre Einfügemarke mit den Richtungstasten vor den ersten Buchstaben des Satzes. Drücken Sie jetzt nacheinander [F8] und [Ende] → die Zeilenmarkierung steht.

(Sie hätten auch mit [F8] und der [Pfeiltaste rechts] zeichenweise markieren können. Probieren Sie das später noch aus.)

Jetzt folgen die Schritte Schrift fett und Schriftfarbe rot. Die Reihenfolge ist gleichgültig, aber wir wählen die gleiche, wie wir sie bei Excel hatten, also erst fett, dann rot.

START > Schriftschnitt: Fett Klick > Schriftfarbe: Rot Klick (Ausführung ist sofort sichtbar)

ENTWICKLERTOOLS > Aufzeichnung beenden

Zunächst müsste das Ergebnis zu sehen sein. Der Satz ist in Fettschrift und rot gefärbt. Falls das bei Ihnen nicht so ist, wiederholen Sie den Vorgang von Anfang an.

Nun wird es interessant, was der Makro-Recorder aufgezeichnet hat.
Dazu schauen Sie sich bitte das Listing T1_3 an:

```
Sub Makro1_Word()
'
  ' Makro1_Word Makro

    Selection.MoveDown Unit:=wdLine, _
     Count:=14
    Selection.Extend
    Selection.EndKey Unit:=wdLine
    Selection.Font.Bold = wdToggle
    Selection.Font.Color = wdColorRed
End Sub
```

```
Sub Test1_Recorder()
'
  ' Test1_Recorder Makro
  '
    Range("A1").Select
    Selection.Font.Bold = True
    With Selection.Font
     .Color = -16776961
     .TintAndShade = 0
    End With
End Sub
```

Listing T1_3: Das Makro in VBA-Word im Vergleich zu >>Listing T1_1 : Excel

(Beachten Sie, dass das Makro bei Ihnen ein wenig anders aussehen kann, wenn Sie nicht alles genauso gemacht haben wie ich.)

Vergleichen Sie zunächst Listing T1_3 mit Listing T1_1. Listing T1_3 ist in gewisser Weise ähnlich, aber nicht gleich. Zunächst unterscheidet sich die Art der Markierung. Bei Excel geschah das einfach durch Anklicken der Zelle, in der der Satz stand. Hier war die Markierung umständlicher. In meinem Beispiel stand die Einfügemarke 14 Zeilen über dem zu markierenden Satz und repräsentierte selbst das Selection-Objekt, da noch nichts markiert war (Selection-Objekt: vgl. **Anhang B Kasten B4**).

In der ersten ausführbaren Quelltextzeile wird zunächst die Einfügemarke als Selection-Objekt zeilenweise 14 Zeilen nach unten bewegt und steht dann vor dem ersten Zeichen des zu markierenden Satzes.

Selection.MoveDown Unit:=wdLine, Count:=14

heißt demzufolge rückübersetzt: Auswahl.bewege nach unten Einheit:= Word-Zeile, Anzahl:= 14

Die zweite Makro-Zeile leitet die Erweiterung der Markierung ein:

Selection.Extend → Markierung.Erweitern (.Extend >> Erweiterungsmethode)

Die dritte Zeile gibt an, wie weit die Markierung erweitert wird:
Selection.EndKey Unit:=wdLine → Markierung. (bis)TasteEnde Einheit:= wdZeile
Das bedeutet, dass immer ganze Zeilen in die Markierung einbezogen worden wären, falls mehrere Zeilen bestanden hätten. Da aber nur eine Zeile existierte, kam das hier nicht zur Wirkung. (Probieren Sie es mit mehreren Zeilen aus.)

Jetzt hat sich das Selection-Objekt verändert und besteht aus dem ganzen markierten Satz!

Selection.Font.Bold = wdToggle

Markierung.Schriftart.Fett = Umschalten (wdToggle ist eine Word-Konstante, die etwas umschaltet, hier den Schriftschnitt auf Fett) `wdToggle wird zugewiesen

Selection.Font.Color = wdColorRed 'Word-Konstante für Rot

Markierung.Schriftart.Farbe = Rot   'Rot wird zugewiesen

(Der Excel-Makro-Recorder hatte den Zahlenwert 3 benutzt, was die gleiche Wirkung hat.)

Falls bei Ihnen der Makro-Recorder „geschwätzt" hat und mehr Zeilen geschrieben hat, können Sie diese getrost wieder eliminieren. Das Listing T1_3 reicht für die Realisierung der Aufgabe völlig aus.

Testen Sie es, indem Sie vorher wieder alle Änderungen zurücksetzen. Dann wird auch bei Word die Aktion aus dem Dokument heraus gestartet. Stellen Sie anfangs die Einfügemarke dahin, wo sie bei Aufnahme des Makros stand (14 Zeilen über dem Satz).

Dann folgt nachstehende Aktion:

ENTWICKLERTOOLS > Makros > Makrodialog das Makro [Ausführen] lassen

Die Wirkung spricht für sich – das Makro funktionierte, die Schrift wurde fett und rot.

ABER: Ich habe festgestellt, dass beim Word-MR manchmal etwas – z.B. die Farbzuweisung – unterschlagen wird!

Wundern Sie sich bitte nicht, wenn beim Erstellen des Makros die Farbe des Textes zwar rot wird, aber die Zeile für die Zuweisung von Rot im erzeugten Makro fehlt. Das könnte auch bei Ihnen vorkommen. Die Ursache kenne ich aber nicht. Sei's drum, da schreiben wir die Zeile eben von Hand.

Abschließend ist zum Word-Makro-Recorder zu ergänzen, dass noch weitere Funktionen nur über die Menüs realisierbar sind. Grundsätzlich ist aber alles realisierbar wie bei Excel – aber eben teilweise auf andere Art und Weise.

Testen Sie das im konkreten Fall aus. In meinen Beispielen erhalten Sie weitere Hinweise, die Sie weiter selbstständig arbeitsfähig werden lassen.

Mir kam es bei der Vorstellung der Makro-Recorder darauf an, dass Sie sich in die Lage versetzen, diese konsequent einzusetzen, um richtige Syntax zu erzeugen. Aber, wie gesagt, alles kann der Makro-Recorder nicht – er bleibt ein Hilfsmittel, aber ein gutes.

Weiterhin müssen Sie erkennen lernen, wo der Makro-Recorder redundant ist, also schwätzt, um den Ballast loszuwerden. Das ist gar nicht so schwierig, da die Redundanzen meist am Schlüsselwort FALSE oder den Standardeinstellungen erkennbar sind. Deshalb sollten Sie auch immer über die Standardeinstellungen Ihres Programms genau im Bilde sein. Können Sie etwas nicht deuten, was Sie klären wollen, wie vielleicht aus einer Syntaxzeile

Selection.Font.Scaling = 100

das auf eine Skalierung hindeutet, aber Sie finden Scaling nicht, dann versuchen Sie, über die Hilfe herauszufinden, was das bewirkt. Gelingt das nicht, ändern Sie einfach den Zahlenwert extrem ab (z.B 15 oder 150) und beobachten dann, was beim Lauf des Makros passiert. Meist erkennen Sie dann, was die unbekannte

Syntax bewirkt. Ich füge jetzt diese Zeile zusätzlich am Ende des Makro ein, als hätte der Makro-Recorder "geschwätzt".

Führen Sie das für dieses Beispiel praktisch aus.
Um die Änderungszeile einzutragen, ist folgende Aktionsfolge notwendig:

ENTWICKLERTOOLS > Makros > (Im Dialog auf Bearbeiten klicken) >
Listing des Makro erscheint > als zusätzliche Zeile den Eintrag wie oben vornehmen. (Vorher Leerzeile erzeugen)
Setzen Sie den Satz im Worddokument auf die Ausgangswerte zurück (schwarz und nicht fett) und die Einfügemarke auf die Ausgangsposition vor Zeile 1.

Lassen Sie das Makro laufen > es müsste alles so laufen wie bisher.

Wenn Sie damit beginnen, den Scaling-Wert auf 15 zu setzen, werden Sie feststellen, dass die markierte Schrift extrem horizontal bis zur Unleserlichkeit zusammengequetscht wird. Setzen Sie den Wert auf 150, wird die Schrift horizontal extrem gedehnt. Daraus ist erkennbar, dass der Wert 100 der Standardwert für die horizontale Schriftskalierung ist. Da die Hilfe das nicht aufklären konnte, tat es das Experiment >> learning by doing eben!

Ich zeige Ihnen den gesamten Vorgang im *Video_T1_Vi7*.

Die Scaling-Eigenschaft ist nun für unsere Programmieranstrengungen nicht gerade vordergründig wichtig. Ich habe das Beispiel genutzt, um das Vorgehen nochmals zu demonstrieren.
Interessant ist aber das, was im Beispiel Wirkung zeigt. Sie haben nämlich beiläufig das Selection-Objekt von Word kennengelernt, die Methode, um eine Markierung zu erweitern (Extend-Methode), und die Konstante für einzelne Zeilen in Word (wdLine). Neben wdLine ist in VBA-Word die Konstante wdCharacter wichtig, die für ein einzelnes Zeichen steht. (Engl.: character >> Zeichen, Schriftzeichen usw.)
Das zeilenweise Markieren mittels F8-Taste und Ende-Taste Selection.EndKey)
ist ebenfalls ein Erkenntniszuwachs aus diesem Beispiel.

Eine Schlussbemerkung noch zu den Makro-Recordern:
So, wie die MR „schwätzen" können und damit die Makros aufblähen, so können sie aber auch „unterschlagen", d.h. einzelne Aktionen einfach nicht aufschreiben, obwohl sie abgelaufen sind. Grämen Sie sich deshalb nicht, wenn so etwas bei Ihnen auftritt. Nobody is perfect, auch ein Makro-Recorder nicht 😉 .

Es ist dringend zu empfehlen, dass Sie die Erkenntnisse registrieren, bewerten (wichtig, nebensächlich) und zweckmäßig abspeichern.Ich habe mehrere Dateispeicher angelegt, die eine Suche nach englischen und deutschen Begriffen erlauben und sowohl die Grundsätze als auch eigene Beispiele zum Thema enthalten. Dazu muss sich jeder seine eigene zweckmäßige Methode entwickeln. Es gibt kein Rezept.

ABER: Denken Sie nicht, dass Sie ein einmal verstandenes Beispiel für alle Zeiten verstanden und parat haben! Im Gegenteil. Die Fülle wird Sie erdrücken und die Erinnerung verblassen, wenn Sie das Gelernte nicht konsequent abspeichern und wiederfinden, sobald Sie es brauchen. Ansonsten beginnen Sie häufig mit gleichen Problemen immer wieder von vorn – und das sollte vermieden werden!

Schließen Sie die Datei {Üb_Makro_Word.docm}.

6. Aufbau, Speicherort und Planung von VB-/VBA-Programmen

6.1 Vorbereitung und Definition eines Programms

Sie haben kennengelernt, dass jeglicher Quelltext hauptsächlich aus Sub-Prozeduren und Funktionen besteht. Dazu kommen die Kommentare und die Deklarationen. Inzwischen kennen Sie das alles.
Die Prozeduren werden so, wie sie entstehen, quasi lose in den Modulen angeordnet.
Der Ort im Modul, wo eine Prozedur steht, ist unerheblich, weil die Prozedur mit ihrem Namen eindeutig vom System gefunden wird. Falls aber in einem Modul sehr viele Prozeduren erzeugt werden, kann es von Vorteil sein, diese in Gruppen zusammenzufassen und umzusortieren. Zwingend nötig ist das aber nicht.

Kommentar kann bekanntlich überall stehen, nur nicht in der Zeile vor auszuführendem Quelltext. Auch das wissen Sie bereits, ebenso die günstigsten Stellen, an denen Deklarationen vorgenommen werden sollten oder sogar müssen.

Zur Festigung eine kurze Wiederholung:

Deklarationen werden in der Regel **oben** in einer Programmeinheit angeordnet, lokale Deklarationen, die nur für die Prozedur gelten, oben **innerhalb** der Prozedur, Deklarationen, die für das ganze Modul gelten, oben im Modul-Kopf **außerhalb** von Prozeduren und Deklarationen, die für das ganze Programm gelten, oben im Kopf eines allgemeinen Moduls, natürlich außerhalb von Prozeduren. Das Ganze wurde zum Stichwort Gültigkeitsbereiche in Lektion 4 behandelt.

Damit haben wir alles für die Definition des Begriffes 'Programm' fertig:

PROGRAMM
Der Quelltext eines Moduls ist in einzelne Prozeduren aufgeteilt. Der Quelltext aller Module eines Projekts zusammengenommen in Wechselwirkung mit allen Oberflächen ist das Programm.

Schauen Sie sich dazu das Schema in **Abb.B2 im Anhang B** an.

Wenn Sie ein zu lösendes Problem oder Problempaket in ein Programm verwandeln sollen, müssen Sie eine Problemanalyse durchführen. In dieser sollten alle Teilprobleme konkret benannt und klar formuliert werden. Dazu sollte auf dem Papier gearbeitet werden und wenn es nur in Stichworten ist. Arbeiten Sie nicht aus dem Kopf heraus. Im Kopf macht der Mensch die meisten Fehler! Dazu eine kleine Anekdote als Beweis:

Drei Männer im Biergarten merken sich nicht, wie viele Biere jeder getrunken hat. Als es zur Abrechnung kommt, sagt der Kellner 30 €. Jeder legt einen 10 €-Schein hin. Der Wirt hat bemerkt, dass der Kellner zu viel berechnet hat, und weist an, dass er 5 € zurückzugeben hat. Der überlegt sich, dass sie das gar nicht teilen können, steckt 2 € ein und gibt nur drei 1 €-Münzen zurück. Jeder steckt eine ein und hat damit nur noch eine Zeche von 9 €. Jetzt rechnen wir neu zusammen: 3 mal 9 sind 27 €, 2 € hat der Kellner in der Tasche! Wo ist der dreißigste € der alten Zeche?

Haben Sie im Kopf mitgerechnet? Müsste doch eigentlich stimmen? Stimmt aber nicht!
Die Lösung finden Sie **in Kasten B2 im Anhang B**.
      Also → im Kopf macht man die meisten Denk-Fehler.

Ist ja logisch, womit denkt man denn sonst?

Halten Sie also Ihre Gedanken in rationeller Weise schriftlich fest.

In der Klarheit einer Aufgabenstellung liegt oft bereits der Schlüssel für die Lösung

Andererseits kann eine verworrene Aufgabenstellung die Lösung blockieren.

Beweis:
Wieviel ist ein anderthalbes Drittel von Hundert? (Verworren – nicht wahr?)

Versuchen Sie es erst einmal im Kopf. Sie werden ein kleines Problem haben. Machen Sie es lieber schriftlich wie in *Kasten B1 im Anhang B*, dort steht die Lösung. Es ist verblüffend einfach!

Also präzisieren Sie Aufgabenstellungen immer, ehe Sie sich in die Lösungsversuche stürzen – und programmieren Sie bitte nicht planlos aus dem Kopf heraus drauflos!

Das Präzisieren der Aufgabenstellung ist besonders wichtig, wenn Ihnen ein Kunde eine Aufgabe stellt. Der weiß nämlich oft selbst nicht richtig, was er alles will. Und an alles kann er gar nicht denken, denn er ist nicht der Programmierer. Der Programmierer aber muss umfassend vorausdenken und die Fehler voraussehen, die ein User bei der Benutzung des Programms machen könnte. Das sind erheblich viele! Haben Sie einen Fehler nicht vorausgedacht und der tritt bei einer ganz bestimmten Programmkonstellation ein, stürzt Ihr Programm ab – und das ist sehr fatal. Wir werden uns also umfassend noch damit befassen müssen, mit welchen Maßnahmen diese fatalen Fehler vermieden werden können.
<u>Fehlerbehandlungsroutinen</u> (G) ist das Lösungswort (engl.: errorhandler).

Ihr Kunde weiß in der Regel, was er nicht hat und was schlecht geht und deshalb besser gehen müsse. Doch davon hat er oft nur ungefähre Vorstellungen. Bei einem ernsthaften Programmierauftrag sollten Sie ein regelrechtes Projekt machen, mit Ihren Fragen den Kunden „ausquetschen", dann Ihre Vorstellungen niederschreiben und zwar in einem Pflichtenheft – und das muss der Kunde unterschreiben. Damit können Sie den Auftrag klar abgrenzen und festschreiben, was das Programm können muss. Wenn Sie in Wechselwirkung mit dem Kunden arbeiten, ist es interessant, was ihm alles einfällt, wenn er eine gelungene Lösung sieht: „Da könnten wir noch das machen und das und das...." – es kann ins Uferlose gehen. Wird der Auftrag erweitert (natürlich auch finanziell), dann sollte dem Kunden sein Wunsch schon erfüllt werden, denn der „König" bezahlt schließlich. Ansonsten → wie festgeschrieben! Sehen Sie also Erweiterungsmöglichkeiten von Anfang an vor. Nachdem Sie die Problemanalyse gemacht haben, sollte das Problem in überschaubare Teil-Probleme zerlegt und der grundsätzliche Ablauf klar sein. Konzipieren Sie dann den Gesamtablauf in einem Programmablaufplan <u>PAP(G)</u> und in der Folge auch die Teilprobleme in Teil-PAPs oder in <u>Struktogrammen (L)</u>.

<u>Noch eine Anmerkung:</u>
Das ganze Thema der Software-Entwicklung ist Gegenstand ganzer weiterer Bücher. Dem Praxismotto dieses Buches folgend gebe ich nur die theoretischen Erläuterungen, die unbedingt erforderlich sind. Ansonsten muss ich auf weiterführende Literatur verweisen. Die gibt es wie Sand am Meer. Orientieren Sie sich an renommierten Fachbuch- und Lehrmittelverlagen!

Ein PAP ist eine Grafik, die aus standardisierten Symbolen besteht. Die Teilprozesse des Programms sind darin als Abläufe dargestellt (Flussdiagramm). Die Pfeile als

Verbinder der Ablaufabschnitte zeigen in Richtung der stattfindenden Datenverarbeitung.
Der PAP beinhaltet den logischen Ablauf.

Einen ersten Programmablaufplan für das von mir verwendete Einführungsbeispiel „Investmentfond" finden Sie weiter hinten im **Abschnitt 7.5.2., die Theorie in Lektion 7.**

Sie sehen sicher Bekanntes. Ich persönlich ziehe PAPs vor, weil ich es vor vielen Jahren einmal so gelernt habe. Viele Programmierer ziehen Struktogramme vor. Schauen Sie sich bei Interesse Struktogramme in weiterführender Literatur an. Ich verwende sie in diesem Praxisbuch nicht.

Strukturierte Programmierung ist eine Methode, um sehr klar und streng nach 'eisernen' Vorschriften zu programmieren. Vor allem lehnt die strukturierte Programmierung den sogenannten Sprungbefehl(G) GOTO (Gehezu), der in Basic von Anfang an vorhanden war, ab.

Das ist ein weiterer Kritikpunkt an VB / VBA, den ich Ihnen bisher vorenthalten habe. Er ist es auch, der das Negativ-Image untermauerte, weil Basic mit dem Goto-Befehl angeblich die strukturierte Programmierung unterläuft. Nun, das ist Ansichtssache. Wenn Sie wollen, können Sie in VB / VBA genauso strukturiert programmieren wie in anderen Programmiersystemen. Wenn der Sprungbefehl kritiklos bei jeder Situation aus Bequemlichkeit eingesetzt wird, erzeugen Sie etwas, das im Fachjargon als „Spaghetti-Code" bezeichnet wird. Anfang und Ende der vielen Sprünge verlieren sich dann in einem schwer entwirrbaren Knäuel, deshalb „Spaghetti-Code".

Wenn aber der Sprungbefehl sparsam eingesetzt wird, ist er sogar eine feine Sache. Warum sollten wir auf etwas Schönes verzichten? Übrigens gibt es den Sprungbefehl auch in anderen Programmiersprachen wie z.B. Visual C++. Wir werden ihn bei Fehlerbehandlungen einsetzen.
So schlecht scheint er also gar nicht zu sein!

6.2 Einbeziehung von Formularen in das VBA-Programm

Unsere bisherigen Beispiele, die wir mit den Makro-Recordern realisiert hatten, kamen mit den Oberflächen aus, die die Anwendungen bereitstellen (Excel-Tabelle; Word-Dokument.) Bei kleinen Problemen wie z.B. unser, Beispiel Nwurzel brauchten wir gar keine Oberfläche wie früher bei den klassischen Basic-Programmen. Das System speichert Makros automatisch in allgemeinen Modulen. Jetzt wollen wir dazu übergehen, Oberflächen in unsere Programmierungen einzubeziehen. Ich hatte in Abschnitt 4.4.2.3 den Formular-Designer bereits kurz vorgestellt. Bald werden wir ihn einsetzen.

Wir benutzen dazu noch einmal das Beispiel des Diagramms für den Investmentfond. Jetzt gehen wir über die Möglichkeiten des Makro-Recorders hinaus, verändern den Quelltext um Zeilen, die der Rekorder nicht realisieren kann, und bedienen alles von einer Oberfläche aus.

Das Ergebnis wird <u>Ihr erstes</u> kleines VBA-Programm sein.

Die Hauptarbeit für die Diagrammerstellung aus einer Mehrfachmarkierung von drei Spalten heraus hat uns der Makro-Recorder bereits abgenommen. Das Ergebnis steht in Listing T1_2a. Das ist unser Grundstock.
Jetzt gilt es zu überlegen, was unser kleines Programm können soll. Wir schreiben zunächst das lose auf, was bei großen Projekten im Pflichtenheft stehen würde.

6.3 Präzisierung der Funktionalität, die das Beispielprogramm haben soll

Schauen Sie sich noch einmal die Tabelle in der Datei {PROVVL.xlsm} an. Mit dieser hat der Fondsparer die Entwicklung seiner Sparanlage festgehalten. Er gab zu bestimmten Terminen, vor allem bei den monatlichen Einzahlungen (durch den Arbeitgeber, weil es vermögenswirksame Leistungen sind), aber auch an Tagen, an denen der Fond eine Ausschüttung vornahm, die gleich wieder mit angelegt wurde, das Datum und die Summe (78,- DM pro Monat oder eine Ausschüttungssumme) in seine Tabelle ein. Dazu ermittelte er über das Internet den Ausgabepreis dieses Fonds für diesen Tag. Diese drei Werte trug er in seine Tabelle ein. Danach musste er die Werte in den anderen Spalten selbst berechnen.
Die Eingabe der neuen Werte erfolgte jeweils in der nächsten leeren Tabellenzeile.
Beachten Sie, <u>dass keine Zeile dazwischen leer bleiben darf!</u>

Nachstehende Eingaben und Berechnungen sind pro Zeile zu realisieren:

- Eingabe des Datums in Spalte A
- Eingabe des Ausgabepreises in Spalte B
- Berechnung in Spalte C (Spalte B *0,95) ,5% Agio
- Eingabe des Betrages in Spalte D oder E (Aktive Anlage bzw. Ausschüttung wieder angelegt)
- Berechnung in Spalte F (Spalte D / Spalte B) oder (Spalte E / Spalte C)
- Berechnung in Spalte G (dem vorigen Wert in Spalte G wird der aktuelle Wert aus Spalte D hinzuaddiert – aber nicht bei Ausschüttungen!)
- Berechnung in Spalte H (dem vorigen Wert von Spalte H wird der Wert in Spalte F hinzuaddiert)
- Berechnung in Spalte I (Spalte H * Spalte C)

Diese Berechnungen lassen sich rationalisieren, indem die jeweiligen Berechnungsformeln in Zellen gleicher Berechnung hineinkopiert werden. (Das ist Excel-Grundwissen, deshalb erfolgt hier keine weitere Erklärung.)

Wenn in der neuen Eingabezeile alle Werte berechnet oder eingetragen sind, kann der Sparer sein Diagramm erzeugen, wie wir das mit dem Makrorekorder gemacht haben.

Das Diagramm wird also immer aktualisiert, wenn eine (oder auch mehrere) neue Zeilen eingegeben wurden. Aber den langen Vorgang der Berechnungen und der Diagramm-Erzeugung soll unser Programm realisieren. Damit sind folgende Zielstellungen durch das Programm zu erfüllen (Pflichtenheft):

- Aufnahme neuer Werte über eine Oberfläche (Eingabemaske) und automatische Übertragung dieser Werte in die Excel-Tabelle, ausgelöst durch einen Button.
- Automatische Berechnung der abhängigen Werte der Tabellenzeile für die aktuelle Eingabe.
- Erstellung eines neuen Diagramms aus dem aktuellen Tabelleninhalt über die Oberfläche (ohne Makro-Recorder, der spielt hier keine Rolle mehr, denn das Makro zur Diagramm-Erzeugung haben wir schon zur Verfügung >> Listing T1_2a).
- Anzeige des Diagramms oder der Tabelle durch Bedienung von der Oberfläche aus.

Mehr soll es vorerst nicht sein. Aber das ist schon allerhand, wie Sie sehen werden. Wir haben also eine Ausgangssituation, bei der eine Excel-Tabelle als Wertespeicher für die Fondsdaten bereits vorhanden ist. Die soll natürlich weiter benutzt werden. Hier kommt jetzt dazu, dass zu erklären ist, welche Werte einzugeben und welche aus den Eingaben zu berechnen sind. Schauen Sie sich dazu nochmals die Tabelle in der Datei {Tests_VBA.xlsm} an, die Sie von der Buch-DVD auf die Festplatte kopiert hatten.

(Ich habe darin die Tabelle in der Länge gekürzt, damit alle Daten auf dem Bildschirm zu sehen sind. Wenn Sie alle Daten sehen wollen, öffnen Sie die Datei {PROVVL.xlsm} im Ordner {MATERIAL}/{Dateien}.)

Die Berechnungen sind eigentlich ganz einfach. (Eine kleine Fondskunde finden diejenigen, die es noch nicht kennen, im **Kasten B6 des Anhangs B**.)

Zu ergänzen ist noch, dass innerhalb der Tabelle keine Leerzeilen entstehen dürfen. Das wäre gleichbedeutend mit einer Zeile von Nullen und würde zu extremen Verfälschungen führen. Schauen Sie dazu nochmals die Abb. 7 an. Es wäre ähnlich.

6.3.1 Noch eine Vorüberlegung zum Start von Excel-Dateien.

Der Excel-Praktiker hat zwei Möglichkeiten, um eine Excel-Datei zu starten:

- Suchen der Datei im Windows-Explorer und Doppelklicken des Dateisymbols startet automatisch Excel und öffnet die Datei.
- Starten von MS-Excel > DATEI > Öffnen > (Dialog Öffnen erscheint) > (Navigieren zur Datei im Dateilistenfeld „Suchen in:") > (auswählen der Datei) > [Öffnen]

Beide Vorgänge laufen völlig gleich ab, mit dem Ergebnis, dass sich die ausgewählte Excel-Datei mit der ersten Tabelle Ihres Tabellenspektrums meldet (das ist die ganz linke unten im Blattregister von Excel). Dann wartet Excel auf weitere Bedieneraktionen.

Starten wir aber eine xlsm-Datei, die ein VBA-Programm beinhaltet und sich statt mit der ersten Tabelle anders, z.B. mit dem ersten Formular, öffnen soll, muss das Startverhalten mittels einer speziellen Prozedur entsprechend verändert werden. Diese spezielle Prozedur läuft beim Start der xlsm-Datei automatisch ab und heißt

Sub Auto_Open()

was automatisch_öffnen bedeutet. Diese spezielle Prozedur ist bewährtes „Altguthaben" von VBA und wurde wegen der Abwärtskompatibilität beibehalten, obwohl inzwischen auch andere Lösungen möglich sind. Wir verwenden Auto_Open(), die in einem allgemeinen Modul platziert werden muss.

Schauen Sie dazu in der Datei {Tests_VBA.xlsm}, die ich Ihnen von der Buch-DVD mitgegeben habe, im Modul1 nach. Darin habe ich die Prozedur Auto_open() schon im Modul1 angelegt und, da wir auf die letzte Zeile in der Tabelle1 abstellen wollen, haben wir diese Variable LBZ oben in den Deklarationen schon deklariert.

Der noch magere Körper von Auto_Open ist erzeugt und richtig platziert. In der weiteren Folge werden wir ihn mit Syntax füllen, die das gewünschte Startverhalten realisiert.
Beachten Sie die anderen vorbereiteten Prozeduren unter Sub Auto_Open zunächst nicht. Die kommen später an die Reihe. Speichern und schließen Sie {Tests_VBA.xlsm}.
Jetzt endlich kommen wir zum

6.3.2 Entwurf des (ersten) Formulars

Das Einfügen eines Formulars haben wir als „Trockenübung" auch bereits kennengelernt. Das wird jetzt wiederholt und danach wird das Formular mit den erforderlichen Steuerelementen (Controls) bestückt, die für die Aufgabenstellung gebraucht werden.

Öffnen Sie erneut{ PROVVL.xlsm}. Speichern Sie diese im Übungsordner unter dem neuen Namen Investment.xlsm sofort wieder ab.

Führen Sie zunächst in der IDE nachstehende Aktionen aus:

EINFÜGEN > UserForm > (Ein leeres Formular erscheint im Projekt – in der Titelleiste steht UserForm1) > (die Werkzeugsammlung erscheint neben dem Formular).

Schauen Sie jetzt in das Eigenschaftenfenster und kontrollieren Sie, ob auch die Eigenschaften von UserForm1 angezeigt werden.
Ändern Sie dann im Eigenschaftenfenster zwei Eigenschaften des Formulars wie folgt:

- Ganz oben den Namen von UserForm1 in **frmHaupt** und
- weiter unten die Caption-Eigenschaft von UserForm1 in **Hauptfenster Fond**

6.3.2.1 Platzieren von Controls für die Eingabe von Werten und zur Bedienung

Wenn die Werkzeugsammlung ausgeblendet ist, klicken Sie

 ANSICHT > Werkzeugsammlung, dann wird sie wieder angezeigt.

Zeigen Sie mit der Maus nacheinander auf die Steuerelemente (Controls) der Werkzeugsammlung und lesen Sie die Tooltips, die kurz danach erscheinen. Beim Control mit der Bezeichnung Textfeld (engl. Textbox), das mit **ab|** beschriftet ist, halten Sie und klicken es an. Der Button wird aktiviert.
Führen Sie jetzt die Maus auf die Fläche des Formulars. Der Mauszeiger wird zum Kreuz und rechts darunter ist die Beschriftung des gewählten Controls angehängt. Mit Klick wird das Textfeld in bestimmter Größe auf dem Formular erzeugt.

Es gibt eine zweite Möglichkeit: Klicken Sie in der Werkzeugsammlung auf das Control und führen die Maus auf das Formular (Mauszeiger wird Kreuz und daran hängt eine Miniatur des Controls.) Wenn Sie jetzt die linke Maustaste **drücken und halten,** können Sie das Control in gewünschter Größe aufziehen. Das Control rastet im Raster der Formularfläche ein. Die Größe können Sie aber jederzeit wieder ändern.
Prüfen Sie das, indem Sie in die Markierung der Textbox (das ist der schraffierte Rahmen mit den Anfassern) klicken, halten und ziehen. Sie sehen, wie Sie die

Textbox einfach verlegen können. Klicken Sie auf den Anfasser unten rechts und ziehen Sie. Die Größe der Textbox ändert sich. So geht das mit allen Controls. Stellen Sie jetzt nach Lage und Größe einen Zustand her, der weitestgehend der Abb. 20 entspricht.

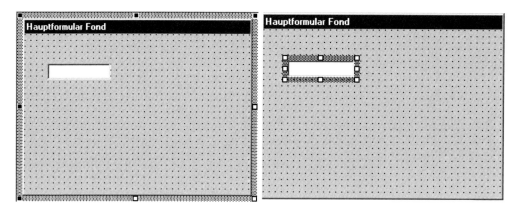

Abb. 20: Das erste Control (Textfeld) auf dem Formular.

Im linken Teil der Abb. 20 ist das Formular das <u>aktive</u> Objekt, im rechten das Textfeld. Aber nur vom aktiven Objekt werden die Eigenschaften im Eigenschaftenfenster angezeigt – Sie erinnern sich? Wenn bei Ihnen das Textfeld nicht aktiv ist, klicken Sie es einfach an, bis es aussieht wie im rechten Bildteil. Jetzt können Sie Eigenschaften dieses Textfeldes bearbeiten.

Wir setzen gleich konsequent fort und geben dem Textfeld einen sprechenden Namen mit Präfix. Schauen Sie weiter vorn nochmals nach, welche Eingaben für den Investmentfond benötigt werden → zunächst das aktuelle Datum. Wir nennen dieses Textfeld daher txtDat. Ändern Sie entsprechend im Eigenschaftenfenster des Textfeldes den Namen von Textbox1 in **txtDat**.

Wie in ordentlichen Windows-Fenstern sollte das Textfeld auch beschriftet werden. Dazu benutzen Sie das Control ‚Beschriftungsfeld' (engl. Label). Ziehen Sie es über dem Textfeld auf und ändern Sie seine Caption-Eigenschaft von Label1 in **Datum:** Da das Beschriftungsfeld in diesem Programm zunächst nicht „angesprochen" werden muss, kann die Name-Eigenschaft hier unverändert als Label1 bestehen bleiben.

Sie haben es sicher selbst gemerkt – vom System erhalten die Controls zunächst gleiche Bezeichnungen für die Name-Eigenschaft und die Caption-Eigenschaft. Diese beiden Eigenschaften sind aber nicht identisch und dürfen nicht verwechselt werden! Einige Controls haben keine Caption-Eigenschaft, aber einen Namen haben sie alle.

Der Name des Controls ist seine wichtigste Eigenschaft!

Jetzt sieht das Formular aus, wie es Abb. 21 zeigt.

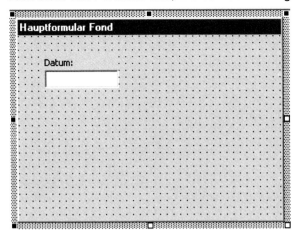

Abb. 21: Das Formular mit dem durch ein Label beschrifteten Textfeld txtDat

Tragen Sie probeweise ein Datum in das Textfeld txtDat ein, um die nötige Größe zu bestimmen. An den Anfassern können Sie die Maße ändern. Wenn Sie in den Rahmen klicken, sehen Sie ein Kreuz, mit dem Sie das ganze Feld herumtransportieren können.

Den Vorgang bis hierher können Sie im Video_T1_Vi8 sehen.

Jetzt lasse ich Sie allein weitermachen. Bestücken Sie das Formular zunächst weiter, bis es so aussieht wie in Abb. 22. Textboxen und Labels habe ich gezeigt. Die weiteren Controls erhalten Sie mit den Werkzeugen Befehlsschaltfläche (engl. Command Button, Präfix cmd) und Kontrollkästchen (engl. CheckBox, Präfix chk). Wie Sie die Caption-Eigenschaften anpassen, ist auch bekannt. Die Voreinstellungen in den Textboxen nehmen Sie mit deren Text-Eigenschaft vor. Wenn Sie feststellen, dass die Fläche des Formulars zu klein ist, vergrößern Sie diese durch Ziehen an den Anfassern.
Die Namen ändern wir anschließend.

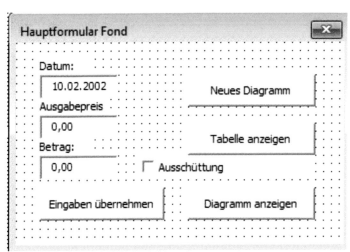

Abb. 22: Das Formular mit allen Controls für das Beispiel Investmentfond

Eine kurze Erklärung zu den Abbildungen:

Ich habe bereits früher mit älteren Office-Versionen Abbildungen erzeugt und diese hier belassen, weil sie mir optisch besser gefielen, wie z.B. Abb. 20 und 21. Jetzt, wo es funktionell besser ist, verwende ich die neuen Office-Bilder, auch wenn sie mir von der Optik her nicht so gut gefallen. >> Wie im Leben: Die Neue ist nicht immer die Schönere. ☺

Ändern Sie jetzt im Eigenschaftenfenster der IDE die Namen der Controls mit dem Präfixverfahren: Beginnen Sie mit dem Textfeld für den Ausgabepreis. Datum als txtDat haben wir schon beim Erstellen realisiert.)

Versichern Sie sich, dass jeweils das richtige Control aktiv ist!

6.3.2.2 Änderung einiger Eigenschaften der platzierten Controls

Control   **Neuer Name**
Textbox für Datum   →txtDat (bereits oben realisiert)
Textbox für Ausgabepreis   → txtAPreis
Textbox für Betrag   → txtBetrag
Button [Eingaben übernehmen]   → cmdEin
Button [Neues Diagramm]   → cmdDiagNeu
Button [Tabelle anzeigen]   → cmdZeigTab
Button [Diagramm anzeigen]   → cmdZeigDiag
CheckBox Ausschüttung   → chkAus

Damit ist das Formular bereits fertig bestückt. Jetzt gönne ich Ihnen ein erstes Erfolgserlebnis, indem wir uns das Formular einmal in der Laufzeit ansehen.

Klicken Sie in der IDE auf den Button [Start] oder drücken Sie die Taste [F5]. Das Ergebnis sollte ungefähr so aussehen, wie es Abb. 23 zeigt. Das kleinere Hauptformular wird neben die Tabelle gelegt, im Textfeld txtDat blinkt der Cursor – d.h. es ist das aktive Control-Objekt.

	Datum	Preis/DM Ausgabe	Preis/DM Rückname	Anlage-betrag / DM	Ausschütt. Gebühr/DM	Umsatz Anteile	Summe Einz. / DM	Anteile Summe	Wert aktuell Depot/DM
1	Datenbank für Investmentkonten								
2	Fondsname: Provesta VL								
3									
6	11.09.1991	114,64	108,91	78,00		0,6804	78,00	0,6804	74,10
7	12.09.1991	114,64	108,91	156,00		1,3608	234,00	2,0412	222,30
8	15.10.1991	111,59	106,01	78,00		0,6990	312,00	2,7402	290,49
9	11.11.1991		103,34		7,67	0,0742	312,00	2,8144	290,84
10	13.11.1991	108,42	103,00	78,00		0,7194	390,00	3,5338	363,98
11	11.12.1991	100,90	95,86	78,00		0,7730	468,00	4,3068	412,83
12	01.01.1992		97,13			0,0000	468,00	4,3068	418,32
13	13.01.1992	104,87	99,63	78,00		0,7438	546,00	5,0506	503,18
14	12.02.1992	111,86		78,00		0,6973	624,00	5,7479	610,81
15	11.03.1992	115,29		78,00		0,6766	702,00	6,4245	703,64
16	13.04.1992	115,30		78,00		0,6765	780,00	7,1010	777,81
17	13.05.1992	116,51		78,00		0,6695	858,00	7,7704	860,07
18	11.06.1992	117,20		78,00		0,6655	936,00	8,4360	939,26
19	13.07.1992	112,98		78,00		0,6904	1.014,00	9,1264	979,54
20	12.08.1992	104,49		78,00		0,7465	1.092,00	9,8728	980,03
21	11.09.1992	100,57		78,00		0,7756	1.170,00	10,6484	1.017,37
22	16.10.1992	95,83		78,00		0,8139	1.248,00	11,4624	1.043,52
23	12.11.1992	97,65		78,00		0,7988	1.326,00	12,2611	1.137,44
24	16.11.1992		90,21		34,33	0,3806	1.326,00	12,6417	1.140,41
25	14.12.1992	92,22		78,00		0,8458	1.404,00	13,4875	1.181,63
26	01.01.1993		89,59			0,0000	1.404,00	13,4875	1.208,35
27	14.01.1993	93,48		78,00		0,8344	1.482,00	14,3219	1.271,87
28	11.02.1993	99,23		78,00		0,7861	1.560,00	15,1080	1.424,20
29	11.03.1993	104,47		78,00		0,7466	1.638,00	15,8546	1.573,51
30	14.04.1993	104,70		78,00		0,7450	1.716,00	16,5996	1.651,08
31	13.05.1993	103,45		78,00		0,7540	1.794,00	17,3536	1.705,46
32	14.06.1993	106,74		78,00		0,7307	1.872,00	18,0843	1.833,80
33	14.07.1993	109,97		78,00		0,7093	1.950,00	18,7936	1.963,39
34	12.08.1993	118,69		78,00		0,6572	2.028,00	19,4508	2.193,18
35	14.09.1993	118,16		78,00		0,6601	2.106,00	20,1109	2.257,49
36	14.10.1993	124,82		78,00		0,6249	2.184,00	20,7358	2.458,83
37	12.11.1993	131,39		78,00		0,5937	2.262,00	21,3294	2.662,35

Hauptformular Fond — Datum: 10.02.2002 — Ausgabepreis 0,00 — Betrag: 0,00 — Ausschüttung — Neues Diagramm — Tabelle anzeigen — Eingaben übernehmen — Diagramm anzeigen

Abb. 23: Das kleine Hauptformular in der Tabelle (zur Laufzeit)

Sieht doch schon ganz gut aus, nicht wahr?

Ja, aber leider ist es noch ein Hohlkörper ohne Funktion, denn mit der Bestückung ist noch nichts programmiert, was Aktionen nach sich zieht. Betrachten Sie es trotzdem genau. Im ersten Textfeld blinkt der Cursor – geben Sie ruhig einmal etwas ein, z.B. das nächste Datum, einen Ausgabepreis 146,00 und einen Betrag von 78,00. Bei den Eingaben können Sie die Felder wechseln, indem Sie die Tabulatortaste betätigen oder die Maus in das jeweilige Feld setzen. Probieren Sie beides aus.
Betätigen Sie jetzt noch mit der Maus die einzelnen Buttons und beobachten Sie, was passiert. Beginnen Sie mit [Eingaben übernehmen]. Das Einzige, was passiert, ist, dass der Button sich bewegt, wie es beim Klicken üblich ist. Weiter tut sich noch nichts.

Wenn ein Control „bedient" wird (geklickt, beschrieben usw.), wird es automatisch zum aktiven Control. Im Fachjargon wird gesagt, dass das aktive Control den Fokus (G) hat.

(Fokus: wörtlich Brennpunkt, also die Stelle, wo etwas geschieht)
Wenn ein bisher inaktives Control geklickt wird, erhält es den Fokus. Das Control, das vorher den Fokus hatte, verliert ihn, sobald ein anderes Control aktiviert wird. Das fokussierte Control erkennt man an bestimmten Merkmalen wie den Rahmen bei Command-Buttons und weiteren Controls. Ist ein Textfeld fokussiert, blinkt darin die Einfügemarke.
Gehen Sie noch einmal zu dem Formular in der Laufzeit. Der Fokus sollte auf dem ersten Textfeld liegen, in dem der Cursor blinkt. Wenn Sie jetzt die Tabulatortaste auf der Tastatur drücken (mehrfach), sehen Sie, wie der Fokus von einem Control zum nächsten wandert. Das nennt man die

Tab-Reihenfolge.

Schalten Sie jetzt mit der Tabulatortaste noch einmal die ganze Tabulatorreihenfolge durch. Wenn Sie durch sind, stehen Sie wieder in dem Control, das den Fokus bei Formularstart erhält. In unserem Beispiel ist das txtDat. Die Tabulatorreihenfolge für alle Controls ist durchnummeriert und beginnt mit 0 (Null). Unser txtDat hat also den Tabulatorindex (Tabindex) 0 (Null). Wir hatten dieses Textfeld zuerst auf dem Formular platziert. Der TabIndex ist eine Eigenschaft des Controls. Diesen erhalten die Controls in der Reihenfolge Ihrer Platzierung auf dem Formular. Schauen Sie im Eigenschaftenfenster nach, welchen Tabindex die Controls unseres Formulars dort haben. Hier können Sie die Reihenfolge auch ändern, sobald das erforderlich wird. Der Fokus springt dann so weiter, wie Sie die Tab-Reihenfolge festlegen. Haben Sie im Eigenschaftenfenster gesehen, dass auch die Labels einen Tabindex haben? Aber sie erhalten den Fokus nicht! Labels werden in der Tab-Reihenfolge einfach übersprungen. Sie geben quasi den Fokus an das nächste Control weiter.

Jetzt können Sie das aktive, aber noch funktionslose Formular erst noch einmal schließen, indem Sie auf das Schließkreuz klicken. Die Laufzeit wird damit beendet, wir setzen den Entwurf fort. Aber vorher brauchen wir neues Grundlagenwissen.
Speichern Sie Ihre Arbeit, wenn Sie diesen Stand erreicht haben.
Zunächst halten wir aber in kurzer Zusammenfassung fest, was in den letzten Abschnitten an Erkenntnissen hinzukam.

6.4 Zusammenfassung

Sie lernten in den letzten Abschnitten neu kennen:

* Sub Auto_Open()
  Eine spezielle Prozedur, die automatisch ausgeführt wird, wenn die Excel-Datei, in der sie sich befindet, gestartet wird. Sie muss in einem allgemeinen Modul stehen!

- Das Platzieren einiger Steuerelemente (Textbox, Label, Command Button und Checkbox) auf einem Formular und das Einstellen einiger ihrer Eigenschaften zur Entwurfszeit mit Hilfe des Eigenschaftenfensters.
- Den Fokus, das Fokussieren, die Tabulatorreihenfolge und den TabIndex

Schauen Sie sich das *Video_T1_Vi8* noch einmal an.

Ich zeige dort auch, wie Sie bei dem Entwurf Ihres Formulars bei der Platzierung und Beschriftung von Controls noch rationeller vorgehen können, als alles über das Eigenschaftenfenster zu realisieren. Ich zeige Ihnen beide Möglichkeiten.

Gehen Sie zunächst in Anhang A und arbeiten Sie die *Lektionen 5 und 6* durch, ehe Sie mit Kapitel 7 weiter machen (Lektion 5 könnten Sie erst einmal überspringen, wenn Sie die Zahlensysteme kennen. Lesen Sie aber dort auf jeden Fall den letzten Teil: Wahrheitswerte und Boole'sche Variablen und Konstanten.)

Zurück aus den Lektionen 5 und 6 geht es hier mit Kapitelt 7 weiter

---

7 Die Programmierung für das VBA-Programm „Investmentfond"

7.1 Programmierung des Startverhaltens

Das erforderliche „Werkzeug" für das Programm haben wir zurechtgemacht. Es besteht aus dem Formular mit seinen Controls, dem allgemeinen Modul mit der Prozedur Auto_Open() und natürlich der Tabelle1. Jetzt muss dieses Werkzeug sinnvoll funktionsfähig gemacht werden. Damit werden Sie erste und wesentliche Programmierlösungen und -techniken kennenlernen.

Wir beginnen mit dem Start und der Prozedur Auto_Open().

Es soll erreicht werden, dass mit dem Start der Excel-Datei sofort das Formular sichtbar wird wie in Abb. 23. Die Tabelle daneben kann dabei anders aussehen.
Wir müssen also in Auto_Open() Syntax so schreiben, dass sich das Objekt frmHaupt zeigt. Wenn mehrere Objekte vorhanden sind (Tabellen und Diagramme; siehe Projektdatei), sollte die Tabelle 1 unten im Blattregister ganz links stehen, damit das Formular darin erscheint. Sobald das Formular mit der <u>Show-Methode</u> aktiviert wird, wird es über der Tabelle erscheinen und zum aktiven modalen Fenster werden. Schreiben Sie also in die Prozedur Auto_Open() im allgemeinen Modul1 nachstehende 2 Zeilen unter der Sub-Zeile:

'Hauptformular anzeigen
frmHaupt.Show

Den theoretischen Hintergrund hierzu habe ich in der Lektion 6 im Anhang A behandelt.
Damit muss Modul1 bisher wie folgt aussehen:

```
'MODUL1 (allgemein)
Option Explicit
'Deklarationen
Public LBZ as Long 'LBZ ist öffentlich im ganzen Programm und kann
                    'theoretisch größer als 32767 werden, deshalb Typ Long

Sub Auto_Open()
```

'Beim Start aktuelle Tabellenlänge feststellen. LBZ: letzte benutzte Zeile
Diese Zeilen habe ich für Sie schon vorbereitet und in die Sub Auto_Open() eingetragen.

```
LBZ = Sheets("Tabelle1").Cells.SpecialCells(xlCellTypeLastCell).Row
Debug.Print "LBZ ist " & LBZ 'LBZ-Wert kontrollieren , danach wieder
'auskommentieren
```

Den Kopfteil des Modul1 habe ich mit vorbereitet. Ich erkläre anschließend die Syntax. Aber jetzt tragen Sie bitte vor End Sub nach:

```
'Hauptformular anzeigen
frmHaupt.Show
End Sub
```

Jetzt hat unser Programm schon etwas mehr Funktionalität. Testen Sie es, nachdem Sie diesen Stand gespeichert haben. Schließen Sie die Datei {Investment.xlsm} und öffnen Sie diese gleich wieder, um zu erleben, wie sich beim neuen Dateistart das Formular zeigt.
Lassen Sie das zunächst so stehen.

So, das war Vorgeplänkel – jetzt wird es richtig interessant!

7.2 Eine spezielle Lösung, um das Ende einer Tabelle zu finden

Sie werden selbst gemerkt haben, dass bei ständiger Ergänzung der Tabelle mit Daten für das Programm klar sein muss, wo die Tabelle unten aktuell endet. Das obere Ende ist bekannt und wird nicht verändert.
Es müssen also Lösungen gefunden werden, die das untere Tabellenende zurückgeben. Dazu noch eine kleine Umstellung in der Datei {Investment.xlsm}. Benennen Sie die jetzige Tabelle1 in LangTab und die Tabelle Kurztab in Tabelle1 um. Ziehen Sie die neue Tabelle1 ganz nach links im Tabellenregister. In der kurzen Tabelle1 kann man das Ende sehen und darauf kam es mir an.

Für das Feststellen des aktuellen Tabellenendes gibt es zunächst zwei mögliche Lösungsideen:

- Feststellen, in welcher Zeile unterhalb von Zeile 5 die erste leere Zelle erscheint oder
- Feststellen, welche Zelle in der Tabelle die letzte beschriebene ist.

Ich hatte mich für die letztere entschieden, obwohl auch die erste möglich ist.
Natürlich kenne ich die Lösung. Ich versuche wieder, Sie an diese letzte Zelle (engl. LastCell) heranzuführen. Prüfen wir einmal, ob dazu in der Hilfe etwas zu finden ist. Gehen Sie in die IDE und tippen Sie im Direktfenster Cells ein. Stellen Sie den Cursor hinein und drücken Sie [F1]. Das Ergebnis wird Sie nicht befriedigen, von letzter Zelle keine Spur. Wenn man nicht weiterkommt, muss man sich evtl. in der Community im Internet Beratung holen. Wir fragen also dort: „Weiß jemand, wie man in VBA-Excel die letzte Zelle eines Bereiches ermitteln kann?" Als lakonische Antwort schreibt einer: „Schau doch mal bei den speziellen Zellen nach (SpecialCells)."
Wir tippen im Direktfenster SpecialCells, drücken die [F1]-Taste und werden fündig. Aber Lastcell ist immer noch nicht zu sehen. Hier muss man etwas tiefer graben. Sie sehen im Hilfe-Fenster die Parameter. Dort sehen Sie u.a. **xlCellType,** also einen Hinweis auf Zellen-Typ-Konstanten. Da schauen Sie rein und – oh Wunder – eine ganze Liste von speziellen Excel-Zell-Typen tut sich auf. Und die siebente von oben zeigt unsere gesuchte letzte Zelle in einem Bereich. Die Tabelle zeigt auch noch eine Spalte Wert.
Es sind wieder Konstanten, hinter denen jeweils eine Zahl steckt. Aber wir nutzen den Namen der Konstanten **xlCellTypeLastCell.** (Excel-Konstante_Typ_Letzte Zelle).
Wie muss nun Syntax geschrieben werden, damit ich diese letzte Zelle finde?
Ich muss wieder motzen: In der gegenwärtigen Web-Hilfe habe ich kein Beispiel dazu gefunden, dafür aber im guten alten Office 97 in der mit installierten Offline-Hilfe. (Ich habe weiter vorn im Buch auch diese Hilfe-Möglichkeit erwähnt.) Und siehe da,
das Beispiel lautet:
ActiveSheet.cells.SpecialCells(xlCellTypeLastCell).Activate

Also im aktiven Tabellenblatt.seinen Zellen.SpezielleZellen vom Typ letzte Excel-Zelle aktivieren (d.h. markieren, also den Cursor in die Zelle setzen).

Das zu bearbeitende Objekt ist also spezifiziert bis vor Activate. Activate ist die Methode als letztes Glied dieser Syntax-Kette. Falls das funktioniert, kommen wir weiter.

Ich habe in der Vorbereitung diese Zeile schon im Kopf des Moduls verwendet.
Sie finden die Zeile vor:

LBZ = Sheets("Tabelle1").Cells.SpecialCells(xlCellTypeLastCell).Row

Hier habe ich die gefundene, oben unterstrichene Hilfezeile bereits verwendet, um der Variablen LBZ (letzte beschriebene Zelle) einen Wert zuzuweisen. Ich habe auch ActiveSheet zu Sheets("Tabelle1") ausgetauscht und am Ende statt .Activate .Row. angehängt. In der Lektion zu den Bereichsobjekten hatte ich .Row schon kurz behandelt.

Das bedeutet: Wenn das obere Sheets-Objekt (Sheets sind die Tabellenblätter) nicht mit anderen noch vorhandenen Tabellen verwechselt werden soll, ist der konkrete Tabellenname eindeutig. ActiveSheet (Aktive Tabelle) könnte auch eine andere sein. Deshalb mein Austausch. Da LBZ aber eine Long-Zahl ist, muss sie auch einen Zahlenwert zugewiesen bekommen.

LBZ ist also eine Nummer, d.h. eine Ganzzahl vom Typ Long. Im Programm müssen wir sie also mit Public LBZ As Long deklarieren.

Das Schlüsselwort für Zeile ist **Row** (Row-Eigenschaft) → Prüfen Sie es mit dem Translator (Row → wörtlich Reihe, also Zeile). Ich habe das in der *Lektion 9* zu den Bereichsobjekten Row und Column als Eigenschaften der Zeilen- und Spalten-Bereiche kurz behandelt. Schauen Sie vorab in Lektion 9 nach.

Die letzte besetzte Zeile ist also die Zeile der letzten benutzten Zelle des aktiven Blattes. Der Variablen LBZ wird also diese Zeilennummer zugewiesen:
Das ist wieder eine klassische Zuweisungsoperation, die ich deshalb für Sie nochmals ausführlich analysiere.

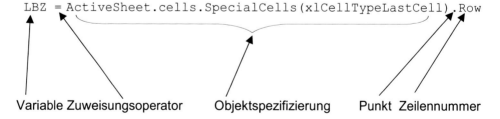

```
LBZ = ActiveSheet.cells.SpecialCells(xlCellTypeLastCell).Row
```

Variable Zuweisungsoperator Objektspezifizierung Punkt Zeilennummer

Die Objektspezifizierung ist weiter vorn bereits rückübersetzt worden. Auch hier klassisch von links nach rechts konkreter werdend: das aktive Tabellenblatt, darin die Zellen, davon spezielle Zellen mit der Eigenschaft, die letzte Zelle zu sein.

Mit der konkreten Benennung des Tabellenblattes ist die Ermittlung der letzten Zeile auch möglich, wenn diese Tabelle momentan nicht aktiviert ist.

LBZ = Sheets("Tabelle1").cells.SpecialCells(xlCellTypeLastCell).Row

Welche dieser gleichberechtigten Lösungen Sie verwenden, hängt vom konkreten Problem ab. Hier ist die zweite günstiger, weil der Blattname bekannt ist. Das ist eindeutig.

Die Verwendung dieser SpecialCells mit der Spezifizierung LastCell ist eine bequeme Lösung, hat aber eine kleine Tücke, die Sie kennen sollten:

Wenn Sie in der aktuellen Sitzung die Tabelle kürzen würden, indem Sie Zellinhalte löschen, dann behält die alte letzte Zelle die Lastcell-Eigenschaft, auch wenn diese leergemacht wurde. Optisch sieht es aus, als ob eine Zelle weiter oben die letzte wäre. Das lässt sich nicht rückgängig machen.
Wenn also eine Tabelle zur Laufzeit gekürzt werden muss, sollten Sie für das Feststellen des Tabellenendes eine andere Lösung wählen. Ich zeige Ihnen das später im großen VBA-Beispiel-Programm, wo dieser Fall gebraucht wird. Hier können Sie wie folgt Abhilfe schaffen: Fügen Sie eine neue leere Tabelle in die Datei ein. Markieren Sie in Tabelle1 bis zur letzten beschriebenen Zelle und wählen Sie Kopieren. Gehen Sie in Tabelle2, Zelle"A1" und klicken Sie Einfügen. Löschen Sie jetzt Tabelle1 und benennen Sie Tabelle2 in Tabelle1 um. Damit ist die letzte beschriebene Zelle wieder LastCell.
In unserem Programmbeispiel hat LBZ eine zentrale Rolle und wird immer wieder benötigt und zwar im ganzen Programm. Sinnvoll ist es, bei Programmstart sofort den aktuellen Wert von LBZ festzustellen. Das kann in der Prozedur Auto_Open mit untergebracht werden und zwar noch bevor das Formular aktiv wird.
Das habe ich in der Datei {Investment.xlsm} schon vorbereitet. Auch die Deklaration von LBZ als öffentliche (Public) Variable des ganzen Programms habe ich schon als Long vorgenommen. Warum als Long? Folgende Fragen muss man sich beantworten.
Wie groß könnte die Zeilennummer theoretisch werden?
Wo wird LBZ überall gebraucht?
Welchen Typ muss LBZ bekommen?

Wo und wie muss deklariert werden?

Das sind alles berechtigte Fragen → hier die Antworten:

Eine Tabelle könnte bis zu 65535 Zeilen haben. (Habe ich in der Praxis noch nie gesehen!)
LBZ wird im ganzen Programm gebraucht und von verschiedenen Modulen aus benutzt → wird also eine öffentliche Variable (Public).

65535 ist größer als 255 (Byte), auch größer als 32767 (Integer), nicht gebrochen, damit kommt nur Typ Long in Betracht → siehe **Tafel A1 in Lektion 4 Anhang A.** (Praktisch wäre Integer möglich, da es nicht über Zeile 32767 hinausgehen wird, aber sicher ist sicher → also Long.)
Damit ist klar, wo und wie LBZ deklariert werden muss:

Public Deklaration muss im Kopf eines allgemeinen Moduls stehen
(Siehe Anhang A Lektion 4, Deklarationen und Gültigkeitsbereiche)
Typ muss Long sein.

Damit ist meine vorbereitete Syntax im Modulkopf erklärt und die sofortige Ermittlung von LBZ bei Programmstart auch, denn Sub Auto_Open() läuft bei Programmstart zuerst ab. Ich habe noch die Zeile eingefügt

Debug.Print "LBZ ist " & LBZ 'LBZ-Wert kontrollieren

Der Druck-Methode des Debug-Objektes wird als Argument der zu druckende Text übergeben. Dieser setzt sich zusammen aus dem String "LBZ ist ", verknüpft mit dem Zahlenwert LBZ. Die Verknüpfung erfolgt mit dem Kaufmanns-Und (&) als Verknüpfungsoperator für Strings.
Starten Sie jetzt zum Test die bisher fertige Syntax mit dem grünen Start-Button in der IDE. Wenn das Makro-Fenster erscheint, klicken Sie Auto_Open und [Ausführen]. Das Formular sollte sich zur Laufzeit neben der Tabelle zeigen.
Testen Sie, ob und wie die Buttons reagieren und was geschieht. Sie gehen auf und nieder, aber sonst geschieht noch nichts.

Aber LBZ ist doch eine Zahl und kein String, wieso wird sie denn mit einem String verknüpft? Ist das nicht Typ-Unverträglichkeit, also Type Mismatch?

Wer das bemerkt hat, ist wirklich sehr aufmerksam und hat schon viel gelernt. Grämen Sie sich aber nicht, wenn Sie es nicht bemerkt haben, denn bisher habe ich es noch nicht erklärt. Jetzt kommt die Erklärung:

7.3 Ausgabestrings

Bei Ausgabeoperationen mit der Druckmethode erhalten Drucker oder Bildschirm einen sogenannten Ausgabe-String übergeben, also eine fortlaufende Sequenz von Zeichen. Das ist genau der zu druckende Inhalt. Beiden (Drucker und Bildschirm) ist es völlig egal, wie diese Zeichenfolge zusammengesetzt wurde. Und deshalb ist es zulässig, bei der Bildung des Ausgabe-Strings auch Zahlen einzubeziehen, wie oben geschehen. D.h. die &-Verknüpfung von Strings mit Zahlen ist für diesen Fall erlaubt.

"LBZ ist " & LBZ 'ist dieser Ausgabestring.

Man könnte so übersetzen : Drucke Zeichenkette „LBZ ist „ **und (&)** die Zahl LBZ
Das UND muss aber das & (Kaufmanns-Und) sein, denn Plus (+) wäre falsch!
LBZ als Teil des Ausgabestrings wird damit aber keinesfalls selbst zum String. LBZ
bleibt eine Long-Zahl!

Jetzt ist es an der Zeit, das zu prüfen. Schauen Sie nochmals in die Tabelle1, was
die letzte benutzte Zeile ist. Es müsste die Zeile 37 sein. Speichern und schließen
Sie {Investment.xlsm} und beenden Sie dann Excel. Starten Sie dann diese Datei
neu. Kontrollieren Sie die Ausgabe im Direktfenster: Wenn alles in Ordnung ist, muss
sie lauten:

LBZ ist 37

Q.E.D.
Noch etwas für den Abschluss dieses Abschnitts. Wenn wir diese Kontrollzeile

Debug.Print "LBZ ist " & LBZ   'LBZ-Wert kontrollieren

stehen lassen, wird bei jedem Start das Direktfenster beschrieben. Die Zeile könnte
also gelöscht werden, nachdem wir uns überzeugt haben, dass LBZ richtig ermittelt
wird. Da aber in der weiteren Folge durchaus Fehler auftreten könnten, wäre es gut,
wenn diese Kontrolle bei Bedarf wiederholt werden könnte.

Nun, dann tippen wir sie erneut ein.

Wäre möglich, aber unnötige Arbeit. Es geht besser, indem wir diese Zeile einfach
<u>auskommentieren.</u>

Auskommentieren – was ist das schon wieder?

Eine sehr nützliche, hilfreiche und arbeitssparende Praxismethode.

Auskommentieren heißt, dass ausführbarer Quelltext, der nur manchmal gebraucht wird oder auch wenn er fehlerverdächtig ist, einfach zeitweilig zum Kommentar gemacht wird.

Damit würde es genügen, einfach vor den ersten Buchstaben der Zeile einen
Apostroph zu setzen – und schon ist die Zeile zum Kommentar geworden.
Aber damit würde er sich von echtem Kommentar nicht unterscheiden und schwer
wieder zu finden sein. Deshalb vereinbaren wir einfach, dass (bei mir)
auskommentierte ausführbare Zeilen so beginnen:

‘*‘ ApostrophSternApostroph

Damit ist auch dieses Problem gelöst und unsere Zeile sieht wie folgt aus:

‘*‘Debug.Print "LBZ ist " & LBZ 'LBZ-Wert kontrollieren

(Wundern Sie sich nicht, wenn hier die Apostrophzeichen anders aussehen und linksgeneigt sind wie der Backslash. Das hat schreibtechnische Gründe, die bei Word liegen, ist ansonsten aber unerheblich.)

Wir können das Gelernte erst wieder einmal zusammenfassen:

7.4 Zusammenfassung:

Sie lernten in den letzten Abschnitten und in *Lektion 6, Anhang A* neu kennen:

- Das Laden und Anzeigen von Formularen
- Das Entladen und Verbergen (Ausblenden) von Formularen
- Modale und nichtmodale Formulare (Fenster)
- Eine spezielle Lösung für das programmtechnische Auffinden des aktuellen Endes einer Tabelle mit Hilfe der SpecialCells-Konstanten
- Einführung, Deklaration und Typisierung einer öffentlichen Variablen
- Eine Möglichkeit, um Variablenwerte zu kontrollieren
- Den Ausgabestring und seine Programmierung
- Die Programmiermethode: Auskommentieren von Quelltextzeilen

7.5 Programmierung der Steuerelement-Ereignisprozeduren

7.5.1 Grundsätzliches

Wenn sich Ihr Formular frmHaupt dem User zeigt, hat dieser grundsätzlich mehrere Möglichkeiten, um zu beginnen. Er könnte:

- Eingaben in die Textfelder tätigen.
- sich ein Diagramm aus dem augenblicklichen Inhalt der Tabelle erstellen.
- auf den Button |Eingaben übernehmen| klicken und damit eine Falscheingabe auslösen, wenn er noch nichts in die Textfelder eingegeben hätte.
- das Häkchen in die Checkbox setzen.
- den Button [Tabelle anzeigen] klicken (was nichts ändert, wenn die Tabelle zu sehen ist).
- den Button [Diagramm anzeigen] klicken (was evtl. einen Fehler auslöst, wenn noch kein Diagramm existiert).

Nicht alle dieser möglichen Handlungen wären als Beginn sinnvoll und logisch, aber sie wären möglich. Sie wissen es selbst, es gibt viele User, die bei einem unbekannten Programm erst einmal herumprobieren und „wild durch die Gegend klicken", um zu sehen, was passiert. Findet der User zufällig einen logischen Einstieg, passiert etwas Richtiges, das Sie mit Ihrer Programmierung beabsichtigt hatten.
Erwischt er einen unlogischen Anfang, kann es sein, dass sich gar nichts tut → das wäre nicht schlimm. Es kann aber auch passieren, dass Ihr Programm abstürzt oder falsche Werte ausgibt → und das wäre fatal!

Was ist zu tun?

Sie müssen mit Ihrem Programm erreichen, dass es erstens die Grundfunktionen richtig erfüllt → das ist die eigentliche Problemlösung.

Sie müssen weiterhin erreichen, dass der User Ihr Programm durch falsche Bedienung nicht zum Absturz bringen kann → im Fachjargon: Sie müssen Ihr Programm „wasserdicht" machen. Korrekt ausgedrückt: Sie müssen Syntax zum Abfangen von Fehlern schreiben. Dafür müssen Sie zunächst alle möglichen Fehler des Users voraussehen, die den Absturz oder eine Fehlfunktion (z.B. falsche Berechnungen) nach sich ziehen könnten. Das ist eine aufwändige und zeitraubende, aber unerlässliche Programmierarbeit. Alle Fehler vorauszudenken, gelingt meist nicht. Aber die wichtigsten findet man schon.

Sie können es mir glauben:

Das „Wasserdichtmachen" von Programmen erfordert oft einen viel größeren Programmieraufwand als die Programmierung der eigentlichen Problemlösung!

Dieses „Wasserdichtmachen" zeige ich Ihnen in vielen einzelnen Beispielen. Aber alle kann ich Ihnen nicht zeigen, da ich sie nicht kenne. Mit jeder Aufgabe entstehen diesbezüglich neue Fehlerquellen. Natürlich gibt es Standardsituationen, die in jedem Programm vorkommen wie z.B. das Eingeben von Text in ein Feld, das eine Zahleneingabe erfordert.

Beispiel:
Ihr User liest die Aufforderung „Geben Sie den Betrag in Euro ein" und er tippt ein
→ Tausend. Sie erwarten aber 1000.

So dumm kann doch gar kein User sein, eine Zahl auszuschreiben!

Da stimme ich Ihnen zu, User sind überhaupt nicht dumm, aber sie können sich vertippen, wie z.B. 100ß. Das Zeichen ß neben der Null wird ganz schnell versehentlich erwischt. Schon dieser Vertipper macht aus der Zahl 1000 den String 100ß, weil ein Zeichen enthalten ist, das in Zahlen nicht vorkommt.

Wenn Sie mit dieser Eingabe rechnen lassen, stürzt Ihr Programm ab, denn (1.16 * 100ß) wäre die Multiplikation einer Zahl mit einem String → und das ist erst einmal eine Typunverträglichkeit, die zum Absturz mit der Fehlermeldung Type Mismatch führen würde.

Sie müssen also verhindern, dass das passiert!

Wie denn?

Es gibt meist mehrere Möglichkeiten.
Für diesen Fall wären Lösungen:
- So programmieren, dass in diesem Eingabe-Textfeld nur Zahlen angenommen und andere Zeichen abgewiesen werden. (Das wäre eine automatisierte Lösung, die ich Ihnen zeigen werde.)
- Feststellen, dass falsche Zeichen eingegeben wurden, und den User auffordern, die Eingabe richtig zu wiederholen, bevor die Eingabe zur Berechnung verwendet wird.
  (Wäre möglich, aber die erste Lösung ist eleganter.)

Das war der erste Fall.

Ein weiterer wäre, dass der User im Formular falsch beginnt. Das müsste so gelöst werden, dass falsche Beginn-Varianten, die zum Fehler führen, gesperrt werden, indem z.B. Buttons abgeblendet werden. Das kennen Sie. Die Buttons haben dann eine graue Beschriftung und lassen sich nicht klicken. Auch dafür werde ich mit Ihnen Beispiele erarbeiten.

Für den zweiten Fall könnte es aber auch sein, dass der User falsch beginnt, aber mit unschädlicher Folge. Nun, dann ist er selbst schuld, wenn er sich nicht an die richtige Bedienung hält, die Sie im Handbuch zum Programm beschrieben haben. Merken Sie etwas? Auch das gehört zur Software-Entwicklung!
Ich werde bei unserem Beispiel „Investmentfond" nicht alle möglichen Fehler abfangen, sondern nur einige dieser Techniken demonstrieren. Im großen VBA-Beispiel aber programmieren wir alles voll durch. Bis dahin kennen Sie einige Lösungen schon, so dass ich dann darauf Bezug nehmen kann.

Nach diesen grundsätzlichen Darlegungen muss Ordnung hinein. Die erreichen wir durch den ersten Programm-Ablaufplan (PAP) zum Programm „Investmentfond", wie er in Abb. 26 dargestellt ist. Ich erläutere ihn, da wir danach programmieren werden.

Um aber zu wissen, was ein Programmablaufplan ist und wie er erstellt wird, arbeiten Sie bitte *Lektion 7 im Anhang A* durch.

Zurück aus Lektion 7 jetzt wieder die Praxis.

7.5.2 Der Programm-Ablaufplan (PAP) zum VBA-Programm „Investmentfond„

Erläuterung zum PAP

Start und erste Programm-Aktionen laufen unbeeinflussbar durch den User ab, sobald dieser die Datei {Investment.xlsm} öffnet, weil die Prozedur Auto_Open vom System gestartet wird. LBZ wird erstmalig berechnet, das Hauptformular angezeigt.

Vom Wartezustand aus hat der User vier Möglichkeiten, um fortzusetzen. Die werden durch die vier parallel liegenden Vorgangs-Symbole dargestellt.

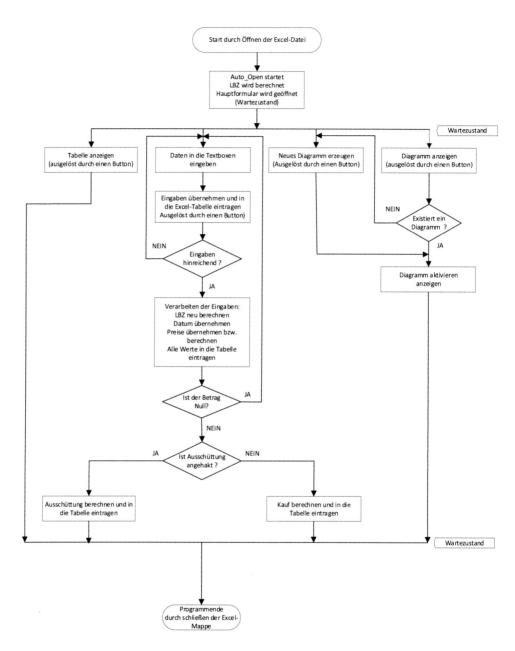

Abb.24: Der Programmablaufplan (PAP) zum VBA-Programm „Investmentfond"

Der Wartezustand bedeutet: Das Programm wartet auf eine Bediener-Aktion.

Klickt er [Tabelle anzeigen], tut sich nichts, denn die Tabelle wird bereits gezeigt. (Das ändern wir noch einmal, indem die Tabelle ein eigenes Blatt bekommt.) Gibt er Daten ein, tut sich auch noch nichts, wenn er nicht danach den Button [Eingaben übernehmen] klickt.

Klickt er [Neues Diagramm], ohne vorher Daten einzugeben, wird das Diagramm mit den vorhandenen Daten der Tabelle erzeugt, also das alte Diagramm.

Klickt er [Diagramm anzeigen], wenn noch keines existiert, tut sich nichts, er hat aber die Chance, ein neues Diagramm zu erzeugen.

Klickt er ohne Dateneingabe [Eingaben übernehmen], würden die Voreinstellungen ausgewertet. Ist diese Eingabe nicht hinreichend, erhält er eine neue Eingabechance, sonst tut sich nichts.

Betrachten wir zunächst den Vorgang, bei dem die Dateneingaben erfolgen. Er beginnt mit der Sequenz: 'Daten in die Textboxen eingeben'.

Der Eingabevorgang beginnt in irgendeiner Textbox, logisch mit dem Datum, auch von der Tabreihenfolge her, aber die Reihenfolge der Eingaben ist nicht zwingend vorgegeben. Man könnte mit der Maus auch von unten beginnen. Da aber routinierte User bei Eingaben mit der Tab-Taste weiterschalten, ergibt sich die Eingabereihenfolge von allein.

In die Textbox 'Datum' wird also ein Datum eingegeben. Ist das nicht banal? Sieht so aus, ist es aber nicht, denn die Eigenschaft der Textbox, die mit der Eingabe verändert wird, ist die Text-Eigenschaft: Der Eigenschaftenname sagt es schon, der Inhalt ist Text und Text ist vom Typ String!

Wenn also Eingaben in Textboxen erfolgen, sind sie – egal, wie sie aussehen – zunächst Strings, denn sie stecken in der Text-Eigenschaft!

Also

13.04.2001 in einem Textfeld	→ ist ein String (bestehend aus Ziffern und Punkten)
Das Wort „**Katze**" in einem Textfeld	→ ist und bleibt ein String
Die Zahl **2.445,76** in einem Textfeld	→ ist ein String (bestehend aus Ziffern, Punkt und Komma)
Die Zahl **453678** in einem Textfeld	→ ist ein String (bestehend aus Ziffern)

Worauf will er denn jetzt hinaus? Denken Sie jetzt bestimmt.

Genau → auf das Thema Typumwandlung (oder Typanpassung).

Es ist ein wichtiges Theoriethema, deshalb sollten Sie jetzt erst im **Anhang A, Lektion 8** das Thema Typumwandlung durcharbeiten, ehe Sie hier weiterlesen.
Sie können auch die ganze Lektion 8 und auch Lektion 9 durcharbeiten. Das überlasse ich Ihnen. Beide werden gleich benötigt.

Typumwandlungen → alles klar!
Entscheidungsstrukturen → alles klar!
Objektvariable und Bereichsvariable → alles klar!
Dann kann es ja weitergehen.

7.5.3 Programmierung des Buttons [cmdEin]

Wenn auf den Button mit der Maus geklickt wird, tritt das Klick-Ereignis ein und wird vom Betriebssystem an Excel gemeldet. Excel stellt fest, dass die Maus auf dem Button [cmdEin] steht und prüft, ob in VBA eine Ereignisprozedur dazu existiert. Wenn das der Fall ist, wird diese Prozedur automatisch ausgelöst und damit abgearbeitet.

Das ist das Grundprinzip der ereignisgesteuerten Programmierung!

Jetzt muss also im Beispiel diese

Sub cmdEin_Click()

geschrieben werden, damit alle Vorgänge in Gang gesetzt werden, die nach diesem Klick ablaufen müssen. Jetzt wenden Sie viel von dem bisher Behandelten **praktisch** an. Lassen wir uns zunächst wieder vom System helfen.

Machen Sie in der IDE Ihr bestücktes Formular sichtbar (zum Designer wechseln). Klicken Sie dann doppelt auf den Button [cmdEin] → das System wechselt zum Modul des Formulars und legt den Prozedurkörper für das <u>Hauptereignis</u> des Buttons an, die o.g. Ereignisprozedur.

Hauptereignis kenne ich nicht?

Woher auch – ich habe es bisher noch nicht erläutert.

Das Haupteignis eines Controls ist dasjenige, welches am häufigsten vorkommt und den Hauptverwendungszweck des Controls ausmacht. Das ist bei den meisten Controls das Klick-Ereignis, wie z.B. beim Button. Aber es ist z.B. bei einer Bildlaufleiste (ScrollBar) das Change_Ereignis (Änderungs-Ereignis). Bei letzterer soll meist das Ereignis ausgewertet werden, wenn sich die Stellung des Scroll-Buttons nach oben oder unten ändert.

Also, das System legt für das Hauptereignis eines Controls bei Doppelklick auf das Objekt den Prozedurkörper an. Wenn das erfolgt ist, sehen Sie im Modul des Formulars den leeren Prozedurkörper zum doppelt geklickten Control und oben im Modul die beiden Kombifelder. Im rechten stehen die Ereignisprozeduren für das Control.

Sollte ein anderes Ereignis programmiert werden müssen, klicken Sie es in dieser Liste einfach an. Auch dann legt das System den Prozedurkörper an.

Ich wiederhole hier noch einmal → Lassen Sie, so oft es geht, das System für sich arbeiten. Sie können sich vertippen oder irren und wundern sich dann über Fehlermeldungen. Besonders wichtig wird das, wenn Sie später Prozeduren mit Parametern benutzen. Die Schreibweise ist oft ziemlich kompliziert, aber das System kennt sie genau!

Abschließend sei dazu erwähnt, dass diese „Automatik" manchmal etwas lästig wird. Sie klicken nämlich beim Formulardesign ganz schnell mal ein Control oder das Formular selbst doppelt an und schwupp, wechselt das System zur Hauptprozedur, was Sie in dem Moment gar nicht beabsichtigt haben. Aber damit kann man leben und wenn man sie nicht braucht, löscht man sie einfach wieder heraus!

Jetzt gilt es, diesen leeren Prozedurkörper mit sinnvoller und funktionierender Syntax zu füllen.

Wir beginnen ganz schulmäßig mit der Programmierung im Modul des Hauptformulars.

Der Prozedurkörper für den ersten Button steht schon drin, aber oben könnte über **Option Explicit** noch folgendes fehlen:‚ MODUL HAUPTFORMULAR frmHaupt

Tragen Sie es ggf. nach.

Was steht im Kopf der Prozedur Sub CmdEin_Click()? → die Deklarationen auf Prozedurebene natürlich. *Haben wir solche Deklarationen?* Im Moment noch nicht, denn die Variablen sollen im ganzen Bereich des Formulars gelten. Deshalb deklarieren wir im Kopf des Moduls von frmHaupt unter Option Explicit.

Aber woher stammen denn die Variablen?

Richtig bemerkt, wir müssen diese erst noch deklarieren. Wir brauchen ein Datum (Datumsformat Date), einen Ausgabepreis (Format Single-Zahl) und einen Anlagebetrag (Single). Die Variablennamen sollen sein: Datum, APreis und Betrag.

Und wo deklarieren wir die?

Im Modul des Formulars außerhalb der Prozeduren, denn sie sollen im gesamten Formular gültig sein.

Tragen Sie diese Zeilen im Modul Ihres Hauptformulars unter Option Explicit, außerhalb der Prozeduren oben ein:

```
'Deklaration von erforderlichen Variablen auf Formularebene für die Aufnahme der
'Eingabewerte
Dim Datum As Date    'Datum ist das einzugebende Datum
Dim APreis As Single 'APreis ist der einzugebende Ausgabepreis
                     ' als Gleitkommazahl einfacher Genauigkeit
Dim Betrag As Single 'Betrag ist der Anlagebetrag als Single-
                     'Zahl wie APreis
```

Damit sind die Variablen jetzt dem System bekannt (deklariert), aber noch ohne Werte.

Jetzt beginnt ausführbare Syntax. Wir sind aber auch gleich wieder bei der Notwendigkeit, neue syntaktische Lösungen hinzu zu lernen. Das geschieht wieder scheibchenweise, wie es gebraucht wird. Sie werden also zwischen der praktischen Fortschreibung des Programms und den Theoriekapiteln hin und her wandeln. Das geht aber ganz gut. (Lesezeichen dabei nicht vergessen!)

Ausgehend vom PAP nehmen wir an, dass der User die drei Eingabetextboxen richtig bedient und dann den Button gedrückt hat, den wir gerade programmieren. Laut PAP müsste jetzt geprüft werden, ob die Eingaben hinreichend sind. Hier müssen wir uns erst einmal klar machen, was hinreichend ist bzw. was nicht hinreichend ist.
Hinreichend ist, wenn alle drei Textboxen mit sinnvollen und richtig geschriebenen Eingaben gefüllt wurden.

Für nicht hinreichend gibt es mehrere negative Kriterien, die da wären:

- User hat nichts eingegeben, es stehen die Voreinstellungen drin.
- Woran ist das erkennbar? Betrag und APreis sind beide Null. → Die Berechnung ist sinnlos. User hat beim Eingeben eines der Felder total leer gemacht. Das bedeutet, das Feld hat den Inhalt Leerstring (""). Würde man rechnen lassen, würde das Programm abstürzen, denn aus Leerstring kann weder ein Datum noch eine Single-Zahl konvertiert werden. → **Absturzgefahr!**

Alle anderen Konstellationen sind sinnvoll, damit hinreichend. Dadurch ist klar, was geprüft und, falls zutreffend, verhindert werden muss. Die obigen negativen Kriterien.
Damit sind wir beim Thema „Entscheidungsstrukturen".

Das Thema Entscheidungsstrukturen haben Sie in *Lektion 8 des Anhangs A* kennen gelernt, die *Objektvariablen und Bereichsobjekte in Lektion 9*. Beides werden wir gleich benötigen.

Jetzt sind Sie in der Lage, mittels Entscheidungssyntax die oben erarbeiteten Kriterien zu programmieren.

Die konkrete Reaktion erfolgt so, dass dann, wenn dieses kritische Kriterium erfüllt ist, einfach die laufende Prozedur abgebrochen wird. Für solche und ähnliche Abbrüche existiert das Schlüsselwort **Exit,** was so viel wie hinausgehen, also verlassen bedeutet. Wir programmieren also in der Weise, dass die Prozedur bei Bestätigung eines solchen negativen Kriteriums einfach verlassen wird. Bei der Prozedur lautet das dann **Exit Sub**. Da aber mit Exit auch noch andere syntaktische Strukturen verlassen werden können, die bisher noch nicht behandelt wurden, kündige ich hier an, dass **Exit** noch mehr Anwendungsfälle hat, wie **Exit For, Exit Do** und weitere. Doch zunächst zu **Exit Sub**.

Halten wir also zunächst einmal fest:

Wenn das Textfeld Datum kein Datum enthält ODER das Textfeld Ausgabepreis keine Zahl enthält ODER das Textfeld Betrag keine Zahl enthält, dann die falsche Eingabe löschen und die Prozedur mit Exit Sub verlassen.

Jetzt mache ich Sie mit den sogenannten **Is-Funktionen** bekannt, von denen wir zwei hier verwenden: IsDate (IstDatum) und IsNumeric (IstZahl) (schreiben Sie in das Direktfenster IsDate und drücken Sie [F1]. Das Hilfethema wird angezeigt >> scrollen Sie runter und Sie finden bei Siehe auch: Funktionen in VBA. Klicken Sie das an und es erscheinen alle VBA-Funktionen, bei I auch alle **Is-Funktionen**.)

Erst wenn klar ist, dass diese oben genannten negativen Kriterien nicht zutreffen, ist es sinnvoll, die Eingaben aus den Textfeldern den Variablen zuzuweisen. Das geschieht im nächsten Schritt: Wie bereits behandelt bei gleichzeitiger Typanpassung:

Testen Sie die Funktion des Buttons, indem Sie in der IDE [F5] drücken. Im Formular klicken Sie den Button. Wenn etwas noch falsch ist, hält das System an und markiert die Fehlerquelle gelb. Wenn alles bisher fehlerfrei ist, müsste das Formular in die Laufzeit gehen. Wenn Sie jetzt den Button klicken, geht der zwar rein und raus, aber sonst passiert nichts, denn wir haben zwei Textboxen leer gelassen. Jetzt füllen wir sie.

Starten Sie wieder und geben Sie ein aktuelles Datum, einen APreis 200 und einen Betrag 78 ein. Wenn die Daten drinnen stehen und Sie den Button klicken, passiert wieder nichts, denn wir haben mit den Variablen noch nichts gemacht. Jetzt machen wir etwas, nämlich die Variablen aus den Textboxen füllen und gleichzeitig die Typanpassung realisieren. Tragen Sie die folgenden Zeilen in die Prozedur ein.

Schauen Sie sich bitte die dritte Kommentarzeile oben an, die ich mit den 'Kleiner als'- Zeichen versehen habe. Das ist mein persönlicher Stil für den Hinweis an mich selbst, dass hier später noch etwas zu tun ist, nämlich auf falsche Eingaben zu

reagieren, die auch zum Absturz führen würden, wenn in den Feldern Eingaben mit falschem Typ stehen blieben. (Wie in unserem Beispiel bei Betrag 100ß statt 1000, was zum String würde, wo Single-Zahl hingehört.) Diese dritte Fehlerquelle ist hier noch nicht beseitigt, aber vorgemerkt. Wir machen erst einmal weiter.
Da wir noch nichts mit den Variablen gemacht haben, kontrollieren wir jetzt mit

```
'Auswertung der Eingaben bei gleichzeitiger Typanpassung, nachdem klar ist, dass
keine Eingabebox leer ist, Falscheingaben sind hier noch 'nicht abgefangen
'<<<<<<<<<<<<<<<<<<<<<<<<<<<<<<<<<<<<<<<<<<<<<<<<<<<<<<
Datum  = CDate(txtDat.Text) 'Text in Datum wandeln
Apreis = CSng(txtPreis.Text) 'Text in Single-Zahl wandeln
Betrag = CSng(txtBetrag.Text) 'Text in Single-Zahl wandeln
```

Ausgabe in das Direktfenster, ob die Daten richtig übernommen wurden. Schreiben Sie als nächste Zeile in die Prozedur des Buttons:

```
'Kontrolle der Übergabe der Eingaben an die Variablen
Debug.Print Datum: Debug.Print APreis: Debug.Print Betrag
```

Starten Sie mit [F5] und geben Sie die Werte wie schon vorhin ein, klicken Sie dann den Button [Eingaben übernehmen].
Schließen Sie das Formular und Sie sehen im Direktfenster die drei Werte untereinander. Die Variablenübergabe aus den Textfeldern hat geklappt > Glückwunsch. (Sie können auch in der Taskleiste in die IDE umschalten. Dann sehen Sie das Formular zur Laufzeit darin und können das Direktfenster beobachten.)

Aber jetzt kommt's. Machen Sie das noch einmal und machen Sie bewusst fehlerhafte Einträge   : 2.2.21; 20ß; 78
Das System gibt bei APreis die Fehlerstelle gelb markiert an, über die Datumseingabe ist sie nicht gestolpert. Setzen Sie mit dem quadratischen Button zurück (gelbe Markierung verschwindet), neuer Start mit [F5] und nun geben Sie noch einmal ein: 2.2.21 ; 200; 78 . Das Datumsformat wurde auch so akzeptiert > keine Fehlermeldung.
Zurücksetzen > [F5] und noch einmal: 2.2.21; 200; acht;
Die Fehlermeldung kommt prompt bei Betrag, denn acht ist ein String und keine Zahl.
Wenn eine solche Fehlermeldung in Gelb kommt, müssen Sie immer das Programm mit dem quadratischen Halt-Symbol in der IDE zurücksetzen. Das System geht dann in den Entwurfs-Modus zurück und es kann neu gestartet werden.

Jetzt zeige ich, wie wir die Fehleingaben sofort nach der Eingabe abfangen können:
Wenn im txtDat kein Datum steht, Eingabe ignorieren und das Textfeld leeren.

Wenn in den Textfeldern APreis oder Betrag keine Zahl steht, Eingabe ignorieren und das Textfeld leeren.

Wir wenden die Is-Funktionen und den Not-Operator an.

(Not >> nicht > sh. Operatoren), um zu verhindern, dass Falscheingaben übernommen werden.

Zunächst in Worten :
Wenn im Textfeld Datum kein Datum steht, Textfeld leeren und Prozedur verlassen.
Syntax:

If Not IsDate(txtDat.text) Then txtDat.text = "" : Exit Sub   ' "" ist der leere String

Rückübersetzt mit „Ausländersprech":
Wenn Nicht istDatum(derText im Textfeld txtDat), dann wird dem Text im Textfeld Leerstring zugewiesen: Prozedur verlassen.

Prozedur verlassen (Exit Sub) ist ein eigenständiger Befehl und muss mit Doppelpunkt vom vorherigen getrennt werden, wenn er in der gleichen Zeile geschrieben wird.

Weiter analog dazu:
Wenn im Textfeld Ausgabepreis keine Zahl steht, Textfeld leeren, Prozedur verlassen.

If Not IsNumeric(txtApreis.text) Then txtApreis.Text = "" : Exit Sub
Mit dem dritten Textfeld genauso
If Not IsNumeric(txtBetrag.text) Then txtBetrag.Text = "" : Exit Sub

Damit ist erst einmal verhindert, dass die Prozedur wegen **Type Mismatch** abstürzt, und die Übergabe an die Variablen kann erfolgen.

Fragen wir aber vorher noch, was passieren kann, auch wenn die Typen stimmen?
Nun z.B. könnte eine Multiplikation mit Null zum Ergebnis Null führen, wenn z.B. für Ausgabepreis oder Betrag Null eingegeben würde (Null ist ein Zahlentyp und würde durch unsere obige Fehlerbehandlung nicht abgelehnt). Schauen Sie noch einmal in die **Tabelle des Provesta-Fond**:
Der Rücknahmepreis (Spalte „C") errechnet sich, wenn er nicht per Hand eingegeben wird, aus (Spalte „B") mal 0,95. Wäre für APreis Null übernommen worden, wäre auch der Rücknahmepreis Null.

Aber in der Tabelle gibt es doch Zeilen, bei denen der Ausgabepreis Null (leer) ist?
Richtig beobachtet, bei Ausschüttungen, die wieder angelegt werden. Da muss sich der User den Rücknahmepreis aus dem Internet beschaffen, um die Anzahl der mit der Ausschüttung erworbenen Anteile berechnen zu können. Bei einem normalen Kauf von Anteilen errechnet sich der Rücknahmepreis zu 95% des Ausgabepreises (5% Agio).

Also gibt es den Fall, dass Apreis Null sein kann? > Ja, bei Auschüttungen.

Aber die Syntax oben würde doch die Eingabe Null annehmen?

Ja, und deshalb müssen wir noch zwei Zeilen Syntax zur Verhinderung von Null-Eingaben einfügen:
Wenn Textfeld Ausgabepreis txtApreis Null beinhaltet, Wert löschen und Sub verlassen.

If txtApreis = 0 Then txtApreis = "" : Exit Sub
Desgleichen für den Betrag in txtBetrag
If txtBetrag = 0 Then txtBetrag = "" : Exit Sub

Arbeiten Sie diese beiden Zeilen oben unter der Typanpassung ein und testen Sie das.
Bei Eingabe von 0 in eines der beiden Felder wird diese Eingabe für eine richtige Eingabe gelöscht.

Damit können die Nullen die Berechnungen nicht mehr stören. Sie kommen erst gar nicht in die Variablen.
Der Button [Eingaben übernehmen] arbeitet erst weiter, wenn in den drei Feldern zulässige Daten stehen.

Und noch eine Besonderheit zum Eingabefeld für das Datum:
Ich habe ausgeführt, dass VBA und VB an vielen Stellen auch fehlertolerant arbeiten.
Das ist beim Datum auch so. Wenn Sie z.B. im Datumsfeld das Datum als 02.04. eingeben und somit das Jahr weglassen, erkennt das System das als Datum an, setzt aber automatisch das laufende Jahr ein. Und das kann falsch sein, wie in unserem Beispiel, bei dem wir Daten aus den 1990er Jahren verwenden. Also gilt es zu verhindern, dass die Eingabe ohne Jahr akzeptiert wird. Hier mache ich einen Vorgriff auf **Lektion 11 im Anhang A**. Lesen Sie dort zunächst nur die leicht verständliche **Len-Funktion** durch. Dann geht es hier gleich weiter.
Wir verwenden einfach die Len-Funktion hinsichtlich der Länge der Datumseingabe.
Die kürzeste, die aufgrund der Fehlertoleranz zugelassen werden könnte, ist

1.1.94. Das sind 6 Zeichen. Daraus würde vom System 01.01.1994 gemacht – und das ist ein richtiges Datum
Aber 11.04. ist auch 6 Zeichen lang und würde akzeptiert und in 11.04.2021 umgewandelt. Wir müssen also den User zwingen, dass er das Datum mit höherer Zeichenzahl als 6 eingibt, z.B. mit dem Handbuch zum Programm: Geben Sie die Jahreszahl immer in vierstelliger Länge ein. Damit wäre 1.1.1994 8 Zeichen lang und darauf kann getestet werden.
Fügen Sie deshalb in der Sub des Buttons [cmdEin] <u>über</u> der Zeile
Datum = CDate(txtDat.Text) die folgende Zeile ein:

If Len(txtDat.Text) < 8 Then txtDat.Text = "" : Exit Sub ' nur volle Jahreszahl zugelassen

Damit würde 11.04. oder gar 11.4. gar nicht erst akzeptiert und mit der eingefügten Zeile das Eingabefeld gelöscht und auf eine richtige Eingabe gewartet, denn die Sub würde nach der Löschung der falschen Eingabe verlassen. Man könnte dem User auch noch einen Hinweis so geben, dass die Caption des Labels1 wie folgt erweitert wird:

Datum (Jahr vierstellig):

Damit hat der User es direkt vor Augen.
Somit haben wir einen weiteren möglichen Eingabefehler abgefangen, der zu falschen Werten führen könnte.

Auch das Folgende ist nötig. Um für eine Ausschüttung den Anteilserwerb ausrechnen zu können, braucht es zusätzliche Daten, nämlich die Ausschüttungssumme und den Rücknahmepreis. Diese müssen vom User eingegeben werden.

Aber wo im Formular können die denn eingeben werden?

Durch einen kleinen Kunstgriff: Wir benutzen das Textfeld des Ausgabepreises für den Rücknahmepreis und das Textfeld Betrag für den Ausschüttungsbetrag und geben die Werte in zwei neue Variablen RPreis (Rücknahmepreis) und AusBetrag (Ausschüttungsbetrag). Die werden aber nur belegt, wenn es Ausschüttung ist, die Checkbox also den Haken hat.
Ich mache hier noch einen Gag dazu: Für den Fall, dass die Checkbox angehakt ist, sollen sich auch die Beschriftungen (Labels) dieser beiden Textfelder in Rücknahmepreis und Ausschüttung ändern. Dazu muss aber nachgeholt werden, was ich am Anfang vermieden habe: Die Labels müssen mit ihrem Namen angesprochen werden Schauen wir in der IDE nach, es sind Label2 (APreis) und Label3 (Betrag). Man könnte ihnen auch andere Namen geben, aber das ist bei

diesem kleinen Beispiel nicht nötig. Das Letztere lösen wir mit der Klickprozedur der Checkbox chkAus.

7.5.4 Klickprozedur der Checkbox chkAus

Deren Programmierung schieben wir hier ein, ehe es mit dem Button weiter geht. Gehen Sie in die IDE in das Formular und setzen Sie dblKlick auf die Checkbox. Das System legt im Modul des Formulars oben die leere Prozedur **Sub** chkAus_Click() an, die wir dann mit Syntax füllen.

Wann wird denn diese Klickprozedur aktiviert?

Wenn der Haken gesetzt oder entfernt wird.
Was soll beim Setzen (Haken setzen > Checkbox-Wert ist true) passieren?

- Die Caption von Label2 soll geändert werden in „ Rücknahmepreis".
- Die Caption von Label3 soll geändert werden in „ Ausschüttung".

Und beim Entfernen des Hakens? > Die Beschriftung wie Voreinstellung.
Das machen wir hier sofort wie folgt :
Wenn die Checkbox den Wert WAHR (true) hat, sollen Label2 und 3 die neuen Captions erhalten, ansonsten sollen sie die alten zurückbekommen.
Syntax: Bitte in Ihre Prozedur chkAus_Click() die folgenden Zeilen eingeben (linke Seite).

If chkAus.Value = False Then ' Kauf
Label2.Caption = "Ausgabepreis"
Label3.Caption = "Betrag"
Else
Label2.Caption = "Rücknahmepreis"
Label3.Caption = "Ausschüttung"
End If
	Wenn Checkbox keinen Haken hat,'
	Label2.Caption = "Ausgabepreis"
	Label3.Caption = "Betrag"
	ODER
	Label2.Caption = "Rücknahmepreis"
	Label3.Caption = "Ausschüttung"
	Ende wenn

Listing T1_4: Der Entwurf der Prozedur der Checkbox im Bsp."Investmentfond"

Hier haben wir einen kompletten Verzweigungsblock IF–THEN–ELSE programmiert, der auch mit END IF abgeschlossen werden muss. (Bisher hatten wir nur einfache WENN-DANN-Entscheidungen in einer Zeile.) Die Prozedur chkAus_Click() werden wir noch weiter nutzen und etwas erweitern.

Die Funktionsweise bisher können Sie direkt testen. Starten Sie mit [F5] und setzen und entfernen Sie den Haken. Den Wechsel der Überschriften können Sie direkt beobachten.

Das war aber nur hübsches Beiwerk.

Jetzt geht es weiter. Zunächst deklarieren wir oben im Formularmodul die beiden neuen Variablen:

Dim RPreis As Single
Dim Ausbetrag As Single

Mit Werten belegt werden diese, wenn der Haken gesetzt ist, ansonsten bleiben sie Null. Da sie dann nicht zur Berechnung herangezogen werden, können sich in diesem Fall die Nullwerte nicht negativ auswirken.

Noch ein <u>Zwischenschritt:</u>

Betrachten wir den Fall, dass der User mehrere Eingaben in seine Tabelle1 sofort nacheinander realisieren will. D.h., dass das Programm gar nicht erst beendet werden, sondern in der Laufzeit bleiben soll. Aber da wären die Textfelder noch mit den alten Werten belegt und die Variablen auch. Man könnte das mit einem Button [Neue Eingabe] lösen, der zusätzlich in das Formular käme und mit seiner Klick-Prozedur das löst. Ich habe hier eine andere, m.E. elegantere Lösung gewählt und dazu ist eine erste Erweiterung der Klick-Prozedur der Checkbox 'Ausschüttung' erforderlich. Bei jedem Klick in die Checkbox sollen die Textfelder geleert und die Variablen auf null gesetzt werden. Die Prozedur (Listing T1_4) müsste mit folgenden Zeilen erweitert werden:

'Textfelder löschen und Variable Null setzen wegen neuer Eingabe

```
    txtDat = ""
    txtApreis = ""
    txtBetrag = ""
    Ausbetrag = 0
    Betrag = 0
    RPreis = 0
    APreis = 0
```

Damit würde die gesamte Prozedur der Checkbox bisher so aussehen (Listing T1_4a):

```
Private Sub chkAus_Click()
    If chkAus = False Then ' Kauf; kein Haken
        Label2.Caption = "Ausgabepreis"
        Label3.Caption = "Betrag"
    Else
        Label2.Caption = "Rücknahmepreis"
        Label3.Caption = "Ausschüttung"
    End If
    'Textfelder löschen und Variablen Null setzen wegen neuer Eingabe
    txtDat = ""
    txtApreis = ""
    txtBetrag = ""
    Ausbetrag = 0
    Betrag = 0
    RPreis = 0
    APreis = 0
End Sub
```

Listing T1_4a: Die Prozedur der Checkbox mit der Erweiterung

Jedes Mal, wenn Sie die Checkbox klicken, läuft das ab. Durch einmal Hin- und Herklicken machen Sie zur Laufzeit das Formular aufnahmefähig für neue Eingaben. Nehmen Sie diese Erweiterung vor und testen Sie diese.

Wenn alle Werte für den aktuellen Termin (Datum) eingegeben sind, sollen diese durch Klick auf den Button in das Programm übernommen und in die Tabelle1 eingetragen werden und daraus sollen Berechnungen in der Tabelle erfolgen.

Schauen Sie dazu noch einmal in den **Kasten B6 im Anhang B**. Jetzt folgt die Vorbetrachtung, was in der Tabelle1 berechnet und eingetragen werden muss.
Wo eingetragen?

In die nächste freie Zeile natürlich.

Die letzte beschriebene Zeile hatte die Zeilennummer LBZ, die beim Start in der Prozedur Auto_Open ermittelt worden war. Die nächste freie Zeile hat folglich die Nummer LBZ+1.
Hinweis: Drucken Sie sich die Tabelle1 am besten aus, damit Sie diese zum Nachschauen immer parat haben und nicht erst im Anhang B blättern müssen.

Betrachten wir als erstes einen Kauf (Haken in der Checkbox ist nicht gesetzt.)
Beschreibung der Lösung:

- Das Datum wurde eingegeben > Es muss nur in die Spalte 1 (A) übertragen werden.
- Es ist keine Ausschüttung, der Ausgabepreis zum Fond wurde zum Datum über das Internet ermittelt, in das Textfeld eingegeben und an die Variable Apreis weiter gereicht. Der Wert muss in die Spalte 2 (B) übertragen werden
- Der Betrag wurde ebenfalls eingegeben und in die Variable Betrag übertragen. Er muss in Spalte 4 der Tabelle1 eingetragen werden.
- Der Rücknahmepreis errechnet sich bei Kauf mit 95% des Ausgabepreises (Apreis * 0.95). Bei Ausschüttung muss er über das Internet ermittelt werden. Er muss in Spalte 3 (C) eingegeben werden.
- Der Anlagebetrag muss bei Kauf in Spalte 4 (D) eingetragen werden. Er kommt aus dem Formular und damit aus der Variablen Betrag.

Betrachten wir als Nächstes eine <u>Ausschüttung.</u> Haken in der Checkbox ist gesetzt.
- Datum wie bei Kauf
- Der Ausschüttungsbetrag, der wieder angelegt werden soll, kommt aus dem Textfeld txtBetrag über die Variable Ausbetrag in Spalte 5 (E) hinein.
- Der Rücknahmepreis, der zur Berechnung gebraucht wird, muss hier über das Internet ermittelt werden, da der Ausgabepreis Null ist. Er kommt aus dem Formular txtAPreis und muss in die Spalte 3 (C) hinein. Bei Ausschüttung besteht die Besonderheit, dass die Wiederanlage mit dem Rücknahmepreis errechnet wird. Auf die Ausschüttung wird also nicht noch ein Agio berechnet. So will es die Fondsgesellschaft!

Berechnungen für den Kauf:
- Die erworbenen Anteile (auch kleiner als ein ganzer Anteil) werden berechnet, indem Spalte 7 durch Spalte 2 der aktuellen Zeile dividiert wird, und kommen in Spalte 6 (F).
- Die Summe aller Einzahlungen berechnet sich aus dem aktuellen Anlagebetrag in Spalte 4 (D) PLUS die bisherige Summe in der vorigen Zeile (LBZ) in der gleichen Spalte 7 (G).

Berechnungen für Ausschüttung:
- Die mit der Ausschüttungssumme gekauften Anteile berechnen sich aus Spalte E dividiert durch Spalte C der neuen Zeile (LBZ+1) und kommen ebenfalls in Spalte 6 (F).
- Die Summe aller Einzahlungen berechnet sich aus dem aktuellen Ausschüttungsbetrag in Spalte 5 (E) PLUS die bisherige Summe in der vorigen Zeile (LBZ) in der gleichen Spalte 7 (G).

Berechnungen für beide Varianten gleich:
- Die Summe aller Anteile ist deren bisherige Summe in der vorigen Zeile (LBZ) Spalte. 8 (H) PLUS die neuen Anteile in der aktuellen Zeile (LBZ+1) Spalte 6 (F)
- Der Depotwert in Spalte 9 (I) errechnet sich aus der Summe aller Anteile in

Spalte 8 (H) multipliziert mit dem Rücknahmepreis in Spalte 3 (C). D.h. wenn der User Anteile verkauft, muss er das zum Rücknahmepreis tun. Sein Depotwert berechnet sich aus der Summe aller erworbenen Anteile multipliziert mit dem Rücknahmepreis.

Zugegeben: Das ist keine leichte Kost. Machen Sie sich trotzdem die Berechnungen des Beispiels klar. Sie müssen verstehen, was wie berechnet wird!
Wenn alles richtig übernommen, berechnet und in die Tabelle eingearbeitet wurde, ist die bisherige LBZ nicht mehr gültig. Sie muss um 1 erhöht werden, denn eine neue Zeile ist dazu gekommen.
Das geschieht mit einer sonderbar anmutenden Syntax, die mathematisch falsch wirkt, aber es ist keine mathematische Formel, sondern eine Zuweisungsoperation, die da lautet:

LBZ = LBZ+1

D. h. die neue LBZ (links vom <u>Zuweisungsoperator **=**</u>) bekommt den Wert der alten LBZ um 1 erhöht zugewiesen. Jetzt könnte die nächste Eingabe in die richtige Zeile erfolgen. (Wenn hier beendet und die Datei geschlossen wird, wird beim nächsten Datei-Start LBZ automatisch berechnet, denn das System findet die neue letzte Zelle und damit die Zeilennummer von LBZ.) Statt der Zuweisung LBZ = LBZ +1 hätte auch an dieser Stelle in der Sub die Feststellung der neuen LBZ wie im Modul1 in der Sub Auto_Open erfolgen können:

LBZ = Sheets("Tabelle1").Cells.SpecialCells(xlCellTypeLastCell).Row

Aber LBZ= LBZ+1 ist hier besser, denn die alte LBZ ist bekannt.

In den Abb. 25 und 26 werden die Berechnungsschemata für die oben beschriebenen Werte bei Kauf und bei Ausschüttung dargestellt.

Abb. 25: Das Berechnungsschema bei Kauf

Abb. 26: Das Berechnungsschema bei Ausschüttung

Abb.25

Berechnungsschema bei Kauf

	A	B	C	D	E	F	G	H	I	J
1	Datenbank für Investmentkonten									
2	Fondsname: Provesta VL									
3										
4		Preis/DM	Preis/DM	Anlage-	Ausschütt.	Umsatz	Summe	Anteile	Wert aktuell	
5	Datum	Ausgabe	Rückname	Betrag / DM	Gebühr/DM	Anteile	Einz. / DM	Summe	Depot/DM	
78	28.12.1996	168,00	158,13	78,00		0,4643	5.062,36	43,4279	6.867,26	
79	10.03.1997	174,00	191,30	78,00		0,4483	5.140,36	43,8762	8.393,51	
80	26.08.1997	177,00	233,03	78,00		0,4407	5.218,36	44,3169	10.327,16	
81	17.11.1997		213,54		120,00	0,5620	5.218,36	44,8788	9.583,42	
82	31.12.1997	184,00	222,31	78,00		0,4239	5.296,36	45,3027	10.071,25	
83	10.01.1998	190,00	224,79	78,00		0,4105	5.374,36	45,7133	10.275,88	← Zeile LBZ
84	Datum	Apreis	Rpreis	Betrag	Leer(Kauf)	Anteile	Einzahlung	Anteilsumme	Depotwert	Aktuelle
85										
86										
87	aus Eingabe	aus Internet	Apr. * 0.95	aus Eingabe	bei Kauf leer	D/B	D + G(LBZ)	F + H(LBZ)	H*C	Zeile LBZ+1
88										

Abb.26

Berechnungsschema bei Ausschüttung

	A	B	C	D	E	F	G	H	I	J
1	Datenbank für Investmentkonten									
2	Fondsname: Provesta VL									
3										
4		Preis/DM	Preis/DM	Anlage-	Ausschütt.	Umsatz	Summe	Anteile	Wert aktuell	
5	Datum	Ausgabe	Rückname	Betrag / DM	Gebühr/DM	Anteile	Einz. / DM	Summe	Depot/DM	
80	26.08.1997	177,00	233,03	78,00		0,4407	5.218,36	44,3169	10.327,16	
81	17.11.1997		213,54		120,00	0,5620	5.218,36	44,8788	9.583,42	
82	31.12.1997	184,00	222,31	78,00		0,4239	5.296,36	45,3027	10.071,25	
83	10.01.1998	190,00	224,79	78,00		0,4105			10.275,88	← Zeile LBZ
84	Datum	Leer	Rpreis	leer		Anteile	Einzahlung	Anteilsumme	Depotwert	Aktuelle
85										
86										
87	aus Eingabe	Aussch. Leer	aus Internet	Aussch. Leer	aus Eingabe	E/C	E + G(LBZ)	F + H(LBZ)	H*C	Zeile LBZ+1

133

Das alles muss jetzt in Programmsyntax umgesetzt werden.

Gehen Sie zunächst in die Prozedur des Buttons [Eingaben übernehmen] und schreiben Sie ganz unten die folgenden Zeilen. (Nehmen Sie auch den Strich als Kommentar mit, denn die weitere Syntax muss darüber eingetragen werden. Wie man Leerraum erzeugt, kennen Sie von der Textverarbeitung.)
'
_____

```
'Zeile ist eingetragen >> LBZ erhöhen 'Damit kontrollieren wir später, ob nach
'einem 'kompletten Durchlauf der Prozedur die Erhöhung von LBZ erfolgt ist
LBZ = LBZ + 1
Debug.Print("Erhöhte LBZ ist " & LBZ)
```

Dieser Teil muss immer ganz unten in der Prozedur stehen. (Ich schreibe ab sofort statt des langen Wortes Prozedur einfach Sub, denn Sie wissen jetzt, was damit gemeint ist.)

Damit ist also zunächst, noch am Anfang der Sub vieles geregelt worden (Fehler abgefangen), noch ehe die eigentliche Funktionalität des Buttons programmiert wird. Das beginnt jetzt.

Jetzt folgt das, was Sie in den Abb. 25 und 26 nochmals schematisch sehen.
Das ist die Anleitung zum Handeln für die nächsten Quelltext-Zeilen.
Da die Checkbox chkAus fertig programmiert ist, kann jetzt die Syntax für den Button [cmdEin] weiter erstellt werden.

Wir beginnen damit, eine Vorprüfung auf Kauf oder Ausschüttung vorzunehmen und dabei aus den Textfeldern txtApreis und txtBetrag entweder die Variablen Apreis und Betrag oder RPreis und AusBetrag mit Werten zu versehen. Dabei nutzen wir wieder die Entscheidungsstruktur If–Then–Else.

Wenn die Checkbox den Wert False (falsch) hat (also Kauf), DANN

```
If chkAus.value = False Then
'Apreis aus dem Textfeld txtApreis gewinnen
APreis = CSng(txtApreis.Text)
'Anlagebetrag aus dem Textfeld txtBetrag gewinnen
Betrag = CSng(txtBetrag.Text)
```

ODER, wenn es eine Ausschüttung ist, kommt der Else-Zweig ins Spiel
```
Else
'Ist der Variable RPreis mit Typanpassung der Wert aus dem Textfeld
(txtApreis) zuzuweisen
RPreis = CSng(txtApreis.Text)
```

```
'und der Variable AusBetrag analog der Wert aus dem Textfeld Betrag
'(txtBetrag)
Ausbetrag = CSng(txtBetrag.Text)
End If    'Ende des IF-Blockes nicht vergessen
```

Ersetzen Sie die vorher in der Übung geschriebenen drei Zeilen
durch die hier darüber eingerückten Zeilen. Ich habe mich dort mit der Methode

`<<<<<<<<<<<<<<<<<<<<<<<<<<<<<<<<<<<<<<<<<<<<<<<`

selbst erinnert, dass noch etwas ergänzt werden muss. Das ist mit den
Is-Funktionen und der eben behandelten Syntax erledigt worden.

Jetzt geht es weiter mit der Programmierung des Buttons [cmdEin].

7.5.5 Fortsetzung zum Button [cmdEin]

Wir haben damit begonnen, die schon bekannte Variable Datum in die Zelle der
Tabelle einzutragen – und zwar in Spalte A.
Dazu mussten wir zunächst überlegen, in welcher Zeile der Tabelle1 das erfolgen
muss: natürlich in der ersten Zeile nach LBZ (letzte benutzte Zeile).
Die hat, ganz logisch, die Zeilennummer LBZ+1.
LBZ+1 ist also unser aktueller Index Row. Die Spaltenindizes sind bekannt. Es
müssen nur noch die Zahlen statt Buchstaben eingesetzt werden. Das ist leicht
abzählbar. Wir machen es uns aber leichter und stellen einfach zeitweilig auf
Z1S1-Bezugsart um.
(Siehe Abschnitt 'Einige Vereinbarungen und Hinweise zu typografischen
Besonderheiten' am Anfang des Buches)
Damit wurde zunächst das Bereichs-Objekt spezifiziert, das den Wert Datum
aufnehmen sollte. Es befindet sich im Blatt Tabelle1, Spalte 1, aktuelle Zeile. Damit
programmieren wir:

```
Sheets("Tabelle1").Cells(LBZ + 1, 1).Value = Datum 'Siehe Listing C_1.1
```

Also: Blatt(„Tabelle1") Punkt Zelle(Zeile LBZ+1, Spalte 1) Punkt Wert = Variable
Datum zuweisen
Wieder ganz typisch ist die Objektkonkretisierung von links nach rechts und nach
dem letzten Punkt die Wert-Eigenschaft (Value) dieses Zellbereiches.

Jetzt verrate ich Ihnen wieder etwas:

Wird die Haupteigenschaft eines Objekts bearbeitet, kann diese ebenfalls verkürzend weggelassen werden.

Die Haupteigenschaft einer Zelle ist ihr Inhalt; das, was drin steht also, ihr Wert (value).

Gleich noch eins drauf:
Die Haupteigenschaft einer Textbox ist ihre Texteigenschaft, das, was drin steht also.
Bitte verwechseln Sie das nicht mit der wichtigsten Eigenschaft → Das ist immer die Name-Eigenschaft. Das haben wir bereits festgestellt.
Damit wären nachstehende verkürzte Schreibweisen möglich, die zum Vergleich hier der unverkürzten gegenüberstehen:

Sheets("Tabelle1").Cells(LBZ + 1, 1).**Value** = Datum 'in Sp. 1 ungekürzt
Sheets("Tabelle1").Cells(LBZ + 1, 1) = Datum 'in Sp. 1.Value gekürzt

Also bei den Zellen lasse ich .Value weg ! Aber nur hier ??? Nein bei chkAus auch. (Erklärung später.)

Etwas anderes ist eigentlich wichtiger: die Variable LBZ im Zeilenindex der aktuellen Zeile, die diesen variabel macht. Damit ist das eigentliche Problem gelöst, ein derartiges Bereichsobjekt im Programm variabel ansprechen zu können, egal, wo es sich aktuell befindet.
Das kann eben der Makro-Recorder nicht! Dem muss immer mittels Markierung gezeigt werden, wo es hingehen soll.

Hier haben wir also den qualitativen Sprung vom Aufzeichnen durch den Makro-Recorder zum Programmieren durch den VBA-Spezialisten.

Im nächsten Schritt geben wir den Ausgabepreis für einen Kauf ein bzw. lassen die Zelle bei einer Ausschüttung leer.

Sheets("Tabelle1").Cells(LBZ + 1, 2) = Apreis

Schauen Sie nochmals auf die oben eingeführte If-Then-Else-Entscheidung. Dort hatten wir bereits die Eingaben aus den Textboxen typgerecht in die Variablen gebracht. Und hier nehmen wir auch gleich die Weitergabe der Variablen in die Tabelle1 vor und zwar im jeweils richtigen Zweig (Then oder Else).
Im Then Zweig:
Apreis, eintragen, Rpreis berechnen und eintragen, Anlagebetrag eintragen, erworbene Anteile berechnen und eintragen; aufsummierte Einzahlungen berechnen und eintragen. Ich mache in den folgenden Zeilen die Berechnungsoperatoren extra groß, fett und **eingefärbt**.
Und noch etwas: Da wir hier keine zusätzlichen Variablen mit kurzen Namen für die einzelnen Zellbereiche eingeführt haben, habe ich zusätzliche Klammern gesetzt

und auch **eingefärbt**, wenn derartige lange Strukturen miteinander verrechnet werden. Diese Klammern sind zwar nicht nötig, aber richtig gesetzt sind diese ebenfalls hilfreich. Schauen Sie sich unter diesem Aspekt mal die Multiplikationen, die Divisionen und die Additionen im Beispiel an.

In der Reihenfolge schreiben wir nachstehende Zeilen ungefärbt in den Then-Zweig:

```
Sheets("Tabelle1").Cells(LBZ + 1, 2) = APreis 'Apreis eintragen in Spalte 2

'Rücknahmepreis berechnen Apreis *0,95 (Multiplikation * )
Sheets("Tabelle1").Cells(LBZ + 1, 3) = APreis * 0.95 'Spalte 3 Punkt beachten bei '0.95
Sheets("Tabelle1").Cells(LBZ + 1, 4) = Betrag 'Anlagebetrag aus Eingabe in Sp. 4
Sheets("Tabelle1").Cells(LBZ + 1, 5) = "" 'Leer bei Kauf
'Erworbene Anteile berechnen und eintragen (Division /)
Sheets("Tabelle1").Cells(LBZ+1, 6)=(Sheets("Tabelle1").Cells(LBZ+1, 4)) / _
(Sheets("Tabelle1").Cells(LBZ + 1, 2)) 'D / B
'Einzahlungssumme Spalte G (7) (Addition)
Sheets("Tabelle1").Cells(LBZ+1, 7) = (Sheets("Tabelle1").Cells(LBZ, 7)) + _
(Sheets("Tabelle1").Cells(LBZ + 1, 4)) 'G(LBZ) + D
```
Damit sind alle Zellen im Then-Zweig mit Werten versehen.

Jetzt folgt der Else-Zweig für die Bearbeitung als Ausschüttung.

```
'Rpreis eintragen in Spalte 3 bei Ausschüttung
Sheets("Tabelle1").Cells(LBZ + 1, 3) = RPreis
Sheets("Tabelle1").Cells(LBZ + 1, 4) = "" 'Spalte 4 ist leer bei Ausschüttung
Sheets("Tabelle1").Cells(LBZ + 1, 5) = Ausbetrag 'Ausschüttungsbetrag in Sp. 5
'Erworbene Anteile aus der Wiederanlage der Ausschüttung berechnen und eintragen '(Division /)
Sheets("Tabelle1").Cells(LBZ+1, 6)=(Sheets("Tabelle1").Cells(LBZ+1, 5)) / _
(Sheets("Tabelle1").Cells(LBZ + 1, 3)) 'E/C
'Einzahlungssumme Spalte G (7) (Addition +)
Sheets("Tabelle1").Cells(LBZ+1, 7) = (Sheets("Tabelle1").Cells(LBZ, 7)) + _
 (Sheets("Tabelle1").Cells(LBZ + 1, 5)) 'G(LBZ) +E
```
__Zwischenbemerkung:__ Bei sehr langen und z.T. verschachtelten Blöcken oder langen Sub-Prozeduren verliert man schnell den Überblick, wo diese enden. Ich schreibe deshalb an das jeweilige Ende als Kommentar nochmals den Anfang, z.B.

```
End If 'If chkAus = False
```
Oder z. B.
```
End Sub 'Sub cmdEin_Click
```

Das ist sehr hifreich.

Jetzt sind noch zwei Spalten zu berechnen und einzutragen, die bei Kauf und Ausschüttung gleich sind. Diese programmieren wir unterhalb von End If des If-Blockes If chkAus = False

'Spalte H > Summe Anteile H(LBZ) +F
Sheets("Tabelle1").Cells(LBZ+1, 8) = (Sheets("Tabelle1").Cells(LBZ, 8)) + _
(Sheets("Tabelle1").Cells(LBZ + 1, 6)) 'H-1 +F

'Depotwert aktuell (Multiplikation)

Sheets("Tabelle1").Cells(LBZ+1,9)=(Sheets("Tabelle1").Cells(LBZ+1,8)) * _
(Sheets("Tabelle1").Cells(LBZ + 1, 3))   'H * C

Damit ist die Sub des Buttons funktionsfähig. Testen Sie diese bitte mit allen möglichen, auch falschen Eingaben.
Noch ein Hinweis: Ich habe in der für Sie vorbereiteten Datei {Investment.xlsm} auch alle Spaltenformatierungen vorgenommen. Damit erhalten die in der neuen Zeile ankommenden Werte auch das richtige Format. Gehen diese aus irgendwelchen Gründen verloren, können die Werte eigenartig aussehen. Aber stimmen werden sie schon. Sie müssen ggf. spaltenweise nachformatieren. (Aber das ist Excel-Grundlagenwissen.) Hier in Abb.27 ein Beispiel für die neue Zeile 45, wenn die Formatierungen verloren gegangen sind.

44	28.04.1994	148,16	140,75	78,00	0,5265	2340,00	21,6786	3051,30 Kauf
45	10.05.1994	146	139	78	0,53425	2418	22,21282	3080,917 Kauf
46								

Abb. 27 Zeile 44 mit Formatierungen, neue Zeile 45 hat sie verloren. (Werte okay)

Nach einer kleinen Ergänzung am Ende können wir uns dann den nächsten Funktionen dieses Programms zuwenden.

Ergänzung:
Jetzt noch etwas „Feintuning" am Ende dieser Sub, bei dem ich auch gleich die komplette Nutzung einer eingebauten Funktion von VBA / VB erläutere, der MsgBox.

7.5.5.1 MSGBOX >> Mitteilungsbox

Ziel ist es, am Ende einer erfolgreichen Erweiterung der Fondstabelle durch aktuelle Eingaben dem Nutzer noch eine Mitteilung zu machen, dass alles eingearbeitet ist (was er auch in der Tabelle beobachten kann) und dass die nächste Eingabe erfolgen kann.

Der Wortlaut der Meldung soll sein: „Ihre Eingaben wurden erfolgreich verarbeitet und Ihre Fondtabelle wurde erweitert. Sie hat jetzt aktuell LBZ Zeilen. Wollen Sie weitere Eingaben machen oder das Programm beenden? Klicken Sie OK oder Abbrechen an."
Dazu wird die MSGBOX wie folgt genutzt:

Deklarieren Sie oben im Modul 1 bei den Deklarationen die Variable ‚Meldung':
Public **Meldung** As String 'Meldungsvariable für das ganze Programm
Jetzt bauen wir den Meldungstext in die MSGBOX ein:
Gehen Sie in die Sub des Buttons ganz am Ende und schreiben Sie zunächst nur bis zur KlammerAuf:

Meldung = MSGBOX(

Es erscheint wie in Abb. 28 der gelb unterlegte Tooltip, wie die MSGBOX zu schreiben ist. Siehe Meldung = MSGBOX(

```
' Depotwert aktuell
Sheets("Tabelle1").Cells(LBZ + 1, 9) = (Sheets("Tabelle1").Cells(LBZ + 1, 8)) * (She
'
' Zeile ist eingetragen >> LBZ erhöhen
LBZ = LBZ + 1
Debug.Print "Erhöhte LBZ ist: " & LBZ
Meldung = MSGBOX(
        MsgBox(Prompt, [Buttons As VbMsgBoxStyle = vbOKOnly], [Title], [HelpFile], [Context]) As VbMsgBoxResult
```

Abb. 28 Der Tooltip der MsgBox

Das Prompt nach KlammerAuf ist der in Anführungszeichen einzugebende Meldungstext. Buttons sind Schalter, die der Box zugewiesen werden können. Ohne Eingabe erhält die Box nur den Button [Ok], wir aber wollen die zwei Buttons [OK] und [Abbrechen] haben, also müssen wir das auswählen. Dann folgt Title. Das ist der in der Kopfzeile erscheinende Text. Gibt man nichts ein, erscheint dort „Microsoft Excel". Wir geben mit Anführungszeichen für Title „der geklickte Button meldet:" ein. HelpFile (Hilfedatei) lassen wir unbenutzt, ebenso Context.

Wir schreiben also: (Die farbige Hervorhebung dient hier nur zur Verdeutlichung. Im Editor schreiben Sie alles schwarz.)

Meldung = MsgBox("Ihre Eingaben wurden erfolgreich verarbeitet und Ihre " _
& "Fondtabelle wurde erweitert. Sie hat jetzt aktuell " & LBZ & " Zeilen. " _
& "Wollen Sie weitere Eingaben machen oder das Programm beenden? " _
& "Klicken Sie OK oder Abbrechen an.", vbOKCancel, "der geklickte Button meldet:")

Blau ist das Prompt, rot ist der Button und grün ist der Title.

Ich habe hier mit mehreren Zeilenfortsetzungen geschrieben, damit es in das Wortdokument reinpasst. Achten Sie auf erforderliche Leerzeichen, damit der Ausgabetext nicht „zusammenklebt"!

Beachten Sie, dass die Teile der Funktion mit Kommata getrennt werden müssen. Wenn Sie Teile nicht verwenden würden, müssen Sie die Kommata trotzdem schreiben. Ich lasse jetzt die Buttons weg. Dann sähe das so aus

Meldung = MsgBox("Ihre Eingaben wurden erfolgreich verarbeitet und Ihre " _
& "Fondtabelle wurde erweitert. Sie hat jetzt aktuell " & LBZ & " Zeilen. " _
& "Wollen Sie weitere Eingaben machen oder das Programm beenden? " _
& "Klicken Sie OK.", "der geklickte Button meldet:")

Diese MSGBOX würde nur den Button [OK] haben, der automatisch erzeugt wird, denn Sie müssen auf die Box reagieren. Der Text wäre dann natürlich zu ändern, denn OK oder Abbrechen können Sie nur klicken, wenn die Buttons auch da sind.

Wir wollen die Buttons haben und setzen nach dem Prompt-Text ein Komma. Es erscheint eine Drop-Down-Liste, in der Sie das Gewünschte auswählen können. Ich habe im Bild schon die Konstante vbOKCancel angewählt und mit Klick oder Leertaste erscheint vbOKCancel in der Syntax.

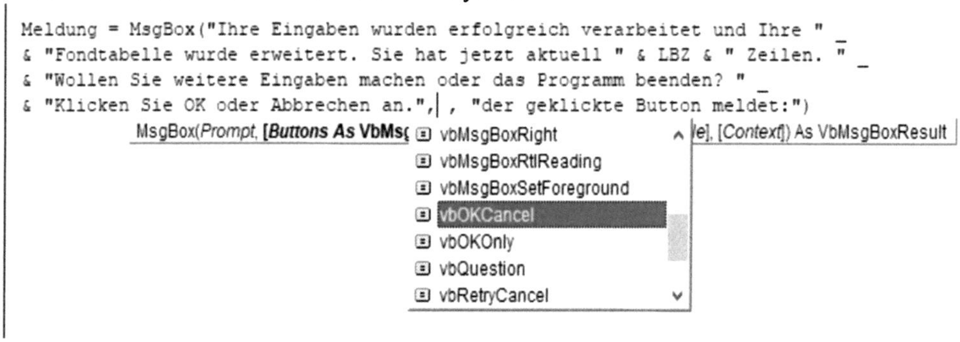

```
Meldung = MsgBox("Ihre Eingaben wurden erfolgreich verarbeitet und Ihre " _
& "Fondtabelle wurde erweitert. Sie hat jetzt aktuell " & LBZ & " Zeilen. " _
& "Wollen Sie weitere Eingaben machen oder das Programm beenden? " _
& "Klicken Sie OK oder Abbrechen an.", , "der geklickte Button meldet:")
```

MsgBox(*Prompt, [Buttons As VbMs(*   ⊞ vbMsgBoxRight   ∧ le], [Context]) As VbMsgBoxResult
                                     ⊞ vbMsgBoxRtlReading
                                     ⊞ vbMsgBoxSetForeground
                                     ⊞ vbOKCancel
                                     ⊞ vbOKOnly
                                     ⊞ vbQuestion
                                     ⊞ vbRetryCancel   ∨

Abb.29 Der Tooltip und die Drop-Down-Liste für die Auswahl der Buttons

Genauso geht es bei Title wird nach dem Komma der Titel-Text <u>in Anführungszeichen</u> eingegeben. Die schließende Klammer darf nicht vergessen werden. Machen Sie es probeweise. Sie werden vom System sofort gerügt! Es färbt den Text rot und sagt, was es erwartet.
So, das ist die Meldungsbox. Diese ist ein modales Fenster (siehe Theorie) und wenn der User nicht einen der beiden Buttons klickt, steht das Programm still bis zum Abwinken. Deshalb muss als allerletzter Akt noch die Reaktion der Buttons OK und Abbrechen programmiert werden. Bei OK will der User weiterarbeiten und in der Laufzeit bleiben, bei Abbrechen die Sitzung, d.h. das Programm, beenden. Für die Antwort benutzen wir noch die Variable ‚Meldung'.

Unter der MSGBOX programmieren wir:
If Meldung = vbCancel Then End ‚Programm wird sofort beendet

Da das Programm bei OK hier weiterläuft, muss auf OK nicht getestet werden. Es folgen sofort diese Zeilen

'Textboxen löschen und in der Laufzeit bleiben, Sub ist sowieso fertig
txtDat = """"
txtApreis = """"
txtBetrag = """"

Tragen Sie alles als letzte Anweisungszeilen in die Sub des Buttons vor End Sub ein. Testen können Sie die MSGBOX im Direktfenster. Und so sieht die konkrete Meldung hier aus.

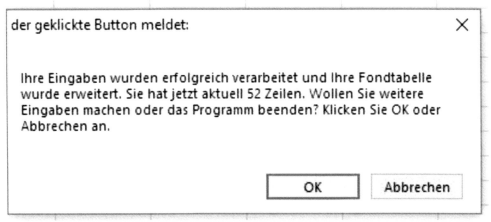

Abb.30: Die MSGBOX im konkreten Beispiel

Vorher können Sie sich noch das **Video_T1_Vi9** ansehen, das die ganze Funktionalität des Buttons [cmdEin] zusammenfasst.

Falls es bei Ihrer diesbezüglichen Übung Probleme gab, benutzen Sie meine Beispieldatei {Investment_A.xlsm} (A steht für Autor) auf der Buch-DVD. (Meinen Pfad nutzen!) Ich rate Ihnen aber, zuvor zu suchen, warum Ihr eigenes Programm nicht oder nicht ganz funktioniert. Bei der Fehlerbeseitigung gewinnen Sie sehr viele Erkenntnisse.
Abschließend noch der Hinweis auf ein Pendant zur MSGBOX. Das ist die INPUTBOX.
Wie Sie dem Namen entnehmen können, nimmt die eine Eingabe entgegen. Falls Interesse besteht ➜ schauen Sie in die Hilfe. Hier benutzen wir die Inputbox noch nicht.

Das komplette Listing zum Button [Eingaben übernehmen] finden Sie im

(Anhang C (Listings), in den ich ab sofort alle längeren Listings eintrage. Dieses Listing im Anhang C ist 1.1.

7.5.6 Programmierung des Buttons [Neues Diagramm]

Erinnern Sie sich bitte an die Diagrammerstellung am Anfang des Buches. Das Makro dazu haben wir vom Makro-Recorder aufzeichnen lassen und werden ihn als Grundstock hier einsetzen. Das Listing steht weiter vorn als *Listing T1_2a*. Ich führe es hier nochmals an.

```
Sub Diagramm()
'
' Diagramm Makro
'
    Range("A5:A81,G5:G81,I5:I81").Select
    Range("I5").Activate  'kann weggelassen werden
    ActiveSheet.Shapes.AddChart2(332, xlLineMarkers).Select
    ActiveChart.SetSourceData Source:=Range( _
"Tabelle1!$A$5:$A$81,Tabelle1!$G$5:$G$81,Tabelle1!$I$5:$I$81")
End Sub
```

Listing T1_2a Wiederholung des Makro-Quelltextes

Die erste ausführbare Zeile erzeugt die Mehrfachmarkierung, die nächste ist verzichtbar und aktiviert eine Zelle am Ende des Markier-Vorgangs. Die dritte fügt im aktiven Blatt ein Diagramm einer bestimmten Diagrammart ein und wählt es an. Die vierte fortgesetzte Zeile gibt die Datenquelle an, also die Mehrfachmarkierung in Tabelle1. Das war die lange Tabelle mit 81 Zeilen. Hier verwende ich der Übersichtlichkeit halber die verkürzte Tabelle1. Das Prinzip ist gleich, egal aus wie vielen Zeilen die Tabelle besteht.
Dafür und für weitere Erprobungen von Syntax schließen Sie bitte alle offenen Excel-Mappen und öffnen Sie aus dem Ordner {Material}/{Dateien} wieder die Datei {Tests_VBA.xlsm}. In dieser habe ich bereits eine leere Tabelle und mehrere Diagrammblätter eingefügt und in den Modulen die Beschriftungen oben schon realisiert. Schauen Sie sich das zunächst nur an. Mit dieser Arbeitsmappe sollen Sie die nächsten Übungen im Anhang A durchführen. Ehe wir praktisch die Programmierung des Buttons [Neues Diagramm] durchführen können, braucht es wieder etwas Theorie.

Schauen Sie nochmals in der *Lektion 9 im Anhang A* die Ausführungen zum Bereichsobjekt ‚Range' an und arbeiten Sie *Lektion 10* durch (Programmiertechnische Grundlagen 3). Danach kehren Sie hierher zurück.

Zurück aus der Theorie zu Lektion 10 kann es jetzt losgehen:

Schließen Sie die Testmappe und öffnen Sie wieder die Mappe ‚Investmentfond'.

Zunächst muss die <u>Mehrfachmarkierung</u> der drei Spalten realisiert werden. In der Theorie hatten wir das behandelt.
Gehen Sie in die IDE und klicken Sie im Formular doppelt auf den Button [Neues Diagramm].
Das System legt die leere Prozedur für diesen Button an.

Private Sub cmdDiag_Click()

End Sub

Schaffen Sie etwas Platz und schreiben Sie oben in die Sub zunächst die notwendigen Deklarationen für die drei Spalten-Objekte und ein viertes Objekt für die Mehrfachmarkierung:

'Deklarationen auf Prozedurebene reichen hier aus
Dim S1 As Range, S7 As Range, S9 As Range, MF As Range

Jetzt müssen die Objekte mit der Set-Anweisung erzeugt werden. Z.B.

Set S1 = Sheets(„Tabelle1").Range(Cells(5, 1), Cells(LBZ, 1)) 'erste Markierung

In jeder Zeile müsste nach der Zuweisung immer Sheets(„Tabelle1") geschrieben werden, und das viermal. Wonach schreit das förmlich? Nach einem With-Block natürlich! (Punkt vor jedem Range beachten!)
Also

With Sheets("Tabelle1")
Set S1 = .Range(Cells(5, 1), Cells(LBZ, 1)) 'erste Markierung
Set S7 = .Range(Cells(5, 7), Cells(LBZ, 7)) 'zweite Markierung
Set S9 = .Range(Cells(5, 9), Cells(LBZ, 9)) 'dritte Markierung
Set MF = Union(S1, S7, S9) 'Die Dreifachmarkierung aus der Vereinigung
(Union) von drei Einzelmarkierungen erzeugen (Union-Methode)
MF.Select 'Die Dreifachmarkierung ist fertig, indem das Objekt MF ausgewählt wird 'Aber das Auswählen (.select) ist gar nicht nötig, denn MF wird 'direkt angesprochen. MF.Select kann auskommentiert werden.
End With

Wenn Sie das erledigt haben, können Sie schon prüfen, ob es funktioniert, aber ACHTUNG: Die Syntax verwendet die Variable LBZ und wenn diese nicht vorher ermittelt wurde, bekommen Sie einen Absturz. Also immer zuerst die Sub Auto_Open laufen lassen, dann können Sie die neue Sub laufen lassen. Wenn das Formular schon soweit fertig ist, dass der Button reagiert, können Sie auch direkt über den Button weiter testen.

Schauen Sie sich das im *Kurzvideo_T1_Vi11* einmal an.

Wenn die Markierung steht, kann die Diagrammerstellung direkt beginnen. Dazu kann die Lösung des Makro-Rekorders, die den Diagrammtyp auswählt, komplett übernommen werden:

ActiveSheet.Shapes.AddChart2(332, xlLineMarkers).Select

Wir ändern nur ActiveSheet in das konkretere Sheets("Tabelle1") um; damit also

Sheets(„Tabelle1").Shapes.AddChart2(332, xlLineMarkers).Select

Wir haben bereits erarbeitet, was die Shapes.AddChart2- Methode bewirkt. Sie fügt in die aktuelle Mappe ein Gebilde ein (shape > gestalten; shapes > Formen), das ein Diagramm sein kann. Shapes könnte aber auch ein Bild sein, deshalb muss das Objekt weiter mit .AddChart; konkret .AddChart2 spezifiziert werden. Das ist eine „vorkonfektionierte" Diagrammart, die mit den Parametern in dem anschließenden Klammernpaar mit dem Schlüssel 332 Komma Excel-Konstante für Liniendiagramm mit Datenpunkten > xlLineMarkers spezifiziert wird.
Schreiben Sie in der Sub des Buttons [Neues Diagramm] unter dem With-Block zunächst die Kommentarzeile 'Diagrammtyp wählen und darunter die unterstrichene Zeile oben, aber ohne Unterstreichung. Schreiben Sie als neue Kommentarzeile darunter:
'Die Quelle für die Daten des Diagramms angeben; hier die
'Mehrfachmarkierung MF

ActiveChart.SetSourceData Source:=MF, PlotBy:=xlColumns

Das PlotBy gibt an, wie die Daten organisiert sind, hier in Spalten xlColumns unserer Mehrfachmarkierung. Beachten Sie wieder die Zuweisung von xlColumns an PlotBy mit dem Operator   :=   .(Doppelpunkt Gleichheitszeichen)
Damit müsste es bereits funktionieren. Führen Sie einen **Test** durch!
Alles ist OK, aber das Diagramm wird wie beim Makrorekorder in der Tabelle1 untergebracht. Es wäre aber schöner, wenn es ein eigenes Blatt bekäme. Das holen wir nach. Das augenblicklich noch aktive Diagramm-Objekt wurde mit ActiveChart spezifiziert, denn den Namen kennen wir noch nicht, denn diesen vergibt das System. ActiveChart ist also OK. Schauen wir mal seine Eigenschaften und Methoden an.

Im Quelltextbereich Cursor in ActiveChart und [F1]

Die Hilfe ist etwas lakonisch, deshalb klicken wir dort auf das blaue Chart. Da wird es füllig und konkreter. Scrollen Sie hinunter, bis Sie die Methode Location sehen. Klicken Sie diese an. (Wenn Sie Location vorher noch übersetzen, wird Ihnen schnöde ORT zurückgegeben.)
Also wird es der Ort sein, wohin unser Diagramm soll. Das löst die folgende Zeile

ActiveChart.Location Where:=xlLocationAsNewSheet

Im „Ausländersprech" übersetzt: AktivesDiagramm.Ort Wo := xlOrtAlsNeuesBlatt

Fügen wir die Zeile ein, schreiben aber erst noch die Kommentarzeile:
'Angeben, dass das neue Diagramm als neues Blatt einzufügen ist
Jetzt die unterstrichene Zeile (wieder ohne Unterstreichung). Führen Sie wiederum einen **Test** durch!
Wunderbar, das neue Diagramm wurde im eigenen Blatt sichtbar und erhielt eine fortlaufende Nummer, weil bereits mehrere Diagrammblätter in der Mappe existierten. Aber einen Schönheitsfehler hat es noch: Der richtige Diagrammtitel fehlt noch. Er soll lauten:

„ Entwicklung meines Fonds Provesta VL am " & Datum

Dies ist wieder ein Beispiel für die Verknüpfung einer Text-Zeichenkette mit einem Datum mit dem Ampersand (Kaufmanns-Und &).
Nun ist es beim konkreten Beispiel ‚Investmentfond' so, dass nur ein Diagramm das aktuelle sein kann. Wenn man nicht alle erstellten Diagramme sammeln und immer nur das aktuelle sehen will, müsste vor der Erstellung des neuen Diagramms das alte Diagramm (oder die alten Diagramme) erst gelöscht werden.
Dazu benutzen wir jetzt die schon bekannte For-Each-Next-Schleife und eine neue Objektvariable Diag, die allgemein für ein Diagramm steht. Die wird sogleich oben (Prozedurkopf) in der Sub des Buttons [Neues Diagramm] eingefügt:

Dim **Diag** As **Chart** 'Variable für Diagramm deklarieren

Mit der Schleife löschen wir jedes Diagramm (auch wenn es nur eins gibt) heraus. Diese Zeilen schreiben wir als erste Aktion ganz oben in die Sub:

'Alle vorhandenen Diagrammblätter löschen
For Each **Diag** In **ActiveWorkbook.Charts** 'Für jedes Diag in der aktiven Excel-
'Mappe
Diag.Delete   'Diagrammblatt löschen
Next **Diag**   'Nächstes Diagramm

interessant ist, dass vom System hier eine <u>Warnmeldung</u> vor dem Löschen eingefügt wird. (Das ist bei kritischen Handlungen wie Löschen gut und nützlich).

Diese lässt sich vermeiden, aber dazu müssen wir einen kurzen Exkurs machen. Die Warnmeldung kommt von der Anwendung, also von Excel selbst. Die Anwendung ist das <u>Application</u>-Objekt. Eine seiner vielen Eigenschaften ist DisplayAlerts (Deutsch Warnung), also Bildschirm-Warnung. Ist die TRUE >> kommt die Warnung. Ist sie FALSE, wird sie unterdrückt. Wo man sie vermeiden will, kann man sie zeitweilig auf False setzen. Und das ist hier die Lösung. Schreiben Sie vor der Löschoperation:

Application.DisplayAlerts = False
        und unter Next Diag
Application.DisplayAlerts = True

Damit sind weitere Warnungen wieder möglich, aber bei der Diagrammlöschung abgeschaltet. Testen Sie das, indem Sie die beiden Zeilen zeitweilig auskommentieren.

Damit ist auch der Button [Neues Diagramm] fertig programmiert.

Das Listing finden Sie hinten *im Anhang C als Listing 1.2*.

Jetzt ist bis zur Fertigstellung des ganzen Programms nicht mehr viel zu tun. Es fehlen nur noch die beiden Buttons [Tabelle anzeigen] und [Diagramm anzeigen).

Sie haben sicher bemerkt, dass bei der Erstellung des Diagramms das Formular in der Bildmitte stehen bleibt. Sie können es aber mit Drag and Drop auf die Seite neben das Diagramm ziehen. Wenn Sie jetzt noch einmal schnell in die Tabelle schauen wollen, ist der Button [Tabelle anzeigen] zu klicken.

Die Tabellen und auch Diagramme haben eine interne Nummerierung. Wenn nur ein Diagramm da ist, hat es die Nummer 1, also Charts(1). Die Tabelle selbst hat ihren Tabellennamen, der sich nicht ändert. Aber die Diagramme werden laufend durchnummeriert. Das System „merkt" sich, welche Diagrammerzeugung die letzte war, und zählt aktuell weiter. Deshalb nutzt man die interne Nummer, um das aktuelle Diagramm anzusprechen.

Beide Buttons benötigen nur eine Zeile ausführbare Syntax: Hier muss ich nichts erklären, nur so viel, dass nach Löschung aller (alten) Diagramme das neue immer den Zählindex Charts(1) hat:

```
Private Sub cmdZeigDiag_Click()  'Diagramm anzeigen
ActiveWorkbook.Charts(1).Activate
End Sub


Private Sub cmdZeigTab_Click()  'Tabelle anzeigen
Sheets("Tabelle1").Activate
End Sub
```

7.5.7 **Schlusswort** zum Programm „Investmentfond"

Einen möglichen kleinen Fehler habe ich bisher selbst übersehen: Wenn bei der gegenwärtigen Programmierung noch vor einer neuen Eingabe das neue Diagramm angefordert wird, würde im Programmtitel das Datum 00:00:00 erscheinen. Das korrigieren wir mit der Prozedur frmHaupt.Activate, die automatisch abläuft, wenn das Formular aufgerufen wird. Wir setzen einfach zunächst das letzte Datum ein, das dann überschrieben wird, wenn eine neue Eingabezeile gefüllt wird.
Klicken Sie in der IDE in die Formularfläche. Das System bietet die
Sub frmHaupt_Click() an. Aber wir brauchen frmHaupt_Activate. Gehen Sie nach oben und öffnen Sie das rechte Kombinationsfeld. Klicken Sie Activate an und die Click-Prozedur wird durch Activate ersetzt.
Schreiben Sie darin:

```
'Letztes Datum einsetzen, wenn keine Eingabe erfolgt und Diagramm sofort
'gerufen wird
Datum = CDate(Sheets("Tabelle1").Cells(LBZ, 1))
```

Damit ist alles OK >>> Bitte testen Sie es.
Aber weil wir gerade dabei sind: Es gibt noch eine andere Möglichkeit, um das zu regeln, und dabei lernen Sie gleich noch eine interessante, oft genutzte Eigenschaft der Steuerelemente kennen, die

Enabled-Eigenschaft.

Sie kennen aus verschiedenen Programmen, dass Buttons zeitweilig nicht bedient werden können. Sie sind dann ausgegraut und lassen sich nicht klicken, weil ihre Enabled-Eigenschaft den Wert FALSE hat. Das nutzen wir hier für den Fall, dass noch kein neues Datum eingegeben wurde. Damit sind das alte Datum und das alte Diagramm noch gültig. Das würde sich auch anzeigen lassen, aber ein neues Diagramm wäre noch nicht erzeugt. Man muss also nur den Button auf Enabled = False (nicht zugelassen) setzen, solange das neue Datum noch nicht eingegeben wurde. Das kann in der Entwurfszeit im Eigenschaftenfenster des Buttons geschehen. Gehen Sie also in die IDE und klicken den Button [Neues Diagramm] an, um seine Eigenschaften bearbeiten zu können. Gehen Sie zur Eigenschaft Enabled und setzen Sie den Wert auf False. Das ist also eine Voreinstellung, die ich schon behandelt habe. Sie sehen sofort im Formular den ausgegrauten Button. (In der weiteren Folge nenne ich ein Steuerelement, das .Enabled = False ist >> abgeblendet. Bei .Enabled = True >> aufgeblendet.)
In der Prozedur zum Button cmdEin_Klick ergänzen wir die Entscheidungszeile:

Wenn das Datum nicht Null ist, setzen Sie den Button [Neues Diagramm] wieder auf Enabled= True. Schreiben Sie dort unter der Zeile

```
        Sheets("Tabelle1").Cells(LBZ + 1, 1) = Datum 'Spalte 1: die neue Zeile
```

$$\text{If Datum} <> 0 \text{ Then cmdDiagNeu.Enabled} = \text{True}$$

Wenn Datum ungleich Null ist, dann setzen Sie den Button auf ERLAUBT (aufgeblendet).

Ach so **<>** den Vergleichsoperator habe ich noch nicht erwähnt, oder?

Es ist der Ungleich-Operator, den Sie sonst als vertikal durchgestrichenes Gleichheitszeichen **≠** kennen.
Um das zu testen, kommentieren Sie die Zeile in der Sub frmHaupt_Activate wieder aus.

Welche Lösung Sie bevorzugen, ist Ihre Sache. Mir gefällt der abgeblendete Button besser.

Damit ist auch dieser nur optisch wirksame Fehler abgefangen. Die Listings für die weiteren Prozeduren und die Modulköpfe des Projektes „Investmentfond" finden Sie zusammengefasst im Anhang C als Listing 1.

Die gesamte Funktionalität von ‚Investmentfond' können Sie im *Video_T1_Vi12* sehen.

Speichern und schließen Sie jetzt die Datei {Investmentfond.xlsm}.

Und nun ist das kleine praktische VBA-Programm ‚Investmentfond' tatsächlich abgeschlossen. Auf zu neuen Ufern. Jetzt geht es mit den erworbenen Programmierkenntnissen hinein in die neue, noch komplexere Praxis-Aufgabe ‚Patientenbefragung'.

8. Das VBA-Programm „Patientenbefragung"

8.1 Präzisierung der Aufgabenstellung und PAP

Bei der schrittweisen Programmierung werde ich Sie mit neuen Funktionen und Steuerelementen und neuer Theorie vertraut machen, aber auch das bisher Gelernte mit anwenden. Das setze ich dann als bekannt voraus und weise Sie darauf hin.
Zunächst kurz zum Ziel der Programmierung.

Im Fachkrankenhaus für Dermatologie, in dem das Programm genutzt wird, bestand eine Aufgabe darin, Patientenbefragungen über das ganze Jahr fortlaufend im Computer zu erfassen und mit Beginn des neuen Jahres statistisch auszuwerten. Die Auswertung sollte in Form von Tabellen und Diagrammen vorgelegt werden.
Für die Patientenbefragungen hat der Qualitätsbeauftrage (QB) des Krankenhauses einen Fragebogen mit 19 Fragen entwickelt, die jeder Patient mit der Entlassung freiwillig und anonym ausfüllen kann. Die meisten Patienten machen das gern.
Den Fragebogen finden Sie im ***Ordner {MATERIAL}/{Bilder} der Buch-DVD*** als Bild-Dateien. Drucken Sie sich die Seiten aus, damit Sie die Datenquelle sehen, ohne zu blättern.

Zunächst galt es zu überlegen, was der Reihenfolge nach geschehen sollte, um den PAP erstellen zu können. Also: Präzisierung der Aufgabenstellung!
Die laufend ankommenden ausgefüllten Fragebögen sollen in geeigneter Form fortlaufend in den Computer eingeben und dauerhaft gespeichert werden. Dem erfahrenen Excel-User bietet sich dazu natürlich eine Excel-Tabelle an. Aber die Eingabe soll über eine Eingabemaske (Formular) relativ schnell und nicht von Hand in die Tabelle erfolgen.
Die Daten sollen jährlich erfasst, gespeichert und ausgewertet werden. Jedes Jahr ist in sich abzuschließen.
Im laufenden Jahr soll auch eine statistische Auswertung als Zwischenstand erfolgen können. Die endgültige Statistik ist nach dem aktuellen Jahr zu erstellen, wenn alle Bögen eingegeben worden sind. Eventuell zu ergänzende Aktionen des Users wie die Betrachtung des aktuellen Standes des Datenspeichers sollen möglich sein. Ebenso soll die Korrektur falsch eingegebener Daten möglich sein. Die Nachbearbeitung der Daten vergangener Jahre soll möglich sein.
Der Auftraggeber sagte, dass er alle Daten der Fragebögen erfasst haben möchte. Die persönlichen Daten im Teil I. des Bogens sollen ohne Namen, also anonym, erfasst werden. Trotzdem sind einige Daten persönlicher Art wie Altersgruppe und Geschlecht, aber besonders die Diagnosen unbedingt zu erfassen. Hier erkennt man bereits einen Schwerpunkt, die Diagnosen. In diesem Krankenhaus werden vor allem vier Hauptdiagnosen behandelt: Neurodermitis (Atopisches Ekzem), Psoriasis (Schuppenflechte), Vitiligo (Weißfleckenkrankheit) und Urticaria (Nesselsucht). Weitere Krankheiten können behandelt werden, wie z.B. Akne oder Nahrungsmittelunverträglichkeit, müssen aber von der Krankenkasse für stationäre

Behandlungen zugelassen sein. Diese und weitere Diagnosen sind als fünfte mit Sonstige zu erfassen.

Weiterhin wollte der AG, dass der Erfassungsmonat mit abgespeichert wird.

Die Antworten aus den insgesamt 19 Fragen sollen zugeordnet zu den Diagnosen erfasst werden. Eine Auswertung für Männer und Frauen getrennt sollte vorerst nicht erfolgen, obwohl für eventuelle Erweiterungen das Geschlecht mit eingegeben werden soll. Analog dazu soll auch die Altersgruppe erfasst werden.

Damit kann ein erster Entwurf des PAP erarbeitet werden, der, wie ich im Buch schon erwähnte, sukzessive zu verfeinern ist.

In Abb. 30 ist dieser erste Entwurf des PAP zu sehen.

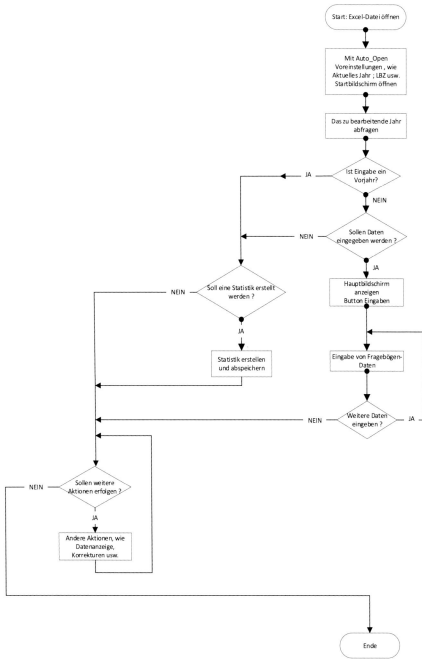

Abb. 30: Erster PAP-Entwurf zum Projekt ‚Patientenbefragung'

Bei der weiteren Präzisierung der Aufgabenstellung wurde zunächst geprüft, wie die Patienten die einzelnen Fragen beantworten und den ganzen Bogen behandeln. Dabei fiel dem Programmierer auf, dass nicht alle Fragen beantwortet werden. Damit wurde klar, dass neben den fünf Antworten eine sechste erfasst werden musste **>> keine Angabe**. Zudem neigen manche Patienten zur Eingabe von Zwischenwerten, also von 2 bis 3 z.B. Das ist eigentlich nicht zugelassen, deshalb ist zu entscheiden, dass in einem solchen Fall der schlechtere Wert einzugeben ist, um den späteren Vorwurf der Beschönigung der Statistik zu vermeiden.

Wie sagt der Volksmund ? > Lüge > große Lüge > Jahrhundertlüge > Statistik ☺

Noch eine weitere Feststellung wurde getroffen: Manche Patienten geben als Sonstige (Diagnose) nicht an, welche. Deshalb muss für diesen Fall die Erfassung als **o.A** (Ohne Angabe) erfolgen.

Betrachtet man die Fragebögen, sieht man, dass alle Fragen eine Antwort von 1 bis 5 nach sich ziehen und wie oben erwähnt bis 6, wenn gar nichts angekreuzt wird.
In Rücksprache mit dem AG sind die Altersgruppen wie folgt zu erfassen:

1. 0 – 12 Jahre
2. 12 – 24 Jahre
3. 26 – 40 Jahre
4. 41 – 60 Jahre
5. 60 Jahre und älter

Bei Weglassen dieser Angabe durch den Patienten wie auch beim Weglassen der Diagnose ist das Blatt wertlos und wird nicht mit erfasst.
Beim Geschlecht ist es einfach. Festgelegt wurde männlich   → 1
weiblich   →   2. (Divers wird im FKH bisher nicht erfasst).

Die Werte für die Erfassungsmonate sind logisch 01 bis 12 (zweistellig!).

Damit wird klar, wie man den Wertespeicher als Excel-Tabelle organisieren kann. Öffnen Sie hier wieder eine leere Mappe und speichern diese als {SpeicherTab.xlsm} wieder ab. Hier werden wir die Speichertabelle entwerfen.

8.2 Die Excel-Tabelle als Wertespeicher

Horizontal werden die persönlichen Angaben beginnend mit einer laufenden Nummer erfasst (später werden wir diese DsNr > Datensatz-Nummer nennen). Befragungsmonat; Geschlecht; Diagnose; Sonstige Diagnose und Altersgruppe werden in den Spalten 1 bis 6 einer Excel-Tabelle erfasst. Es folgen Hinweise in Spalte 7; dann die Antworten auf die Fragen in den Spalten 8 bis 26. Nennen wir diese AWA; AW1; bis AW18.

Damit ist eigentlich schon klar, wie die Daten in den Spalten erfasst werden, nämlich als Zahlenschlüssel wie oben erklärt.

Die Lfd-Nummer (DsNr) sollte auch mit 1 in der ersten Spalte beginnen, damit man keinen Versatz um 1 zur Excel-Zeile bekommt. Da man aber Überschriften braucht, bedient man sich eines kleinen Tricks: Man zieht die Zeilenhöhe der ersten Zeile so weit größer, dass oben ein Textfeld für die Überschriften und darunter die Werte für die erste Zeile reinpassen. Damit kann man die Überschriften in das Textfeld verlagern. Das zieht zwar ein wenig „Zirkelei" nach sich, um die Überschrift genau über die Spalte zu bekommen, aber das gelingt schnell. Als erfahrener Excel-User kann man auch noch in den Zellen der ersten Zeile Kommentare eingeben. (Die Zellen mit Kommentaren erhalten ein rotes Dreieck.) In die Kommentare kann man dann den Schlüssel für die jeweilige Spalte eintragen.

Hier finden Sie ein Bild des oberen Bereiches der Speichertabelle. Das Bild finden Sie auch im Ordner {Material}/{Bilder}. Öffnen Sie es, wenn Einzelheiten besser sichtbar sein sollen.

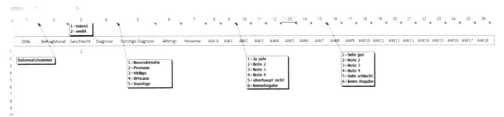

Abb. 31 Der obere Bereich der Speichertabelle mit Textfeld und Kommentaren

Abb. 31 zeigt den Entwurf der Speichertabelle. Die Kommentare, die hier dauerhaft eingeblendet sind, schaltet man so, dass sie nur sichtbar werden, wenn die Maus in die Zelle zeigt.

Entwerfen Sie jetzt in der Datei {SpeicherTab.xlsm} Ihre Tabelle nach diesem Vorbild.

So, die Tabelle ist organisiert. Ändern Sie unten im Tabellenregister den Tabellennamen in LeerTab. Das ist ein Vorgriff. Bedenken Sie, dass in der Folgezeit jedes Jahr eine neue Tabelle angelegt werden muss. Ich nenne diese hier schon mal DSätze_2021 und so weiter für die folgenden Jahre. Nach Neujahr wird einfach Leertab kopiert und in Dsätze_Jahr umbenannt. Damit hat man die mühsame Formatierung der Tabellen nicht nochmals zu machen.

Betrachten wir jetzt einmal eine solche Jahrestabelle. Bei den Eingaben aus der Maske (Formular) werden die Daten des Befragungsbogens mit ihren Schlüsselzahlen horizontal in die Tabelle eingetragen. Jede Zeile enthält die Daten eines Befragungsbogens. Bei der weiteren Verarbeitung müssen diese nur daraus entnommen und verrechnet werden.

Auf welche Art und Weise kommen die Daten in die Tabelle?

Wie bereits weiter vorn erwähnt, wünscht der AG eine Eingabemaske. Deshalb muss man sich überlegen, wie diese zu gestalten ist – als Formular natürlich. Bei dieser Aufgabenstellung sind viele Eingaben optional. Daraus folgt, dass man dazu den Option-Button einsetzt, der das Wort Option schon im Namen führt.

Wir beginnen hier also mit einer Hauptaufgabe aus dem PAP, mit der Daten-Eingabe, einer wichtigen Teilaufgabe weiter unten im PAP. Das „Vorgeplänkel" heben wir uns für später auf.

8.3 Der Entwurf der Eingabemaske als Hauptformular

In der offenen Datei {SpeicherTab.xlsm}, in der Sie schon die Tabelle Leertab erzeugt haben, gehen Sie also in die IDE und fügen ein Formular ein, wie Sie das bereits aus dem vorigen Beispiel ‚Investmentfond' kennen.

Benennen Sie das Formular im Eigenschaftenfenster in frmHaupt und die Caption in ‚Hauptformular Patientenbefragung' um. Der Container ist erzeugt. Ziehen Sie es an den Anfassern schon etwas größer, denn es muss allerhand hinein. Das endgültige Maß bestimmen wir später.

Zunächst ist zu organisieren, wie die einzelnen Gruppen des Befragungsbogens einzugeben sind.

An dieser Stelle mache ich Sie mit mehreren, bisher nicht benutzen Steuerelementen der Werkzeugsammlung bekannt.

8.3.1 Rahmen-Steuerelement (engl. Frame)

Der Name sagt es. In diesen Frames kann man eine zusammengehörige Gruppe von Controls ‚einrahmen'.

Die Erfahrung zeigt, dass es zu empfehlen ist, einen Außenrahmen für alle anderen Rahmen im Formular zu schaffen. Fügen Sie den bitte in das Formular ganz herum ein und nennen Sie die Caption: ‚ Übernahme der Daten aus den Befragungsbögen für das Jahr ????'. Da schon hier klar ist, dass die Caption des Außenrahmens in der Laufzeit das aktuell zu bearbeitende Jahr statt der vier Fragezeichen zugewiesen bekommt, muss es einen Namen erhalten >> fraAußen.

Gemäß dem Patientenbogen bilden wir als erstes eine Gruppe ‚Persönliche Angaben' ganz oben im Formular. Fügen Sie also einen Frame oben in den Außenrahmen ein und ändern Sie die Caption in ‚Persönliche Angaben'. Sie sehen, wie sich diese Bezeichnung in der Umrahmung einfügt. Die Frames bekommen das Präfix fra. Ändern Sie also den Namen im Eigenschaftenfenster in ' fraPers' für die persönlichen Eingaben gemäß Bogen.

Gemäß Bogen brauchen wir weiterhin die Eingabe des Befragungsmonats in ein Textfeld. Fügen Sie unter der Framebezeichnung ‚Persönliche Angaben' ein Bezeichnungsfeld mit der Caption: ‚Befragungsmonat (z.B. 05)' ein. Rechts daneben in diesem Frame fügen Sie ein Textfeld ein und benennen es mit txtDatBefrag.

Jetzt benötigen wir die Optionen für die Diagnosen, denn es kann nur eine Hauptdiagnose geben, aber zusätzliche Diagnosen schon. Das lösen wir mit dem Steuerelement

Option-Button.

Den habe ich zwar schon benannt, aber noch nicht eingesetzt. Jetzt kommt dessen große Stunde, denn man braucht ihn häufig. (Übrigens: Bei VB heißt er Radiobutton)

8.3.2 Erscheinung und Funktion des Option-Buttons

Die Option-Buttons treten immer mehrfach auf. Mindestens zwei sind erforderlich, um zwischen Optionen wählen zu können.
Von den zu wählenden Optionen kann immer nur eine ausgewählt sein. Deshalb erhält in einer Auswahl-Gruppe immer nur eine Option den Wert True, also ausgewählt.
Der ausgewählte runde Option-Button erhält dann in der Mitte einen schwarzen Punkt.
Wechselt man die Auswahl durch Klick auf einen anderen Option-Button, bekommt der den Punkt und der vorherige verliert ihn. Die Betonung liegt hier auf der auszuwählenden Gruppe, denn die Option-Buttons müssen zu einer gemeinsamen Auswahl-Gruppe gehören. Ziehen Sie deshalb innerhalb des Frames fraPers einen neuen Rahmen für die Diagnosen auf und benennen ihn mit fraDiag.
Wir ordnen hier Option-Buttons im Frame fraDiag wie folgt an:
Ganz links Option Neurodermitis (kurz Neurod.), rechts danebene: Psoriasis, rechts danebene Vitiligo, rechts danebene Urticaria und weiter rechts Sonstige und rechts danebene ‚Dazu' für weitere Diagnosen. Wieder rechts vom ganzen Rahmen platzieren Sie ein Textfeld, in das der Text für die sonstigen Diagnosen eingetragen werden kann. Tragen Sie jetzt in den Eigenschaften die Namen der Option-Buttons und des Textfeldes wie folgt ein:
optNeuro; optPsori; optViti; optUrti; optSonst; optDazu und für das Textfeld txtSonst.
Hier ist wieder das Beispiel, dass zwei Controls fast denselben Namen (Sonst) haben, aber das eine ist ein Option-Button und das andere ein Textfeld. Stellen Sie in den Eigenschaften des Textfeldes noch Schriftart und Größe als Tahoma 12 ein und tragen Sie als Text darin ein: Endogenes Ekzem. Das dient der Prüfung auf gute Lesbarkeit. Danach löschen Sie den Text wieder heraus, so dass das Textfeld leer erscheint.
Übrigens muss das Ganze noch nicht perfekt aussehen. Am Ende, wenn die Funktionalität hergestellt ist, werden wir auch bezüglich der Optik ein „Feintuning" vornehmen. Aber eines machen wir jetzt schon: Klicken Sie den Außenrahmen an, der fraAußen heißt, und setzen Sie die Schriftart auf Tahoma 12 und die Schriftfarbe auf Blau. Die Schrift (Font) klicken Sie in der linken Spalte an, dann erscheint in der rechten Spalte ein kleiner Button mit drei Punkten, der einzelne Eigenschaften der Schriftart zeigt, die gesetzt werden können. Unterhalb von Font in der linken Spalte sehen Sie Forecolor (Vordergrundfarbe). Das ist im Fall des Frame die Schriftfarbe. Wenn Sie wiederum Forecolor anklicken (blaue Markierung), erscheint rechts wieder ein kleiner Button mit Pfeil. Bei einem Klick darauf werden Farbeinstellungen in zwei Registern angeboten. Klicken Sie das linke Register ‚Palette' und wählen Sie ein

sattes Blau aus. Das Ergebnis sehen Sie sofort im Entwurf. Auf diese Weise werden wir später das ‚Feintuning' betreiben

Damit können noch nicht alle Eingaben der persönlichen Angaben realisiert werden. Wir brauchen noch Controls für Geschlecht, Altersgruppe und Beantwortung der Frage A.

Fügen Sie unter dem Befragungsmonat einen kleinen Frame für zwei Optionen ein. Nennen Sie es fraGeschlecht.

Weisen Sie die Namen optMann und optWeib und die Captions männl. und weibl. zu.

Unter Geschlecht fügen Sie einen weiteren Rahmen für die fünf Optionen der Altersgruppen ein. Geben Sie diesem Rahmen den Namen fraAlter. Die Captions sind banal, nämlich einfach die Zahlen 1 bis 5. Rechts vom Rahmen für die Altersgruppe brauchen wir einen Rahmen für die Beantwortung der Frage A im Bogen oben Teil I. Nennen Sie diesen fraA. Dieser muss mit sechs Option-Buttons besetzt werden (1 bis 5 für die Antwort auf die Frage und 6 für ‚keine Angabe'.) In die Caption dieses Rahmens schreiben Sie:

Wie beurteilen Sie Ihren aktuellen Gesundheitszustand?

Nun gehen Sie wieder in die Eigenschaftenfelder und geben den Options ihre Namen.

Bei den Altersgruppen: optAg1; optAg2 bis optAg5. Bei der Frage A: optA1; optA2 bis optA6.

Damit haben alle Objekte im Rahmen ‚Persönliche Angaben' eine Caption und einen neuen Namen. Kontrollieren Sie das nochmals in den Eigenschaftenfenstern.

Es fehlt jetzt nur noch ein Control, das geklickt werden soll, wenn die persönlichen Angaben komplett sind. Dazu platzieren wir einen Command-Button rechts neben dem Rahmen für Frage A und nennen ihn cmdPersKompl.

Damit haben Sie oben im Formular folgendes Bild (Abb. 32):

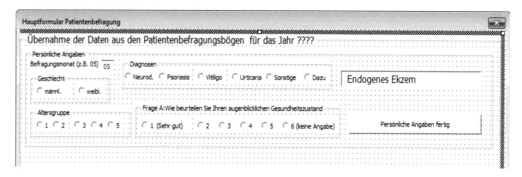

Abb. 32: Der bisherige Stand der Bestückung des Hauptformulars

Wir gehen jetzt von einem Bogen aus, der folgende persönlichen Daten hat:

Eingabemonat:	01 (wird direkt zugewiesen)
Diagnose :	Neurodermitis > Schlüsselzahl 1
Geschlecht:	männlich > Schlüsselzahl 1
Altersgruppe :	26 – 40 > Schlüsselzahl 3
Frage A:	Sehr gut > Schlüsselzahl 1

Wäre die Eingabe schon als Datensatz übernommen, würden in der Tabellenzeile stehen:

Spalte 1 :	1 (es sei der erste Datensatz)
Spalte 2 :	01
Spalte 3 :	2
Spalte 4 :	1
Spalte 5 :	(leer)
Spalte 6 :	3
Spalte 7 :	(leer)
Spalte 8 :	1

Das ist aber noch nicht erreicht, denn die Zuweisungsoperationen sind noch nicht programmiert. Aber bis hierher würde die Tabelle wie folgt aussehen

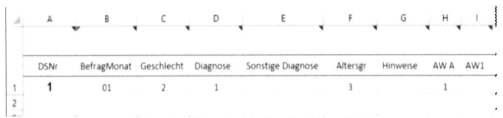

Abb. 33 Der linke obere Teil der Eingabetabelle mit einigen Daten

Jetzt benötigen wir noch als großen Komplex die Eingabemöglichkeit für die 18 Fragen des Bogens.

Dazu fügen Sie unter den persönlichen Angaben links einen großen Frame ein und ändern die Caption in: Fragen 1 bis 18 wie angekreuzt. (ohne Angabe Option 6 klicken)

Den Namen ändern Sie in fraFragen, denn der wird angesprochen.

Innerhalb dieses großen Frames erstellen Sie 18 kleine Rahmen mit jeweils 6 Options für die Antworten und die Option 'keine Angabe'.

Die Namen ändern Sie fortlaufend in fraF01 bis fraF18 (immer zweistellig) und die Captions in Frage1 bis Frage18.

Das artet ja in Arbeit aus.

Ja schon, aber ich zeige im **Video_T1_Vi13**, wie Sie das rationell bewerkstelligen können.

Haben Sie meinen Tippfehler im Video bemerkt? Ich habe ihn klammheimlich korrigiert, um nicht das ganze Video neu machen zu müssen. Am Prinzip hat sich dabei nichts geändert. An der Stelle, wo das Video endet, beginnt die unvermeidliche Arbeit, alle Namen der Option-Buttons und auch die Namen der Frames zu ändern. Dann müssen auch noch die Option–Buttons der Frage A von optA1 bis optA6, die der Altersgruppen von optAg1 bis optAg5 und letztlich bei Geschlecht in optMann und optWeib geändert werden. Benennen Sie die Namen der Fragen-Frames wie folgt: fraF01; fraF02 bis fraF18. Den Namen des gesamten Rahmens um die 18 Fragen nennen wir fraFragen.

Und ganz unten im Frame fraFragen fügen wir einen Button ein, der die Übernahme aller Eingaben in die Tabelle auslösen soll. Der erhält den Namen cmdDSFertig und die Caption ‚Datensatz Nr. ???? jetzt abspeichern'. Setzen Sie diese Caption auf die Farbe Grün und auf Fett im Eigenschaftenfenster. Dass der Button zur Laufzeit noch die zutreffende Jahreszahl erhalten muss, die die vier Fragezeichen ersetzt, haben Sie sicher erkannt.

Ich habe nicht alles des im letzten Absatz Beschriebenen gezeigt.

Das Bild vom Rahmen fraFragen sehen Sie weiter unten im Text.

Passen Sie bitte auf, dass sich bei Ihnen nicht auch Tippfehler einschleichen. Das würde im Programm verheerende Fehler nach sich ziehen. Aber auch die würden Sie finden.

Jetzt gehe ich davon aus, dass Sie in Ihrem Projekt auch soweit fertig sind.

Anschließend werden wir die Programmierung beginnen. Ich werde also zeigen, wie die Daten in den Tabellenspeicher kommen. Das ist ähnlich wie bei dem ersten Beispiel ‚Investmentfond'. Aber ich werde auch zeigen, wie viele Fehler der User machen kann und wie wir diese durch die Programmierung verhindern oder unwirksam machen müssen.

Jetzt erst noch ein kleiner Trick: Wir setzen die Visible-Eigenschaft des ganzen Frames fraFragen auf False. Damit ist der gesamte Fragenkomplex zu Beginn der Eingaben unsichtbar. Er soll mit den Fragen erst dann sichtbar werden, wenn die persönlichen Eingaben fehlerfrei fertig sind, also jetzt im Eigenschaftenfenster von fraFragen >> Visible auf False.

Dies ist noch eine Vorbereitung, damit wir das bisher Geschaffene schon mal laufen lassen können. Fügen Sie ein allgemeines Modul ein, beschriften Sie dieses wie gehabt oben und schreiben Sie Sub Auto_Open hinein. Diese Sub bekommt bisher nur die eine Zeile frmHaupt.Show. Das wird für Probestarts gebraucht, damit sich das Formular zeigt. Jetzt können Sie in der IDE den grünen Startbutton und im Dialog Auto_open > [Ausführen] drücken.

Damit können Sie das Objekt der Begierde schon sehen und auch die Options und Buttons ein wenig testen. Aber der große Rahmen mit den Fragen fehlt, da er visible = False und damit unsichtbar ist. Beenden Sie über das Schließkreuz rechts oben die Laufzeit und ändern Sie die Visible-Eigenschaft des Rahmens fraFragen nochmals probeweise auf True. Der neue Start sollte alles zeigen. Ich komme darauf zurück. Aber stellen Sie jetzt wieder zurück auf .visible = False, denn das soll so bleiben.

Jetzt lernen wir noch eine interessante Voreinstellung kennen. Beim Probestart ist sicher das Formular nicht so erschienen, dass es den ganzen Bildschirm ausfüllt und damit die dahinter liegende Tabelle völlig verdeckt.

Das wollen wir aber erreichen. Stellen Sie zunächst in den Eigenschaften des frmHaupt die StartUpPosition auf Fenstermitte.

Klicken Sie dann doppelt in das Hauptformular, um den Prozedurkörper zu erzeugen. Wahrscheinlich wird UserForm_Click angeboten. Die brauchen wir aber hier nicht. Wir brauchen aber die Prozedur Initialize, die abläuft, wenn das Formular initialisiert wird. Die finden Sie oben im rechten Kombifeld. Klicken Sie diese an, wird sie eingerichtet. Die falsche können Sie löschen oder leer stehen lassen, denn später werden wir sie vielleicht brauchen. Schreiben Sie in diese Prozedur UserForm_Initialize zuerst:

'Bildschirmgroß starten
Width = Application.Width 'Breite ist Excel-Breite, denn Application ist Excel selbst

Height = Application.Height   'Höhe ist Excel-Höhe

Wenn wir weiter nichts festlegen, klebt beim Probestart unser Außenrahmen in der linken oberen Ecke des Formulars, das aber jetzt bis auf einen ganz kleinen Rand den ganzen Bildschirm ausfüllt. Nun zentrieren wir einfach den Außenrahmen in der Mitte des Formulars. Das ist gar nicht so schwierig.

Dazu brauchen wir die **Eigenschaften Left** und **Top**.

Left bezeichnet die linke Begrenzung eines Objekts in seinem Container, Top die obere. Wenn wir das für unseren Außenrahmen machen wollen, ist folgende Überlegung zu machen: Wenn die Breite des Formulars so wie die Excel-Breite und die Breite des Außenrahmens bekannt ist, dann ist links und rechts der gleiche Abstand einstellbar, wenn man Breite des Fensters minus Breite des Rahmens geteilt durch 2 einstellt. Dann steht das Rahmen-Objekt horizontal in der Mitte.

In der gleichen Weise ist bei der Höhe vorzugehen. Damit gilt folgendes in der Prozedur .Initialize. Weisen Sie also die Eigenschaften des Außenrahmens für die Laufzeit wie folgt neu zu:

'Außenrahmen zentrieren
    fraAußen.Left = (Application.Width - fraAußen.Width) / 2
    fraAußen.Top = (Application.Height - fraAußen.Height) / 2

Jetzt erscheint der Rahmen schön zentriert.

Wenn das erreicht ist, merkt man gar nicht mehr, dass man eigentlich in Excel arbeitet. Das Fenster, das nach Programmstart erscheint, füllt den Bildschirm aus. Die Tabelle ist dahinter verborgen.

(Das war Vorab-Info. Jetzt geht es weiter mit dem Beginn der Programmierungen für die Dateneingabe in die Tabelle.)

8.4. Die Daten im Rahmen ‚persönliche Angaben'

Ich habe die Daten bis Frage A schon vorgegeben. Diese seien in das Formular oben eingegeben.
Damit sieht der obere Teil wie folgt aus (Abb. 34):

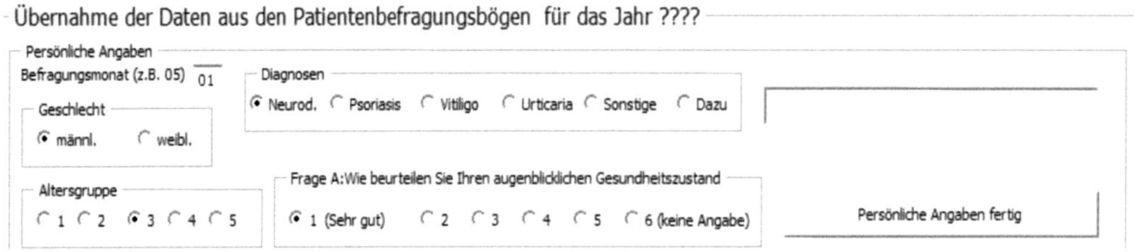

Abb. 34 Der obere Teil des Formulars mit angeklickten Optionen

Schauen Sie auf die aktivierten Optionbuttons und die Monatseingabe im Textfeld.
Die Eintragung im Textfeld rechts außen habe ich gelöscht, weil diese nur zur Schriftart-Einstellung diente. Später setzen wir diese auf o.A.
Ich setze jetzt die Annahme, dass damit alle persönlichen Angaben korrekt seien und mit dem Button [cmdPersKompl] u.a. das verborgene Frame fraFragen wieder angezeigt werden soll. (Haben Sie es nach dem Test wieder auf .visible = False gesetzt? Falls nicht, holen Sie das bitte jetzt nach.)
Damit erhält die Klickprozedur des Buttons [Persönliche Angaben fertig], die Sie mit dblKlick darauf einrichten, die ersten Zeilen wie folgt:

```
Private Sub cmdPersKompl_Click() 'Button Persönliche Angaben fertig
      fraFragen.Visible = True 'Den Fragen-Rahmen einblenden
End Sub
```

Wir werden seine Funktion noch mehrfach erweitern müssen, aber hier können Sie schon mal testen. Geben Sie nach Start nochmals die Daten wie oben ein. Klicken Sie den Button. Wenn das fraFragen angezeigt wird, ist funktionell scheinbar alles in Ordnung. Deshalb folgt hier der zweite Test:
Starten Sie wieder, aber machen Sie keine Eingaben. Klicken Sie den Button und das fraFragen erscheint dennoch, obwohl die persönlichen Eingaben eben nicht fertig sind!
Merken Sie etwas? Hier muss eine Fehlerbehandlung programmiert werden.

Was kann denn vor Klicken des Buttons alles falsch gemacht worden sein?

Vor allem die Nichteingabe einer oder mehrerer Optionen wie

- Keine Monatsangabe eingetragen
- Monatsangabe keine Zahl und oder nicht zwei Zeichen lang
- Keine Diagnose angeklickt
- Sonstige Diagnose angewählt, aber im Textfeld nicht eingetragen
- Keine Altersgruppe angeklickt
- Keine Antwort auf Frage A angeklickt

Wir beginnen in der Reihenfolge oben mit dem Textfeld für die Eingabe des Befragungsmonats:

Beschreibung:
Wenn dafür der Fehler festgestellt wird, soll der User in einer MsgBox eine Meldung zur Korrekturaufforderung erhalten, die Textbox geleert und die Prozedur abgebrochen werden. Das betrifft: Eingabe ist keine Zahl und oder keine zwei Zeichen lang oder größer als 12. Die Variable Meldung haben wir aber bisher noch nicht deklariert und holen das sofort im Kopf von Modul1 als öffentliche Variable nach, denn die wird im ganzen Programm gebraucht. Damit ist im Modul1 oben nachzutragen:

```
'Deklarationen
      Public Meldung As String 'Allg. Meldung für das ganze Programm
```

Nun folgt die Syntax für das **Abfangen der Fehler im Textfeld** für den Monat txtDatBefrag:

```
'Prüfen auf korrekt und vollständig
      If Not IsNumeric(txtDatBefrag.Value) Or Len(txtDatBefrag.Text) <> 2 Then
      Meldung = MsgBox("Falsche oder fehlende Eingabe des Befragungsmonats" _
                       &" Monat zweistellig eingeben!")
      txtDatBefrag.Text = ""  'Textfeld löschen
      txtDatBefrag.SetFocus 'Nach Löschung den Cursor in das Textfeld rücksetzen
         Exit Sub 'Abbrechen wegen Fehleingabe
      End If
```

Testen Sie das mit falschen Eingaben. Erst wenn alles korrekt ist, darf sich der Fragen-Rahmen zeigen.
Sie sehen hier wieder meine Behauptung, dass die Syntax für das Abfangen von Fehlern oft viel umfangreicher ist als die eigentliche Problemlösung, bewiesen.

8.4.1 Diagnosen:

Wir setzen die Fehlerbehandlung für: ‚Keine Diagnose angeklickt' fort.

```
'Diagnosen fehlen, also alle Optionen stehen auf False (kein Button geklickt)
If optNeuro.Value = False And optPsori.Value = False And optViti.Value = False
And _ optUrti.Value = False And optSonst.Value = False Then
Meldung = MsgBox("Keine Diagnose angegeben!", , "Diagnose ist zwingend
anzugeben!?")
Exit Sub
End If
```

Hier ist der Operator And (UND) neu ins Spiel gekommen, der mehrfache Bedingungen verknüpfen kann. Ich denke, dass Sie das jetzt schon ohne meine Erklärung verstehen können. Erklärungen werde ich auch künftig sparsamer einsetzen.
Aber eins noch: Man hätte hier auch eine Schleife nutzen können, um zu untersuchen, ob alle Diagnosen den Wert False haben, aber das heben wir uns für später auf. So geht es auch, es erfordert aber etwas mehr Schreibarbeit.
Das können Sie wieder testen, indem Sie erst keine und dann eine Diagnose klicken.

Es wurde Sonstige angeklickt, aber im Textfeld keine Angabe eingegeben, wie z.B. Akne.

```
'Sonstige Diagnose nicht eingegeben
If optSonst.Value = True And txtSonst.Text = "" Then
Meldung = MsgBox("Bitte Sonstige Diagnose benennen", , "Leider noch nicht
fertig!")
txtSonst.SetFocus 'Fokus in das Textfeld zurück
Exit Sub
End If
```

```
Geschlechtsangabe:
'Geschlecht fehlt
If optWeib.Value = False And optMann.Value = False Then
Meldung = MsgBox("Geschlecht ist zwingend anzugeben!", , "Leider noch nicht
fertig!")
Exit Sub
End If
```
Testen!

8.4.2 Altersgruppe, Geschlecht, Befragungsmonat, Frage A

Und da gibt es wieder eine Neuerung. Betrachten Sie noch einmal die Lösung für die fehlenden Diagnosen. Es wurde etwas umständlich und lang jede fehlende Option einzeln mit einer AND-Verknüpfung geschrieben. Das geht auch eleganter! Mit einer For-Each-Next-Schleife, die Sie schon aus dem Beispiel ‚Investment' kennen.
Die werden wir jetzt in der weiteren Folge mehrfach benutzen. Zuerst werden aber noch die dafür notwendigen Voraussetzungen betrachtet.
Wir benötigen dazu eine Feldvariable (siehe **Anhang A Lektion 4**). Diese soll 19 Werte aufnehmen können. Die Zählung beginnt dabei von Null, also von Null bis 18. Wir nennen dieses eindimensionale Wertefeld Wert(18) und deklarieren es öffentlich im Modul1 als Integer-Feld.

Public Wert(18) As Integer 'Wert der gewählten Option

Zur Erklärung als Beispiel Wert(0) sei 0; Wert(1) sei 6; Wert(2) sei 4; Wert(18) sei 1 usw. Jedes Element des Feldes ist also eine Integer-Zahl (praktisch sind hier aber nur Werte von 1 bis 6, entsprechend Schlüsselzahlen zu erwarten.)

Zudem wird eine Objektvariable für den Option-Button benötigt, die stellvertretend für jeden Option-Button stehen kann. Diese nennen wir opt und deklarieren sie im allgemeinen Modul mit.

Public opt As Control 'OptionButton als öffentliches Objekt Control

Prüfen Sie im Rahmen für die Altersgruppen die Tabindizes der einzelnen Option-Buttons dieser Gruppe. Innerhalb einer derartigen Gruppe beginnt die Zählung der Tabindizes wieder bei null. Die erste Option hier muss also den Tabindex Null haben und folglich die fünfte den Index 4. Falls das bei Ihnen versehentlich nicht so ist, stellen Sie die Ordnung über das Eigenschaftenfenster wieder her. Machen Sie das Gleiche bitte auch in der Gruppe der Antworten auf Frage A, dem fraA.
Man kann damit über den Tabindex eines Option-Buttons einen Wert erzeugen, der die Option abbildet. Der kommt dann in die Tabelle. Hier benutzen wir nur das erste Element des Feldes Wert(0) und später das ganze Feld für die 18 Fragen.
Damit ergibt sich folgende Lösung: Mit einer For-Each-Next-Schleife werden alle Options eines Frames nacheinander durchlaufen. Hat eines den Wert True, ist also geklickt, dann ist der Wert, der in die Tabelle zu übertragen ist, gleich dem Tabindex Plus 1, weil der bei null beginnt. Dieser Wert wird im Feldelement Wert(0) zwischengespeichert und von da in die Tabelle übertragen. Damit entsteht folgende Syntax, die im Sub cmdPersKompl nachzutragen ist:

'Altersgruppe Fehler abfangen
Wert(0) = 0 'Anfangswert als Null setzen, gewählte Option ist noch unbekannt
 For Each opt In fraAlter.Controls 'Für jedes opt im Frame fraAlter
If opt.Value = True Then 'wenn die laufende Option den Wert True hat, also geklickt ist
    Wert(0) = (opt.TabIndex) + 1 'erhält das Feldelement Wert(0) den Wert Tabindex +1
     Exit For 'sobald ein geklicktes opt vorhanden ist, Schleife verlassen
End If
Next opt
'Wenn alle opt durchlaufen sind und keines den Wert True hat, ist keines geklickt
if Wert(0) = 0 Then Meldung = MsgBox("Es wurde keine Altersgruppe gewählt " _
     & "- bitte nachholen!", , "Leider noch nicht fertig!") : Exit Sub

Testen Sie dies für Altersgruppe!

Jetzt als letztes folgt das gleiche Verfahren für die sechs Options im Rahmen der Frage A fraA:

'Frage A Fehler abfangen
Wert(0) = 0 'Anfangswert als Null setzen, keine Option ist gewählt
For Each opt In fraA.Controls 'Für jedes opt im Frame Frage A
If opt.Value = True Then 'wenn die laufende Option True ist, also geklickt
Wert(0) = (opt.TabIndex) + 1 'erhält Feldelement Wert(0) den Wert Tabindex +1
          '*'MsgBox "Ausgewählt: " & Wert(0)
Exit For 'opt mit True ist gefunden, damit Sub fertig
  End If
  Next opt
  If Wert(0) = 0 Then Meldung = MsgBox("Es wurde in Frage A keine Option" _
& „geklickt. Bitte nachholen!", , "Leider noch nicht fertig!") : Exit Sub 'Abbrechen

Die Zwischenspeicherung des gefundenen Wertes im Feldelement Null dient also nur der Feststellung, ob eine Option wirklich angeklickt ist, denn dann ist der Wert darin größer als Null. Wenn er Null ist, ist das das Zeichen, dass keine Option angeklickt wurde, und damit die Veranlassung, den User mit MsgBox zu mahnen, das nachzuholen. Tut er das nicht, kommt er mit dem Button cmdPersKompl nicht zum Ziel.

Wenn Sie alle diese Syntax-Abschnitte in die Programmierung des Buttons cmdPersKompl_Click eingearbeitet und die Deklarationen ebenso übernommen und eingetragen haben, ist die Syntax des Buttons fertig. Jetzt können Sie alles testen, indem Sie starten und in der Laufzeit die Eingaben und Auswahlen realisieren.

Machen Sie bewusst der Reihe nach die Fehler, die weiter vorn genannt wurden, wie eine falsche Monatseingabe als Text, nicht zweistellig, Option nicht angeklickt usw. Ergänzen Sie vorher noch eine Zeile bei der Monatseingabe, an die ich selbst auch erst später gedacht habe, weil trotz zweistelliger Eingabe einer richtigen Zahl auch jemand die Zahlen 13 bis 99 eingeben könnte. So dumm kann man gar nicht denken, aber Vertippen könnte auch dazu führen. Fangen wir auch diesen Fehler ab, wie folgt:
Ergänzen Sie die bisherige Zeile mit

If Not IsNumeric(txtDatBefrag.Value) Or Len(txtDatBefrag.Text) <> 2 Then

mit einer weiteren Oder-Bedingung: Oder wenn die Zahl im Eingabefeld größer als 12 ist, die dann so aussieht:

If Not IsNumeric(txtDatBefrag.Value) Or Len(txtDatBefrag.Text) <> 2 _
Or CInt(txtDatBefrag.Value) > 12 Then

Damit ist auch dieser Fehler abgefangen und der Button erfüllt seinen Zweck, erst den Rahmen mit den 18 Fragen einzublenden, wenn alle persönlichen Angaben richtig und vollständig sind. (Dass ein User bei Monat auch -1, also minus Eins eingeben könnte, ist denkbar. Es wäre schade um den Strom, um das abzufangen!

8.5 Block für die Beantwortung der 18 Fragen

Anschließend erfolgt die Übertragung aller Eingaben in die Tabelle. Dazu dient der Button unter den Fragen [cmdDSFertig], der dann zu klicken ist, wenn man meint, dass alle 18 Fragen richtig bedient sind. Die Eingaben oben wurden schon im Button [cmdPerskompl] geprüft.

Abb. 35 zeigt die Gestaltung des Fragen-Blockes.

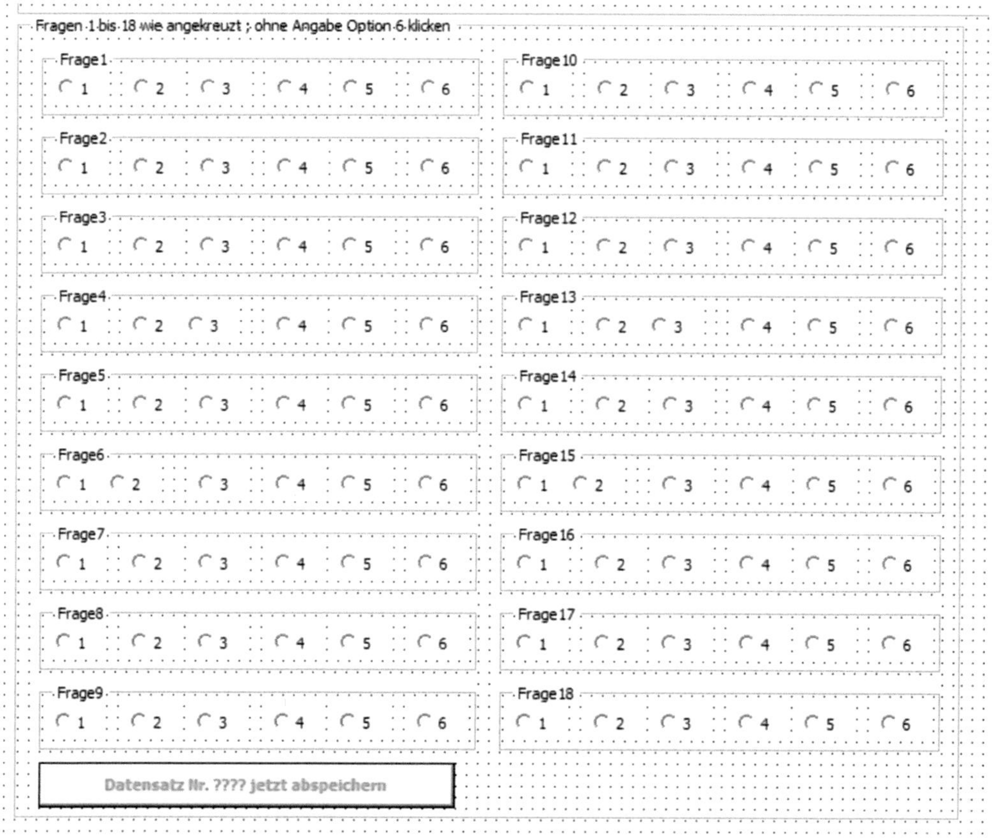

Abb. 35 Der Rahmen fraFragen mit seinen Unter-Frames und Option-Buttons

Damit wird jetzt die Syntax für Eingabe und Prüfung der Antwort-Optionen zu den 18 Fragen in die Klick-Prozedur des grün beschrifteten Buttons eingetragen.
Klicken Sie in der IDE doppelt auf den Button, seine Klickprozedur wird vom System angelegt.
Prüfen Sie in jedem Frage-Frame, ob die Tabreihenfolge der Option-Buttons stimmt. Das erste muss jeweils den Tabindex 0 und das letzte den Tabindex 5 haben. Sollte etwas durcheinander geraten sein, stellen Sie über die Eigenschaftenfenster die richtige Tabreihenfolge wieder her. Das ist zwar eine etwas ermüdende Kleinarbeit, bewahrt aber vor Fehlern, denn die Tabindizes werden zur Wertermittlung benutzt. Sie können dazu das Eigenschaftenfenster am Rahmen mit der Maus anklicken, halten und nach oben ziehen, damit Sie alle Eigenschaften sehen, ohne scrollen zu müssen.

Das, was für die Option-Buttons zu Frage A in ihrem jeweilen Container-Objekt fraA1, fraA2 bis fraA6 geprüft wurde, muss genau so für die 18 Frames in ihrem

Container fraFragen geprüft und ggf. korrigiert werden. Ich habe bereits erklärt, dass der Tabindex immer vom übergeordneten Containerobjekt abhängt und mit 0 beginnt. Damit muss fraF01 im Container fraFragen den Tabindex 0 und fraF18 den Tabindex 17 haben. Da der Button cmdDsFertig auch im Rahmen fraFragen steckt, hat er logisch den Tabindex 18.
Prüfen und korrigieren Sie das.

Im **Video_T1_Vi14** zeige ich Ihnen eine rationelle Methode, um diese Prüfungen und Korrekturen vorzunehmen.

8.6 Button [cmdDsFertig] programmieren

Hier können wir beginnen, den Button [cmdDSFertig] zu programmieren
Für diese Phase müssen wir wieder ein paar Voraussetzungen schaffen, wie z.B. Variable und Werte setzen, die später zur Laufzeit berechnet oder abgerufen werden.
Das sind:

- Eine **allgemeine Objektvariable für ein Frame** nennen wir **fra** und deklarieren:
  Public fra as Object   'Allgemeine Variable für ein Frame-Objekt

- Eine **allgemeine Objektvariable für einen Option-Button** nennen wir **opt** und deklarieren:
  Public opt as Control   'OptionButton als öffentliches Steuerelement

- Eine **Variable Num** brauchen wir für die Kennzeichnung der Fragennummer.
  Diese deklarieren wir in der Prozedur des Buttons [cmdDSFertig], da sie nur in dieser Prozedur benötigt wird. Nachdem auch die Nummer maximal 18 sein kann, reicht der ‚sparsame' Datentyp Byte, der bis 255 geht. Deshalb lautet die Deklaration:
  Dim Num as Byte 'Nummer des fra in fraFragen

- Eine **Boolsche Variable Fundflag** brauchen wir jetzt bald, um zu kennzeichnen, dass ein geklickter Option-Button festgestellt ist. Die Boolschen Variablen haben nur zwei Werte: True (wahr) oder False (falsch = unwahr). In der Prozedur des Buttons deklarieren wir :

-
  Dim FundFlag as Boolean 'Flag für gefunden

  In der nächsten Zeile der Prozedur setzen wir gleich dafür noch den Anfangswert:
  Fundflag = False 'Es kann ja noch nichts gefunden sein

- Die **Datensatznummer** als Variable **DsNr** deklarieren wir zunächst als öffentlich im allgemeinen Modul. Tragen Sie dort ein:

-

Public DsNr as Integer 'Zählvariable für die Datensätze

Nach einer Eingabe muss DsNr jeweils um 1 erhöht werden.
Bei Neustart des Programms wird DsNr als letzte beschriebene Zelle aus Spalte 1 zurückgeholt, aber anders als Sie das aus dem Beispiel ‚Investmentfond' kennen.

Das aktuelle Jahr, Variable **Aktjahr**, holen wir aus dem Systemdatum Date:

Deklaration: Public Aktjahr as Integer 'Jahreszahl für laufendes Jahr

- Eine allgemeine Variable **Jahr** deklarieren wir mit:

-

Public Jahr as Integer 'Jahresangabe für irgendein Jahr
wird später beim Programmstart vom User abgefragt. (Welches Jahr soll bearbeitet werden?)

- Die Variable **Objektname** für irgendein Objekt (Tabelle; Datei) deklarieren:
Public Objektname as String 'Name der zu benutzenden Tabelle z.B. 'DSätze_2015 oder einer Datei

- Die Variable **Aktblatt** für das aktive Tabellenblatt deklarieren:
Public AktBlatt as String 'Name des aktuellen Blattes, das für das Jahr die Daten aufnimmt

- Die Eigenschaft **ActiveSheet,** das derzeit aktive Tabellenblatt der Mappe, kennen Sie bereits.

- **Zählvariable Z** und **J** benutzen wir auf Prozedurebene, sobald sie nötig sind
Dim Z as Integer 'Zählvariable
Dim J as Integer 'Zählvariable

Das ist eine ganze Menge neuer Elemente, von denen Sie aber viele aus der bisherigen Arbeit bereits vom Typ her kennen. Neues erkläre ich bei erster Verwendung.

Die Boolschen Variablen hatte ich schon in Lektion 5 mit genannt, aber noch nicht näher behandelt. Das erfolgt jetzt, weil es gleich praktisch gebraucht wird.

Das **Flag** (Flagge).

Ein Flag wird in der Programmierung benutzt, um darzustellen, dass ein bestimmter Zustand besteht (oder auch nicht), also z.B. dass in einem Frame ein Option-Button angeklickt ist (Flag = True – die Signal-Flagge geht hoch). Ist das gesamte Frame durchlaufen und keine Option angeklickt, bleibt die Flagge unten (Flag ist false). Das ist dann der Abbruch-Grund, um die fehlende Eingabe zu erzwingen. In unserem Beispiel habe ich es als Signal, dass etwas gefunden wurde oder auch nicht, Fundflag benannt.

Auf zwei Dinge möchte ich hier nochmals hinweisen, die ich schon einmal behandelt hatte. (Ich wiederhole mich in voller Absicht oft, um schon Behandeltes bei Ihnen zu festigen.)
Haben Sie bemerkt, dass fast alle Deklarationen als öffentlich im allgemeinen Modul vorgenommen wurden? Ich habe weiter vorn im Buch betont, dass das zunächst bequem ist, aber kein guter Stil. Deshalb muss nach Herstellung der Funktionalität „bereinigt" werden – auch die Art der Deklaration. Ich komme darauf zurück.

Das eindimensionale Feld **Wert(18)** haben wir bereits kennengelernt. Ich habe das Element Wert(0) benutzt, um das Ergebnis einer Auswahl in den Frames für Altersgruppe und Frage A zwischen zu speichern. Am Ende wurde auf
Wert(0) = 0 getestet, als Hinweis, dass kein Option-Button geklickt ist.
Jetzt werden wir das Feld benutzen, um die Werte der Eingaben in die 18 Fragen zwischen zu speichern.
Wenn dann alle Eingaben wirklich fertig und richtig sind, werden Sie aus dem Feld Wert(18) bequem in die Tabelle übertragen.

Zunächst zur Kontrolle aller Eingaben in die Frames der 18 Fragen:

Mit der zu schreibenden Syntax des Buttons cmDsFertig_Click müssen alle 18 Frames nacheinander durchlaufen werden. Sobald ein Frame aktiviert ist, muss dieser wiederum durchlaufen werden, um den angeklickten Option-Button oder eine fehlende Eingabe festzustellen. Fehlt eine, muss die Prozedur abgebrochen werden und der User eine Aufforderung erhalten, das nachzuholen.
Ist eine gefunden (Fundflag = True), muss deren Wert (1 bis 6) festgestellt und in das Feld Wert(18) eingetragen werden.
Diese Konstellation ist

ein klassisches Beispiel für eine verschachtelte Schleife.

In der ersten Schleife werden die 18 Frames im Container fraFragen durchlaufen, das bildet die sogenannte Außenschleife. Wir benutzen die bekannte
For-Each-Next-Schleife und beginnen mit der For-Zeile, schreiben aber weiter unten gleich next fra, um es nicht zu vergessen. Dazwischen kommt dann die Schleifen-Funktionalität:

Bei einem aktuellen Frame angekommen, beginnt die Innenschleife, die einzelnen Option-Buttons dieses Frames zu durchlaufen. Ich habe diese gleich hier mit eingetragen:

```
For Each fra In fraFragen.Controls  'Für jedes Frame im Container fraFragen
                                    'Schleifenfunktionalität der Außenschleife
        For Each opt In fra.Controls  'Für alle Option-Buttons im aktuellen Frame
                                      'Schleifenfunktionalität der Innenschleife
            Next opt 'Ende der Innenschleife
Next fra  'Ende der Außenschleife
```

Hier ein kurzer Halt mit einer interessanten Feststellung:
Bei der Programmierung dieses Abschnitts habe ich selbst eine Überraschung erlebt und Fehler erhalten, obwohl das Prinzip stimmte.
Obwohl in der Syntax der Außenschleife und der Deklaration für die allgemeine Objekt-Variable fra ausdrücklich auf Frames abgezielt war, wurden vom System nicht nur die Frames, sondern auch alle Option-Buttons innerhalb des Containers fraFragen mit einbezogen und das sind erheblich viele (18 mal 6 = 108). Dadurch kam es natürlich zunächst zu Fehlern. Mir wurde klar, dass die Variable fra nicht nur die Frames, sondern alle ‚Unterobjekte' im Container anspricht, einschließlich des Buttons [cmDsFertig] selbst. Es musste also in einem Zwischenschritt erst einmal abgesichert werden, dass es sich um ein Frame-Objekt handelt. Und das geht mittels des Objektnamens. Da in diesem Fall alle Frames im Namen zugleich die Fragennummer mit sich führen, war das eine gute Unterstützung bei der Lösung. In der Syntax der Außenschleife wurde also zunächst das programmiert. Dazu benutzen wir zwei der Zeichenketten-Eigenschaften, nämlich Left und Right.
(Anhang A Lektion 11)
Wir stellen mit der Left-Eigenschaft des Namens fest, ob die ersten drei Zeichen ‚fra' sind: (Hier ist Left nicht die Abstandeigenschaft eines Controls zur linken Seite seines Containers, sondern die Zeichenkettenfunktion ‚Links'!)

```
If Left(fra.Name, 3) = "fra" Then  'Wenn Zeichenkette des Namens links 3 Zeichen
fra sind
```

Und **noch eine Feststellung** habe ich gemacht: Der Durchlauf durch alle Objekte des Containers fraFragen erfolgt nicht der Reihe nach, sondern nach den internen Tab-Indizes im Container fraFragen. Dadurch wird u.a. Frame 2, also fraF02, später behandelt als Frame fraF13.
Man muss also immer auf Name und Nummer des aktuellen Frames achten, egal, wann es vom System dran genommen wurde.

Jetzt holen wir in der nächsten Syntaxzeile gleich noch die Fragennummer heraus (deshalb vorn die Forderung, diese zweistellig zu schreiben). Das machen wir mit der Right-Eigenschaft der Zeichenkette fra.Name, indem wir die zwei letzten Zeichen rechts in den Typ Byte gewandelt in die Variable Num übertragen:

Num = CByte(Right(fra.Name, 2)) 'Num ist (TypByte) rechte Seite des 'aktuellen fra 2 Zeichen; damit hat man die Nummer des fra

Jetzt beginnt die Innenschleife im aktuellen Frame mit der Suche nach einem Option-Button, der geklickt, also true, ist:

If opt.Value = True Then 'Wenn die aktuelle Option den Wert True hat, dann...

Gleich den Wert in das Feld Wert(18) eintragen und dazu die Tabindex-Eigenschaft der gefundenen Option nutzen. (Der Wert ist der Tabindex um 1 erhöht.)

Wert(Num) = (opt.TabIndex) + 1 ' Wert zur aktuellen Frage in das Wert-Feld
                              'eintragen

Jetzt wurde ein geklickter Button gefunden, also setzen Sie hier das Fundflag auf True.

FundFlag = True

Damit ist für das aktuelle fra das Ziel erreicht und die Innenschleife wird mit Exit For vorzeitig beendet.

Für den Fall, dass keine Option true ist, muss dieser Fall im Else-Zweig auch behandelt werden, indem dort das Flag auf False gesetzt wird bzw. auf False bleibt.

Else
 Fundflag = False
Next opt

Wenn alle Optionen im aktuellen Frame durchlaufen sind, ist noch einmal zu prüfen, welchen Wert das Fundflag hat. Wenn kein geklickter Button gefunden wurde, hat es den Wert False. Daraus folgt die Konsequenz, dass die Prozedur abgebrochen werden muss und der User eine Aufforderung bekommt, das nachzuholen.
Nach Next opt sind also folgende Zeilen zu schreiben (Einrücken empfohlen):

 If FundFlag = False Then
 Meldung = MsgBox(„ In Frage „ & Num & „ fehlt die Eingabe! Bitte" _
 & „Eingabe nachholen!")
 Exit Sub 'Abbruch der Prozedur des Button [cmdDsFertig]
 End If 'FundFlag = False

End If 'If Len(.... Darf nicht vergessen werden, das ist das Ende der oben
                'begonnenen Entscheidungssyntax If Len(fra.Name, 3)

171

Unter diesem End If muss noch das Fundflag zurückgesetzt werden, ehe das nächste Frame behandelt wird. Somit steht darunter Next fra und darunter ist die Syntax erst vorläufig fertig, denn es fehlt noch die Übertragung der Werte in die Tabelle.

```
Fundflag = False
Next fra

'hier   Übertragung   aller   Eingaben   in   die   Tabelle   programmieren
'<<<<<<<<<<<<<<<<<<<<<<<<<<<<<<<<<<<<<<<<<<<<<<<<<<<<<<<<
End Sub 'cmdDSFertig_Click
```

Sehen Sie hier bei End sub, welche Prozedur hier endet? Den Anfang haben wir hier nämlich aus den Augen verloren. Erinnern Sie sich an meine diesbezügliche Empfehlung, Anfang und Ende zu kennzeichnen? Sicher doch!
Schreiben Sie noch in der Zeile unter Next fra als vorübergehende Zeile, die Sie später wieder auskommentieren sollten, folgende MsgBox:

```
MsgBox " Alle Fragen durchforstet, keine fehlenden Eingaben mehr"
```

(Dieses Erfolgserlebnis sollte man sich doch gönnen, oder ??)

Wenn Sie wollen, können Sie auch noch kontrollieren, was im Feld Wert(18) angekommen ist, und mit Ihren angeklickten Optionen vergleichen, die Sie sich vorher notieren sollten.
Übernehmen Sie dazu einfach die folgenden Zeilen, die Sie unter next fra einfügen, nach dem Testen aber wieder auskommentieren sollten, wenn alles stimmt:

```
'Feld Wert(18) zur Kontrolle im Direktfenster ausgeben
Dim J As Integer 'Zählvariable einrichten
For J = 0 To 18
Debug.Print " Frage " & J & " hat den Option-Button " & Wert(J) & " aktiv."
Next J
```

Nachdem der Test fertig ist, bleibt das Hauptfenster noch stehen. Sie müssen in die IDE umschalten und im Direktfenster nachschauen. Vergessen Sie nicht, das Direktfenster hin und wieder zu löschen.
Ich erkläre hier die Syntax dieser Kontrollzeilen nicht. Versuchen Sie selbst, das zu interpretieren. Ich erwähne nur so viel, dass es sich um eine For-Next-Schleife mit einer Zählvariablen handelt, die wir im weiteren Buch noch häufig vorfinden werden.

Ehe der letzte Abschnitt programmiert wird, können Sie die Funktion testen. Alle Eingaben müssen hier fehlerfrei fertig sein. Starten Sie und machen Sie bei den

Fragen absichtlich Unterlassungsfehler, indem Sie keine Option anklicken. Die Reaktion ist eindeutig. Die Eingaben im Rahmen der persönlichen Angaben müssen Sie zwar tätigen, aber ohne absichtliche Fehler, denn das haben wir bereits früher getestet und abgeschlossen.

8.7 Übernahme der Eingaben in die Tabelle

8.7.1 Allgemeines Modul 1; Deklarationen; Prozedur Sub Auto_open

Wir realisieren das unter Verwendung der Tabelle DSätze_2021, die wir aus LeerTab erzeugt haben. Wir legen hier fest, dass es das aktuelle Jahr sei, egal, wann Sie das Buch lesen.
Als Vorlauf machen wir jetzt noch das, was ich weiter vorn zu den neuen Variablen ausgeführt habe, und gewinnen zunächst den Wert für das aktuelle Jahr aus dem Betriebssystem.
Die Systemvariable **Date** können wir wie folgt auslesen: Schreiben Sie im Direktfenster
? Date
Sie werden z.B. die Ausgabe 24.02.2021 erhalten, wenn Sie das an diesem Tag machen und wenn Sie die Regionalkonventionen für Deutschland in Ihrem Computer nicht geändert haben. tt.mm.jjjj ist allgemein das Datumsformat. Den Wert für das aktuelle Jahr gewinnen wir ganz einfach mit der Right-Eigenschaft, indem wir uns einfach die letzten vier Stellen von Date, umgewandelt in den Type Integer, zurückgeben lassen und ihn in die Variable **AktJahr** übertragen
Deklarieren Sie zunächst wieder als öffentliche Variable:

Public Aktjahr as Integer 'Das aktuelle Jahr

Den Wert Aktjahr brauchen wir mehrfach im Programm und können ihn sofort beim Programmstart initialisieren und zuweisen. Schreiben Sie im allgemeinen Modul in der Sub Auto_Open als erste Zeilen nach der Sub-Zeile: (Weiter unten müsste noch frmHaupt.Show stehen >> so lassen.)

Aktjahr = Cint(Right(Date, 4)) 'aktuelles Jahr auslesen; Klammersetzung beachten
Debug.Print Aktjahr   'nach Kontrolle wieder auskommentieren

Lassen Sie nur Sub Auto_Open ablaufen und im Direktfenster müssen Sie die aktuelle Jahreszahl vorfinden.

Gleich hier folgt noch die Variable **Jahr.**
Die kann wie Aktjahr sein oder auch abweichen, wenn Sie ein zurückliegendes Jahr bearbeiten wollen, um z.B. die Statistik für das Vorjahr zu erzeugen.
Deklarieren Sie:
Public Jahr as Integer 'Variable für irgendein Jahr

Initialisieren werden wir Jahr, sobald wir es brauchen.

Und die Variable Datensatznummer DsNr deklarieren wir wie folgt als öffentliche:

Public **DsNr** as **Integer** ʻZählvariable für die Datensätze

Hier füge ich jetzt noch etwas Syntax ein, die die letzte Datensatznummer in der Tabelle ermittelt. Dabei gehe ich anders vor als beim Beispiel ‚Investmentfond'. Darin habe ich erläutert, dass es noch eine andere Möglichkeit gibt, um die letzte beschriebene Zeile zu ermitteln. Diese stelle ich Ihnen jetzt vor und vermittle damit wieder neue Kenntnisse zu bestimmten Lösungen mit VBA.

Den Wert für die neue DsNr holen wir aus der Tabelle zurück und benutzen dazu eine Do-While-Loop-Schleife *(sh. Anhang A, Lektion 10)* in einer If-Then-Else-Bedingung.
Ist die Tabelle noch leer, wird DsNr automatisch 1.
Sind aber schon Zeilen drin, muss DsNr ermittelt werden.
Dazu zeige ich Ihnen jetzt die Benutzung dieser Do-While-Next-Schleife.
Wir deklarieren eine Zählvariable Z oben im Kopf der Prozedur Auto_Open und initialisieren diese mit dem Wert 1.

Dim **Z** as **Integer** ʻZeilenzähler
$Z = 1$

Schauen Sie sich die Tabelle an.
Jetzt eine Annahme: Hätten wir bereits 588 Zeilen eingegeben, müsste der nächste Wert DsNr zu 589 mit der Syntax ermittelt werden. Wenn Sie in der Tabelle in Spalte 1 von Zeile 1 an nach unten ‚wandern', kommen Sie zwangsläufig unter Zelle („A588") auf eine leere Zelle. Es ist also zu testen, ob die aktuelle Zelle leer (empty) ist. Sie ahnen es sicher. Wir brauchen eine Funktion, die auf istLeer, also IsEmpty testet. Und da sind wir wieder bei den Is-Funktionen. IsEmpty gibt es selbstverständlich.
Wenn also die Tabelle noch leer ist, ist DsNr gleich 1, also der erste Datensatz.
Damit ist der Else-Zweig nicht mehr auszuführen, denn DsNr ist ermittelt. Sind aber schon Zeilen gefüllt, wird der Else-Zweig wirksam, denn Cells(1,1) ist dann nicht leer.

If Sheets(Aktblatt).Cells(1, 1) = "" Then
   DsNr = 1   ʻZelle(1 ,1) ist leer, also erster Datensatz
Else   ʻhier beginnt die Suche nach dem neuen DsNr mittels Schleife
  Do While Not IsEmpty(Sheets(Aktblatt).Cells(Z, 1)) ʻwenn die aktivierte Zelle
nicht leer ist. Also: Mache, solange nicht leer ist Tabelle(AktBlatt. Zelle(Zeile Z, Spalte1)
 Z = Z + 1 ʻwenn Zelle nicht leer, eine Zeile runter und wieder auf leer prüfen
  Loop

DsNr = Z   'leere Zelle erreicht, das ist die neue DsNr
End If 'Sheets(…

MsgBox "Nächste Datensatz-Nr ist " & DsNr   'wieder auskommentieren

Solange die Bedingung erfüllt ist und die aktuelle Zelle also nicht leer ist, arbeitet die Schleife immer weiter. Aber sobald die leere Zelle erreicht ist, wird die Schleife verlassen und die nächste Anweisung nach Loop ausgeführt. In dem Moment hat Z den gesuchten Wert, der der neuen DsNr entspricht.
Dazu wäre auch noch eine andere Lösung mit der Offset-Methode möglich gewesen. Mit beispielsweise ActiveCell.Offset(Zeile, Spalte) kann man den Cursor von der augenblicklichen aktiven Zelle um eine Anzahl von Zeilen und Spalten weitersetzen.

Mit ActiveCell.Offset(3, 1) wird der Cursor drei Zeilen nach unten und eine Spalte nach rechts versetzt. In unserem obigen Beispiel hätten wir auch schreiben können:

Do While Sheets(Aktblatt).ActiveCell <> ""
        Sheets(Aktblatt).ActiveCell.Offset(1, 0) 'Eine Zeile nach unten, gleiche Spalte
Loop 'Bei der ersten leeren Zelle wird die Schleife verlassen und mit dem Row-Index
DsNr = Sheets(Aktblatt).ActiveCell.Row   'hat man ebenfalls die neue DsNr
Viele Wege führen eben nach Rom.
Das aktuelle Blatt werden wir vorläufig in Auto_Open vorgeben mit
Objektname = „DSätze_2021"
Da wir Aktblatt in der Schleife benutzen, müssen die Festlegung von Objektname und die Zuweisung an die Variable AktJahr oberhalb der Schleife in der Sub Auto_open erfolgen.

Damit ist die Übergabe der Werte an das Tabellenblatt vorbereitet.
Es ist hier das Blatt DSätze_2021. Es ist auch zurzeit das aktive Blatt >> Aktblatt. (Später wird es im Programmlauf einen Wert erhalten.) Schreiben Sie jetzt in die Auto_Open die Zuweisung
Aktblatt = Objektname '<<<<<<<<<<<<<<<<später anders
Den Hinweis mit
 '<<<<<<<<<<<<<<<<<<<<<<<<<<<<<<<<<<<<<<<<<<<<<<<<
kennen Sie noch: Hier ist später etwas zu ändern oder zu ergänzen.
Jetzt wieder eine Neuerung:

8.7.2. Unterprogramme im Modul1 und Programmierung von Buttons

8.7.2.1 Das Unterprogramm InTab()

Wir setzen die Übernahme der Werte in der Sub des Buttons mit einer lakonischen Zeile fort: Call InTab. Die Werteübergabe erfolgt mit einer neuen Sub namens **InTab**, die im allgemeinen Modul untergebracht wird. Das ist neu, denn das hatten wir noch nicht.
Schreiben Sie im Modul 1 Sub InTab und ergänzen Sie wie folgt:

```
Sub InTab()  'Realisiert die Werteübertragung in das Tabellenblatt
             'wird aufgerufen von cmdDsFertig_Click
End Sub
```

Damit ist die neue Sub zu schreiben. Hier ist zu beachten, dass sie nicht im gleichen Modul steht wie die Sub cmdDsFertig_Click. Das zieht nach sich, dass Bezüge auf das Hauptformular immer voll ausgeschrieben werden müssen. Das frmHaupt kann dann nicht weggelassen werden! Wenn das auftritt, komme ich darauf zurück.
Wir beginnen mit dem Eintrag der Datensatznummer DsNr in Zeile 1, Spalte 1 der Tabelle:

```
Sheets(AktBlatt).Cells(DSNr, 1) = DSNr  'Neue Datensatznummer in 1. Leerzeile
```

Wir fügen gleich noch den Befragungsmonat hinzu:

```
Sheets(AktBlatt).Cells(DSNr, 2) = frmHaupt.txtDatBefrag.Value  'Befragungsmon.
```

Hier der erste Fall, in dem die Herkunft der Daten konkret ausgeschrieben werden muss. txtDatBefrag.Value hätte zu einem Fehler geführt, denn das System hätte nicht ‚gewusst‘, in welchem Quelltextbereich (Modul) sich txtDatBefrag befindet.
Testen Sie an dieser Stelle schon einmal, ob das in der Tabelle ankommt. Und siehe da: Beide Werte stehen in der Tabelle DSätze_2021
Nachdem Sie das Prinzip verstanden haben werden, artet es jetzt wieder in Arbeit aus.
Die folgenden Zeilen übertragen den Wert für das Geschlecht:

```
'Geschlecht
    If frmHaupt.FraGeschlecht.optMann = True Then
       Sheets(Aktblatt).Cells(DsNr, 3) = 1
    Else 'kein Mann
       Sheets(Aktblatt).Cells(DsNr, 3) = 2
    End If
```

Ich meine, dass Sie das schon selbst übersetzen können.

Wenn Sie beim Test einen Fehler bekommen haben wie ich, dann prüfen Sie mal im Eigenschaftenfenster den Namen des Frames Geschlecht. Wenn der nicht fraGeschlecht heißt, ist die Fehlerquelle klar. Ich habe vergessen, diesen Namen in den Voreinstellungen zuzuweisen. Einfach nachholen und schon muss es klappen. Sie sehen hieran, dass die Fehlersuche durch Testläufe immens wichtig ist.

8.7.2.2 Übergabe der Diagnosen und der weiteren Werte aus fraPers in die Tabelle

Dazu vorbereitend noch folgende Überlegungen: Wenn keine Hauptdiagnose 1 bis 4, sondern Sonstige, also 5, geklickt ist, muss der User auch den Text im Textfeld mit eingetragen haben. Das kann er aber nicht immer, weil es der Patient nicht angegeben hat. Wir haben festgelegt, dass dann im Textfeld o.A. (ohne Angabe) einzutragen ist. Das können wir vorbereiten, indem es im Textfeld im Entwurf eingetragen wird. Tun Sie das im Formular.
Und dazu noch etwas: Das Textfeld wird nur gebraucht, wenn Sonstige angeklickt wird. Ansonsten kann es unsichtbar sein. Setzen Sie also seine Visible-Eigenschaft im Entwurf auf False. Wenn es dann gebraucht wird, weil die Option Sonstige angeklickt wird, kann mit der Klickprozedur dieses Option-Buttons das Textfeld wieder sichtbar gemacht werden. Dort ist dann zunächst o.A. eingetragen. Gibt es aber eine sonstige Diagnose wie eben Akne, kann o.A. einfach überschrieben werden.
Klicken Sie in der IDE den Option-Button ‚Sonstige' doppelt, so dass seine Klickprozedur angelegt wird. Diese erhält nur eine Zeile und sieht insgesamt so aus:

```
Private Sub optSonst_Click()    'Option Sonstige Diagnose wurde geklickt
If optSonst.Value = True Then txtSonst.Visible = True  'Textfeld Sonst einblenden
End Sub
```

Das war schon eine Ergänzung, die ich unter dem Begriff <u>Optimierung</u> zusammenfasse. Das werden wir sukzessive machen, sogar hier noch einmal.
Jetzt heißt es erst einmal testen!

Nun weiter mit den Diagnosen. Dazu nachstehende Syntax:

```
'Diagnosen
    If frmHaupt.fraPers.optNeuro = True Then Sheets(Aktblatt).Cells(DsNr, 4) = 1
    If frmHaupt.fraPers.optPsori = True Then Sheets(Aktblatt).Cells(DsNr, 4) = 2
    If frmHaupt.fraPers.optViti = True Then Sheets(Aktblatt).Cells(DsNr, 4) = 3
    If frmHaupt.fraPers.optUrti = True Then Sheets(Aktblatt).Cells(DsNr, 4) = 4
'Sonstige Diagnose
If frmHaupt.fraPers.optSonst = True Then
    Sheets(Aktblatt).Cells(DsNr, 4) = 5    'Sonstige Diagnose
Sheets(Aktblatt).Cells(DsNr, 5) = frmHaupt.txtSonst.Text  'Text für Sonstige
```

End If

Ich hätte hier verkürzt schreiben können, habe es aber wieder bewusst nicht getan, damit Sie es sich selbst rücksübersetzen können und die Syntax verstehen. Bei den 18 Fragen mache ich es dann anders.

Testen Sie, ob die richtige Diagnose ankommt und die richtigen Schlüsselzahlen eingetragen wurden. Testen Sie auch mit Sonstige, um den ‚Mechanismus' mit dem Textfeld zu sehen.

Jetzt die Altersgruppe. Da es fünf mögliche Optionen gibt, wenden wir wieder die Ihnen geläufige Schleife an:

```
'Altersgruppe
    'Prüfen, ob eine Option ausgewählt ist, falls ja, über Tabindex eintragen
    For Each opt In frmHaupt.fraAlter.Controls
      If opt.Value = True Then
          Sheets(Aktblatt).Cells(DsNr, 6) = opt.TabIndex + 1
      End If
    Next opt
```

In der Tabelle, Spalte G (7) war geplant, Hinweise des Patienten mit einzugeben. Das wurde verworfen und es wurde ein Extra-Bogen für diesen Zweck entwickelt. Dadurch wurde diese Spalte obsolet. Um aber nicht so viel ändern zu müssen, bleibt diese einfach frei und statt Hinweise tragen wir ein: freie Spalte. Bitte auch in LeerTab durchführen.

In Spalte H (8) kommt jetzt die Antwort auf die Frage A, wieder mit der Schleife:

Ich erinnere an dieser Stelle noch einmal an die Werte-Ermittlung im Rahmen persönliche Eingaben. Den Wert(0) im Feld haben wir zuletzt bei den Optionen zu Frage A benutzt und darin den Rückgabewert abgespeichert. Und dort befindet er sich jetzt noch. Ab Wert(1) folgen die Rückgabewerte aus den 18 Fragen. Bei der Übertragung müssen wir also als erstes den Wert(0) in die Spalte H (8) eintragen und danach alle anderen. Da das jetzt mit Hilfe des Zwischenspeichers, den das Feld Wert(18) realisiert, in einem Rutsch mittels einer Zählschleife erfolgt, ist die Syntax ziemlich einfach. Beachten Sie, dass Feldvariablen immer bei null beginnen. Manchmal wird Wert(0) nicht verwendet, aber wir haben es getan. Da wir horizontal bei Spalte 8 beginnen, gibt es hier einen Versatz von 8. Deshalb verwenden wir nicht Wert(J), sondern Wert(J-8). Hier die Syntax:

```
    'Die 19 Werte eintragen
    'in der Sub oben Variable deklarieren:
    Dim J As Integer
    For J = 8 To 26   'Spalte 8 - Wert(0); Spalte 26 - Wert(18)
        Sheets(AktBlatt).Cells(DSNr, J) = Wert(J - 8)
    Next J
```

Schauen Sie sich das genau an und versuchen Sie, es richtig zu verstehen!

Die erste Zeile ist erfolgreich in die Tabelle übertragen worden. Wenn jetzt eine zweite Eingabe erfolgen würde, müsste das Feld Wert(18) gelöscht werden, um die Daten des nächsten Satzes aufnehmen zu können. Man könnte sich das zwar schenken, weil die neuen Daten die alten überschreiben, aber sicher ist sicher! Die Variable für den Datensatz DsNr erhöht sich um 1.

```
'Altes Wert-Feld löschen für neue Eingabe
     For J = 0 To 18
        Wert(J) = 0
     Next J
```

Neben der Tabelle DSätze_2021 habe ich eine Tabelle aus dem Jahr 2017 mit echten Daten eingefügt. Deren Tabellenname lautet DSätze_2017. Diese werden wir dann für die Verarbeitung der Daten und ihre Ausgabe als Tabellen und Tortendiagramme nutzen. Die Tabelle DSätze 2021, die bisher zur Übung diente, bleibt zunächst zur weiteren Übung drin. Die vordefinierte Variable Aktblatt habe ich hier auch schon eingearbeitet und hoffe, dass Ihre Übungsdatei SpeicherTab.xlsm auch funktioniert hat.

Damit könnten neue Eingaben erfolgen.
An diesem Punkt die Feststellung: Die Dateneingabe ist hier fertig, egal, wie viele Datensätze darin sind.

Ich erinnere noch einmal an die einleitenden Seiten, in denen ich u.a. das EVA-Prinzip jeglicher EDV erläutert habe.
Hier wären wir, wenn die Eingaben aller Befragungsblätter des Jahres fertig wären, auch mit dem **E > Eingaben** fertig. Jetzt könnte die **Phase V >> Verarbeitung** beginnen.
Das wäre in unserem Beispiel die Erzeugung der Tabellen und Diagramme für die Jahresstatistik. Damit sind Verarbeitung und Ausgabe nicht ganz zu trennen. Sie gehen unmittelbar ineinander über.
Ich habe mich hier bezüglich PAP zunächst auf diese Hauptphasen **E V A** beschränkt.
Aber in den Erklärungen zu den syntaktischen Abschnitten habe ich die Fehler-Vermeidung und -Beseitigung schon ausführlich behandelt. Das werde ich auch weiter so machen!
Und noch einmal: Das 'Vorgeplänkel' und die Optimierungen heben wir uns für später auf. Aber jetzt ist es schon etwas später, deshalb machen wir davon schon etwas, nämlich das Startverhalten etwas komfortabler zu gestalten.
Deshalb stoppe ich hier erst einmal den weiteren Ablauf, um Erweiterungen vorzunehmen, die aber auch Umstellungen in den bisher erzeugten Prozeduren erfordern.

8.7.3 Erweiterungen und Umstellungen der Syntax

Was soll erreicht werden und was ist dazu erforderlich?

Wenn das Programm startet, soll der User angeben, welches Jahr er bearbeiten will. Außerdem soll bei Start nicht gleich das Hauptformular erscheinen, sondern ein graues Startfenster, in dem diese Jahresabfrage erfolgen soll. Es ist frmStart zu nennen.
Zudem sollen in eigenständigen Prozeduren zwei Ziele erreicht werden.

- In einer Prozedur des Startformulars sollen statt im Sub Auto_Open die Variable Jahr initialisiert und aus der Jahreseingabe die Variable Objektname erzeugt werden, die in diesem Fall für eine Tabelle stehen soll. In dieser Prozedur soll auch die neue Datensatznummer DsNr ermittelt werden, was bisher in Auto_Open erfolgte.

- Mit einem Unterprogramm ist zu prüfen, ob ein Objekt (Tabelle; Datei) mit einem bestimmten Namen schon existiert.

Damit kann auch die bisherige Auto_Open stark reduziert werden.

8.7.3.1 Das zusätzliche Formular frmStart

Um alles das zu realisieren, fügen Sie in der IDE ein neues Formular ein und nennen es frmStart. Es soll sofort den Bildschirm füllen, also StartUpPosition auf Bildschirmmitte und in die Prozedur Userform-Initialize wieder die Größeneinstellung und Zentrierung wie bisher im frmHaupt. Die Syntax können Sie einfach kopieren und einfügen.
In das neue Formular fügen Sie wieder einen Außenrahmen fraAußen ein. Dessen Caption wird gelöscht. In dem Außenrahmen fügen Sie ein Beschriftungsfeld mit der Caption ein:
Welches Kalenderjahr soll bearbeitet werden?
Stellen Sie Schriftart und -größe auf Tahoma 12 ein. Fügen Sie ein Textfeld darunter ein, geben diesem den Namen txtJahr, stellen die Schriftgröße Tahoma 16 ein und schreiben 2021 hinein und stellen die Textfeldgröße ein. Danach löschen Sie die letzten zwei Stellen. Damit findet der User 20 vor und muss die letzten zwei Ziffern nur noch ergänzen.
Als drittes Control fügen Sie einen Button ein, nennen ihn cmdJahr und beschriften ihn (Caption) mit: ‚Jahr übernehmen'. Schriftart und -größe ist Tahoma 12.

Ordnen Sie alles schön symmetrisch an, dass es etwa der Abb.36 entspricht.
Feinheiten korrigieren wir später.

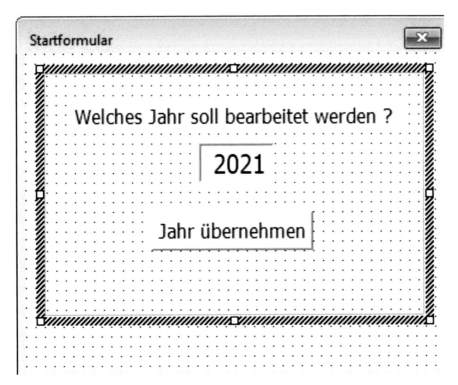

Abb. 36 Das entworfene Startformular

Durch die Größeneinstellung in der Initialize-Prozedur sollte beim Start alles schön symmetrisch und bildschirmfüllend erscheinen. Testen Sie das.

8.7.3.2 Der Button [Jahr übernehmen] im Startfenster

Jetzt ist die Sub des Buttons cmdJahr_click zu schreiben. Klicken Sie im Entwurf wieder doppelt auf den Button, um die leere Sub zu erzeugen.

Private Sub cmdJahr_Click() 'Jahr übernehmen und weitere Funktionen realisieren

Hier kommen neue syntaktische Lösungen.

Um Eingabefehler bei der Jahreseingabe abzufangen, nutzen wir den

On Error Goto – Sprungbefehl.

Bei dessen Verwendung ist vor End Sub der sogenannte Errorhandler zu programmieren. Wir nennen ihn hier beiFehler. Schreiben Sie in der Prozedur unten vor End Sub **beiFehler:** (Doppelpunkt!) und erzeugen Sie eine Leerzeile. Eine derartige Syntax mit Doppelpunkt ist eine **Sprungmarke**. Oben lautet die erste Zeile damit:

On Error GoTo beiFehler   'Bei Fehler springe zur Marke beiFehler

Damit können aber nur grobe Fehler abgefangen werden, wie Text statt Zahl. Andere wie 'Jahr in der Zukunft' müssen noch extra abgefangen werden. Die nächsten zwei Zeilen übernehmen Sie aus der bisherigen Auto_Open und dort kommentieren Sie diese zunächst aus:

Dim Z As Integer 'Zeilenzähler für DsNr-Ermittlung
Z= 1 'Anfangswert

Jetzt folgen die Zeilen

Jahr = CInt(txtJahr.Text)   'Variable Jahr aus dem Textfeld initialisieren

'Jahr in der Zukunft abfangen
If Jahr > Aktjahr Then GoTo beiFehler 'Aktjahr ist aus Auto_Open bekannt

Jetzt wird in der nächsten Zeile der Blattname für die Tabelle gebildet.

Objektname = "DSätze_" & Jahr 'Damit wird Blattname der Tabelle neu belegt

'Mit Aufruf des Unterprogramms Objektsuche prüfen, ob das Blatt existiert

Call Objektsuche   '**Unterprogramm im allgemeinen Modul, das anschließend**
                   '**programmiert wird** <<<<<<<<<<<<<<<<<<<<<<<<<<<<<<

In Sub Objektsuche wird ein **NamFlag** erzeugt, das angibt, ob das gesuchte Objekt existiert.
Die Erklärung dazu erfolgt bei der Programmierung dieses Unterprogramms. NamFlag ist nur true, wenn das gesuchte Objekt existiert. Deshalb geht es dann hier weiter:

'Blatt wird aktiviert; Variable Aktblatt initialisiert
If NamFlag = True Then Aktblatt = Objektname
Die nächsten Zeilen holen Sie aus der bisherigen Sub Auto_Open() und kommentieren diese dort aus.

```vba
'Die Datensatznummer aus der Tabelle holen
    If Sheets(Aktblatt).Cells(1, 1) = "" Then  'wenn Zelle "A1" noch leer ist
        DsNr = 1   'dann ist DsNr = 1, also der erste Datensatz
    Else  'sonst beginnt hier die Ermittlung von DsNr
        Do While Not IsEmpty(Sheets(Aktblatt).Cells(Z, 1))
            Z = Z + 1
        Loop
        DsNr = Z  'Mit der gefundenen Leerzelle ist das letzte Z das DsNr
    End If
    MsgBox "Nächste Datensatz-Nr ist " & DsNr  'MsgBox wieder auskommt.
Else  'NamFlag ist False
    txtJahr.Text = "20"  'Anfangszustand wieder herstellen
    txtJahr.SetFocus     'Neue Eingabe ermöglichen
    Exit Sub
End If 'NamFlag = True

    Unload frmStart 'Startformular entladen, damit Eingabe Jahr zurückgesetzt wird
        frmHaupt.Show 'Hauptformular anzeigen
        Exit Sub    'hier abbrechen, damit die Prozedur, wenn kein Fehler auftrat, nicht
                        'in die Fehlerbehandlung reinläuft
beiFehler:  'das ist die Sprungmarke; die nächste Zeile ist die Fehlerbehandlung
        txtJahr.Text = "20"  'wegen Fehler rücksetzen des Eingabefeldes
End Sub   'cmdJahr_Click
```

8.8.   Weitere Unterprogramme und Buttons programmieren

8.8.1 Das Unterprogramm Objektsuche
(aufgerufen von Sub cmdJahr im Startfenster)

Schreiben Sie im Modul1 oben die Deklaration für das neue Flag.

```vba
Public NamFlag As Boolean  'Flag für Namen eines Objektes ; True wenn existent
```

Schreiben Sie jetzt die Prozedur Objektsuche im Modul1 (Erklärung unten).

```vba
Sub Objektsuche()  'Prüfen, ob ein Objekt existiert > Objektname wurde weiter
'oben gebildet auf Prozedurebene eine Objektvariable Objekt deklarieren und
'NamFlag rücksetzen
Dim Objekt As Object   ,'Zu beachten: Objekt ist die Variable, Object der Typ
    NamFlag = False    'Anfangswert setzen
```

183

```
        'mit Schleife suchen, ob Objekt existiert
      For Each Objekt In ActiveWorkbook.Sheets
         If Objekt.Name = Objektname Then  'wenn Name des aktuellen sheets dem
         'gebildeten z.B. DSätze_2021 entspricht, wird der Then-Zweig ausgeführt
            NamFlag = True   'Flag für gefundenes Objekt
            MsgBox "Gefunden " & Objektname ' wieder auskommentieren
            Exit Sub   'weil gefunden, Prozedur beenden
         End If   '   Object.Name...
      Next Objekt
   'wenn diese Stelle erreicht wird, ist NamFlag noch false, sonst wäre mit Exit Sub
   'schon weiter oben die Prozedur beendet worden und das Namflag wäre true,
   'deshalb jetzt:
      Meldung = MsgBox("Für das eingegebene Jahr " & Jahr & " wurde kein ent" _
      & "sprechendes Objekt gefunden! Wollen Sie ein anderes Jahr eingeben [OK] _
   & "oder Programm beenden [Abbrechen]", vbOKCancel, "Gesuchtes Objekt „ _
   & „nicht vorhanden")   'Diese MsgBox hat die zwei Buttons OK und Abbrechen
      If Meldung = vbCancel Then End 'Ok muss gar nicht mehr ausgewertet werden
   End Sub 'Objektsuche
```

Damit ist das Unterprogramm erzeugt.

Erklärung: In einer For-Each-Schleife werden alle Blätter der aktiven Excel-Mappe durchlaufen und es wird geprüft, ob der Objektname mit der Namen-Eigenschaft des gerade behandelten Objektes übereinstimmt. Sobald das der Fall ist, wird das NamFlag auf True gesetzt und die Prozedur beendet. Wird aber keine Übereinstimmung gefunden, ist nach dem letzten Objekt das Namflag noch false und die Zeilen unter Next Objekt werden noch ausgeführt. Damit erfolgt auch die Mitteilung an den User. Diese MsgBox hat die zwei Buttons [OK] und [Abbrechen]. Es genügt hier, Abbrechen auszuwerten, denn damit wird das Programm komplett beendet.
Falls nicht, geht es hier in der aufrufenden Sub cmdJahr_Click im Startfenster unter Zeile

```
Call Objektsuche
```

weiter.

Wenn nach Testung alles funktioniert, kann die Sub Auto_Open extrem reduziert werden. Weiter unten finden Sie die übrigbleibende Syntax.

Einige kleine ‚Schönheitsoperationen' sind noch notwendig. Sie werden gemerkt haben, dass man beim Hauptformular dazu neigt, nach Eingabe aller Optionen den falschen Button zu klicken, nämlich cmdPersKompl statt cmdDSFertig.

8.8.2 Einen Button (zeitweilig) blockieren

Abhilfe schaffen wir damit, dass wir den Button auf Enabled = False setzen, damit er nicht mehr geklickt werden kann. Natürlich müssen wir ihn bei einer neuen Eingabe wieder zulassen.
Fügen Sie also in der Sub des Buttons [cmdPersKompl] als letzte Zeile vor End Sub ein:

cmdPersKompl.Enabled = False 'Button abblenden um versehentlichen
                            'zweiten Klick zu vermeiden
Er muss aber wieder erlaubt werden, wenn eine Eingabe vollendet ist. Fügen Sie also in der Sub von [cmdDSFertig] ganz unten die Zeile ein:

cmdPersKompl.Enabled = True ' Button wieder zulassen

8.8.3 Der zusätzliche Button [Programm beenden]

Nach den Eingaben im Hauptformular ist bis jetzt kein offizielles Ende programmiert. Wir haben das Programm einfach mit dem Schließkreuz oben rechts „abgewürgt". Deshalb fügen Sie im frmHaupt rechts neben dem Frame fraFragen einen zusätzlichen Button ein, nennen ihn [cmdEnde] und setzen die Caption auf ‚Programm beenden'. Setzen Sie in der IDE DblClick auf den Button > der Prozedurkörper wird angelegt, Hinein kommt eine einzige Zeile, nämlich End.

8.9 Optimierungen im Hauptformular

Im Hauptformular steht als Caption des Außenrahmens fraAußen der Satz mit den vier Fragezeichen am Ende, die für das Jahr stehen. Auch im Button [cmdDSFertig] haben wir die Fragezeichen für die aktuelle Datensatz-Nummer. Beiden können wir jetzt die erweiterte Caption zuweisen, denn an dieser Stelle sind die Variable Jahr und die DsNr schon bekannt. Schreiben Sie diese Zuweisungen der neuen Caption des fraAußen und des Buttons [cmdDSFertig] in die Sub UserForm_Activate. Legen Sie diese an, wenn sie noch nicht vorhanden ist. Nutzen Sie dazu oben rechts das Kombifeld >> Activate.

cmdDSFertig.Caption = "Datensatz Nr. " & DsNr & " jetzt abspeichern"

fraAußen.Caption = "Übernahme der Daten aus den Patientenbefrs.-bögen für" _
& „das Jahr " & Jahr.'Leerzeichen beachten, damit nichts ‚zusammenklebt'.

Schönheitsoperationen beendet >> Führen Sie einen **Test** durch!

Wenn alles gelaufen ist, können Sie Ihre Auto_Open so ‚abspecken':

Das ist von der alten Sub übrig, aber keine Bange, es kommt später wieder vieles dazu.

```
Sub Auto_open()   'Startprozedur
     'Aktuelles Jahr aus System holen
     Aktjahr = CInt(Right(Date, 4)) 'wird später benötigt
     'Startformular anzeigen
     frmStart.Show
End Sub 'Auto_Open
```

So, das war eine ganz gewaltige Umstellung. Aber angesichts des Erkenntnisgewinns und der Schaffung von mehr Komfort hat es sich doch gelohnt?

Jetzt können wir damit fortsetzen, die Daten zu verarbeiten. Wir kommen also zu **V** vom **EVA**-Prinzip. **E** ist damit wirklich abgeschlossen.

Speichern Sie die Datei {SpeicherTab.xlsm} mit diesem Stand ab, schließen Sie diese aber nicht. Speichern Sie jetzt die Datei noch einmal unter einem anderen Namen ab, nämlich {BefragPatient.xlsm}. Damit setzen wir die Arbeit fort.

Noch ein wichtiger Hinweis für den Programm-Teststart:

Sorgen Sie dafür, dass die Sub Auto_Open immer in den Start einbezogen wird.
Wenn Sie mit einer geschlossenen Excel-Datei beginnen, kann nichts passieren, da dann Auto_Open immer automatisch abläuft. Wenn Sie aber Probestarts zum Testen aus der IDE heraus vornehmen, ist das nicht 100% garantiert, obwohl es so sein müsste.
Wenn Sie aus der IDE starten, ist es am besten dass Sie den Cursor in die Datei Auto_open stellen und dann [F5] oder den [grünen Startbutton] klicken. In der Regel wird der Makrodialog geöffnet, indem Sie die Auto_Open markieren und ausführen lassen können.
Bei Teststarts, die Sie direkt mit [F5] oder [grünem Button] starten, kann es auch sein, dass der Start direkt mit der Anzeige eines Formulars vonstattengeht. In diesem Fall wäre Auto_Open nicht abgearbeitet und es treten Fehler auf, weil die Variablen Null, leer oder unbekannt sind. Die prompte Reaktion des Systems ist eine Fehlermeldung und eine gelbe Markierung.

Und noch einmal: Beseitigen Sie die gelbe Markierung erst, wenn Sie die Fehlerursache erschlossen haben, indem Sie oben den quadratischen blauen [Stopp-Button] klicken. Damit setzt das System zurück. Wenn also auf Ihre Klicks mal gar nichts mehr reagiert, denken Sie an den blauen Button.

Die bisherige Funktionalität zeige ich Ihnen im Video_T1_Vi15.

9. Die Eingaben aus der Tabelle heraus verarbeiten (Phase V von EVA)

9.1. Vorbereitungen

Hier sind erst wieder einige Vorüberlegungen entsprechend den Vorgaben des AG notwendig.

Er möchte die Statistik in zwei Varianten sehen, einmal als neue Tabelle und einmal als Tortendiagramm, das aus der neu geschaffenen Tabelle „gespeist" wird.
Die Tabelle soll vertikal die Diagnosen und horizontal die Bewertungen beinhalten.
In den Zeilen für die Bewertungen sollen der absolute Wert und der prozentuale Wert untereinander aufgeführt werden. Sowohl horizontal als auch vertikal sollen eine Gesamt-Spalte und auch eine Gesamt-Zeile eingefügt werden.
Für jede Frage soll ein eigenes Blatt entstehen, das auch ausgedruckt werden kann.
Nach Möglichkeit soll als Abschluss (Phase A von EVA) eine eigenständige, vom Programm unabhängige Datei entstehen, die nicht mehr verändert (manipuliert) werden kann. Nach Möglichkeit soll es eine .pdf-Datei sein.

Damit wäre der PAP wie folgt in zwei Elementen zu präzisieren, wie Abb.37 zeigt.

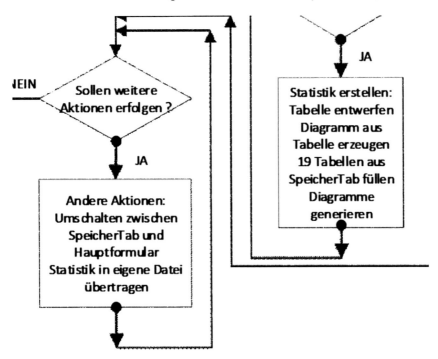

Abb. 37 Ausschnitt aus dem präzisierten Programm-Ablaufplan (PAP)

Da im weiteren Verlauf mehrfach zwischen Tabelle und Hauptformular umgeschaltet werden muss, um Daten anzuschauen, erarbeiten wir diese Lösung noch vor der Phase Verarbeitung. Fügen Sie im Hauptformular einen Button unter
 [Programm beenden] ein und nennen Sie ihn cmdZeigTab. Seine Caption lautet ‚Tabelle anzeigen'.
Es reichen zwei Zeilen in der Sub dieses Buttons.

Sheets(Aktblatt).Activate 'Tabelle aktivieren
frmHaupt.Hide   'Hauptformular verbergen (nicht entladen)

Erzeugen Sie den Button und seine Sub.
Bei der Rückschaltung aus der Tabelle ist es schon etwas komplizierter. Es muss in den Excel-Tabellen das Ereignis <u>Doppelklick in irgendeiner Zelle</u> genutzt werden, um die Rückschaltung zum Hauptformular zu programmieren. Die Ereignisprozedur muss in den Quelltextbereich der Tabelle(n) geschrieben werden. Schauen Sie in die IDE der Datei {BefragPatient.xlsm} und da links oben in den Projektexplorer. Neben den allgemeinen Modul(en), hier Modul1, und den Formularen sind auch die Tabellen zu sehen. In unserem Beispiel sind das jetzt drei: LeerTab, DSätze_2017 und DSätze_2021.
Klicken Sie zunächst im Projektexplorer in LeerTab dblKlick, damit sich der Quelltextbereich öffnet. Tragen Sie über Option Explicit wieder die Modulbezeichnung ein:
‘Modul der Tabelle
Gehen Sie bei den beiden anderen Tabellen analog vor.
In der Tabelle Leertab erzeugen wir die Rückschaltefunktion zum Hauptformular.

Aber wie?

Das habe ich mich damals auch gefragt und habe gesucht, welche Ereignisse es in einer Tabelle (Worksheet-Objekt) gibt. Das ist gar nicht so toll. Schauen Sie in der Hilfe bei Worksheet nach.
Die Anzahl ist gar nicht so groß, aber es springt einen das Ereignis
‚BeforeDoubleClick' an. Also mit einem Doppelklick in die Tabelle müsste ein Ereignis eintreten. Da in der Hilfe kein Beispiel steht, habe ich es wieder in einer „uralten" Excel-Hilfe gefunden. Es muss wie folgt geschrieben werden:

Private Sub Worksheet_BeforeDoubleClick(ByVal Target As Range, Cancel As Boolean)
        frmHaupt.Show
End Sub

Das sieht mit den beiden Argumenten ganz schön kompliziert aus. Aber darum müssen wir uns zunächst nicht kümmern. (Target As Range >> Ziel als Bereich,

Cancel As Boolean **>>** Abbruch als Bool'sche Variable **>>** nur um es zu übersetzen. Es muss damit hier nichts gemacht werden.)
Schreiben Sie im Quelltextbereich (Modul) der Tabelle 'LeerTab' diese dreizeilige Prozedur.
Das ist zunächst schon alles. Übertragen Sie das in die Quelltextbereiche der beiden anderen Tabellen im Projekt.
Mit dem Eintrag in den Quelltextbereich der Tabelle ‚LeerTab' erreichen wir, dass, diese, wenn im weiteren Programmlauf automatisch neue Tabellen erzeugt werden müssen, wie z.B. an jedem Jahresanfang, dann diese Rückschaltefunktion von LeerTab <u>erben</u>.

Testen Sie es ganz normal mit einer Tabelle DSätze, indem Sie einen Teststart durchführen. Machen Sie den aber über:

ENTWICKLERTOOLS > Makros > Auto_Open > Auto_Open [Ausführen].

Das ist deshalb notwendig, weil ggf. nicht die Tabelle, sondern die IDE wieder angezeigt wird.
Im Hauptformular klicken Sie den neuen Button [Tabelle anzeigen] und in der Tabelle setzen Sie den Doppelklick in irgendeine Zelle.
Das Hin- und Her-Schalten sollte funktionieren. Damit haben wir diese Ergänzung kurzfristig realisiert.
Aber es gibt natürlich noch eine andere Möglichkeit, u, diese Rückschaltung zu realisieren – nämlich mittels eines Buttons in der Tabelle.

Wo hat denn die Tabelle einen Button ?

Noch hat sie keinen, aber sie bekommt einen. (Das zeige ich hier schon in Vorbereitung auf das dritte Praxisbeispiel „Briefkorrektur" mit VBA-Word.)

Gehen Sie in die Tabelle DSätze_2017. In der Symbolleiste finden Sie die Gruppe ‚Steuerelemente'. Klicken Sie dort zunächst auf Entwurfsmodus, so dass dieser farbig hinterlegt (markiert) wird. Gehen Sie nach links zum Symbol ‚Einfügen' und klicken Sie das kleine Dreieck. Zwei Gruppen werden angezeigt, nämlich ‚Formularsteuerelemente' und ‚Aktive-X-Steuerelemente'. Beide haben auch die Buttons. Wählen Sie einen aus den Aktive-X-StE aus und gehen Sie in die Tabelle zurück, der Cursor wird zum Kreuz. Ziehen Sie den Button auf und fügen Sie ihn in die Tabelle ein, am besten oben mit in die Zeile1 oberhalb des Textfeldes über den Spalten. Klicken Sie in der Tabelle den neuen Button mit reKlick und wählen Sie ‚Eigenschaften'. Das Eigenschaftenfenster zum Button wird links eingeblendet. Ändern Sie den Namen in ‚cmdZuHaupt' und die Caption in ‚Zurück zum Hauptformular'. Klicken Sie jetzt den Button doppelt und das System schaltet automatisch in den Modul dieser Tabelle um. Dort finden Sie bereits die von mir vorgetragene

Sub Worksheet_BeforeDoubleClick

vor und die leere Sub für den neuen Button ist angelegt. Tragen Sie dort nur ein:

frmHaupt.Show.

Die beiden Subs für das Zurückschalten mittels Doppelklick in eine Zelle oder ein Klick auf den Button in der Tabelle sehen so aus:

```vba
'Modul Leertab , also im Modul der Tabelle Leertab !!!
Option Explicit

'Mit Doppelklick zurück zum frmHaupt

Private Sub Worksheet_BeforeDoubleClick(ByVal Target As Range, Cancel As Boolean)

frmHaupt.Show

End Sub


'Mit Klick auf den Tabellen-Button zurück zum frmHaupt

Private Sub CmdZuHaupt_Click()

frmHaupt.Show

End Sub
```

Jetzt können Sie den Entwurfsmodus für diese Tabelle beenden.

Testen Sie die neue Funktion mit einem Neustart und der Eingabe des Jahres 2017. Wenn es funktioniert und Sie wollen das behalten, machen Sie die gleichen Vorgänge in der ‚LeerTab' und in den anderen Jahrestabellen in dieser Übung.

Zurück zur Phase A von EVA.

9.2. Die Ausgabe-Tabellen entwerfen (Empfangstabellen)

Das ist zunächst wieder reine Excel-Arbeit, aber zumindest mit Zellformeln. Das Programmieren folgt erst damit, dass die Speichertabelle ausgewertet und die Gesamtwerte berechnet werden, die in die „Empfangstabellen" wie hier übertragen werden.

Erzeugen Sie eine Excel-Tabelle, die so aussieht wie in Abb. 38

	Indikation	Ja sehr (1)	Erwartungen übertroffen	gemäß den Erwartungen	unter den Erwartungen	überhaupt nicht (5)	keine Angabe	Gesamt
Frage 1: Wurden Ihre Wünsche und Bedenken während der Behandlung berücksichtigt?								
Neuroderm.								
Psoriasis								
Vitiligo								
Urticaria								
Sonstige								
Gesamt								

Abb.38 Die Tabellen, die die Daten aufnehmen und weiterverarbeiten sollen

Ich habe absichtlich die Zeilen- und Spaltenköpfe sichtbar gelassen. Sie werden bemerken, dass die Linien Rahmenlinien sind. Die Gitternetzlinien von Excel sind ausgeblendet. Sie sehen sicher auch, dass in einer Zeile der Diagnosen zwei Excel-Zeilen untergebracht sind. Die Spalten decken sich mit den Excel-Spalten. Ich habe im Bild die Zeilenbegrenzungen mit blauen Linien wieder sichtbar gemacht. Bei jeder Diagnose und in der Gesamtzeile sollen oben die Zahlenwerte und jeweils darunter die prozentualen Werte stehen.
Die Absicht ist, mittels Programmschritten die Zahlenwerte aus der Speichertabelle auszulesen, dabei über das Jahr aufzusummieren und in die Excelzellen dieser Tabelle(n) einzutragen. Es entstehen damit insgesamt 19 Blätter mit Tabelle und Diagramm. Die Berechnung ist mit Zellformeln zu unterstützen. Sobald für eine Frage (hier im Beispiel Frage 1) alle Werte eingetragen sind, soll aus den Spalten ein Tortendiagramm (Kreisdiagramm) gemäß Abb. 39 erzeugt werden.

Die Berechnungen innerhalb der Tabelle(n) für die einzelnen Fragen sollen Excel-typisch mittels Zellformeln erfolgen. Damit muss die Programmierung nicht belastet werden, denn das muss vom „Rechenkünstler" Excel erwartet werden. Ich werde deshalb in diesem Fall die Zellformeln erläutern.

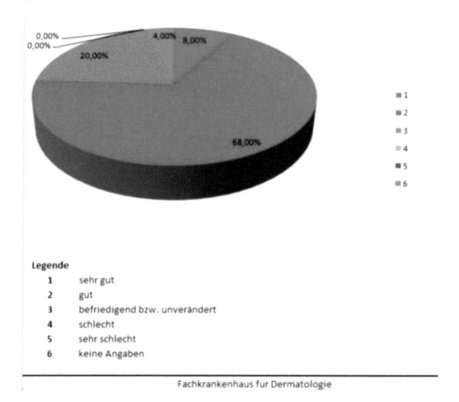

Abb. 39 Kreisdiagramm für eine Frage aus dem Fragespektrum

Die nächste Abb.40 zeigt die Tabelle für die Frage A mit Werten und Prozenten.

Natürlich sind 25 Datensätze nicht gerade repräsentativ, aber für das Prinzip reicht das aus.

Frage A: Wie beurteilen Sie Ihren aktuellen Gesundheitszustand?

Indikation	sehr gut (1)	gut	befriedigend	schlecht	sehr schlecht (5)	keine Angabe	Gesamt
Neuroderm.	1	15	1	0	0	1	18
	5,56%	83,33%	5,56%	0,00%	0,00%	5,56%	72,00%
Psoriasis	0	1	1	0	0	0	2
	0,00%	50,00%	50,00%	0,00%	0,00%	0,00%	8,00%
Vitiligo	0	1	0	0	0	0	1
	0,00%	100,00%	0,00%	0,00%	0,00%	0,00%	4,00%
Urticaria	1	0	0	0	0	0	1
	100,00%	0,00%	0,00%	0,00%	0,00%	0,00%	4,00%
Sonstige	0	0	3	0	0	0	3
	0,00%	0,00%	100,00%	0,00%	0,00%	0,00%	12,00%
Gesamt	2	17	5	0	0	1	25
	8,00%	68,00%	20,00%	0,00%	0,00%	4,00%	

Abb. 40 Eine Tabelle (Frage A) mit einprogrammierten Werten und Berechnungen

In dieser Tabelle zu Frage A sehen Sie, dass zu jeder Diagnose (Indikation) angegeben ist, wie viele Patienten mit dieser Diagnose die Frage mit Sehr gut, Gut usw. bis Gar nicht beantwortet haben. Alle Patienten dieser Diagnose sind horizontal addiert in der Gesamtspalte angegeben. Das ist bei jeder Indikation so. Vertikal ist dann jeweils addiert, wie viele Patienten aller Indikationen mit Sehr gut, Gut bis eben wieder Gar nicht bewertet haben. Die vertikalen Werte sind wiederum in der untersten Gesamtzeile zusammengeführt. Damit müssen Gesamt-Vertikal und Gesamt-Horizontal in Zelle „H15" den gleichen Wert ergeben. Das ist gleichzeitig die Probe auf die richtige Auswertung.
Die Prozentwerte ergeben sich jeweils aus dem Wert der aktuellen Zahl in einer Spalte dividiert durch den Wert in der letzten Spalte (H). Die Prozentausgabe ist durch Formatierung der Zelle im Prozentformat leicht einstellbar.

Die grundsätzliche Gestaltung und Wirkungsweise aller 19 Tabellen ist die gleiche. Entsprechend der Fragestellung sind aber die Antworten in den Kopfzeilen und damit die Legenden bei den Diagrammen unterschiedlich (2 Varianten).
Der Clou besteht darin, dass die Funktionalität eines derartigen Statistikblattes nur einmal erzeugt werden muss. Die anderen 18 können durch Kopieren erzeugt werden. Bei diesen müssen nur die Beschriftungen angepasst werden.

Ein interessanter Aspekt:
Wenn in einem solchen Blatt, das alle absoluten Werte enthält und aus dem das Diagramm erzeugt ist, alle Werte wieder gelöscht werden, dann fällt zwar das Diagramm in sich zusammen und es sieht so aus wie in Abb.41 (Pfeil) und

alle Summen und Prozentwerte werden logischerweise Null.

Frage 1: Wurden Ihre Wünsche und Bedenken während der Behandlung berücksichtigt?

Indikation	Ja sehr (1)	Erwartungen übertroffen	gemäß den Erwartungen	unter den Erwartungen	überhaupt nicht (5)	keine Angabe	Gesamt
Neuroderm.							
	0,00%	0,00%	0,00%	0,00%	0,00%	0,00%	0,00%
Psoriasis							
	0,00%	0,00%	0,00%	0,00%	0,00%	0,00%	0,00%
Vitiligo						0	
	0,00%	0,00%	0,00%	0,00%	0,00%	0,00%	0,00%
Urticaria							
	0,00%	0,00%	0,00%	0,00%	0,00%	0,00%	0,00%
Sonstige							
	0,00%	0,00%	0,00%	0,00%	0,00%	0,00%	0,00%
Gesamt	0	0	0	0	0	0	0
	0,00%	0,00%	0,00%	0,00%	0,00%	0,00%	

Diagramm 1

0,00%

Diagrammbereich

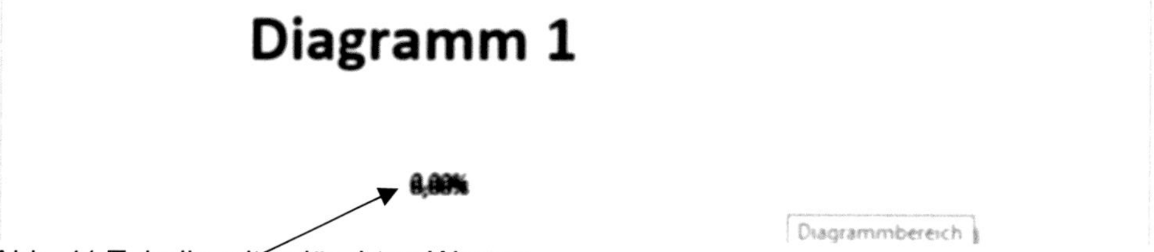

Abb. 41 Tabelle mit gelöschten Werten

Setzt man aber in die Zellen wieder absolute Werte ein, steht das Diagramm, das hier drin steckt, wieder auf wie "Phönix aus der Asche"
und zwar mit den neuen Werten. Ich werde das wiederum in einem Video zeigen.
Damit ist klar, dass die Blätter im Programm bei jeder neuen Statistik wiederverwendet werden können. Am Ende müssen diese nur irgendwie in eine andere Datei (Statistik Jahr) kopiert werden, damit die Statistikblätter hier im Programm verfügbar bleiben.
Eine tolle Sache, oder?

9.2.1 Zellenformeln in den Empfangs-Tabellen

Als Empfangs-Tabellen bezeichne ich hier die gerade beschriebenen Tabellen, die durch die Programmierung aus der Speichertabelle heraus ihre Werte erhalten. Vorbereitend werden Zellenformeln in diesen Tabellen eingetragen.

Wenn Sie die Tabelle so erstellt haben wie in Abb. 40, dann tragen Sie in Spalte H für die Wertezeile jeder Indikation und für die Zeile mit den Gesamtwerten die Summenformel immer für die Werte von B bis G (horizontal) ein, z.B. in Zelle H5 die Formel

= Summe(B5:G5) Die Tabellenformeln beginnen immer mit dem Zuweisungsoperator **=**

Man könnte auch hier übersetzen: Der aktuellen Zelle wird zugewiesen >> Summe(

Erzeugen Sie dann in Zeile 15 in den Spalten B bis G die Additionen der Zellen in den Zeilen 5,7,9,11,13, also z.B. in Zelle B15

=B5+B7+B9+B11+B13

Erzeugen Sie dann eine Mehrfachmarkierung (Ctrl-Taste halten) in den Zeilen 6, 8, 10, 12, 14 und 16 von den Spalten B bis H.

Machen Sie dann einen reKlick (rechte Maustaste) irgendwo in die Mehrfachmarkierung und klicken im Drop-Down-Menü auf ‚Zellen formatieren'.

Wählen Sie im Register ‚Zahlen' die Option Prozent. Damit sind die Zellen vorformatiert, noch ehe Formeln und Daten eingetragen werden.

Beginnen Sie in Zelle „B6" mit der Formel

=B5/H5   (also B5 dividiert durch H5)

Damit ist vorbereitet, dass hier Prozentangaben erfolgen. In den darunter liegenden Zeilen müssen Sie nicht alles neu erzeugen. Kopieren Sie einfach die Formel in „B6", machen eine Mehrfachmarkierung der Zellen in den Zeilen 8,10,12,14 und 16, klicken mit der rechten Maustaste in die Markierung und wählen Einfügen. Im Drop-Down-Einfügen-Menü wählen Sie die dritte Option ‚Formeln'.

Machen Sie das in den restlichen Spalten ebenso.

Damit ist die Tabelle für den Datenempfang vorbereitet. Wenn Sie wollen, können Sie irgendwelche Phantasiewerte eingeben, um die Reaktionen von Excel zu beobachten. Löschen Sie nach dem Test die Phantasiewerte wieder heraus.

Tragen Sie die Werte aus Abb. 40 von Spalte B bis G in die Wertezeilen Ihrer Tabelle ein und beobachten Sie, ob in Spalte H die richtigen Summen und in den Zeilen mit den Prozenten die richtigen Werte erscheinen.

Wenn das so ist, kann jetzt auf einfache Weise das Kreisdiagramm daraus erzeugt werden. Markieren Sie in Zeile 15 die Werte von B bis G bei gehaltener linker Maustaste.

Es müssen alle Zellen der Zeile von B bis G markiert sein. Führen Sie dann folgende Aktion durch:

EINFÜGEN > Diagramm > Kreisdiagramm in der Mitte auswählen und klicken.

(Sie haben mehrere Optionen für Kreisdiagramme zur Auswahl. Wählen Sie ein Diagramm, das die Prozentangaben mit ausgibt. Experimentieren Sie mit den verschieden Diagrammarten.) Das Beispiel ist zwar etwas mager, da nur 25 Werte zugrunde liegen, aber für das Prinzip ist das ausreichend. In der Praxis des Fachkrankenhauses entstehen jährlich über 500 bis tausend Werte. Sh. Tabelle DSätze_2017.
Im *Video_T1_Vi16* zeige ich die wichtigsten Vorgänge und Voraussetzungen, die bisher im Abschnitt 9. behandelt wurden.
Abschließend zu diesem Thema gebe ich noch den Hinweis, dass Sie zwei unterschiedliche Empfangstabellen erzeugen müssen, die dann durch Kopieren vervielfältigt werden. Diese unterscheiden sich aber nur durch die Legenden zu den Diagrammen, resultierend aus den unterschiedlichen Antworten auf die insgesamt 19 Fragen der Befragungsbögen. An der entscheidenden Stelle weise ich noch einmal darauf hin.

9.2.2   Alle Empfangstabellen erzeugen und benennen

Die erste Empfangstabelle für Frage A benennen wir mit AWA (Antwort A), die anderen jeweils AW1 bis AW18.
Erzeugen Sie im laufenden Projekt eine leere Tabelle durch Anklicken des Pluszeichens rechts im Tabellenregister. Benennen Sie diese sofort in AWA um. Ziehen Sie die Größe der Registerkarte so schmal, dass gerade AWA hineinpasst, denn wir brauchen Platz für 19 Tabellen. Gestalten Sie AWA wie in Abb. 40 mit Phantasiewerten und allen Zellenformeln und Formatierungen sowie Rahmen wie beschrieben und im Video gezeigt.
Zunächst zu dieser Tabelle AWA.
Diese hat als Antworten die Werte von ‚Sehr gut' ‚Gut' über ‚Sehr schlecht' bis ‚Keine Angabe'. Diese Gestaltung haben die Tabellen A, 2, 4,6,7,8,10,13,15 und 16
Schauen Sie sich dazu bitte nochmals die Abb. 40 an.
Wenn alles funktioniert, vervielfältigen Sie Tabelle AWA wie folgt insgesamt 9 Mal:

reKlick in die Registerkarte von AWA > Kontextmenü ‚Verschieben und Kopieren' wählen > Checkbox ‚Kopie Erstellen' anhaken und > Zeile ‚Ans Ende stellen' anklicken

Am Ende erscheint die Tabelle ‚AWA (2), die Sie sofort in AW1 umbenennen. Wiederholen Sie den Vorgang für 4 bis 16 in der oben genannten Abfolge.

Die andere Variante zeigt Abb. 42 anhand der Tabelle 1 (AW1).

Für diese können Sie auch eine Kopie von AWA verwenden, müssen aber dann erst alle Änderungen vornehmen, damit sie schlussendlich inhaltlich so aussieht wie in Abb. 42.

Wenn Sie die Beschriftungen in den Kopfzeilen vornehmen, müssen Sie ggf. die Größen der Spalten ändern, damit alles hineinpasst. Selbst Verkleinern der Schrift oder Veränderung der Seitenränder ist manchmal nötig. Entscheidend ist, dass alles auf eine Seitenbreite angepasst wird. Das ist manchmal ein ziemliches Gefummel, aber machbar. Orientieren Sie sich einfach an den Abbildungen 40 und 42.

Nachdem diese aus AWA kopierte und veränderte Tabelle funktioniert, benennen Sie diese von AWA (2) in AW1 um. Aus AW1 kopieren Sie dann von 3 bis 18 die unter Abb. 43 angegebenen Tabellen. Benennen Sie diese entsprechend und ordnen Sie im Blattregister alles schön der Reihe nach von AWA über AW1 bis AW18. Diese befinden sich jetzt im gleichen Registerbereich wie die Speichertabellen.

Frage 1: Wurden Ihre Wünsche und Bedenken während der Behandlung berücksichtigt?

Indikation	Ja sehr (1)	Erwartungen übertroffen	gemäß den Erwartungen	unter den Erwartungen	überhaupt nicht (5)	keine Angabe	Gesamt
Neuroderm.	5	6	3	12	14	2	42
	11,90%	14,29%	7,14%	28,57%	33,33%	4,76%	11,38%
Psoriasis	4	13	22	4	35	23	101
	3,96%	12,87%	21,78%	3,96%	34,65%	22,77%	27,37%
Vitiligo	22	35	6	4	1	0	68
	32,35%	51,47%	8,82%	5,88%	1,47%	0,00%	18,43%
Urticaria	15	40	27	10	4	1	97
	15,46%	41,24%	27,84%	10,31%	4,12%	1,03%	26,29%
Sonstige	12	25	13	8	2	1	61
	19,67%	40,98%	21,31%	13,11%	3,28%	1,64%	16,53%
Gesamt	58	119	71	38	56	27	369
	15,72%	32,25%	19,24%	10,30%	15,18%	7,32%	

Abb. 42 Die zweite Tabellenart für Empfangstabellen (1,3,5,9,11,12,14,17,18)

Ordnen Sie nach den Vorbereitungen die Tabellen AWA, AW1 bis AW18 im Tabellenregister der Reihe nach an. Damit haben Sie Ihren internen Tabellenindex von 1 bis 19. Z.B. hat dann Tabelle AWA den Index Sheets(1). Die Speichertabellen ordnen Sie rechts dahinter an, so dass die neueste rechts von Tabelle AW18 steht und LeerTab am Ende rechts.

Der untere Teil Ihres Projektfensters im Tabellenbereich sollte so aussehen, wie in Abb. 43 dargestellt, nur dass bei Ihnen weniger Jahres-Speichertabellen vorhanden sind.

Abb. 43 Der Tabellenbereich mit den Empfangstabellen und Speichertabellen

Damit haben Sie Ihr Projekt in reiner Excel-Arbeit bereit gemacht, um die Werteverarbeitung zu realisieren. Es beginnt wieder Programmierarbeit.

9.3   Werteverarbeitung

9.3 .1 Vorbetrachtungen zur Werteverarbeitung

Schauen Sie sich nochmals die Speichertabelle DSätze_2017 an und vergleichen Sie die Kategorien mit denen der Empfangstabellen. Sie werden feststellen, dass einige Kategorien in den Empfangstabellen gar nicht erscheinen, wie z.B. Befragungsmonat, Geschlecht und Altersgruppe. In der Präzisierung mit dem AG wurde klar, dass diese die Statistik aufblähen und wenig Informationszuwachs bedeuten würden. Dadurch wurde erreicht, dass eine Beschränkung auf die 5 Diagnose-Kategorien und das Antwortspektrum von 1 bis 6 die erforderlichen Informationen hinreichend bereitstellt.
Da die Kategorien aber in der Speichertabelle miterfasst sind, kann mittels der Funktion
[Tabelle anzeigen]
im Einzelfall dort für bestimmte Informationen nachgesehen werden.
Durch diese Präzisierung reduzierte sich der Programmieraufwand (und damit die Kosten für den AG) entscheidend.

Um die Werte aus der Speichertabelle aufzusummieren und in die Empfangstabelle(n) zu übertragen, ist folgende Vorgehensweise erforderlich.
Die Speicher-Tabelle ist zeilenweise zu durchlaufen. Um z.B. zunächst die Werte für die Patienten mit Neurodermitis zu ermitteln, ist zu testen, ob in der Spalte 4 (D) ein Wert = 1 vorliegt. Für diesen Fall kann gleich in den empfangenden Zellen der Wert hochgezählt werden. Für die jeweils aktuelle Zeile der Speichertabelle ist die Bewertungs-Schlüsselzahl in der zugehörigen Zelle der Empfangstabelle hochzuzählen. Das geschieht immer so, dass

Neuer Wert = (Alter Wert) +1

zugewiesen wird.
Nehmen wir wieder das praktische Beispiel in der Speichertabelle DSätze_2017.
Beim Durchlauf vom ersten bis zum letzten Datensatz wird für Diagnose mit der Schlüsselzahl 1 (Neurodermitis) gleich im ersten Datensatz ein ‚Treffer' erzielt.
Damit müssen die zugehörigen Werte in **allen** Empfangstabellen hochgezählt werden.
Also bekommt Tabelle AWA in Zeile 5, Spalte 3 folgendes zugewiesen:

Neuer Wert = Alter Wert (hier Null) +1, (Alter Eintrag natürlich Null, erste Zeile)

also den Eintrag 1

Spalte AW1 hat ebenfalls den Schlüssel 2, demzufolge analog in Empfangstabelle AW1, Zeile 5 Spalte 3 >> 0+1 also 1.

Spalte AW2 hat den Schlüssel 1 also In Tabelle AW2 Zeile 5 Spalte 2 0+1 also 1 In dieser Weise geht es weiter bis zur Spalte AW18.

Der erste Treffer sei abgearbeitet, das Programm sucht in der SpeicherTab Spalte 4 weiter nach Eintrag 1 und erhält in Zeile 3 den nächsten Treffer. Dieser wird wie folgt übertragen:

AWA Spalte hat in SpeicherTab Wert 2 >> Empfangstabelle AWA Zeile 5 Spalte 3

Alter Wert: 1 >> Neuer Wert = 1+1 = 2

AW1-Spalte hat in SpeicherTab Wert 1 >> Empfangstabelle AW1 Zeile 5 Spalte 2

Alter Wert: 1 >> neuer Wert 1+1 = 2

In dieser Weise werden im ersten Durchlauf für Diagnose 1 alle Werte in dieser Weise übertragen und hochgezählt. Wenn der letzte Datensatz ausgewertet ist, steht in der Empfangstabelle, Spalte 8 zugleich die Summe aller Neurodermitis-Patienten, die an der Befragung teilgenommen haben, denn die Summenformel wurde bereits beim Entwurf der Tabelle in Spalte 8 erzeugt.

Wenn die erste Diagnose ausgewertet ist, geht es analog weiter für Schlüsselzahl 2 in Spalte 4 (Psoriasis) der Speichertabelle. Auf diese Weise werden alle Werte jeweils in alle 19 Empfangstabellen übertragen und hochgezählt. Automatisch wird fortlaufend mit der Veränderung der Werte auch das jeweilige Diagramm aktualisiert.

Sie erkennen sicher schon hier, dass die Gesamtlaufdauer des Programms ziemlich lang sein wird. Bei dem von mir benutzten PC war bei 500 bis 1000 Befragungen eine Rechenzeit zwischen 10 und 15 Minuten notwendig. Deshalb muss der User beim Start der Auswertung eine Meldung erhalten, dass es etwa 15 Minuten dauern wird. Da kann er etwas anderes tun und das Programm arbeiten lassen.
Übrigens: Bei der VB-Variante im Teil 2 des Buches werden Sie sehen, dass das bei VB viel schneller geht. Was bei VBA Minuten dauert, läuft dort in Sekunden ab. Sie dürfen gespannt sein.

9.3.2   Die programmiertechnische Umsetzung

Es muss einen definierten Start geben, deshalb braucht es zwei neue Buttons: erstens einen mit der Caption [Die Daten statistisch auswerten] und dem Namen cmdStatistik und zweitens einen mit Caption [Die Statistik anzeigen] und dem Namen cmdZeig.

Die bauen wir zunächst in das Hauptformular ein. Dazu muss ggf. der Außenrahmen fraAußen etwas nach rechts vergrößert werden, um den Button mit der langen Caption einzeilig einrichten zu können.
Wenn die Statistik fertig erstellt ist, soll das im Programm gemeldet werden können. Dazu wird wieder ein Flag eingesetzt. Nennen Sie es StatistFlag. Es soll true werden, wenn die Syntax des Buttons [cmdStatistik] komplett fehlerfrei abgearbeitet wurde. Deklarieren Sie im Modul1

Public StatistFlag as Boolean   'True Zeigt an, dass die Statistik erzeugt wurde
Die Programmierung des Buttons [cmdStatistik] hat es in sich.

9.3.2.1 Die Programmierung des Statistik-Buttons

Mit den oben erläuterten Vorbetrachtungen wird jetzt konkretisiert. Das Programm muss zuerst die Speichertabelle von der ersten bis zur letzten Zeile durchlaufen. Danach müssen die Empfangstabellen von 1 bis 19 durchlaufen werden, um das Ziel der Datenübergabe zu realisieren, und drittens müssen darin alle Diagnosen von 1 bis 5 durchlaufen werden.

Die Anzahl der Datensätze ist bekannt (DsNr), die Anzahl der Empfangstabellen (19) auch und ebenso die Anzahl der Diagnosen (5).
(Empfangstabellen kürze ich ab sofort mit **E-Tab** und Speichertabellen mit **SpeiTab** ab.)

Schauen Sie nochmals in die beiden Tabellenarten SpeiTab, hier DSätze_2017 und die E-Tabs.

Wenn in der SpeiTab die einzelnen Spalten für die Antworten durchlaufen werden müssen, beginnt die Zählung nicht bei 1, sondern bei 8. Sie geht auch nicht bis 19, sondern bis 26. Dieser Versatz ist zu beachten! Ähnlich ist es bei den E-Tabs. Hier beginnen die Einträge nicht in Zeile 1, sondern in Zeile 5. D.h. auch hier besteht ein Versatz. Zudem gibt es hier, wenn eine Diagnose abgearbeitet ist, einen Sprung zur übernächsten Zeile 7, weil in Zeile 6 die Prozentwerte zu Zeile 5 stehen.
Deshalb muss der Zeilenindex in den E-Tabs mit 5 beginnen und mit 7,9,11,13 fortgesetzt werden. Das verkompliziert die Programmierung etwas. Versuchen Sie, die Darlegungen der Programmierschritte zu verstehen, ehe Sie diese in Ihr Übungsprojekt übernehmen.

Als Lösung lässt sich eine Konstruktion von drei verschachtelten Zählschleifen programmieren. Dazu benötigt man zusätzliche Variablen auf Prozedurebene des Buttons, die kurze Bezeichnungen bekommen sollen, um nicht so viel schreiben zu müssen.

Das sollen sein: (Ich schreibe es gleich als Deklarationszeilen.)

```
Dim I As Integer  'Hier Datensatznummer von 1 bis DSNr
Dim S As Integer  'Hier die Spalten 8–26 in DS-Tab (die einzelnen AW-Spalten)
Dim J As Byte     'Hier die Spalten 2 – 7 in den Empfangs-Tabellen
Dim D As Integer  'Hier der Diagnoseschlüssel von 1 bis 5
Dim W As Integer  'Hier der Wert von 1 bis 6 der Eingabe-Optionen
Dim Z As Integer  'Zeilensprungnummer der aktuellen Zeile in den AW-
                  'Tabellen  5,7,9,11,13
```

Erzeugen Sie die Klick-Prozedur des Buttons [cmdStatistik] und tragen Sie diese Deklarationszeilen im Prozedurkopf ein.

Die alten Werte in Variablen sollten gelöscht sein, ehe man neu berechnet. Aber das holen wir nach, wenn die Hauptfunktionalität erzeugt ist und fehlerfrei läuft. Ich hatte das an früherer Stelle als Optimierung bezeichnet, die wir uns für später aufheben wollen.

9.3.2.2 Anlegen der Schleifenstrukturen

<u>Vorbemerkung:</u> Zur besseren Verständlichkeit bezeichne ich hier die Bewertungen, die die Patienten durch die Auswahl der Option-Buttons vornehmen, mit **Note**, also den Noten 1 bis 6, wovon 6 ‚keine Angabe' ausweist.
Die Erläuterungen zur Syntax schreibe ich hier als Kommentare, damit die Quelltextzeilen nicht auseinander gerissen werden. Lesen Sie alles durch und versuchen Sie, es zu verstehen. An einigen Stellen wird es knifflig, aber es muss verstanden sein!

```
'Alle Zeilen der SpeiTab durchlaufen Die SpeiTab ist Aktblatt
'Nicht zu verwechseln mit ActiveSheet. – das werden nacheinander die
'E-Tabellen. Aktblatt ist die Variable für den Namen der SpeiTab

For I = 1 To DsNr 'Außenschleife > Ende der Außenschleife Next I nicht
vergessen.

        'Alle Blätter (AW-Tabellen) durchlaufen (mittlere Schleife bis Next A)
        For A = 1 To 19
            'Empfangstabelle aktivieren Für A = 1 ist es das Blatt AWA
            Sheets(A).Activate   'E-Tab(1) also AWA aktivieren
            S = A + 7 'Spalte in DSätze ist jeweils um 7 Spalten versetzt
            'Bei A = 1 ist S = 8 Bei A = 2 ist S = 9 Bei A = 4 ist S = 11 usw.
            Z = 5   'erste Zeile in der Empfangstabelle  gesetzt

             For D = 1 To 5  'Diagnosen durchlaufen >> Innenschleife
            'In der Innenschleife erfolgen die eigentlichen Wertberechnungen
```

'und Zuweisungen. Bei D= 1 wird nach Wert 1 in der Speichertab Spalte4 gesucht
'Damit für I = 1 >> erste Zeile SpeiTab; A = 1 >> erste E-Tab '(AWA);
'S ist (A+7) also Spalte 8 in SpeiTab D ist 1 >> Note 1

```
    If Sheets(AktBlatt).Cells(I, 4) = D And Sheets(AktBlatt).Cells(I, S)  = 1 Then _
    ActiveSheet.Cells(Z, 2) = ActiveSheet.Cells(Z, 2) + 1
```

Wenn SpeiTab Zeile1, Spalte4 den Wert D hat (hier 1)
UND SpeiTab Zeile 1, Spalte 8 den Wert 1 (Note1). Dann AktivesBlatt (hier Blatt
AWA) Zeile 5 Spalte 2 hochzählen um 1.
Das ist jeweils eine einfache Entscheidungsstruktur If – Then in einer Zeile, hier
aus Platzgründen mehrzeilig. Übertragen Sie 'diese Zeile in die Sub des Buttons
unter For D =…….

Die nächsten Zeilen für die Noten 2 bis 6 schreiben Sie analog:

```
'hier für Note 2, In der ETab kommt die in Spalte 3
If Sheets(AktBlatt).Cells(I, 4) = D And Sheets(AktBlatt).Cells(I, S) = 2 Then _
ActiveSheet.Cells(Z, 3) = ActiveSheet.Cells(Z, 3) + 1
```

```
,'Note 3:
If Sheets(Aktblatt).Cells(I, 4) = D And Sheets(Aktblatt).Cells(I, S) = 3 Then _
ActiveSheet.Cells(Z, 4) = ActiveSheet.Cells(Z, 4) + 1
```

```
'Note 4
If Sheets(Aktblatt).Cells(I, 4) = D And Sheets(Aktblatt).Cells(I, S) = 4 Then _
ActiveSheet.Cells(Z, 5) = ActiveSheet.Cells(Z, 5) + 1
```

```
'Note 5:
If Sheets(Aktblatt).Cells(I, 4) = D And Sheets(Aktblatt).Cells(I, S) = 5 Then _
 ActiveSheet.Cells(Z, 6) = ActiveSheet.Cells(Z, 6) + 1
```

```
'Note 6:
If Sheets(Aktblatt).Cells(I, 4) = D And Sheets(Aktblatt).Cells(I, S) = 6 Then _
 ActiveSheet.Cells(Z, 7) = ActiveSheet.Cells(Z, 7) + 1
```

```
'Zeile in der E-Tab erhöhen (nächste Diagnose
Z = Z + 2    'Da Z am Ende noch einmal erhöht wird, also 15 ist >> Abbruch
If Z > 13 Then Exit For  'Mit Zeile 13 in der E-Tab ist der aktuelle D-Wert
                 'abgearbeitet >> 'nächste E-Tab behandeln (A wird erhöht)
```

```
 Next D  'nächste Diagnose
 Next A  'nächste Tabelle AW
Next I  'nächste Zeile in der SpeiTab
```

Hier ist prinzipiell die Datenübernahme beendet. Aber die Prozedur braucht einen definierten Abschluss. Dieser besteht darin, dass zunächst dem Programm mitgeteilt wird, dass die Datenübertragung abgeschlossen wurde. Das geschieht damit, dass unter Next I das StatistFlag auf True gesetzt wird.

StatistFlag = True 'Statistik fertig

Das Label mit der Wartemeldung hat seine Schuldigkeit getan. Es wird wieder ausgeblendet:

lblDauert1.Visible = False 'Meldungslabel ausblenden

9.3.2.3 Die Systemfunktion <u>Application.ScreenUpdating</u> einsetzen

Wenn Bildschirme kurz hintereinander im Wechsel angezeigt werden, können Flackereffekte auftreten. Da aber am Ende der Sub das Hauptformular entladen werden muss, damit alte Eingabe-Werte verschwinden, muss es sofort wieder angezeigt werden. Um die Flackereffekte gering zu halten, kann die Bildschirmaktualisierung zeitweilig ausgesetzt werden. Das geschieht, indem die Bildschirmaktualisierung ScreenUpdating erst auf False und nach dem Wechsel wieder auf True gesetzt wird. Das wirkt auf das ganze Application-Objekt, also auf Excel selbst.
Demzufolge progrmmieren Sie als nächste Zeilen:

Application.ScreenUpdating = False
Unload frmHaupt 'Hauptformular entladen und sofort wieder aufrufen
frmHaupt.Show

<u>Und hier noch eine Überlegung</u>. Wenn noch keine statistische Auswertung erfolgt ist, kann diese auch nicht angezeigt werden. Deshalb muss der Button [cmdZeig] zunächst disabled sein (.Enabled = False im Eigenschaftenfenster als Voreinstellung). Sobald die Auswertung fertig ist, wird der Button wieder enabled = true. Um aber eine doppelte Berechnung in einer Sitzung zu vermeiden, muss der Button [cmdStatistik] auf

. Enabled = False .

 Es folgen also diese Zeilen

frmHaupt.cmdZeig.Enabled = True 'Statistik anzeigen erlauben
frmHaupt.cmdStatistik.Enabled = False 'erneute Datenübernahme in der Sitzung
                                    'verhindern
Application.ScreenUpdating = True 'Bildschirmaktualisierung wieder erlauben

Natürlich müssen die Werte für einen neuen Start des Hauptformulars wieder zurückgesetzt sein. Das geschieht automatisch mit dem Entladen und dem Neustart des Hauptformulars, das dann mit seinen Voreinstellungen neu startet.

Zu beachten ist hierbei, dass in einer Sitzung die statistische Auswertung nur einmal erfolgen darf, um keine Werteverfälschung zu erhalten. Eingaben können weiter durchgeführt werden. Aber die Verarbeitung der neuen Eingaben kann erst erfolgen, wenn das Programm beendet worden war.

Löschen alter Werte vor Neuberechnungen

Wenn Sie Ihre Syntax auch mit Dsätze_2017 getestet haben, werden Sie jetzt in den E-Tabellen die Werte bis 588 vorfinden. Würden Sie jetzt eine neue statistische Auswertung vornehmen, würden sich die Werte verdoppeln, weil ja die alten Werte noch in den E-Tabellen stehen. Was ich vor diesem Kapitel geschrieben habe, muss jetzt erfolgen:

Vor Neubelegung der E-Tabellen müssen die alten Werte auf Null gesetzt werden. Die Syntax dazu muss in der Prozedur vor die Zeilen mit der Berechnung eingefügt werden.

Dazu nutzen wir wieder einmal die bewährte Do-While-Loop-Schleife und zwei Zählschleifen unter Verwendung von einigen der Variablen.

Wir müssen aber nur die Einträge in den E-Tabellen löschen und das ist leichter als deren Belegung. Auch hier verschachteln wir wieder drei Schleifen.

In der äußeren zählen wir die E-Tabellen ab und in einer mittleren legen wir fest, dass so lange gelöscht wird, wie der Zeilenwert Z kleiner als 14 ist. In einer inneren Zählschleife erfolgt die eigentliche Löschung. Die äußere Schleife zählt die E-Tabellen von 1 bis 19 ab und die innere löscht Werte, solange Z kleiner als 14 ist, denn bis Zeile 13 wird jeweils gelöscht. Dabei ist wieder das Überspringen der Zeilen mit den Prozentwerten zu beachten und zu realisieren.

Damit kann man programmieren:

```
'Alle E-Tabellen vor Neubelegung löschen (Index 1-19)
    For A = 1 To 19   'E-Tabellen 1 bis 19 nacheinander behandeln
        Sheets(A).Activate     'E-Tabelle aktivieren – sie wird ActiveSheet
        Z = 5  'Anfangszeile in den E-Tabellen festlegen
        Do While Z < 14   'Zeilen 5,7,9,11,13 behandeln, 14 nicht mehr << mittlere
                                'Schleife
            For J = 2 To 7  'Spalten 2 bis 7 behandeln << innere Schleife
              ActiveSheet.Cells(Z, J) = 0  'Nullwerte setzen
            Next J
            Z = Z + 2  'Zeile überspringen
        Loop
    Next A
```

Ordnen Sie diesen Block im Prozedurkopf des Buttons [cmdStatistik] direkt unter den Deklarationen ein. Danach kommen dann die Neubelegungen. Damit ist die Programmierung eigentlich funktionell fertig. Wenn Sie aber hier testen, werden Sie feststellen, dass sich ca. 15 Minuten nichts zu tun scheint. Die Neubelegung arbeitet im Hintergrund und blockiert alle weiteren Aktionen. Selbst die Formularanzeige kann verschwinden. Wenn dann alles erledigt ist, meldet sich das Programm zurück und das Hauptformular sollte wieder zu sehen sein.

Das ist unschön und sollte nicht so bleiben. Jetzt kommen die von mir angekündigten Optimierungen. Doch dazu muss wieder etwas ‚Neuland' erschlossen werden.

10 Optimierungen und weitere Programmierlösungen

10.1 Mit DoEvents und Timern Meldungen einblenden

Wenn ein Programmteil eine länger dauernde Aktion ausführt wie die Sub des [cmdStatistik], bindet dieser die Steuerung an sich. Das Betriebssystem kann keine anderen Aktionen des Programms bedienen. Um das dennoch zu ermöglichen, gibt es eine System-Funktion namens <u>DoEvents</u> (Mache Ereignisse). Schauen Sie sich diese in der Hilfe an. Dort ist beschrieben, dass mit dieser Funktion die Steuerung zeitweilig wieder an das Betriebssystem zurückgegeben werden kann. Die Betonung liegt auf **zeit**weilig. Damit kommt wieder der **Zeit**geber (Timer), den Sie schon kennengelernt haben, ins Spiel. Wenn man einen Timer so programmiert, dass er mit DoEvents die Steuerung zeitweilig (z.B. für Sekunden) an Windows zurückgibt, kann in dieser Zeit eine andere Aktion ausgeführt werden wie z.B. das Einblenden eines Meldungslabels. Das werden wir als nächstes realisieren.

Erzeugen Sie zunächst im Hauptformular ein Label unter dem Button [Daten statistisch auswerten]. Nennen Sie es 'lblDauert1'. Schreiben Sie als Caption des Labels schön in einer Farbe Ihrer Wahl: Die statistische Auswertung kann bis zu 20 Minuten dauern. Sie können inzwischen andere Aufgaben erledigen.

Setzen Sie die Visible-Eigenschaft dieses Labels auf False, denn die Meldung soll erst später sichtbar werden.

Dann schreiben wir eine erste Timerprozedur im Modul1, um die Meldung einzublenden, wenn die Aktionen des Buttons anlaufen.

Es braucht nur die Unterbrechung der Aktionen des Buttons für eine Sekunde, um die Meldung einzublenden.

```
Sub Timer1()  'Timer für Einblendungsdauer einer Meldung im allgemeinen Modul
    Dim Wartezeit As Integer
    Dim Start As Single
    Wartezeit = 1  '1 Sek warten
    Start = Timer    'Moment des Aufrufs
    Do While Timer < (Start + Wartezeit)  'Warteschleife
    frmHaupt.lblDauert1.Visible = True  'Die Warte-Meldung einblenden
```

```
    DoEvents    'Steuerung für 1 Sekunde abgeben, um die Meldung einzublenden
    Loop
End Sub    'Timer1 >> die Aktionen des Buttons werden weiter ausgeführt
```

Und weil das so schön war, leisten wir uns hier noch eine kleine Spielerei. Wir erweitern den Timer 1 so, dass er die Caption des Buttons [cmdStatistik] gegen die Meldung 'Alte Daten werden gelöscht' austauscht – und das schön in roter Farbe. Dazu fügen Sie die folgenden zwei Zeilen in der Sub des Timer1 unter der Zeile frmHaupt.lblDauert1……., also vor DoEvents, ein.

```
frmHaupt.cmdStatistik.Caption = "Alte Daten werden gelöscht"
frmHaupt.cmdStatistik.ForeColor = vbRed 'Schrift wird rot
```

Das können Sie sofort testen. Benutzen Sie wieder die kurze Tabelle DSätze_2021.

Wir programmieren einen zweiten Timer mit der Aufgabe, dass er das mit Beginn der Datenübernahme in der gleichen Caption anzeigt. Dazu können Sie den Timer1 kopieren, darunter wieder einfügen und sofort in Timer2 umbenennen.
Im Timer2 löschen Sie die drei Zeilen unter Do While und ersetzen sie durch folgende Zeile:

```
frmHaupt.cmdStatistik.Caption = "Datenübernahme läuft"
```

Jetzt ist noch zu klären, wann und wo der Timer2 aufgerufen wird – natürlich in der Sub des Buttons [cmdStatistik], aber weiter unten, nämlich nach der Löschung der alten Daten, also nach Next A. Tragen Sie dort also den Aufruf ein mit:

Call Timer2

Da der erste Timeraufruf die Schriftfarbe in Rot geändert hat, ist das noch gültig, denn das erfolgte in der gleichen Laufzeit. Damit kommt auch die zweite Meldung in der Caption in roter Schrift. Es muss hier auch nichts zurückgesetzt werden, denn am Ende der Sub wird das Hauptformular entladen und neu gestartet. Damit haben die Buttons wieder die Voreinstellungen.

10.2.   Weitere Programmierungen

10.2.1 Einen Button [Statistik exportieren] einfügen und programmieren

Fügen Sie den neu benannten Button in das Hauptformular ein und geben ihm den Namen cmdExport und die Caption ‚Statistik exportieren'.

Sie ahnen hier, worauf das hinausläuft. Die erzeugte Statistik in den 19 E-Tabellen soll in eine eigenständige Datei exportiert werden. Das wäre dann das Ende der Phase **A** von **EVA**. Damit ist dann die Ausgabe erst richtig fertig. Aber auch dieser

Teil der Programmierung hat es in sich. Deshalb werde ich alle praktischen Schritte ausführlich erläutern. Auch hier gibt es wieder ‚Neuland' zu erschließen.

<u>Vorbetrachtungen</u>

Stellen Sie für den Button die .Enabled-Eigenschaft zunächst auf False ein, denn erst wenn die Statistik erstellt ist, kann sie auch exportiert werden. Hier wird schon ersichtlich, dass mit dem Statistflag = True der Button wieder auf .Enabled = True gesetzt werden wird. Das sehen Sie in der Vorschau.

Wohin soll denn der Export erfolgen ?

Wieder eine gute Frage. Aber die Antwort liegt auf der Hand – zunächst in eine neue Excel-Datei natürlich. Es müssen nämlich <u>nur</u> die 19 Tabellenblätter AWA bis AW18 in eine neue Excel-Mappe hineinkopiert werden. Nur habe ich unterstrichen. Warum wohl?

Ehe wir daran gehen, muss jetzt noch ein wenig Organisationsarbeit geleistet werden. Zuerst sollte ein neuer Ordner angelegt werden, der das Programm und weitere Elemente aufnimmt. Den Hauptordner nennen wir {Patientenbefragung} und ordnen ihn <u>nicht so tief</u> in die Ordnerstruktur ein. Nicht so tief bedeutet, dass der Pfad zu diesem Ordner nicht so lang werden soll. Also, wenn Sie eine Partition für Daten haben, z.B. in einem Laufwerk D:, dann gleich oben im Lw D:. Wenn Sie den Ordner ganz weit oben haben wollen, setzen Sie vorn an den Ordnernamen einen Unterstrich (Underline).
Das ist aber nur eine Empfehlung. Entscheiden müssen Sie das selbst. In diesen Ordner wiederum ordnen Sie den Ordner {Statistiken} und die Programmdatei {BefragPatient.xlsm} ein. Wenn die geschlossen ist, können Sie diese einfach verschieben.
Weitere Dateien und Ordner nenne ich noch.

Für diese Aktionen brauchen wir weitere Variable und Dateien. Zunächst legen wir den Pfad zu dem Ordner {_Patientenbefragung} fest und deklarieren die Variable Pfad. (Da er public ist, ist er natürlich im allgemeinen Modul zu deklarieren!)

Public Pfad As String 'Aktueller Pfad zu den Dateien und Ordnern

Pfad = „D:_Patientenbefragung\" 'Abschluss mit Backslash und Ausführungszeichen !

Schreiben Sie Ihren Pfad nach diesem Muster. Nicht vergessen, diesen mit Backslash und Ausführungszeichen abzuschließen.
Es wird außerdem eine Auswertungsdatei benötigt, die bei jedem Export der Statistik aufgerufen und mit Daten versehen werden kann. Ziel ist letztlich, diese unter neuem Namen als PDF-Datei abzuspeichern. Das sollte eine neue Excel-Arbeitsmappe

sein, die von Haus aus eine (bei älteren Office drei) leere Tabellen mitbringt. Die wird dann mit den 19 E-Tabellen bestückt und letztlich als Statistik-PDF-Datei in einem Ordner {Statistiken} abgespeichert. Der Dateiname soll dann als {Statistik_Jahr}, also z.B. ‚Statistik_2019', lauten.
Die Hilfsdatei wie z.B. Mappe3.xlsm wird sang- und klanglos ohne Speicherung geschlossen, nachdem daraus die Statistikdatei erzeugt wurde.

10.2.2 Die Prozedur von [cmdExport] programmieren

Erzeugen Sie wieder, wie bekannt, die leere Prozedur des Buttons. Da wir eine Variable für den künftigen neuen Dateinamen brauchen, deklarieren Sie oben im Prozedurkopf:

Dim Datname As String 'Dateiname bilden für PDF-Datei

Den können wir auch sofort initialisieren:
Datname = "Statistik_" & Jahr'Name für die Exportdatei vorbereiten; Jahr ist bekannt

Jetzt wird die neue Mappe benötigt, die die Statistik zunächst aufnehmen soll. Eine solche aufzurufen, ist einfach möglich mit:

Workbooks.Add   'Neue Mappe hinzufügen (Add wie addieren, also hinzufügen)

Diese hat dann einen Namen, der dem aktuellen Aufruf entspricht, also Mappe1.xlsm oder auch Mappe9.xlsm. Das ist egal, denn die wird am Ende wieder ohne Speicherung geschlossen.

Aber jetzt kommt's!

Wie können die 19 E-Tabellen in die neue Mappe kopiert werden?

Hier soll wieder der Makro-Recorder helfen, um zu sehen, wie das programmiert werden kann. Das führe ich wieder ausführlich aus, um Sie anzuleiten, sich solche Lösungen zu erschließen.

Schauen Sie sich das **Video_T1_Vi17** an. Dort lassen wir uns vom Makro-Recorder die wichtigsten Schritte vormachen und überlegen dann, wie man das Makro in ordentliche Syntax umschreiben kann und muss. Sie können das Video immer wieder anhalten, um zu erkennen, was der Makrorekorder erzeugt hat und wie das im Programm verwendet wird. Mehrere Aspekte sind wichtig. Wenn, wie ich das gemacht habe, Meldungen unterdrückt werden, wie z.B. die Warnungen vor Löschungen oder vor dem erneuten Abspeichern mit gleichem Dateinamen, dann wird die PDF-Datei einfach überschrieben. In unserem Fall ist das gut, denn dann kann man probeweise abspeichern und jede neue Datei überschreibt die vorherige. Am Ende bleibt die letzte Datei gespeichert.

(Stellen Sie sicher, dass eine neue Excel-Mappe nur eine Tabelle hat! >> DATEI > Optionen > Allgemein > 'So viele Arbeitsblätter einfügen' > 1 als generelle Einstellung wählen).

Für die Unterdrückung von Warnmeldungen habe ich hier wieder die DisplayAlerts verwendet: einmal bei der Herauslöschung der überflüssigen Tabelle1, die die neue Mappe mitgebracht hat, und einmal beim Schließen der Hilfsdatei MappeXY, das ja ohne Speichern erfolgen soll. Schauen Sie sich die jeweiligen Zeilen im Video nochmals an.
Wichtig beim Umarbeiten des Makros war auch, zu erkennen, dass bei der Aufzeichnung von einem Fenster zum anderen gewechselt werden muss. Deshalb schreibt der Recorder Windows(...... Im Programm wird aber nicht geklickt, sondern die jeweilige Mappe direkt angesprochen. Deshalb muss Windows(... ersetzt werden durch Workbooks(..
Sollte Windows(. stehen bleiben, wäre ein Fehler-Absturz die Folge.
Außerdem interessant ist die Verwendung des Array-Objekts, um in einem Ritt alle 19 Tabellen in die neue Mappe zu kopieren.
Schauen Sie sich in der Hilfe die Array-Funktion an. Ein Array ist ein Datenfeld-Objekt.
In unserem Beispiel enthält es die 19 Tabellen.
Auch die Datenübergabe an die neue Mappe sollten Sie sich genau anschauen. Ich füge die entscheidenden Zeilen für Erklärungen hier nochmals ein und mache wichtige Stellen farbig kenntlich.

Workbooks("BefragPatient.xlsm").**Sheets(Array**("AWA","AW1", AW2", AW3", "AW4", _ "AW5", "AW6", "AW7", "AW8", "AW9", "AW10", "AW11", "AW12", "AW13", "AW14", _ "AW15", "AW16", "AW17", "AW18")).**Copy Before:=** ActiveWorkbook.Sheets(1)

In der Mappe, aus der die Tabellen stammen, wird das Tabellen-Array benannt und es wird angegeben, welche Elemente zu diesem Array gehören. Anders als beim Makro-Reorder muss nichts angewählt werden, sondern das Array wird sofort benannt. Am Ende folgt das Einkopieren mit Copy und der Angabe, wo das erfolgen soll, nämlich in der aktiven Arbeitsmappe vor der neuen Tabelle1, die logischerweise den internen Index (1) hat. Es ist ja nur eine Tabelle vorhanden. Die aktive Arbeitsmappe ist hier immer noch die neue Arbeitsmappe. Sie wurde mit dem Einfügen zum ActiveWorkbook. Eine andere wurde noch nicht wieder aktiviert. Das geschieht erst fast am Ende der Sub.

(Übrigens: Excel-Mappen ohne mindestens ein Shape sind nicht zulässig. Ob Tabelle oder Diagramm – mindestens eins muss vorhanden sein.)

Damit sollten Sie den ‚Mechanismus' des Tabellen-Transfers verstehen können.

Die letzte Aktion, bevor die Datei als PDF-Datei abgespeichert wird, soll die Vergabe eines Eintrags in der Kopfzeile jedes Tabellenblattes sein. Dort soll zu lesen sein: ‚Jahresstatistik Jahr', also z.B. ‚Jahresstatistik 2021'

Dazu lassen wir uns vom Makro-Recorder wieder den Weg zeigen. Nutzen Sie wieder die Übungsmappe {Üb_Makro_Excel2.xlsm} und führen Sie nachstehende Aktion aus der Tabelle1 heraus aus:

ENTWICKLERTOOLS > Makro aufzeichnen > (Makroname mit ‚Titel' überschreiben) > [OK] > EINFÜGEN > Kopf- und Fußzeile > (Cursor steht in der Kopfzeile > eintragen Jahresstatistik) > Cursor in beliebige Zelle setzen > [Aufzeichnung beenden]

Jetzt noch diese Aktionsfolge:
MAKROS > Makro ‚Titel' anklicken > Bearbeiten Klick.
Sie werden fast erschlagen sein von dem, was der Makro-Recorder wieder „geschwätzt" hat. Von der ganzen aufgeblähten Syntax brauchen wir lediglich folgende Zeilen:

```
With ActiveSheet.PageSetup
.CenterHeader = "&ZJahresstatistik"
```

Und das vereinfachen wir noch weiter zu einer einzigen Zeile, weil nur ein Element aus dem ganzen großen With-Block gebraucht wird:

```
ActiveSheet.PageSetup.CenterHeader = "&ZJahresstatistik"
```

Fügen Sie in der Sub CmdExport_Click unter den beiden Zeilen
```
ActiveWorkbook.Sheets("Tabelle1").Delete 'Tabelle1 löschen
Application.DisplayAlerts = True
```

jetzt die nachstehenden Zeilen ein:

```
'Titel in Tabellenkopf einfügen (Seite ist die Variable für die 19 Sheets)
    Dim Seite As Worksheet
    Application.ScreenUpdating = False
    For Each Seite In ActiveWorkbook.Sheets
        Seite.Activate
        ActiveSheet.PageSetup.CenterHeader = "Jahresstatistik " & Jahr
    Next
    Application.ScreenUpdating = True
```

Damit ist die Eintragung in die Kopfzeilen der Blätter fertig programmiert. Erklärungen sollten Sie außer für folgende Zeile nicht brauchen:

ActiveSheet.PageSetup.CenterHeader = "Jahresstatistik " & Jahr

AktivesBlatt.SeitenSetup.Mitte Kopfzeile zuweisen >> "Jahresstatistik " & Jahr

Jetzt noch die neue Mappe als PDF-Datei abspeichern und die Hilfsdatei ohne Speicherung schließen.

Auch hier wieder die entscheidenden Zeilen:

'Auswertungsdatei als PDF speichern und schließen (lange Zeile, mehrere _)
ActiveWorkbook.ExportAsFixedFormat Type:=xlTypePDF, FileName:= _
"D:_Patientenbefragung\Statistiken\" & Datname, Quality:= _
xlQualityStandard, IncludeDocProperties:=True, IgnorePrintAreas:=False, _
OpenAfterPublish:=False 'Wenn OpenAfterPublish true ist, wird die PDF sofort angezeigt (was hier nicht gewollt ist!)

Die Exportmethode AsFixedFormatType finden Sie in der Hilfe. Schauen Sie sich ihre Parameter an. Es können nur zwei Typen sein: PDF oder XPS. Um XPS kümmern wir uns hier nicht. Der Parameter Dateiname enthält hier den gesamten Pfad und am Ende den neu gebildeten Dateinamen selbst.
Die Qualität ist auf Standard gesetzt. Der Einschluss von Dokumenteigenschaften steht auf True, denn die Dokumenteigenschaften der ‚Spenderdatei' sollen in die PDF-Datei mitgenommen werden. Druckbereiche sollen nicht ignoriert werden.
Interessant ist zudem, dass die Datenübertragung in die PDF-Datei als Veröffentlichung (Publish) behandelt wird. An diesem Punkt des Ablaufs wird ein kleines System-Fenster mit der Caption ‚wird veröffentlicht' eingeblendet, in dem eine Fortschrittleiste zu sehen ist. Wenn der Fortschritt (der Veröffentlichung) am Ende angekommen ist, wird diese wieder ausgeblendet. Wichtig ist noch der letzte Parameter
OpenAfterPublish, Öffnen nach Veröffentlichung.
Wenn dieser auf True gesetzt wäre, würde die PDF-Datei sofort geöffnet und alles andere in den Hintergrund gedrängt werden. Das wäre störend; deshalb wird OpenAfterPublish auf False gesetzt.
Wir zeigen die PDF-Datei aus dem Programm heraus mittels Klick auf den Button [Statistik anzeigen] dann an, wenn diese gebraucht wird. Die Programmierung dieses Buttons erfolgt als nächstes Kapitel.
Abschließend gebe ich bezüglich des Endes des Sub cmdStatistik folgende Hinweise:
Unter der Syntax, die hier gerade behandelt wurde, steht die zur Schließung der Hilfsdatei MappeXY.xlsm. Sie ist wieder in die Zeilen Application.DisplayAlerts = False (True) eingeschlossen.

Damit wird die lästige Rückfrage, ob die Datei gespeichert werden soll, vermieden. Sie hat ja ihre Schuldigkeit getan und muss nicht gespeichert werden.

Zwei Zeilen bleiben noch: die Aktivierung der Programmdatei und das Setzen des Buttons [cmdStatistik] auf .Enabled = False. Damit wird verhindert, dass in der gleichen Laufzeit die Statistik noch einmal erzeugt wird. Damit sieht das Ende der Sub von cmdExport wie folgt aus:

```
'Die Hilfsmappe ohne Speicherung schließen
Application.DisplayAlerts = False
ActiveWorkbook.Close 'Schließen ohne Speicherung, Rückfrage unterdrückt
Application.DisplayAlerts = True
Workbooks("BefragPatient.xlsm").Activate 'Programmdatei wieder aktivieren
cmdExport.Enabled = False 'Exportbutton abblenden
End Sub 'cmdExport
```

10.2.3 Den Button [Statistik anzeigen] programmieren

Hier soll erreicht werden, dass der User eine Statistik-Datei im Speicher-Ordner auswählen und sich anzeigen lassen kann – also das, was wir bei der Erzeugung unterdrückt haben. Diese PDF-Datei aus VBA-Excel heraus wieder zu öffnen, ist gar nicht so einfach, obwohl die Syntax danach aussieht. Es bedarf hier zumindest der Kenntnisnahme der **Windows API-Funktionen** (**A**pplication **P**rogramming **I**nterface >> Programmierschnittstelle für Anwendungsprogramme). Das sind ureigene Funktionen von Windows, also des Betriebssystems selbst. Diese können unter VBA vom Programmierer benutzt werden, um Lösungen zu finden, die von VBA nicht bereitgestellt werden. Dabei ist sehr sorgfältig vorzugehen, greifen diese doch direkt in das Betriebssystem hinein. Die Windows API-Funktionen sind sehr zahlreich und komplex. Da ich hier nur eine nutze, will ich hier auch nicht viel mehr ausführen. Das würde den Rahmen des Buches sprengen. Wer sich die API-Funktionen autodidaktisch weiter erschließen möchte, kann den API-Führer nutzen, der sich mit nachstehender URL aufrufen lässt**:**

WindowsAPIGuide:ShellExecuteFunction (jasinskionline.com)

Schauen Sie sich dort die API-Funktion **ShellEcecute** einmal an. Das, was Sie davon verstehen müssen, erläutere ich in *Lektion 12 im Anhang A* und bei der Programmierung des Buttons [cmdZeig] hier weiter unten.
Und auch die Dialogfunktionen müssen Sie kennenlernen, weil wir auch davon eine verwenden, um den Button zu programmieren. Arbeiten Sie auch dazu die ***Lektion 12 im Anhang A*** durch. (Lesezeichen hier!)

_____

Nach Kenntnisnahme der Lektion 12 geht es jetzt hier weiter:

_____

Tragen Sie jetzt im allgemeinen Modul unter Option Explicit die Deklaration aus Lektion 12 mit **Public Declare PtrSafe Function** …….komplett ein und achten Sie auf Schreibweise sowie auf Sonder- und Leerzeichen sowie Zeilenfortsetzungsoperatoren an den richtigen Positionen. (Wenn die Schrift rot wird, steckt irgendwo ein Fehler.)

Jetzt weiter zum Button [cmdZeig]. Wir brauchen in dieser Sub nur eine Deklaration, nämlich die des gesamten Dateipfades Filepath. Danach folgt die Verwendung des Dateidialogs mit seinen Members (Mitgliedern). Da alles an das Application-Objekt gebunden ist, wenden wir hier wieder einen With-Block an, um nicht wiederholt schreiben zu müssen:

Application.FileDialog(msoFileDialogOpen)

Und noch eine Besonderheit müssen Sie verstehen. Wir lassen im Dialog nur die Auswahl einer Datei zu, indem .multiselect auf False gesetzt wird. Dadurch ist das Ausgewählte immer mit dem internen Index (1) versehen, denn höhere Indizes lassen wir hier nicht zu. Also ist es immer .selectedItems(1). Das erleichtert die Programmierung. Das .selectedItems(1) ist zwar die ausgewählte Datei, schließt aber den gesamten Pfad zu ihr mit ein. Die Variable Filepath bekommt also den gesamten Pfad mit Datei zugewiesen.

Was passiert denn, wenn nach dem Öffnen des Dialogs dieser ohne Dateiauswahl über das Schließkreuz geschlossen wird und damit der Fehler auftritt, der mit On Error Goto abgefangen wird?

Dann steht das Programm irgendwo in der IDE oder der Tabelle und das Hauptformular ist nicht mehr aktiv. Mit dem Doppelklick käme man zwar zurück, aber mit einem aktiven Aufruf ist es besser. Wir fügen also an zwei Stellen in der Sub des Buttons folgende Zeile ein:

frmHaupt.Show   ;und zwar vor End Sub und vor Exit sub.

An dieser Stelle noch ein kleiner Exkurs:

Ich habe erwähnt, dass es verkürzte Schreibweisen (Kürzel) gibt. Einmal, wenn man ein Objekt im aktuellen Formular anspricht, wie z.B.

frmHaupt.cmdExport.Enabled = True

könnte auch der Formularname weggelassen werden, es könnte also so lauten:

cmdExport.Enabled = True

Das aktuelle Formular kann man auch mit dem Schlüsselwort **Me** verkürzt ansprechen, also (sh. oben)

Me.cmdExport.Enabled = True

Ich habe das bisher nicht verwendet, aber wissen sollten Sie das schon. In VB wird uns das wieder begegnen. Wenn Sie es hier noch testen wollen, gehen Sie nochmals in die Syntax zum Button cmdStatistik_Click. Ändern Sie dort am unteren Ende die Zeilen wie folgt: (Ich habe hier das Me aus Gründen der besseren Lesbarkeit fett gesetzt.)

Unload Me 'Hauptformular entladen und sofort wieder aufrufen
frmHaupt.Show ,'darf nicht durch Me ersetzt werden, da es entladen ist !!
Me.cmdZeig.Enabled = True 'Statistik anzeigen erlauben, aber erneutes Berechnen
                              'verbieten
Me.cmdStatistik.Enabled = False 'erneute Datenübernahme verhindern
Me.cmdExport.Enabled = True 'Export erlauben

Me kann also nur verwendet werden, wenn man sich im Objekt befindet!

Exkurs beendet!

Damit ist der Button [Eine Statistik anzeigen] fertig programmiert. So müsste die Syntax aussehen. Vergleichen Sie mit Ihrer Syntax.

Private Sub cmdZeig_Click()   'Statistiken-Ordner öffnen und Dateien anzeigen
'Deklarationen (Die Declare-Anweisung steht oben im Modul1)
Dim **Filepath** As String 'der gesamte Pfad, einschließlich Datei
'Dateidialog öffnen (öffnet nicht die Datei selbst; wählt sie nur aus!!)

    With Application.FileDialog(msoFileDialogOpen)
      .AllowMultiSelect = False   'Nur eine Datei wählbar
      ..InitialFileName = "D:_Patientenbefragung\Statistiken\" 'Pfad ohne Datei
      .Filters.Clear() 'Alte Filter löschen, dann neuen dazu
      .Filters.Add "PDF-Dateien ", "*.pdf" 'Nur PDF-Dateien zeigen
      .Show()   'Anzeigen des Dialogfensters
      'Eine Datei auswählen, wenn Dialog ohne Auswahl geschlossen wird,
      'Absturz abfangen

On Error GoTo **KeineWahl** 'KeineWahl: ist die anzuspringende Sprungmarke

Filepath = Application.FileDialog(msoFileDialogOpen).SelectedItems(1)
    End With 'Application.FileDialog

'geklickte Datei öffnen, die eigentliche Hauptsache mit der API-Funktion

Call ShellExecute(0&, "Open", Filepath, "", "", 1) 'das öffnet die pdf-Datei
    frmHaupt.Show 'Zurück zum Hauptfenster nach erfolgreicher Anzeige

    Exit Sub 'hier vor der Fehlerbehandlung Sub beenden

KeineWahl: 'Doppelpunkt beachten; das ist die Sprungmarke
    MsgBox "Es wurde keine Datei ausgewählt" 'Die Fehlermeldung

    frmHaupt.Show 'Zurück zum Hauptfenster bei aufgetretenem Fehler

End Sub 'cmdZeig_Click

Damit ist die Aufgabe erfüllt: Das VBA-Programm zur Übertragung von Patientenbefragungsbögen in den PC und deren statistische Auswertung ist programmiertechnisch fertig. GRATULATION!

Was ist denn nun noch zu tun?

11 Aufräumen, verschönern und komfortabler machen

Beginnen wir mit ein wenig Komfort:

11.1 [Enter-Taste] statt Mausklick (Change-Ereignis)

Starten Sie das Programm noch einmal. Im Startfenster haben wir das Eingabetextfeld und den Übernahme–Button für die Jahreseingabe [cmdJahr]. Das Erste, was geschehen soll, ist die Eingabe des Jahres in das Textfeld. Wenn bei Ihnen mit dem Startfenster nicht die Einfügemarke im Textfeld blinkt, sollte die Tab-Reihenfolge geändert werden. Für das Textfeld txtJahr setzen Sie den Tabindex auf 0 und damit automatisch den des Buttons auf 1. Damit müssen Sie für die Eingabe nicht erst in das Textfeld klicken. Danach legen Sie in der IDE durch Doppelklick in das Textfeld folgende Prozedur an:

Sub txtJahr_Change()

Change bedeutet Änderung oder Wechsel. Die Prozedur reagiert also immer, wenn sich der Inhalt des Textfeldes ändert. Das geschieht in unserem Fall mindestens zweimal beim Eintippen der Jahreszahl, denn die ersten beiden Ziffern sind schon eingetragen. Das kann man ausnutzen, um dem Button den Fokus zu übergeben, ihn also zum aktiven Control zu machen. Hierzu testet man einfach, ob die Länge des Inhalts des Textfeldes vier Zeichen beträgt. Sobald das der Fall ist, wird dem Button der Fokus übertragen. Damit muss man nicht mehr mit der Maus den Button klicken, sondern kann gleich die Taste [ENTER] drücken und die Jahreseingabe wird übernommen. Die Syntax dazu ist einfach. Fügen Sie diese Sub in das Modul des Startfensters ein.

```
Private Sub txtJahr_Change()
    If Len(txtJahr.Text) = 4 Then   'Wenn die Textlänge vier Zeichen beträgt
        cmdJahr.SetFocus   'Geht der Fokus zum Button [cmdJahr]
    End If
End Sub
```

Damit haben Sie das erste Mal ein Change-Ereignis programmiert. (Change-Ereignisse gibt es auch noch für andere Controls.)

Übrigens: Wenn der User hier falsch eingibt, also z.B. ein Textzeichen einmischt, wird das im nächsten Schritt von der Sub des Buttons [cmdJahr] abgefangen. Das Abfangen dieser Fehler haben wir bereits fertig programmiert. Das bleibt so.

11.2. Ein zusätzliches Meldungslabel einbauen

Komfortabel wäre es auch, wenn der User sofort sieht, wie viele Datensätze bisher schon eingegeben worden sind. Er muss in seinem Leitz-Ordner diese Zahl immer mitführen. Im Hauptfenster bauen wir ein zusätzliches Label ein, geben diesem den Namen lblDsBisher und schreiben als Caption zur Entwurfszeit:

Für das Jahr 20?? sind bisher DsNr Datensätze gespeichert.

In der Laufzeit müssen bei jedem Aufruf des Hauptformulars und beim Übernehmen eines Datensatzes die Zahlen für DsNr und Jahr angepasst werden.
Beim Button [cmdDsFertig] haben wir das schon programmiert und zwar in der Prozedur frmHaupt_Initialize. Das hat zwar auch funktioniert, gehört aber eigentlich in die Prozedur frmHaupt_Activate. War mein Fehler, bitte entschuldigen Sie das. Nehmen Sie also die beiden Zeilen heraus und kopieren Sie diese in die _Activate oben hinein. Unter diese beiden Zeilen kommt jetzt der Einschub:

```
lblDsBisher.Caption = "Für das Jahr " & Jahr & " sind bisher " & (DsNr – 1) & _
" Datensätze gespeichert."
```

Achten Sie hier auf die notwendigen Leerzeichen, damit Zahlen und Text nicht aneinander kleben.
Damit ist diese Meldung an den User realisiert. Bei der grafischen Optimierung des Hauptformulars werde ich sie oben anordnen. Inzwischen können Sie sie irgendwo bei den Buttons zwischenlagern.

11.3. Eine Change-Prozedur ergänzen (weiterer Komfort)

Noch eine Verbesserung bietet sich für die Option ‚Sonstige Diagnose' (optSonst) in den persönlichen Eingaben an.

Bisher haben wir bei der Programmierung des Buttons [cmdPersKompl] oben in den Persönlichen Angaben bei der Option für sonstige Diagnosen optSonst so programmiert, dass der User eine Meldung erhält, wenn er die sonstigen Diagnosen nicht benennt. Da die Patienten das aber oft tun, wurde vereinbart, in diesem Fall o.A. (ohne Angabe) einzutragen. Das wurde im Textfeld schon im Entwurf eingetragen.

Das Ganze lässt sich aber eleganter lösen, indem beim Anklicken der optSonst das Textfeld schon mit dem markierten Eintrag o.A. und aktiviert erscheint. Damit kann o.A. sofort (ohne Klicken) überschrieben werden, z.B. mit Akne. Oder es bleibt drin und wird als o.A. abgespeichert. Dazu müssen Sie die Eigenschaften

.selStart und .selLength

kennenlernen. Gehen Sie nochmals an das ***Ende der Lektion 12*** zu den beiden Eigenschaften selStart und selLength.

Damit können wir die Aufgabe lösen. Erzeugen Sie in der IDE im Hauptformular-Modul die Prozedur

Sub optSonst_Change

Diese wird ausgeführt, wenn diese Option den Fokus erhält, aber auch, wenn sie ihn abgibt, weil eine andere Option ihrer Gruppe geklickt wird. Bei versehentlichem Klicken kommt das vor. Diese Sub soll folgendes leisten:

Wenn sie geklickt wird, soll das Textfeld txtSonst sichtbar werden und den markierten Eintrag o.A. zeigen, der sofort überschrieben werden könnte.
Wird aber der Klick zurückgesetzt (Wert des optSonst ist dann wieder false), soll o.A. im Textfeld gelöscht werden, damit es nicht falsch gespeichert wird.
Damit wird die Prozedur wie folgt geschrieben:

```
Private Sub optSonst_Change()    'Option Sonstige Diagnose wurde geklickt
    If optSonst.Value = True Then    'wenn optSonst geklickt ist
        txtSonst.Visible = True      'Textfeld txtSonst sichtbar machen
        txtSonst.Text = "o.A."       'o.A. eintragen und markieren
        txtSonst.SetFocus            'Fokus in das Textfeld setzen (markieren)
    txtSonst.SelStart = 0            'Auswahl-Start bei null, also vor erstem Zeichen
    txtSonst.SelLength = 4   'Auswahl-Länge 4 Zeichen: O, Punkt, A, Punkt
    Else
    txtSonst.Text = ""           'o.A. wieder löschen, sonst würde es gespeichert
    txtSonst.Visible = False     'wenn User versehentlich Sonst geklickt hat
        End If
End Sub    'optSonst_Change
```

Damit ist das komfortabler geregelt. Deshalb müssen Sie die alte Programmierung im Button [cmdPersKompl] wie folgt herausnehmen:

'*" Sonstige Diagnose nicht eingegeben
Zeilen zwischen diesen beiden Zeilen löschen oder auskommentieren
'Geschlecht fehlt

Ein weiterer Komfort wäre doch, wenn am Beginn eines neuen Jahres die Jahrestabelle automatisch angelegt würde. Erinnern Sie sich noch an die Tabelle „LeerTab"?
Die werden wir jetzt wie folgt nutzen. Am Anfang eines neuen Jahres muss der Jahresspeicher erzeugt werden. Das muss nicht von Hand geschehen, sondern kann komfortabel vom Programm erledigt werden.

11.4. Jahrestabelle automatisch anlegen

Beim Start des Programms läuft die Sub Auto_open automatisch ab. Bisher haben wir dort nur ein paar Variablen mit Daten belegt und von da das Startfenster gestartet. Gehen wir mal davon aus, dass dieses VBA-Programm wie in der Praxis des Fachkrankenhauses schon viele Jahre erfolgreich verwendet wird und jedes Neujahr eine neue Speichertabelle benötigt. Diese lässt sich automatisch erzeugen, sobald das Programm nach dem Jahreswechsel das erste Mal gestartet wird. Dies erfolgt ganz einfach in der
Sub Auto_open.
Mit dem neuen Jahr hat die Variable Aktjahr einen neuen Wert bekommen, z.B. 2021. Wenn nun mit der bereits programmierten Sub Objektsuche geprüft wird, ob das Objekt (Tabelle) DSätze_2021 schon existiert, wird beim ersten Mal das NamFlag als False zurückkommen, denn diese Jahrestabelle existiert noch nicht. Dieses Ergebnis False wird zum Anlass genommen, diese Tabelle sofort anzulegen. Und das wird in der Sub Auto_Open erledigt, noch ehe das Startfenster überhaupt aufgerufen wird.
Dazu muss in der Sub Auto_Open wie folgt ergänzt und verändert werden.
Lassen Sie die drei Zeilen für die Variablen AktName, Aktjahr und Pfad ganz oben in der Sub stehen oder verschieben Sie sie dorthin. Danach fügen Sie folgende Zeilen ein:

```
'Prüfen, ob zum AktJahr schon eine Tabelle Objektname existiert.
    Objektname = CStr("DSätze_" & Aktjahr)  'z.B. DSätze_2021
    'Das Cstr könnte entfallen, aber typsicher ist typsicher. Dann die Zeilen
     Call Objektsuche  'Die Suche erfolgt mit dem oben erzeugten Objektname
'Wenn Jahrestabelle nicht vorhanden ist, neu anlegen
 If NamFlag = False Then 'Blatt anlegen und NamFlag bleibt False
   Sheets("LeerTab").Copy After:=Sheets("AW18") 'Leertab als Kopie hinter AW18
                                         'einfügen; erfolgt als LeerTab (2)
```

```
Sheets("LeerTab (2)").Name = "DSätze_" & Aktjahr 'Neuen Namen zuweisen
End If 'NamFlag = False
```

Am Ende der Prozedur bleibt der Aufruf des Startformulars wie gehabt.

Im Startformular wird der Tabellenname erneut abgefragt, dann ist die neue Tabelle da, falls sie gleich benutzt werden soll. Es könnte aber auch jedes andere Jahr, das bearbeitet werden soll, aufgerufen werden. Bei jedem weiteren Programmstart ist dann die aktuelle Jahrestabelle vorhanden und das NamFlag kommt als True zurück. Damit wird natürlich nicht noch einmal eine neue Tabelle angelegt und der Ablauf geht sofort unter End IF weiter. Das Anlegen der neuen SpeiTab erfolgt also unbemerkt vom User. Er sieht dies dann unten im Blattregister der Excel-Datei.

Diese Änderung und Einfügung zieht aber weitere Änderungen nach sich, z.B. in der Sub ‚Objektsuche' und in der Sub des CmdJahr im Startformular.

Aber diese Änderungen nehmen wir für die Erhöhung des Komforts doch gern in Kauf!

Zunächst in der Sub Objektsuche.

Die bisher am Ende der Sub ursprünglich programmierte Meldung über die fehlende Tabelle würde hier zur Dopplung führen, denn im neuen Jahr ist diese Tabelle ja zunächst nicht vorhanden. Das muss dem User aber nicht unbedingt gemeldet werden, da dies bekannt und bereits bearbeitet ist. Deshalb nehmen wir die Meldung aus der Sub Objektsuche komplett heraus und verlagern sie in geeigneter Weise in die Sub des [CmdJahr] im Startformular. Löschen Sie also die Meldungszeilen zwischen Next Objekt und End Sub in der Sub Objektsuche.

11.5   Änderungen der Sub cmdJahr_Click()

Ändern Sie den Else-Zweig der Entscheidung IF NamFlag = True Then
unter ELSE wie folgt ab (**Vorsicht**, nicht versehentlich den Else-Zweig darüber ändern!):

```
Meldung = MsgBox("Für das eingegebene Jahr ist keine Tabelle vorhanden." _
    & "Wollen Sie ein anderes Jahr eingeben [OK] oder das Programm " _
    & " [Abbrechen]?", vbOKCancel, "Tabellenblatt nicht vorhanden")

    'Bei OK geht es weiter, neue Jahreseingabe, sonst Programmende
    If Meldung = vbCancel Then
        End   'Beenden
    Else
```

```
            GoTo beiFehler 'Neue Jahreseingabe erwarten
        End If 'Meldung = VbCancel
    End If   'NamFlag = False
        'Die Zeilen darunter bleiben wie gehabt:
        Unload frmStart 'Startformular entladen, um Wert im Textfeld zu löschen
        frmHaupt.Show 'Hauptformular anzeigen

    Exit Sub' hier beenden, damit Sub nicht ohne Fehler in die Fehlerbehandlung geht

beiFehler: 'das ist der Errorhandler; Doppelpunkt beachten
        txtJahr.Text = "20" 'wegen Fehler rücksetzen
        txtJahr.SetFocus  'Einfügemarke wieder in das Textfeld setzen
End Sub 'cmdJahr_Click
```

Damit ist auch diese Prozedur erfolgreich ‚modernisiert'. Testen Sie die Funktionalität.

1.6 Aufräumen

Was gibt es denn aufzuräumen?

Ich habe bei der Lösung der Aufgabe mehrfach darauf hingewiesen, dass die Variablendeklaration als public zwar bequem, aber auch Ressourcen-verschwendung und damit kein guter Still ist.

Das gilt es jetzt zu bereinigen!
Dazu zeige ich Ihnen wieder etwas Neues in der IDE und zwar die Funktion ‚Suchen und Ersetzen'.
Mit dieser Funktion prüfen wir eine Public-Deklaration nach der anderen ab, wo die Variable überhaupt verwendet wird. Daraus folgt dann, wie die Deklaration zu ändern und wohin sie zu verlagern ist.
Beginnen wir mit der Deklaration der ersten als public deklarierten Variablen Meldung.
Setzen Sie in den Deklarationen den Cursor in das Wort Meldung und klicken Sie in der Symbolleiste auf das Fernglas-Symbol. Der Tooltip meldet Suchen (Strg+F). Sie können also auch diese Tastenkombination statt des Fernglases verwenden. Der Suchen/Ersetzen-Dialog wird eingeblendet.

Das Wort Meldung sollte oben im Textfeld zu sehen sein. Sie haben die Möglichkeit, im ganzen Projekt zu suchen, und das werden wir zunächst machen. (Man kann die Suche auch auf das aktuelle Modul oder gar auf eine Prozedur einschränken. Das hängt von der Aufgabenstellung ab. Das Ersetzen erläutere ich weiter hinten.)

Wir wählen also die Suche im ganzen Projekt und schränken ein, dass nur nach ganzen Wörtern gesucht werden soll (erste Checkbox rechts). Damit werden Wortkombinationen nicht mit angezeigt. Mit Weitersuchen springt die Markierung immer zum nächsten Vorkommen der Variablen ‚Meldung in den einzelnen Teilen des Quelltextes. Wenn alle Bereiche durchsucht sind, erhalten Sie eine Info dazu. Wir stellen hier fest (schauen Sie immer, in welchem Modul sich die Markierung gerade befindet), dass ‚Meldung, in allen drei Modulen unseres Projektes (Modul1; Modul des Startformulars; Modul des Hauptformulars) vorkommt. Damit ist die Deklaration als öffentliche Variable berechtigt und sie bleibt, wo sie ist, nämlich oben im allgemeinen Modul. Der Vollständigkeit halber ist hier zu ergänzen, dass Sie auch in allen drei Modulen jeweils eine eigene Variable ‚Meldung' deklarieren könnten, z.B. mit

Dim Meldung as String.

Damit würde jede dann für das eigene Modul gelten. Aber man müsste dreimal die gleiche Deklaration schreiben. Wir lassen also die Public-Deklaration, wie sie ist.

Als nächstes bearbeiten wir die Deklaration der Feld-Variablen Wert(18).

Da das Wort Wert auch in anderen Textteilen vorkommt, erhalten Sie hier eine große Menge von Anzeigen. Wir brauchen aber die, die im Klammerpaar Werte aufweisen. Die kommen im Modul1 und im Modul von frmHaupt vor. Auch dafür ist also die Public-Deklaration berechtigt, sie bleibt, wie und wo sie ist.
Die Variable opt für ein allgemeines Objekt Option-Button muss allein stehen, also nicht wie z.B. optMann für die Geschlechtsspezifizierung. Das ist eine andere Variable! Aber opt.Name (opt Punkt Name) wird mit angezeigt, denn das bezieht sich direkt auf opt. Die Variable opt findet man im Modul1 und dort in der Prozedur Sub InTab() und im Modul des Hauptformulars in der Sub cmdDSFertig. Damit bleibt die Deklaration auch, wie sie ist.

Es folgt DsNr, die Datensatznummer. Die kommt wieder in allen drei Modulen vor. Die Deklaration bleibt so.

Objektname kommt im Modul1 und im Modul des Startformulars vor und bleibt so.
fra, die allgemeine Variable für Frames, kommt nur im Modul des Hauptformulars vor und dort auch nur in der Prozedur sub cmdDSFertig_Click. Damit kann die Deklaration dort mit Dim auf Prozedurebene erfolgen. Nehmen Sie diese Änderung vor und testen Sie diese.
Diese „Aufräumarbeit" hat sich gelohnt!

Aktjahr wird im Modul1 und im Modul des Startformulars genutzt; die Deklaration bleibt.

Jahr wird in allen drei Modulen benutzt; die Deklaration bleibt so.

AktBlatt wird in allen drei Modulen benutzt; die Deklaration bleibt so.

NamFlag wird in Modul1 und Modul des Startformulars benutzt; die Deklaration bleibt so.
DSFeld() war für die Übertragung der Tabellendaten in eine Feldvariable gedacht. Das wurde nicht realisiert. Falls bei Ihnen vorhanden, löschen Sie die Deklarationszeile.

Statistflag wird nur im Modul des Hauptformulars in zwei Prozeduren verwendet. Wenn wir deshalb die Deklaration in den Modulkopf des Hauptformulars mit Private verlegen würden, gäbe es eine böse Überraschung, weil wir am Ende der Prozedur cmdStatistik-Click das Hauptfenster entladen und sofort neu anzeigen. Mit dem Entladen würde aber auch das Statistflag zurückgesetzt und falsche Reaktionen wären die Folge. Also lassen wir auch diese Public-Deklaration, wie sie ist.

Pfad als Variable wurde nicht genutzt. Dieser kann als Public-Deklaration und auch in der Auto_open als Zuweisung gelöscht werden.

Aktname als Name einer aktuellen Excel-Datei wurde ebenfalls nicht genutzt und kann wie die Variable Pfad gelöscht werden.

ExportFlag wird ebenfalls nicht benutzt und wird daher behandelt wie Pfad und Aktname.

Und noch etwas wurde nicht verwendet: die ursprünglich im Hauptformular bei den Diagnosen angeordnete Checkbox ‚chkDazu'. Wenn die bei Ihnen noch da ist, löschen Sie sie heraus.

Die nicht benutzten Variablen wurden mit der Absicht deklariert, weitere Funktionen einzubauen und als Optimierungen einzusetzen. Ich habe letztlich der Übersichtlichkeit wegen darauf verzichtet.
Damit ist das Aufräumen beendet, aber es wurden nur wenige der Public-Deklarationen verlegt, geändert und reduziert. Man sieht, dass doch viele Public-Deklarationen berechtigt sind.
Bezüglich der System-Funktion ‚Suchen und Ersetzen' gibt es noch etwas nachzuholen.
Wenn Sie aus irgendwelchen Gründen z.B. eine Variable im ganzen Projekt umbenennen wollen oder müssen, können Sie das mit dieser Funktion komfortabel machen.
Schließen Sie Ihr Projekt {BefragPatient.xlsm} und erzeugen Sie im Speicherort mittels Kopieren und Einfügen eine Kopie davon. Öffnen Sie die Kopie. (Um nichts zu zerstören, was mühevoll erreicht war, demonstrieren wir das anhand der Kopie.) Starten und beenden Sie das Programm, um in der IDE weiterzumachen. Gehen Sie in die Deklarationen oben im Modul1 und setzen Sie den Cursor in das Wort Aktblatt.

Mit Klick auf das Fernglas wird der Dialog wieder angezeigt. Klicken Sie wieder das ganze Projekt und die erste Checkbox (ganzes Wort). Klicken Sie jetzt auf [Ersetzen].

Der Dialog wird erweitert und unter <u>Suchen nach</u> erscheint das Textfeld <u>Ersetzen durch.</u>

Tragen Sie dort BlattAktu ein, kontrollieren noch einmal, ob das ganze Projekt gewählt ist, und klicken dann rechts den Button [Alle Ersetzen]. Sie erhalten eine Meldung über die Anzahl der Ersetzungen, die im Projekt vorgenommen wurden. Kontrollieren Sie die Veränderungen einfach, indem Sie den Cursor in BlattAktu stellen und erneut Suchen auslösen. Sie werden wieder durch alle Module geführt und können die Veränderungen sehen. Jetzt schließen Sie wieder die Kopie-Datei, löschen Sie im Speicherort und öffnen wieder Ihre {BefragPatient.xlsm}.

Es bleibt jetzt noch ein Aspekt übrig:

11.6. Das Verschönern des Programms

Was soll denn schöner werden?

Nun, an der Optik kann man einiges verbessern. Beginnen wir mit der Größe der Steuerelemente auf den Formularen, ihrer Anordnung und ihren Beschriftungen.

Die vom System beim Entwurf verwendeten Steuerelemente und Beschriftungen werden oft als zu klein und schlechter lesbar empfunden. Beginnen wir beim Startformular. Der relativ kleine Rahmen reicht aus. Prüfen Sie zunächst die Schriftgrößen des Textfeldes und des Buttons. Wir haben für das Textfeld Tahoma 16 und für den Button Tahoma 12 vereinbart. Passen Sie das ggf. an und ziehen Sie auch die Controls auf annehmbare Größen. Nehmen Sie auch, falls nötig, Ausrichtungen vor, damit alles schön symmetrisch erscheint. Beim Startformular ist dabei nicht viel zu tun, beim Hauptformular schon.

Beginnen wir mit dem Außenrahmen des frmHaupt. Wenn dort alles etwas eng angeordnet scheint, schaffen Sie einfach Platz. Wenn das Direktfenster stört, schließen Sie es einfach, um unten mehr zu sehen.

Sie können sowohl die Fläche des Formulars selbst als auch die Größe des Außenrahmens durch Ziehen an den Anfassern verändern. Wie Sie wissen, wurde das Erscheinen des Formulars selbst in den Voreinstellungen auf Fenstermitte und in der Sub .Initialize auf Application-Größe festgelegt. Außerdem wurde in dieser Sub der Außenrahmen horizontal und vertikal zentriert. Das Gleiche haben wir dann im Startformular einfach durch Kopieren der Syntax aus dem frmHaupt, die wir zuerst erzeugt haben, realisiert. Schauen Sie sich die Syntax nochmals an, denn es liegt jetzt schon etwas länger zurück.

Ich füge jetzt hier eine Abbildung 42 ein, die den Stand <u>meines</u> Hauptfensters zeigt.

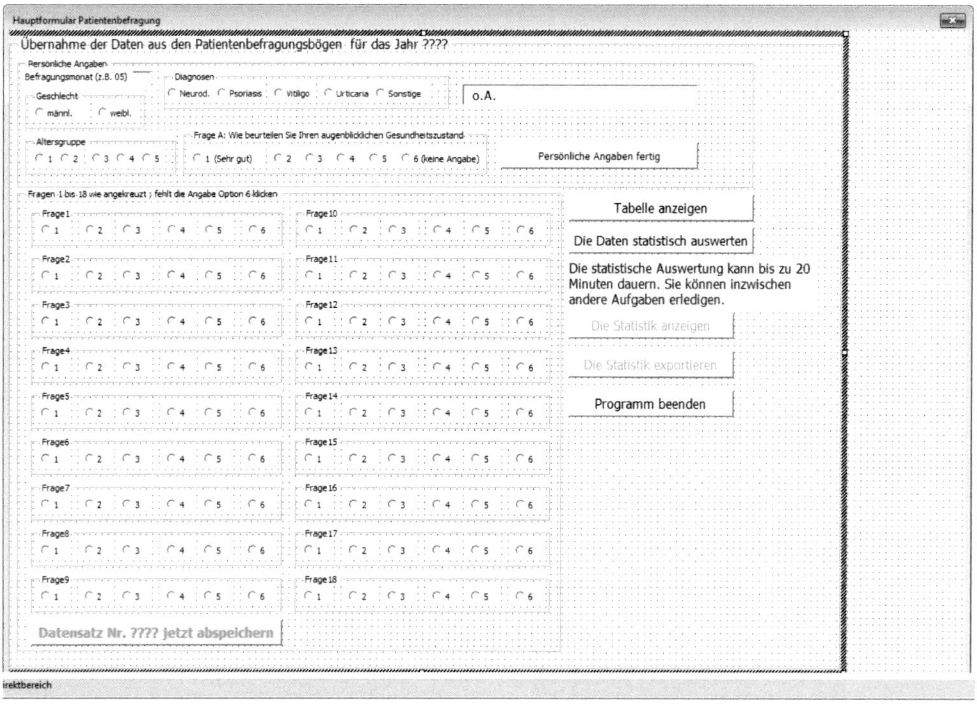

Abb. 42 Das Hauptformular nach Abschluss der Programmierung

Da kann man vieles besser machen und das zeige ich Ihnen (als Vorschlag) im **Video_T1_Vi18** – die grafische Optimierung des Hauptformulars.

Im Video habe ich das teilweise verkürzt dargestellt, da sich viele Arbeitsschritte mehrfach wiederholen. Ich denke, dass Sie das Wesentliche der grafischen Optimierung darin gut erkennen können.
Da sich über Geschmack bekanntlich nicht streiten lässt, sollten Sie diese Optimierung selbst und nach Ihrem Geschmack vornehmen. Manchen sind farbige Schriften nicht genehm, andere übertreiben an dieser Stelle. Finden Sie die Lösung für ein gut lesbares, übersichtliches und geschmackvoll gestaltetes Hauptfenster selbst.

Ich füge hier noch als Abb. 43 mein Hauptfenster nach der optischen Optimierung ein. Wie gesagt, die Funktionalität steht im Vordergrund. Was nützt ein optisch schönes Fenster, wenn das Programm falsche Ergebnisse liefert oder gar abstürzt? Bleibt am Schluss noch die Frage, was man noch hätte tun können.

Im Programm für das Fachkrankenhaus habe ich noch eine Hilfedatei erzeugt, die als PDF-Datei eingefügt wurde. Die konnte im Startfenster und auch im Hauptfenster aufgerufen werden. Hier wäre das nur Wiederholung gewesen, denn das Aufrufen einer PDF-Datei mittels eines Buttons haben wir mit den Statistikdateien ausführlich behandelt. Ich habe deshalb hier darauf verzichtet, aber in der VB-Version werden wir die Hilfe-Datei mittels Button aufrufen.

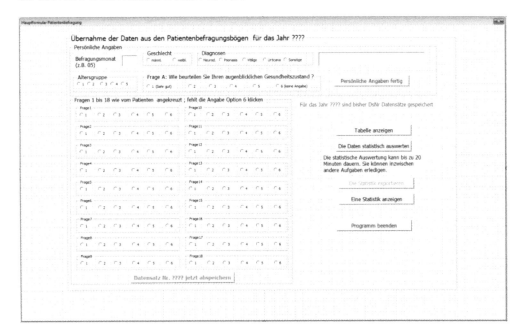

Abb. 43 Das Hauptformular nach der grafischen Optimierung

Die ganze Funktionalität des Programms habe ich im *Video_T1_Vi19* nochmals verkürzt zusammengefasst.

Als letzten Hinweis rate ich Ihnen, mithilfe der mitgelieferten Tabelle DSätze_2017 die Statistik komplett zu erstellen und die Zeit zu stoppen, die Ihr PC dafür benötigt. Diese sollte zwischen 15 und 20 Minuten liegen, denn leider geht es mit VBA kaum schneller, mit VB aber schon. Das werden Sie im Teil 2 des Buches sehen können.

Damit ist das zweite Praxis-Beispielprojekt erfolgreich beendet. Speichern und schließen Sie die Datei {BefragPatient.xlsm. Das gesamte Listing zu {BefragPatient.xlsm} finden Sie im Anhang C bei **2.**

12. Das Projekt „Briefkorrektur" mit VBA/Word

12.1. Aufgabenstellung

Die Aufgabenstellung ergab sich aus einer Anfrage eines Regierungspräsidiums in Sachsen im Jahre 2002 mit der Umstellung der Währung auf den Euro.
Hunderte Briefe an Bürger, die bezüglich bestimmter Zahlungspflichten im Zusammenhang mit Grundstücken bereits fertig in den Computern vorlagen und die Beträge noch in D-Mark auswiesen, sollten rationell überarbeitet und an den Euro angepasst werden, ehe diese versendet werden konnten. Man hatte gewissermaßen das Versenden vor der Euro-Einführung nicht mehr geschafft. Da die Briefe mit MS-Word verfasst waren, sah ich die Lösung natürlich in VBA-Word und übernahm den Auftrag, kurzfristig eine VBA-Lösung zu schaffen.

12.1.1. Präzisierung der Aufgabenstellung

Ich sah mir zunächst die Briefe an und stellte fest, dass in den Texten jeweils mehrere Zahlenangaben zu DM-Beträgen vorhanden waren. Die genaue Zuordnung der Zahlungspflichten spielt hier keine Rolle. Aber eines stellte ich fest: Durch die vielen unterschiedlichen Bearbeiter der Briefe gab es eine Reihe typischer Fehler in den Briefen. Wie Sie sehen, habe ich sofort mit dem Abfangen möglicher Fehler begonnen, ehe ich die eigentliche Problemlösung angegangen bin.

Was war in manchen Briefen falsch?

- Häufig fehlte die Währungsangabe DM.
- Manchmal „klebte" die Zahl am vorherigen Text (Leerzeichen fehlte).
- Manchmal „klebte" die Zahl auch am nachfolgenden Text (dito).
- Manchmal „klebte" DM direkt an der Zahl (ebenfalls kein Leerzeichen).
- Und ganz schlimm: Die Zahlangabe mit Währungssuffix klebte vorn und hinten am Text.

Dazu füge ich hier einen Brieftext ein, bei dem diese typischen Fehler farblich markiert sind. Im Praxisbeispiel verwende ich diesen (erfundenen) Text. Aber so ähnlich lauteten damals diese Briefe.

Sehr geehrte Familie Mustermann,

anteilige Kosten in der Gesamthöhe von **3.457,45 DM** stellen wir Ihnen mit Bezug auf Ihre Mitnutzung der neu errichteten Kläranlage in der Helenenstraße hiermit in Rechnung.

In dieser Summe sind257,85 DM Baukosten; 375,07DM Materialkosten und 375,79 Kosten für den Wegebau enthalten.

Weiterhin fielen47,45 DMVerwaltungskosten an. Die restlichen Kosten hat der Auftragnehmer für Sie berechnet.

Die Kosten fielen in den letzten 12 Monaten nacheinander an, wurden von uns vorfinanziert und sind nun geschlossen anteilig abzugelten.

Wir bitten Sie, den Gesamtbetrag bis zum 25.05.2002 auf das Ihnen bekannte Konto bei der Stadtsparkasse einzuzahlen. Nutzen Sie als Zahlungsgrund folgenden Text:

KlAnl Helenenstraße.

Mit freundlichen Grüßen

Ihr Stadtbauamt

Ich habe die Fehlerstellen rot markiert. Natürlich habe ich hier diese typischen Fehlerarten in einem Schreiben zusammengeführt. Sie traten disloziert in den vielen Schreiben auf.

Beim ersten Fehler klebt die Zahl am Text davor. Beim zweiten klebt DM am Text dahinter. Beim dritten fehlt die Währungsangabe DM ganz und beim vierten klebt alles vorn und hinten am Text.

Die vorbereitende Arbeit bestand also darin, diese Fehler zu beseitigen. Das erforderte hauptsächlich, fehlende Leerzeichen und die fehlenden Währungsangaben DM einzufügen. (Andere Fehler habe ich nicht korrigiert.)

Das musste also alles korrigiert und der Währungsbetrag „nachrichtlich" in Euro umgewandelt werden. (Was der Beamtenausdruck „nachrichtlich" bezweckt, habe ich bis heute nicht richtig verstanden.) Es sollte also vom Programm nach dem hier fett dargestellten Gesamtbetrag eine Klammer eingefügt werden mit dem Text (nachrichtlich X.YYY,ZZ Euro). Dabei sollte für den jeweiligen Gesamtbetrag vom Programm die Umrechnung auf den Euro-Betrag erfolgen.

Damit hätte die Zeile im Schreiben nach der Bearbeitung mit diesem Betrag wie folgt gelautet:

anteilige Kosten in der Gesamthöhe von **3.457,45 DM (nachrichtlich 1.767,77 Euro)**

Zudem habe ich damals vorgeschlagen, alle Briefe in einem Ordner zusammenzuführen, aus dem dann das Programm jeden einzelnen entnehmen und nach der Bearbeitung in einem Ordner ‚Fertige Briefe' neu abspeichern soll. So wurde das akzeptiert und angegangen. Aufgrund der Einfachheit der Aufgabe machte ich keinen PAP, sondern nur eine Präzisierung in Worten.

An diesem Punkt stellte sich die Frage, ob der **Makro-Recorder von Word** hier hilfreich sein kann. Zunächst wurde er verwendet, um den Vorgang der Briefkorrektur durchzuführen und aufzuzeichnen. Im ***Video_T1_Vi19A*** kann man das verfolgen. Ich kopiere hierher, was der Makro-Recorder von Word aufgeschrieben hat.

```
Sub Makro1() 'Textkorrektur "von Hand"
    'Makro1 Makro (Hinweis: Cursor ist hier die Einfügemarke,
Selection.MoveDown Unit:=wdLine, Count:=5 'Cursor nach unten, 5 Zeilen
Selection.MoveRight Unit:=wdCharacter, Count:=20 'Cursor 20 Zeich.nach rechts
Selection.TypeText Text:=" " 'Text einfügen ein Leerzeichen
Selection.MoveRight Unit:=wdCharacter, Count:=27 'Cursor 27 Zeich. nach rechts
Selection.TypeText Text:=" " 'Text einfügen ein Leerzeichen
Selection.MoveDown Unit:=wdLine, Count:=1 'Cursor nach unten eine Zeile
Selection.MoveLeft Unit:=wdCharacter, Count:=35 'Cursor nach links 35 Zeichen
Selection.TypeText Text:=" DM" 'Text einsetzen " DM"
Selection.MoveDown Unit:=wdLine, Count:=1 'Cursor nach unten 1 Zeile
Selection.MoveRight Unit:=wdCharacter, Count:=4 'Cursor nach rechts 4 Zeichen
Selection.TypeText Text:=" " 'Text einfügen ein Leerzeichen
Selection.MoveRight Unit:=wdCharacter, Count:=9 'Cursor nach rechts 9 Zeichen
    'war ein Zeichen zu weit, deshalb
 Selection.MoveLeft Unit:=wdCharacter, Count:=1 'Cursor nach links 1 Zeich.
Selection.TypeText Text:=" " Text einfügen als ein Leerzeichen
End Sub
```

Leider war das für diese Programmieraufgabe wenig geeignet. Der M-Recorder hat nur die zeilen- und -zeichenweisen Bewegungen des Selection-Objektes, hier repräsentiert durch die Einfügemarke, und das Einfügen von Leerzeichen und „DM" als Text-Objekte aufgeschrieben. Interessant sind hier nur die Angaben der Bewegungseinheiten (Unit) als Wordkonstanten Zeile und Zeichen und die Übergabe der jeweiligen Anzahl (.Count).

Dieses Makro könnte man zwar zum Wiederholen der genau gleichen Aktion einsetzen, aber nur für genau den gleichen Text in genau der gleichen Anordnung des Textes. Hier muss also komplett neu programmiert werden. Der Makro-Recorder ist hier keine Hilfe!

12.2. Grundsätzliches zu VBA-Word

12.2.1. Objekte in Texten

Die Objekte in Texten haben eine andere Natur als die in VBA-Excel. Schwerpunkt ist die Kodierung von einzelnen Zeichen und Texten sowie von Range-Objekten für Wörter und für Zeichen. Deshalb folgt hier die Empfehlung, zunächst **Lektion 13 im Anhang A** durchzuarbeiten, um die verschiedenen Kodierungen und Objekte kennenzulernen.

Zurück aus der etwas schwierigeren Lektion 13 setzen wir hier fort.

Mit dem Wissen aus den vorangegangenen Praxisbeispielen beginnen wir hier gleich mit dem Entwurf einer eigenen Bedienfläche zur Ablaufsteuerung. Was soll gesteuert werden?

- Der Aufruf eines Briefes aus einem Ordner {Briefe}
- Die Textkorrektur
- Die Euro-Einfügung
- Das Anzeigen des Brieftextes
- Die Beendigung mit Abspeicherung in einen Ordner {Neue Briefe}.
- Das Beenden des Programms

Legen Sie, wie bei der Patientenbefragung einen Pfad wie hier „D:_Briefkorrektur\". Fügen Sie den Ordner {Briefe} aus dem Ordner {Material} mit den Beispielbriefen dort ein und erzeugen Sie zusätzlich einen Ordner {Neue Briefe}. Dort hinein sollen schließlich die korrigierten und ergänzten Briefe. In den Briefen befindet sich bereits der oben angegebene Text in verschiedenen Varianten. Diese werden dann für die Bearbeitung durch das Programm verwendet. Öffnen Sie jetzt ein leeres Worddokument und speichern es sofort in diesen neuen Ordner {D:_Briefkorrektur} mit dem Dateinamen Briefkorrektur.docm ab und schließen Sie dieses. Öffnen Sie dann die Datei {Briefkorrektur.docm}" aus diesem Ordner heraus erneut.

Jetzt wieder eine Neuerung. Wir verwenden hier nicht die bekannten VBA-UserForms als Bedienoberfläche.

Aber warum eigentlich nicht?

Das resultiert wieder aus einer Microsoft-Tücke. Auch ich habe längere Zeit nur mit VBA-Excel gearbeitet. Dazu habe ich auch erläutert, dass ich der Meinung bin, dass mit VBA-Excel das Programmieren-Lernen besser möglich ist als mit VBA-Word. Der Meinung bin ich auch heute noch.
Nun erhielt ich eine Anfrage, warum die Prozedur Auto_Open in VBA-Word nicht mehr funktioniert. Ich konnte es zunächst nicht beantworten und testete das zunächst mit meiner Office-Installation. Und wirklich, auch bei mir funktionierte Sub Auto_Open() in Word im Gegensatz zu VBA-Excel nicht. Ich vermutete zunächst, dass Microsoft irgendwie das ‚Uralt-Guthaben' loswerden möchte und bei Word angefangen hat, um die User zu veranlassen, nach anderen Lösungen zu suchen. Aber leider habe ich mich dabei geirrt. Aber ich habe natürlich nach einer anderen Lösung gesucht und diese auch gefunden. Und die werde ich hier mit Ihnen zunächst erarbeiten.
Wenn also etwas bei VBA nicht (mehr?) funktioniert, muss man aus der Not eine Tugend machen und sich wie in diesem Fall eine eigene Bedienfläche schaffen. Und dazu nutzen wir einfach ein schnödes Word-Dokument. (Übrigens: Wenn auch in VBA-Excel dieser Fall eintreten sollte, ist auch hier diese Variante möglich. Aus der ersten Tabelle könnten die Tabellenrahmen ausgeblendet und auch Buttons in ein

derartiges Tabellenblatt eingebaut werden. Aber zum Glück funktioniert Auto_Open bei VBA-Excel!)

Jetzt geht es aber mit VBA-Word weiter:

12.2.2 Die Bedienoberfläche erzeugen

In der Datei {Briefkorrektur.docm} befindet sich bisher nur ein leeres Blatt (Document-Objekt). Auf diesem fügen Sie ein Textfeld ein, füllen es mit einer hellen Farbe und fügen danach in dieses Textfeld sechs cmdButtons ein. Hier in Word gibt es nur Command-Buttons als Aktive-X-StE. Das ist wieder ein Unterschied zu Excel! Nennen Sie diese Buttons in folgender Reihenfolge:

cmdDatei; cmdBriefKorr; cmdEuro; cmdZeigDatei; cmdSpeiNeu und cmdEnde und beschreiben Sie die Captions der Reihe nach mit
[Datei öffnen]; [Brieftext korrigieren]; [Euroberechnung durchführen];
[Aktuelle Briefdatei anzeigen]; [Bearbeitete Datei abspeichern] und [Bearbeitung beenden].

Ach so, wie und wo ?

Das habe ich ja noch gar nicht erklärt.
Im Projekt gehen Sie in die ENTWICKLERTOOLS. Dort sehen Sie ungefähr in der Mitte die Steuerelemente für die Dokumente. Oben rechts finden Sie das Symbol ‚Entwurfsmodus'. Klicken Sie dieses, so dass es als Zeichen, dass der Entwurfsmodus aktiv ist, markiert wird. Schauen Sie sich darunter die Steuerelemente an. Das letzte unten hat einen Pfeil (Dreieck). Wenn Sie diesen klicken, finden Sie u.a. auch die Buttons bei den ActiveX-Steuerelementen. Fügen Sie in das farbig ausgefüllte Textfeld dann einen Button ein. Das geht aber nicht unmittelbar, denn direkt lässt sich der Button nicht in das Textfeld einfügen. Sie müssen den Button unter dem Textfeld erzeugen und dann in das Textfeld hineinziehen. Dort richten Sie ihn dann nach Größe und Lage ein.
Aus diesem Button erzeugen Sie mit Drag and Drop der Reihe nach die anderen fünf Buttons. Klicken Sie jetzt den ersten Button an, so dass dieser aktiviert wird und den Rahmen mit den Anfassern zeigt. Klicken Sie ihn noch einmal mit reKlick und ein Kontextmenü bietet u.a. die Eigenschaften an. Mit Klick darauf werden diese links eingeblendet. Es ist das gewohnte Eigenschaftenfenster. Ändern Sie hier Namen und Captions der Reihe nach, wie oben beschrieben.
Im *Video T1_Vi20* zeige ich Ihnen das.
Jetzt kommt es nochmals interessanter, wenn Sie den ersten Button doppelklicken.
Die Ereignisprozedur
Private Sub cmdDatei_Click()
wurde angelegt.

Aber wo ?

Schauen Sie links in den Projektexplorer (wenn das Eigenschaftenfenster noch darüber liegt >> klicken Sie das Schließkreuz).
Bei Ihrem Projekt finden Sie den Ordner {Microsoft Word Objekte} und darin das Item (Mitglied) ‚This Document (Dieses Dokument)'. Ein dblKlick darauf öffnet ein Modul und zwar das des Word-Blattes (Document). Und darin finden Sie die erste leere Prozedur des ersten Buttons. Beschriften Sie gleich oberhalb Option Explicit

'Modul des Word-Documents
 und darunter die Zeile

'DEKLARATIONEN

Also weder in einem allgemeinen Modul noch im Modul einer UserForm (die es hier gar nicht gibt), sondern im Modul des Documents werden die Prozeduren untergebracht. Das Document-Objekt wird damit zur Bedienoberfläche. Erzeugen Sie der Reihe nach durch dblKlick die leeren Prozeduren für die anderen Buttons. Das Blatt sollte dann so aussehen, wie in Abb. 44.

Startfenster des Programms ohne modales Formular

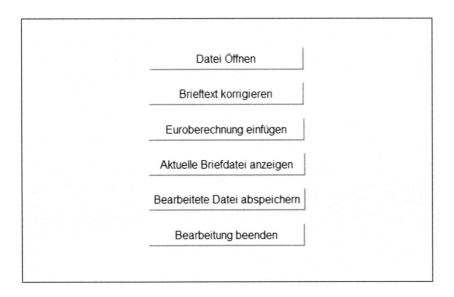

Abb. 44 Die eigene Steuerfläche für das Projekt ‚Briefkorrektur'

Damit wurde erreicht, dass mit Programmstart dieses Bedienfeld angezeigt wird – und zwar ohne Sub Auto_Open(), die hier ja nicht zur Verfügung steht. Aber etwas brauchen wir schon noch >> ein allgemeines Modul. Fügen Sie dieses in der IDE ein und beschriften es oben mit

'Modul 1
und darunter
'DEKLARATIONEN

Jetzt geht es an die Programmierung:

Dazu folgende Vorbemerkung:

Die Klickprozeduren der Buttons im Modul des Dokuments erhalten nur wenig Syntax. Den Hauptteil verlagern wir in das allgemeine Modul1 und die Prozeduren dort werden von den Klickprozeduren der Buttons als Unterprogramme aufgerufen.

12.2.2.1 Button [Datei öffnen]

Zunächst geht es an die Programmierung des Buttons [Datei öffnen].
Hier muss folgendes erreicht und beachtet werden:

- Es darf nur eine Briefdatei geöffnet werden, d.h. das gleichzeitige Öffnen einer zweiten Briefdatei ist zu verhindern. Hier wieder ein interessanter Aspekt: Die Anzahl der geöffneten Word-Dateien wird natürlich automatisch vom System mitgezählt. Die Zahl steckt in der Eigenschaft .Count' (Anzahl) Wenn die Programmdatei {Briefkorrektur.docm} geöffnet wird, ist ein Word-Dokument geöffnet. Sie erhält automatisch eine interne Index-Zahl 1. Wird eine zweite (Briefdatei) geöffnet, ist .Count = 2. Aber die Indizes sind gewöhnungsbedürftig, denn die erste Datei erhält den Index 2 und die neue den Index 1. Das muss man einfach zur Kenntnis nehmen und lernen. Es braucht also eine Variable
- Dim Anzahl As Byte. Tragen Sie diese Deklaration oben in der Klickprozedur des Buttons ein. Schreiben Sie dort in der nächsten Zeile

If Application.Documents.Count = 2 Then MsgBox " Es ist bereits eine „ _
&" Briefdatei oder ein anderes Word-Dokument geöffnet. Schließen Sie „
_ &" dieses und setzen Sie dann hier fort.": Exit Sub

Übersetzt:
Wenn AnwendungDokumentenAnzahl = 2 ist, dann Mitteilung und Abbruch

Damit ist das erste Ziel erreicht, die Öffnung einer zweiten Briefdatei in der gleichen Sitzung wird unterbunden und wenn ein anderes Word-Dokument geöffnet ist, muss dieses geschlossen werden.

- Jetzt folgt der Aufruf des Unterprogramms, das die eigentliche Dateiöffnung realisiert:
Call **DateiÖffnen** 'Diese wird als Unterprogramm im Modul 1 untergebracht 'und anschließend programmiert

Dazu ist zu bemerken, dass hier der Fall eintritt, dass die gerufene Prozedur Zeit braucht, ehe weitere Aktionen des Programms ablaufen können. Deshalb muss hier der Aufruf eines Timers erfolgen, der im Modul 1 untergebracht wird und diese Zeitspanne verschafft. Die Zeile in der Prozedur lautet demnach
- Call Timer1

Und hier folgt gleich die Timer-Prozedur, die Sie im Modul1 wie folgt programmieren. Nutzen Sie dazu wieder das Excel-Beispiel:
Sub **Timer1**() 'Timer für andere Aktionen
Dim **Wartezeit** As Integer, **Start** As Single
    Wartezeit = 1 'eine Sekunde für Aktionen
    Start = **Timer** 'Moment des Drückens
    Do While **Timer** < **Start** + **Wartezeit**
      DoEvents 'damit interne Vorgänge weiter laufen können
    Loop
End Sub 'Timer1

Während der Timer die Wartezeit realisiert, wird in der Sub des Buttons folgendes realisiert:

Anzahl = Application.Documents.Count' Anzahl darf hier max. 2 sein

Mit der Erklärung oben, dass die als zweite geöffnete Datei den niedrigeren Index hat, kann daraus der Dateiname in die Variable Datname übergeben werden:

Datname = Application.Documents(<u>Anzahl - 1</u>).Name 'daraus den Namen 'der Briefdatei extrahiert
Man hätte hier gleich den Klammerwert Anzahl minus 1 als 1 schreiben können:

Datname = Application.Documents(<u>1</u>).Name ,

aber ich wollte Sie an die allgemeinere Form heranführen, falls Sie bei einer anderen Aufgabenstellung doch einmal mehrere Dateien nacheinander öffnen oder nur deren Dateinamen erfahren wollen. Nächste Syntaxzeile:

MsgBox " Geöffnete Datei: " & Datname 'Namen nochmal ausgeben

Documents(Datname).Activate 'Die Briefdatei zum aktiven Doc. machen

Damit ist der Button programmiert, aber das Unterprogramm noch nicht!

Aber dazu gibt es guten Vorlauf aus dem VBA-Excel-Projekt ‚Patientenbefragung‘. Öffnen Sie parallel das Excel-Projekt und übernehmen Sie durch Kopieren und Einfügen die ganze gleichartige Syntax, die Sie dann nur noch anpassen müssen. Wir beginnen mit der langen Declare-Anweisung für ShellExecute im Excel-Modul. Kopieren Sie diese komplett oben in das Modul1 des Word-Projektes. Darunter fügen Sie noch die folgenden Variablendeklarationen ein, die ich erläutere, wenn sie dran sind:

'DEKLARATIONEN
    Public Declare PtrSafe Function ShellExecute Lib "Shell32.dll" Alias "ShellExecuteA" (_
ByVal hwnd As Long, ByVal lpOperation As String, ByVal lpFile As _
String, ByVal lpParameters As String, ByVal lpDirectory As String, ByVal _
nShowcmd As Long) LongPtr
        Dim I As Integer   'Zähler lokal
        Dim L As Byte   'Länge eines Words()
        Dim Leerz As String   'Leerzeichen zum Einbau
        Dim Wort As Range   'Variable für ein Words-Objekt
        Dim J As Integer   'Zähler lokal, benutzt für Zeichen
        Dim S As Integer   'Zähler für Zahlenstring
        Dim R As Range   'irgendein Range-Objekt
        Dim Pos1 As Integer   'Positionsvariable
        Dim Pos2 As Integer   'dito
        Dim Einsatz As String   'einzusetzende Klammer (nachrichtlich……)
        Dim DMZahl As Range   'Range-Typ, hat aber String-Form
        Dim Zeichen As Variant   'Einzelnes Zeichen als Bereichsvariable
        Public Datname As String   'Name der zu bearbeitenden Briefdatei
        Public Pfad As String   'Allgemeiner Pfad
        Public Meldung As String   'Allgemeine Meldung

Legen Sie darunter im Modul die folgende Prozedur an:

```
Sub DateiÖffnen()
'hier die Syntax aus Excel einfügen (aber Sub und End Sub nicht!!!)
End Sub
```

Jetzt können wir wieder von der schweren Arbeit im Excel-Projekt profitieren. Kopieren Sie nur den Inhalt der Prozedur PDFDateiÖffnen() in die leere Prozedur an die Stelle, die ich ein paar Zeilen weiter oben beschrieben habe mit 'hier die Syntax aus Excel einfügen

Aber ACHTUNG: Es muss sofort angepasst werden, denn nicht alles ist gleich.
Ändern Sie folgende Zeilen so:

.InitialFileName = "D:_Briefkorrektur\Briefe\" 'oder Ihr Pfad, wenn Sie meinem
                                         'Vorschlag nicht gefolgt sind

Dann die Zeile .Filters.Add (beachten Sie die Kommata und Semikola!):

.Filters.Add "WordDateien ", "*.docx; *.docm; *.doc" 'Nur Word-Dateien wählbar
Der Rest kann bleiben wie in Excel. Ist doch rationell, oder?
Damit ist die Programmierung des ersten Buttons bereits (durch Nassauern) fertig. Machen Sie sich die Syntax trotzdem nochmals klar, damit der Lerneffekt erreicht wird.
Sie können hier bereits testen, ob es funktioniert, die Datei zu öffnen, die Sie klicken. Falls etwas nicht kommt, schließen Sie die Datei {Briefkorrektur.docm} und öffnen sie wieder. Die im Test geöffnete Briefdatei müssen Sie zunächst von Hand wieder schließen.
Das Listing für den Button [Datei Öffnen] mit seinem Unterprogramm
Sub DateiÖffnen im Modul1 finden Sie im Kapitel **3.2** im Anhang C.

Jetzt folgt der nächste Button.

12.2.2.2 Button [Brieftext korrigieren]

Auch hier wird zunächst die Sub des Buttons programmiert und danach die Hauptfunktion in einem Unterprogramm im Modul1, das von diesem Button aufgerufen wird. Die Sub des Buttons ist kurz:

```
Private Sub cmdBriefKorr_Click() 'Briefkorrektur
If Application.Documents.Count = 1 Then MsgBox " Es ist noch keine Briefdatei
geöffnet ": Exit Sub ' Wieder ein Fehler abgefangen
        Call BriefKorrektur        'ruft die eigentliche Funktionalität im Modul1 auf
End Sub
```

Übersetzen Sie es sich selbst!

Jetzt erzeugen Sie im Modul1 den Prozedurkörper
  Sub BriefKorrektur()
'Und hier kommt jetzt viel Syntax hinein <<<<<<<<<<<<<<<<<<<<<<<<<<<<<<<<<
  End Sub

Zunächst erfolgt die Beseitigung der Fehler im Text, die wir an die Sub des Buttons [Brieftext korrigieren], namens cmdBriefKorr binden wollen.

Wir beginnen mit dem Textfehler, bei dem die Zahl links am Text klebt.

Im Bsp. ist das die Stelle sind257,85 DM….
Es muss also links von der Ziffer 2 ein Leerzeichen eingefügt werden. Dazu ist oben schon die Deklaration der Variablen vorgegeben.
Dim Leerz As String
(Option Explicit setze ich voraus, wie auch die Deklarationen auf Modulebene und die Kennzeichnung des Moduls des Formulars, die ich Sie oben habe eintragen lassen.)
Für die Lösung des Problems muss natürlich vom Textanfang an der gesamte Text Words() für Words() durchlaufen werden, bis die erste Ziffer erreicht wird. Um die Words() zu zählen braucht man eine Zählvariable. Deklariert ist oben
Dim I As Integer.
Auch die Words-Objekte brauchen eine allgemeine Variable. Logischerweise nennen wir diese Wort und deklarieren diese ➔ natürlich als Range. Es sind Bereichsobjekte. Also oben im Modul: Dim Wort As Range ist schon drin. (Hier nochmals die Erinnerung aus der Lektion: Wort (lebendige Sprache) ist die Variable für die Words()-Objekte (Programmiersprache)!)

In der Sub des Buttons setzen Sie die Anfangswerte für den Zähler I und das Leerzeichen

Sub cmdBriefKorr_Click

I = 1
Leerz =" "   '(Leerzeichen zwischen den Anführungszeichen)

Man muss also alle Words im aktuellen Dokument mit der Syntax durchlaufen:

For Each Wort in ActiveDocument.Words 'Next Wort unten schon vorbereiten

Durch das Zusammenkleben wird das Words-Objekt so sein: **sind257,85**
Am Text hängt also die Zahl 257,85. Das ist zu trennen. Aber erst muss dieses Words(I) gefunden werden. Es muss also im Words(I) links Text und rechts Zahl (numeric) stehen. Das programmiert man als Entscheidungs-Syntax:

```
If IsNumeric(Right(ActiveDocument.Words(I), 1)) And Not Isnumeric _
(Left(ActiveDocument.Words(I), 1)) Then
```

Das bedeutet (rückübersetzt):

Wenn im Words-Objekt mit dem Index I des aktiven Dokuments ein Zeichen (nach rechts) eine Zahl ist und ein Zeichen (nach links) keine Zahl ist, DANN (ist ein derartig „angeklebtes" Words-Objekt gefunden und muss getrennt werden.
Erinnerung: Das Leerzeichen am Ende des Words(I) gehört noch zum Objekt!)

Um das Trennen realisieren zu können, muss man zunächst die Länge des Words() feststellen >> und die Länge deklarieren

```
Dim L As Byte
```
(kaum länger als 255 Zeichen, deshalb Byte).
Und in der Sub weiter:

```
L = Len(ActiveDocument.Words(I)) 'Länge des gefundenen Words()'
```
Jetzt muss das gefundene Words() von links nach rechts analysiert werden, um festzustellen, wo die erste Ziffer steht. Dazu wird ein weiterer Zähler gebraucht: Deklariert ist oben:

```
Dim J as Integer 'Zählvariable für die Zeichen im Words()-Objekt
```

Innerhalb der Außenschleife For Each …. wird die Innenschleife angelegt:

```
For J = 1 To L 'von 1 bis Länge
        If IsNumeric(ActiveDocument.Words(I).Characters(J)) Then
```

Übersetzt: Wenn im aktiven Dokument, im Wordsobjekt mit Index I das Zeichen mit Index J eine Zahl ist, DANN (… ist die Stelle gefunden).

Im obigen Beispiel **sind257,85** wäre der ‚Treffer' bei J = 5 (als 5. Zeichen Ziffer 2)

J = 5 ist nur zur Erläuterung wichtig. In der Syntax brauchen wir die Zahl 5 gar nicht, das wird implizit erledigt, denn die Trennstelle ist gefunden und damit der Zweck der For-Next-Schleife schon erreicht. An diesem J wird die Schleife mit Exit For verlassen.

```
        Exit For 'Bei aktuellem J aussteigen
        End If   'isnumeric Innenschleife
        Next J
```
Und darunter kann schon der Zweck des Ganzen erreicht werden, das Einbauen des Leerzeichens vor (Before) dem gefundenen ersten Zahlzeichen:

ActiveDocument.Words(I).Characters(J).InsertBefore Leerz
'(nach Before auch Leerzeichen vor der Variablen Leerz!)

Das bedeutet:

Im aktiven Dokument im Words-Objekt mit Index I vor der Position des Zeichens mit Position J das Objekt ‚Leerzeichen' (Leerz) einfügen.
(Beachten Sie immer die Punkte zwischen den Syntax-Elementen, die hier etwas schwerer zu erkennen sind, und auch die Leerzeichen.)

Damit ist der Zweck für diese Textstelle im Dokument erfüllt und das nötige Leerzeichen eingefügt. Aber es kann weitere geben, deshalb wird die Innenschleife beendet, der Zähler I erhöht und das nächste Words() mit der Außenschleife gesucht, für das das anfängliche Prüfkriterium noch gilt. Damit ergibt sich:

End If   'isnumeric der Außenschleife
I = I + 1   'Words()-Zähler erhöhen
Next Wort   'nächstes Wort suchen

Im Beispiel gibt es einen weiteren derartigen Fall im Words-Objekt (siehe Brieftext) bei fielen47,45,
wo die 4 am Text davor klebt. Der wird von der gleichen Syntax genauso erkannt und getrennt.
Damit ist die Programmierung der Bekämpfung der ersten Fehlerart schon erledigt.

In gleicher bzw. ähnlicher Weise werden die anderen Fehler im Brief beseitigt. Also das „Kleben" der Währungsangabe DM an der Zahl davor oder am Text dahinter und auch das Fehlen der Währungsangabe DM überhaupt.
Ich führe das hier jetzt nicht weiter aus, weil es Wiederholung der oben beschriebenen Schritte bedeutet. Schauen Sie sich aber die gesamte Syntax zum Projekt „Briefkorrektur" und ganz speziell zum Unterprogramm Sub BriefKorrektur() im Anhang C (Listing 3.2.2.) an und versuchen Sie alle Teilschritte, die hier nicht beschrieben sind, zu verstehen. Die vier Fehlervarianten sind in diesem Listing in Kommentarzeilen, die mit 1. bis 4. nummeriert sind, behandelt. Ergänzen Sie Ihr Übungsprojekt „Briefkorrektur" in geeigneter Weise und testen Sie es.

Das gesamte Listing zur Briefkorrektur finden Sie wieder im Anhang C unter 3.
Schreiben Sie es aber nicht nur ab, sondern erstellen Sie Ihr Programm anhand der dargelegten Programmierschritte und versuchen Sie, alles zu verstehen. Merken müssen Sie sich nicht alles sofort – Sie können ja nachschauen.

Wenn Sie diesen Programmteil schon testen wollen, können Sie das machen. Klicken Sie den Button [Brieftext korrigieren] im Bedienfeld. An dieser Stelle eine Bemerkung:

Durch die Benutzung des Word-Dokuments der Programmdatei als Steuerfläche gibt es natürlich in der Briefdatei keinen Button, der zur Steuerfläche zurückschaltet. Für diese Umschaltung zwischen den einzelnen Bereichen werden einfach die Buttons unten in der Windows-Task-Leiste genutzt. Dort kommen Sie mit einem Klick entweder in die Briefdatei, in das Bedienfeld oder in die IDE.

Jetzt folgt der nächste Button in diesem Projekt mit seinem Unterprogramm:

12.2.2.3. Button [Euroberechnung einfügen]

Die Syntax des Buttons ist wieder kurz, der Hauptteil liegt wieder im Unterprogramm. Der Button selbst bekommt diese Syntax:

```
Private Sub cmdEuro_Click() 'Euroberechnung
    If Application.Documents.Count = 1 Then MsgBox " Es ist noch keine „ _
& „Briefdatei geöffnet ": Exit Sub 'Abbruch, sonst weiter, wenn Count 2 ist
    Call Euro 'Unterprogramm zur Einfügung der Klammer ( nachrichtlich …….)
End Sub
```

Die Prozedur Sub Euro() im Modul 1 programmieren Sie wie folgt:
Erinnerung: Die einzufügende Klammer habe ich weiter vorn schon erwähnt. Hier die Wiederholung: (nachrichtlich X.YYY,ZZ Euro).
Aus der Gesamtsumme in DM am Anfang des Schreibens muss die Syntax also den Wert in Euro umrechnen und in einer Klammer hinter DM einfügen. So wollten es die Beamten des Regierungspräsidiums.
Damit beginnt die Prozedur:

```
Sub Euro()    'Fügt die Klammer mit der Euro-Berechnung ein
    I = 1        'Anfangswert für Zählvariable I setzen
    'Fehler abfangen! Prüfen, ob die Einfügung schon existiert,
    'um Doppeleinfügung zu unterbinden >> Wort "nachrichtlich" suchen

  For Each Wort In Documents(Datname).Words
    If Documents(Datname).Words(I) = "nachrichtlich " Then
    MsgBox("Diese Einfügung ist im Dokument schon vorhanden." _
      & " Wenn diese geändert werden soll, nehmen Sie diese Änderung bitte „ _
& „von Hand vor. Diese Funktion wird jetzt beendet", vbOKOnly, _
& "Doppeleinfügung vermeiden")
    Exit Sub  'Absprung aus der Sub, weil Eintrag schon vorhanden ist
    End If
    I = I + 1
    Next Wort
```

Ich glaube, dass Sie das jetzt schon selbst rückübersetzen können. Auf jeden Fall wird die Sub abgebrochen (Exit Sub), wenn die Einfügung schon vorhanden ist. Wenn das nicht der Fall ist, wird die Syntax bis zum letzten Words()-Objekt weiter ausgeführt. Danach geht es unter Next Wort weiter zum nächsten Syntax-Abschnitt.

'DIE EINFÜGUNG MIT EURO VORNEHMEN
    I = 1 'Anfangswert für neuen Durchlauf setzen
    For Each Wort In Documents(Datname).Words

      'Findet erstes Zahlzeichen
      If IsNumeric(Documents(Datname).Characters(I)) Then

Jetzt kommen zwei Variablen ins Spiel, die oben schon deklariert sind: Pos1 und S:

      Pos1 = I - 1 'Start z.B. bei Zeichen 74 ; ein Zeichen vor der gefundenen Ziffer
      S = I 'Anfangswert von S ist wie I

Jetzt werden die Words-Objekte durchlaufen, bis das D von DM erreicht wird. Da alle Zahlen, die Geldwerte darstellen, in der Prozedur davor so korrigiert wurden, dass jede das Währungszeichen DM hat, ist die Zahl <u>ein Zeichen vor dem D</u> beendet.
In einer Do While-Schleife werden die Words-Objekte weiter durchlaufen, bis das D erreicht ist. Die Position S wird bei jedem Schleifendurchlauf um 1 erhöht.

Do While Not (Documents(Datname).Characters(S) = "D")
S = S + 1
Loop
Also: Mache, solange im Dokument mit dem Dateinamen das Zeichen an Position S kein „D" ist.

Da aber „D" schon ein Zeichen weiter ist, muss als letzte Ziffer für die Endposition der S-Wert minus 1 genutzt werden.

Pos2 = S – 1   'Wenn „D" erreicht ist, ist Zeichen davor letztes in der Zahl

Mit Pos1 und Pos2 sind also Anfang und Ende des Bereichsobjektes für die reine Zahl gefunden. Nun muss das Range-Objekt formuliert werden. Der Variablenname ist oben als DMZahl bereits deklariert, und zwar vom Typ Range, obwohl er aussieht wie ein String. <u>Erinnerung:</u> Objektvariablen müssen mit dem Schlüsselwort Set initialisiert (mit Wert versehen) werden! Die Syntax für die Erzeugung eines Wertes für ein Bereichsobjekt mit Hilfe seines Anfangs und Endes hatten wir noch nicht. Hier lernen Sie das kennen. (Den Zuweisungsoperator **:=** hatten wir aber schon.) Die nächste Syntaxzeile müssten Sie damit verstehen.

Set DMZahl = Documents(Datname).Range(Start:=Pos1, End:=Pos2)

Damit haben wir im Objekt DMZahl den Zahlenwert eingeschlossen. Jetzt wird es etwas komplizierter, weil Sie die Zahlenformatierung durch Syntax kennenlernen müssen. In der **Lektion 11 im Anhang A** habe ich die Format-Funktion schon genannt, aber noch nicht erklärt. Das kommt hier. Sie können dazu im Direktfenster Format schreiben und [F1] drücken. Lassen Sie sich vom Umfang der Format-Funktion nicht erschlagen. Hier haben wir ein Beispiel, bei dem die Erklärung zunächst schwer verständlich ist. Ich führe Sie hier zur Lösung hin. Scrollen Sie im Hilfe-Fenster der Format-Funktion nach unten bis zum Beispiel und lesen Sie den Text durch, um zu verstehen, wie die Format-Funktion zu verwenden ist. Ich habe in Abb. 45 schon mal die Stelle herausgefiltert, die wir brauchen (Benutzerdefinierte Formate).

```
' User-defined formats.
MyStr = Format(5459.4, "##,##0.00")     ' Returns "5,459.40".
MyStr = Format(334.9, "###0.00")     ' Returns "334.90".
MyStr = Format(5, "0.00%")     ' Returns "500.00%".
MyStr = Format("HELLO", "<")     ' Returns "hello".
MyStr = Format("This is it", ">")     ' Returns "THIS IS IT".
```

Abb. 45 Benutzerdefinierte Formate aus der Hilfe für die Format-Funktion

Die oberste Zeile ist die, die wir brauchen.
Was besagt diese Zeile?

Betrachten Sie die Klammer hinter dem Wort Format. Dort steht eine englische Zahl mit einem Tausenderwert und nur einer Nachkommastelle, wobei der Dezimaltrenner Punkt statt Komma ist >> Englisch eben. Nach dem Komma als Trennzeichen in der Syntax nach der Ziffer 4 beginnt in Anführungszeichen die eigentliche Vorschrift, wie die Zahl erscheinen soll, nämlich vor einem Tausenderpunkt, der hier ein Tausenderkomma ist, beliebige Ziffern, die hier durch ## vorgegeben sind. Nach dem Tausendertrenner ##0, also drei Zeichen als Hunderter, und nach dem Dezimaltrenner Punkt (unser Komma) zwei Nachkommastellen 00, also wie bei unserem normalen Währungsformat.
Wird die Zahl im Beispiel 5459.4 mit diesem Format versehen, kommt sie als 5,459.40 zurück. Es wurden also der Tausendertrenner und die zweite Stelle nach dem Dezimaltrenner eingefügt. Auf einem Computer mit Regionalkonfiguration Englisch wäre das schon fertig. Da wir aber mit der Regionalkonfiguration Deutsch arbeiten, muss diese Zahl so zurückkommen: 5.459,40. Und das werden Sie in der weiteren Syntax auch so erleben, denn das System „weiß", welche Regionalkonfiguration unser PC hat.

Jetzt benutzen wir die oben deklarierte Variable ‚Einsatz' für die Einfügung der Klammer:

'Einsatz' hat den Typ String. Es ist also ein String zu schreiben, der die ganze einzusetzende Klammer einschließlich der Währungsangabe in Euro beinhaltet. Damit sind in diesem String sowohl die Umrechnung des DM-Wertes in Euro (Euro = DM / 1,95583) als auch die Formatierung der Zahl zu realisieren. Dazu soll nach einer KlammerAuf der Begleittext mit <u>nachrichtlich</u> beginnen, der Zahlenwert in Euro angefügt und die Währung mit dem Wort Euro benannt werden. Dann ist die Einsetzung mit KlammerZu zu beenden. Die Einsetzung selbst soll hinter DM der Zahlungsanforderung erfolgen, natürlich mit den entsprechenden Leerzeichen davor und dahinter.

Dies erfüllt die nachstehende Syntaxzeile:

Einsatz = " (nachrichtlich " & Format(DMZahl / 1.95583, "##,##0.00") & " Euro)"

Die Variable DMZahl könnte eigentlich eine Fehlerquelle sein, denn diese wurde aus dem Text extrahiert. In unserem Beispiel ist es **3.457,45** in {Brief1.docm}. Die hat aber deutsches Format. Eigentlich müsste doch die englische Zahlform an die Funktion übergeben werden? Das haben die MS-Programmierer mit der Regionalkonfiguration gelöst. Damit ist die Formatfunktion an die Regionalkonfiguration angepasst.

Die entscheidende Zeile dieser Operation Einsatz = …. ist also korrekt programmiert. Beachten Sie wieder die Leerzeichen, die Trennzeichen und die Operatoren. Die &-Zeichen, die die einzelnen Elemente der Zeile verbinden, sind der Beweis, dass es tatsächlich ein String ist. Die drei Teilstrings sind durch Ampersands zusammengebaut.

Jetzt eine Kleinigkeit noch, die Leerzeichen vor und nach der einzusetzenden Klammer.

Das erste bringt „DM " selbst mit, denn das Words-Objekt schließt das Leerzeichen vor dem nächste Words() mit ein. Aber hinter der KlammerZu muss noch ein Leerzeichen hinein. Dazu benutzen wir ein Range-Objekt **R**, das oben bereits als Range deklariert ist.

Mit dem setzen wir einfach eine Einfügemarke (den blinkenden Cursor-Strich in Texten).

Ähnlich der Erzeugung des Objektes für DMZahl setzen wir hier aber Anfang und Ende des Objektes R auf die gleiche Position(Pos2 + 2). Pos2 war die Endposition der Zahl mit Leerzeichen, dann kommt DM und dahinter wird die Einfügemarke gesetzt.

Set R = Documents(Datname).Range(Start:=Pos2 + 2, End:=Pos2 + 2)
'Einfügemarke
R.InsertAfter Einsatz   'Einfügemarke hinter die Klammer 'Einsatz' setzen.

Jetzt ist die Sub nur noch richtig abzuschließen. Dazu setzen Sie vor End Sub die Sprungmarke MEnde:

Wenn die Klammer eingefügt ist, ist der Zweck der Sub erfüllt und die Sub kann beendet werden. Das geschieht mit dem Sprung zur Marke MEnde. Aber man darf nicht vergessen, dass noch zwei Strukturen abgeschlossen werden müssen. Zudem sind am Ende der Sub noch die mit Set erzeugten Objektvariablen auf Nothing zu setzen. Dabei ist die Reihenfolge zu beachten: das als letztes Erzeugte zuerst und das als erstes Erzeugte zuletzt.

Nach R.InsertAfter Einsatz fügen Sie die Zeile

Goto MEnde

ein, aber dahinter müssen Sie noch die Entscheidung If isnumeric..... abschließen, den Schrittzähler I erhöhen und das nächste Wort aufrufen. Das alles erfolgt mit den folgenden Zeilen:

```
        End If 'isnumeric
        I = I + 1
        Next Wort
MEnde:
Set R = Nothing
Set DMZahl = Nothing
End Sub
```

Diese letzten drei Zeilen vor MEnde: werden zwar nach dem Sprung zu MEnde nicht mehr ausgeführt, aber in den Schleifendurchläufen davor schon. Deshalb dürfen diese nicht vergessen werden.

Damit ist auch dieses Unterprogramm erfolgreich fertiggestellt und kann getestet werden.

Die restlichen Buttons sind weniger aufwändig. Die Syntax ist relativ simpel.

12.2.2.4. Button [Briefdatei anzeigen]

wird mit folgenden Zeilen versehen:

```
Private Sub cmdZeigDatei_Click()
If Application.Documents.Count = 1 Then MsgBox"Es ist noch keine Briefdatei „
_ & „ geöffnet ": Exit Sub

Documents(Datname).Activate 'zeigt die Briefdatei als aktives Dokument
End Sub
```

12.2.2.5 Button [Bearbeitete Datei abspeichern]

Dies ist etwas umfangreicher, denn es muss gezeigt werden, wohin die Datei gespeichert wird. Dafür kommt die bereits deklarierte Variable Pfad ins Spiel.

```
Private Sub cmdSpeiNeu_Click() 'Bearbeitete Briefdatei neu abspeichern
If Application.Documents.Count = 1 Then MsgBox " Es ist keine Briefdatei „ _
&"geöffnet ":Exit Sub 'Deswegen Abbruch

Pfad = "D:\_Briefkorrektur\Neue Briefe\"
Documents(Datname).SaveAs Pfad & Datname 'Speicherung im neuen Ordner mit
                                         'altem Namen
Documents(Datname).Close  'da die alte Briefdatei noch offen ist >> schließen
End Sub
```

12.2.2.6 Button [Bearbeitung beenden]

Das ist etwas umfangreicher, weil mehrere Verhaltensvarianten des Users möglich sind.
Ist keine Briefdatei geöffnet und er klickt auf Beenden, muss nur die Programm-Datei gespeichert und geschlossen werden. Das Programm ist hier selbst ActiveDocument.
Ist aber noch eine Briefdatei offen, ist auch diese zu speichern und zu schließen, bevor das Programm selbst beendet wird. Das wird wieder mit der .Count–Eigenschaft realisiert. Ist Count = 1, ist nur die Programmdatei offen, ist .Count = 2, sind Programm und Brief offen. Hier gibt es eine Fehlerquelle. Wenn der User aus irgendeinem Grund in Word eine Datei öffnet, die gar nicht zu dieser Sache gehört, wird der Count weitergezählt und es kommt zu Fehlern. Eine Bedingung ist also, dass bei der Benutzung dieses Programms keine anderen Word-Dokumente geöffnet sein dürfen. Das wird im Handbuch festgehalten. Macht es der User dennoch, ist er am Fehler selbst schuld!

```
Private Sub cmdEnde_Click()
    'Es ist nur das Programm geöffnet
    If Application.Documents.Count = 1 Then ActiveDocument.Save : _
    ActiveDocument.Close : Exit Sub
    'Programm und Briefdatei sind geöffnet
    If Application.Documents.Count = 2 Then
    Meldung = MsgBox(" Geöffnete Datei und Programm werden geschlossen", _
    vbOKCancel, " Programm beenden ?")
        If Meldung = vbOK Then
        Documents(1).Save 'Geöffnete Datei am alten Ort speichern und schließen
        Documents(1).Close
        Documents(1).Save 'Verbliebene Programmdatei speichern und schließen
        Documents(1).Close
        Else
            Exit Sub
        End If 'vbOK
    End If '....count = 2
End Sub 'cmdEnde_Click
```

Wieso sind denn hier die Zeilen Save und Close doppelt vorhanden?

Eine kleine Besonderheit steckt dahinter.Wenn die Briefdatei mit Index 1 zuerst geschlossen wird, erhält die Programmdatei automatisch den Index 1. Und dann wird auch diese gespeichert und geschlossen.
Damit sind alle Buttons programmiert und das Projekt ist fertig. Testen Sie es komplett.
Die gesamte Erstellung und die Schwerpunkte zeige ich nochmals im *Video_T1_Vi20*.

Abschließend schulde ich Ihnen noch die Auflösung der „Microsoft-Tücke", warum in VBA-Word die Prozedur Auto_Open nicht funktioniert.

Sie werden es kaum glauben: **Weil sie falsch geschrieben ist!**

Dies ist wieder so ein Fall von unnötigen Unterschieden, die Microsoft zu verantworten hat. Offensichtlich haben sich die MS-Bearbeiter von VBA-Excel und VBA-Word nicht ordentlich abgestimmt. In Word darf nämlich die Prozedur nicht mit Auto, Underline Open geschrieben werden (Auto_Open), sondern ist zusammenhängend zu schreiben:
Sub AutoOpen(),
also ohne Underline. Sogar Autoopen() funktioniert in Word, aber in Excel wiederum muss es Auto_open() sein. Manchmal muss man noch in meinem Alter hohes Lehrgeld zahlen. Aber sei es drum – herausgefunden habe ich es dennoch! Jetzt

könnten wir das Projekt „Briefkorrektur" eigentlich noch mit UserForm realisieren. Aber das lasse ich Sie allein machen, wenn Sie diese Übung noch machen wollen. Prinzipiell ändert sich an der syntaktischen Lösung nämlich nichts. Speichern und schließen Sie {Briefkorrektur.docm}. Falls bei Ihnen etwas nicht funktioniert, testen Sie mit meiner Datei {Briefkorrektur_A.docm}. Beachten Sie, dass Sie dann meinen Pfad übernommen haben müssen!

13 Ein erstes Resümee

Anhand von drei praktischen Aufgabenstellungen haben Sie die Grundlagen für die Programmierung kennengelernt. Zunächst mit Hilfe der Makro-Recorder haben Sie funktionierende Syntax erzeugt, haben sich für diese diese durch „Rückübersetzung" ein Verständnis erarbeitet und haben diese dann auch schöpferisch weiterentwickelt, um in sich geschlossene kleine Programme auf der Basis von VBA zu erzeugen. Dabei wurden Sie mit theoretischen Grundlagen, die für die unmittelbaren Lösungen erforderlich waren, bekannt gemacht und auf verwandte Themen hingewiesen, ohne diese erschöpfend zu behandeln. Das war Absicht, um Sie zunächst nicht mit dem großen theoretischen Umfang abzuschrecken.
Deshalb sind die behandelten theoretischen Grundlagen hinsichtlich VBA lange nicht erschöpfend behandelt. Im Gegenteil, sie sind nur ein Minimum des riesigen VBA-Sprachumfangs, der aber ausreichend war, um erstens die Aufgabenstellungen erfolgreich zu lösen und zweitens die Prinzipien der ereignisgesteuerten objektorientierten Programmierung zu verstehen.
Der größte Teil der erarbeiteten syntaktischen Grundlagen gilt auch für das große, umfassende Entwicklungssystem Visual Basic. Ob Entscheidungsstrukturen, Schleifen oder Blöcke, um nur drei zu nennen, gibt es sie in gleicher Weise in Visual Basic wie in VBA. Nur die für die Applikationen typischen syntaktischen Einheiten gibt es in VB nicht, dafür aber viele andere, die es wiederum in VBA nicht gibt. Im zweiten Teil werden Sie einige davon kennenlernen.
Im zweiten Teil des Buches werden wir das Projekt „Patientenbefragung" noch einmal programmieren – mit Visual Basic. Da wir dort keine Excel-Tabellen als Speicher zur Verfügung haben, werden wir z.B. größere zweidimensionale Datenfelder verwenden, um die Eingaben zu speichern, ehe diese geschlossen verarbeitet werden. Nur eine Anleihe gestatten wir uns bei VBA-Excel, nämlich die Benutzung der Empfangstabellen und Tortendiagramme im Zweig **A** von **EVA**. Natürlich kann man mit VB auch Diagramme erzeugen und Tabellen erstellen. Aber das würde über das Anliegen dieses Einsteiger-Praxisbuches hinausgehen.

Nun wünsche ich Ihnen gutes Gelingen und viel Verständnis beim ersten Kennenlernen von Visual Basic. Das Entwicklungssystem Visual Studio haben Sie sicher inzwischen preiswert erworben.

Teil 2: Visual Basic

Anwendungsprogramme für Windows programmieren

14. Der Start von Visual Basic (VB) im Visual Studio (VS)

14.1. Der Startbildschirm von Visual Studio mit Projektauswahl

Ich gehe davon aus, dass Sie eine Version von Visual Studio erworben und installiert haben. Ich nutze hier Visual Studio 2017.
Den Start beobachten Sie am besten wieder in einem Video, nämlich **Video_T2_Vi21.**

Abb.46 Das Startfenster von Visual Studio

Das Startfenster von Visual Studio gemäß Abb.46 zeigt u.a. an, welche Projekte in welcher Programmiersprache erarbeitet werden können.
Für uns kommt das <u>VB-Projekt mit User Form</u> infrage (Pfeil Abb. 46). Das wählen wir aus und ändern unten links gleich den Projektnamen in ‚BefragungPat'.

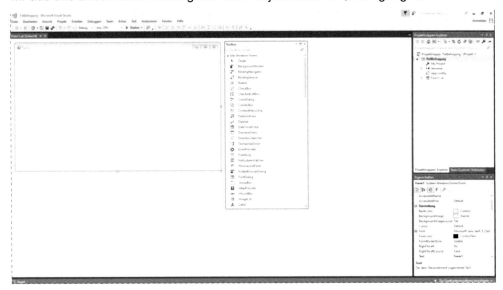

Abb.47 Die IDE von VB nach Aufruf mit noch leerem Formular

Das neue Projekt zeigt sich mit leerem Formular in der IDE wie in Abb. 47 dargestellt.

Zunächst müssen Sie die IDE von Visual Basic kennenlernen. Sie ist zwar der von VBA sehr ähnlich und doch in vielem sehr unterschiedlich und vor allem viel umfangreicher. Auch die Menüs und Symbolleisten müssen Sie neu kennen und nutzen lernen. In Abb. 47 sehen Sie die IDE nach Auswahl eines VB-Projektes mit UserForm und angepasstem Projektnamen, wie im Video dargestellt.

Rechts oben ist als kleines Fenster der Projektmappen-Explorer zu sehen. Darunter befindet sich das Eigenschaftenfenster, hier für die UserForm1. Der Projektname ist hier eingetragen. Sie sehen den Projektnamen mehrfach: ganz oben in der Titelleiste, dann im Projektmappen-Explorer (PM-Explorer) in der Zeile ‚Projektmappe' und darunter als VB Projektname.

Man könnte im VS-Startfenster (Visual Studio-Startfenster) bei ‚Zuletzt verwendet' ganz oben den neuen Projektnamen erwarten, sieht diesen aber zunächst nicht, denn das Projekt wurde unter dem neuen Namen noch nicht geöffnet.
Wenn Sie VS schließen, werden alle Änderungen gespeichert. Beim nächsten Start sollte unser neues Projekt ganz oben in ‚Zuletzt geöffnet' aufgeführt sein und sich

mit dblKlick darauf sofort zeigen. Wie bei VBA befinden wir uns auch hier im Entwurfsmodus.

In Abb. 47 ist direkt rechts vom Formular ein Teil der Werkzeugsammlung zu sehen, die hier viel größer ist als bei VBA und Toolbox heißt. Falls sie bei Ihnen nicht zu sehen ist, führen Sie aus:

ANSICHT > Toolbox   (oder Strg+Alt+X)   Darauf kommen wir noch mehrfach zurück.

Beim weiteren Entwurf des Projektes werden wir ähnlich der Verfahrensweise im VBA-Beispiel zunächst mehrere Fenster gestalten. Da Sie aus dem Teil 1 schon viel Erfahrung mit VBA haben, sollten Sie selbst die Gestaltungen vornehmen können. Ich füge Abbildungen ein, nach denen Sie sich bitte richten, damit wir die gleiche Basis haben. Die Namen der Controls teile ich Ihnen rechtzeitig mit.

Doch zunächst folgen noch einige Hinweise, die ich Ihnen an gleicher Stelle auch bei VBA gegeben hatte.

14.2. Das Startverhalten des Projektes

Das VB-Programm kann auf zwei Arten gestartet werden:

- von einer Prozedur Sub Main() in einem allgemeinen Modul aus oder
- direkt von einem Formular aus.

Führen Sie folgende Aktion aus:

PROJEKT > (BefragungPat Eigenschaften) > Anwendung (Dialog erscheint).

In der Mitte des Dialogs sehen Sie die Checkbox
'Anwendungsframework aktivieren'. Ich habe die Stelle mit folgendem Symbol markiert: ☝ Wenn das angehakt ist, muss der Start mit einem Formular erfolgen. Das ist darüber schon unter der Überschrift ‚Startobjekt‘ eingetragen. Nehmen Sie aber den Haken heraus, können Sie im allgemeinen Modul die Prozedur Sub Main() schreiben und mit dieser startet dann das Programm, wenn Sie als Startobjekt Sub Main ausgewählt haben. In Abb. 48 sehen Sie diese Stelle etwas weiter oben.Wir starten also mit dem Startfenster FrmStart.

Abb.48 Die Einstellung des Startobjektes in Visual Basic

15. Die Programmierung des Projektes ‚Patientenbefragung' mit VB

15.1. Das Startformular FrmStart

Wir wollen nicht mit Sub Main, was so viel wie Hauptprozedur heißt, starten, sondern mit einem Formular, wie oben beschrieben. Trotzdem sollten Sie in einem allgemeinen Modul, sobald dieses in das Projekt eingebaut wurde, die leere Prozedur Sub Main()anlegen. Sie kann wunderbar verwendet werden, um schnell Syntax zu testen.
Sie schreiben die zu testende Syntax in die Sub Main(), schalten vorübergehend auf Programmstart mit Sub Main um und starten das Projekt. Damit wird nur die Sub Main ausgeführt und da keine Weiterleitung programmiert ist, bleibt das Programm stehen. Sind in der zu testenden Syntax Fehler enthalten, erhalten Sie dazu Hinweise. Nach dem Test sollten Sie die getestete Syntax wieder löschen oder auskommentieren, denn diese könnte in der weiteren Folge zur Fehlerquelle werden. Schalten Sie nach dem Test wieder auf Start mit FrmStart um. Im **Video_T2_Vi22** zeige ich das u. a. auch. (Und einiges mehr, was hier erst noch zu behandeln sein wird.)

Das Startformular hat die gleiche Aufgabe wie im VBA-Beispiel, vor allem die Entgegennahme der Jahresangabe. Gestalten Sie das Formular mittels der Toolbox und der jeweiligen Eigenschaftenfenster. Klicken Sie zunächst in die Titelleiste des Formulars und schauen Sie sich die Eigenschaften rechts unten an. Sie sind sehr zahlreich, aber zunächst müssen Sie sich wieder nur das aneignen, was Sie praktisch benötigen. An mancher Stelle mache ich Sie auf Besonderheiten aufmerksam. Unter den Eigenschaften finden Sie jeweils eine kurze Erklärung zur Eigenschaft, wenn Sie eine auswählen (Markieren durch Klicken). Bei diesem Startfenster FrmStart sind im Vergleich zum VBA-Beispiel ein weiterer Button und mehrere Beschriftungslabels dazu gekommen. Der neue Button ruft eine Hilfedatei auf, die als PDF-Datei erstellt wurde.

Abb.49 Das Startfenster im VB-Projekt „Patientenbefragung"

Erzeugen Sie in Ihrem Projekt unter Verwendung der Toolbox aus der UserForm1 dieses Startfenster und benennen Sie es in FrmStart um. Ändern Sie die Text-Eigenschaft (Caption) in „Startfenster des Programms ‚Patientenbefragungen' des Fachkrankenhauses für Dermatologie". Beachten Sie, dass Sie wieder zunächst einen Außenrahmen aufziehen, um alles in Fenstermitte zentrieren zu können (siehe VBA). Die Rahmen (VBA: Frame) heißen hier in VB GroupBox (GruppenBox). Nennen Sie diesen wieder FraAussen. Die Texteigenschaft können Sie im Eigenschaftenfenster einfach löschen. Öffnen Sie gleich noch eine zweite GroupBox als inneren Rahmen und setzen seine Text-Eigenschaft (VBA: Caption) auf: ‚Eingabe des zu bearbeitenden Jahres'; Schriftart Arial 14 und Schnitt Halb Schmal Fett, was Sie im Eigenschaftenfenster wählen können. Klicken Sie in die Titelleiste des FrmStart, um rechts unten seine Eigenschaften anzuzeigen. Scrollen Sie dort nach unten bis zu ‚StartPosition' und wählen Sie ‚CenterScreen' aus. (Bei VBA hieß das StartUpPosition und Bildschirmmitte.) Fügen Sie oben im Außenrahmen die Hauptüberschrift: ‚Programm zur Erfassung…..
(sh. Abb. 49) als Label ein. Formatieren Sie dieses im Eigenschaftenfenster auf: Arial 24; Halb Schmal Fett; ForeColor >> (Benutzerdefiniert) > ein Blau wählen >> TextAlign > MiddleCenter. Damit ist die Hauptüberschrift fertig und sollte etwa der Abb. 49 entsprechen.
<u>Noch ein Hinweis zur Erstellung der Labels</u> und ihrer Text-Eigenschaften. Wenn Sie das Label in der Toolbox ausgewählt haben, können Sie es im Formular in der inneren GroupBox platzieren. Da seine Texteigenschaft aber bisher nur aus dem

Label-Namen besteht, erscheint es ziemlich klein und lässt sich auch nicht größer ziehen. Es vergrößert sich aber automatisch, wenn Sie einen längeren Text eingeben. Tun Sie das in seinem Eigenschaftenfenster, indem Sie links ‚Text' suchen und markieren. Rechts, wo der bisherige Text steht (also der Label-Name), erhält das Feld rechts einen Pfeil ☑.

Wenn Sie den klicken, wird eine Textbox eingeblendet, in der Sie Ihren Text schreiben und anordnen können. Unterhalb der Eigenschaft ‚Text' finden Sie ‚TextAlign', was Textausrichtung bedeutet. Wenn Sie das klicken, wird ein Schema eingeblendet, das die Textausrichtung anbietet. Wenn Sie das mittlere Kästchen wählen, wird die Schrift im Label mittig zentriert. Im rechten Feld erscheint in diesem Fall der Text ‚MiddleCenter. (Siehe **Video_T2_Vi22).** Probieren Sie die Varianten ruhig durch und belassen es am Ende bei ‚MiddleCenter'. Machen Sie das auch mit dem zweiten Hinweistext. Das Verfahren ist ein bisschen wie ein „Puzzle-Spiel", aber man gewöhnt sich daran.

Jetzt geht es im Innenrahmen weiter.

Zunächst mit dem Hinweis-Label ‚Geben Sie ……'.

Das Textfeld für die Eingabe des Jahres ist geteilt. Der linke zweistellige Teil ist unveränderlich, der rechte auch zweistellige Teil dagegen mit dem Namen TxtZehner nimmt zweistellig das Jahr auf. Wählen Sie zunächst eine Textbox aus und ziehen diese unter dem ersten Label etwa mittig auf. Schreiben Sie in die (leere) Texteigenschaft die Zahl 20 und formatieren Sie die Schrift auf Arial 24; halb schmal fett. Wählen Sie weiter in den Eigenschaften der Textbox: Borderstyle >> None und TextAlign >> Center.

Damit steht die Zahl mittig im Textfeld und dieses hat keine Randlinie. Danach ziehen Sie mit Drag and Drop aus dem ersten Textfeld nach rechts ein zweites und schließen es nahtlos an. In seinen Eigenschaften ändern Sie den Namen auf TxtZehner und löschen den Text 20 heraus. Damit ist das Eingabefeld für die Jahreszahl fertig.

Der Button darunter namens cmdJahr_OK löst die Übernahme der Jahreseingabe aus. Der grün beschriftete Button namens CmdHilfe ruft eine Hilfedatei auf, die im Speicherbereich des Projektes als PDF-Datei abgelegt ist. Diese Datei finden Sie im Ordner {Material} der Buch-DVD.

Bezüglich der Beschriftungslabels gibt es keine Besonderheiten.

Haben Sie bemerkt, dass die Präfixe der Controls mit einem Großbuchstaben beginnen? VB verlangt, dass Objektnamen mit Großbuchstaben beginnen. Lassen wir es einfach dabei.

Haben Sie bei dieser Arbeit ggf. in die Fläche des Formulars schon einen dblKlick gesetzt? Falls nicht, tun Sie das jetzt. Das System zeigt den Modulbereich des Startfensters an und hat schon Syntax eingefügt. Angelegt sind die <u>öffentliche Klasse</u> FrmStart und darin die erste leere Prozedur zum Laden des Startfensters in folgender Weise:

```
Public Class FrmStart
Private Sub FrmStart_Load(sender As Object, e As EventArgs) Handles
MyBase.Load

End Sub    'Startfenster laden
End Class 'FrmStart
```

Wie Sie sehen, wird die gesamte Syntax für das Startfenster in eine Objektklasse geschrieben, die auch mit End Class abgeschlossen werden muss. Den Inhalt der Argumentklammer und den Abschluss mit Handles MyBase.Load erkläre ich hier noch nicht umfassend, weil das für die Benutzung der Lademethode des Formulars nicht erforderlich ist. Ich nenne nur kurz die Bedeutungen:

<u>sender</u> benennt die Quelle des Ereignisses, also ein Objekt (hier das Formular).
<u>EventArgs</u> benennt ein Objekt, das keine Ereignisdaten enthält (hier e).
<u>Handles</u> deklariert, dass die Prozedur ein angegebenes Ereignis behandelt.
<u>MyBase</u> verweist hier auf die Basisklasse des Formulars und deren Ladevorgang.
(Erinnern Sie sich an das Schlüsselwort Me aus Teil1? Das gibt es hier auch; und eben auch MyBase.)

Diesen Argumenten in den Klammern der Ereignisprozeduren werden Sie zwar ständig wieder begegnen, mit diesen müssen Sie aber erst ganz zuletzt Syntax schreiben. Dann werde ich es Ihnen erläutert haben. Jetzt geht es erst einmal nur um Kenntnisnahme, denn das können Sie hier noch nicht umfassend verstehen und müssen es auch nicht, denn für die <u>praktische Verwendung</u> dieser Ereignisprozeduren ist das gar nicht erforderlich.

(Wenn Sie die Betriebsanleitung eines Autos lesen, müssen Sie auch nicht <u>alles</u> verstehen, um das Auto zu fahren, aber <u>das Entscheidende</u> schon!)

Damit ist das erste Fenster entworfen, aber noch nicht programmiert. Das machen wir gleich nach dem Entwurf des Hauptformulars. Aber vorher folgen noch einige Erklärungen und Einfügungen.

15.2. Ein allgemeines Modul

Auch ein allgemeines Modul wird in der weiteren Folge benötigt. Fügen Sie dieses wie folgt ein:

PROJEKT > Modul hinzufügen

Schon das Öffnen des Menüs PROJEKT zeigt eine Fülle von Einfüge-Objekten an. Einige davon werden wir bei der weiteren Arbeit noch benutzen. Jetzt aber erst einmal >> Modul hinzufügen

Ein Dialog öffnet sich, der eine ganze Reihe von Einfügungen anbietet. Wählen Sie Modul und beobachten Sie, was das System macht. Zunächst sehen Sie, dass links oben Syntax des Moduls erzeugt wurde mit:

Module Modul1

End Module

Die gesamte Syntax für dieses Modul ist also zwischen diesen beiden Zeilen einzutragen. Es ist wieder die Klassenstruktur, die hier verwendet wird.
Und schauen Sie auch noch rechts in den Projektmappen-Explorer. Sie finden die Objekte Form1.vb und Modul1.vb vor. Klicken Sie links davor auf das kleine Dreieck und die Namen der Objekte FrmStart und Module1 werden sichtbar.

Schauen Sie in der IDE oben in die dunkelblaue Navigationsleiste. Dort sind die Objekte und deren Module nochmals aufgeführt, sobald diese erstmals aktiviert wurden. Hier können Sie schnell wechseln und müssen das nicht im Projektexplorer machen. FormX.vb(Entwurf) zeigt das jeweilige Formular zur Entwurfszeit und FormX.vb zeigt den zugehörigen Quelltextmodul an. X steht hier für irgendeine Zahl.

15.3. Das Hauptformular

Damit brauchen wir schon wieder ein neues Objekt aus der Klasse der Formulare. Fügen Sie es mittels der Aktion ein:

PROJEKT > Windows Form hinzufügen > Windows Form (markieren) > [Hinzufügen]

Das Formular erscheint als Form2.vb im PM-Explorer und als leeres Formular in der IDE mit der Caption ‚Form2'. Ändern Sie im Eigenschaftenfenster den Namen in ‚FrmHaupt' und die Texteigenschaft in ''Patientenbefragungen im Fachkrankenhaus für Dermatologie'.

Das Bild des fertigen Hauptformulars sehen Sie in Abb. 50.

Auch das Hauptformular ähnelt dem aus dem VBA-Beispiel sehr, hat aber eine Reihe Ergänzungen und Änderungen aufzuweisen. Ich beschreibe diese zunächst.

In der Gruppe 'Persönliche Angaben' ist rechts von der Diagnose ‚Sonstige' eine Checkbox mit der Caption 'Mehrfachdiagnosen' dazugekommen. Beachten Sie, dass das Textfeld TxtSonst und die Checkbox ChkZus (Mehrfachdiagnosen) rechts außerhalb des FraDiag eingebaut werden, also quasi mit im FraPers oberhalb des Buttons [CmdPersKompl]. Warum, erkläre ich bei der Programmierung des Buttons.

Die Gruppe ‚Eingaben zu den 18 Fragen' ist im Vergleich zu VBA nahezu unverändert. Zwischen den großen Innenrahmen ist ein Label eingefügt, das anzeigt, dass hier links der Fragenblock erscheint, wenn die persönlichen Angaben komplett sind. Zudem gibt es ein Label, das Erklärungen hinsichtlich der Anzeige der Datensätze in einer Excel-Tabelle gibt und auf den Korrekturmodus hinweist. Dieses Label ist zunächst unsichtbar.

Neu sind hier zwei Buttons unterhalb der 18 Fragen gestaltet. Diese befinden sich (anders als im VBA-Beispiel) in einer weiteren kleinen GroupBox (Frame) unterhalb des FraFragen. Fügen Sie auch diesen ein und nennen ihn FraEin, weil darin die beiden Buttons untergebracht sind, die die Eingaben in die Datensätze bringen. Die Caption von FraEin bitte löschen. Der aus VBA bekannte [CmdDSFertig] liegt im FraEin unter dem neuen [CmdSpeiKorr]. Letzterer speichert einen zu korrigierenden Datensatz nach einer Korrektur wieder ab.

Dieser <u>Korrekturmodus</u> ist neu und wird an entsprechender Stelle umfassend erläutert.

In Abb. 50 sehen Sie unter den beiden Buttons den Hinweis, dass darunter noch ein Button liegt. Wenn Sie genau hinschauen, sehen Sie, dass der unten liegende rechts ein wenig hervorschaut, damit man ihn beim Entwurf anklicken kann. Dieser Hinweis ist natürlich nur im Entwurf zu sehen, zur Laufzeit ist er visible = false.

Mehrere Veränderungen gibt es rechts vom Fragenblock. Die Controls befinden sich in einem neuen Rahmen namens FraVerarb. Seine Caption (Text-Eigenschaft) lautet: ‚Eingabe und Verarbeitung der Daten'.

Ganz oben im FraVerarb befindet sich das Hinweislabel LblDSBisher, das u.a. die Anzahl der bisher eingegebenen Datensätze anzeigt. Darunter steht der Button [CmdStatistik] wie im VBA-Beispiel und unter diesem ein ganz schmales Control, das aussieht wie ein Button. Es ist aber eine Fortschrittsanzeige (Progressbar), die den weiterlaufenden Balken bereitstellt, wenn ein Prozess etwas länger dauert. Sie hat den Namen PBar1. Darunter liegt der Button [CmdAnz] mit der gleichen Funktion wie im VBA-Beispiel, nämlich der Anzeige der bisherigen Eingaben in einer Excel-Tabelle.

Unter diesem wieder ein Hinweislabel LblHinweis mit unveränderlichem Text, den Sie dem Bild entnehmen können.

Unter diesem Hinweis steht wieder ein bekannter Button mit dem Namen CmdZeigStatist und
unter diesem wiederum ein neuer Button namens CmdKorr. Dieser leitet den Korrekturmodus ein, der neu hinzukommt. Dazu erfolgen an entsprechender Stelle ausführliche Erläuterungen. Unter diesem Button steht wieder ein grün beschrifteter Button namens CmdHilfe wie schon im Startfenster und mit der gleichen Aufgabe. Der letzte Button namens CmdEnde beendet das Programm und speichert den augenblicklichen Stand. Dabei wird der vorherige Stand überschrieben.

Übernahme der Daten aus den Patientenbefragungsbögen für das Jahr ????

Persönliche Angaben
Befragungsmonat (z.B. 05)

Diagnosen
○ Neuroderm. ○ Psoriasis ○ Vitiligo ○ Urticaria ○ Sonstige ☐ Mehrfachdiagnosen

Geschlecht
○ männl. ○ weibl.

Altersgruppe
○ 1 ○ 2 ○ 3 ○ 4 ○ 5

Frage A: Wie beurteilen Sie Ihren aktuellen Gesundheitszustand?
○ 1 Seht gut ○ 2 ○ 3 ○ 4 ○ 5 Sehr schlecht ○ 6 keine Angabe

Persönliche Angaben für Datensatz XYZ sind fertig

Eingaben zu den 18 Fragen

Frage 1
○ 1 ○ 2 ○ 3 ○ 4 ○ 5 ○ 6

Frage 2
○ 1 ○ 2 ○ 3 ○ 4 ○ 5 ○ 6

Frage 3
○ 1 ○ 2 ○ 3 ○ 4 ○ 5 ○ 6

Frage 4
○ 1 ○ 2 ○ 3 ○ 4 ○ 5 ○ 6

Frage 5
○ 1 ○ 2 ○ 3 ○ 4 ○ 5 ○ 6

Frage 6
○ 1 ○ 2 ○ 3 ○ 4 ○ 5 ○ 6

Frage 7
○ 1 ○ 2 ○ 3 ○ 4 ○ 5 ○ 6

Frage 8
○ 1 ○ 2 ○ 3 ○ 4 ○ 5 ○ 6

Frage 9
○ 1 ○ 2 ○ 3 ○ 4 ○ 5 ○ 6

Frage 10
○ 1 ○ 2 ○ 3 ○ 4 ○ 5 ○ 6

Frage 11
○ 1 ○ 2 ○ 3 ○ 4 ○ 5 ○ 6

Frage 12
○ 1 ○ 2 ○ 3 ○ 4 ○ 5 ○ 6

Frage 13
○ 1 ○ 2 ○ 3 ○ 4 ○ 5 ○ 6

Frage 14
○ 1 ○ 2 ○ 3 ○ 4 ○ 5 ○ 6

Frage 15
○ 1 ○ 2 ○ 3 ○ 4 ○ 5 ○ 6

Frage 16
○ 1 ○ 2 ○ 3 ○ 4 ○ 5 ○ 6

Frage 17
○ 1 ○ 2 ○ 3 ○ 4 ○ 5 ○ 6

Frage 18
○ 1 ○ 2 ○ 3 ○ 4 ○ 5 ○ 6

Nach Eingabe und Akzeptanz der persönlichen Angaben erscheint hier links der Block für die Eingabe der Antworten zu den 18 Fragen des Fragebogens.

Beachten Sie, dass diese Excel- Tabelle >>> nur zur Kontrolle dient. Änderungen können Sie hier nicht vornehmen. Benutzen Sie dafür den Korrekturmodus mit Button [Einen Datensatz korrigieren].

Die Excel-Tabelle zeigt sich automatisch, wenn sie vollständig geladen ist.

Eingabe und Verarbeitung der Daten

Bisher sind für das Jahr 20XY ZZZ Datensätze gespeichert. Beginnen Sie den nächsten Datensatz mit Eingabe der persönlichen Angaben und prüfen Sie, ob der Befragungsmonat aktuell ist.

Statistische Auswertung und Dateiexport (PDF)

Die Daten des Jahres als Excel-Tabelle anzeigen

Wenn der Statistik-Button nach Dateiexport abgeblendet ist, können Sie trotzdem weitere Datensätze eingeben. Wenn Sie aber die Statistik neu erstellen und exportieren wollen, müssen Sie das Programm erst schließen und wieder neu starten.

Eine gespeicherte Statistikdatei öffnen

Wenn Sie feststellen, dass ein Datensatz Fehler enthält, können Sie diese noch jederzeit korrigieren. Klicken Sie den Button hier darunter.

Einen Datensatz korrigieren

Die Hilfedatei öffnen

PROGRAMM BEENDEN / EINGABEN SPEICHERN

Korrigierten Datensatz wieder speichern

* hier liegt noch ein Button darunter, der CmdDsFertig

Abb.50 Das Hauptformular des VB-Projektes „Patientenbefragung"

Als letzte Neuerung steht unter dem Button [CmdZeigStatist] noch ein unveränderliches Hinweislabel.
Die Captions (hier Text-Eigenschaften) und die Label-Beschriftungen entnehmen Sie bitte den Abbildungen.
In der weiteren Folge verwende ich nur noch die Eigenschaften-Namen von VB, damit Sie sich daran gewöhnen. Den Vergleich mit VBA nehme ich an wichtigen Stellen aber immer wieder vor.

Gestalten Sie jetzt das Hauptfenster mittels IDE und Toolbox sowie den jeweiligen Eigenschaftenfenstern gemäß der Abb. 50. Diese Abbildung ist im Ordner {Abbildungen} der Buch-DVD als Bilddatei enthalten. Ich empfehle, diese im A4-Format auszudrucken, damit Sie für Ihre Lösung das Beispiel immer gut erkennbar vor Augen haben.
Wählen Sie bei der Toolbox (Werkzeugsammlung) die Option
'Alle Windows Forms', denn die Allgemeinen Steuerelemente enthalten z.B. keine GroupBox. Und noch etwas, ehe Sie sich „zu Tode suchen„ der Option-Button heißt bei VB RadioButton, offensichtlich so bezeichnet, weil er wie ein runder Radio-Drehknopf von alten Dampf-Radios aussieht. ☺

Die Objektnamen einiger Controls habe ich oben bereits genannt. Die der anderen liste ich hier nochmals auf, damit keine Diskrepanzen entstehen.

FraPers	GroupBox für Persönliche Angaben
TxtMon	Textfeld für den Eingabe-Monat
Diagnosen:	OptNeuro, OptPsori, OptViti, OptUrti, OptSonst und ChkZus
TxtSonst	Textfeld für Sonstige
OptWeib	Option weiblich
OptMann	Option männlich
OptAlt1 bis OptAlt5	Altersgruppen
OptA1 bis OptA6	Antworten zu Frage A
CmdPersKompl	Button [Persönliche Eingaben .... fertig]
FraFragen	GroupBox für die 18 Fragen
Fra01 bis Fra18	GroupBoxen für die 18 Fragen

Option-Buttons der einzelnen Fragen

Opt1_1 bis Opt1_6	Option-Buttons für Frage 1 usw. bis Frage 18
Opt18_1 bis Opt18_6	Option-Buttons für Frage 18

Die zwischen Opt1_1 und Opt1_18 liegenden Option-Buttons behandeln Sie bitte nach diesem Muster selbst.
Das sind weitestgehend die gleichen Namen wie im VBA-Beispiel. Damit können Sie Ihr Hauptformular entwerfen und die Objekte benennen.

15.4. Die Programmierungen

15.4.1 Der Programmablaufplan (PAP) bis zum Schließen des FrmStart

Hier ist der PAP detaillierter zu erstellen als im VBA-Beispiel. Ich unterteile ihn in mehrere Abschnitte und hier folgt der erste Teil vom Programmstart bis zum Schließen des Startfensters.

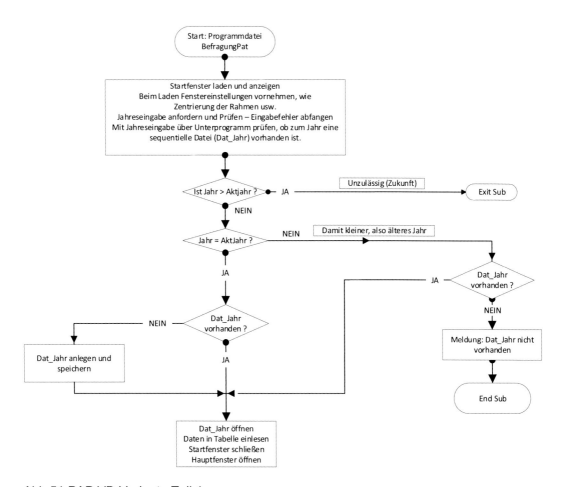

Abb.51 PAP VB-Variante Teil 1

15.4.2. Programmierung des Startfensters

Zunächst können Sie das Startfenster schon einmal in der Laufzeit anschauen. Passen Sie zunächst die Tab-Indizes (TabI) in den Eigenschaftenfenstern an: TxtZehner >> TabI = 0; CmdJahr_Ok >> TabI = 1, CmdHilfe >> TabI = 2. Damit ist das Weiterschalten mit der [Tab-Taste] geklärt und beim Start blinkt die Einfügemarke im rechten Textfeld. Schalten Sie mit der Tabulatortaste durch, um das Weitergeben des Fokus zu kontrollieren. Das Testen geschieht, wie gewohnt, mit [F5] oder dem grünen [Starten-Button] oben in der IDE.

Aber außer Beenden mit dem Schließkreuz gibt es noch keine Funktionalität.
Konnten Sie beobachten, dass sich beim Beenden des Probestarts unten ein schmales Fenster eingeblendet hat, das die Caption 'Ausgabe' zeigt? Darin sind alle

259

Schritte des Systems aufgelistet, die den Ablauf beschreiben. Schauen Sie sich ruhig einmal alle Zeilen an, um zu verstehen, was beschrieben ist. (Alles können Sie noch nicht verstehen, aber einiges schon. Lesen Sie vor allem den Text am jeweiligen Zeilenende) Oben im Ausgabefenster hat das vorletzte Symbol ein Kreuz in roter Farbe. Mit diesem Button können Sie den Inhalt des Ausgabefensters löschen. Das Löschen ist unschädlich.

Jetzt kommen wir zu den Zentrierungen bei Aufruf des Start-Fensters. Dazu benutzen wir wieder eine Prozedur des Fensters, nämlich die Ladefunktion: Private Sub FrmStart_Load(…), die vom System bereits angelegt wurde.

Bei der Einrichtung wurde für das Formular die StartPosition >> CenterScreen voreingestellt. Der Start in Normalgröße wurde nicht verändert. Schauen Sie bei den Eigenschaften des FrmStart bei WindowsState (Fensterstatus) nach. Sie könnten auch maximiert oder minimiert einstellen. Belassen Sie aber Normal. Nun ist aber Normalgröße nicht die gesamte Bildschirmfläche. Das Fenster zeigt sich also kleiner und das Darunterliegende ist zu sehen. Die anfängliche Fenstergröße können Sie beim Entwurf durch Ziehen an den Anfassern bestimmen. Die aktuelle Größe finden Sie in der Eigenschaft <u>Size</u>. Wenn Sie das Pluszeichen vor Size klicken, sehen Sie die Maße in Pixeln für Höhe und Breite. Sie können diese hier auch durch Eingaben festlegen.

Wenn wir jetzt für die Zentrierung des Außenrahmens Werte festlegen, müssen wir von den Größenverhältnissen des Fensters ausgehen. Durch etwas Experimentieren kann man die Maße vorgeben. Dabei ist Me.With >> die Breite des Fensters, Me.Height >> die Höhe. Für Breite und Höhe des Außenrahmens ziehen wir einfach ein paar Pixel ab. Left und Top kennen Sie schon, linke obere Ecke des Rahmens. Damit können Sie die nächsten Zeilen eintragen:

'Neue Werte für Fenster in Normalgröße
     FraAussen.Width = **Me**.Width – 50   'Minus 50
     FraAussen.Height = **Me**.Height – 60   'Minus 60
     FraAussen.Left = 20
     FraAussen.Top = 10

Testen Sie wieder >> der Außenrahmen müsste schön im Fenster zentriert sein. Auch den Innenrahmen (FraInnen) zentrieren wir noch, zunächst mit der bekannten Methode.

FraInnen.Left = (FraAussen.Width - FraInnen.Width) / 2
FraInnen.Top = (FraAussen.Height - FraInnen.Height) / 2

Das funktioniert zwar, aber Sie werden beim Test sehen, dass sich der Innenrahmen oben über das Label mit der Hauptüberschrift schiebt. Ganz logisch, denn wir haben mittig zentriert. Aber der Top-Wert ist zu weit oben. Man muss so viele Pixel addieren, dass der Top-Wert unterhalb des Labels liegt. Man könnte das zwar berechnen, aber hier geht probieren schneller. Ändern Sie die letzte Zeile wie folgt:

FraInnen.Top = ((FraAussen.Height - FraInnen.Height) / 2) + 50. 'Klammern 'beachten!

An dieser Stelle ein <u>wichtiger Hinweis</u>:
Die Eigenschaften Left und Top bezeichnen hier den Abstand der Rahmen zu ihren Containern und zwar links und oben. Bei den Zeichenkettenfunktionen haben wir die Eigenschaft Left kennengelernt, wie auch Right und Mid (siehe **Lektion 11 im Anhang A**). Dort beschreiben diese die Teile einer Zeichenkette. Das wird in VB zu einer Kollision führen, die ich hier schon ankündige. Deshalb komme ich zwingend darauf zurück. Hier aber geht es ohne dieses Problem weiter:

'Fokus in rechtes Textfeld mit der Select-Methode setzen; SetFocus gibt es hier nicht
    TxtZehner.Select()

'Aktuelles Jahr extrahieren
    AktJahr =

Wenn Sie die Zeile AktJahr = zu schreiben beginnen, stellen Sie fest, dass das System Unterstreichungen mit roten Wellenlinien vornimmt. Stellen Sie den Cursor in Aktjahr und schauen Sie auf den linken Rand. Ein kleines gelbes Symbol ist eingeblendet und wenn Sie das klicken, erscheinen Zeilen, die die mögliche Fehlerursache angeben. Hier trifft zu, dass AktJahr noch nicht deklariert ist. Natürlich! Die Option Explicit ist hier eine Selbstverständlichkeit. Kontrollieren Sie gleich, ob diese in Ihrem Visual Basic auch wirklich aktiviert ist. Gehen Sie in der IDE in das Menü PROJEKT und dort ganz unten in die Eigenschaften Ihres Projektes. Wählen Sie links das Untermenü KOMPILIEREN an. Im ersten Drittel des Fensters von oben her finden Sie ‚Option Explicit'. Und direkt darunter muss „On" ausgewählt sein. Das genügt vorerst. Schließen Sie das Menü.
Also müssen wir mit den Deklarationen beginnen. Das allgemeine Modul1 haben wir ja schon an Bord. Gehen Sie in das Modul1 und schreiben Sie unter **Module Modul1** die Zeilen:

'Deklarationen
    Public **Aktjahr** As **Integer** 'Das aktuelle Jahr

und im Modul des Formulars schreiben Sie weiter und testen es mit MsgBox:

Aktjahr = CInt(Year(Today))   'das aktuelle Jahr >> Jahr(von Heute); typgerecht!
MsgBox("AktJahr ist " & AktJahr) 'Box wieder auskommentieren

Einiges ist schon anders als in VBA. Hier holen wir das Jahr nicht aus Date heraus, sondern mit Year(Today). Das findet man aber über die Hilfen heraus, indem man Begriffe eingibt und mittels [F1] die Hilfe dazu sucht.

Aber wo ist hier das Direktfenster?

Es ist ein bisschen versteckt. Gehen Sie in die Entwurfsansicht des Formulars und klicken Sie folgende Aktion:

DEBUGGEN > Fenster > Direkt . Hier lohnt es, sich zu merken: **Strg + G**
Beides zeigt unten wie gewohnt das Direktfenster an. Wenn es dort mit der Hilfe nicht klappt (was manchmal vorkommt; in der Hilfeseite erscheint dann das Thema ‚Direktfenster'), legen Sie im Modul1 ganz unten eine Sub Main() an, schreiben den Suchbegriff hinein, wie z.B. Imports, stellen den Cursor hinein und drücken [F1]. Damit sollte es immer klappen. Löschen Sie aber nach dem Hilfe-Aufruf den Inhalt aus Sub Main() wieder heraus oder kommentieren Sie ihn aus, denn der könnte zu Fehlermeldungen führen. Die weitere Verwendung der Sub Main habe ich bereits im Kapitel 14.2. erklärt.
Bevor wir jetzt die Programmierung des Buttons [Jahreseingabe übernehmen] beginnen, ist noch ein kleiner Zwischenschritt notwendig. Im VBA-Beispiel haben wir so programmiert, dass nach richtiger Eingabe der Jahreszahl der Fokus zum Button springt, wodurch man gleich mit der Taste [Enter] quasi den Button klickt. Das machen wir hier auch.
Fügen Sie nachstehende kleine Sub im Modul des Startformulars gleich unter der Lade-Prozedur ein:

```
'Fokus auf Button setzen, um mit ENTER sofort ohne Mausklick weiter zu
'kommen
Private Sub TxtZehner_TextChanged(sender As Object, e As EventArgs) Handles
_ TxtZehner.TextChanged
    If Len(TxtZehner.Text) <> 2 Then Exit Sub
    CmdJahr_Ok.Select() 'Fokus auf Button
End Sub
```

Interessant ist auch hier der kleine Unterschied zu VBA: Das Ereignis heißt nicht Change, sondern Changed. Kontrollieren Sie das, indem Sie im rechten Textfeld doppelklicken und im Kombinationsfeld oben rechts bei Text C…. nachschauen. Verwenden Sie immer die Ereignisprozeduren da heraus (nicht aus der Erinnerung an VBA!!).

15.4.2.1. Button [Jahreseingabe übernehmen] programmieren

Klicken Sie wieder mit dblKlick den Button im Entwurf, um die Prozedur anzulegen. Schreiben Sie:

```
'Jahreseingabe im Startformular übernehmen
Private Sub CmdJahr_OK_Click(sender As Object, e As EventArgs) Handles _
            CmdJahr_OK.Click
```

Auch hier finden Sie wieder Bekanntes vor.

```
'Fehleingabe verhindern (Fehler abfangen)
If Not IsNumeric(TxtZehner.Text) Or Len(TxtZehner.Text) <> 2 Then
'Neueingabe erzwingen. Falschen Wert entfernen und Cursor setzen
        TxtZehner.Clear() 'Clear-Methode löscht das Textfeld
        TxtZehner.Select() 'Setzt den Fokus rein
        Exit Sub  'Abbruch wegen Eingabefehler
End If
```

**Vor der nächsten Zeile muss wieder eine Variable öffentlich deklariert werden >>
Jahr**

```
Public Jahr As Integer 'ein zu bearbeitendes Jahr im Modul1 oben
```

Hier kommen die Tests und die abzufangenden Eingabefehler an die Reihe.

```
'Wenn Eingabe höher ist als aktuelles Jahr, ist Eintrag ungültig und wird ignoriert
    If Jahr > Aktjahr Then
        TxtZehner.Clear()  'löscht den unzulässigen Eintrag
        TxtZehner.Select() 'Das setzt den Cursor wieder rein
        Exit Sub
    End If 'Jahr > Aktjahr
```

```
'das gewählte Jahr bestimmen und kontrollieren mit MsgBox
Jahr = 2000 + CInt(TxtZehner.Text) 'Eine echte Addition zweier Integer mit Plus
    MsgBox("Jahr ist " & Jahr)  'Box wieder auskommentieren
```

An dieser Stelle ist auf die genannte sequentielle Datei zum eingegebenen Jahr zu prüfen. Dazu ist die Variable DatName öffentlich zu deklarieren. Tragen Sie im Modul1 ein:

```
Public DatName As String 'Dateiname der Sequ- Datei
```

Um zu prüfen, ob die Datei Dat_Jahr existiert, braucht es einen Speicherort (Ordner), in dem diese Dateien abgelegt werden, und eine Prozedur, die prüft, ob diese Datei dort drin ist.

Schaffen wir zunächst die erforderlichen Speicherorte {Ordner} für diese und weitere Dateien.

Der oberste bekommt die Bezeichnung {BefragungPat_Install} und wird in Laufwerk {C:\ProgramData} untergebracht. Sollten Sie {ProgramData} nicht sehen, kann der als Systemordner ausgeblendet sein. Gehen Sie in die Explorer-Optionen, suchen Sie im Register ‚Ansicht' nach ‚Versteckte Dateien und Ordner' und setzen dort die Option
‚Ausgeblendete Dateien, Ordner und Laufwerke anzeigen' auf Checked. Damit sollten Sie den Ordner {ProgramData} im Laufwerk C: sehen.
In diesem Ordner {BefragungPat_Install} erzeugen Sie zwei Unterordner {DatSafe} und {Statistiken}.
Im Ordner {DatSafe} werden dann die sequentiellen Dateien abgespeichert und in {Statistiken} die fertigen PDF-Dateien.
In der Sub des Buttons geht es weiter mit

DatName = "Dat_" & Jahr 'Name der Speicherdatei für das eingegebene Jahr

Bis hierher sind Sie mit praktischen Handlungen und dem, was Sie im ersten Teil bei VBA gelernt haben, gekommen, ohne zusätzliche theoretische Kapitel erarbeiten zu müssen. Aber
☞an dieser Stelle muss ich erst wieder anhalten, denn jetzt müssen ein paar Überlegungen und etwas Theorie sein. Gehen Sie in die **Lektion 14 im Anhang A**.

Zurück aus Lektion 14 kann es jetzt mit der Programmierung des Buttons [Jahreseingabe übernehmen) weitergehen.

Mit der Lektion 14 wurden drei Unterprogramme im Modul1 geschaffen, die für den weiteren Fortgang unverzichtbar sind: die Prüfung, ob eine bestimmte Datei in einem bestimmten Ordner existiert, und der Datentransfer in eine und aus einer sequentiellen Datei.
Kopieren Sie jetzt aus dem Ordner Material von der Buch-DVD die drei Dateien Dat_2018 und Dat_2019 und Dat_2020 in den Ordner {DatSafe} (Pfad siehe oben). Diese beinhalten echte Daten aus diesen Jahren. Die Datei für das aktuelle Jahr existiert dort noch nicht, wird aber bald erzeugt.

Ausgehend vom PAP sollte jetzt geprüft werden, ob das eingegebene Jahr das aktuelle Jahr ist. Falls es das nicht ist, muss es ein zurückliegendes Jahr sein, denn ein Jahr in der Zukunft war bereits als unzulässig abgefangen worden.

'Wenn es das aktuelle Jahr ist, gleich öffnen, aber es könnte die Erstöffnung im Neujahr sein
    If Jahr = Aktjahr Then
'Testen, ob die Datei für Jahr existiert
    Call Dat_Test()   'Bringt NamFlag = True, wenn eine Jahresdatei existiert,
'sonst False

Ich gehe hier davon aus, dass Sie die Vorgaben aus Lektion 14 einschließlich der neuen Deklarationen realisiert haben. (Ansonsten erhalten Sie beim Test eine Fehlermeldung und müssen das nachholen.)

Bis hierher können Sie jetzt Ihre Syntax testen. Geben Sie zunächst als Jahr das aktuelle Jahr ein. Sie müssten NamFlag = False erhalten, denn dafür ist keine Datei im {DatSafe} vorhanden.
Wenn es das aktuelle Jahr ist, für das keine Datei vorhanden ist, wird diese hier erstmalig erzeugt. In Lektion 14 habe ich erläutert, dass wir zunächst in die neue Tabelle nur einen Wert in das Element Tabelle(0, 0) eintragen, die erste Datensatznummer 1.

Unter der Zeile Call Dat_Test() geht es wie folgt weiter:

If NamFlag = False Then 'Datei existiert noch nicht >> Tabelle und Datei
'erzeugen
ReDim Preserve Tabelle(26, 0) 'DsNr ist noch unbekannt, deshalb nur Nullzeile
      'In Tabelle(0, 0) die erste DsNr eintragen
      Tabelle(0, 0) = 1
      'Tabelle in Sequ-Datei exportieren
      Call TabInDat() 'Im Modul 1

MsgBox("Für das Jahr " & Aktjahr & " wurde soeben eine Jahresdatei angelegt" _
& „und abgespeichert.", vbOKOnly, "Information über Datenspeicher")
      Me.Hide() 'Startfenster verbergen
      FrmHaupt.Show() 'Hauptfenster öffnen
 Exit Sub 'Beenden, denn für diesen Fall (Jahr ist AktJahr) ist der Zweck erfüllt

Mit der Prüfung, ob die Variable Jahr den Wert des aktuellen Jahres hat, wird mit dem Unterprogramm Dat_Test geprüft, ob für das aktuelle Jahr eine Datei im {DatSafe} existiert. Am Anfang des neuen Jahres ist das noch nicht der Fall und das NamFlag kommt als False zurück. Für diesen Fall dient die Entscheidung
If NamFlag = False
Die Zeile ReDim Preserve Tabelle(26, 0)
wäre hier zwar nicht zwingend nötig, da das Feld noch so ist, wie es deklariert wurde, aber ich mache es aus Prinzip dennoch. Schädlich ist es nicht.

Da es die neue Tabelle ist, kommt in das Element(0, 0) der Wert 1 hinein, die Nummer des ersten Datensatzes. Damit kommt die Datensatznummer ins Geschehen und sollte gleich öffentlich (also im allgemeinen Modul) deklariert werden:

Public DsNr As Integer 'Die Datensatz-Nummer

Mit der Prozedur TabInDat() wird dasFeld 'Tabelle' in seine sequentielle Datei gebracht und damit wird diese Datei erstmalig erzeugt, auch wenn bisher nur ein Element abweichend von Null oder Leer darin steckt. Da dieser Zweig nur erreicht wird, wenn das aktuelle Jahr begonnen hat, ist der Zweck erfüllt. Der User erhält die Meldung, dass die neue Datei angelegt wurde und das Startformular hat seine Schuldigkeit getan. Es wird geschlossen und das Hauptformular geöffnet. Wenn es aber nicht das aktuelle Jahr ist, sondern ein zurückliegendes, geht die Programmierung im Else-Zweig weiter.

Wenn Sie bis hierher programmiert haben, können Sie schon mal testen. Da die Prozedur aber nur für Jahr=Aktjahr fertig ist, können Sie nur bei Eingabe des Aktjahres eine Reaktion erhalten.

Jetzt folgt die weitere Syntax für den inneren Else-Zweig von If NamFlag = False

Der wird erreicht, wenn das Namflag nicht false ist, d.h. wenn die Datei für das aktuelle Jahr bereits existiert. Das passiert, nachdem die Datei erstmals erzeugt wurde, jedes Mal, wenn Sie im aktuellen Jahr weitere Datensätze eingeben. Damit:

```
    Else 'Namflag nicht False, Dat_Jahr als Dat_AktJahr ist vorhanden >>
    'einlesen in Tabelle
        Call TabAusDat() 'Datei vorhanden, gleich einlesen in Tabelle
        'Tabelle ist eingelesen, Gehe zum Hauptformular
        Me.Hide() 'Startfenster verbergen
        FrmHaupt.Show()
        Exit Sub 'Aufgabe erfüllt, Jahresdatei Aktjahr geladen
    End If 'NamFlag = False
```

Jetzt fehlt noch der äußere Else-Zweig der Entscheidung If Jahr = Aktjahr Then, der erreicht wird, wenn das eingegebene Jahr ein früheres Jahr ist. Auch da wird zu prüfen sein, ob eine Dat_Jahr dazu existiert. Falls ja, wird diese zum Laden der 'Tabelle' geöffnet, falls nein, wird dem User mitgeteilt, dass keine Datei für das Jahr (mehr) existiert. In beiden Fällen ist der Zweck erfüllt, aber im zweiten Fall (keine Datei vorhanden) bleibt das Startfenster offen und der User erhält die Möglichkeit, ein anderes Jahr einzugeben. Damit ist dann die Prozedur des Buttons fertig.

```
    Else 'Jahr ist nicht Aktjahr, sondern vorheriges
```

```
Call Dat_Test() 'Prüfen, ob das Jahr eine Datei hat
 'Wenn dafür NamFlag true ist, Datei in Tabelle laden, sonst Meldung ausgeben,
 'dass dafür keine Datei (mehr) existiert
        If NamFlag = True Then
            Call TabAusDat() 'Datei vorhanden, gleich einlesen in 'Tabelle'
            Me.Hide() 'Startfenster verbergen
            FrmHaupt.Show()
            Exit Sub 'Aufgabe erfüllt, Tabelle geladen
    Else 'NamFlag ist false: Keine Datei (mehr) vorhanden > Meldung und neue
                                'Eingabechance ; Fenster bleibt offen
    MsgBox("Für das Jahr " & Jahr & " ist keine Datei (mehr) vorhanden.", _
                vbOKOnly, "Information über Datenspeicher")
    Me.TxtZehner.Select() 'Eingabefeld aktivieren
    Me.TxtZehner.Clear() 'Eingabefeld für neue Eingabemöglichkeit leer setzen
        End If 'NamFlag = True
End If 'Jahr = Aktjahr

End Sub 'CmdJahr_Ok
```

Somit ist die Sub des Buttons komplett programmiert. Testen Sie jetzt mit allen Varianten die Prozedur nochmals komplett. Wenn Sie im vorherigen Test die Datei für das aktuelle Jahr erzeugt haben, löschen Sie diese im {DatSafe} noch einmal heraus.

Beginnen Sie am besten mit einem Jahr vor 2018, denn dafür ist auf jeden Fall keine Datei vorhanden. Geben Sie dann so viele Jahre von 2018 bis 2020 ein, wie Sie wollen. Da dann jeweils das Programm weiter geht und das Hauptfenster zeigt, müssen Sie jeweils zurücksetzen und neu starten. Als letzten Test geben Sie erst einmal das aktuelle Jahr ein. Das Feld 'Tabelle' sollte erzeugt werden. Setzen Sie zurück und geben Sie nochmals das aktuelle Jahr ein. Das Programm sollte weiterarbeiten und das noch funktionslose Hauptfenster zeigen, denn die Jahresdatei ist jetzt vorhanden.

15.4.2.2. Button [Hilfe anzeigen] programmieren

Die Syntax des Startfensters ist aber noch nicht ganz fertig, denn der Button [CmdHilfe] ist noch nicht programmiert. Das ist aber in VB leichter als in VBA, da man keine Windows-API heranziehen muss, sondern mit den Werkzeugen von VB zum Ziel kommt. Im Ordner {Material}/{Dateien} der Buch-DVD finden Sie die Hilfe-Datei als PDF-Dokument vor. Kopieren Sie diese in den Ordner {DatSafe} im bekannten Pfad.

Die Öffnung dieser Datei ist hier mit nur einer Syntaxzeile realisierbar. Dazu wird die mächtige Process-Klasse eingesetzt. Testen Sie in der Hilfe Process.

Dort finden Sie die nachstehende Erklärung:

Process ermöglicht den Zugriff auf lokale Prozesse und Remoteprozesse und das Starten und Anhalten lokaler Systemprozesse.

Die Syntax ist einfach: Process.Start(……), aber die Klammer hat es in sich. Da hinein kommt der ganze Pfad einschließlich Datei, somit

Process.Start("C:\ProgramData\BefragungPat_Install\DatSafe\ _
Hilfedatei BefragungPat.pdf")

Damit ist der Button [CmdHilfe] schon fertig. Setzen Sie einen dblKlick auf den Button [CmdHilfe], um den Prozedurkörper zu erzeugen, und schreiben Sie die obige Zeile hinein.
Jetzt ist das Startfenster wirklich fertig programmiert und wir können uns dem Hauptfenster widmen, das es natürlich in sich hat!

15.4.3. Programmierung des Hauptfensters

Ich gehe hier davon aus, dass Sie das Hauptformular schon nach der Abb. 50 entworfen haben. Das war sicher eine ziemlich aufwändige Arbeit, aber unverzichtbar.
Damit kann jetzt der PAP fortgesetzt werden.

15.4.3.1. Der PAP mit Start des Hauptfensters

Im PAP Teil 2 sehen Sie, dass nach dem Schließen des Startfensters und dem Öffnen des Hauptfensters ein Wartezustand erreicht wird. Mit dem Öffnen des Hauptfensters werden auch wieder Eigenschaften angepasst, wie Größe des Fensters und sein Erscheinungsverhalten, das in den Voreinstellungen festgelegt wird. Außerdem werden erste Werte festgelegt bzw. ausgelesen, wie die Datensatz-Nr. und daraus abgeleitet die Variable ‚Satz'. Zu den nötigen Deklarationen und Voreinstellungen komme ich gleich nach der Erläuterung des PAP Teil 2.

Da mit dem Öffnen des Hauptfensters die Datensatz-Nummer gleich 1 sein kann, d.h. eine neue Jahrestabelle wird begonnen, wären das Erzeugen einer Statistikdatei oder deren Export sowie die Korrektur eines Datensatzes logisch sinnlos, weil dazu keine Daten vorhanden sind. Deshalb müssen bei diesem Stand einige Buttons abgeblendet werden, bis Daten eingegeben wurden. Setzen Sie deshalb in den Voreinstellungen der Buttons [CmdStatistik] und [CmdKorr] deren Enabled-Eigenschaften auf False.
Der Button, der die persönlichen Angaben übernimmt, ist so zu programmieren, dass dieser die Übernahme ablehnt, wenn die Daten unvollständig sind. Dasselbe gilt für den Button, der die Beantwortung der 18 Fragen übernimmt. Die anderen Buttons bleiben erlaubt, denn eine gespeicherte Statistik könnte immer aufgerufen werden.

Auch die Hilfedatei kann jederzeit aufgerufen werden, ebenso der Beenden-Button. Die Erstellung und der Export der Statistik erfolgen in einem Zug nach Klick des Buttons [CmdStatistik]. Damit keine Datenverfälschung riskiert wird, wird der Button nach Nutzung für diese Laufzeit abgeblendet. Datensätze können aber weiter eingegeben werden. Eine neue Statistik ist nach Neustart des Programms wieder erstellbar.

In Abb. 52 ist der zweite Teil des PAP zu sehen.

Damit kann die Programmierung begonnen werden. Der Schwerpunkt liegt zunächst natürlich wieder bei **E** von **EVA** der Dateneingabe. Dadurch beginnen wir auf der zentralen vertikalen Linie des PAP und gehen zunächst davon aus, dass eine neue Jahresdatei begonnen wird, die DsNr also gleich 1 ist.

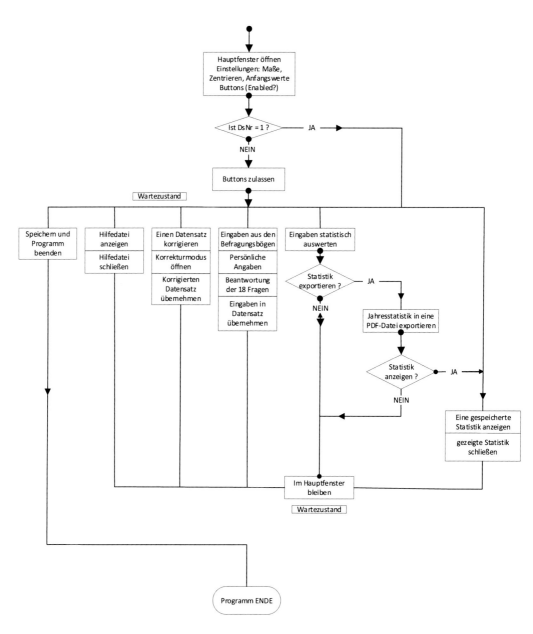

Abb.52 Der PAP Teil 2 (Hauptfenster bis Programm-Ende)

15.4.3.2. Der Start des Hauptfensters

Zunächst kann ein Teil der Syntax vom Startfenster übernommen werden.
Erzeugen Sie die Prozedurkörper mit dblKlick auf die Buttons. Tragen Sie dann nur die Syntaxzeilen dazwischen ein. (Sie erinnern sich: <u>vom System machen lassen, was möglich ist, denn Sie können sich vertippen!</u>)
Die kleine Prozedur für den Hilfe-Button können Sie komplett übernehmen:

```
Private Sub CmdHilfe_Click(sender As Object, e As EventArgs) Handles _
CmdHilfe.Click
Process.Start("C:\ProgramData\BefragungPat_Install\DatSafe\Hilfedatei_
BefragungPat.pdf")
End Sub
```

Und die Prozedur für den ENDE-Button enthält nur zwei Zeilen:

```
    Private Sub CmdEnde_Click(sender As Object, e As EventArgs) Handles _
CmdEnde.Click
    Call TabInDat() 'Vor Beenden Datenstand speichern
    End
    End Sub
```

Tragen Sie diese beiden Prozeduren in das Modul des Hauptformulars ein, am besten unten am Ende vor End Class 'FrmHaupt

Wie beim Startfenster wird zunächst auch für das Hauptfenster die Ladeprozedur geschrieben, die Sie mit Klick in die blaue Titelleiste vom System erzeugen lassen. In die Kommentare habe ich Erklärungen mit hinein genommen, die den Fortgang erläutern.

```
Private Sub Form2_Load(sender As Object, e As EventArgs) Handles
MyBase.Load
 'Syntax <<<<<<<<<<<<<<<<<<<<<<<<<<<<<<<<<<<<<<<<<<<<<<<<<<<<<<<<<<
End Sub 'Form2_Load
```

Tragen Sie für Syntax zunächst die folgenden Zeilen ein:

```
 'Wenn das Hauptformular aufgerufen wird, ist die aktuelle Datensatz-Nummer
 'DsNr bekannt. Sie wird immer in Tabelle(0, 0) eingetragen, sobald sie sich ändert

DsNr = Tabelle(0, 0)
```

Die aktuelle Datensatz-Nr. DsNr wird in die Variable ‚Satz' kopiert, die in der weiteren Folge zusätzlich benötigt wird. Deklarieren Sie im Modul1

Public Satz As Integer 'Die Datensatz-Nummer als Duplikat für andere 'Verwendung, z.B. im 'Korrekturmodus. Die Erklärung dazu bei der 'Programmierung der Prozedur Sub DsFertig()

Tragen Sie in die Ladeprozedur des FrmHaupt ein:

Satz = DsNr 'u.a. für den Korrekturmodus erforderlich

und tragen Sie weiter ein:
'Neue Werte für Fenster in Normalgröße , zunächst Außenrahmen
FraAussen.Width = Me.Width - 50
FraAussen.Height = Me.Height - 60
FraAussen.Left = 20
FraAussen.Top = 10
Wenn mindestens ein Datensatz existiert, Korrektur erlauben und Auswertung erlauben, d. h. die Buttons auf Enabled = True setzen

Aber dazu muss wirklich ein Datensatz in der Tabelle stehen und die aktuelle DsNr mindestens 2 sein.
Mit der Eingabe weiterer Datensätze bzw. bei Neustart und schon vorhandenen Datensätzen in der Tabelle sind die Labels-Texte zu ändern und die Buttons sind bezüglich Enabled zu ändern.

Zunächst die Änderung der Texte in den Labels:
Da die Variablen Jahr und DsNr bekannt sind, lassen sich Texte, die darauf reflektieren, jetzt anpassen. (Das sind die, bei denen im Entwurfstext Platzhalter für Jahr (20XY) oder DsNr (???) stehen, die in der Laufzeit durch echte Werte belegt werden müssen.

Dazu bot sich an, eine kleine Prozedur zu erzeugen, die jeweils diese Änderungen realisiert. Diese wird dann jeweils aufzurufen sein, wenn sich Jahr und / oder DsNr geändert haben bzw. wenn das Hauptfenster aufgerufen wird. Nennen wir diese

Sub TexteAktu() 'Beschriftungstexte anpassen

und erzeugen sie im Allgemeinen Modul1 wie folgt:

Sub TexteAktu()

'Die Caption des Rahmens FraAussen aktualisieren

```
FrmHaupt.FraAussen.Text = "Übernahme der Daten aus den _
Patientenbefragungsbögen für das Jahr " & Jahr

'Den Text des LblDSBisher hinsichtlich Jahr und DsNr aktualisieren
FrmHaupt.LblDSBisher.Text = "Für das Jahr " & Jahr & " sind bisher " & _
(DsNr – 1) & " Datensätze gespeichert. Beginnen Sie den nächsten Datensatz „ _
& „mit Eingabe der persönlichen Angaben und kontrollieren Sie, ob der „ _
& „ Befragungsmonat aktuell ist."

'Die Beschriftung des Buttons [CmdPersKompl] hinsichtlich DsNr anpassen
FrmHaupt.CmdPersKompl.Text = "Persönliche Angaben für Datensatz " & DsNr _
& " fertig"

'Die Beschriftung des Buttons [CmdDsFertig] hinsichtlich DsNr anpassen
FrmHaupt.CmdDSFertig.Text = " Datensatz Nr.: " & DsNr & " jetzt abspeichern"

'Den Erfassungsmonat wieder aktualisieren
'Wenn der erste Datensatz ansteht, ist Monat 01 einzutragen, sonst sh. Else-Zweig

If DsNr = 1 Then
FrmHaupt.TxtMon.Text = "01"
Else
FrmHaupt.TxtMon.Text = Tabelle(2, DsNr - 1) 'Trägt den zuletzt genutzten Monat
'ein
End If
End Sub 'TexteAktu
```

Diese wird also bei Aktivierung des FrmHaupt aufgerufen und wieder, wenn sich in der Laufzeit Werte ändern, also z.B. wenn mehrere Eingaben nacheinander in der gleichen Laufzeit erfolgen. Das wäre dann wieder der Fall, wenn mit dem Button [CmdDsFertig] eine Eingabe übernommen und damit die DsNr erhöht würde. Aber so weit sind wir hier noch nicht.
Wir gehen weiter in der Ladeprozedur wie weiter oben schon angefangen:

```
'Wenn mindestens ein Datensatz existiert, Korrektur erlauben und Auswertung
 'erlauben d. h. die Buttons auf Enabled = True setzen
If DsNr > 1 Then
CmdStatistik.Enabled = True 'Mit einem Satz kann Statistik schon gemacht werden
                                'auch wenn das praktisch wenig sinnvoll ist
        CmdKorr.Enabled = True 'Auch erster Datensatz korrigierbar
      End If 'DsNr > 1
```
Damit ist die Ladeprozedur Form2_Load fertig.

Wir machen ganz pragmatisch den nächsten Schritt und gehen davon aus, dass jetzt der User eine Eingabe beginnt. Der Befragungsmonat ist schon eingetragen. Wenn er der Reihe nach seine Patientenbögen bearbeitet, würde zunächst der ganze Januar abgearbeitet.

Nehmen Sie wieder den Ausdruck des Befragungsbogens zur Hand und betrachten Sie die Reihenfolge der Eingaben. Eigentlich können Eingabefehler nur dahingehend gemacht werden, dass Optionen nicht bedient werden. Das muss für jede Gruppe (jedes Frame) abgefangen werden. Geben Sie zunächst beim Start das aktuelle Jahr ein, das noch keine Datensätze hat, und klicken Sie Phantasiewerte für die persönlichen Angaben. Da der Button [CmdPersKompl] noch nicht programmiert ist, tut sich nichts, wenn Sie ihn klicken. Also ist der jetzt dran.

15.4.3.3. Den Button [CmdPersKompl] programmieren

Legen Sie den Prozedurkörper wie bekannt an und beginnen Sie gleich mit dem Abfangen der Unterlassungsfehler. Beachten Sie die andere Beschreibung der Eigenschaft ‚angeklickt' bei den Optionen (Radio-Button geklickt bedeutet, dass er checked ist.)

If TxtMon.Text = "" Then MsgBox(" Befragungsmonat fehlt!", vbOKOnly, _
  "Bitte nachholen."): Exit Sub

Wenn Sie sich bei der Namenseingabe im Eigenschaftenfenster vertippt und den Namen OptWeib versehentlich OptWeibb geschrieben hätten, bekämen Sie spätestens bei der Eingabe der nächsten Gruppe eine Fehlermeldung, indem im Quelltextbereich die rote Wellenlinie OptWeibb als Unterstreichung ausweisen würde, denn OptWeibb ist nicht bekannt, weil OptWeib geschrieben war. Hier müssen Sie im Eigenschaftenfenster dieses Buttons nach dem Fehler suchen und diesen richtigstellen.

If OptWeib.Checked = False And OptMann.Checked = False Then MsgBox _
(" Geschlechtsangabe fehlt!", vbOKOnly, "Bitte nachholen."): Exit Sub

Jetzt kommt man zu Gruppen, die mehr als zwei Radio-Buttons haben und mit einer For-Each-Schleife behandelt werden. Dazu braucht man wieder ein Flag für die Zustands-Anzeige. Nennen Sie es CheckFlag und deklarieren Sie es im Modul1:

Public CheckFlag As Boolean 'Flag, das anzeigt, dass etwas checked ist

In der Prozedur setzt man den Anfangswert auf False.
CheckFlag = False 'Anfang setzen

Jetzt kann man in den Diagnosen mit einer Schleife checken, was angeklickt ist. Ist nichts angeklickt, folgt sofort die Mahnung, das nachzuholen, und die Sub wird verlassen:

```
For Each Opt In FraDiag.Controls
    If Opt.checked = True Then ' eine Option wurde gewählt
        CheckFlag = True
    End If
Next Opt
If CheckFlag = False Then MsgBox(" Diagnose fehlt!", vbOKOnly, "Bitte „ _
&"nachholen.") : Exit Sub
```

Da jetzt die nächste Gruppe geprüft wird, muss das CheckFlag wieder auf False gesetzt werden, denn da die fehlende Diagnose nachgeholt wurde, war es zwischenzeitlich true. Die weiteren Gruppen analog behandeln.

```
CheckFlag = False 'Zurücksetzen für nächste Gruppe

For Each Opt In FraAlter.Controls
    If Opt.checked = True Then 'eine Option wurde gewählt
        CheckFlag = True
    End If
Next Opt
If CheckFlag = False Then MsgBox(" Altersangabe fehlt!", vbOKOnly, _
& "Bitte nachholen."): Exit Sub
```

```
CheckFlag = False 'Zurücksetzen für nächste Gruppe

For Each Opt In FraA.Controls
    If Opt.checked = True Then 'eine Option wurde gewählt
        CheckFlag = True
    End If
Next Opt
If CheckFlag = False Then MsgBox(" Frage A ist nicht beantwortet",
                vbOKOnly,  "Bitte nachholen."): Exit Sub
```

Damit sind alle Gruppen in den persönlichen Angaben bearbeitet und fehlende Eingaben erzwungen worden. Jetzt ist das Hinweislabel aus- und der Fragenblock einzublenden.

```
'Info ausblenden
    LblInfo.Visible = False
```

```
'Fragenblock einblenden
      FraFragen.Visible = True
'*'FraFragen.ForeColor = Color.Black 'Farbe Rot des Korrekturmodus zurück auf
'schwarz
'*'<<<<<<<<<<<<<<<<<<<<<<<<<<<<<<<<<<<<<<<<<<<<<<<<<<<<<<<<<<<
```

Die letzten zwei Zeilen sind hier auskommentiert, denn die kommen erst später dazu: Die Zeichen <<<< kennen Sie noch: Hier ist später noch etwas zu ändern oder einzufügen.
Damit können Sie die Funktion testen, indem Sie wieder Phantasiewerte oben eingeben. Wenn sich nach Klick des Buttons der Fragenblock zeigt, ist bisher alles richtig. Machen Sie dabei die Unterlassungsfehler, um die Reaktionen abzuprüfen.
Damit ist der Button [CmdPersKompl] auch fertig programmiert (bis auf den kleinen Nachtrag an späterer Stelle).
Noch eine wichtige Erklärung dazu, warum ich Sie veranlasst habe, die Textbox TxtSonst für die Eingabe der sonstigen oder zusätzlichen Diagnosen nicht mit in den Rahmen der Diagnosen hinein zu nehmen. Schauen Sie sich noch einmal folgende Zeilen an:

```
For Each Opt In FraDiag.Controls
      If Opt.checked = True Then 'eine Option wurde gewählt
```

Die Textbox würde in dieser Schleife mit angesprochen, obwohl diese kein Objekt opt ist. Es werden alle Controls angesprochen. Aber die Textbox hat keine Eigenschaft checked. Demzufolge würde hier eine Fehlermeldung kommen. Das Problem habe ich Ihnen schon einmal in der VBA-Variante erläutert, als bei der Durchsuchung des Rahmens FraFragen auch alle Controls darin angesprochen wurden und wir extra mit einer Innenschleife auf die Fragen-Frames testen mussten (gelöst mit Test auf die 3 Anfangsbuchstaben fra, wenn Sie sich erinnern). Das gleiche Problem kommt hier beim FraFragen auch noch einmal wieder. Das sind so die kleinen Tücken bei der Programmierung. Wichtig ist, dass man den Fehler konsequent beseitigt!

15.4.3.4. Ergänzende Prozeduren in der Gruppe ‚Persönliche Angaben'

Nun ist der Button [CmdPersKompl] zwar fertig programmiert, aber für die Optionen ‚Sonstige Diagnosen' und ‚Zusätzliche Diagnosen' fehlen noch kleine Prozeduren.

Bei Anklicken von OptSonst und bei Anhaken von ChkZus soll das Textfeld TxtSonst sichtbar werden und bei OptSonst die bereits markierte Eintragung o.A. aufweisen. Bei den sonstigen Diagnosen ist keine Hauptdiagnose wählbar, denn es kann in der Gruppe nur eine Option gelten. Bei Sonst bliebe also entweder o.A. stehen oder würde überschrieben, z.B. mit Akne. Es kommen aber auch mehrfache Diagnosen vor, wie z.B. Neurodermitis und Psoriasis. Hier muss eine die Hauptdiagnose sein und die andere(n) die zusätzlichen. Man wählt also die Neurodermitis und setzt den Haken bei ChkZus und schreibt dann in das Textfeld z.B. Psoriasis und ggf. auch noch weitere, wenn der Patient die angegeben hat.

Was soll erreicht werden?

In der Regel wird eine Hauptdiagnose oder Sonstige ausgewählt sein. Während bei den vier Hauptdiagnosen noch Zusatzdiagnosen angegeben sein können, ist das bei Auswahl von Sonstige D. nicht möglich. Oft ist die sonstige Diagnose gar nicht angegeben und deshalb wird dann o.A. (ohne Angabe) eingetragen.
Daraus folgt, dass bei Auswahl der OptSonst die ChkZus Enabled = False oder Visible = False gesetzt werden muss. Damit wird eine widersprüchliche Eingabe verhindert.

Sowohl bei OptSonst.checked = True als auch bei ChkZus.checked = True soll das Textfeld TxtSonst eingeblendet werden. Bei Sonstige soll das markierte o.A. gezeigt werden, bei ChkZus aber leer sein und den Fokus haben.

Wenn ein Option-Button geklickt wird, ändert sich sein Checked-Zustand. Dafür gibt es die Ereignisprozedur <u>CheckedChanged</u>. Wählen Sie diese oben rechts im Kombifeld für die Opt-Prozeduren und für die Chk-Prozedur aus und tragen Sie die Syntax wie folgt ein. In den Zeilen finden Sie meine Erklärungen dazu als Kommentare.

Wenn Zusatzdiagnosen eingegeben werden sollen, muss eine Hauptdiagnose gewählt sein. Dadurch muss für jede der vier Hauptdiagnosen eine gleichartige dreizeilige Prozedur wie folgt geschrieben werden, um chkZus zuzulassen:

```
'Bei Wahl der 4 ersten Diagnosen den ChkZus erlauben, bei OptSonst wird er
'wieder 'abgeblendet
Private Sub OptNeuro_CheckedChanged(sender As Object, e As EventArgs) _
Handles OptNeuro.CheckedChanged
If OptNeuro.Checked Then ChkZus.Enabled = True
End Sub


Private Sub OptPsori_CheckedChanged(sender As Object, e As EventArgs)
Handles OptPsori.CheckedChanged
If OptPsori.Checked Then ChkZus.Enabled = True
End Sub


Private Sub OptViti_CheckedChanged(sender As Object, e As EventArgs) Handles
_ OptViti.CheckedChanged
If OptViti.Checked Then ChkZus.Enabled = True
End Sub
```

Private Sub OptUrti_CheckedChanged(sender As Object, e As EventArgs)Handles _ OptUrti.CheckedChanged
If OptUrti.Checked Then ChkZus.Enabled = True
End Sub

Damit wird die ChkZus erst erlaubt, wenn eine der vier Diagnosen. gewählt ist. Wird aber noch zu OptSonst zurück gewechselt, muss Sie wieder unerlaubt sein, denn beide schließen sich aus. Wird nach einer Hauptdiagnose noch ChkZus aktiviert, ist das Textfeld zu zeigen, aber ohne o.A., denn weitere Diagnosen sind einzugeben. Den Fokus soll das Textfeld aber bekommen.
Zunächst die Option ‚**Sonstige Diagnosen**':

```
Private Sub OptSonst_CheckedChanged(sender As Object, e As _
                 EventArgs)Handles OptSonst.CheckedChanged
'Textfeld für Sonstige Diagnose einblenden
   If OptSonst.Checked = True Then  'Wenn OptSonst aktiviert ist
       TxtSonst.Text = "o.A." 'o.A. in das Textfeld einsetzen
       TxtSonst.Visible = True  'Textfeld sichtbar machen
       ChkZus.Checked = False 'Zusatz-Checkbox deaktivieren, falls sie aktiviert
                               'war
       ChkZus.Enabled = False 'Falls Sonstige geklickt ist, abblenden
'Wenn Textfeld gewählt, erhält es zuerst den Wert "o.A.", der markiert ist und
'überschrieben werden könnte.
       TxtSonst.Text = "o.A."
       TxtSonst.Select() 'Select setzt den Fokus und markiert damit o.A.
   Else  'wenn OptSonst nicht checked ist
     TxtSonst.Clear() 'Textfeld leer machen
     TxtSonst.Visible = False 'zunächst Textfeld wieder verstecken
     ChkZus.Enabled = True 'Falls andere Diagnose geklickt wird, ChkZus
                           'erlauben
   End If 'OptSonst.Checked = True
End Sub 'OptSonst_CheckedChanged
```

Interessant im Vergleich zu VBA ist auch die einfache Möglichkeit, Text im Textfeld mit der Select-Methode gleichzeitig zu markieren (bei VBA mussten wir mit SelStart und SelLength arbeiten).

Noch ein Hinweis:
If OptNeuro.Checked Then ChkZus.Enabled = True

Ist eine Kurzfassung von
If OptNeuro.Checked = True Then ChkZus.Enabled = True

OptEuro.checked drückt bereits aus, dass die Option true ist. Deshalb werden oben die verkürzten Schreibweisen verwendet.

Jetzt die **Prozedur für die Checkbox:**
Wenn die ChkZus angehakt wird (checked wird),

```
'Checkbox für Mehrfachdiagnosen
  Private Sub ChkZus_CheckedChanged(sender As Object, e As EventArgs) _
  Handles ChkZus.CheckedChanged
    'Wenn Sonstige checked ist, darf Zus nicht wählbar sein, aber eine andere
    'Diagnose muss gewählt sein
  If ChkZus.Checked = True Then
    OptSonst.Enabled = False 'OptSonst abblenden
    TxtSonst.Visible = True 'Textfeld zeigen
    TxtSonst.Clear() 'Textfeld leer setzen, konnte vorher o.A. sein
    TxtSonst.Select()  'Fokus in das Textfeld
  Else 'Haken ist (wieder) raus
    OptSonst.Enabled = True 'damit kann Sonstige wieder gewählt werden
    TxtSonst.Visible = False 'Textfeld wieder verbergen
  End If 'ChkZus.Checked = True
  End Sub 'ChkZus_CheckedChanged
```

Damit sind die Funktionalitäten auch für die Option Sonstige D. und Mehrfach-D. fertig und somit auch alles im Bereich der Gruppe ‚Persönliche Angaben.
Schauen Sie sich noch einmal das **Video_T2_Vi22** an. Darin habe ich wichtige Schritte und Funktionalitäten zusammengefasst.

Damit kann die Programmierung der großen Gruppe FraFragen beginnen.

15.4.3.5. Programmierung des Fragenblockes FraFragen

Auch hier können Sie wieder von den Lösungen des VBA-Beispiels profitieren.

Wir gehen davon aus, dass der User alle Fragen-Frames bedient hat und den Button [CmdDSFertig] klickt, um den Datensatz zu übernehmen und zu speichern. Der Schwerpunkt liegt also hier in der Programmierung dieses Buttons, die ziemlich umfangreich wird, da viele Fehlermöglichkeiten abzufangen sind und das Problem der Abspeicherung in ein zweidimensionales Feld und letztlich in eine sequentielle Datei gelöst werden muss.
Legen Sie in bekannter Weise den Prozedurkörper für den Button [CmdDSFertig] an. Klicken Sie dazu im Entwurf unten in der Gruppe FraEin den rechts etwas hervorschauenden Rand des Buttons doppelt an, um den Prozedurkörper im Modul des FrmHaupt zu erzeugen.

Private Sub CmdDSFertig_Click(sender As Object, e As EventArgs) Handles _
CmdDSFertig.Click
'**Syntax** <<<<<<<<<<<<<<<<<<<<<<<<<<<<<<<<<<<<<<<<<<<<<<<<<<<
End Sub 'CmdDSFertig_Click

Deklarieren Sie Public Wert(18) As Integer 'Eindimensionales Integerfeld,
denn dieses Feld dient wieder als Zwischenspeicher für die Werte aus den 18
Fragen.
Deklarieren Sie weiter öffentlich (also im Modul1):

Public FundFlag As Boolean 'Flag für gefundene Option
Public DsOKFlag As Boolean 'Flag für Datensatz Ok und abgespeichert

Die weiteren Erklärungen für diese Flags erfolgen an der Stelle ihrer Verwendung.

Wenn Sie jetzt nach dem Vorbild der VBA-Lösung die gleiche Syntax schreiben,
werden Sie mehrere Überraschungen hinsichtlich Fehlermeldungen erleben. Aber
von Hand schreiben müssen Sie die Syntax gar nicht. Wenn Sie das VBA-
Programm parallel öffnen und in die IDE gehen, können Sie die Syntax auch
markieren, kopieren und bei VB wieder einfügen. Dort werden Sie auch sofort die
Fehlerquellen sehen, die es zu beseitigen gilt. Diese Fehlerbearbeitung zeige ich
Ihnen erstmals im **Video_T2_Vi23**.
Die erste Fehlerquelle besteht darin, dass die Zeichenkettenfunktionen Left() und
Right() nicht akzeptiert werden. Hier gibt es eine Überschneidung, denn im
Namespace eines Formulars stellen diese auf den Abstand des linken oder rechten
Rands des Steuerelements zum Rand seines Containers ab. Das haben wir bei der
Zentrierung der Außenrahmen in beiden Ladeprozeduren der Formulare benutzt.
<u>Damit kann man in VB **im Bereich eines Formulars** die Zeichenkettenfunktionen
Left und Right nicht benutzen</u>. Das kann man aber leicht umgehen, indem die
Syntax des CmdButtons auf dem Formular einfach in ein Unterprogramm in einem
Modul verlegt wird. Der Button ruft dann nur das Unterprogramm auf und alles läuft
„wie geschmiert". Und so machen wir das hier. Nennen Sie das Unterprogramm
Sub DSFertig und schreiben Sie die Syntax dort oder kopieren diese hinein. In der
Sub des Buttons tragen Sie als Syntax <u>vorerst</u> nur eine Zeile ein:

Call DSFertig() 'Sub in Modul1 wegen Verwendung von Left und Right
'<<<<<<<<<<<<<<<<<<<<<<<<<<<<<<<<<<<<<<<<<<<<<<<<<<<<<<<

Damit kommt hier die Prozedur im Modul1. Die Kommentare sind wieder mein
Erklärungstext:

'Datensatz übernehmen: Gerufen von CmdDSFertig
Sub DSFertig() 'Verlegt nach Modul1, weil Left und Right gebraucht werden.
        'Deklarationen auf Prozedurebene

```vba
Dim Fra As Object 'Allgemeine Variable für ein Frame-Objekt
Dim Num As Byte 'Nummer des Fra in FraFragen
Dim Meldung As String 'Meldung durch MsgBox
Dim Opt As RadioButton 'der gute alte Option-Button
Dim J As Integer 'lokale Zählvariable
    FundFlag = False 'Anfangswert setzen, noch kann nichts gefunden sein
'Eingaben und Fehlerbehandlung (Bei Zugriff auf Controls ist der Formularname
'voranzustellen, denn der Zugriff erfolgt von einem allgemeinen Modul aus!)
 'Optionen in den Frage-Frames kontrollieren und fehlende anmahnen
    For Each Fra In FrmHaupt.FraFragen.Controls 'Hier muss Formular
'FrmHaupt angesprochen werden
        If Left(Fra.Name, 3) = "Fra" Then 'Prüfen, ob Fra auch ein Frame ist
'(String-Funktion)
        Num = CByte(Right(Fra.Name, 2)) 'Nummer der Frage mit Right-
'Funktion ermittelt
            For Each opt In Fra.Controls Für Option-Buttons im aktuellen Frame;
'Innenschleife
            If opt.checked Then 'checked statt value
            Wert(Num) = (opt.TabIndex) + 1 'Wert in das Feld Wert(18) eintragen
                FundFlag = True
                Exit For 'each opt
            Else
                FundFlag = False
            End If 'opt.checked
          Next opt
        If FundFlag = False Then
            Meldung = MsgBox(" In Frage " & Num & " fehlt die Eingabe! " _
            , , "Bitte Eingabe nachholen!")
            Exit Sub
        End If 'FundFlag = False
      End If 'left
      FundFlag = False 'zurücksetzen für nächste Prüfung
    Next Fra
MsgBox("Alle Fragen durchforstet, keine fehlenden Eingaben mehr") 'wieder
'auskommentieren  Hier kommt später noch viel dazu
'<<<<<<<<<<<<<<<<<<<<<<<<<<<<<<<<<<<<<<<<<<<<<<<<<<<<<
End Sub 'DsFertig
```

Zunächst bis hierher. Wenn Sie dies mit der VBA-Lösung vergleichen, sind aber die Abweichungen relativ gering. Deshalb muss ich die Lösungsschritte hier nicht noch einmal erläutern. Das können Sie jetzt selbst. Nur die Hinweise auf die

Abweichungen gebe ich noch. Den Grund für die Verlegung der Syntax in das allgemeine Modul habe ich weiter vorn erläutert.

Da diese Sub im Modul auf Elemente im FrmHaupt zugreift, muss der Formularname dem Control-Namen vorangestellt werden. Das habe ich bei VBA schon erläutert. Hier betrifft das die Zeile

> For Each Fra In **FrmHaupt**.FraFragen.Controls 'Fettsetzung nur zur DEMO

Zudem wird nicht auf Value (Wert) des Option-Buttons, sondern auf seine Checked-Eigenschaft geprüft, also statt

If opt.Value = True Then ' >> If opt.checked Then 'checked statt value

Die gesamte restliche Syntax, aus VBA übernommen, funktioniert hier ebenso. Testen Sie es, indem Sie die letzte MsgBox aktivieren. Wenn alle 18 Frames bearbeitet sind und eine aktive Option aufweisen, sollte die MsgBox das melden. Machen Sie wieder Unterlassungsfehler, um die Anmahnung zur Nachholung zu prüfen.

Damit ist der Stand erreicht, bei dem die Werte gespeichert werden und der Datensatz in die Speicherdatei übernommen werden kann.

Bevor wir das realisieren, folgt noch eine Kontrollstruktur, die Sie dann wieder auskommentieren können. Dazu noch der Hinweis, dass Debug.Print hier nicht funktioniert. Stattdessen verwenden Sie Debug.WriteLine(…). Hier wird das eindimensionale Feld Wert(18) in einer Schleife zeilenweise wieder ausgegeben. Die Ausgabe erfolgt im Fenster ‚Ausgabe' ganz unten nach den Zeilen, die das System einfügt. Scrollen Sie nach unten, bis Sie die Zeilen sehen.:

'Feld Wert(18) zur Kontrolle ausgeben' von hier bis !!!!! wieder auskommentieren.
    Dim J As Integer 'Zählvariable einrichten
    For J = 1 To 18 'Wert von Null ist obsolet
        Debug.WriteLine(" Frage " & J & " hat den Option-Button " & Wert(J) &
        „aktiv.")
    Next J
'!!!

Vollziehen Sie wieder einen Probestart mit Phantasiewerten.
Gab es Überraschungen und Fehler? Sehr wahrscheinlich, denn ich hatte Sie nicht veranlasst, die Tab-Indizes sowohl der 18 Frames als auch der jeweils sechs Buttons in den Frames zu kontrollieren und ggf. neu zu setzen. Vielleicht müssen Sie das hier nachholen, wenn es ‚Kauderwelsch' gab. (Tab-Indizes der Frames von 0 bis 17, die der Buttons von 0 bis 5.) Ein weiterer Fehler kann noch darin

bestehen, dass Sie die Namen der 18 Frames im Bereich von 1 bis 9 nicht zweistellig geschrieben haben, also Fra01 bis Fra09 und Fra10 bis Fra18.

<u>Aber Fehler sind zum Suchen und zum Beseitigen da.</u>

Die zeilenweisen Ausgaben dieser Kontrolle müssen dann lauten:

Frage 1 hat den Option-Button 2 aktiv (wenn Sie da 2 geklickt haben) usw. bis Frage 18 hat den Option-Button 4 aktiv (wenn Sie da 4 geklickt haben).

Sie können das direkt sehen, denn das Fenster ist noch aktiv und unten im Fenster ‚Ausgabe' können Sie scrollen, bis Sie die Ausgabezeilen sehen. Wenn alles so stimmt, wie Sie geklickt haben, ist Ihre Syntax in Ordnung. Dann kann der nächste Programmierschritt erfolgen, nämlich die Ausgabe in die Tabelle() und danach in die sequentielle Datei.

15.4.3.6. Ausgabe des Datensatzes in das Feld Tabelle(26, DsNr)

Kommentieren Sie vor dem nächsten Vorgang noch den Kontrollblock mit dem Feld Wert(18) aus, wie ich es im *Video_T2_Vi23* demonstriert habe, also erst markieren und dann:

(BEARBEITEN > Erweitert > Auswahl auskommentieren oder, wenn Sie es sich merken wollen, Strg+K; Strg+C nacheinander)

Im nächsten Schritt füllen wir das Feld Tabelle(26, DsNr) mit den Werten der augenblicklichen Eingaben zum Datensatz mit der aktuellen DsNr.

Zunächst noch ein <u>Hinweis</u> zur Datensatz-Nummer DsNr:

Diese wurde für eine neue Jahrestabelle mit dem Wert 1 sofort in Tabelle(0, 0) eingetragen und in Dat_Jahr abgespeichert. In der weiteren Folge wurde sie bei Eingabe weiterer Datensätze ständig mit dem erhöhten Wert von DsNr versehen. Mit der Abfrage des Jahres im Startfenster wird aus der Datei Dat_Jahr die Tabelle() zurückgeholt und der aktuelle Wert von DsNr aus dem Element(0, 0) wieder ausgelesen. Mit dem Start des Hauptfensters erfolgt dieses Auslesen des DsNr-Wertes. Gleichzeitig erfolgt dort die Übergabe des DsNr an die Variable ‚Satz'.
Das geschieht in Vorbereitung des Korrekturmodus. Bei dem ist der Wert von ‚Satz' dann kleiner, aber höchstens gleich DsNr-1, wenn der letzte Satz korrigiert würde.
In der Sub DsFertig wird der aktuell abzuspeicherndeDatensatz immer mit der Variablen ‚Satz' eingetragen.
An der Stelle, die ich oben so vorgemerkt hatte, geht es jetzt weiter:

'Hier kommt später noch viel dazu
'<<<<<<<<<<<<<<<<<<<<<<<<<<<<<<<<<<<<<<<<<<<<<<<<<<<<<<<<

Jetzt ist das Feld mit dem aktuellen Wert von DsNr auf DsNr Zeilen zu erweitern und gleichzeitig sind vorher vorhandene Daten zu behalten. Diese Syntax-Stelle wird auch erreicht, wenn es nicht der erste Datensatz ist, also schon Eingaben vorangegangen sind. Die Erweiterung erfolgt noch mit DsNr, nicht mit Satz! Und noch einmal die wichtige Feststellung: Datenfelder können in der Laufzeit nur in der letzten (ganz rechten) Dimension erweitert werden! Und wenn die vorher darin enthaltenen Daten erhalten werden müssen, ist das Schlüsselwort Preserve zu nutzen, somit

ReDim Preserve Tabelle(26, DsNr) 'Letzte Dimension ist hier Zeilen, also DsNr

Jetzt werden die Eingaben der Gruppe ‚Persönliche Angaben' in das Feld realisiert. Das erfolgt mit der Variablen ‚Satz', die im normalen Eingabemodus gleich der DsNr ist.
Die Eingabe-Fehler waren schon mit dem Button [CmdPersKompl] abgefangen worden. Damit ergibt sich nachstehende Syntax, die Sie mit der VBA-Lösung vergleichen können:

```
'Persönliche Angaben in das Feld Tabelle() übernehmen

'Spalte 1 >> eintragen Satz selbst
Tabelle(1, Satz) = Satz
'Spalte 2 >> eintragen
Tabelle(2, Satz) = FrmHaupt.TxtMon.Text 'der Befragungsmonat
'Spalte 3 >> Geschlecht
If FrmHaupt.OptMann.Checked = True Then
    Tabelle(3, Satz) = 1
Else
    Tabelle(3, Satz) = 2
End If
'Spalte 4 >> Diagnosen
For Each Opt In FrmHaupt.FraDiag.Controls  'Hauptformular ansprechen
    If Opt.Checked = True Then 'eine Option wurde gewählt
        Tabelle(4, Satz) = (Opt.TabIndex) + 1
        'Kontrollausgabe mit MsgBox
'*'MsgBox("Aktuelles Frame " & Fra.name & " Aktuelle Option " & Opt.name)
        Exit For 'Sobald Option gefunden wurde, Schleife verlassen, Wert ist erfasst
    End If 'Opt.checked = True
Next Opt
```

```
              'Spalte 5 >> Sonstige Diagnosetexte einlesen
    If FrmHaupt.OptSonst.Checked = True Or FrmHaupt.ChkZus.Checked = True
    Then 'Then im VB-Editor noch in der Zeile darüber am Ende schreiben!!!!!
            Tabelle(5, Satz) = FrmHaupt.TxtSonst.Text
      Else 'wenn keines der beiden Controls aktiviert ist, bleibt das Element leer
            Tabelle(5, Satz) = ""
      End If '…checked
          'Spalte 6 >>  Altersgruppe (Erklärung siehe Diagnosen)
          For Each Opt In FrmHaupt.FraAlter.Controls
            If Opt.Checked = True Then 'eine Option wurde gewählt
                Tabelle(6, Satz) = (Opt.TabIndex) + 1
                Exit For
            End If
          Next Opt
    'Spalte 7 >> Freie Spalte bleibt leer
          Tabelle(7, Satz) = ""
     'Spalte 8 >> Frage A ; Erklärung sh. Diagnosen
          For Each Opt In FrmHaupt.FraA.Controls
            If Opt.Checked = True Then 'eine Option wurde gewählt
                Tabelle(8, Satz) = (Opt.TabIndex) + 1
                Exit For
            End If
          Next Opt
```

Damit sind die Werte der Gruppe ‚Persönliche Angaben' in das Feld eingetragen. Es folgen die Werte aus den 18 Fragen. Diese sind bereits im Feld Wert(18) enthalten, das als Zwischenspeicher diente. Es muss lediglich in das Feld Tabelle() übertragen werden. Dabei ist der Versatz zu beachten. In Spalte 9 der Tabelle() kommt der Wert(1) hinein. Der Wert(0), der zur Zwischenspeicherung der DsNr benutzt wurde, ist hier nicht relevant. Damit gilt:

Tabelle(9, DsNr) = Wert(1) und
Tabelle(26, DsNr = Wert(18)

Die Übertragung der Inhalte kann mit einer Zählschleife erfolgen. Die lokale Zählvariable J wurde im Prozedurkopf deklariert.

```
'Feld Wert() in die Tabelle() übertragen von Spalte 9 bis 26
      For J = 9 To 26   'Spalten in der Tabelle()
          Tabelle(J, Satz) = Wert(J - 8) 'J minus 8 wegen Versatz
Gleich Kontrollausgabe realisieren, dann wieder auskommentieren
```

'*' Debug.WriteLine(" Tabelle Spalte " & J & " hat den Eintrag " & Tabelle(J, DsNr)   'Element von Wert ist " & (Wert(J - 8)))
    Next J

Damit ist das Feld Tabelle() mit dem aktuell bearbeiteten Datensatz befüllt. Das kann aber auch ein zu korrigierender Datensatz aus dem Korrekturmodus sein, der durch den Button [Korrigierten Datensatz wieder speichern] die Sub DsFertig aufruft.

Am Ende sind bei normaler Eingabe (nicht Korrektur-Eingabe) zu realisieren:
- die DsNr erhöhen
- die Beschriftungen aktualisieren (Call TexteAktu)
- den Eingabenblock wieder verbergen
- die geklickten Optionen zurücksetzen
- die Tabelle(0, 0) mit der aktuell neuen Datensatz-Nr. zu versehen

Da die Serialisation mit dem Formatter sehr leistungsstark und schnell ist, sollte mit jedem Abschluss einer Datensatz-Eingabe sofort die sequentielle Datei neu geschrieben werden, um einen Datenverlust zu vermeiden. Bei dieser Speicherung wird der alte Inhalt der sequentiellen Datei ohne Rückfrage mit den neuen Daten überschrieben.

Bei einer (Wieder-)Eingabe, die aus dem Korrekturmodus heraus erfolgt, ist der Abschluss etwas anders. Das erläutere ich mit beim Korrekturmodus.

Hier schreibe ich jetzt den Abschluss der Sub DsFertig nach der Zeile Next J :

```
'Monat rücktragen in das Textfeld – User muss selbst prüfen, ob das noch gilt
FrmHaupt.TxtMon.Text = Tabelle(2, Satz)
Call TabInDat() 'Tabelle in Datei schreiben
Call KillOptions() 'Optionen rücksetzen
'Eingabefeld verbergen, Info wieder einblenden, Mehrfachdiagnosen abblenden
FrmHaupt.FraFragen.Visible = False 'Den Fragenblock verbergen
FrmHaupt.FraEin.Visible = False  'Das Frame mit den beiden Buttons verbergen
FrmHaupt.LblInfo.Visible = True    'Das Info-Label wieder sichtbar machen
FrmHaupt.ChkZus.Enabled = False    'Die Checkbox wieder abblenden
FrmHaupt.CmdPersKompl.Enabled = True 'Button wieder erlauben
FrmHaupt.CmdDSFertig.Enabled = True 'Button wieder erlauben
 DsOKFlag = True 'Das Flag für erfolgreiche Abspeicherung auf True

End Sub 'DSFertig
```

Für das Rücksetzen der Optionen ist eine zusätzliche Prozedur erforderlich. Nennen Sie diese Sub KillOptions und schreiben Sie diese wieder im Modul1. Dadurch ist immer das FrmHaupt anzusprechen:

```
'Optionen im Hauptfenster zurücksetzen
Sub KillOptions()
    FrmHaupt.TxtSonst.Clear()'Textfeld mit den sonstigen Diagnosen löschen

    '18 Fragen löschen
    For Each Fra In FrmHaupt.FraFragen.Controls
        For Each Opt In Fra.Controls
            Opt.checked = False
        Next Opt
    Next Fra

    'Diagnosen löschen
    For Each Opt In FrmHaupt.FraDiag.Controls
        Opt.checked = False
    Next Opt
    'Geschlecht löschen
    For Each Opt In FrmHaupt.FraGeschlecht.Controls
        Opt.checked = False
    Next Opt
    'Altersgruppe löschen
    For Each Opt In FrmHaupt.FraAlter.Controls
        Opt.checked = False
    Next Opt
    'Frage A löschen
    For Each Opt In FrmHaupt.FraA.Controls
        Opt.checked = False
    Next Opt
    'ChkZus zurücksetzen, falls es ausgewählt war, und Checkbox wieder zeigen
    FrmHaupt.ChkZus.Checked = False
    FrmHaupt.ChkZus.Visible = True

End Sub 'KillOptions
```

Ich meine, dass Sie zu dieser Prozedur keine Erklärungen mehr benötigen, wenn Sie sich die einzelnen Abschnitte anschauen.

Damit ist ein voller Zyklus für die Eingabe der Datensätze programmiert. Der Abschluß gemäß der Aufzählung oben ist aber noch in der Sub des Buttons

CmdDsFertig_Click zu programmieren. Einige Seiten weiter vorn habe ich wie folgt begonnen

Private Sub CmdDSFertig_Click(sender As Object, e As EventArgs) Handles _
CmdDSFertig.Click

Call DSFertig() 'Sub in Modul1 wegen Verwendung von Left und Right
'<<<<<<<<<<<<<<<<< Abschlusszeilen sh. weiter unten <<<<<<<<<<<
End Sub 'CmdDSFertig_Click

Nach der Zeile Call DSFertig() 'Sub in Modul1 wegen Verwendung von Left und Right folgen jetzt nachstehende Abschlusszeilen:

'DsOKFlag hier auswerten; DsNr nur erhöhen, wenn Eingabe erfolgreich war
If DsOKFlag = True Then
DsNr = DsNr + 1 'DsNr erhöhen und Satz darauf setzen und eintragen in die 'Tabelle
Satz = DsNr 'Für nächsten Datensatz bei normaler Eingabe
Tabelle(0, 0) = DsNr 'Rücktragen der erhöhten DsNr
Call TexteAktu() 'Beschriftungen aktualisieren
CmdPersKompl.Enabled = True 'Wieder erlauben; hatte sich selbst abgeblendet
Else
Exit Sub 'Wenn DSatz nicht gespeichert wurde, nichts ändern
End If 'DsOkFlag true

End Sub 'CmdDSFertig_Click

Damit ist der Zyklus einer normalen Eingabe erst wirklich vollendet.
Testen Sie alles, auch die Eingabe mehrerer Datensätze in der gleichen Sitzung.
Schauen Sie nach jeder Eingabe die Meldelabels und Buttonbeschriftungen an, die alle weiterzählen müssen.

Wenn alles läuft, kann es mit dem Korrekturmodus weiter gehen. Mit ihm kommen wir zwingend auf die wichtige Prozedur Sub DsFertig(), die wir oben gerade fertig gestellt haben, zurück. Diese wurde so programmiert, dass sie auch vom Korrekturmodus genutzt werden kann. Nur Einstieg und Abschluß sind etwas anders als bei normaler Eingabe.

15.5. Den Korrekturmodus programmieren

Zunächst folgt wieder als Präzisierung des PAP die Beschreibung, was passieren soll. Wenn festgestellt wurde, dass ein Datensatz einen Fehler enthält, der korrigiert werden soll, muss mit einer Eingabe abgefragt werden, welche Datensatznummer das betrifft.

Die Eingabe der Nummer ist zu prüfen und Fehler sind abzufangen. Die eingegebene Nummer ist in die Variable ‚Satz' zu übertragen, da diese Nummer nicht die DsNr ist. Das war diese nur bei der Erstinitialisierung ganz am Anfang des Programms, aber deklariert müsste sie schon sein. Prüfen Sie nochmals in den öffentlichen Deklarationen, ob

```
Public Satz As Integer 'Die Datensatz-Nummer für Eingaben und Korrekturmodus
```

vorhanden ist. Falls nicht, bitte nachholen.

Mit Eröffnung des Korrekturmodus soll sich das Erscheinungsbild des Eingabeblocks für die 18 Fragen durch Einfärbung mit Rot von den normalen Eingaben unterscheiden. Die Optionen des zu korrigierenden Satzes sind aus der Tabelle() in den Block zurück zu tragen, damit die falsche(n) ausgetauscht werden können. Auch die Eingaben oben in den persönlichen Angaben sind zurück zu tragen, denn auch dort kann ein Fehler stecken.

Wenn die Fehlerbeseitigung erfolgt ist, soll der korrigierte Satz an richtiger Stelle wieder abgespeichert und der Korrekturmodus verlassen werden. Dabei ist die Rotfärbung wieder aufzuheben. Den Vorgang, wie er ablaufen soll, können Sie sich im *Video_T2_Vi25* anschauen.

15.5.1. Den Button [Einen Datensatz korrigieren] programmieren

Bei der Programmierung ist Kleinarbeit notwendig, denn jede einzelne Option bzw. Eintragung muss erst aus der Tabelle in den Fragenblock zurück und nach der Korrektur wieder in das Feld Tabelle(). Dadurch wird diese Prozedur zur längsten des ganzen Programms. Beginnen Sie wieder mit der Erzeugung des Prozedur-Rahmens

```
Private Sub CmdKorr_Click(sender As Object, e As EventArgs) Handles _
CmdKorr.Click
'Syntax <<<<<<<<<<<<<<<<<<<<<<<<<<<<<<<<<<<<<<<<<<<<<<<<<<<<
End Sub
```

Beginnen Sie die Syntax der Prozedur mit der Anforderung der Nummer des zu korrigierenden Datensatzes. Verwenden Sie dazu erstmals das Pendant zur MsgBox, die InputBox. Diese ist ähnlich beschaffen, nur dass sie zusätzlich eine Eingabezeile aufweist. In die öffentliche Variable Meldung wird hier der Eingabetext (auch wenn es Ziffern sind) übergeben. Und von der Variable Meldung erfolgt die

Übergabe der Nummer an die Integer-Variable ‚Satz' mit Typanpassung, denn die Nummer ist jetzt noch String. In der Titelzeile der Box wird dem User sogar die letzte Datensatznummer mitgeteilt. Damit sollten Sie die folgenden Zeilen voll verstehen:

```
'Datensatz-Nr. mit Inputbox anfordern
Meldung = InputBox("Geben Sie die Datensatznummer ein [Leereingabe wird „ _
& „ als Abbruch behandelt!]", "Letzte Datensatznummer ist " & DsNr - 1)
If Not IsNumeric(Meldung) Then MsgBox("Abbruch wegen Fehleingabe " & _
 Meldung): Exit Sub 'Textzeichen sind dabei oder Leereingabe
If Meldung <> "" And CInt(Meldung) <> 0 Then 'Wenn nicht leer und keine Null
    Satz = CInt(Meldung) 'Damit hat Satz den Typ Integer
    Else
        Exit Sub 'Abbruch falls nichts eingegeben, aber [OK] geklickt wurde
End If
If Satz > (DsNr – 1) Or Satz < 1 Then MsgBox("Abbruch wegen Fehleingabe " &
Meldung): Exit Sub  '-2 (minus 2) wäre auch eine Zahl
```

Die Datensatz-Nummer ist erfolgreich in die Variable ‚Satz' gelangt und sogar die Eingabe Null eines Users wie auch Texteingaben werden nicht geduldet. Die Fehler sind abgefangen, sogar die eines DAU, der negative Nummern oder größere als die letzte DsNr, die ihm in der Inputbox sogar noch mitgeteilt wird, eingibt.

Was ist denn ein DAU?

(Dümmster Aller User hat mir mal jemand verraten ☺)

Spaß beiseite; weiter mit der ernsthaften Arbeit.

Jetzt artet es tatsächlich in Arbeit aus, weil alle einzelnen Eingaben dieses Datensatzes wieder in die Gruppen FraPers und FraFragen aus der Tabelle() zurückgebracht werden müssen. Etwas erleichtert wird das, weil man bei den 18 Fragen mit Kopieren > Einsetzen arbeiten kann. Achten Sie aber darauf, dass notwendige Änderungen sofort und richtig vorgenommen werden, denn sonst droht Chaos!
Beginnen wir mit einigen Einstellungen für den Korrekturmodus selbst:

```
'FraFragen einblenden, Buttons behandeln >> abblenden
    CmdKorr.Enabled = False 'Damit nicht neu klickbar, bis Korrektur beendet ist
    CmdStatistik.Enabled = False 'Statistik während Korrekturmodus abblenden
    CmdDSFertig.Visible = False 'Datensatz fertig, Button verbergen
    'FraFragen-Beschriftungen ändern. Da es im aktuellen Formular erfolgt > Me
    Me.FraFragen.Text = " Korrekturmodus für den Datensatz " & Satz
```

```
Me.FraFragen.ForeColor = Color.Red 'Rot einfärben
Me.FraFragen.Visible = True 'FraFragen jetzt sichtbar machen
Me.LblInfo.Visible = False    'Das Infolabel wieder verbergen
```

Jetzt die einzelnen Werte:

```
'Monat rückholen
TxtMon.Text = Tabelle(2, Satz)
'Spalte 3 Geschlecht
If Tabelle(3, Satz) = 1 Then
    OptMann.Checked = True
Else
    OptWeib.Checked = True
End If
```

Bei Gruppen mit mehreren Optionen wie Diagnosen, die Altersgruppen oder die einzelnen der 19 Fragen wird dazu das Konstrukt der Fallentscheidung Select Case eingesetzt.
Dazu wird die lokale Variable **Y** deklariert. Y repräsentiert dabei den Wert aus der Tabelle(), der von 1 bis 6 gehen kann. Hier bei der folgenden Syntax für die Diagnosen wird der Wert aus dem Element(4, Satz) entnommen, wobei 4 die Spalte und Satz die Zeile ist, die den Datensatz beinhaltet. Hier kann Y von 1 bis 5 gehen, den Schlüsselzahlen für die Diagnosen.
Danach wird der zutreffende Fall gesucht und danach der jeweilige Option-Button auf Checked gesetzt. Das gleiche Verfahren nutzen wir wiederholt.

```
'Spalte 4 Diagnose
    Dim Y As Integer 'Y ist Läufer für Diagnose
    Y = Tabelle(4, Satz) 'Spalte 4 ,Zeile Satz auf Wert testen (1 bis 5)
    Select Case Y
        Case 1
            OptNeuro.Checked = True
        Case 2
            OptPsori.Checked = True
        Case 3
            OptViti.Checked = True
        Case 4
            OptUrti.Checked = True
        Case 5
            OptSonst.Checked = True
    End Select
```

```vb
'Spalte 5
    TxtSonst.Text = Tabelle(5, Satz) 'Textfeld Sonstige Diagnosen
    TxtSonst.Visible = True 'Anzeigen, auch wenn leer

'Spalte 6 Altersgruppe
    Y = Tabelle(6, Satz)
    Select Case Y
       Case 1
          OptAlt1.Checked = True
       Case 2
          OptAlt2.Checked = True
       Case 3
          OptAlt3.Checked = True
       Case 4
          OptAlt4.Checked = True
       Case 5
          OptAlt5.Checked = True
    End Select

'Spalte 7 ist die freie leere Spalte, keine Rückholung nötig

'Spalte 8 Frage A >> 6 Werte
    Y = Tabelle(8, Satz)
    Select Case Y
       Case 1
          OptA1.Checked = True
       Case 2
          OptA2.Checked = True
       Case 3
          OptA3.Checked = True
       Case 4
          OptA4.Checked = True
       Case 5
          OptA5.Checked = True
       Case 6
          OptA6.Checked = True
    End Select

'DEN FRAGEBNBLOCK ZURÜCKHOLEN , ein Fra nach dem anderen
    'Frage 1
    Y = Tabelle(9, Satz)
```

```
Select Case Y
   Case 1
      Opt1_1.Checked = True
   Case 2
      Opt1_2.Checked = True
   Case 3
      Opt1_3.Checked = True
   Case 4
      Opt1_4.Checked = True
   Case 5
      Opt1_5.Checked = True
   Case 6
      Opt1_6.Checked = True
End Select
```

Ich füge jetzt hier noch die Syntax für Frage 18 ein. Nach diesem Beispiel müssen Sie die der Fragen 2 bis 17 selbst erzeugen. Achten Sie darauf, die Namen der Options und auch die Spaltennummern richtig anzupassen. Hier mache ich mal farbig kenntlich, worauf Sie achten müssen. (Komplettes Listing in Anhang C 4.2 >> es sind sehr viele Zeilen nach diesem Muster. Aber es muss sein!)

```
'Frage 18
   Y = Tabelle(26, Satz)
   Select Case Y
      Case 1
         Opt18_1.Checked = True
      Case 2
         Opt18_2.Checked = True
      Case 3
         Opt18_3.Checked = True
      Case 4
         Opt18_4.Checked = True
      Case 5
         Opt18_5.Checked = True
      Case 6
         Opt18_6.Checked = True
   End Select
```

Nach Frage 18 folgen noch drei Zeilen

'Button <u>Speichern des korrigierten Datensatzes</u> sichtbar machen und beschriften

    CmdSpeiKorr.Visible = True

    CmdSpeiKorr.Text = "Korrigierten Datensatz " & Satz & " wieder speichern"

End Sub 'CmdKorr_Click

Damit haben die Optionen-Buttons wieder ihre schwarzen Checked-Punkte erhalten. Jetzt können die Fehler beseitigt werden, indem einfach die richtige Option geklickt oder die Texteintragung vorgenommen oder geändert wird. Wenn alle Änderungen fertig sind, muss der Satz in das Feld Tabelle() zurück gebracht werden. Auch das verursacht wieder Arbeit in der Prozedur des Buttons [CmdSpeiKorr], der den korrigierten Satz dahin zurück speichert, woher er gekommen ist.

15.5.2. Den Button [Korrigierten Datensatz speichern] programmieren

Hier zahlt sich die fleißige Arbeit bei der Programmierung des Unterprogramms Sub DsFertig() aus, denn das kann hier komplett wiederverwendet werden. ‚Satz' ist in diesem Fall nicht DsNr, sondern die Nummer des zu korrigierenden Datensatzes.

'Den korrigierten Datensatz wieder speichern

    Private Sub CmdSpeiKorr_Click(sender As Object, e As EventArgs) Handles _
        CmdSpeiKorr.Click

'Einfach DSFertig rufen

Call DSFertig()

'Rücksetzungen nach Rückkehr aus DsFertig
 'FraFragen verbergen, FraEin verbergen, Buttons behandeln >> abblenden bzw. 'aufblenden
 'Änderungen wie Schriftfarbe usw. können auch bei verborgenen Controls 'erfolgen

Me.FraFragen.Visible = False 'Fragenblock verbergen

Me.FraEin.Visible = False 'Die Gruppe FraEin verbergen

CmdKorr.Enabled = True 'Damit wieder klickbar für weitere Korrektur

CmdStatistik.Enabled = True 'Aufblenden, weil bei Korrekturmodus abgeblendet

CmdDSFertig.Visible = True 'Datensatz fertig wieder sichtbar machen

CmdSpeiKorr.Visible = False 'Korr. Datensatz speichern wieder verbergen

Me.FraFragen.Text = "Eingaben zu den 18 Fragen" 'Caption der Gruppe 'FraFragen auf alten Text zurück setzen

Me.FraFragen.ForeColor = Color.Black 'Farbe wieder schwarz

```
Me.LblInfo.Visible = True 'Infolabel wieder zeigen
'Speichern, Optionen nullen, Texte aktualisieren
Call TabInDat() 'Tabelle In Datei schreiben
Call KillOptions() 'Optionen rücksetzen
Call TexteAktu() 'Beschriftungen aktualisieren
End Sub 'CmdSpeiKorr
```

Und das war es schon, der Button ist fertig programmiert.
Wenn alles läuft, kann es mit der Erzeugung der Statistik weiter gehen.
Diese Subprozedur und die nachfolgende zur Ausgabe der Statistik in eine
PDF-Datei werden die anspruchsvollsten des gesamten Projektes sein.

Doch bevor das begonnen werden kann, sind noch einige Vorüberlegungen und
damit eine weitere verbale Präzisierung des PAP erforderlich. Die Phase **E** von
EVA ist damit beendet und die Phase **V** beginnt.

16 Die Phase V von EVA

Zunächst erfolgt eine kurze Bestandsaufnahme zum erreichten Stand. Die
Dateneingabe ist abgeschlossen. Die eingegebenen Daten sind in einer externen
Datei Dat_Jahr sicher gespeichert und können jederzeit in das Programm
zurückgeholt werden. Das geschieht automatisch mit jedem Programmstart. Zur
Laufzeit befinden sich die Daten in einem zweidimensionalen Feld namens
Tabelle(26, DsNr). Von da aus sind diese weiter zu verarbeiten.

Was soll erreicht werden?

Wie im VBA-Beispiel muss auf irgendeine Art eine Aufbereitung der Daten
hinsichtlich der Zuordnung von Benotungen durch die Patienten bezüglich der
insgesamt 19 Fragen zu den fünf Diagnosen so erfolgen, dass je Diagnose
angegeben werden kann, wie viele Patienten die jeweilige Frage mit 1, 2 bis 5 oder
gar nicht (6) benotet haben. Damit ist also eine Auszählung aus dem Feld Tabelle()
in ein anderes Feld erforderlich. (Im VBA-Beispiel erfolgte das mit einer Auszählung
der Speichertabelle und der Übertragung in eine andere Tabelle, die wir
Empfangstabelle genannt haben.)

Diese Auszählung soll zunächst in einem Unterprogramm Sub Auszählen() erfolgen.
Damit geht es jetzt zunächst weiter, da das eine Voraussetzung für die
Programmierung des Buttons [CmdStatistik] ist.

Damit ist dieser Teil des PAP weiter zu präzisieren:

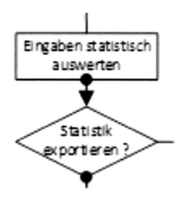

16.1 Die Programmierung des Buttons [CmdStatistik](stat. Auswertg.)

16.1.1 Erster Teil der Programmierung des Buttons

Sobald mindestens ein Datensatz komplett und abgespeichert ist, wäre die Erzeugung der Statistik technisch schon möglich, aber wenig sinnvoll. Sind aber schon viele Datensätze im laufenden Jahr eingegeben worden, ist eine probeweise Ausgabe durchaus sinnvoll, um sich Tendenzen anzuschauen. Die endgültige Statistik wird im neuen Jahr für das vorherige Jahr erstellt, denn dann sind alle Bögen erfasst.
Obwohl nach einer statistischen Auswertung weiter eingegeben werden kann, sollte eine erneute statistische Auswertung in dieser Laufzeit vermieden werden, obwohl die vorherige Statistik damit eigentlich überholt ist. Der Button [CmdStatistik] sollte also nach einer statistischen Auswertung abgeblendet werden.
Da mit der statistischen Auswertung sofort eine PDF-Datei erzeugt wird, ist das nur einmal in dieser Laufzeit zulässig. Für die Steuerung der Auf- oder Abblendung nutzen wir wieder ein Flag.

Public StatFlag As Boolean 'True zeigt an, dass die Statistik erzeugt wurde

Schon hier der Hinweis, dass das StatFlag am Ende der Sub
CmdStatististik_Click()
auf True gesetzt werden muss.

Hier verfahren wir wieder wie bei [CmdDsFertig]. In der Ereignisprozedur des Buttons CmdStatistik_Click wird nur das Unterprogramm Sub Statistik() aufgerufen und das StatFlag nach Rückkehr aus dem Unterprogramm auf True gesetzt. Die eigentliche Funktionalität wird im Unterprogramm realisiert.

Übrigens: Wenn Sie meinen, dass Sie mehr Übersichtlichkeit benötigen, können Sie auch weitere allgemeine Module in das Programm einbauen und die

Unterprogramme verteilen. Beispielsweise könnten Sie die vielen kleinen Hilfs-Prozeduren in einem Modul zusammenfassen und in einem anderen die bedeutenden großen Prozeduren. Da Reihenfolgen keine Rolle spielen und das System immer „weiß", wo sich die gerufene Sub befindet, kann man so die Übersichtlichkeit erhöhen.
Wir bleiben zunächst bei dem einen Modul.

Jetzt aber programmieren wir erst einmal die kleine Prozedur des Buttons im Modul des Hauptfensters:

```
'Statistik erzeugen mit Unterprogramm Sub Statistik(), gerufen vom Button
'[CmdStatistik]
    Private Sub CmdStatistik_Click(sender As Object, e As EventArgs) Handles _
            CmdStatistik.Click
        Call Statistik() 'im Modul1
        '*'MsgBox("Die Statistik wurde für den gegenwärtigen Zeitpunkt berechnet
        'und gespeichert."
        StatFlag = True 'Statistik wurde erzeugt
    End Sub 'CmdStatistik
```

Jetzt folgt die Subprozedur Sub Statistik(), die wiederum andere Subprozeduren nutzt:

```
Sub Statistik()   'Im Modul1, gerufen von CmdStatistik im FrmHaupt
    'Deklarationen auf Prozedurebene
    Dim S As Integer 'Zählvariable
```

Das hier folgende weitere Unterprogramm zählt die Werte für die Diagnosen quasi aus den 19 Tabellen (AWA bis AW19) aus und schreibt diese in einen neuen Wertespeicher Feld(30,19). Dieser Vorgang entspricht dem Hochzählen in den Empfangstabellen im VBA-Beispiel. Die Dimensionen (30, 19) erkläre ich an entsprechender Stelle.

Deklarieren Sie als öffentliches Array:

```
Public Feld(30, 19) As Integer 'Werte-Feld für die Auszählungen
Call Auszählen() ' zählt die Werte in den 19 Fragen für jede Diagnose in das 'Array
Feld() hoch
```

Dieses Unterprogramm ‚Auszählen' erzeugen wir als nächstes. Ich ziehe das jetzt vor. Hier programmieren wir weiter, wenn Sub Auszählen() fertig ist.

```
'weitere Syntax der Sub Statistik
'<<<<<<<<<<<<<<<<<<<<<<<<<<<<<<<<<<<<<<<<<<<<<<<
End Sub 'Statistik
```

16.1.2. Das Unterprogramm Sub Auszählen() programmieren

In der VBA-Lösung wurde das Auszählen gelöst, dass die Speichertabelle so durchlaufen wurde, dass in der Spalte für die Diagnosen nacheinander auf jede Diagnose geprüft wurde. Für den Fall, dass die Schlüsselzahl für die Diagnose gefunden wurde, wurde in der Empfangstabelle in der Zeile der Diagnose und in der Spalte der Note der enthaltene Wert um 1 erhöht. So ähnlich geschieht das auch hier, aber der Datentransfer erfolgt nicht zwischen physisch vorhandenen Tabellen, sondern zwischen zweidimensionalen Datenfeldern, von denen das Datenfeld, das die Quelle bildet, in Analogie zur VBA-Lösung den Feldnamen ,Tabelle()' hat. Das zweite Datenfeld, das die Funktion der „Empfangstabelle" hat, ist jetzt zu organisieren und zu deklarieren. Ich nehme hier die Dimensionen vorweg und erkläre diese an entsprechender Stelle.

Schreiben Sie im Modul1 den Prozedurkörper :

```
Sub Auszählen() 'Fragen A bis 18 auszählen und in Feld() eintragen
        Dim Z As Integer 'Zähler für Datensätze – Zeilen
        Dim S As Integer 'Zähler für Fragen – Spalten
'Syntax, die es wieder in sich hat, kommt hier hinein
'<<<<<<<<<<<<<<<<<<<<<<<<<<<<<<<<<<<<<<<<<<<<<<<<<<<<<<<<<<<
End Sub 'Auszählen
```

Bei der Auszählung müssen im Feld Tabelle() wieder die Zeilen von 1 bis (DsNr -1) und die Spalten von 8 bis 26 wie bei der Excel-Tabelle durchlaufen werden.

Aber wieso Zeilen bis DsNr-1 (DsNr minus 1)?

Das ist notwendig, weil an dieser Stelle bereits die neue Datensatz-Nummer vergeben, aber der neue Datensatz noch nicht eingefügt ist. Daten existieren also hier nur bis Zeile DsNr-1.
Dies ist eigentlich eine Kleinigkeit, aber beim Syntax-Entwurf immer wieder eine Fehlerquelle.
Machen wir uns den Vorgang zunächst verbal klar und beginnen mit der Erarbeitung der Werte für die Diagnose ,Neurodermitis'.
Das Array Tabelle() ist dabei so zu durchlaufen, dass in der Spalte 4 auf den Wert = 1 getestet wird. Da das Array Feld() als Integerfeld deklariert wird, ist darauf zu achten, dass aus dem Array Tabelle() auch Integerwerte entnommen und verrechnet werden. Das erfolgt mit einer Typanpassung CInt bei Benutzung dieser Inhalte der Tabelle().
Zur Berechnung der neuen Werte müssen die Zeilen und Spalten des Arrays Tabelle() durchlaufen werden. Dazu deklarieren wir auf Prozedurebene zwei Integervariablen:
Z für Zeilen und S für Spalten.

S steht für die Frage und Z für den Datensatz. Die Tabelle() ist als Tabelle(S, Z) organisiert. Der erste Block der Auswertung sucht die Werte für die Diagnose Neurodermitis, die mit der Zahl 1 in Spalte 4 verschlüsselt ist.
Die Bedingungszeile dafür lautet damit:

```
If CInt(Tabelle(4, Z)) = 1 Then   'Z durchläuft alle Datensätze
```

Wenn also in Spalte 4 der Tabelle eine 1 gefunden wird, soll der Wert an entsprechender Stelle im Array Feld() um 1 erhöht werden
Die Spalten in der Tabelle() werden dabei von 8 (AWA) bis 26 (AW18) durchlaufen.
Im Array Feld(Zeile, Spalte) werden die Werte beginnend mit 1 eingetragen

Deklarieren Sie im Prozedurkörper von Sub Auszählen() für Syntax alle nachstehenden Zeilen und schreiben die Syntax-Blöcke. Nach der Seite mit Abb. 53 geht es noch weiter. Mit diesen Syntaxzeilen und der Abb. 53 dürften Ihnen die Dimensionen des
Arrays Feld (30, 19) klar geworden sein.

```
  'Neurowerte
For Z= 1 To DsNr - 1 'Alle Zeilen durchlaufen  Tabelle(Spalte, Zeile)
  If CInt(Tabelle(4, Z)) = 1 Then 'in Spalte 4 Wert 1 >> Neuroderm. suchen
   For S = 8 To 26 '19 Spalten
   If CInt(Tabelle(S, Z)) = 1 Then Feld(1, S - 7) = Feld(1, S - 7) + 1 'sind 'die 1sen
   If CInt(Tabelle(S, Z)) = 2 Then Feld(2, S - 7) = Feld(2, S - 7) + 1 'sind 'die 2en
   If CInt(Tabelle(S, Z)) = 3 Then Feld(3, S - 7) = Feld(3, S - 7) + 1
   If CInt(Tabelle(S, Z)) = 4 Then Feld(4, S - 7) = Feld(4, S – 7) + 1
   If CInt(Tabelle(S, Z)) = 5 Then Feld(5, S - 7) = Feld(5, S - 7) + 1
   If CInt(Tabelle(S, Z)) = 6 Then Feld(6, S - 7) = Feld(6, S – 7) + 1 'sind die 6en
   End If 'Tabelle(4, J) = 1
Next Z


'Psoriwerte:
For Z = 1 To DsNr - 1 'Alle Zeilen durchlaufen
  If CInt(Tabelle(4, Z)) = 2 Then '2 ist Psoriasis
   For S = 8 To 26 'Spalten
     If CInt(Tabelle(S, Z)) = 1 Then Feld(7, S-7) = Feld(7, S-7)+ 1 'sind die 1en
     If CInt(Tabelle(S, Z)) = 2 Then Feld(8, S-7)= Feld(8, S-7)+ 1  'sind die 2en
     If CInt(Tabelle(S, Z)) = 3 Then Feld(9, S-7)= Feld(9, S-7)+ 1  'usw
     If CInt(Tabelle(S, Z)) = 4 Then Feld(10, S-7)= Feld(10, S-7)+ 1
     If CInt(Tabelle(S, Z)) = 5 Then Feld(11, S-7)= Feld(11, S-7)+ 1
     If CInt(Tabelle(S, Z)) = 6 Then Feld(12, S-7)= Feld(12, S-7)+ 1
   Next S
  End If 'Tabelle(4, J) = 2
Next Z
```

Die weiteren drei Blöcke für die Diagnosen finden Sie im **Anhang C unter 4.3.4**. Versuchen Sie aber, das zunächst nach den obigen Erklärungen selbst zu programmieren, ehe Sie nachschauen!

Das Beispiel in Abb. 53 ist etwas schwer zu verstehen. Lesen Sie die Erklärung oben im Bild und ergründen Sie das Schema auf dieser Seite. Damit sollten Sie den „Mechanismus" der Auszählung verstehen.

Der obere Teile des Arrays Tabelle() mit farbig markierten Zellen. Blau Zellen, die Neurodermitiswerte haben, Grün die Sonstige Werte haben und Beige für Psoriasiswerte. Die Pfeile zeigen, wie diese Werte in die Tabelle darunter, die das Array Feld() abbildet, gelangen und aufaddiert werden. In den Datensätzen 1, 3 bis 6 , 8 und 10 stehen Neurodermitis-Werte. In den D-Sätzen 2 und 7 Werte für sonstige Diagnosen und im D-Satz 9 Werte für Psoriasis. Mehr soll hier im Beispiel nicht betrachtet werden. Das Prinzip sollte erkannt werden.

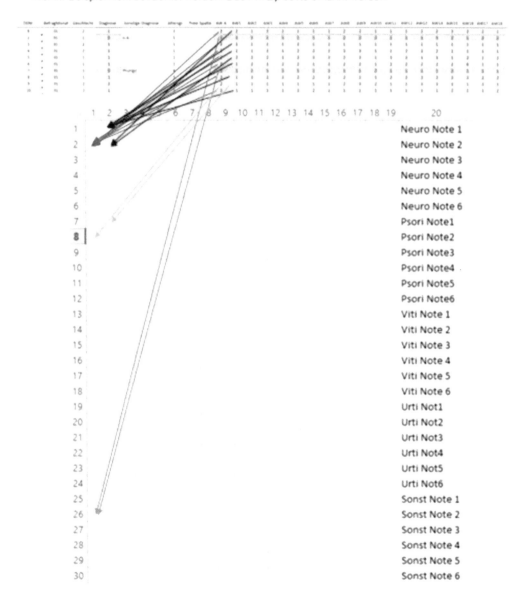

Abb. 53 Die Übertragung und Aufsummierung der Werte aus dem ¶
··· Array Tabelle() in das Array Feld()¶

Wir betrachten hier nur die beiden ersten Fragen (AWA und AW1). Wenn die ersten zehn Datensätze im Array Tabelle() durchlaufen sind, wurden für AWA (Index 1 im Array Feld) und AW1 (Index 2 im Array Feld) Benotungswerte gefunden. Für Neurodermitis in Spalte AWA der Tabelle (Sp. 8) wurde sieben Mal der Wert 2 (Gut) gefunden. Damit hätte im Array Feld das Element (Spalte1, Zeile 2) den Wert 7. Jeder Pfeil, der darauf zeigt, erhöht den Wert um 1.
Note 1 wurde in den ersten zehn Datensätzen für AWA nicht vergeben. Deshalb hat nach zehn Datensätzen das Element(Spalte1, Zeile1) noch den Wert Null. Da aber bis DsNr 10 zweimal für Diagnose ‚Sonst' die Note 2 vergeben wurde, hat Element(Spalte1, Zeile26) den Wert 2.

Für AW1 wurde in den ersten zehn Datensätzen bei Neurodermitis sechs Mal die Note 1 und zwei Mal die Note 2 vergeben. Damit hat Element(Spalte2, Zeile 1) den Wert 6 und Element(Spalte 2, Zeile 2) den Wert 2.

Für AWA wurde in den ersten zehn Datensätzen für Psoriasis einmal die Note 2 und für AW1 einmal die Note 1 vergeben. Deshalb haben diese Elemente, auf die die gelben Pfeile zeigen, jeweils den Wert 1.

Auf diese Weise werden beim Durchlaufen aller Datensätze die Werte in den Elementen hochgezählt.

Nochmals sei betont, dass das Beispiel quasi eine Momentaufnahme für die ersten beiden Fragen nach Abarbeitung von zehn Datensätzen darstellt, womit Sie das Prinzip verstehen sollten. Bei VBA wurde dieser Vorgang direkt in den entsprechenden Zeilen und Spalten der Empfangstabellen realisiert. Das kann hier in VB nicht genauso erfolgen, da in VB zwar Excel-Mappen geöffnet und mit Werten belegt werden können, aber die gemeinsame Verrechnung von Werten, die in Range-Objekten stehen, ist nicht möglich, da der Typ Range nicht in einen Wert Integer konvertiert werden kann. Also müssen die Berechnung und die Zwischenspeicherung anderweitig, wie oben erläutert, erfolgen. Die fertigen Werte können dann aus dem Zwischenspeicher ArrayFeld() beliebig transferiert, also auch in Excel-Tabellen eingetragen werden.
Passen Sie die restlichen drei Blöcke für die Diagnosen ggf. mittels Anhang C 4.3.4 an Ihre Lösung an und realisieren Sie den Abschluß der Sub mit
End Sub 'Auszählen.

Damit sind die Werte im Array Feld(30, 19) angekommen. Noch ein abschließender Hinweis. Statt der fünf prinzipiell gleichen Syntaxblöcke hätte bei Einschachtelung einer weiteren Schleife für die 30 Werte alles in einem Block erfolgen können.
(For A = 1 to 30 als Außenschleife). Da mir das für die Lehre mittels dieses Buches zu kompliziert und unübersichtlich erschien, habe ich lieber die fünf Blöcke für die Diagnosen ausgeschrieben.

Die Programmierung für das Unterprogramm Sub Auszählen() ist damit fertig.

16.1.3 Fortsetzung des Unterprogramms Sub Statistik

Es wird dort fortgesetzt, wo ich weiter oben diese Zeile eingefügt habe:
'weitere Syntax der Sub Statistik
'<<<<<<<<<<<<<<<<<<<<<<<<<<<<<<<<<<<<<<<<<<<<<<<<<<<<<<
Also unter Call Auszählen() geht es wie folgt weiter:

'Dateinamen für die Statistik bilden
        DatName = "Statistik_" & Jahr

An diesem Punkt muss ich für die Erklärung der nächsten Schritte wieder weit
ausholen. Das Ziel ist doch wie im VBA-Beispiel, als Endprodukt eine Datei zu
liefern, die 19 Tabellen und Tortendiagramme beinhaltet.
Jetzt müsste ich Ihnen also erst erklären, wie Sie in VB Tabellen und Diagramme
erzeugen können. Das ist allein Stoff für ein weiteres Buch und keine leichte Kost.
Deshalb mache ich jetzt einen Trick: Wir nutzen die Fähigkeit von Excel, mit
erträglichem Aufwand Tabellen und aus diesen Diagramme zu erzeugen. Und
diese Lösung haben wir dank VBA-Beispiel schon fertig und parat.

Ich habe im Ordner {Material}/{Dateien} eine Datei {Diagramme.xlsm} vorbereitet,
die Sie jetzt bitte in den Ordner {DatSafe} im bekannten Pfad kopieren. Diese Datei
beinhaltet bereits die von Daten freien Tabellen und die in sich zusammen-
gefallenen Diagramme. Ich habe an früherer Stelle gezeigt, dass diese Diagramme
„wie Phönix aus der Asche" wieder auferstehen, sobald der erste Zahlenwert in die
dafür vorgesehenen Zellen der Tabelle eingetragen wird. Sie können das
nochmals testen, indem Sie diese Datei ganz normal mit Excel öffnen und
probeweise Phantasiezahlen eintragen. Sie sehen sofort das „Erwachen" des
Diagramms (wenn auch mit wenig sinnvollem Inhalt).
Für sinnvollen Inhalt sorgen wir mit den nächsten Programmierschritten.
Es muss also in der Prozedur die Excel-Datei {Diagramme.xlsm} geöffnet und mit
Zahlenwerten bestückt werden.

<u>Zunächst das Öffnen der Datei aus VB heraus</u>:

Dazu braucht man für unseren Fall drei Objekte, die öffentlich zu deklarieren sind:

- Objekt für Excel selbst   >> ObjExcel
- Objekt für eine Arbeitsmappe   >> Objworkbook
- Objekt für ein Tabellenblatt   >> ObjSheet

Deklarieren Sie diese öffentlich wie folgt:

```
Public ObjExcel As Application      'eine Instanz von Excel selbst
Public Objworkbook As Workbook      'ist eine Arbeitsmappe
Public ObjSheet As Sheets           'ist ein Tabellenblatt
```

Das Öffnen ist nicht ganz problemlos, wenn man die CreateObject-Methode verwendet. Ich zeige dann, wie man auftretende Probleme löst. Zunächst folgende Zeile:

ObjExcel = CreateObject("Excel.Application") 'hier erster Zugriff auf Excel (ObjektExcel zugewiesen aus ErschaffeObjekt (als Excel-Anwendung))

Damit ist Excel aufgerufen, soll aber noch nicht sichtbar werden:
ObjExcel.Visible = False

Zuweisung der Erscheinungsform der Arbeitsmappe in der Taskleiste, also minimiert:
ObjExcel.WindowState = Excel.XlWindowState.xlMinimized 'Zunächst minim.

Im nächsten Schritt soll das Öffnen der Datei erfolgen. Da Excel-Mappen oft Verknüpfungen haben, fügt Excel automatisch Rückfragen (DisplayAlerts) ein, ob diese Verknüpfungen aktualisiert werden sollen. Das stört hier und soll unterdrückt werden. Das hatten wir auch schon, siehe nächste Zeile:

ObjExcel.DisplayAlerts = False 'Rückfrage wegen Verknüpfungen unterdrücken

Jetzt folgt die eigentliche Öffnung der Datei mit der Open-Methode und der Zuweisung an die Variable ObjWorkbook:
'Die drei folgenden Zeilen im VB-Editor hintereinander als eine Zeile schreiben !!
Objworkbook =
ObjExcel.Workbooks.Open("C:\ProgramData\BefragungPat_Install\ DatSafe\Diagramme.xlsm") '

ObjExcel.DisplayAlerts = True 'Meldungen wie Rückfragen wieder zulassen

An diesem Punkt kann man in der Laufzeit beobachten, wie sich in der Taskleiste die Arbeitsmappe minimiert zeigt. Sie wird in diesem Zustand mit den Daten versehen und gar nicht erst maximiert angezeigt, denn unmittelbar danach wird sie im PDF-Format abgespeichert und, ohne selbst gespeichert zu werden, wieder geschlossen. Dadurch bleibt der Originalzustand dieser {Diagramme.xlsm} erhalten.

Das Einfügen der Daten aus dem Array Feld(30, 19) in die Tabellen ist ziemlich aufwändig. Ich füge jetzt hier zunächst die ganze Syntax ein und erläutere danach. Das Einfügen der Werte aus dem Feld in die Tabellen muss in der gleichen Prozedur erfolgen, in der die Excel-Datei geöffnet wurde, da anderenfalls Fehler auftreten können. Die nächsten Zeilen und Blöcke sind wie folgt zu schreiben:

For S = 1 To 19 'Durchläuft alle 19 AW-Tabellen (Spalten)
            'Und hier darunter kommt später noch eine Zeile dazu
'<<<<<<<<<<<<<<<<<<<<<<<<<<<<<<<<<<<<<<<<<<<<<<<<

Objworkbook.Sheets(S).Cells(5, 2) = Feld(1, S)
Objworkbook.Sheets(S).Cells(5, 3) = Feld(2, S)
Objworkbook.Sheets(S).Cells(5, 4) = Feld(3, S)
Objworkbook.Sheets(S).Cells(5, 5) = Feld(4, S)
Objworkbook.Sheets(S).Cells(5, 6) = Feld(5, S)
Objworkbook.Sheets(S).Cells(5, 7) = Feld(6, S)

Objworkbook.Sheets(S).Cells(7, 2) = Feld(7, S)
Objworkbook.Sheets(S).Cells(7, 3) = Feld(8, S)
Objworkbook.Sheets(S).Cells(7, 4) = Feld(9, S)
Objworkbook.Sheets(S).Cells(7, 5) = Feld(10, S)
Objworkbook.Sheets(S).Cells(7, 6) = Feld(11, S)
Objworkbook.Sheets(S).Cells(7, 7) = Feld(12, S)

Objworkbook.Sheets(S).Cells(9, 2) = Feld(13, S)
Objworkbook.Sheets(S).Cells(9, 3) = Feld(14, S)
Objworkbook.Sheets(S).Cells(9, 4) = Feld(15, S)
Objworkbook.Sheets(S).Cells(9, 5) = Feld(16, S)
Objworkbook.Sheets(S).Cells(9, 6) = Feld(17, S)
Objworkbook.Sheets(S).Cells(9, 7) = Feld(18, S)

Objworkbook.Sheets(S).Cells(11, 2) = Feld(19, S)
Objworkbook.Sheets(S).Cells(11, 3) = Feld(20, S)
Objworkbook.Sheets(S).Cells(11, 4) = Feld(21, S)
Objworkbook.Sheets(S).Cells(11, 5) = Feld(22, S)
Objworkbook.Sheets(S).Cells(11, 6) = Feld(23, S)
Objworkbook.Sheets(S).Cells(11, 7) = Feld(24, S)

Objworkbook.Sheets(S).Cells(13, 2) = Feld(25, S)
Objworkbook.Sheets(S).Cells(13, 3) = Feld(26, S)
Objworkbook.Sheets(S).Cells(13, 4) = Feld(27, S)
Objworkbook.Sheets(S).Cells(13, 5) = Feld(28, S)
Objworkbook.Sheets(S).Cells(13, 6) = Feld(29, S)
Objworkbook.Sheets(S).Cells(13, 7) = Feld(30, S)

Next S 'alle Blätter fertig

Die Tabellenblätter AWA bis AW18 werden wie auch die Spalten im Array Feld() mittels des Zählers S durchlaufen. Die fünf Syntax-Blöcke entsprechen den fünf Diagnosen, die mit Werten zu füllen sind. Wenn Sie sich rechts in der Syntax nach dem Zuweisungszeichen = die Zeilen für das Feld() anschauen, dann sehen Sie, dass von oben her der Zeilenwert des Arrays Feld von 1 bis 30 läuft. Schauen Sie nochmals die Abb. 53 an. Dort sind das die 30 Zeilen des Feldes, dargestellt als Tabelle. Die Zählvariable S, die hier von 1 bis 19 läuft, repräsentiert die Spalten in Abb.53.

Schauen Sie auch die linken Zuweisungszeilen an, in denen im Objekt Arbeitsmappe im Tabellenblatt(Index S) und in seiner jeweiligen Zelle im Tabellenblatt ein Wert aus dem Array Feld() zugewiesen wird. Da hier mit dem Index des Tabellenblattes gearbeitet wird, muss die Reihenfolge der Sheets(„AWA") bis Sheets(„AW18") in der Vorlage genau stimmen, da sonst Werte in falsche Blätter kämen. Die Reihenfolge stimmt, denn die Datei stammt von mir ☺.

Der Vollständigkeit wegen sei noch erwähnt, dass das Array Feld(30,19) natürlich auch eine Nullzeile und eine Nullspalte hat. Aber die werden hier nicht gebraucht und bleiben leer.

Machen Sie sich bitte anhand der Syntax und Abb. 53 klar, auf welche Weise die Daten verarbeitet und transferiert werden. Mit dem vollen Verständnis dafür werden Sie in die Lage versetzt, eigene Probleme ähnlicher Art zu lösen.

An dieser Stelle ist noch eine Einfügung erforderlich und zwar bezüglich des Steuerelements ‚Fortschrittsleiste' >> Progressbar, die neu in das Hauptformular unter dem Statistik-Button als PBar1 aufgenommen wurde.

Wenn interne Prozesse eine etwas längere Zeit benötigen, werden manche User unruhig und vermuten, dass etwas hängen geblieben sein könnte. Um sie zu beruhigen, sollten ihnen entsprechende Texte, aber vor allem diese Fortschrittsleisten das Warten erleichtern. Wir machen beides.
Zunächst erstellen wir die Info als deutlich sichtbaren Text.
Dafür wird einfach beim Auslösen des Buttons [CmdStatistik] dessen Beschriftungstext geändert und rot eingefärbt.

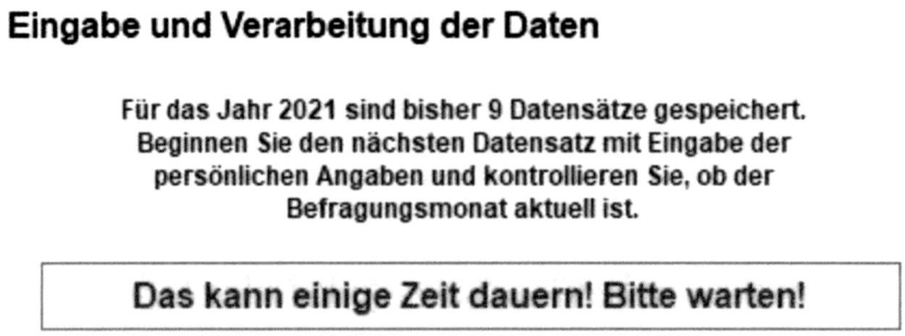

Eingabe und Verarbeitung der Daten

Für das Jahr 2021 sind bisher 9 Datensätze gespeichert.
Beginnen Sie den nächsten Datensatz mit Eingabe der
persönlichen Angaben und kontrollieren Sie, ob der
Befragungsmonat aktuell ist.

Das kann einige Zeit dauern! Bitte warten!

Abb. 54 Der Button [CmdStatistik] nach dem Anklicken

Das sagt dem User schon einmal, dass es dauern kann, aber er erfährt nicht, wie lange. Da ist die Progressbar hilfreich, die in Abb. 50 S. 257 (Hauptformular) unter dem Statistikbutton zu sehen ist und im Entwurf schon den Anfang des grünen Laufbalkens zeigt. Dazu noch der Hinweis für Ihren Entwurf: Wenn Sie die Progressbar unter dem Button ‚aufziehen‘, rastet er am Raster ein und könnte zunächst so aussehen wie ein Button. Ziehen Sie ihn schmaler, rastet er am nächsten Rasterpunkt ein und könnte zu schmal sein. Aktivieren Sie im Entwurf die Progressbar und schauen in die Eigenschaften zu Size. Klicken Sie das Pluszeichen vor Size und Sie sehen die Pixel-Maße für Breite und Höhe. Die Höhe wird bei Ihnen 30 oder 25 sein. Setzen Sie diese als Voreinstellung auf 15 und sie wird so erscheinen wie in Abb. 50; nämlich schmaler als die Buttons, aber nicht zu schmal. Das waren die Äußerlichkeiten, jetzt folgt die Funktion der Progressbar.

16.1.3.1 Die Funktion einer Progressbar programmieren

Die Progressbar hat vier für die Funktion wesentliche Eigenschaften:

- Die Eigenschaft Minimum
- Die Eigenschaft Maximum
- Die Eigenschaft Value (Wert)
- Die Eigenschaft Style (Stil der Erscheinung)

Der Laufbalken soll für die Dauer des internen Prozesses bei null oder eins beginnend (Minimum) nach rechts bis zum Ende des Containerbandes (Maximum) langsam aufgefüllt werden und voll sein, wenn der Prozess beendet ist.
Dazu braucht man eine geeignete Variable, die ungefähr über die Dauer des Prozesses läuft. Im Falle der Statistik eignet sich die Variable S gut, die etwas weiter vorn als Zählvariable für das Durchlaufen aller Spalten bei der Belegung des Arrays Feld(30,19) eingesetzt worden ist. Mit Beginn dieses Prozesses hat S den Wert 1 und am Ende den Wert 19.
Wenn also bei jedem Schleifendurchlauf der Wert von S um 1 erhöht wird, könnte auch der Wert Value der Progressbar um 1 erhöht werden. Damit die Werte über die ganze Länge des Containerbandes gleichmäßig verteilt werden, ist der Werte-Raum als Minimum und Maximum in den Einstellungen der ProgressBar vorzunehmen. Stellen Sie daher im Eigenschaftenfenster der Progressbar1 ein:

Minimum = 0
Maximum = 20 ‘(läuft von 1-19)
Value =1
Style >> Blocks (Sie können die anderen Styles auch testen)
Visible = False (Zeigt sich erst, wenn sie gebraucht wird)

Nun muss in der Syntax weiter vorn unter For S = 1 to 19 , wo ich den Ergänzungshinweis eingefügt habe: <<<<<<<<<<<<<<<<<<<<<<<<<<<

stattdessen folgende Zeile eingetragen werden:

FrmHaupt.PBar1.Value = S 'mit Durchlauf Werte von Pbar setzen

Damit rückt der Balken bei jedem Schleifendurchlauf ein Stückchen weiter nach rechts, wie Sie das von zahlreichen anderen Programmen kennen. So hat der User vor Augen, wie schnell (oder langsam) es vorwärts geht, und weiß, dass er warten muss, bis der Balken am rechten Ende angekommen ist. Das erspart, dass er nervös irgendwie herumklickt, während der Prozess läuft.
Die Progressbar wird erst kurz vor Beginn der Schleife sichtbar gemacht. Tragen Sie dazu oberhalb von For S = 1 to 19 folgende Zeile nach:

FrmHaupt.PBar1.Visible = True 'PBar hier einblenden

Jetzt bleibt noch der **Abschluss der Sub Statistik()** zu programmieren.
Zunächst ist in alle Diagrammblätter in der Kopfzeile einzutragen, um welche Jahresstatistik es sich handelt (vgl. VBA-Beispiel). Wir können hier wieder vom VBA-Beispiel profitieren. Fügen Sie im Prozedurkopf folgende lokale Variablendeklaration ein:

Dim Seite As Worksheet 'eine Tabelle aus 19
und unter Next S 'alle Blätter fertig

folgen nachstehende Zeilen, die die Eintragung in den Kopfzeilen realisieren:

'Kopfzeilen eintragen
     For Each Seite In Objworkbook.Sheets
         Seite.PageSetup.CenterHeader = "Jahresstatistik " & Jahr
     Next
😊 Ausländersprech: TabellenamensSeite.SeitenSetup.MitteKopfzeile = (weise zu) "Jahresstatistik " & Jahr

Jetzt ist die Excel-Mappe {Diagramme.xlsm} mit allen Einträgen und Werten versehen und kann als PDF-Datei exportiert und danach ohne Speicherung geschlossen werden.

'Abspeicherung der gefüllten Excel-Mappe als PDF-Datei, Datname ist oben
'gebildet worden (**Folgende Zeilen wieder im VB-Editor als eine lange Zeile!!**)
Objworkbook.ExportAsFixedFormat(Type:=XlTypePDF, Filename:= "C:\ProgramData\ _
BefragungPat_Install\Statistiken\" & DatName, Quality:=xlQualityStandard, _
IncludeDocProperties:=True, IgnorePrintAreas:=False, OpenAfterPublish:=False)

Die Lösung haben wir prinzipiell in VBA genau so geschrieben, nur dass die Objektnamen anders waren und hier noch Parameter dazu gekommen sind. Die Syntaxelemente in der Reihenfolge bedeuten:

ObjektArbeitsmappe.Exportieren im festen Format vom Typ PDF; Dateiname mit ganzem Pfad zugewiesen, Qualität Excel-Standard, Dokumenteigenschaften enthalten, Druckbereiche nicht ignorieren, nicht Öffnen nach dem Export.

Damit ist die PDF-Datei erzeugt und im Ordner Statistiken (siehe Pfad) abgelegt worden. Die "Spenderdatei" {Diagramme.xlsm} ist aber, mit Werten gefüllt, noch offen. Diese muss also ohne Speicherung geschlossen werden, damit die Tabellen für die nächste Verwendung leer bleiben. Danach ist Excel selbst zu beenden. Das alles erreicht man mit den folgenden Zeilen.

```
'Button [CmdStatistik] abblenden, wird bei Neustart wieder erlaubt
FrmHaupt.CmdStatistik.Enabled = False 'verhindert Doppelnutzung
ObjExcel.DisplayAlerts = False 'Rückfrage wegen Schließen unterdrücken
Objworkbook.Close() 'Hilfsdatei "Diagramme.xlsm" ohne Speicherung schließen
ObjExcel.DisplayAlerts = True 'Rückfragen wieder zulassen
ObjExcel.Quit() 'Excel Beenden
End Sub 'Statistik
```

Damit ist auch die Sub Statistik() komplett. Da die Abblendung des Buttons schon geregelt ist, wird das StatFlag gar nicht benötigt. Löschen Sie es in den Deklarationen wieder.

Ganz ähnlich ist die Prozedur für den nächsten Button [CmdAnz], der die augenblicklich verfügbaren Daten im Array Tabelle() in einer Excel-Tabelle anzeigen soll. Dafür habe ich wieder den ‚Container' namens {Anzeige.xlsm} im Ordner {Material}/{Dateien} der Buch-DVD vorbereitet. Kopieren Sie diesen wieder in den Ordner{DatSafe} im bekannten Pfad. Diese Excel-Mappe enthält eine Tabelle DSätze, in der die Anzeige erfolgen wird. Diese Mappe enthält auch eine kleine VBA-Prozedur, nämlich die Sub Auto_Close, die automatisch abläuft, wenn die Datei geschlossen wird. (Vgl. Auto_Open). Diese löscht die Daten wieder aus dem Blatt und schließt die Datei.

16.2 Den Button [CmdAnz] programmieren

Hier können wir wieder von der vorherigen Lösung profitieren, aber vorher erfolgt noch eine Erweiterung der Lösung in der Sub des Buttons. Da der Transfer der Daten in die Tabelle bei 500 bis 600 Datensätzen bei einem schnellen PC trotzdem noch ca. 45 Sekunden dauert, muss der User Informationen erhalten. Die erste, die mit Beginn der Laufzeit verborgen ist, sehen Sie im Entwurf links vom Button. Wenn der User den Button klickt, erscheint das Label namens LblAnzeige. Bauen

Sie es ein, übernehmen den Text und den Namen und setzen in den Eigenschaften die Visible-Eigenschaft auf False. Zudem soll mit dem Klicken des Buttons dieser seine Beschriftung ändern und in roter Schriftfarbe melden: "Das kann einige Minuten dauern! Bitte warten!"
– ganz so, wie wir das oben für den Statistik-Button gemacht haben.
Nach Vollendung der Funktion soll er die alte Beschriftung in schwarzer Farbe wieder zurückerhalten: "Die Daten des Jahres als Excel-Tabelle anzeigen"
Und an dieser Stelle kommt erneut die Progressbar ins Spiel, die damit doppelt genutzt wird. Darauf kommen wir weiter unten bei der Programmierung der Sub Anzeige() zurück.

Nach der ersten Meldung als rote Beschriftung des Buttons wird die Sub Anzeige() aufgerufen, die die Funktionalität erhält. Nachdem diese fertig ist, erfolgt der zweite Abschnitt der Syntax in der Sub des Buttons. Diese sieht komplett so aus:

'Die eingegebenen Daten des aktuellen Jahres in einer Excel-Tabelle anzeigen

Private Sub CmdAnz_Click(sender As Object, e As EventArgs) Handles CmdAnz.Click
    '1. Abschnitt der Sub dieses Buttons geht bis Call Anzeige()
    CmdAnz.ForeColor = Color.Red
    CmdAnz.Text = "Das kann einige Minuten dauern! Bitte warten!"
    Call Anzeige() 'Anzeigen im Unterprogramm Sub Anzeige() ausführen

'2. Abschnitt der Sub dieses Buttons bis End Sub; läuft nach Rückkehr aus
'Sub Anzeige() ab
    CmdAnz.ForeColor = Color.Black
    CmdAnz.Text = "Die Daten des Jahres als Excel-Tabelle anzeigen"
    CmdAnz.Enabled = False 'Button abblenden
End Sub 'CmdAnz_Click

Ich denke, das muss ich nicht weiter erläutern.
Jetzt ist das aufzurufende Unterprogramm Sub Anzeige() zu programmieren:

16.2.1 Das Unterprogramm Sub Anzeige() programmieren

Ich habe erwähnt, dass man hier von der vorherigen Lösung profitieren kann. Ich zeige hier jetzt gleich die komplette Syntax, die Sie mit der von Sub Statistik() vergleichen und verstehen sollten.

Public Sub Anzeige() 'Gibt das Feld Tabelle() in Excel-Tabelle aus
    Dim I As Integer 'Zählvariable
    Dim J As Integer 'Zählvariable

```
FrmHaupt.PBar1.Maximum = DsNr - 1 'Maximum der Pbar1 zur Laufzeit ändern
'Label einblenden
FrmHaupt.LblAnzeige.Visible = True 'Das Label links vom Button anzeigen
'Die leere Anzeigedatei öffnen – minimiert
ObjExcel = CreateObject("Excel.Application") 'hier erster Zugriff auf Excel
ObjExcel.Visible = False 'Excel selbst zunächst nicht zeigen
ObjExcel.WindowState = Excel.XlWindowState.xlMinimized 'minimiert anz.
ObjExcel.DisplayAlerts = False 'Rückfrage unterdrücken
'Datei Anzeige.xlsm öffnen
Objworkbook = ObjExcel.Workbooks.Open(
"C:\ProgramData\BefragungPat_Install\DatSafe\Anzeige.xlsm")


'Feld Tabelle() IN EINE EXCEL-TABELLE AUSGEBEN
For I = 1 To DsNr - 1  'Alle Datensätze durchlaufen > Außenschleife
        FrmHaupt.PBar1.Value = I 'PBar1-Wert bei jedem Durchlauf mit I
        'erhöhen
        For J = 1 To 26
Objworkbook.Sheets(1).cells(I, J) = Tabelle(J, I) 'Sheets( 1) ist die einzige
                                                 'Tabelle

        Next J
Next I
FrmHaupt.LblAnzeige.Visible = False 'Label verbergen
ObjExcel.DisplayAlerts = True '
ObjExcel.WindowState = Excel.XlWindowState.xlMaximized    'Tabelle max.
 End Sub 'Anzeige
```

Übernehmen Sie erst einmal die Syntax in Ihr Programm, sowohl in den Subs der Buttons im FrmHaupt als auch in den Unterprogrammen im Modul. Ich verspreche Ihnen hier einige Überraschungen, die ich erläutere und im *Video_T2_Vi24* auch vorführe.

Zunächst erst einmal >> die Syntax stimmt (wenn Sie sich nicht irgendwo vertippt haben).

Trotzdem werden Sie feststellen, dass in beiden Prozeduren einiges mit roten Wellenlinien unterstrichen ist, was auf Fehler oder Fehlendes hinweist. Sehen Sie sich dazu Abb. 55 an.

Die Progressbar erhält, wie Sie in der Syntax sehen können, in der Laufzeit neue Werte zugewiesen, vor allem den Wert Maximum = DsNr-1.

Da vorher der Wert Maximum = 20 aus den Voreinstellungen galt, muss der hier neu gesetzt werden. Das Gleiche gilt, wenn die Statistik erst nach der Anzeige als Excel-Tabelle erstellt wird. Da gilt Maximum = 20 und muss somit in der Laufzeit auch neu festgelegt werden. Das geschieht im ersten Teil der Sub CmdStatistik_Click().

Schauen Sie diese Syntax hier nochmals an.

```
Private Sub CmdStatistik_Click(sender As Object, e As EventArgs) Handles
CmdStatistik.Click
    CmdStatistik.ForeColor = Color.Red
    CmdStatistik.Text = "Das kann einige Zeit dauern! Bitte warten!"
    PBar1.Maximum = 20  'Konnte von anderer Sub auf DsNr-1 stehen
    Call Statistik()  'Im Modul1
    CmdStatistik.ForeColor = Color.Blue
    CmdStatistik.Text = "Statistische Auswertung und Dateiexport (PDF)"
    PBar1.Visible = False 'Progressbar verbergen
  End Sub 'CmdStatistik_Click
```

Hier folgt jetzt der Auszug aus der Syntax mit den roten Wellenlinien, die ich weiter vorn erwähnt und im **Video_T2_Vi24** gezeigt habe.

Schauen Sie dazu die Abb. 55 noch einmal größer bei den Abbildungen auf der Buch-DVD an.

Hier habe ich dieses Bild im Querformat eingefügt, damit es besser zu erkennen ist

```vb
CmdAnz.ForeColor = Color.Red
CmdAnz.Text = "Das kann einige Minuten dauern! Bitte warten!"
Call Anzeige() ' Anzeigen ausführen
CmdAnz.ForeColor = Color.Black
CmdAnz.Text = "Die Daten des Jahres als Excel-Tabelle anzeigen"
'* 'CmdAnz.Enabled = False ' Button abblenden
End Sub 'CmdAnz_Click

'Verweise
Private Sub CmdZeigStatist_Click(sender As Object, e As EventArgs) Handles CmdZeigStatist.Click
    Dim filepath As String
    OpenFileDialog.InitialDirectory = "C:\ProgramData\BefragungPat_Install\Statistiken\"
    filepath = "" 'Als Anfangswert
    If OpenFileDialog.ShowDialog() = DialogResult.OK Then ' Wenn Dialoganzeige OK ist

        filepath = OpenFileDialog.FileName ' in den DateiPfad den Wert der Dateiauswahl
        'als gesamten Pfad mit Dateinamen eintragen

    End If
    If filepath = "" Or filepath = Nothing Then Exit Sub ' FEHLER abfangen
    Process.Start(filepath) 'Die gewählte Datei öffnen
End Sub

'DATENSATZ KORRIGIEREN
'Verweise
Private Sub CmdKorr_Click(sender As Object, e As EventArgs) Handles CmdKorr.Click

    'Datensatz-Nr. mit Inputbox anfordern
```

Abb.55 Rote Wellenlinien unter Syntax, die noch nicht fehlerfrei fertig ist
(sh. *Video_T2_Vi24)*

Die Systemunterstützung in VB ist so gut gemacht, dass beim Anklicken dieser rot unterlegten Stellen kleine Menüs mit oft mehreren Änderungs- oder Ergänzungsvorschlägen eingeblendet werden. Der Programmierer muss nun versuchen, die richtige Lösung herauszufinden und zu aktivieren. Sie sollten sich diese also in Ruhe anschauen und überlegen, was diese Vorschläge bedeuten. Es sind also Maßnahmen, wie fehlende Deklarationen nachholen, Verweise auf Namespaces einfügen oder korrigieren, wenn die Meldung erscheint, dass das Element kein Member von z.B. Application ist. Im Video führe ich Ihnen das vor. Sie sollten so vorgehen, dass Sie erst einmal die Elemente korrigieren, bei denen Sie konkrete Vorschläge erhalten und nach Auswahl ausführen. Oft verschwinden dann die roten Wellenlinien, wenn Sie nacheinander alle Elemente mit Wellenlinien bearbeiten. Erst, wenn keine einzige rote Wellenlinie mehr da ist, wird die Syntax wahrscheinlich funktionieren. Im *Video_T2_Vi23* habe ich Ihnen das schon einmal kurz vorgeführt. Schauen Sie sich jetzt das Video nochmals an, ehe die Programmierung fortgesetzt wird. Dort fehlte der Verweis auf System.IO, der bei der Korrektur oben im Modul eingetragen wurde. Dadurch verschwanden einige der roten Wellenlinien. Im *Video_T2_Vi24* zeige ich das nochmals viel ausführlicher. Schauen Sie sich das jetzt nacheinander noch einmal an.

Zur Auswertung der Videos ist noch einiges zu erklären. Sie haben gesehen, welche Mängel oder Fehler das System angemahnt hat. Wenn Objekte aus Namespaces verwendet werden, die noch nicht als Verweis oben im Modul oder in den Projekteigenschaften eingetragen wurden, gibt es rote Markierungen. Mit Imports-Anweisungen lassen sich diese sogenannten Interop-Assemblys einfügen und geben damit die Nutzung ihrer Elemente frei. Sie haben im Video gesehen, dass zuerst mit

Imports Microsoft.Office.Interop

der Verweis auf Office-Elemente eingefügt wurde, und als es konkret um Excel-Mappen und Tabellen ging, kam hinzu:

Imports Microsoft.Office.Interop.Excel

Bei den weiteren Fehlerquellen ging es um fehlende Deklarationen für spezielle Konstanten wie den Typ der Exportdatei als PDF und die Qualitätskonstante bei der Abspeicherung als PDF-Datei. Bei den Systemvorschlägen ist oft die grün hinterlegte Zeile des Rätsels Lösung. Manchmal muss man aber auch ein wenig experimentieren.
An dieser Stelle gebe ich den Hinweis, dass das System manchmal die gewählten Änderungen mitten in Ihren Quelltext einfügt und Sie das erst gar nicht sehen. Das kann man aber korrigieren und sollte das auch machen. Bei einigen Vorschlägen fügt das System auch Klassenstrukturen unten in Ihren Quelltext ein. Was Sie behalten, wenn es funktioniert, ist Ihre Entscheidung. Es führen bei VB viele Wege nach Rom.

Abschließend zu diesem Thema möchte ich Sie noch auf eine weitere Systemhilfe im Ausgabefenster hinweisen, die auch sehr wertvoll ist. Ich baue jetzt noch einmal einen Fehler in die Syntax ein, um das zu demonstrieren. Ich kommentiere jetzt in der Sub Anzeige() bei der Ausgabe des Feldes Tabelle() in die Excel-Tabelle in der Außen-Schleife, die die Werte in die Tabelle transportiert, unten das Next I aus, das somit fehlt (vergessen wurde).
Die Zeile For I = 1 To DsNr-1 erhält zwar sofort die rote Wellenlinie, aber wir tun mal so, als hätten wir das nicht gesehen, und versuchen einen Start.
Zunächst wird das kleine Fensterchen eingeblendet, wie in Abb. 56 zu sehen ist.

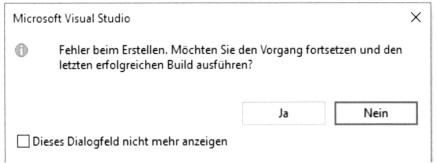

Abb.56 Die Fehlermeldung, wenn der Probestart bei fehlerhafter Syntax erfolgt

Wenn Sie dieses Fenster mit Ja bedienen, läuft das Programm weiter, blendet aber unten eine Fehlerliste ein, die in Abb. 57 zu sehen ist.

Abb. 57 Die Meldungen in der Fehlerliste

Sie sehen am Symbol vor der Zeile, dass der erste Eintrag einen schwerwiegenden Fehler anmahnt und auch das Fehlen eines Next und sogar den Ort des Fehlers, nämlich hier im Modul1 in Zeile 126, angibt (Das ist die erste Zeile der fehlerhaften Syntax. Der eigentliche Fehler liegt hier in der auskommentierten Zeile 130.) Wenn Sie an der Stelle das Projekt zurücksetzen, stehen am linken Rand die Zeilennummern. Sie sehen diese Stelle in Abb. 58. In Zeile 126 finden Sie die rot unterstrichene Zeile und in Zeile 130 die eigentliche Fehlerquelle, das fehlende Next I.
Die anderen beiden Zeilen sind Info-Zeilen mit Empfehlungen, die nicht zu Fehlerabstürzen führen, wenn sie nicht beachtet werden.

```
124              'Feld Tabelle() IN EINE EXCEL-TABELLE AUSGEBEN
125
126    -         For I = 1 To DsNr - 1    'Alle Datensätze durchlaufen > Außer
127    -             For J = 1 To 26
128                     Objworkbook.Sheets(1).cells(I, J) = Tabelle(J, I) '
129                 Next J
130                 '*'Next I
131                 FrmHaupt.LblAnzeige.Visible = False  ' Label verbergen
132             ObjExcel.DisplayAlerts = True '
133             ObjExcel.WindowState = Excel.XlWindowState.xlMaximized      '
134         End Sub 'Anzeige
```

Abb. 58 Die Fehler verursachende Stelle mit den Zeilennummern am linken Rand

Damit haben Sie also die beiden Buttons erfolgreich programmiert und es kann weiter gehen.

16.3 Den Button [Eine gespeicherte Statistikdatei öffnen] programmieren

Erzeugen Sie den Prozedurkörper auf die bekannte Art und Weise.

'Eine gespeicherte Statistik öffnen
Private Sub CmdZeigStatist_Click(sender As Object, e As EventArgs) Handles _
CmdZeigStatist.Click
'**Syntax** <<<<<<<<<<<<<<<<<<<<<<<<<<<<<<<<<<<<<<<<<<<<<<<<<<<
End Sub

Zunächst wird der Dateidialog gebraucht, der die Datei auswählt, die geöffnet werden muss (vgl. VBA-Beispiel).
Dem Dialog muss der gesamte Pfad übergeben werden, bis zu dem Ordner, in dem sich die Datei befindet. Eine Variable **filepath** ist lokal als String zu deklarieren und auf den Anfangswert leer ("") zu setzen.

Dim filepath As String
    filepath = "" 'Als Anfangswert

 OpenFileDialog.InitialDirectory = _
"C:\ProgramData\BefragungPat_Install\Statistiken\"

Das Öffnen des Dateidialogs wird gleich in eine Bedingungsstruktur geschrieben, die auf eine Dialogrückgabe, die OK sein muss, testet. Darin wird dem Dateipfad (filepath) der Wert zugewiesen, den das Auswählen der Datei im Dialog bildet. Dies ist vielleicht etwas schwer zu verstehen, deshalb schauen Sie sich die Syntax-Zeilen genau an.

If OpenFileDialog.ShowDialog() = DialogResult.OK Then'Wenn Dialog>Wahl 'OK , also eine richtige und erlaubte Auswahl getroffen wurde

filepath = OpenFileDialog.FileName 'in den Dateipfad den Wert der Dateiauswahl
 'als gesamten Pfad mit Dateinamen eintragen
End If

Jetzt steht in der Variable filepath der Pfad mit der Datei, die geöffnet werden soll.
Das Öffnen hatten wir auch schon bei der einzeiligen Syntax in der Sub für das Anzeigen der Hilfedatei in beiden Fenstern.
Wenn es aber einen Fehler bei der Initialisierung der Variablen gab, sollte man diesen vorsorglich abfangen.

If filepath = "" Or filepath = Nothing Then Exit Sub 'Mögl. Fehler abfangen

Jetzt kann die Öffnung der Datei als gestarteter Prozess erfolgen, dem man als Argument den Dateipfad übergibt.

   Process.Start(filepath) 'Die gewählte Datei öffnen

End Sub 'CmdZeigStatist_Click

Und damit ist die Prozedur fertig und kann getestet werden. Im Ordner {Material}/ {Statistiken} der Buch-DVD habe ich die drei PDF-Dateien bereitgestellt. Damit können Sie die Prozedur testen. Kopieren Sie die Dateien in den Ordner {Statistiken} und testen Sie die Prozedur.
Wenn Sie die Syntax eingetragen haben, werden Sie wieder rote Wellenlinien sehen.
Stellen Sie den Cursor in das erste OpenFileDialog und lesen Sie zunächst die Beschreibung zum Dialog und darunter die Fehlermeldung, dass ein Objektverweis fehlt, der den Member (Mitglied) FileDialog verfügbar macht. Was Sie aber jetzt vergeblich suchen, ist das Hilfeangebot dazu. Das gibt es aber hier nicht, denn OpenFileDialog ist ein Element der Werkzeugsammlung (Toolbox). Gehen Sie deshalb in den Entwurf des Hauptfensters und schließen Sie, falls offen, das unten liegende Fenster, so dass der untere Rand des Formulars zu sehen ist. Öffnen Sie die Toolbox und suchen Sie OpenFileDialog, markieren es und ziehen es unten in das FrmHaupt. Es wird als OpenFileDialog1 erscheinen. Wenn Sie jetzt in der Syntax des Buttons alle drei Einträge mit OpenFileDialog durch OpenFileDialog1 ersetzen,

sollten alle roten Wellenlinien verschwunden und die Syntax somit sauber sein. Jetzt sollte der Test gelingen.
Wenn Ihre Syntax in Ordnung ist, sollten Sie alle Statistiken anzeigen können.

Damit sind erst einmal alle Hauptfunktionen und Steuerelemente des Programms fertig programmiert.

Und was gibt es jetzt noch zu tun?

Nun, wie beim VBA-Beispiel etwas Komfort einbauen und ggf. aufräumen.
Aber Komfort geht vor!

16.4 Automatiken (ein Bedienungskomfort)

In der Praxis des Fachkrankenhauses zeigte sich, dass manche Patienten voll des Lobes allen Fragen die Note 1, manchmal auch die Note 2 geben.
Der eingebende User hat dann 18 Mal die 1 oder die 2 zu klicken. Das schreit nach Automatik. Gelöst wird das so, dass mit 18 Mal 1 oder 18 Mal 2 der erste Option-Button geklickt und danach die Taste mit Ziffer 0. Alle 18 Optionen 1 oder 2 werden checked.
Ein ähnliches Verfahren wird angewendet, wenn angefangen bei der ersten Frage jeder Seite (1–9 bzw.10–18) mindestens vier aufeinanderfolgende Werte gleich 1 oder 2 sind. Es ist dann die erste Option zu klicken und dazu die Ziffer mit der Anzahl der Wiederholungen. Also z.B. linke Seite, Fragen 1 bis 5 haben Note 1. Anklicken von Opt1_1 und Ziffer 5 >> Fragen 1 – 5 erhalten Note 1 checked.
Oder rechte Seite, Fragen 10 bis 17 haben Note 2 erhalten. Daraus folgt:
Klick in Opt10_2 sowie Ziffer 8 >> Fragen 10 bis 17 erhalten Note 2 checked.
Weiter wollte ich es nicht treiben, habe aber einen kleinen Scherz mit eingebaut, den ich Ihnen bei der Programmierung zeige.

Wie kann das nun programmiert werden ?

Dazu muss ich etwas weiter ausholen, aber Sie werden die Tastaturereignisse KeyPress und das geheimnisvolle **e** in der Argumentenklammer der Ereignisprozeduren jetzt kennen und nutzen lernen. Die Tastaturereignisse habe ich Ihnen in
Lektion 13 Anhang A theoretisch schon vorgestellt. Schauen Sie nochmals in die Lektion 13, speziell Abschnitt ‚Ereignisprozeduren zu Tastaturereignissen' rein.
Das Ereignis KeyPress tritt ein, wenn die Taste unten ankommt und Kontakt erzeugt wird. Es wird die Eigenschaft KeyPressEventArgs.KeyChar genutzt, was so viel heißt, wie TastenDruckEreignisArgumentTastenCode erzeugen. Das ist etwas sperrig, aber Sie werden es gleich verstehen.
Klicken Sie zur Erzeugung des Prozedurkörpers den Option-Button 1_1 in Frage 1 doppelt. Es sollte sich folgender Prozedurkörper zeigen:

```
Private Sub Opt1_1_KeyPress(sender As Object, e As KeyPressEventArgs) _
Handles Opt1_1.KeyPress
'Syntax des Option Buttons <<<<<<<<<<<<<<<<<<<<<<<<<<<<<<<<<<<<<
End Sub 'Opt1_1_KeyPress
```

Schauen Sie in die Argumentklammer, wo das kleine **e** als Tastendruck-Ereignis-Argument beschrieben ist. Dieses kleine e werden wir nutzen.
Zunächst brauchen wir eine Variable X für eine Fallentscheidungsstruktur
Select Case, die Sie schon kennen. Mit dieser Struktur wird diese Aufgabe gelöst.

Zunächst aber die Deklaration von X <u>auf Prozedur-Ebene</u>
Dim X As String 'Variable für Fallentscheidung als String, kann aber Ziffer''
'enthalten

Jetzt kommt die entscheidende Zeile:

X = Val(e.KeyChar) 'X kommt als Zahl zurück, wenn Ziffer gedrückt wurde

X wird der Wert (Value , kurz Val) des Ereignisses **e**.TastenCharacter zugewiesen. Character ist das englische Wort für Zeichen >> sh. *Lektion 13: Die Systemfunktionen chr() und asc()*

Wenn die Zeichentaste eine Ziffer ist, kommt X als Zahl zurück. Ich habe hier den Fehler Falscheingabe nicht abgefangen. Wenn also nach Klick auf den Option-Button statt der Zifferntaste eine andere gedrückt wird, ist für die Fallentscheidung für X irgendein Tastencode wirksam und der kommt in der Fallentscheidung nicht vor, denn z.B. X = „T" würde einen Fall Case „T" erfordern. Den gibt es aber nicht. Folglich passiert in diesem Fall gar nichts, weil bei jeder anderen Taste X = „0" (Null) zurückkommt.

Val(e.KeyChar) wäre hier Val(„T"); X wäre dann eben 0 (Null).

Und den Fall gibt es nur zweimal, nämlich bei Opt1_1 und Opt1_2. Das bedeutet, dass bei diesen beiden Optionen zusätzlich jede andere Taste den Fall Case 0 auslöst und der setzt alle Optionen checked. Damit müsste also nicht unbedingt die [Taste 0] gedrückt werden, sondern wahlweise jede andere. Damit würden immer alle 18 Option-Buttons checked. Hier sehen Sie, dass gar keine Fehler abgefangen werden müssen.

Damit können nachstehende Fallentscheidungen geschrieben werden, wobei die Ziffer nach Case der Rückgabewert der gedrückten Zifferntaste ist. Ganz unten folgt für die Ziffern 3 bis 1 der kleine Gag, von dem ich weiter vorn geschrieben habe:

```vb
Select Case X
    Case 0 : For Each Fra In FraFragen.Controls 'Alle unter 1 true setzen bis 18
        For Each Opt In Fra.Controls
            If Opt.Tabindex = 0 Then Opt.checked = True
        Next
    Next

    Case 9 : For Each Fra In FraFragen.Controls
        If Fra.TabIndex < 9 Then 'Alle bis 9 unter 1 true setzen
            For Each Opt In Fra.Controls
                If Opt.Tabindex = 0 Then Opt.checked = True
            Next
        End If
    Next
    Case 8 : For Each Fra In FraFragen.Controls
        If Fra.TabIndex < 8 Then 'Alle bis 8 unter 1 true setzen
            For Each Opt In Fra.Controls
                If Opt.Tabindex = 0 Then Opt.checked = True
            Next
        End If
    Next
    Case 7 : For Each Fra In FraFragen.Controls
        If Fra.TabIndex < 7 Then 'Alle bis 7 unter 1 true setzen
            For Each Opt In Fra.Controls
                If Opt.Tabindex = 0 Then Opt.checked = True
            Next
        End If
    Next
    Case 6 : For Each Fra In FraFragen.Controls
        If Fra.TabIndex < 6 Then 'Alle bis 6 unter 1 true setzen
            For Each Opt In Fra.Controls
                If Opt.Tabindex = 0 Then Opt.checked = True
            Next
        End If
    Next
    Case 5 : For Each Fra In FraFragen.Controls
        If Fra.TabIndex < 5 Then 'Alle bis 5 unter 1 true setzen
            For Each Opt In Fra.Controls
                If Opt.Tabindex = 0 Then Opt.checked = True
            Next
        End If
```

```
                Next

        Case 4 : For Each Fra In FraFragen.Controls
            If Fra.TabIndex < 4 Then 'Alle bis 4 unter 1 true setzen
                For Each Opt In Fra.Controls
                    If Opt.Tabindex = 0 Then Opt.checked = True
                Next
            End If
        Next
Case 3 : MsgBox("Na, nicht so faul! Bis 3 kann man doch klicken , oder ?",, "☺")
Case 2 : MsgBox("Na, nicht so faul! Bis 2 kann man doch klicken , oder ?",, " ☺)"
Case 1 : MsgBox("Taste 1 ist Blödsinn, der Button ist eh geklickt!",, " ☺ ")


End Select
End Sub 'Opt1_1_KeyPress
```

In den For-Each-Schleifen werden dann die Buttons checked gesetzt. Da alle
Noten 1 sind, haben alle Option-Buttons den Tabindex 0.
In gleicher Weise folgen die Fallentscheidungen für Note 2 ab Frage 1. Da haben
alle Option-Buttons den TabIndex 1. Jetzt käme hier die komplette Syntax für den
Option-Button Opt1_2 und in weiterer Folge für die Buttons ab 10_1 oder 10_2 auf
der rechten Seite.
Auf der rechten Seite ab Opt10_1 erfolgt das analog, aber hier ist der Fall für alle
18 Fragen nicht mehr dabei, das wurde schon in der Opt1_1 erledigt. Hier sind die
Fälle von 1 bis 9, also anders herum angeordnet. Ich führe das jetzt hier nicht mehr
aus, da es nur Wiederholungen der prinzipiell gleichen Syntax bedeutet. Im
Anhang C (Listings) finden Sie es komplett unter **C 4.2.14**
'DIE AUTOMATIK-PROZEDUREN
Fügen Sie es in Ihre Syntax so ein.
Da Sie sicher die Prozedurkörper mit Doppelklick erzeugt haben, landet dieSyntax
natürlich im Modul des FrmHaupt, wo sie auch hingehört, denn die Option-Buttons
befinden sich auf dem FrmHaupt.

Noch ein sehr wichtiger Hinweis, der Ihnen Frust ersparen kann:

Ich habe es erlebt, dass nach Einfügung neuer Syntax das Programm an Stellen
hängen bleibt, die vorher einwandfrei funktioniert haben. Wenn das Programm
normal startet, aber bei irgendeiner bisher funktionierenden Funktion in der Syntax
das kleine Fenster mit dem Ausnahmefehler einblendet, gibt es nur die Empfehlung,
VB erst einmal komplett zu beenden und neu zu starten. In den meisten Fällen läuft
es dann.
Ich habe scherzhaft formuliert: „Da hat sich ein Bit verklemmt."

Wenn der Fehler wieder kommt, fahren Sie den PC herunter und starten ihn neu, denn es könnte auch im Betriebssystem etwas „verklemmt" worden sein. Wenn das auch nicht hilft, dann kommt der Vietnamese ins Spiel, dem man das teure Mountain-Bike geklaut hat und der klagt: „Guter Rad teuer". ☺
Scherz beiseite. In diesem Fall müssen Sie die neue geschriebene Syntax komplett auskommentieren und wenn es dann (ohne die neue Syntax) wieder läuft, dort den Fehler mühsam suchen.
Aber in den meisten Fällen hilft Beenden und neu Starten.

Damit haben wir die erste Maßnahme des Komforts erfolgreich abgeschlossen.

Welchen Komfort gibt es denn noch? Ich sage mal >> Tooltips.

Es ist doch schön, wenn Sie mit dem Mauszeiger auf oder in ein Steuerelement zeigen und ein freundlicher kleiner Tooltip sagt Ihnen, was das Control bewirkt. Also lernen Sie jetzt Tooltips zu programmieren.

16.5 Tooltips programmieren (ein weiterer Komfort)

Ich habe in meiner Lösung für das Fachkrankenhaus sehr viele, eigentlich zu viele Tooltips eingefügt. Deshalb machen wir das hier bescheidener, hauptsächlich so, dass Sie das Prinzip kennen und anwenden lernen.

Da in der Praxis oft der Befragungsmonat nicht rechtzeitig geändert wurde, wenn die Bögen für den neuen Monat kamen, soll der erste Tooltip den User erinnern, das zu kontrollieren. Also wenn der Mauszeiger über das Frame FraPers (Persönliche Angaben) streicht, soll ein Tooltip erscheinen, der folgenden Text hat: "Ist der Befragungsmonat aktuell?" Da ein falscher Befragungsmonat aber für die Statistik unschädlich ist, ist das nur ein Schönheitsfehler. Aber der Perfektionist wird mit dem Korrekturmodus diese Fehler beseitigen.
Ein weiterer Tooltip soll erscheinen, wenn der Mauszeiger das Frame FraDiag überstreicht. Der lautet: "Wenn die Diagnose fehlt, klicken Sie 'Sonstige' an".

Ein dritter Tooltip soll erscheinen, wenn der Mauszeiger den Button [CmdStatistik] überstreicht. Der lautet: "Die statistische Auswertung ist nur einmal pro Sitzung möglich!". (Wobei mit Sitzung ein Programmlauf gemeint ist.)

Wie ist das zu programmieren?

Mit der Tooltip-Klasse. Schauen Sie sich diese in der Online-Hilfe an. Leider ist kein VB-Beispiel vorhanden, deshalb erkläre ich es hier und schreibe gleich die gesamte Syntax auf. Gehen Sie in das Hauptfenster und aktivieren Sie den Rahmen FraDiag, so dass dessen Randlinien verstärkt zu sehen sind und Anfasser zeigen. Setzen Sie jetzt einen dblKlick darauf, um den Prozedurkörper zu erzeugen. Sie werden erleben, dass

Private Sub FraDiag_**Enter**(sender As Object, e As EventArgs) Handles _
FraDiag.Enter

erzeugt wird. Aber Enter brauchen wir hier nicht. Gehen Sie oben rechts in das Kombifeld, in dem jetzt ‚Enter' steht. Öffnen Sie die Liste und suchen Sie ‚MouseHover'. Hover ist das englische Wort für Schweben. Die Maus schwebt also über einem Control und löst dieses Ereignis aus, das für den Tooltip verwendet werden kann. Es wird also nicht geklickt, sondern nur gezeigt. Es könnte auch ‚Enter' verwendet werden, aber dann käme der Tooltip erst zum Vorschein, wenn in das Control geklickt würde. Das wäre nicht so komfortabel.

Für den Tooltip wird eine Variable benötigt. Nennen wir diese, weil sie das FraDiag betrifft, kurz FD und deklarieren sie als neuen Tooltip oben <u>auf Prozedurebene</u> (siehe Syntax).

Mit der Zeile Dim FD As New ToolTip deklarieren Sie also die Variable und erzeugen sofort eine neue Instanz der Tooltip-Klasse.

Für FD müssen drei Parameter eingestellt werden, die Verzögerungszeiten festlegen:

a.   die Haltezeit des Tooltips in Millisekunden,
b.   die Zeit, nach der nach dem Zeigen der Text erscheint (Millisekunden) und
c.   die Zeit, bis der neue Tooltip erscheint, wenn die Maus zu einem anderen Control wechselt, welches auch einen Tooltip enthält (Millisekunden)

Es gibt weitere Parameter für Tooltips, aber die benötigen wir hier nicht. In der Syntax des ersten Tooltips sehen Sie, wie diese Parameter heißen. Da immer wieder das Objekt FD (FP CS) für alle drei Parameter angesprochen werden muss, erfolgt das in einem altbewährten With-Block.
Am Ende der Prozedur muss die Variable noch mit der Methode SetToolTip() zugewiesen bekommen, auf welches Control mit welchem Text reagiert werden soll. In der Argumentklammer sind Objektname und Text durch Komma zu trennen.
Mit diesen Erklärungen sollten Sie die Programmierungen der drei nachstehenden Tooltip-Prozeduren verstehen und für Ihre eigenen Lösungen anwenden können.
Erzeugen Sie zunächst die drei Tooltips im FrmHaupt-Modul des Projektes.
Wenn Sie getestet haben und beobachten konnten, wie die Tooltips erscheinen und wieder verschwinden, sollten Sie auch die Zeiten probeweise extrem ändern, um zu sehen, was diese konkret bewirken.

Tooltip Befragungsmonat aktualisieren
Private Sub FraPers_MouseHover(sender As Object, e As EventArgs) Handles _
                              FraPers.MouseHover

```
    Dim FP As New ToolTip
    With FP
    .AutoPopDelay = 3000 'Haltezeit des TT
    .InitialDelay = 10 'Zeit, nach der der Text erscheint, hier quasi sofort
    .ReshowDelay = 1000 'Zeit bis Neuerscheinung bei Wechsel zu anderem STE
    End With
    FP.SetToolTip(FraPers, "Ist der Befragungsmonat aktuell ?")
End Sub 'TT FraPers > Befragungsmonat
```

'Tooltip für Diagnose
Private Sub FraDiag_MouseHover(sender As Object, e As EventArgs) Handles _
                              FraPers.MouseHover

```
    Dim FD As New ToolTip
    With FD
    .AutoPopDelay = 3000 'Haltezeit des TT
    .InitialDelay = 10 'Zeit, nach der der Text erscheint, hier quasi sofort
    .ReshowDelay = 1000 'Zeit bis Neuerscheinung bei Wechsel zu anderem STE
    End With
    FD.SetToolTip(FraDiag, "Wenn die Diagnose fehlt, klicken Sie 'Sonstige' an")
End Sub 'TT FraDiag
```

'Tooltip Für Statistik - Button
Private Sub CmdStatistik_MouseHover(sender As Object, e As EventArgs) _
            Handles CmdStatistik.MouseHover 'Tooltip über dem Button
```
    Dim CS As New ToolTip
    With CS
    .AutoPopDelay = 3000 "Haltezeit des TT
    .InitialDelay = 10 'Zeit, nach der der Text erscheint, hier quasi sofort
    .ReshowDelay = 1000 'Zeit bis Neuerscheinung bei Wechsel zu anderem STE
    End With
    CS.SetToolTip(CmdStatistik, "Die statistische Auswertung ist nur einmal „ _
                              &"pro Sitzung zulässig!")
End Sub 'TT CmdStatistik
```

Abschließend gebe ich den Hinweis, dass Tooltips von nicht aktiven Controls nicht angezeigt werden. Wenn Sie also das Projekt starten und eine Statistik mit Dateiexport erstellen, wird danach der Button [Statistik] abgeblendet. Wenn Sie dann die Maus darüber führen, wird der Tooltip des Buttons nicht mehr erscheinen.

Damit haben Sie den nächsten Komfort fertig programmiert. Schreiben Sie ggf. weitere Tooltips für andere Elemente in Ihrem Projekt, vielleicht auch im Startfenster. Ihrer Schöpferkraft sind Tür und Tor geöffnet.

Was ist denn nun noch offen?

Eigentlich nur mehr das Aufräumen. Aber das überlasse ich jetzt Ihnen. Aber Vorsicht, wenn Sie Deklarationen ändern oder verlegen, prüfen Sie sofort, ob noch alles läuft! Falls nicht, nehmen Sie die Änderungen zurück.

Aber etwas ganz Wichtiges fehlt noch:

17 Das Finale

Worin besteht das Finale?

In der Veröffentlichung des Projektes mit Erzeugung einer installierbaren Datei

Setup.exe

und weiteren Zubehördateien. Sie wollen doch sicher auch den Triumph genießen, eine richtige, installierbare Windowsanwendung programmiert zu haben?

Den Weg dahin erarbeite ich mit Ihnen in diesem finalen Kapitel des Buches wieder ganz praktisch.

Die Technologie, mit der die Veröffentlichung und Bereitstellung des Projektes erfolgt, nennt sich
ClickOnce-Technologie

Übersetzt ‚mit einem Klick' oder frei übersetzt ‚In einem Ritt' kann diese Technologie auf recht unkomplizierte Weise die notwendigen Komponenten, wie Setup.exe, ggf. ein Symbol dafür und Zubehör-Dateien erzeugen.

Eine Besonderheit besteht darin, dass für das Gelingen ein Zertifikat erforderlich ist, welches bestätigt, dass das Produkt die erforderlichen Sicherheitsanforderungen erfüllt.

Dieses Zertifikat können Sie als Testzertifikat selbst erstellen. Wie das geht, zeige ich Ihnen.

Zur Definition der ClickOnce-Technologie zitiere ich hier aus dem Hilfethema:

Sie können eine-ClickOnceAnwendung auf drei verschiedene Arten veröffentlichen: über eine Webseite, über eine Netzwerkdatei-Freigabe oder über Medien wie eine CD-ROM. Eine ClickOnce-Anwendung kann auf dem Computer des Endbenutzers installiert und lokal ausgeführt werden, auch wenn der Computer offline ist, oder Sie kann in einem reinen Online-Modus ausgeführt werden, ohne dass auf dem Computer des Endbenutzers eine permanente Installation erfolgt.

Wir werden die Veröffentlichung in einem Medium wie CD-OM oder DVD wählen, wie es vom System angeboten wird. Wir werden auch nur die Installation auf einem lokalen PC realisieren. Die anderen Möglichkeiten können Sie sich später erschließen. Wenn die Dateien erzeugt sind, zeige ich Ihnen noch eine rationellere Methode für die Installation als von DVD. Das kommt aber ganz zuletzt in diesem Kapitel.
Jetzt zu den Voraussetzungen.

17.1 Das Menü Projekt und die Eigenschaften des Projekts

In das Menü Projekt von VB haben wir schon einmal kurz hineingeschaut, als es um die Verweise ging. Jetzt geht es um die Eigenschaften Ihres eigenen Projektes, die im Menü PROJEKT ganz unten mit dem Projektnamen stehen.
Öffnen Sie diese und Sie kommen in ein Fenster, in dem am linken Rand viele Untermenüs aufgeführt sind. Beginnen Sie oben mit ‚Anwendung'. Prüfen Sie, ob bei Assemblyname und Stammnamespace jeweils der Name Ihres Projektes steht. Falls nicht, ändern Sie das. Bei Zielframework muss die Nummer der Version stehen, die auf Ihrem PC installiert ist. Das erfolgt in der Regel automatisch und auch richtig. Bei Anwendungstyp muss Windows Forms Anwendung stehen, wie wir es am Anfang beim Start von VB festgelegt haben.
Bei ‚Bindungsumleitungen automatisch generieren' muss der Haken drin sein und bei Startformular muss FrmStart stehen, wenn der Haken bei ‚Anwendungsframework aktivieren' gesetzt ist. Jetzt folgt eine interessante, wenn auch nicht ‚lebenswichtige' Einstellung bei Symbol. Jedes ordentliche Programm sollte doch ein eigenes Symbol haben, das in der Taskleiste oder auf dem Desktop erscheinen soll. Im Moment ist dort ein Standardsymbol angegeben. Suchen Sie sich über das Internet Symboldateien (*.ico) und wählen Sie sich eine aus, die Ihr Programm repräsentieren soll, und fügen Sie sie hier ein, indem Sie mit dem Pfeil nach unten ‚Durchsuchen' wählen und dahin navigieren, wo Sie Ihre Symboldateien abgelegt haben. Diese sollten dann dort erscheinen, wo jetzt das Standardsymbol zu sehen ist. Die anderen Einstellungen in diesem Fenster lassen Sie unverändert.

Ich gehe jetzt kurz in jedes Untermenü hinein, beschränke mich aber auf das Wesentliche und für unser Projekt Relevante.

Kompilieren:	Keine Änderungen
Debuggen:	EXTRAS > Optionen > Debugging > Just in Time > bei allen Elementen Haken setzen und bei Debugging Engines > Debugging nativen Codes anhaken
Verweise:	Schon behandelt, jetzt keine Änderungen
Ressourcen:	Nicht relevant
Dienste:	Keine Änderungen
Einstellungen:	Nicht relevant
Signierung:	Sehr relevant (siehe Text unter dieser Auflistung)
Meine Erweiterungen:	Keine
Sicherheit:	Haken bei ClickOnce und Button ‚Voll vertrauen' checked
Veröffentlichen:	Sehr wichtig (siehe Text unter dieser Auflistung)
Codeanalyse:	Checkbox ‚Ergebnisse …' muss Haken haben

Jetzt zu den beiden Untermenüs:

Signierung: Ich habe im laufenden Text weiter vorn erklärt, dass die Veröffentlichung ohne Zertifikat nicht funktioniert. Sie müssen also eines erstellen. Klicken Sie den Button [Testzertifikat]. Im folgenden kleinen Fenster geben Sie zweimal das von Ihnen zu wählende Kennwort für die Projektdatei ein. Das Zertifikat wird erstellt und im Projekt-Explorer eingefügt, als z.B. BefragungPat_TemporaryKey.pfx
Schauen Sie wieder links in das noch offene Untermenü Signierung in das Textfeld ‚Zertifikat'. Dort ist eingetragen, für wen und von wem das Zertifikat ausgestellt ist, wobei der Name Ihres PC erscheint. Wichtig ist das Ablaufdatum. Sie sehen, dass das Zertifikat genau für ein Jahr gilt. Wenn Sie dann noch am Projekt arbeiten, generieren Sie einfach ein neues. Den Signaturalgorithmus nehmen wir zur Kenntnis.

Veröffentlichen: Dem steht nun nichts mehr im Wege. Suchen Sie sich einen günstigen Ort im Explorer Ihres PC und richten einen Ordner {Veröffentlichtes Befragung_Pat} ein.
Gehen Sie wieder in das Untermenü und suchen dort bei ‚Speicherort des Veröffentlichungsordners' den Pfad zu Ihrem Ordner durch Klicken des kleinen Buttons rechts mit den drei Punkten. Der Pfad muss dann im Textfeld erscheinen.
Weiter unten muss die Option ….auch offline verfügbar…. checked sein.
Bei der Veröffentlichungsversion wird vom System mitgezählt, wie viele Veröffentlichungen Sie zum Projekt vorgenommen haben (z.B. nach jeder nachträglichen Änderung oder Ergänzung). Darunter folgt der Button [Veröffentlichungsassistent], den Sie klicken.

Er fragt einiges ab. Der Veröffentlichungsort muss der von Ihnen gewählte Ordner sein. Falls Ok > [Weiter]. Nächstes Fenster Option CD / DVD checked. > [Weiter] > Updates nicht suchen checked > > [Weiter] > ‚Veröffentlichung kann gestartet werden >>

[Fertig stellen] >> Entweder die Veröffentlichung startet sofort oder Sie müssen den Button [Jetzt veröffentlichen] noch klicken. Ein Explorerfenster wird geöffnet und zeigt in Ihrem Veröffentlichungsordner drei Elemente:

- einen Ordner {Application Files}
- ein Objekt namens Application Manifest
- die Setup.exe

Im Ordner {Application Files} werden alle Versionen Ihres Projektes abgelegt, die Sie nacheinander erzeugen. Dazu gehören dann die Manifestationen und die jeweilige aktuelle Setup.exe.

Sie können die Setup.exe von dort aus starten. Das System installiert und startet sofort das Programm. Sie finden dann im Startmenü Ihres Windows ganz oben bei ‚Zuletzt hinzugefügt' das Startsymbol und die Dateibezeichnung. Jetzt können Sie vom Desktop aus starten und das installierte Programm testen.

17.2 Installieren des Programms auf irgendeinem PC

Ich habe weiter vorn im Buch geschrieben, dass ich Ihnen noch eine interessante Methode vorstellen will, wie Sie das Programm rationell auf anderen Pcs einrichten können.

Na, DVD einlegen und Setup.exe starten?!

werden Sie jetzt gedacht haben, da das nahe liegt. So bin ich auch vorgegangen und habe die Installations-DVD für das Fachkrankenhaus erstellt und freudig dem System-Administrator dort vorgestellt. Dieser mindestens 40 Jahre jüngere Mann vertrat die Meinung, dass das Installieren von CD/DVD nicht mehr zeitgemäß wäre. Er wollte, dass das ganze, zum Programm gehörige Kompendium von Dateien und Ordnern, einschließlich Setup.exe, einfach von z.B. einem USB-Stick in den Rechner kopiert und von diesem aus installiert wird. Ich habe mich entschieden, dazu im Laufwerk C: den Systemordner {Program Data} zu nutzen, was ja vom Namen her auch logisch ist. Man kann das System nicht stören, wenn da hinein ein zusätzlicher Ordner {BefragungPat_Install} eingefügt wird. Dazu habe ich Sie weiter vorn im Buch schon veranlasst und schon einiges an Ordnern einrichten lassen, wie {DatSafe} und {Statistiken}.

Im Ordner {DatSafe} müssten Sie jetzt die Dateien {Anzeige.xlsm}, {Diagramme.xlsm}, {Hilfedatei.pdf} und mehrere Jahresspeicher-Dateien wie {Dat_2021} und für Vorjahre vorfinden.

Richten Sie jetzt im Ordner {BefragungPat_Install} einen weiteren Ordner {Installation} ein und kopieren die drei Elemente aus dem Veröffentlichungsordner dorthin. Sollten Sie noch Änderungen im Programm vornehmen und neu veröffentlichen, sollten Sie diese drei Elemente durch Einkopieren aktualisieren. Gleichzeitig müssten Sie die installierte Version mittels Systemsteuerung deinstallieren und mit der neuen Setup.exe neu installieren. Die Systemsteuerung erreichen Sie mit der Aktionsfolge:

STARTMENÜ > Windows-System > Systemsteuerung

Dort finden Sie links unten unter PROGRAMME: Programm deinstallieren'. Wenn Sie dort die Spalte ‚Installiert am' im Kopf so anklicken, dass die Datumsangaben absteigend eingestellt sind, dann finden Sie die neu installierte BefragungPat ganz oben vor. Klicken Sie dann mit einem reKlick in die Datei und wählen ‚Deinstallieren/ändern', wird das Wartungsfenster eingeblendet, das ‚Entfernen' anbietet. Mit [OK] ist die Datei weg.
Jetzt können Sie die neue Setup.exe im Ordner {Installation} dblklicken und das Programm neu installieren.
Sollte es Probleme geben, ist wieder zu raten, nach dem Deinstallieren des Programms den PC herunter zu fahren, damit ‚Installationsreste' nach Möglichkeit beseitigt werden.
Zur Beseitigung solcher Reste gibt es vielfältige Programme. Eines davon nenne ich hier, bin aber am Umsatz nicht beteiligt ☺. Es heißt ‚Restoro' und ist im Internet zu finden. Ich bin damit ganz zufrieden.

Die ganze zuletzt erarbeitete Funktionalität, die seit dem letzten Video dazu gekommen ist, sehen Sie in den Videos *Video_T2_Vi26*.und *Video_T2_Vi27*.

Ich habe Ihnen das so ausführlich beschrieben, weil jetzt der Hinweis kommt, den ich weiter vorn angekündigt habe. Wenn Sie jetzt das Programm auf weiteren Rechnern installieren wollen, dann kopieren Sie einfach den gesamten Ordner {BefragungPat_Install}
aus dem Ordner {ProgramData} auf einen Stick und von diesem auf dem nächsten Rechner in den dortigen Ordner {ProgramData}, den jede Windows-Installation hat, und starten die Setup.exe. Wenn dieser PC okay ist und alle Voraussetzungen eingestellt sind, sollte alles laufen. Achten Sie auf die Einstellungen in Excel, die ich Sie im Teil 1 des Buches habe vornehmen lassen. Das muss auf dem / den weiteren Rechner(n) ebenso erfolgen. Der Probestart wird zeigen, ob alles läuft. Mit dieser Methode wird <u>ein großer Vorteil</u> erreicht, den Sie mit dem Installationsmedium DVD nicht haben.
Der Transfer erfolgt mit dem augenblicklichen Bearbeitungsstand und nimmt alle bis dahin erarbeiteten Daten mit. Bei einer Installation von DVD würde es bezüglich Daten bei null beginnen.
Ein Hinweis noch für Überarbeitungen. Wenn Sie neu veröffentlichen und installieren und beim Start Fehlermeldungen erhalten, dann deinstallieren Sie zuerst und lassen bei der Neu-Veröffentlichung den Veröffentlichungs-Assistenten erneut laufen. Eingeschleppte Fehler werden dadurch meist beseitigt.

Damit haben Sie Ihre erste Windows-Anwendung erfolgreich erzeugt und, wie ich meine, gute praktische Erfahrungen gesammelt. Aus diesen wie auch aus den erarbeiteten Theorie-Lektionen haben Sie sich wesentliche Grundkenntnisse der Programmierung und besonders der Programmiersysteme VBA und VB autodidaktisch angeeignet. Dazu gratuliere ich Ihnen und auch zu Ihrem Stehvermögen, dieses Buch von A bis Z durchzuarbeiten.

Jetzt werden Sie sich für eigene Problemlösungen Schritt für Schritt weitere Kenntnisse erwerben und sukzessive das System Visual Basic weiter beherrschen lernen.

Dafür wünsche ich Ihnen maximalen Erfolg.

Ihr Autor Jürgen Schubert

Anhang A: Theoretische Grundlagen

Lektion 1: Objekte und ihre Eigenschaften

In dieser Lektion werden behandelt:

- ✓ Der praktische Begriff   ,Objekt'
- ✓ Der theoretische Begriff   ,Objekt'
- ✓ Der Begriff   ,Container-Objekt'
- ✓ Der Begriff   ,Eigenschaft'
- ✓ Der Begriff   ,Steuerelement'

Gehen wir wieder vom täglichen Leben und den uns geläufigen Begriffen aus. Objekte sind im täglichen Leben Dinge, also meist Gegenstände, mit denen sich der Mensch auseinandersetzt. Der Objektbegriff bei den Programmier-Objekten ist ähnlich, aber komplexer.

Eigentlich fast alles ist ein Objekt. Einige Objekte haben Sie bisher schon praktisch kennengelernt, wie z.B.

- Formularobjekt   → Eine Bildschirmgrafik, die ein Fenster darstellt
- Command-Button   → Eine Bildschirmgrafik, die eine Schaltfläche darstellt
- Check-Box   → Eine Bildschirmgrafik, die ein Kontrollkästchen darstellt

Diese Aufzählung der Objekte, die sich in der Werkzeug-Sammlung befinden, ließe sich hier fortsetzen, aber das wäre immer nur eine Wiederholung wie oben. Darüber hinaus gibt es weitere „Werkzeuge", die nicht zu den Standard-Werkzeugen gehören, aber eingebunden werden könnten. Dazu gehören die <u>ActiveX-Steuerelemente (L)</u>, die Sie sicher durch Ihre Interneterfahrung kennen.

<u>Alle Objekte der Werkzeugsammlung und weitere Objekte dienen dazu, Steuerfunktionen im Programmlauf zu realisieren. Sie werden deshalb Steuerelemente (engl. Controls) genannt. Controls werden i.d.R. in Formularen platziert.</u>

Formulare, aber auch einige Controls sowie weitere Objekte können andere Objekte aufnehmen und in sich beherbergen.

Objekte, die andere Objekte in sich oder auf sich tragen, werden als Container-Objekte bezeichnet.

Weitere Objekte sind beispielsweise:

- Quelltextmodul $\rightarrow$ ein Programmbereich in Fensterform, der Programmtext aufnimmt
- Excel $\rightarrow$ Ein Anwendungs-Objekt (ganzes Anwendungsprogr.)

Alle Objekte haben eines gemeinsam $\rightarrow$ sie haben Eigenschaften.

Einige Objekte haben gleiche oder ähnliche Eigenschaften, andere ganz spezielle und auch besondere. Gehen wir zur Veranschaulichung wieder vom täglichen Leben aus und betrachten das Objekt ‚Haus'.

Ein Haus hat Fenster $\rightarrow$ damit ist ein Fenster eine Eigenschaft des Hauses. Ein Fenster ist aber auch selbst ein Objekt. Es hat einen Rahmen und Scheiben. Damit sind Rahmen und Scheiben Eigenschaften des Objektes Fenster. Wenn sich das Fenster im Haus befindet, sind Rahmen und Scheiben auch Eigenschaften des Hauses selbst. Befindet sich das Objekt Fenster aber in einem Objekt Auto, dann sind Rahmen und Scheiben Eigenschaften des Autos. (Im Leben haben die Rahmen hier eine andere Qualität, es sind Gummikeder.)

Auto und Haus haben also durchaus gleiche oder ähnliche Eigenschaften, aber auch solche, die das jeweils andere Objekt nicht hat. Gehen wir noch einen Schritt weiter und betrachten die Farbe des Fensterrahmens, dann ist der beim Haus meist weiß, beim Auto meist schwarz.

Wenn das auf die Programmierschreibweise angewandt wird, dann wird ein Objekt von links nach rechts spezifiziert, wie z.B.

Haus.FensterNr23.Rahmen.Farbe

Eigentlich geht es bei diesem Problem um die Farbe des Rahmens selbst. Da aber klar sein muss, um welches Fenster es sich handelt, muss das Objekt genau spezifiziert werden.

Von links nach rechts wird es immer konkreter. Das als letztes Glied der Kette betrachtete Element ist immer eine Eigenschaft der ganzen Kette davor.

Farbe ist eine Eigenschaft von Haus.FensterNr23.Rahmen
Rahmen ist eine Eigenschaft von Haus.FensterNr23
FensterNr23 ist eine Eigenschaft von Haus
Haus ist das eigentliche (Ober-)Objekt dieser Betrachtung.

Die Eigenschaft bezieht sich aber immer auf das (Teil-)Objekt unmittelbar vor ihr.

Damit vereinfacht sich die Sache wieder zu **Objekt.Eigenschaft**.
Im Objektbegriff steckt dann die ganze Kette vor der letzten Eigenschaft.
Für die Programmierung gibt es noch eine kleine Vereinfachung:

Wird bereits im Objektbereich programmiert, muss das Objekt nicht nochmals genannt werden → die Kette verkürzt sich.

Beispiel: Die Schriftfarbe eines Command-Buttons namens cmdMwSt, der sich auf dem Hauptformular befindet, soll von Schwarz auf Rot geändert (neu festgelegt) werden. Das löst nachstehende Syntax mit der vollen Spezifizierung des Objekts:

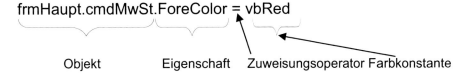

frmHaupt.cmdMwSt.ForeColor = vbRed

      Objekt   Eigenschaft   Zuweisungsoperator Farbkonstante

und bedeutet: Hauptformular.ButtonMwSt.Vordergrundfarbe zuweisen = Rot.
Vordergrundfarbe ist hier die Schriftfarbe des Command-Buttons. vbRed ist die Visual Basic-Farbkonstante für Rot. vb ist dabei eine Vorsilbe, die darauf hinweist, dass es eine Visual Basic-Konstante ist. (Es gibt noch andere Konstanten wie wdRed als Farbkonstante für Rot in Word und und und!)
Wenn diese Quelltextzeile im Modul des Hauptformulars geschrieben würde, könnte der Name des Formulars weggelassen werden, weil Sie im Objektmodul programmieren. Die Anweisung ließe sich verkürzen auf:

cmdMwSt.ForeColor = vbRed

Würden Sie diese aber aus irgendwelchen triftigen Gründen in einem allgemeinen Modul oder im Modul eines anderen Objektes schreiben, müsste die volle Objektspezifizierung geschrieben werden. (Denn es könnte ein anderes Formular geben, in dem es auch einen Button namens cmdMwSt gibt. Woher sollte das System dann wissen, welcher von den beiden cmdMwSt die rote Schrift erhalten soll?)
Ich meine, dass diese Beispiele noch anschaulich, wenn auch gewöhnungsbedürftig sind. Jetzt wird es aber noch ein wenig abstrakter, wenn wir zum allgemeinen Objektbegriff der Programmierung kommen.

Betrachten wir zunächst zwei Command-Buttons in einem Formular. Die können völlig gleich sein, bis auf eine Eigenschaft, nämlich ihre Namen.

Zweimal das völlig gleiche Objekt darf es im gleichen Bereich nicht geben!

Die Herkunft (Abstammung) dieser beiden Buttons ist gleich. Irgendwo im System existiert ein Speicherbereich, der den Prototyp bereitstellt. Das sind Form und Eigenschaften, einschließlich der Operationen, um diese Eigenschaften zu ändern bzw. zu benutzen. Im Moment der Entstehung, also wenn Sie mit Hilfe der Werkzeugsammlung den nächsten Button in dem Formular platzieren, sind beide

Buttons völlig gleich. Sobald das System aber merkt, dass es schon einen Button dieser Art gibt, schlägt es vor, den Namen zu ändern, egal, auf welche Art.

Dieser Prototyp im System wird als Objekt-Klasse(G) bezeichnet. Sie erinnern sich an das Menü EINFÜGEN in der IDE. Dort gibt es ein Klassenmodul. Daraus lässt sich logisch ableiten, dass auch neue Objekte programmiert werden können. Das müsste in einem Klassenmodul erfolgen, denn es würde eine neue Objekt-Klasse geschaffen, die es im System noch nicht gibt. Diese Mühe nimmt ein Programmierer aber nur auf sich, wenn kein anderes Objekt die Funktion bereitstellt, die er zur Lösung seines Problems braucht.
Betrachten wir diesen Speicherbereich, der Form, Eigenschaften und eine Menge Aktionsmöglichkeiten bezüglich einer Objektklasse ständig beinhaltet und bereitstellt, dann haben wir die allgemeinste Definition eines Programmier-Objektes vor uns.

Ein Objekt im allgemeinsten Sinne der Computerprogrammierung ist ein Speicherbereich und eine Anzahl von Operationen zur Benutzung dieses Speicherbereichs.

Uff, das war hohe Theorie! Vergessen Sie's erstmal wieder. (Brauchen werden Sie das unbedingt, wenn Sie in der weiteren Folge Delphi, C oder C++ usw. erlernen wollen. Aber jetzt lernen wir erst einmal Visual Basic.) Merken Sie etwas?

Visual Basic ist auch deshalb gut erlernbar, weil es nicht so abstrakt ist!

Erschließen Sie gleich noch die Lektion 2 hier darunter.

Lektion 2:   Grundelemente von VBA / VB-Programmen

In dieser Lektion werden behandelt:

- ✓ Der Begriff   ‚Prozedur'
- ✓ Der Begriff   ‚Argument'
- ✓ Der Begriff   ‚Funktion'
- ✓ Der Begriff   ‚Methode'
- ✓ Der Begriff   ‚Operator'
- ✓ Der Begriff   'Ausdruck'
- ✓ Der Begriff   'Anweisung / Befehl'
- ✓ Das EVA-Prinzip der EDV

Prozeduren

Prozeduren haben wir praktisch schon formal kennengelernt. Es sind die zusammengehörigen Quelltextabschnitte, die mit einem Schlüsselwort **Sub** beginnen und mit den Schlüsselwörtern **End Sub** enden. Bei einigen Prozeduren stehen vor Sub noch andere Schlüsselwörter wie z. B. **Private** (G) oder **Public** (G). In einer Prozedur wird Quelltext so angeordnet, dass dessen zeilenweise Ausführung einen sinnvollen Abschnitt der Problemlösung darstellt. Kleinste Programme (Skripts) und Makros kommen mit einer einzigen Prozedur aus.

Prozeduren sind elementare programmtechnische Einheiten. Wenn eine Prozedur durchlaufen ist, geht das System in einen Wartezustand über. Entweder löst der Benutzer über Steuerelemente die Abarbeitung weiterer Prozeduren aus oder eine weitere Prozedur wird von einer gerade laufenden Prozedur gerufen (Unterprogrammaufruf). Die logisch letzte Prozedur sollte ein definiertes Ende setzen und das Programm beenden. Zwingend ist das aber nicht. Das Programm bleibt dann im Wartezustand, bis es quasi durch Herunterfahren oder 'Task beenden' „abgewürgt" wird. Letzteres ist nicht zu empfehlen, aber praktisch möglich. Es wäre grundsätzlich möglich, in einem allgemeinen Modul nur eine einzige Prozedur zu schreiben. Das würde aber ein sehr großes Gebilde. Es ist deshalb besser, die Programm-Abschnitte in überschaubare Teilprobleme zu unterteilen und in Prozeduren anzuordnen.
Einige Programmiersituationen erzwingen förmlich die Erstellung einer ganz bestimmten Art von Prozedur.

Wir schauen uns hier nochmals den Prozedurkörper einer allgemeinen Prozedur an.

```
Sub⌣Schrift_ändern()      'Schrift_ändern ist der Prozedurname
´Prozedurbefehle          'Das leere Klammernpaar sind die Argumentklammern
End Sub                   ' Diese Prozedur hat (wie die meisten) keine Argumente
                         ' Die Argumentklammern sind immer erforderlich, auch
                         ' leer! End Sub: Hier endet diese Prozedur
```

Mit ihrem Namen ist die Prozedur im System eindeutig bekannt gemacht und kann mit ihm aus anderen Prozeduren heraus aufgerufen werden. Der Aufruf einer Prozedur erfolgt mit dem Schlüsselwort Call (dtsch:Rufe), also hier Call⌣Schrift_ändern. Beim Aufruf sind die Argumentklammern wegzulassen. Mit dem Schlüsselwort Call ist die Besonderheit verbunden, dass es weggelassen werden kann. Der Aufruf der Prozedur wäre also auch möglich, wenn im Programm lakonisch Schrift_ändern stehen würde. Ich empfehle aber die Verwendung von Call, weil damit wieder die Lesbarkeit verbessert wird. Da Prozedurnamen in schwarzer Schrift geschrieben werden, können sie ohne Call schnell übersehen werden. Das blaue Call hebt die Aufrufe schön heraus. (Später, wenn Sie Erfahrung haben, können Sie Call dann weglassen, wie auch andere Schlüsselwörter, wie z.B. Let (G).)

Praktisch haben wir diese Prozedur schon in Gestalt unseres ersten Makros erzeugt. Dieses Makro, im Zusammenhang mit dem Selection-Objekt, würde immer die Schrift in der ausgewählten Zelle rot und fett formatieren.

Bei der Programmierung dieser Prozedur (also ohne Makrorecorder) könnte aber eine Möglichkeit eingebaut werden, die der Prozedur angibt, welche Zelle in ihrer Schrift geändert werden soll, ohne diese anzuklicken, also auswählen zu müssen. Das könnten also alle Zellen dieser Tabelle sein, in denen negative Zahlen stehen, die Geldwerte darstellen (die sprichwörtlichen roten Zahlen). Damit, diese allein zu finden, ist der Makro-Recorder überfordert → hier muss programmiert werden!

Bei der Umarbeitung dieses Makros müssten also die negativen Zellen ermittelt und falls gefunden, in der Schrift auf Rot und Fett geändert werden. Damit könnte der Prozedur die jeweils konkrete Zelle übergeben werden. Das erfolgt mit Argumenten.

Übrigens: VBA / VB und auch die anderen von mir bisher genannten Programmiersprachen werden wegen der Verwendung einzelner Prozeduren für die Problemlösung auch als prozedurale Sprachen bezeichnet.

Argumente

Erweitern wir unser Beispiel wie folgt:

Sub⌣Schrift_ändern(Zelle) 'Zelle ist hier das (einzige) Argument der Prozedur(G)
'Prozedurbefehle
End Sub

Es würde eine Sub-Prozedur zu schreiben sein, deren Aufgabe es ist, Zellen mit negativen Zellinhalten zu suchen. Nennen wir diese **Sub Such_neg()**. Im Programmlauf würde Such_neg eine Zelle mit negativer Zahl finden, es sei „D7". In dem Moment würde Such_neg die Prozedur **Schrift_ändern** aufrufen und ihr die gefundene Zelle übergeben. Das formale Argument Zelle würde durch das konkrete Argument „D7" ersetzt und dafür würde die Prozedur Schrift_ändern wirksam (Zelle

D7 → Rot, Fett). Danach würde die Prozedur Such_neg weitersuchen und mit der nächsten Zelle, die negativ ist, erfolgt wieder der Unterprogrammaufruf von Schrift_ändern. Das ginge so lange, bis Such_neg den Tabellenbereich durchforstet hat, den es durchsuchen sollte. Das soll vorerst zur Erklärung der Argumente genügen. Wir kommen gleich wieder darauf zurück. Schauen Sie sich dazu die **Abb. B1 im Anhang B** an. Sie zeigt schematisch diesen Vorgang. Sie sehen, dass nach dem Unterprogrammaufruf erst einmal das gesamte Unterprogramm abgearbeitet wird, ehe mit der nächsten Anweisung im aufrufenden Programm fortgesetzt wird.

Funktionen

Funktionen sind auch Prozeduren, aber erstens heißen sie nicht Sub und zweitens haben sie eine Besonderheit: Sie geben an das Programm Werte zurück, nachdem sie vom Programm erst Werte erhalten haben. Die besten Beispiele sind natürlich die mathematischen Funktionen. Nehmen wir die bekannte Quadratwurzel-Funktion zur Erläuterung. Diese ist sowohl im Tabellenbereich verfügbar, dort heißt sie Wurzel(), als auch im Editor, da heißt sie SQR() (engl. Square Root): An diesem Punkt ein kurzer **HALT**. Dieser Unterschied ist interessant. Ich erläutere ihn im **Anhang B Kasten B5**.

Wir probieren beide Funktionen sofort aus:

Gehen Sie in eine der Excel-Tabellen und schreiben Sie in eine beliebige Zelle folgendes (ja,....mit **=** beginnen)

= Wurzel(9)

Nach Drücken der EnterTaste werden Sie in der gleichen Zelle das Ergebnis 3 finden.
(Das ist das Ergebnis der Berechnung. In der Bearbeitungsleiste sehen Sie die Formel.)

Gehen Sie in das Direktfenster der IDE und schreiben Sie

? SQR(9) >> [Enter]

In der nächsten Zeile erscheint ebenfalls das Ergebnis 3. Beide Wurzelfunktionen funktionieren. Probieren Sie sie auch mit „krummen" Zahlen aus.
=Wurzel(14,3) in der Zelle ergibt 3,78153408. Machen Sie es auch mit SQR im Direktfenster.
Haben Sie eine Fehlermeldung erhalten? Bestimmt, wenn Sie ? SQR(14,3) eingegeben haben. Denn im Programmierbereich müssen Sie die Zahl englisch als 14.3, also mit Punkt als Dezimaltrenner. eingeben! Und Tausendertrenner sind generell verboten! Dies ist **eine verbreitete Fehlerquelle!**

(Zugabe für Excel: Sie finden alle mathematischen Tabellen-Funktionen von Excel mit nachstehender Aktion im Tabellenfenster: FORMELN > Funktion einfügen. Ein Dialogfenster öffnet sich, aus dem Sie die benötigte Formel auswählen können. Hinweis: Jede Funktion oder sonstige Berechnung in einer Excel-Zelle ist mit = zu beginnen. (Das ist eine Excel-Spezifik, die ich voraussetze und hier nicht erläutere!)

Wo die mathematischen Funktionen in der IDE zu finden sind, kommt bald. Mit SQR() haben wir eine sogenannte „eingebaute" Funktion vor uns, also eine, die das Programm mitbringt. Nun wollen wir mal die dritte Wurzel von 27 berechnen, die ja bekanntlich auch 3 ist. Diese Funktionen suchen Sie vergeblich. Sie müssen sie sich selbst programmieren. Und das verwenden wir zur Demonstration der Funktionsprozedur.

Zunächst brauchen wir die mathematische Lösung, die sich programmieren lässt. Dazu verrate ich denen, die es nicht mehr wissen, dass eine Wurzel auch als Potenz geschrieben werden kann, wie das folgende Beispiel zeigt:

$$\sqrt[3]{27} = (27)^{1/3}$$

Genau diese Form rechts vom Gleichheitszeichen lässt sich programmieren, das Wurzelzeichen links aber nicht!
Dazu brauchen wir zunächst einen Namen für die Funktion → wir nehmen NWurzel und sagen damit aus, dass wir eine beliebige n-te Wurzel berechnen. Damit haben wir die Allround-Lösung für alle Zeiten und Werte. Wenn N = 3 ist, soll unsere Funktion die dritte Wurzel berechnen. *Wovon?* → Natürlich von einer Zahl. Damit müssen wir unserer Funktion zwei Parameter (Funktionsargumente) übergeben, den Wert N und die Zahl selbst, aus der die n-te Wurzel gezogen werden soll. Die Zahl ergibt sich immer irgendwo im Programmlauf aus Berechnungen oder Eingaben.

Die Funktions-Prozedur würde lauten

Function⌣NWurzel(N, Zahl)	'Function statt Sub ist das Schlüsselwort
NWurzel = Zahl ^ (1 / N)	'NWurzel ist der Prozedurname, N und Zahl sind
End Function	'die formalen Argumente
	'Die eigentliche Berechnungszeile wird unten
	'erläutert
	'Eine Funktion endet mit End Function
	'Beachten Sie die englische Schreibweise mit c

Die Berechnungszeile ist gewöhnungsbedürftig, aber kein Problem, wenn Sie bedenken, dass Sie bei mathematischen Formeln auf dem Papier immer in mehreren Ebenen schreiben, z.B über dem Strich, den Strich selbst und unter dem Strich usw. Das würde beim Programmieren immense Schwierigkeiten bereiten →

hier muss deshalb alles in einer Ebene (Zeilenhöhe) geschrieben werden. Aber das kennen Sie bereits durch die Schreibweise der Tabellenformeln in Excel, setze ich mal voraus!

Schauen wir uns die Berechnungszeile unserer Funktion an.

NWurzel ist das Ergebnis der Berechnung → der Funktionswert. Er ergibt sich aus dem Berechnungs-<u>Ausdruck</u> auf der rechten Seite der Zuweisung. (Ja – das ist auch eine Zuweisungs-Operation!) Dem Funktionswert links wird das Ergebnis der Berechnung des Ausdrucks (rechts) zugewiesen. Diesen Berechnungsausdruck schauen wir näher an:
Sie finden das formale Argument für eine Zahl, aus der eine Wurzel gezogen werden soll. Die kann variabel zugewiesen werden. Zahl ist eine Variable, eine Zahlenvariable, die auch gebrochen sein kann (Nachkommastellen). Variablen sind ein großes Thema für sich. Dann noch eine Variable → N. Für N lassen wir nur ganzzahlige Werte zu. N ist damit eine Ganzzahl-Variable. Zudem finden wir zwei Operatoren vor:

^ ist der Potenz-Operator (hoch)
/ ist <u>ein</u> Divisionsoperator (durch). *Es gibt wohl noch andere?* Ja, z.B. → \
Wir nutzen erst einmal den für normale Divisionen.

Sie haben soeben drei weitere Operatoren kennengelernt.

Zahl ^ (1 / N) sagt somit aus, dass zunächst die Teilberechnung 1/N auszuführen ist, mit deren Ergebnis dann die Variable Zahl zu potenzieren ist.
Wenn Sie sich nicht sicher sind, setzen Sie Klammern, aber bitte richtig. Zu viele Klammern schaden nicht, wenn sie berechtigt und richtig gesetzt sind.

NWurzel = (Zahl) ^(1 / N) wäre auch richtig, aber nicht nötig.

<u>Ganz falsch</u> wäre aber Nwurzel= (Zahl ^ 1) / N, denn hier würde Zahl mit 1 potenziert, weil die Potenzierung die höchste Priorität hat. (Siehe **Anhang B Kasten B3**.) Das wäre wieder die Zahl und dann würde dieser Wert durch N dividiert. Das Klammernpaar um 1 / N ist also unverzichtbar, das um Zahl ^ 1 absolut falsch!
Zurück zu unserer Funktionsprozedur.
Diese lässt sich nur aus dem Programm heraus nutzen. Für sich allein hat sie im Gegensatz zu einer Sub-Prozedur keine Funktionalität. Ist ja auch klar. Im Programm müssen erst die Werte erarbeitet werden, die der Funktion als konkrete Argumente übergeben werden können. Der Rückgabewert, also das Funktionsergebnis, soll auch in der Regel im Programm weiterverarbeitet werden. Die Aufbereitung der Werte kann im einfachsten Fall eine Eingabe-Operation sein, die der User realisieren muss, wenn er vom Programm z.B. die Aufforderung erhält:

„Geben Sie die aktuellen Werte für N und Zahl ein"

Sobald das geschehen ist, werden diese Zahlendaten verarbeitet, elektronisch, natürlich, schließlich ist das EDV. Nach der Verarbeitung, also der Durchführung der Berechnung, gibt die Funktion das Ergebnis in Form des Funktionswertes an das Programm zurück.
Und in dessen Tiefen verbleibt es in Ewigkeit, wenn der Programmierer nicht dafür sorgt, dass es irgendwo auf dem Bildschirm oder auf Papier wieder zum Vorschein gebracht wird.

Wir haben soeben in lockerer Form ein ganz wichtiges Prinzip jeglicher EDV behandelt. Dieses Prinzip trägt den schönen biblischen Namen **EVA**.

E→ Eingabe

V→Verarbeitung

A→ Ausgabe

In dieser Reihenfolge findet jegliche Datenverarbeitung statt. Daten müssen einem Programm übergeben werden, dieses verarbeitet sie und gibt das Ergebnis in irgendeiner Form wieder zurück.

Ein Programm muss für alle drei Phasen der EDV die entsprechenden Prozeduren und Funktionen haben, die in logischer Abfolge die Gesamtlösung gewährleisten.

Die Funktion Nwurzel werden wir mit Fortsetzung des Praxisteils dieses Buches noch testen. Zuvor brauchen wir aber noch etwas mehr theoretisches Rüstzeug.

Leider ist auch hier wieder der Begriff Funktion mehrdeutig. Es gibt in VBA / VB Systemfunktionen wie z.B. die sogenannten **Is-Funktionen**, die wir später noch benutzen werden. Die haben mit den hier bisher behandelten Functions nur den Namen gemeinsam. Später dazu mehr.

Methoden

Ein großer Teil der Funktionalität objektorientierter Programmierung besteht darin, während des Programmlaufs Aktionen durchzuführen oder Re-Aktionen von Objekten auszulösen.
Das einfache Beispiel, ein Drucker-Objekt etwas drucken zu lassen, haben Sie in diesem Buch schon einmal kennengelernt.
Dazu musste die Druck-Methode auf das Drucker-Objekt angewendet werden. Der Druck-Methode musste als Argument der zu druckende Inhalt übergeben werden.
Die Syntax ist ähnlich wie die in der 1. Lektion.
Zuerst muss das Objekt konkret spezifiziert werden, dann folgt der Punkt als Trennzeichen, dann die Methode, dann ein Leerzeichen (oder eine öffnende runde

Klammer), dann als Argument der zu druckende Inhalt. Eine weitere Möglichkeit ist, dass benannte Argumente nach dem Leerzeichen folgen.
Unser Beispiel war:

PRINTER.PRINT∪„Dieser Satz soll auf dem Papier erscheinen!"

Ich habe anfänglich, um Sie einzugewöhnen, die Großschreibung angewendet. Jetzt arbeiten wir ohne dieses Hilfsmittel weiter und schreiben so, wie es im Editor üblich ist.
Damit lautet die Zeile:

Printer.Print∪„Dieser Satz soll auf dem Papier erscheinen!"

Objekt. Methode Leerzeichen   Argument (der zu druckende Inhalt)
Die folgende Schreibweise mit dem runden Klammernpaar wäre adäquat:

Printer.Print∪(„Dieser Satz soll auf dem Papier erscheinen!")

Runde Klammernpaare werden eingesetzt, um dem Programm Argumente bzw. Parameter zu übergeben, die verarbeitet werden sollen oder können.

Ein weiteres Beispiel wäre:

Printer.Print∪(**8*4**) oder Printer.Print∪**8*4**

Beides würde lakonisch die Zahl 32 auf das Papier drucken.

Sie werden noch kennenlernen, wann das Klammernpaar zwingend geschrieben werden muss und wann es weggelassen werden kann.

Übrigens: Es gibt auch Methoden, die keine Argumente brauchen, wie z.B.

Range(„A1").ClearContents → Die ClearContents-Methode löscht hier den Inhalt von Zelle A1 → beim Löschen wird "Leerer Inhalt" eingefügt, der kein Argument braucht.

Leerer Inhalt ? – Bei der Programmierung gibt es auch das.)

Halten wir dazu folgenden Merksatz fest:

Ein wesentlicher Teil einer Problemlösung mittels EDV-Programm besteht darin, Objekte zu nutzen, indem deren Eigenschaften benutzt (gelesen) oder geändert (festgelegt) werden. Dazu werden Methoden auf die Objekte angewendet. Methoden sind mit der Auslösung von Aktionen auf und mit Re-Aktionen der Objekte verbunden. Methoden sind System-Funktionen.
(Aber auch jede geschriebene Sub-Prozedur ist eine Methode.)

Operatoren

Sie haben schon mehrere Operatoren in den Beispielen kennengelernt. Es sind also die uns aus der Schulmathematik wohlbekannten Rechenzeichen, die als Operatoren der Programmierung hier wieder auftauchen.
Die werden durch weitere ergänzt und zum Teil auch anders geschrieben, weil wir wieder in der Zeile bleiben müssen. Am Beispiel der Wurzelberechnung in der Funktion Nwurzel haben Sie eine Schreibweise derartiger Berechnungsausdrücke, in denen Werte oder deren „Stellvertreter" (Variablen, Konstanten) und eben Operatoren vorkommen, kennengelernt.
Sobald mehrere Operatoren in einer Berechnung vorkommen, wird es interessant, denn dann muss klar sein, welcher Operator zuerst an der Reihe ist. Daraus folgt, dass die Operatoren eine Rangordnung (Priorität) haben. Darin enthalten sind auch die uns altbekannten Regeln ‚Punktrechnung geht vor Strichrechnung' und ‚Klammern werden zuerst ausgerechnet'.
Im **Kasten B3 im Anhang B** finden Sie eine Liste aller Operatoren, die bei VBA / VB existieren, nach ihrer Priorität von oben nach unten aufgeführt. Ganz oben der Potenzoperator hat also den höchsten Rang.

Ich erkläre die Operatoren jeweils dann, wenn ich Sie verwende.

Ausdrücke

Ausdrücke haben wir auch schon berührt. Es sind Kombinationen von Werten und Operatoren. Werte können Zahlen oder Zeichenfolgen (Strings) sein. Ausdrücke haben die Eigenschaft, dass sie ausgerechnet oder aufgelöst werden können und ein eindeutiges Ergebnis erzeugen. Bei den Berechnungen ist das bekannt. Da ist Ergebnis das Berechnungsergebnis aus Zahlenwerten. Für Strings folgt hier ein erstes Beispiel. Strings können z.B. kombiniert oder analysiert werden und ergeben als Ergebnis einen neuen String. Der Operator für das Kombinieren von Zeichenfolgen ist das &-Zeichen (Kaufmanns-UND, engl. Ampersand).

NeuString =“So „& „ein „ & „Sau" & „Wetter"

Nach Abarbeitung dieser Zeile hat die Zeichenfolgenvariable NeuString den Wert: „So ein SauWetter" aus der Zusammenfügung der vier Strings "So ", "ein ", "Sau " und "Wetter" über die Auflösung des Ausdrucks erhalten.

NeuString ="So „& „ein „ & „Sau" & „Wetter"   ist eine Zuweisungs-Operation mit
                                                                          vier Zeichenfolgen an eine fünfte.

(Haben Sie den Trick bemerkt? Die ersten zwei Strings haben als letztes Zeichen ein ∪! Mit etwas mehr Aufwand ließe sich im Ergebnis auch das W als w erzeugen, aber darauf kommt es hier nicht an.)

Noch ein Beispiel: **Let** Ergebnis = 3 * 4

*(Wo kommt das **Let** auf einmal her?)*

Eigentlich steht das **Let**(G) unsichtbar vor jedem Variablennamen, da es weggelassen werden kann. Ich habe das weiter vorn im Buch bei **Call** bereits angekündigt. (Ausnahme: Objektvariable; da muss **Set** geschrieben werden.) Und deshalb wird es seit Ur-Basics Zeiten weggelassen. (Sie können es wieder vergessen.)
Damit sind wir bei einer weiteren Grundregel.

2. Grundregel der VB/VBA-Programmierung

Bei Zuweisungsoperationen steht die empfangende Variable immer links vom Zuweisungsoperator, die Werte oder Ausdrücke rechts. Eine Vertauschung der Seiten ist nicht zulässig

Anweisungen / Befehle

Ich habe einleitend schon darauf Bezug genommen, dass die Begriffe manchmal etwas verschwommen sind. Jetzt können wir, z.T. als Vorgriff, etwas besser klären → den Begriff der Anweisung (alt Befehl – beide werden verwendet)

Die Anweisungen / Befehle lassen sich in vier Kategorien einteilen:

- Deklarationsanweisungen wie z.B. **Dim** Termin **as Date** (behandelt in Lektion 4)
- Kommentare wie z.B. **'Das ist ein Kommentar** (behandelt im Hauptteil)
- Zuweisungsanweisungen wie z.B. Ergebnis = 3 * 4 (behandelt im vorigen
                                                                          Abschnitt)
- Ausführbare Anweisungen wie z.B. **Debug.Print** 3*4, die das Ergebnis 12 in das Direktfenster schreibt, oder auch **Load** frmHaupt, die ein Formular mit dem

Namen frmHaupt in den Programmspeicher lädt (behandelt im Hauptteil und in Lektion 6)

Damit ist klar: <u>Die ganze Syntax besteht aus Anweisungen</u>!

(Weiter in Lektion 3)

Lektion 3: Ereignisse und Ereignisprozeduren

In dieser Lektion werden behandelt:

- ✓ Der Begriff   ‚Ereignis'
- ✓ Die Ereignis-Prozeduren

Wenn der User am Computer eine Taste drückt, erwartet er, dass etwas passiert. Egal, ob die Tastatur, die Maus, andere Eingabegeräte oder Zeigegeräte – wenn sie aktiviert (betätigt) werden, soll etwas passieren.

Wer registriert denn eigentlich, dass die Tastatur betätigt wurde?

Das Betriebssystem natürlich, denn das ist für die Aufrechterhaltung und die ordnungsgemäße Betriebsabwicklung im Computer zuständig. In unserem Falle ist das also irgendein Windows. Sind Anwendungen gleichzeitig aktiviert (z.B. Excel und Word im Multitasking), wird eine dieser Anwendungen von Windows die Steuerung erhalten haben (vom User ausgelöst).
Das Betriebssystem unterstützt jedoch aus dem Hintergrund weiter alle Betriebsabläufe. Alles, was passiert, wird auf die aktive Software bezogen, z.B. auf Word. Sind mehrere Anwendungen gestartet worden, z.B. noch Excel dazu, kann trotzdem nur eine davon die aktive Anwendung sein, denn echte Parallelität gibt es nicht. Das scheint nur so. Die Anwendung lässt sich aber ganz einfach wechseln (Multi-Tasking), indem in der Task-Leiste der Button der jeweiligen Anwendung geklickt wird.

Wenn ein peripheres Gerät seine Aktivität an den Computer sendet, tritt für das Betriebssystem ein Ereignis ein, das sofort an die aktive Anwendung zur Auswertung weitergegeben wird. Ist ein Bereich des Betriebssystems selbst aktiv, wie z.B. der Windows-Explorer, dann erhält dieser das Ereignis zur Auswertung.

Betrachten wir wieder praktische Beispiele:
Auf den Button [Fett] in der Symbolleiste einer Anwendung wird mit der Maus geklickt → dann tritt das Klick-Ereignis dieses Buttons ein. Die Reaktion auf dieses Klick-Ereignis ist, dass irgendein Text fett formatiert wird.
oder:
In einem aktiven Textfeld (aktiv ist es dann, wenn der Cursor darin blinkt) erfolgt eine Tastaturaktion (z.B. Buchstabe a wird getippt).
Dann treten für dieses Textfeld gleich drei Tastatur-Ereignisse nacheinander auf

- ◆ a-Taste geht runter   KeyDown-Ereignis
- ◆ a-Taste gibt Kontakt   KeyPress-Ereignis
- ◆ a-Taste geht hoch   KeyUp-Ereignis

Alle drei Ereignisse werden registriert und der Anwendung gemeldet. Ob die darauf reagiert, hängt davon ab, was programmiert wurde. Natürlich wird in der Regel auf KeyPress reagiert, denn der Buchstabe soll ja irgendwo erscheinen. Aber auch für KeyDown und KeyUp gibt es interessante Möglichkeiten, um den Programmlauf zu steuern.

Wenn Aktionen auf ein Objekt gerichtet werden (z.B. Maus klickt auf Button), dann werden die Ereignisse diesem Objekt zugeordnet. Jedes Objekt hat einen Satz Ereignisse zugewiesen bekommen, auf die es reagieren kann.

Die Ereignisse, die ein Objekt betreffen können, sind in der IDE ersichtlich. Sobald das Objekt in der IDE benutzt wird, können seine Ereignisse im rechten Kombinationsfeld oberhalb des Moduls abgerufen werden.
Wird eine derartige Ereignisbezeichnung in der Liste des Kombinationsfeldes angeklickt, dann wird der Prozedurkörper einer Ereignisprozedur im zugehörigen Modul vom System angelegt.

Beispiel:
Ein Button [cmdMwS]t, der eine Mehrwertsteuerberechnung auslösen soll, sei in einem Formular platziert.

Schauen Sie sich dazu das *Video_T1_Vi3* nochmals an, das den ganzen Vorgang zeigt.

Vollziehen Sie das in der Datei {Tests_VBA.xlsm}; Ordner {ÜBUNGEN}. Schließen Sie vorher mit Speichern noch offene Excel-Mappen.
Hinweis: Die Datei {Tests_VBA.xlsm} beinhaltet schon eine Tabelle und mehrere Diagrammblätter (Charts) sowie im Modul eine Prozedur Auto_Open. Lassen Sie diese im Moment noch unbeachtet, diese wird erst später gebraucht.
Im Formular finden Sie den Button [cmdMwSt].
Wird dieser Button im Formular beim Entwurf angeklickt, erhält er an den Rändern Anfasser, wie im Video zu sehen ist. Er ist dann das aktive Objekt in der IDE. Sein Container-Objekt ist das Formular.
Die Eigenschaften dieses Buttons sind in diesem Moment im Eigenschaftenfenster zu sehen und zu bearbeiten (Video)
Klicken Sie doppelt auf den Button, dann zeigt sich das Modul des Formulars mit dem neu angelegten Körper der Klick-Prozedur dieses Buttons.

Private Sub cmdMwSt_Click()

End Sub

Das ist für den Button die Hauptprozedur. Deshalb wird diese vom System sofort angelegt. Wie im bisherigen Text schon behandelt, können aber noch andere Prozeduren für den Button benötigt werden. Im Video zeige ich das mit der Prozedur Keypress. Im Modul des Formulars ist das im rechten Listenfeld vorgehalten und durch Klicken wird der leere Prozedurkörper eingefügt und kann mit Quelltext gefüllt werden. Testen Sie das und löschen Sie anschließend den leeren Prozedurkörper wieder raus.

Private Sub cmdMwSt_KeyPress(ByVal KeyAscii As MSForms.ReturnInteger).

End Sub

Sie haben bemerkt, dass hier noch andere Schlüsselwörter **(Private)** (G) aufgetaucht sind und dass die Argumentklammern hier nicht leer sind. Das wird erklärt, wenn es soweit ist.

Betrachten Sie noch einmal die Schreibweise des Kopfes der Ereignisprozedur:

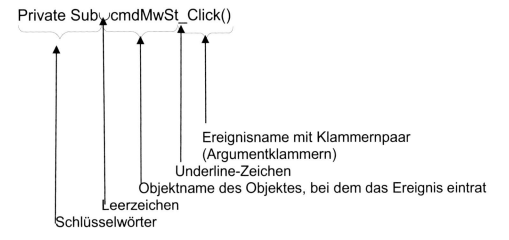

Hier haben wir eine weitere Grundregel.

3. Grundregel der VB/VBA-Programmierung

In der Kopfzeile von Ereignisprozeduren steht nach den Schlüsselwörtern und einem folgenden Leerzeichen der Objektname, gefolgt von einem Underline-Zeichen und dem Ereignisnamen, gefolgt von einem Klammernpaar für Argumente.

Am Ende dieser Lektion gebe ich noch einmal einen Hinweis auf Tücken. Wie bereits bei den Modulen erwähnt, besteht auch hier die Möglichkeit, dass Sie Ihre Programmieranstrengungen am falschen Objekt vergeuden. Wenn viele Controls in einem Formular platziert sind und Sie versehentlich das falsche Objekt markieren, kann es sein, dass Sie anschließend im Eigenschaftenfenster eines anderen Objekts Voreinstellungen vornehmen, die dieses Objekt gar nicht betreffen. Plötzlich sehen Sie z.B. ein winzig kleines Formular, weil Sie diesem versehentlich die Höhe und Breite eines Buttons verpasst haben. Schauen Sie immer genau hin, ob im Textfeld des Eigenschaftenfensters auch der Objektname des Objekts steht, dessen Eigenschaften Sie gerade bearbeiten.

Am Ende dieser Lektion nach Kennenlernen der Ereignisse, die bei Objekten eintreten können, ist eine weitere Ergänzung der Definition für die Programmierung fällig.

Sie kennen die problemorientierte Programmierung der Ära des alten Basic, Fortran, Pascal usw.

Sie kennen die objektorientierte Programmmierung nach Einzug der Objekte. Jetzt kommt dazu, dass ein großer Teil der Programmierarbeit darin besteht, gezielt die ohnehin auftretenden Ereignisse in die Problemlösung einzubeziehen.

Das führt zu nachstehendem Merksatz:

Moderne Programmiersysteme wie VBA/ VB unterstützen eine objektorientierte und ereignisgesteuerte Programmierung.

Gleich hier unten weiter mit Lektion 4

Lektion 4:   Variablen, Konstanten, Datentypen, Deklarationen und Gültigkeitsbereiche

In dieser Lektion werden behandelt:

- ✓ Der Begriff ‚Variable'
- ✓ Der Begriff ‚Konstante'
- ✓ Der Begriff ‚Datentyp'
- ✓ Der Begriff ‚Deklaration'
- ✓ Der Begriff ‚Gültigkeitsbereich'

Variablen und Konstanten

Variablen dürften Ihnen durch die Algebra in der Schulmathematik noch geläufig sein. Die Algebra benutzt Stellvertretersymbole für Zahlenwerte, meist Buchstaben, und realisiert mit ihnen allgemeingültige Lösungen für jegliche Zahlenwerte. ($\rightarrow (a+b)^2 = a^2 + 2ab + b^2$ Diese Gleichung hat fast jeden gequält.)

Die Programmvariablen sind ganz ähnlich, nur noch zahlreicher und auch vielseitiger. Zunächst können wir festhalten, dass sie im Programm Werte speichern können. Sie fungieren damit quasi als „Gedächtnis" des Programms, um wieder einen bildhaften Vergleich heranzuziehen.
Die wichtigste Eigenschaft von Variablen ist ihr Name, den es, wie schon einmal betont, im gleichen Programmteil nur einmal geben darf. Wir sprechen vom Gültigkeitsbereich der Variablen.
Der kleinste Programmteil ist die Prozedur. In der Prozedur **Sub** Berech_MwSt darf es die Variable MwSt nur einmal geben. Benutzt werden kann sie aber so oft, wie erforderlich. Den Namen von Variablen legt der Programmierer selbst fest.

Hier eine Zwischenbemerkung:
Ich bin bemüht, immer verständlich und lebensnah zu erklären. Dadurch wiederhole ich oft, um Wissen zu festigen. Bei den Namen, die der Programmierer selbst vergeben kann (Variablen-Namen, Objektnamen, Dateinamen, Ordnernamen, usw), lege ich für die Lehre Wert darauf, dass der Lernende gut versteht, um was es geht. Viele gestandene Programmierer wählen aber kurze, prägnante Namen, die aber zunächst nur ihnen selbst bekannt sind. Oft verwenden sie für eine Variable auch ein Präfix oder Suffix, das den Datentyp der Variable mit angibt. Das ist zwar für rationelle berufliche Programmierarbeit von Vorteil, aber m.E. für die Lehre ungeeignet. Ich schreibe lieber längere, gut verständliche Namen, damit der Leser diese sofort versteht.

Variablennamen sollten „sprechen", d.h. so gewählt sein, dass jeder, der sie liest, schon eine Vorstellung hat, welche Art von Werten die Variable repräsentiert. Hier im Beispiel ist es ein Geldbetrag, der aus einer Mehrwertsteuerberechnung resultiert, also eine gebrochene Zahl mit zwei Nachkommastellen und einem Währungssymbol, wie z.B. 87,43 €. „Sprechende" Variablennamen haben den Vorzug, dass sie sich leichter merken lassen. Hier ist ein Kompromiss zwischen Länge des Variablennamens und seiner Aussagekraft vonnöten. MwSt ist eine geläufige Abkürzung. Die Variable könnte aber auch Mehrwertsteuerbetrag heißen. Variablen haben nun die angenehme Eigenschaft, dass ihnen jeder (zulässige) Wert während des Programmlaufs zugewiesen und aus der Variablen wieder abgerufen werden kann, wie ein gemerkter Fakt im menschlichen Gehirn → deshalb „Gedächtnis des Programms".

Ganz ähnlich verhält es sich mit den <u>Konstanten</u>. Konstanten haben auch einen Namen, behalten aber ihren Wert innerhalb des Gültigkeitsbereichs immer bei, sie sind eben konstant. Eine solche Konstante nennen wir einmal MwStN und weisen ihr den Wert 0.19 zu. Sie ahnen, es ist die Konstante für den normalen Mehrwertsteuersatz von 19%.

Könnte man denn da nicht gleich immer 0.19 schreiben, höre ich jetzt jemanden denken.

Im Prinzip ja, aber..... Stellen Sie sich vor, dass Sie eine Firmensoftware haben, mit der ständig Rechnungen gelegt werden und in der der Programmierer immer 0.19 geschrieben hat. Wenn eines Tages (und da sei Gott vor!) der Bundesminister für Finanzen diesen Satz auf 20% erhöht, müssen im ganzen Programm die 0.19 durch 0.2 ersetzt werden. Unter Verwendung der Konstanten muss nur eine einzige Programmzeile geändert werden, nämlich die Deklaration des vollen Mehrwertsteuersatzes mit gleichzeitiger Wertzuweisung von 0.2. Sie erkennen den Vorteil? Ganz sicher!

Für das Beispiel Mehrwertsteuerberechnung, das ich hier klammheimlich vorbereite, brauchen wir noch zwei Variablen → Netto und Brutto und so sollen sie auch gleich heißen.

Gegeben ist in der Regel das Netto. Es ergibt sich im Programm irgendwie aus der Addition von Einzelpreisen. Der Mehrwertsteuersatz ist entweder 19% oder 7%. Falls wir Positionen dabei hätten, die mit einem Mehrwertsteuersatz von 7% berechnet werden müssen, brauchen wir auch noch eine Konstante → MwStH für den halben Mehrwertsteuersatz. Mit diesem Material können wir programmieren.

Zunächst wird die mathematische Lösung gedanklich klargemacht und aufgeschrieben:
Brutto = Netto +(Netto * MwStN)
MwSt = Brutto - Netto
Wenn wir so programmieren, wird unser Programm richtig rechnen.

Geben Sie im Direktfenster der IDE ein:
Netto = 100: MWSTN=0.19: Brutto = Netto+(Netto*MwStN): MwSt = Brutto-Netto:
? Brutto; MwSt

(Im Direktfenster müssen zu testende Befehle in einer Zeile geschrieben und mit Doppelpunkt getrennt werden. Im Quelltexteditor stehen die Einzelanweisungen i.d.R. untereinander wie hier weiter unten.)

Drücken Sie erst [ENTER], wenn alle Anweisungen eingegeben wurden, und beachten Sie den Dezimaltrenner-Punkt bei 0.19 und das Semikolon in der letzten Zeile nach Brutto sowie das Multiplikationszeichen * in der Bruttozeile.

Wenn alle Eingaben korrekt sind, müssen Sie in der nächsten Zeile vorfinden:
119   19

Sie haben eben im Direktfenster Quelltext getestet.

Und so würden Sie im Editor schreiben:
Netto = 100
MWSTN = 0.19
Brutto = Netto+(Netto*MwStN)
MwSt = Brutto-Netto
Debug.Print Brutto; MwSt > [ENTER]

Haben wir aber einen logischen Fehler gemacht, weil wir nicht beachtet haben, dass unser Netto aus dem Kauf von Büchern stammt, für die MwStH zu benutzen ist, kann das unser Programm nicht merken und rechnet richtig, also sachlich falsche Werte, aus. Das Berechnen für Bücherkauf mit vollem Mehrwertsteuersatz ist ein logischer Fehler!

Besonderheiten bei Konstanten

Mit Konstanten hatten wir in Beispielen schon Berührung, z.B. mit den Farbkonstanten.

Allgemein können wir festhalten:

Außer den String-Konstanten sind alle anderen Konstanten Zahlenwerte.

Aber die Farbkonstante vbRed für Rot ist doch ein Text,

höre ich wieder jemanden denken. Ja, das ist optisch Text, aber dahinter steckt eine Zahl, wie Sie gleich lernen werden.

Konstanten begegnen uns in verschiedener äußerlicher Gestalt: als Text, als Dezimalzahlen und als Hexadezimalzahlen. Aber auch hinter der Textgestalt stecken diese Zahlen. An diesem Punkt berühren wir das Thema Zahlensysteme. Das ist ein weiteres theoretisches Kapitel. Sie finden es in Lektion 5 hier im Anhang A. Ich setze hier die Kenntnisse über Hexadezimalzahlen und Dualzahlen voraus. Wer es nicht weiß, arbeite bitte erst **Lektion 5** durch.

Damit können wir Beispiele für Konstanten wie folgt vorfinden.
Range("A1").Font.ColorIndex = **3** ' ist bekannt aus dem Beispiel Schrift_ändern, ist hier sofort als Dezimalzahl zugewiesen und ist der Schlüssel für (ein) Rot.

frmHaupt.cmdMwSt.ForeColor = **vbRed**

kennen Sie aus dem Beispiel für die Änderung der Vordergrundfarbe eines Buttons. Hier wird eine vb-Konstante in Textform benutzt, hinter der die HexZahl FF, also Dezimal 255, steckt.

Das vorige Beispiel lässt sich damit auch wie folgt schreiben:
frmHaupt.cmdMwSt.ForeColor = **255**

oder auch wie die nächste Zeile mit HexZahl:

frmHaupt.cmdMwSt.ForeColor = **&HFF&**

Die Hexadezimalwerte werden hier bei VBA / VB mit &H eingeleitet und mit & abgeschlossen. Damit erfährt das System, dass kein Text, sondern eine Hexzahl beginnt und auch wo sie endet.

Wieso ist denn hier Rot mit 255 verschlüsselt und nicht mit 3 wie im vorigen Beispiel?

Eine gute und berechtigte Frage. → Es gibt verschiedene Farbpaletten. Allen gemeinsam ist, dass die Farbwerte durchnummeriert werden. Zudem gibt es das RGB-Farbsystem (L) wie beim Farbfernsehen, das mit Intensitätswerten für Rot-, Grün- und Blau-Anteile arbeitet. Dadurch gibt es leider unterschiedliche Zahlenwerte für „gleiche" Farben. Aber gleich sind die Farben nur scheinbar, deshalb die Anführungszeichen. Es gibt bekanntlich Millionen Farbnuancen, dadurch auch viele rote. Welche nun gerade für die aktuelle Palette als Rot ausgewählt wurde, hing von den Programmierern ab. Welche Palette die jeweils aktuelle ist, erfahren Sie vom System, das Ihnen die Farbkonstanten nennt, sobald Sie eine Nuance auswählen. Sie finden alle im Objektkatalog (G) (wenn Sie sie finden – haha).
(War nicht hämisch gemeint. Ich quäle mich heute noch mit der Fülle des Objektkatalogs ab. Mehr dazu später.)
Wenn Sie aber die vb-Farbkonstanten in Textform verwenden, liegen Sie immer richtig. Es sind die Grundfarben. Sie lassen sich durch ihren Konstantennamen besser merken als Zahlen.

Das sind: vbBlack, vbBlue, vbCyan, vbGreen, vbMagenta, vbRed, vbWhite, vbYellow.

Weitere Konstanten

Es gibt neben den Farbkonstanten unzählig viele vbKonstanten für alle möglichen Programmierfälle. Und dann gibt es noch Excel-Konstanten, die mit xl beginnen, und Word-Konstanten, die mit wd beginnen ... und, und, und. Es ist ein Fass ohne Boden.

Die Fülle kann Sie erschlagen, deshalb zeige ich Sie Ihnen komplett erst später. Wir kümmern uns zunächst um die vbKonstanten, die xlKonstanten und die wdKonstanten, die auch für viele andere Fälle günstig sind, weil sie „sprechende" Namen haben und deshalb leichter zu merken sind. Preis der Bequemlichkeit: Sie müssen mehr Zeichen eingeben als bei Zahlen.
Eine xlKonstante davon haben wir im Makrobeispiel schon benutzt:

$$\text{Range(„A1").Font.Underline} = \textbf{xlUnderlineStyleNone}$$

Es war die überflüssige Zuweisung an die Schrift in Zelle „A1": 'keineUnterstreichung', schauen Sie nochmal nach. Wäre allerdings der Text in Zelle „A1" unterstrichen gewesen, dann wäre mit dieser Zuweisungszeile diese Unterstreichung beseitigt worden. Übrigens hat dieser lange Wurm die (negative) Dezimalkodierung −4142, das ist die HexZahl (&HFFFFEFD&). Ich überlasse es Ihnen, welche Gestalt der Konstanten Sie verwenden. Ich bleibe bei den „sprechenden", wenn sie auch lang sind.
<u>Übrigens:</u> Übersetzen wir doch diese Konstante einmal zurück ins Deutsche, denn leider finden Sie auch im riesigen Hilfe-System für Konstanten keine Themen, die deren Namen übersetzen. Das müssen Sie ggf. mit einem Translator machen.

.Underline = xlUnderlineStyleNone rückübersetzt heißt dann:

Unterstreichung ist UnterstreichungStilKeiner → klingt wie bei manchem Ausländer, ist aber vom Sinn her zu verstehen. Und darauf kommt es an. Ich denke, mein scherzhafter Vergleich (Ausländersprech) in der Einleitung wurde spätestens hier verstanden.

Weitere Arten von Variablen

Hier nenne ich Ihnen noch zwei Variablen-Arten, ohne diese gleich ausführlich zu behandeln. Das geschieht bei Benutzung unter Verweis auf diese Grundlagen-Lektion. Ich gebe hier nur eine kurze Charakterisierung an:

- <u>Feldvariable</u>(G)→ eine ein-, zwei- oder mehrdimensionale Menge gleichartiger Variablen wie z.B. eine Zahlentabelle (ist zweidimensional). Jedes Feldelement ist wie eine Einzelvariable dieses Typs Feldvariable, kurz Feld → engl. Array

- <u>Objektvariable</u> (G)→ können verschiedene Objekte aufnehmen, z.B Excel-Tabellen in der Variablen 'AktiveXLTabelle'

Datentypen

Grob haben wir Datentypen schon berührt, nämlich Zahlen-Daten und Text-Daten. Die Unterteilung ist aber noch viel feiner, es gibt schon eine Reihe unterschiedlicher Zahlen wie Ganzzahlen, gebrochene Zahlen usw. Aber gehen wir hier gleich systematisch vor. Es folgt hier eine Liste mit den Datentypen und weiteren wichtigen Angaben dazu als Tabelle

Typ¤	Suffix¤	Art¤	Wertebereich¤	Speicherbedarf¤
Byte¤	ohne¤	Ganzzahl¤	0 - 255¤	1 Byte¤
Boolean¤	ohne¤	Ganzzahl¤	0 oder -1 (0=Falsch; -1=Wahr)¤	2 Byte¤
Integer¤	%¤	Ganzzahl¤	-32.768 bis 32.767¤	2 Byte¤
Long¤	&¤	Ganzzahl¤	-2.147.483.648 bis 2.147.483.647¤	4 Byte¤
Single¤	!¤	Gleitkomma ¤	$-3,37 * 10^{38}$ bis $3,37 * 10^{38}$ (7 Stellen)¤	4 Byte¤
Double¤	#¤	Gleitkomma¤	$-1,7 * 10^{308}$ bis $1,7 * 10^{308}$ (15 Stellen)¤	8 Byte¤
Date¤	ohne¤	Datum¤	1.1.100 bis 31.12.9999 (siehe Fußnote x)¤	8 Byte¤
Currency¤	@¤	Währung¤	$-9,22 * 10^{14}$ bis $9,22 * 10^{14}$ (14 Stellen)¤	8 Byte¤
String¤	$¤	String¤	0 bis 65535 Zeichen (Null → leerer String)¤	Länge String¤
Variant¤	ohne¤	wahlfrei¤	¤	Mehr als 16 Byte¤

Tafel A1: Datentypen

Wie Sie erkennen, gibt es allein sechs Zahlentypen, wobei der Bool'sche Typ keine Zahl ist, mit der gewöhnlich gerechnet wird. Er wird für Entscheidungen (G) verwendet. Die Zahlentypen sprechen für sich, schauen Sie sich die Wertebereiche aufmerksam an. (x:Interessant ist der Datumstyp dazu gehört das Zeitformat). Ich erläutere alles – und den Währungstyp – bei der ersten Verwendung. String → Zeichenfolge ist behandelt.

Aber Variant muss ich sofort näher erklären. Variant ist ein Allround-Datentyp. In Variablen, die den Typ Variant haben, lassen sich alle Arten von Daten ablegen. Das ist ganz bequem, hat aber seinen Preis. Sie müssen jeder Variable mindestens 16 Byte im Speicher zubilligen. Kommt in eine Variant-Variable ein Zeichenkettenwert hinein, kommen die Bytes der Zeichenkette noch dazu. Schauen Sie sich den Speicherbedarf für die anderen Typen an. Wenn es darauf ankommt, sollten Variablentypen speicherbewusst eingesetzt werden → das ist guter Programmierstil! Wenn nicht, könnte für jede Variable Variant eingesetzt werden → das ist schlechter Programmierstil. Aber: Variant ist erst einmal einzusetzen, wenn der endgültige Typ noch nicht feststeht. Auch für kleine Tricks ist das eine gute Möglichkeit. Es sollte aber nicht vergessen werden, am Ende nochmals typenmäßig zu bereinigen. D.h. Variant-Variable sollten einen anderen konkreten Typ zugewiesen bekommen.

Variant müsste nicht extra angegeben werden. Falls Sie keinen Typ angeben, wird vom System automatisch Variant zugewiesen. Der Übersicht und späteren Bereinigung wegen sollten Sie aber auch Variant-Variablen explizit deklarieren (siehe nächster Abschnitt). Sie finden dann am Ende besser heraus, wo es noch Nacharbeiten gibt.

<u>Abschließend noch ein Hinweis:</u>

Es gibt Namenskonventionen für Variablen und Konstanten, die viele Programmierer verwenden. Dabei wird durch ein Präfix aus drei Zeichen der Typ der Variablen/Konstanten vorangestellt. Z.B. würde <u>strDatName</u> eine Variable für einen Dateinamen als String-Variable (Zeichenketten-Variable) kenntlich machen. Ich nutze das hier nicht, da es m.E. die Lesbarkeit nicht verbessert. Bei mir heißt diese Variable schlicht DatName. Da jede Variable und Konstante deklariert werden soll, wie im nächsten Abschnitt beschrieben, wird ihr Typ dem System durch eine explizite Variablendeklaration bekannt gemacht. Bei den Controls (Objekte der Werkzeugsammlung(G)) nutze ich aber das Präfixverfahren. Das habe ich im Textteil bereits am Anfang im Abschnitt: **Einige Begriffe vorab** erläutert. Für die Namenskonventionen für Variablen und Konstanten verweise ich auf weiterführende Literatur (L).

Deklarationen und Gültigkeitsbereiche

Unter Deklaration wird verstanden, dass dem System bekanntgegeben wird, dass eine Variable eines bestimmten Typs neu eingerichtet wurde. Das System ist zwar auch in der Lage, selbst zu erkennen, dass eine neue Variable eingeführt wurde, aber wenn kein Typ zugewiesen wird, erhält sie den Typ Variant verpasst. Wenn mit einer Quelltextzeile diese Bekanntmachung erfolgt, handelt es sich um die <u>explizite Variablendeklaration</u>. Wird diese Zeile nicht geschrieben, wird die Variable implizit eingerichtet und auf Variant gesetzt.

Damit ist die geheimnisumwitterte '**Option Explicit**' aufgeklärt → es ist der Zwang zur expliziten Variablendeklaration. Das ist erstens guter Programmierstil, hat aber zweitens einen enormen positiven Nebeneffekt, sie erkennt und meldet nämlich Fehler!

<u>Beispiel:</u> Sie haben die Variable MwSt eingerichtet und deklariert. Das System kennt sie ab sofort. Wenn Sie sich bei der nächsten Verwendung im Quelltext verschreiben, z.B. MwtS (Dreher), und Sie starten einen Testlauf des Programms, erhalten Sie die Meldung: Variable nicht deklariert und die Quelltextstelle, die den Fehler verursacht, wird markiert.
Hätten Sie die Option Explicit nicht aktiviert, wäre vom System stillschweigend eine neue Variable MwtS mit dem Typ Variant eingerichtet worden. Wäre diese anschließend unbemerkt zur Mehrwertsteuerberechnung verwendet worden, hätten Sie als Ergebnis eine Mehrwertsteuer 0,00 € erhalten und sich sehr gewundert!

Merken Sie jetzt, warum ich von Anfang an die Werbetrommel für diese schöne Option Explicit gerührt habe?
Jetzt müssen wir noch konkret erarbeiten, wie und wo deklariert wird.
Die Schlüsselwörter für die Deklaration sind **Dim, Private, Public** und **Static:**

Dim   das am häufigsten verwendet wird (Prozedur- und Modulebene)

Private Variablen vom Typ Private stehen nur in dem Modul zur Verfügung, in dem sie deklariert wurden.

Public Deklariert auf Ebene eines allgemeinen Moduls öffentliche Variablen, die im ganzen Programm bekannt sind. Darf nicht in Formularmodulen stehen.

Static Auf Prozedurebene zu verwenden. Variable behält auch ihren Wert, wenn die Prozedur verlassen und eine andere Prozedur aktiv ist. Bei Rückkehr zur Prozedur ist der letzte Wert noch erhalten (statischer Wert).

Indirekt habe ich Ihnen die Gültigkeitsbereiche untergejubelt. Aber ein Wort muss noch verloren werden. Die Variable bleibt in dem Bereich, auf dessen Ebene sie deklariert wurde, gültig. Es sollte nur der Gültigkeitsbereich gewählt werden, der wirklich erforderlich ist. Wenn anfangs vieles als **Public** deklariert wird, weil noch nicht klar ist, wo die Variable überall gebraucht wird, sollte am Ende wieder bereinigt werden, ähnlich dem Variant-Problem.
Die meisten Deklarationen erfolgen auf Prozedurebene. Wird die Prozedur beendet, wird der Variablenwert vom System gelöscht. Wenn er vorher nicht irgendwohin übergeben wurde, ist er weg. Meist wird er aber nur auf Prozedurebene gebraucht. Beim nächsten Aufruf der Prozedur erhält die Variable einen neuen Wert. Das ist für viele Teilaufgaben gängig.
Ein Variablen-Name auf Prozedurebene kann mehrfach verwendet werden. Z.B. kann Prozedur1 eine Variable ‚Zähler' haben und Prozedur7 auch, Prozedur14 wieder usw.
Alle diese Variablen gleichen Namens kommen sich nicht ins Gehege, denn sie gelten nur in „ihrer" Prozedur → es sind <u>lokale</u> Variable. Die Zähler wissen voneinander nichts. Das System kann sie auseinanderhalten.
Wird auf Modulebene eine Variable deklariert, dann gilt sie für alle Prozeduren des Moduls. Sie sind auf Modulebene gültig. Taucht in einer Prozedur der gleiche Name auf, dann wird die lokale Variable überdeckt.

Public-Deklarationen gelten im ganzen Programm. Es ist der größte Gültigkeitsbereich. Namen von derartig öffentlich gültigen Variablen sollten nicht mehrfach verwendet werden.

Was ist denn nun mit Private?

Die Frage ist berechtigt. Es ist eigentlich keine eigenständige Deklaration, sondern eine Ausschließung von Zugriffen. Wenn eine Variable auf Modulebene mit Private deklariert wurde, können Prozeduren in anderen Modulen auf diese Variable nicht zugreifen. (Mit Private ist noch mehr möglich. Das wird erläutert, sobald es benutzt wird.)

Einige Beispiele für richtige Deklarationen:

- Dim **Zähler** as Integer
  Deklariert die Variable Zähler als Ganzzahl
  Gemäß Wertebereich (sh. **_Tafel A1 hier im Anhang A_**)
  Dim kann im Prozedurkopf oder Modulkopf stehen.

- Public **Meldung** as String
  Deklariert Meldung als öffentliche Stringvariable. Sie <u>muss</u> im Modulkopf eines allg. Moduls stehen

- Static **X** as Double
  Deklariert X als lange Gleitkommazahl doppelter Genauigkeit gemäß Wertebereich. Muss im Prozedurkopf stehen, weil sie statisch ist.

- Private **Y** as Byte
  Deklariert Y als kleine Ganzzahl bis 255 und muss in einem Modulkopf stehen. Nur Zugriff vom eigenen Modul

- Dim **Geld@**
  Deklariert Geld als Währungsvariable mit dem Suffix-Verfahren. Der Datentyp wird mittels Suffix an den Namen angehängt (sh. **_Tafel A1 hier im Anhang A_**) Die Suffixmethode wird von mir nicht verwendet)
  Dim Geld@ entspricht Dim Geld as Currency

- Dim **Tier**
  Variable Tier wird vom System auf Typ Variant gesetzt

Besonderheiten bei Deklarationen:

Const MwStN As Single = 0.19
Deklariert die Konstante MwStN als Gleitkommazahl einfacher Genauigkeit (**_Tafel A1 hier im Anhang A_**) und weist ihr sofort den Wert 0,19 zu. Beachten Sie, dass der Dezimaltrenner im Englischen als Punkt zu schreiben ist, denn wir programmieren in Englisch !!!! (**Fehlerquelle!!!!!!**)

Deklarationen lassen sich auch zusammenfassen wie

Dim x as Integer, y, z
Deklariert x als Integerzahl, y und z aber als Variant. Auch eine <u>Fehlerquelle</u>, weil der Typ zu jeder Variablen genannt werden muss.

Sollen x,y und z Integervariablen sein, ist zu schreiben:
Dim x as Integer, Y as Integer, Z as integer
Abschließend noch einige Hinweise:

Wenn Variablen oder Konstanten deklariert werden, reserviert das System einen Speicherbereich für diese. Stellen Sie sich das wie ein Schubfach im Speicher vor, an dessen Vorderseite der Name der Variable/Konstanten steht. Im Schubfach liegt der Wert. Bei Konstanten ist er sofort drin, weil er bei der Deklaration sofort bekannt ist. Bei Variablen ist das nicht so. Dort erscheint der Wert erst dann, wenn die Variable im Programm erstmalig „benutzt" (initialisiert) wird. Wird sie nicht gleich berechnet, ist der erste Wert null oder eine leere Zeichenfolge. <u>Leere Zeichenfolge</u> (Leerstring) wird als zwei nebeneinanderliegende Anführungszeichen (kein Leerzeichen dazwischen!!) geschrieben, also → ""

<u>Wenn Sie versuchen, einer Variablen eines bestimmten Typs einen Wert eines anderen Typs zuzuweisen, tritt zur Laufzeit ein ganz bestimmter Fehler ein, der Fehler Nr. 13: 'Variablentypen unverträglich' → engl. Type Mismatch</u>

Beispiel:

Dim Tier **as** String, N **as** Integer
N = „Pferd"   'Diese Zeile will einer Ganzzahlvariablen einen String zuweisen
                     → Type Mismatch tritt ein, Ihr Programm hält an und markiert die
                     Fehlerstelle
Tier = „Pferd" 'diese Zuweisung wäre korrekt
N=100000 'würde auch zu einem Fehler führen, dem Überlauf (Fehler Nr. 6)

Wieso denn das nun wieder ? → Weil die Zahl zu groß für Integer ist.
Schauen Sie in der *Tafel A1 im hier Anhang A.; Lektion 4* unter Wertebereich bei Integer nach. Das ist ein beliebter Anfängerfehler, passiert aber auch Fortgeschrittenen. Bei 100000 wäre der Typ LONG richtig gewesen.

<u>Übrigens:</u> Ab sofort schreibe ich das Leerzeichen ∪ nicht mehr extra. Es war nur zur Eingewöhnung. Schauen Sie bitte bei Quelltext genau hin, wo Leerzeichen stehen.

Damit können wir als weitere Grundregel zusammenfassen.

<u>4. Grundregel der VBA-/ VB-Programmierung</u>

<u>Variablen und Konstanten haben vier wesentliche Eigenschaften: ihren Namen, einen Wert, einen Datentyp und einen Gültigkeitsbereich. Name, Datentyp und Gültigkeitsbereich werden durch Deklarationen dem System bekanntgemacht.</u>

Kehren Sie im Teil 1 des Buches zu der Stelle zurück, von wo aus Sie zu Lektion 1 gegangen sind.

Lektion 5:   Zahlensysteme

Wer mit den Zahlensystemen und den hier genannten Problemen vertraut ist, kann diese Lektion überspringen oder besser diagonal durcharbeiten.

In dieser Lektion werden behandelt:

- ✓ Computer und Zahlensysteme
- ✓ Grundlagenwissen zum   ‚dezimalen Zahlensystem
- ✓ Kurzer Hinweis zum   ‚Oktalsystem
- ✓ Grundlagenwissen zum   'binären (dualen) Zahlensystem
- ✓ Grundlagenwissen zum   'hexadezimalen Zahlensystem
- ✓ Wahrheitswerte und Bool'sche Konstanten

Die Zahlensysteme

Für uns ist es eine Selbstverständlichkeit, dass wir alle unsere Zahlen des täglichen Lebens im Dezimalsystem (Zehnersystem) verwenden.

Das war nicht immer selbstverständlich und im Laufe der Menschheitsgeschichte haben vergangene Völkerschaften mit anderen Zahlensystemen wie z.B. dem 'Achtersystem' erfolgreich gerechnet. Für sie war das normal.

Computer können nur zwei Ziffern unterscheiden: 0 und 1 – und zwar als Zustände elektrischer Spannung, ich habe es schon erwähnt.

Wie kann man denn mit nur zwei Ziffern rechnen?, werden sich jetzt einige Leser fragen.

Wenn es nicht funktionieren würde, hätten wir diese Computer nicht. Um es aber zu erklären, muss ich etwas weiter ausholen.

Der grundsätzliche Aufbau von Zahlen in Potenz-Schreibweise

Das Zehnersystem (Dezimalsystem)

Betrachten wir als Beispiel die Zahl **5143** und ziehen diese in den nächsten Zeilen etwas auseinander. Da haben wir zunächst die Ihnen geläufigen Stellenbezeichnungen Einer, Zehner usw. Das bedeutet aber weiter nichts, als dass die Stellen als Potenzen der Basiszahl 10, beginnend bei der Potenz 0 (Null) → also Zehn hoch Null (Einer), dann Zehn hoch 1 (Zehner), Zehn hoch 2 (Hunderter) usw. darstellbar sind. Die Potenzwerte der Stellen werden mit dem Ziffernwert multipliziert und von hinten nach vorn aufaddiert. An dieser Stelle sollten Sie zur Kenntnis nehmen, dass jede Zahl hoch Null den Wert 1 hat, also $10^0 = 1$; $127^0 = 1$, $2^0 = 1$ usw. (In den folgenden Beispielen sind Wert und Zahlenwert immer im Dezimalsystem gemeint.)

5	1	4	3
Tausender	Hunderter	Zehner	Einer
Stelle 10^3	Stelle 10^2	Stelle 10^1	Stelle 10^0
Wert: $5*10^3 = 2000$	Wert: $1*10^2 = 100$	Wert: $4*10^1 = 40$	Wert: $3*10^0 = 3$

Zahlenwert: 5000+100+40+3 → 5143 (Fünftausendeinhundertdreiundvierzig) eben.

Übrigens: In anderen Sprachen werden die letzten beiden Stellen nicht vertauscht, sondern logisch als Fünftauseneinhundertvierzigunddrei gesprochen. Das ist eine Besonderheit der deutschen Sprache, die uns gar nicht mehr auffällt.

Das Prinzip besteht also darin, die Stellen einer Zahl als Potenz zur Basiszahl mit dem Ziffernwert der Stelle zu multiplizieren und dann alle Stellen zu addieren, um den Zahlenwert zu erhalten.

Und noch etwas: Jedes Zahlensystem braucht so viel Ziffern, wie die Basiszahl groß ist.

Damit hat das Dezimalsystem mit der Basiszahl 10 zehn Ziffern (0 – 9). Mit diesen Ziffern lassen sich alle Zahlenwerte darstellen.

Das Achtersystem (Octalsystem)

Das Achtersystem wird hier nur genannt, weil es in Computern eine Rolle gespielt hat. Das war entwicklungsbedingt so. Inzwischen ist die Bedeutung nur noch für Systementwickler in gewisser Weise gegeben, aber für uns als Vergleichsobjekt sehr gut geeignet, um die Zahlensysteme zu erläutern und zu verstehen.
Das Achtersystem benötigt folglich nur 8 Ziffern (0 – 7) für die Darstellung aller Zahlen.

Wir drehen jetzt das Prinzip etwas um und fragen, welchen dezimalen Wert hat denn die Zahl aus dem Achtersystem, die so aussieht: 2107 (oct). Das oct in der Klammer weist darauf hin, dass die Zahl 2107 eine Zahl im Achtersystem ist und so gelesen wird:
Zwei Eins Null Sieben Octal. Tragen wir sie in unser Schema ein, um den Dezimalwert, der für uns verständlich ist, zu berechnen:

¶

	2	1	0	7
	Stelle 8^3	Stelle 8^2	Stelle 8^1	Stelle 8^0
	Fünfhunderzwölfer	Vierundsechziger	Achter	Einer
	Wert: $2*8^3 = 1024$	Wert: $1*8^2 = 64$	Wert: $=0*8^1 = 0$	Wert: $7*8^0 = 7$

Dezimaler Zahlenwert: 1024+64+0+7 = 1095

Mit diesem System umzugehen ist gar nicht leicht – und doch haben Völker so gerechnet.

Mir geht es darum, dass Sie das Prinzip verstehen, um es auf das Binärsystem (Dualzahlen) und letztlich auf das System der hexadezimalen Zahlen anwenden zu können, die beide im Computer vorkommen.

Das Zweiersystem (Binärsystem oder Dualsystem)

Jetzt übertragen wir das Prinzip auf das System mit der Basiszahl 2 (abgeleitet von den zwei Spannungszuständen, die unsere Computer physikalisch unterscheiden können – Spannung hoch (1) oder tief (0) oder Strom ein (1), Strom aus (0), das allerdings in Höchstgeschwindigkeit).
Dieses System benötigt nur zwei Ziffern (0 – 1), um alle Zahlenwerte darzustellen.

Wir fragen wieder: Welchen dezimalen Wert hat die Zahl **10110001 (bin)?** Dazu wenden wir das Schema erweitert an:

1	0	1	1	0	0	0	1
Stelle 2^7	Stelle 2^6	Stelle 2^5	Stelle 2^4	Stelle 2^3	Stelle 2^2	Stelle 2^1	Stelle 2^0
128-ger	Vierund-sechziger	Zweiund-dreißiger	Sech-zehner	Achter	Vierer	Zweier	Einer
Wert: $1*2^7=128$	Wert: $0*2^6=0$	Wert: $1*2^5=32$	Wert: $1*2^4=16$	Wert: $0*2^3=0$	Wert: $0*2^2=0$	Wert: $0*2^1=0$	Wert: $1*2^0=1$
Dezimaler Zahlenwert: 128+0+32+16+0+0+0+1= 177							

Schauen wir uns jetzt einmal die Anzahl der Stellen an, die die einzelnen Systeme brauchen, um den gleichen dezimalen Wert darzustellen, und nehmen gleich das letzte Beispiel 177 → 10110001 (bin):

Das Binärsystem braucht acht Stellen, das Dezimalsystem nur drei Stellen – das im Achtersystem muss noch ausgerechnet werden:

0	2	6	1
Stelle 8^3	Stelle 8^2	Stelle 8^1	Stelle 8^0
Fünfhunderzwölfer	Vierundsechziger	Achter	Einer
Wert: $0*8^3 = 0$	Wert: $2*8^2 = 128$	Wert: $=6*8^1 = 48$	Wert: $1*8^0 = 1$

Dezimaler Zahlenwert: 0+128+48+1 = 177

Es ist die Zahl 261 (oct), die dem Dezimalwert 177 entspricht.

Auch das Achtersystem würde also mit drei Stellen für die Darstellung des Dezimalwertes 177 auskommen, denn die führende Null an der ersten Stelle wird natürlich weggelassen

Das gilt übrigens bei den Zahlensystemen genauso wie in der Politik: Führende Nullen sollten weggelassen werden ☺

Wir stellen fest:

Das Binärsystem benötigt sehr viele Stellen, um Dezimalwerte darzustellen. Bei acht Stellen, die alle den Wert 1 haben, ist die größte darstellbare Dezimalzahl der Wert 255 → 11111111 (Bin).

Kommt dieser Wert Ihnen irgendwie bekannt vor ? Ich denke schon – und – er wird uns wiederbegegnen.

Wenn wir uns jetzt vorstellen, dass ein Computer Zahlen in riesiger Größe verarbeiten muss (siehe Wertebereiche in Tafel A1, Lektion 4), dann ist es nicht mehr fassbar, wie lang diese Ketten aus Einsen und Nullen würden.

Das konnte also so nicht bleiben, eine Idee musste her, die den Vorteil, nur zwei Ziffern zu haben wie das Binärsystem und möglichst wenige Stellen wie das Dezimalsystem vereinigt.

Die Lösung wurde mit dem Hexadezimalsystem gefunden.

Das Hexadezimalsystem (Sechzehnersystem)

Dieses Hexadezimalsystem, hat, wie es der Name sagt, eine Basiszahl 16 und benötigt damit 16 Ziffern (0 – 15), um alle Dezimalwerte darzustellen.

Wie soll denn das gehen, wo der Computer nur Null und Eins kann und woher sollen denn die restlichen sechs Ziffern kommen, die gibt es doch gar nicht?

Diese wirklich tausendfach berechtigte Frage, die allem bisher Gesagten zu widersprechen scheint, habe ich deshalb fett wiedergegeben.

Aber Geduld, mit dem Trickreichtum der Computerschöpfer geht auch das.

Zunächst machen wir uns das Sechzehnersystem genauso klar wie die anderen Systeme. Dazu muss zunächst die Ziffernfrage geklärt werden.

Das war relativ einfach durch die Verwendung der Dezimalziffern 0 bis 9 und eine Anleihe beim Alphabet:

- 0 bis 9
- $10 \rightarrow A$
- $11 \rightarrow B$
- $12 \rightarrow C$
- $13 \rightarrow D$
- $14 \rightarrow E$
- $15 \rightarrow F$

Für die fehlenden Ziffern ab 10 werden also einfach Buchstaben verwendet. Deshalb haben Hexadezimalzahlen nicht nur unsere geläufigen arabischen Ziffern, sondern u.U. auch die Buchstaben A bis F in ihren Stellen stehen.

Welchen Wert hat denn die Hex-Zahl: B1 (Hex) ?

0¤	0¤	B¤	1¤
Stelle 16^3¤	Stelle 16^2¤	Stelle 16^1¤	Stelle 16^0¤
4096 - ger¤	256 - ger¤	Sechzehner¤	Einer¤
Wert: $0*16^3$	Wert: $0*16^2$	Wert: $11*16^1$	Wert: $1*16^0$
= 0¤	= 0¤	= 176¤	= 1¤

Die führenden Nullen streichen wir wieder und sind bei unserem Dezimalwert 177.

Merken Sie etwas? Hier sind nur zwei Stellen nötig, um diesen Wert darzustellen, und somit weniger als das Dezimalsystem benötigt.

Noch eine Frage. Wie viele Stellen im Binärsystem würden wir denn brauchen, um die höchste Ziffer des hexadezimalen Systems (F $\rightarrow$ 15) zu bilden?

0	0	0	0	1	1	1	1
Stelle 2^7	Stelle 2^6	Stelle 2^5	Stelle 2^4	Stelle 2^3	Stelle 2^2	Stelle 2^1	Stelle 2^0

128-ger	Vierund-sechziger	Zweiund-dreißiger	Sech-zehner	Achter	Vierer	Zweier	Einer
Wert: $0*2^7=0$	Wert: $0*2^6=0$	Wert: $0*2^5=0$	Wert: $0*2^4=0$	Wert: $1*2^3=8$	Wert: $1*2^2=4$	Wert: $1*2^1=2$	Wert: $1*2^0=1$
Dezimaler Zahlenwert: 0+0+0+0+8+4+2+1= 15							

Genau vier Stellen, die oberen vier Bit werden gar nicht benötigt.
Damit ist das Geheimnis fast gelüftet und der Trick durchschaut:

Mit nur vier Binärstellen ist jede Ziffer des hexadezimalen Systems darstellbar!

Im Laufe der Computerentwicklung machte eine Zeichenfolge von acht Binärstellen Furore. Es war die Anzahl von Spannungszuständen, die ein damaliger Computer „quasi in einem Arbeitsgang" verarbeiten konnte.
Diese, seine Fähigkeit, wurde Verarbeitungsbreite genannt. Eine einzelne Spannungsalternative (hoch/tief), ausgedrückt mit 1/0, erhielt die Bezeichnung Bit(G) aus der Abkürzung Binary Digit

(Digit → Ziffer – aber auch Zeigefinger – Übrigens: Womit fängt der kleine Mensch an zu zählen? → Mit den Fingern!)

Und die in einem Ritt verarbeitbare Anzahl von 8 Bit erhielt die Bezeichnung Byte(G) – Datenwort.
Aus der Verarbeitungsbreite erhielten die Mikroprozessoren und damit die Computer selbst eine klassifizierende Bezeichnung.

Die ersten waren die 8-Bit-Rechner, dann die 16-Bit-Rechner, die 32-Bit-Rechner usw.
(Es gab auch eine 4-Bit-Vorläufervariante, die sich aber nicht bewährt hat und bald „ausstarb".).
Die Verarbeitungsbreite der Computer wurde immer größer und im Wechselspiel mit der Taktfrequenz in MHz, die ebenfalls in nicht vorhergesehene Höhen gelangt ist, stieg die Arbeitsgeschwindigkeit der Computer in Größenordnungen, von denen wir im Zeitalter der 8-Bit-Systeme nicht einmal zu träumen wagten. Die Träume sind erfüllt und wohin es noch geht, weiß keiner so genau. Vor uns liegt diesbezüglich eine spannungsgeladene Zeit weiterer Computerentwicklungen.

Jetzt bin ich ins Schwärmen geraten und muss mich selbst auf den Boden der nüchternen Zahlensysteme zurückholen.

Der eigentliche Clou bestand nun darin, dass mit einem halben Byte jede Ziffer des Hex-Systems dargestellt werden kann. Und damit ist die Zahlenverarbeitung, auf der das ganze Verschlüsselungssystem beruht, in sehr praktischer Weise möglich geworden.

Das soll zu den Zahlensystemen genügen. Natürlich ist das Thema noch nicht erschöpft, aber das Prinzip müsste klar geworden sein.

Das Rechnen mit Binärzahlen

Das Rechnen mit Binärzahlen soll zur Abrundung des Themas an einer Addition kurz gezeigt werden. Es gelten zunächst die gleichen Gesetze, nämlich dass bei Überschreiten des Stellenwertes ein Übertrag in die nächsthöhere Stelle erfolgt.

Das ist schon bei binär 1+1 = Null Übertrag 1 gegeben.

Wir addieren die Zahlen 74 + 108 binär wie folgt

	2^7	2^6	2^5	2^4	2^3	2^2	2^1	2^0
74	0	1	0	0	1	0	1	0
108	0	1	1	0	1	1	0	0
Übertrag	1				1		1	
Operation	0+0+1 =1	1+1= 0	0+1= 1	0+0+1= 1	1+1= 0	0+1 = 1	1+0= 1	0+0= 0
Ergebnis	1	0	1	1	0	1	1	0
Dez-Wert	128	0	32	16	0	4	2	0

Dezimalwert der Addition: 128+0+32+16+0+4+2+0 = **182**   Q.E.D

Wie Sie sehen, funktioniert das. Wenn Sie weiterhin beachten, dass eine Multiplikation auch nur eine Mehrfachaddition ist (2*3 = 2+2+2), können Sie sich sicher vorstellen, wie ein Computer multipliziert. So könnten wir das weiterverfolgen, aber weiter will ich Sie nicht strapazieren. Nur so viel noch – auch negative Zahlen können verarbeitet werden, aber das Minuszeichen würde ein ganzes Byte verschlingen, das wäre unökonomisch. Auch hier bedient man sich eines Tricks, indem aus den zur Verfügung stehenden Bits für den Zahlentyp das höchste Bit für das Vorzeichen verwendet wird.

Dadurch schränkt sich zwar der Wertebereich etwas ein, ist aber für alle Berechnungen noch groß genug.
Überhaupt hat man sich für die Zahlendarstellung und -verarbeitung eine Reihe von Tricks einfallen lassen, um große Wertebereiche und hohe Genauigkeiten zu erreichen. Immerhin erreicht VBA bei Erfordernis eine Genauigkeit von 28 Nachkommastellen. Wann wird die schon gebraucht?

Für allerhöchste Anforderungen und zur Entlastung der CPU werden mathematische Co-Prozessoren zum Einsatz gebracht, die die mathematischen Fähigkeiten eines Computers zusätzlich steigern.

Soweit, so gut – und doch gibt es Erscheinungen bei der Zahlenverarbeitung, bei denen sich der Programmierer wundert, wie ungenau der Computer zählt. Bei der Bearbeitung der Schleifentechnik komme ich auf diese Bemerkung zurück.

Wahrheitswerte und Boole'sche Variablen und Konstanten

Ganz eng mit der Zahlenverarbeitung sind diese Boole'schen Daten verbunden. Boole war ein Mathematiker, auf den die sogenannte Schalt-Algebra zurückgeht und der sich um die binäre Logik verdient gemacht hat, wie auch Leibniz bezüglich des binären Zahlensystems.

Boole definierte den Wahrheitswert als eine Variable, die nur zwei Werte, die Boole'schen Konstanten → Wahr (engl.: True) und Falsch (engl.: False) haben kann. Hinter diesen Konstanten stecken wieder Zahlen,
für False → 0 (Null) und für Wahr → –1 (minus 1).

Den Boole'schen Variablen können auch Ausdrücke zugewiesen werden. Mit diesen Ausdrücken lassen sich syntaktisch Formulierungen schreiben, die für Entscheidungen im Programm genutzt werden. Entscheidungen sind von so fundamentaler Bedeutung in der Programmierung, dass ich ihnen in meinen Beispielen breiten Raum im Hauptteil des Buches eingeräumt habe. Dort erfolgt eine umfassende Erläuterung bei ihrer praktischen Verwendung.

Weiter mit Lektion 6

Lektion 6: Programmierlösungen 1

In dieser Lektion werden behandelt:

- ✓ Die Lade-Anweisung Load und die Show-Methode
  (Laden und Anzeigen von Formularen)
- ✓ Die Unload-Anweisung und die Hide-Methode
  (Entladen und Verbergen von Formularen)
- ✓ Modale und nichtmodale Formulardarstellung

Laden und Anzeigen sowie Entladen und Verbergen von Formularen)

Formulare sind, wenn Sie den ganzen Bildschirm ausfüllen → Fenster. Sie werden verwendet, um Bildschirme für Programme zu gestalten. Kleinere Formulare können zu Dialogen werden, aber auch sie können Fenster sein, die nicht den ganzen Bildschirm ausfüllen. Es gibt viele Varianten und mehrere Formular-Arten. Wir nutzen zunächst nur die UserForm.

Ist ein Formular in das Projekt einbezogen und designt worden, steht es als Objekt in einem speziellen Speicherbereich bereit, ist aber nicht aktiv.
(Vgl. dazu Lektion 4 – Objektdefinition.)

Wird das Objekt gebraucht, muss es in den Speicherbereich des Programms geladen und anschließend als Bildschirmgrafik dargestellt werden. Wird das Formular nur in den Programmspeicher geladen, ist es noch nicht zu sehen. Das Laden geschieht mit der Lade-Anweisung, die Syntax lautet z.B für unser Hauptformular:

Load frmHaupt

Mit Ladeanweisungen können so viele Formulare wie nötig in den Programmspeicher geladen werden (große Programme haben viele Formulare). Das geschieht vor allem dann, wenn es auf deren schnelle Anzeige ankommt. Viele geladene Formulare belasten aber den Programmspeicher. Deshalb ist es sinnvoll, Formulare, die selten benötigt werden, nach der Verwendung mit der Unload-Anweisung wieder zu entladen. Z.B. so:

Unload frmHaupt

Soll ein Formular angezeigt werden, muss man die Show-Methode darauf anwenden.

frmHaupt.Show

Genauso verschwindet es wieder vom Bildschirm, wenn die Verbergen-Methode wirkt:

frmHaupt.Hide

Jetzt folgt eine wichtige Feststellung:

Wird auf ein ungeladenes Formular sofort die Show-Methode angewendet, schließt diese die Ladeanweisung mit ein!

Ein ungeladenes Formular wird also mit `frmHaupt.Show` geladen und sofort angezeigt.

Warum denn dann extra die Lade-Anweisung?

Weil mit einem geladenen, aber unsichtbaren Formular bereits Programmierschritte wie z.B. das vorbereitende Einstellen von Control-Eigenschaften, die Bereitstellung von Variablen usw. möglich sind. Ist das Formular ungeladen, geht das nicht. → Es hat schon alles seinen Sinn.

Modale und nichtmodale Formularanzeige/Fensteranzeige

Es gibt zwei grundsätzliche Verhaltensweisen von angezeigten Formularen:

- Modal (vbModal)
- Nichtmodal (vbModeless)

Wird ein Formular modal angezeigt, muss es erst wieder verborgen oder entladen werden, ehe ein anderes Objekt (Tabelle, anderes Formular) bearbeitet werden kann. Voreingestellt ist, dass Formulare mit der Show-Methode modal ausgeführt werden.
Das modale Formular ist also dominant. Werden nacheinander verschiedene Formulare aktiviert, legen sie sich quasi übereinander. Es entsteht ein Formularstapel (Fensterstapel). Das jeweils letzte (oberste) Formular des Stapels ist aktiv.
Wären alle diese Formulare nichtmodal, könnte z.B. vom obersten zum dritten von unten gewechselt, könnten dort Controls bedient und anschließend könnte z.B. zum zweiten von oben gegangen und dort könnten wieder Aktionen ausgeführt werden. Steht das nichtmodale Formular in einer Tabelle, könnte auf diese zugegriffen werde. Auch wäre unten im Tabellenregister das Wechseln in eine andere Tabelle oder in ein Diagrammblatt möglich. Das Formular bliebe immer stehen. Bei einem Formularstapel könnten wahlweise auch zwischenliegende Formulare geschlossen werden, was den Stapel reduzieren würde.

Diese Verhaltensweise müssten Sie von verschiedenen Programmen kennen, bei denen wechselweise Dialogfenster bedient werden können. Auch das große Visual Basic kennt natürlich beide Möglichkeiten – und jetzt auch VBA. Bei VBA gab es in der Vergangenheit nur modale Formulare. Wenn Sie in VBA 2013 und höher ein Formular frmHaupt in einer Tabelle erscheinen lassen, können Sie schreiben:

frmHaupt.Show

Das Formular erscheint modal und Sie können in der Tabelle nichts tun. Schreiben Sie aber

frmHaupt.Show vbModeless

erscheint es nichtmodal, wie Sie der vb-Konstanten entnehmen können. Sie könnten also in der Tabelle Veränderungen vornehmen, während das Formular noch angezeigt wird. Das ist aber mit Vorsicht zu genießen, wenn Sie bei nichtmodalen Formularen in Tabellen Änderungen vornehmen, auf die im weiteren Sub-Verlauf wieder zugegriffen wird. Es könnten Fehler entstehen.

Halten wir abschließend fest:

Bei modaler Formularanzeige muss das aktive Formular erst verborgen (.Hide) oder entladen (Unload...) sein, ehe andere Objekte bedient werden können!

Kehren Sie jetzt zurück zum *Punkt 7. des Teils 1*

Lektion 7:   Grundlagen zur Erstellung von Programm-Ablaufplänen

Wer mit den PAP vertraut ist, kann diese Lektion überspringen oder besser diagonal durcharbeiten.

In dieser Lektion werden behandelt:

- ✓ Die Elemente von PAPs
- ✓ Die Logik in PAPs
- ✓ Beginn, Ende und Wartezustände im Programmlauf
- ✓ Sequenzen und ihre Darstellung als Vorgänge
- ✓ Entscheidungen und ihre Darstellung
- ✓ Wiederholungen gleicher Abläufe mittels Schleifen
- ✓ Verfeinerungen durch Unter-PAPs

Elemente von Programmablaufplänen

PAPs kommen mit relativ wenigen Symbolen aus. Das sind

Terminator	Terminator markiert Programmstart und Programmende
Vorgang	Sequenz darin werden nacheinander ablaufende Programmteile dargestellt und beschrieben
Verzweigung	Entscheidungssituationen entstehen, wenn Bedingungen geprüft werden. Sie führen zu Programmverzweigungen und haben einen Eingang und zwei Ausgäng für JA und NEIN (Bedingung erfüllt oder nicht
Dokument	Dokumente können durch Ausdrucke im Programmlauf entstehen oder für Eingaben dienen.
Verbinder	Verbinder kennzeichnen Anschlußstellen, wenn PAP's über mehrere Seiten gehen
Ja Nein	Pfeile verbinden die PAP-Elemente in Richtung des Datenflusses

Es gibt zwar laut Norm noch weitere Symbole, die aber kaum benötigt werden. Deshalb lasse ich sie hier weg. Für unsere PAPs reichen die o.a. Symbole aus.

Einen bestimmten Ablauf widerspruchsfrei zu planen, ist gar nicht ganz einfach. Sie sollten mit kleinen, überschaubaren Aufgaben beginnen. Ich verwende hier ein etwas vereinfachtes Beispiel für die Theorie, das aber jeder kennt → die Bedienung des Geldautomaten.

Ich schreibe zunächst verkürzt auf, was nacheinander abläuft, und bringe es dann in die PAP-Form. Verfahren Sie bei Ihren Problemen ebenso.

- Karte einführen.
- Automat fordert Pin an.
- Pin eingeben, Automat zählt die Anzahl der Pin-Eingaben mit.
- Automat prüft Pin.
- Kann falsch oder richtig sein (Entscheidung).
- Falls falsch, prüft der Automat, ob es die dritte Falscheingabe ist (Entscheidung).
  - Es ist die dritte Falscheingabe → Automat zieht Karte ein und bricht ab → Ende.
  - Weniger als dritte Falscheingabe → neue Eingabechance → Fortsetzung.
- Falls richtig, fordert der Automat die Auszahlsumme an.
- Automat prüft Kontostand.
- Kontostand höher als Auszahlbetrag → Automat zahlt aus → Ende.
- Kontostand kleiner als Auszahlsumme (Entscheidung).
- Auszahlsumme verringern → Automat zahlt aus → Ende.
- Kunde bricht ab → Ende.

Sehr wichtig sind die richtige Formulierung und die Einbindung von Verzweigungen bei Entscheidungssituationen. In vielen Fällen kann es genügen, die Fragestellung zu ändern, um die Lösung zu vereinfachen. (Z.B. ist die Pin richtig → Umkehrung: Ist die Pin falsch?)

Zeigt ein Programm eine Oberfläche, die erst bedient werden muss, ehe es weitergeht, befindet es sich in einem Wartezustand. Dazu kann man im PAP mittels
W
eine Markierung setzen, muss das aber nicht.

Wenn Wiederholungen möglich sind, wie im Beispiel bei der Pin-Eingabe, können sogenannte Programmschleifen verwendet werden. Das ist ein weiteres großes Thema bei den Programmierlösungen, wie auch die Programmierung der Entscheidungen.

Sowohl für Schleifen als auch für Entscheidungen gibt es programmiertechnisch mehrere Lösungen. Die werden Sie alle kennenlernen, da sie von fundamentaler Bedeutung sind.

Wenn Sie den Grobablauf im PAP konzipiert haben, kann es sein, dass einige Programmteile so komplex sind, dass Sie diese stärker detaillieren müssen. Das

können Sie mit Unter-PAPs lösen. Das trifft vor allem für sehr große und umfangreiche Programme mit hoher Funktionalität zu.
Dort konzipiert man zunächst den Grobablauf und verfeinert stufenweise immer weiter bis zu jeder Detailfunktion des Programms.

Abschließend der PAP zum Beispiel „Geldautomat" in Abb. A3.

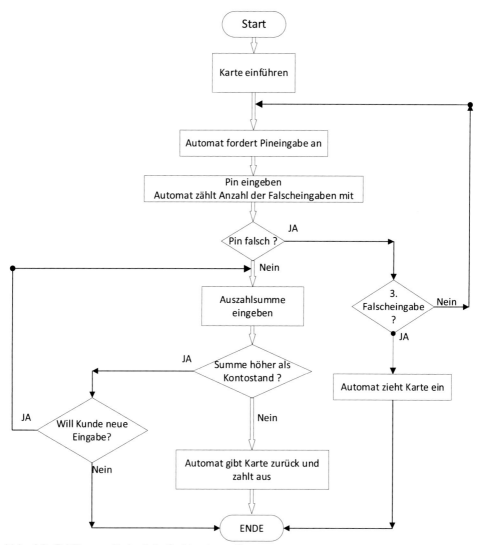

Abb. A3: PAP zum Beispiel „Geldautomat"
(Der Dialog am Geldautomaten ist etwas vereinfacht dargestellt, um das Prinzip zu verdeutlichen.)

Lektion 8:   Programmiertechnische Grundlagen 1

In dieser Lektion werden behandelt:

- ✓ Prinzip der Typumwandlung und ihre Notwendigkeit
- ✓ Beispiele für die Anwendung von Typ-Umwandlungsfunktionen
- ✓ Hilfe-Thema Typ-Umwandlungsfunktionen
- ✓ Entscheidungsstrukturen (Programmverzweigungen)
- ✓ If-Then-Else (Block und Zeile) sowie ElseIf
- ✓ Select Case Fallentscheidungen

Typumwandlungen / Umwandlungsfunktionen

Typumwandlungen sind vor allem erforderlich, wenn Eingaben in die Texteigenschaften von Textboxen oder in analoger Weise in Eigenschaften anderer Controls erfolgen, die einen Datentyp repräsentieren, der anders ist als die optische Erscheinung der Eingabe.

Z.B. 15.02.2002 in einem Textfeld sieht aus wie der Datentyp <u>Date</u>, ist aber <u>Text</u>. Zum echten Date wird er erst, wenn der Typ gewandelt wird. Das erfolgt meist dann, wenn die Eingabe aus dem Textfeld an eine Variable zugewiesen wird, die im Programm benutzt wird.

Nehmen wir wieder die Variable Datum aus unserem Beispiel. Nach ihrer Deklaration mit der Zeile Dim Datum As Date
ist Datum noch leer, weil noch keine Wertzuweisung stattgefunden hat.

Den Inhalt der Textbox übergibt nachstehende Zeile an die Variable ohne Typanpassung:

Datum = txtDat.Text   (Der Variable wird die Texteigenschaft des Objektes txtDat zugewiesen. Damit hat Datum den Typ String!)

Korrekt, mit gleichzeitiger Typanpassung wäre aber nachstehende Zeile:

Datum = **cdate**(txtDat.Text)
Der Variable wird die Texteigenschaft des Objektes txtDat zugewiesen. Die Umwandlungsfunktion ZuDatum → **cdate()** wandelt diesen Text in ein echtes Datum um.

Das Argument der Umwandlungsfunktionen ist immer der umzuwandelnde Ausdruck mit seiner entsprechenden Eigenschaft. Er steht im Klammernpaar der Funktion. Die im Typ anzupassende Eigenschaft muss dem Typ aber auch entsprechen, sonst erfolgt ein Fehler-Absturz.

Der dritte Satz ist zu beachten, denn z.B. „Katze" kann nie in ein Datum umgewandelt werden, es bleibt immer String. (Datum = CDate(„Katze") führt garantiert zum Fehler!)

Aber die Singlezahl 245,76 könnte mit cint(245,76) in eine Integerzahl umgewandelt werden. Nach der Wandlung hätte sie den Wert 245, die Nachkommastellen wären einfach abgeschnitten worden.
Von besonderer Bedeutung sind unter diesem Aspekt die Eingaben von Zahlen in Textfelder, wie im Beispiel „Investmentfond„. Diese sollten korrekt im Typ angepasst werden, um böse Überraschungen von vornherein zu vermeiden. Da im Beispiel sowohl der Rücknahmepreis als auch der Betrag eine Zahl mit zwei Nachkommastellen sind, ist der Zahlentyp Single richtig angesetzt. (Double wäre möglich, aber unnötig und folglich eine Speicherplatzvergeudung.)

Die Deklarationen für die gewählten Variablennamen lauten somit:

Dim **APreis** As Single 'APreis ist der einzugebende Ausgabepreis als
         'Gleitkommazahl einfacher Genauigkeit
Dim **Betrag** As Single   'Betrag ist der einzugebende Anlagebetrag als
         'Single-Zahl wie APreis

Wenn das Programm die Inhalte aus den Textboxen an die Variablen zuweist, kann gleichzeitig die Typanpassung vorgenommen werden.

Das sieht wie folgt aus:

APreis = CSng(txtAPreis.Text) 'Text in Single-Zahl wandeln
Betrag = CSng(txtBetrag.Text) 'Text in Single-Zahl wandeln

Damit sind die Eingaben aus den drei Textboxen mit dem richtigen Datentyp in den Variablen angekommen.

Ist das so wichtig? → Nicht immer – aber immer öfter!

Jetzt verrate ich Ihnen etwas:

VBA und VB sind Programmiersysteme mit viel Fehlertoleranz und automatischen System-Funktionen. Wenn beispielsweise in einem String eine Zeichenfolge steckt, die genau einer Zahl entspricht und Sie programmieren eine Rechenoperation mit diesem String und einer echten Zahl, führt VBA / VB in den meisten Fällen diese Operation widerspruchsfrei und auch richtig aus. Eine Typumwandlung wäre also gar nicht nötig.

Ich habe geschrieben <u>in den meisten Fällen</u>, aber es gibt auch Fälle, in denen es nicht funktioniert! Auf der sicheren Seite sind Sie immer, wenn Sie die Typanpassung konsequent programmieren → und so werde ich es halten!

Nach den beiden Beispielen für die Typumwandlung, die wir für unser Beispiel brauchen, zeige ich Ihnen jetzt das komplette Hilfethema dazu. Arbeiten Sie es dann durch, wenn Sie meinen, es in Ihrer Problemlösung zu brauchen. Jetzt müssen Sie nur zur Kenntnis nehmen, wo es steckt und was es alles gibt.

Übrigens: Haben Sie gemerkt, dass die drei Beispiele CDate. CSng und CInt alle mit C beginnen? Das C stammt von convert (konvertiere zu…)

Schreiben Sie im Direktfenster die Zeile: ? Cint(245,76) und dann [Enter].

In der nächsten Zeile erscheint 245, die Integerzahl. Setzen Sie jetzt den Cursor im Direktfenster in den Funktionsnamen CInt und drücken Sie dann [F1]

Das Hilfethema Typ-Umwandlungsfunktionen erscheint und spricht für sich. Schauen Sie es zunächst kurz an, um das Prinzipielle zur Kenntnis zu nehmen. Lesen Sie das Thema intensiv durch und schauen Sie die Beispiele an → sobald es nötig ist!

Entscheidungsstrukturen (Programmverzweigungen)

Die If-Then-Else-Struktur

Entscheidungen gehören zu den grundlegenden Programmiertechniken. Ohne diese könnte nicht programmiert werden. Es gibt verschiedene Lösungen, um Entscheidungen zu realisieren. Sie gehen alle auf einen Grundtyp zurück, die Entscheidung von einer Bedingung abhängig zu machen, die erfüllt oder nicht erfüllt sein kann. Ist sie erfüllt, wird das Programm im Zweig A fortgesetzt, falls nicht, im Zweig B. Ob der Zweig A der Ja-Zweig und B der Nein-Zweig ist, hängt von der Formulierung der Entscheidungsfragestellung ab.

Bei einer Entscheidung verzweigt das Programm also. Dabei ist es oft wie in unserem Beispiel „Investmentfond" so, dass ein Zweig zu einem früheren Punkt im Programmlauf zurückführt. Damit wird erreicht, dass der User die Möglichkeit erhält, mit einer Eingabe die Bedingung zu beeinflussen, die in diesen Zweig führte. Beim nächsten Erreichen der Verzweigung kann dann der andere Zweig zur Wirkung kommen. Schauen Sie diesbezüglich in unseren PAP. Wenn die Eingaben zum Kriterium 'Nicht hinreichend' führten (hier Nein-Zweig), geht das Programm vor die Dateneingabe in den Wartezustand zurück und der User kann die Eingaben ändern. Sind die Eingaben dann hinreichend, kommt nach erneutem Klicken des Buttons das Programm in den Ja-Zweig und damit in unserem Beispiel weiter zum Verarbeiten der Eingaben.

Damit könnten wir den Grundtyp der Entscheidung so formulieren:

Wenn die Bedingung erfüllt ist, dann mit den Befehlen im A-Zweig fortsetzen,
sonst mit den Befehlen im B-Zweig fortsetzen
Ende Bedingungsblock

(Bei dieser Form muss dem System das Ende der Entscheidungsstruktur mitgeteilt werden → vgl. Blockstrukturen mit with.)

Eine Bedingung ist programmtechnisch ein Ausdruck, ein Bedingungsausdruck eben. Die verschiedenen Arten der Ausdrücke haben wir in Lektion 2 bereits kennengelernt. Ein Bedingungsausdruck hat die Eigenschaft, dass er wahr ist, wenn die Bedingung erfüllt ist, und dass er falsch ist, wenn die Bedingung nicht erfüllt ist. Damit reduziert sich der Aufwand darauf, den Wahrheitswert einer Bedingung abzuprüfen.

Ein Wahrheitswert wird in der Programmierung durch zwei besondere Konstanten, die sogenannten Bool'schen Konstanten Wahr (True) und Falsch (False) ausgedrückt. (Falls Ihnen diese nicht geläufig sind, lesen Sie nochmals in der Lektion 5 – Zahlensysteme – nach, dort werden auch Herr Boole und seine Konstanten behandelt.)
Der obige Grundtyp der Entscheidung hat natürlich seine englischen Schlüsselwörter und könnte allgemein so geschrieben werden:

If Bedingung ist wahr
Then A-Zweig
Else B-Zweig (weil Bedingung falsch ist)
End if

End if ist hier die Information an das System, dass die mit If eingeleitete Entscheidungsstruktur hier endet. Das ist zwingend erforderlich und führt beim Vergessen zum Absturz. Leider wird es oft vergessen, aber VB hilft auf die Sprünge.

Beispiele:

Die Variable Farbe habe augenblicklich den Wert „Rot", mit dem sie die Entscheidungsstruktur erreicht. Die Entscheidung prüft nur auf „Grün". Bei „Grün" geht es in den A-Zweig, bei allen anderen Farben in den B-Zweig.
Somit könnte diese Struktur wie folgt geschrieben werden:

If (Farbe = vbGreen) Then
'Programm geht in den A-Zweig
'Syntax des A-Zweiges
Else
,Programm geht in den B-Zweig
'Syntax des B-Zweiges
End if

376

Die Klammer im Beispiel beinhaltet den Bedingungsausdruck. Sie müsste nicht geschrieben werden, ist aber unschädlich. Ich habe sie geschrieben, um den Bedingungsausdruck in sich geschlossen herauszuheben, denn was in der Klammer steht, kann in der konkreten Laufzeitsituation falsch oder wahr sein.

Wie ist es denn hier? In welchem Zweig wird denn im Beispiel fortgesetzt?

Im B-Zweig natürlich, denn der Ausdruck hat den Wahrheitswert Falsch, weil die Variable den Wert „Rot" hat. Die Bedingung Farbe = „Grün" ist damit nicht erfüllt und der Ausdruck damit falsch.
Ganz anders, wenn die Variable Farbe mit dem Wert „Grün" zur Entscheidungsstruktur gelangt, dann geht es in den A-Zweig, ist doch logisch, oder?

Mit dem ersten Beispiel müsste das Prinzip klar geworden sein. Deshalb wollen wir ab jetzt nicht mehr vom A-Zweig und B-Zweig sprechen, das war nur Erklärungshilfsmittel.
Ab sofort sprechen wir vom Then-Zweig und vom Else-Zweig (then engl. dann; else engl. oder).
.
Jetzt noch ein weiteres Beispiel:

Die Variable 'Werbungskosten' sei vom Typ Single und werde in einem Steuerprogramm beim Einbuchen der einzelnen Kostenbelege aufaddiert. Wenn sie den Wert 1000 € überschritten hat, soll der User eine Information bekommen, da dann, wie schön, der/die Finanzminister(in) ein paar Euro wieder rausrücken muss. Das könnte eine Meldung sein, die da lautet: „Werbungskostenpauschale ist überschritten". (Ein freudiges Ereignis in jedem Steuer-Programm!)

'Programmlauf mit Einbuchen der Belege, das Programm summiert Werbungskosten

If Werbungskosten > 1000 **Then** MSGBOX "WK-Pauschale überschritten, Hurra!!"

War's das oder kommt hier noch etwas?

Gute Frage, das war es wirklich. Wir haben es hier mit einer reduzierten Entscheidungsstruktur zu tun, die keinen Else-Zweig hat. Wenn die Bedingung erfüllt ist, tut sich etwas, ansonsten tut sich gar nichts. Es wird häufig der Fall sein, dass diese Syntax genügt. Damit ist in einer Zeile alles erledigt. Hinter Then steht dann gleich in der gleichen Zeile die Syntax des Then-Zweiges. Sie brauchen in diesem Fall dem System auch kein End if mitzuteilen, das erkennt es selbst – und zwar daran, dass hinter Then noch etwas steht, während im vorigen Beispiel mit dem If-Block (so heißt die Struktur nämlich) hinter Then in der Zeile nichts mehr stehen darf (außer Kommentar). Zudem muss das Blockende mitgeteilt werden.
Und was bedeutet: MSGBOX "WK-Pauschale überschritten, Hurra!!"?

Das war ein Vorgriff auf eine „eingebaute" Funktion von VBA / VB – die MeldungsBox-Funktion. Meldung → Message, abgekürzt Msg und Box ist der Kasten, das Fenster, in dem sie erscheint, wie in Abb. A4 zu sehen ist.

Abb. A4: Beispiel für die Verwendung der MSGBOX-Funktion von VBA / VB

Ich behandle diese hier nicht – die „eingebauten" Funktionen sind ein Thema für sich, aber ich verschaffe Ihnen das Erfolgserlebnis, die MSGBOX in unserem Beispiel in Aktion zu erleben. (Übrigens ist das hier die einfachste Form der Meldungsbox, aber diese hat noch viele schöne Eigenschaften >> das kommt später.) Jetzt erst einmal eine Demo mit Entscheidungs-Syntax:

Gehen Sie in das Direktfenster der IDE und geben Sie dort den unten stehenden Quelltext zeichengenau ein, aber in nur einer Zeile (was hier aus schreibtechnischen Gründen nicht geht). Die Anführungszeichen sind mitzuschreiben, denn sie begrenzen den Ausgabestring, der in der Box erscheinen soll. Bei der Ausgabe sind die An- Ausführungszeichen dann natürlich weg (siehe Abb. A4):

Werbungskosten = 1200:If Werbungskosten > 1000 then _
MSGBOX"WK-Pauschale ist überschritten, Hurra!!"

Beenden Sie die Eingabe mit [ENTER] und genießen Sie Ihren Erfolg.

Übrigens: Die MSGBOX ist ein modales Fenster. Wenn Sie darin nicht mit [OK] bestätigen, steht Ihr Programm bis zum Sankt Nimmerleinstag im Wartezustand.

Jetzt noch eine Abwandlung. Ändern Sie in der Zeile die Zahl 1200 auf 800 ab und setzen Sie anschließend hinter ... Hurra!!") einen Mausklick → danach wieder [ENTER].

Und wie Sie sehen, sehen Sie → NICHTS. Die Bedingung ist nicht erfüllt, es ist kein Else-Zweig vorhanden, es tut sich gar nichts, die Syntax arbeitet richtig!
Damit haben Sie sich das Wichtigste über Entscheidungsstrukturen bereits erarbeitet.
Da das Thema aber praktisch sehr bedeutsam ist, setze ich es hier gleich fort. Wir schaffen also einen theoretischen Vorlauf.

Mehrfachbedingungen – die Erweiterung mit Elself

Sind nacheinander mehrere Bedingungen zu prüfen, könnten auch mehrere einzeilige If-Then-Anweisungen oder auch mehrere If-Then-Else-Blöcke geschrieben werden. Eleganter ist es aber, diese Mehrfachbedingungen in einem Block zusammenzufassen. Das geschieht mit dem Schlüsselwort Elself (OderWenn).

Beispiel:
Wenn die Variable Farbe den Wert „Grün" hat, dann
Mitteilung „Farbe ist Grün"
OderWenn die Variable Farbe den Wert „Rot" hat, dann
Mitteilung „Farbe ist Rot"
OderWenn die Variable Farbe den Wert „Blau" hat, dann
Mitteilung „Farbe ist Blau"
Sonst (Bei allen anderen Farben)
Mitteilung „Farbe ist nicht Grün, nicht Rot und nicht Blau"
Ende Block

```
If Farbe = vbGreen Then
MSGBOX "Farbe ist Grün"
ElseIf Farbe = vbRed Then
MSGBOX "Farbe ist Rot"
ElseIf Farbe = vbBlue Then
MSGBOX "Farbe ist Blau"
Else
MSGBOX "Farbe ist weder Grün noch Rot noch Blau"
End If
```

Die Mehrfach-Fallentscheidung Select Case

Manchmal kann eine Schlussfolgerung von mehreren Fällen abhängen, wie z.B. die Einordnung der Menschen in Altersgruppen (im Beispiel mal ganz grob):

0 bis 14	→ Kind
15 bis17	→ Jugendlicher
18 bis 64	→ Erwachsener
65 und mehr	→ Rentner (wobei ein Rentner natürlich erwachsen ist, sehen wir für das Beispiel darüber hinweg, alle anderen Fälle wären hier nur kleiner 0 bis −9 Monate sinnvoll→ ungeboren).

Das kann mit einer Select Case-Blockstruktur gelöst werden.
Select Case → Fall auswählen
(Blockstruktur hat ein Blockende→ End select).

Die Variable sei Alter, der Typ Integer.
Die Fallauswahl wird auf die Variable Alter gerichtet. Wir lassen hier nur ganzzahlige Altersangaben zu.
Damit gibt eine MsgBox jeweils an, zu welcher Gruppe ein konkretes Alter gehört.
Die Syntax dazu ist:

```
Select Case Alter              'Wähle den Fall für die Variable Alter
Case 0 To 14              'Fall von 0 bis 14
MsgBox "Kind"
Case 15 To 17            'Fall von 15 bis 17
MsgBox "Jugendlicher"
Case 18 To 64           'Fall von 18 bis 64
MsgBox "Erwachsener"
Case Is >= 65           'Fall ist gleich und größer als 65
MsgBox "Rentner"
Case –9 to 0            'Fall von minus 9 Monaten bis Geburt
MsgBox "Ungeboren"
Case Else               'Alle übrigen Fälle (hier nur kleiner als minus 9 Monate)
MsgBox "Staub im Wind"
End Select
```

Ausgehend vom aktuellen Wert der Variablen Alter prüft die Struktur nur, welcher Fall zutreffend ist, und arbeitet die darunter stehenden Zeilen ab, bevor der nächste Fall beginnt. Danach wird unter End Select das Programm fortgesetzt. Die nicht zutreffenden Fälle bleiben also außen vor. Die Syntax ist sehr leistungsfähig.
Übrigens: End Select wird auch gern vergessen. Schreiben Sie es am besten sofort und die anderen Zeilen dann dazwischen.

Beachten Sie die Schreibweise Case is für der Fall ist. Der Fall ist steht hier für das Alter ist, da die Anweisung auf das Alter angewendet wird.
Interessant ist in diesem Beispiel auch die Anwendung der Operatoren für die einzelnen Fälle wie z.B. >= (größer und gleich) oder die Bereichsangabe von bis mit dem Schlüsselwort To. Schauen Sie dazu nochmals die Operatoren in **Kasten B3 im Anhang B** an.
Ebenfalls interessant ist die Zusammenfassung aller übrigen Fälle mit Case Else. Sie müssen aber darauf achten, dass sich diese übrigen Fälle auch wirklich logisch zusammenfassen lassen. Case Else muss nicht zwingend stehen. Es kann weggelassen werden, wenn für alle anderen Fälle keinerlei Reaktion nötig ist.

Im Beispiel nicht behandelt sind Fälle mit einem oder mehreren Einzelwerten wie z.B.

Case 6 'Fall genau 6

Case 7, 14, 21 'Fälle genau 7 oder 14 oder 21
Dazu noch ein wichtiger Hinweis:

Nehmen wir an, wir würden die Zeilen

Case 6
MsgBox "Schulanfänger" in unser Beispiel einbauen, und zwar unter
MsgBox "Kind"

Wenn dann das Alter zur Laufzeit wirklich den Wert 6 hätte, würde zwar der Fall
0 To 14; Kind ausgewertet, aber die Zeilen 6, Schulanfänger nicht, weil nach einem
zutreffenden Fall unter End Select fortgesetzt wird. Der Fall 6 würde nie behandelt,
weil immer vorher 0 To 14 bearbeitet wird, was den Fall 6 mit einschließt.
Das ist ein beliebter Fall von Anfängerverzweiflung.

Bei Fallentscheidungen ist darauf zu achten, ob ein Fall einen weiter unten stehenden Fall mit einschließt. Letzterer würde nicht ausgewertet!

Für diese Situation müsste so programmiert werden, dass innerhalb des Falles
0 To 14 zusätzlich auf 6 geprüft wird. Das könnte so aussehen:

Case 0 To 14
        If Alter = 6 then
        Msgbox"Das Kind ist ein Schulanfänger"
        Else
        Msgbox" Kind"
        End if
Nur für den Fall genau 6 würde die erste Mitteilung kommen, für alle anderen die
Mitteilung Kind.

Wir haben hier in die Select Case-Fallentscheidung einfach zusätzlich einen If-Block
eingeschachtelt und mit dieser Verzweigung in der Verzweigung war das Problem
gelöst.

Auch mit verschachtelten Strukturen werden wir uns noch ausgiebig befassen. Die
gibt es nicht nur bei der Entscheidungssyntax.

Gleich weiter zu Lektion 9 oder zurück zum Lesezeichen im Hauptteil.

Lektion 9:   Programmiertechnische Grundlagen 2

In dieser Lektion werden behandelt:

✓ Das Bereichsobjekt (Range-Objekt) mit seinen Eigenschaften
✓ Das Selection-Objekt
✓ Die Objektvariablen
✓ Der Begriff "Auflistung"

Das Bereichsobjekt (Range-Objekt)

Gehen Sie einfach davon aus, was Sie in Excel durch Markierung herausheben können:

- eine einzelne Zelle
- mehrere zusammenhängende Zellen (Zellbereich in einer Zeile, einer Spalte oder über Zeilen und Spaltengrenzen hinweg)
- mehrere Zellbereiche (Mehrfachmarkierung)
- eine ganze Zeile
- eine ganze Spalte
- die ganze Tabelle

um die einzelnen Range-Objekte kennenzulernen.

Rekapitulieren Sie auch die Excel-Schreibweisen für absolute und relative Zellbezüge.

Das Bereichsobjekt Range wird durch Bereichs-Eigenschaften spezifiziert. Diese haben die Bezeichnungen wie die obigen Markierungen. Damit werden Range-Objekte durch die nachstehende Syntax zurückgegeben:

Range("C4") →	bezeichnet die Zelle C4, wobei das Argument in der Klammer <u>als String</u> die Zelladresse ist.
Range("A9:A12")	bezeichnet den Spalten-Bereich von Zelle A9 bis Zelle A12.
Range("B11:D11")	bezeichnet den Zeilen-Bereich von Zelle B11 bis Zelle D11.
Range("B3:D5")	bezeichnet den Zellbereich von Zelle B3 bis Zelle D5 über mehrere Zeilen und Spalten hinweg.

Range("A9:A11, C9:E9, G9:H12, J11:J13") bezeichnet eine vierfache Mehrfach-
Markierung

Rows("13:13")	bezeichnet die ganze Zeile 13; auch Rows(13) ist möglich.
Columns("C:C")	bezeichnet die ganze Spalte C; auch Columns(3) ist möglich.
Cells	bezeichnet die ganze Tabelle → alle Zellen eben.

Mit diesen ersten Beispielen wurden nur absolute Bezeichnungen für Zelladressen verwendet. Um so zu programmieren, müssen diese bekannt sein und dürfen nicht variieren. So „programmiert" der Makro-Recorder, wenn der User markiert.

Schauen Sie sich zunächst die Abb. A5 zu den o.g. Beispielen an (die einzelne Zelle lasse ich weg – das ist einfach der Zellcursor um sie herum).

<u>Damit keine Irrtümer entstehen</u>:

Die Markierungen wurden nur zur Verdeutlichung der Range-Objekte eingesetzt. Die Markierung selbst ist aber das Selection-Objekt. Das hatten wir schon. Wenn die Markierung besteht, können zeitweilig ein Selection-Objekt und ein Range-Objekt identisch sein. <u>Beachten Sie aber</u>:

<u>Die Range-Objekte existieren auch, wenn sie nicht markiert sind! Sie werden allein durch die Nennung des Bereiches, den sie repräsentieren, definiert.</u>

Alle Bereiche wurden bisher durch die absoluten Zellbezüge eindeutig benannt. Die sind in den Argumentklammern als Strings enthalten und damit ziemlich starr.

Was ist aber, wenn diese Bereiche variieren?

Gute Frage. Genau das macht die Sache variabel. Diese Möglichkeiten muss es einfach geben – und es gibt sie, wie folgt (unter der Tabelle auf der nächsten Seite):

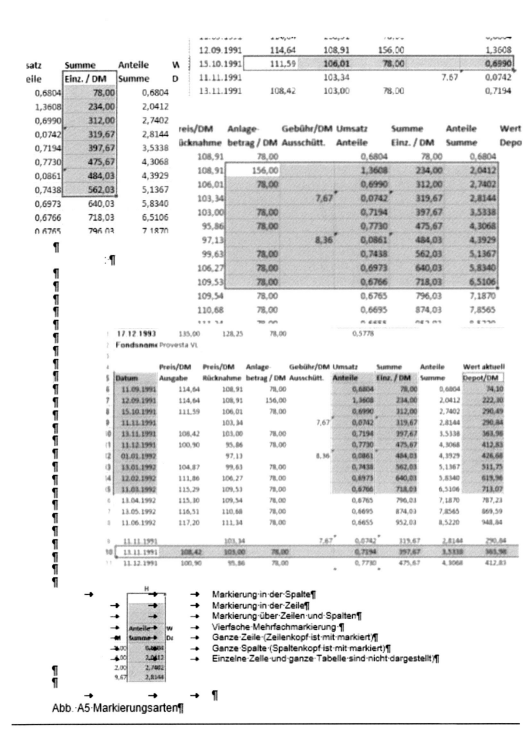

	Preis/DM	Preis/DM	Anlage-	Gebühr/DM	Umsatz	Summe	Anteile	Wert aktuell
Datum	Ausgabe	Rücknahme	betrag / DM	Ausschütt.	Anteile	Einz. / DM	Summe	Depot/DM
11.09.1991	114,64	108,91	78,00		0,6804	78,00	0,6804	74,10
12.09.1991	114,64	108,91	156,00		1,3608	234,00	2,0412	222,30
15.10.1991	111,59	106,01	78,00		0,6990	312,00	2,7402	290,49
11.11.1991		103,34		7,67	0,0742	319,67	2,8144	290,84
13.11.1991	108,42	103,00	78,00		0,7194	397,67	3,5338	363,98
11.12.1991	100,90	95,86	78,00		0,7730	475,67	4,3068	412,83
01.01.1992		97,13		8,36	0,0861	484,03	4,3929	426,68
13.01.1992	104,87	99,63	78,00		0,7438	562,03	5,1367	511,75
12.02.1992	111,86	106,27	78,00		0,6973	640,03	5,8340	619,36
11.03.1992	115,29	109,53	78,00		0,6766	718,03	6,5106	713,07
13.04.1992	115,30	109,54	78,00		0,6765	796,03	7,1870	787,23
13.05.1992	116,51	110,68	78,00		0,6695	874,03	7,8565	869,59
11.06.1992	117,20	111,34	78,00		0,6655	952,03	8,5220	948,84
11.11.1991		103,34		7,67	0,0742	319,67	2,8144	290,84
13.11.1991	108,42	103,00	78,00		0,7194	397,67	3,5338	363,98
11.12.1991	100,90	95,86	78,00		0,7730	475,67	4,3068	412,83

Fondsname Provesta VL

→ → → Markierung·in·der·Spalte¶
→ → → Markierung·in·der·Zeile¶
→ → → Markierung·über·Zeilen·und·Spalten¶
→ → → Vierfache·Mehrfachmarkierung·¶
→ → → Ganze·Zeile·(Zeilenkopf·ist·mit·markiert)¶
→ → → Ganze·Spalte·(Spaltenkopf·ist·mit·markiert)¶
→ → → Einzelne·Zelle·und·ganze·Tabelle·sind·nicht·dargestellt)¶

Abb.·A5·Markierungsarten¶

Für die variable und damit gut programmierbare Benennung von Range-Objekten werden zwei zusätzliche Variable herangezogen: der Zeilenindex (Row) und der Spaltenindex (Column). Das sind in jedem Fall Ganzzahlwerte. Eine einzelne Zelle ist damit wie folgt adressierbar:

Cells(Row, Column)

Die konkrete Zelle „C4" ist somit als Cells(4, 3) adressierbar→ siehe oben Range("C4").

Das genau ist die variable Lösung!

Haben Sie es bemerkt? Bei der absoluten Adresse „C4" steht erst die Spalte C, dann die Zeile 4. Bei der variablen Adresse erst die Zeile 4 , dann die Spalte 3 (3 für C). Leider ist das anfänglich eine Fehlerquelle, verwächst sich aber schnell!

Erinnern Sie sich an eine der ersten Übungen in diesem Buch, als wir Excel eingestellt haben? Diese Z1S1-Bezugsart (Zeile 1, Spalte 1), bei der auch die Spalten als Zahlen darstellbar sind, war der Vorgriff auf diese Zelladressierung. Nun ist es geklärt.

Wenn die einzelne Zelle so adressierbar ist, müssen es Bereiche auch sein. Das sieht analog so aus (siehe Beispiele oben):

Range("A9:A12") → Range(Cells(9, 1), Cells(12, 1))

Zu beachten ist, dass die Trennzeichen anders sind als bei der absoluten Adressierung. Der Doppelpunkt ist durch ein Komma ersetzt. Die Variablen in der Zellspezifizierung sind auch durch Kommata getrennt. Beachten Sie auch die Klammerung. So viele Klammern, wie geöffnet werden, müssen auch geschlossen werden!

Die nächsten Beispiele sind somit:

Range("B11:D11")   → Range(Cells(11, 2), Cells(11, 4))
Range("B3:D5")   → Range(Cells(3, 2), Cells(5, 4))

Eine einzelne Zelle, z.B. „B3", kann auch so „adressiert" werden: Cells(3, 2)

Range muss in diesem Falle nicht mitgeschrieben werden (bzw. wird durch ein anderes Objekt repräsentiert, z.B, durch eine Tabelle). Die Zelle „C3" in der Tabelle1 kann dann so adressiert werden:

Sheets(„Tabelle1").cells(3, 3)

Falls die Tabelle1 auch die aktive Tabelle ist, auch so:

ActiveSheet.cells(3, 3)

Damit haben wir das Rüstzeug, die Tabelle1 im Beispiel „Investmentfond" mit Werten zu bestücken.

Die Mehrfachmarkierung heben wir uns für den Schluss dieses Abschnitts auf, weil damit eine relativ komplizierte syntaktische Lösung verbunden ist.

Wir betrachten zunächst noch die Zeilen- und die Spaltenadressierung. Die sind einfach machbar – über den jeweiligen Index.

Rows("13:13")   → Rows(13)
Columns("C:C")   → Columns(3)

Vielleicht haben Sie sich gewundert, dass hier der Plural (Rows, Columns) verwendet wird, um eine einzelne Zeile oder Spalte zu benennen. Dazu ist vorab zu sagen, dass beide Spezifizierungen aus der Menge aller Zeilen oder Spalten heraus erfolgen. Das wird in der Programmierung **Auflistung** genannt. Alle Zeilen zusammen muss man sich als eine Liste aller Zeilen vorstellen, in der sie aufgeführt sind. Eine Zeile ist also ein Element (engl. Item) aus dieser Liste. Damit bedeutet

Rows(13) → Element 13 aus der Liste der Zeilen.

Damit ist die Pluralform plausibel – nicht wahr? Sie wird uns noch in vielen Formen, bei denen Auflistungen eine Rolle spielen, begegnen. Merken Sie sich bitte den Begriff der Auflistung.

Und nun nochmals zur Mehrfachmarkierung.

Während bei absoluten Bezügen die relativ einfache Form des Beispiels:

Range("A9:A11, C9:E9, G9:H12, J11:J13")

als String mit Kommata als Trennzeichen ganz analog geschrieben werden kann, ist das bei variablen Bezügen komplizierter.

Dazu wird eine Variablenart benötigt, die zwar schon benannt, aber noch nicht erklärt wurde → die Objektvariable. (Siehe **Lektion 4, Weitere Arten von Variablen**).

Objektvariablen

Objektvariablen können, wie ihr Name sagt, ganze Objekte repräsentieren. Das können auch sehr große Objekte wie die ganze Anwendung Excel sein. Wir wollen hier von unserem Range-Objekt ausgehen und beispielhaft Bereiche an Objektvariable zuweisen.

Zunächst die allgemeine Form der Zuweisungsoperation:

Set Name_Objektvariable = Zuweisungsausdruck

Diese Zuweisung an Objektvariable erfolgt also mit dem Schlüsselwort **Set.**

<u>Im Gegensatz zum Let bei anderen Variablen darf Set bei Zuweisungen an Objektvariable nicht weggelassen werden!</u>

Gleich ein praktisches Beispiel für die Zuweisung eines Bereiches aus der obigen Erklärung. Die Objekt-Variable nennen wir Bereich1:

$$\textbf{Set } \text{Bereich1} = \text{Range(Cells(9, 1), Cells(12, 1))}$$

Es müsste doch vorher noch etwas erfolgen?

Natürlich die Deklaration der Objektvariablen und die Festlegung ihres Typs.

Welcher Typ ist es denn? → Der Typ Range natürlich.

Damit lautet die Deklarationszeile:

$$\textbf{Dim } \text{Bereich1 } \textbf{as } \text{Range.}$$

Somit ist alles rechtens und in Ordnung.

<u>Abschließend noch ein Hinweis:</u>

Objektvariablen, die sehr viel Speicherplatz einnehmen können, sollten dann, wenn sie nicht mehr benötigt werden, wieder gelöscht werden. Die Löschung geschieht derart, dass sie mit einer erneuten Zuweisung den Wert Nothing (Nichts) erhalten. Also wie weiter oben:

$$\textbf{Set } \text{Bereich1} = \text{Nothing}$$

Aber welche Objekttypen gibt es denn noch?

Das ist wieder eine gute Frage. Wir beleuchten sie praktisch in der IDE mit der Visual Basic-Hilfe. Schreiben Sie im Direktfenster die obige Deklarationszeile bis as > Leertaste, damit sich die Drop-Down-Liste einblendet.

Was Sie jetzt angeboten bekommen, kann Sie erschlagen.
Es sind nämlich alle möglichen Typen, die überhaupt an eine Variable zugewiesen werden könnten. (Es geht von AboveAverage bis XPath.) Woher soll das System wissen, dass Sie gerade ein Bereichsobjekt zuweisen wollen? Aus dem Namen kann das nur der logisch denkende Mensch erahnen, die Software nicht!
Sie müssen als Programmierer selbst den richtigen Typ herausfinden. Blättern Sie mal durch. Range ist natürlich dabei. Wenn Sie hier Range markieren und mit [ENTER] auswählen, erhalten Sie die Fehlermeldung, dass das im Direktfenster

nicht zulässig ist. Wenn Sie es testen wollen, müssen Sie eine kleine Prozedur schreiben, die
Sub Test() heißen könnte. Darin können Sie alles machen.

Eine salomonische Lösung ist auch die Zuweisung des Typs Object. Suchen Sie ihn in der Liste.
Was erfolgt denn bei nachstehender Deklaration: Dim Bereich1 ?

Die Objektvariable bekommt vom System den Typ Variant verpasst wie jede andere Variable auch, wenn kein Typ explizit benannt wird. Alles schon bekannt.

Damit haben Sie nun auch die Objektvariablen am Beispiel des Bereichs-Objektes kennengelernt. Analog erfolgt das auch bei Zuweisung anderer Objekte an Objektvariablen.

Mehrfachmarkierungen

Erinnern Sie sich bitte an die Übung der Diagrammerstellung in der Tabelle des Investmentfonds und ihre Aufzeichnung mit dem Makrorekorder.

Zur Diagrammerzeugung mussten drei Spalten gleichzeitig markiert sein:
1, 7 und 9.
Wir brauchen also drei Bereichsobjekte für die Spalten und dazu noch ein viertes, um diese als Mehrfachmarkierung dem Programm bekannt zu machen. Nennen wir diese S1; S7 und S9 sowie MF.
Zunächst muss man diese deklarieren (wo? >> später!).

Dim S1 as Range, S7 as Range, S9 as Range, MF as Range

Mit einem With-Block bezüglich der Tabelle1 erzeugen wir diese Range-Objekte wie folgt:
With Sheets(„Tabelle1")
Set S1 = .Range(Cells(5, 1), Cells(LBZ, 1)) 'erste Markierung Spalte 1
Set S7 = .Range(Cells(5, 7), Cells(LBZ, 7)) 'zweite Markierung Spalte 7
SetS9 = .Range(Cells(5, 9), Cells(LBZ, 9)) 'dritte Markierung Spalte 9
'Beachten Sie, dass vor jedem Range ein Punkt steht wegen des with-Blockes
End With

Und jetzt der Clou, die **Union-Methode**. Wir vereinigen zur Union die drei Einzelbereiche

Set MF = Union(S1, S7, S9) 'Die Dreifachmarkierung ist fertig, indem das Objekt MF geschaffen wird
MF.Select wäre möglich, ist aber nicht nötig.

In der Praxis werden Sie merken, dass MF.Select gar nicht erforderlich ist, denn hier wird im Unterschied zum Makro-Rekorder nichts markiert. Mit Set MF = ...ist die Datenquelle ausreichend benannt, die für das Diagramm verwendet werden soll,
Damit ist Ihnen die Vielseitigkeit des Range-Objektes bekannt und wir können es zur Fortsetzung unseres Praxis-Beispiels „Investmentfond" einsetzen.

Gehen Sie zurück zum „Roten Faden", von dem Sie zu dieser Lektion geschickt wurden, oder arbeiten Sie die nächste Lektion 10 durch.

_____

Lektion 10:Programmiertechnische Grundlagen3 (Schleifen und Timer)

In dieser Lektion werden behandelt:
- ✓ For-Next-Anweisung (For-Next-Schleife)
- ✓ Do-While-Loop-Anweisung (Do-While-Schleife)
- ✓ For Each-Anweisung (For-Each-Schleife)
- ✓ Zeitgeberfunktion Timer

For-Next-Anweisung (auch For-Next-Schleife genannt)

Mit Schleifen kann eine ganze Gruppe von Anweisungen wiederholt werden.
Bei der For-Next-Schleife wird die Anzahl der Wiederholungen durch eine Zählvariable vorgegeben.
Bei jedem Schleifendurchlauf wird die Zählvariable um 1 (-1 bei Rückwärtszählung) erhöht oder verringert. Die Schrittweite kann mit dem Schlüsselwort Step angegeben werden. Erfolgt das nicht ausdrücklich, ist die Schrittweite 1. Mit dem Schlüsselwort For beginnt die Schleife, mit Next endet sie und ein neuer Durchlauf beginnt. Wenn die Zählvariable den Endwert erreicht hat, wird die Schleife verlassen.

Als Beispiel wollen wir die Tabelle1 in unserem Testprojekt verwenden. Setzen Sie den Zellcursor in die Zelle 10 der ersten Spalte.
Im allgemeinen Modul der Test-Mappe habe ich diese Syntax für Sie schon vorbereitet:

```
Sub Zählschleife()
      Dim I As Integer 'Zählvariable deklariert auf Prozedurebene
      Sheets("Tabelle1").Activate 'Tabelle1 zum ActiveSheet machen

      For I = 10 To 20 'Für I von 10 bis 20
        Cells(I, 1).Select   'Zelle(Zeile I , Spalte 1) markieren

      Next I 'I weiterzählen
   End Sub 'Zählschleife
```

Von der Tabelle aus aktivieren (testen) Sie wie folgt

ENTWICKLERTOOLS > Makros > (Makro Zählschleife [Ausführen])

Sie werden sehen, wie der Zellcursor in die Zelle „A20" springt, denn der Ablauf ist so schnell, dass Sie die einzelnen Schleifendurchläufe gar nicht sehen können. Deshalb werden wir die Timer-Funktion einsetzen (sh unten), um das beobachtbar zu machen.

Vorher erkläre ich aber erst noch eine weitere Schleife (es gibt noch viele Schleifen, aber dem Motto des Buches folgend erkläre ich die, die wir brauchen).

Do-While-Loop-Schleife

Diese Schleife wiederholt eine Reihe von Anweisungen, so lange eine gesetzte Bedingung erfüllt ist.
Engl. Do >> mache, tu
Engl. While >> so lange (eine Bedingung erfüllt ist)
Engl Loop >> kehre um (zurück zum Anfang)
Bei dieser Schleife muss man die Anzahl der Schleifendurchläufe nicht angeben. Das wird alles durch die Bedingung geregelt.

For-Each-Next-Schleife

Gehen wir mal davon aus, dass Sie in einer Mappe viele Diagrammblätter haben, die unterschiedlichste Diagrammtitel haben. Sie wollen wissen, ob es ein Diagramm mit dem Titel (Diagramm-Name) ‚Investment' gibt.
Falls vorhanden, soll es angezeigt werden. (Wir benutzen die Syntax, um ein altes Diagramm zu löschen, wenn in unserem Beispiel ‚Investmentfond' ein neues erzeugt werden soll.)
Ein Diagrammblatt ist ein Charts-Objekt (Online-Hilfe Charts [F1]).
Der Makro-Recorder hat das Diagramm einfach neben der Tabelle eingefügt. Wir wollen aber erreichen, dass das Diagramm ein eigenes Blatt (als Container) bekommt. Dafür müssen wir die Lösung des Makros zur richtigen Sub-Prozedur erweitern.

Wenn man ein Diagrammblatt (Chart) als ein Objekt von mehreren ansprechen will, muss man eine Variable deklarieren. (Siehe **Variable und Konstanten hier im Anhang**)
Dieses soll den Objektbezeichner ‚Diag' bekommen. Demzufolge ergibt sich

Dim Diag as Chart   ‘Diag ist vom Typ Diagrammblatt ‘
Für jedes Diagrammblatt, das vorhanden ist, soll der Blattname im Direktfenster ausgegeben werden. Wir nennen die Sub SuchDiag()
Sie finden im allgemeinen Modul1 der Testmappe die nachstehende Sub:

```
Sub SuchDiag() ‘Ein Diagramm suchen und anzeigen
Dim Diag As Chart
For Each Diag In ActiveWorkbook.Charts   ‘für jedes Diag-Objekt in der Liste der
                                         'Diags der aktiven Arbeitsmappe
   Debug.Print.Diag.Name        ‘drucke (im Direktfenster) die Namen der Diags
      Next Diag                  ‘Nächstes Diag
End Sub
```

Ich denke, dass Sie mit den Kommentaren hinter den Zeilen diese Syntax verstehen können. Wenn Sie das erledigt haben, können Sie testen. (Bitte beim Testen immer in der Tabelle beginnen.)

ENTWICKLERTOOLS > Makros > Makroname klicken > Button [Ausführen]

Wenn Sie in der IDE beginnen, kann es zu Fehlfunktionen kommen, wenn irgendetwas nicht beachtet wurde. Über den Weg, den ich immer wieder herbete, arbeiten Sie sicherer und finden Fehler schneller.
Sie finden in der Testmappe jetzt vier Makros vor. Testen müssen Sie nur Zählschleife und SuchDiag, denn der Zeitgeber wird von der Zählschleife aufgerufen und zwar zehnmal. Starten Sie ihn dennoch „von Hand", tut sich hier nichts Sichtbares.

Abschließend ein <u>wichtiger Hinweis</u> bezüglich einer Tücke bei Schleifen. Wenn Sie eine Schleife versehentlich falsch so programmieren, dass die Schleifen-Abbruchbedingung nie erreicht wird, gerät das Programm in eine Endlosschleife. Aus einer solchen kommen Sie oft nur „gewaltsam" wieder heraus, indem Sie den Task-Manager mit Strg+Alt+Entf aufrufen und dort das Programm (Excel) „abwürgen", indem Sie Excel anklicken und [Task beenden] klicken. Sie müssen dann neu starten und die fehlerhafte Schleife korrigieren.

Jetzt haben wir das „Werkzeug", um den Button im Projekt „Investmentfond" zu programmieren.

Die Zeitgeberfunktion (Timer)

Die Zeitgeberfunktion ist eine „eingebaute" Funktion, die zeitgesteuerte Programmierschritte realisieren lässt.
Ich erkläre diese hier als Hilfsmittel zur Erklärung anderer Syntax in diesem Kapitel. (Für unser Beispielprogramm ‚Investmentfond' ist sie nicht nötig.)
Der Timer gibt die Anzahl der seit Mitternacht vergangenen Sekunden als Single-Zahl zurück. Gehen Sie in das Direktfenster und geben Sie ein: ? Timer. Sie erhalten eine große Zahl sogar mit Genauigkeit auf das Hundertstel einer Sekunde. 70550,37 habe ich erhalten, als ich ca. 19:35 Uhr diese Eingabe gemacht habe. Den Zeitgeber nutzt man z.B. mit den Variablen Start und Pause. Angenommen, man will etwas realisieren, das jeweils nach einer Sekunde passiert, z.B. in unserer Tabelle jede Sekunde eine Zeile nach unten gehen, dann ist Pause = 1 und als Start setzt man den augenblicklichen Timer. Den lässt man so lange laufen, bis eine Abbruchbedingung erfüllt ist, nämlich bis der Timer eine Sekunde weitergelaufen, Timer also gleich
Start + Pause ist.
Um das praktisch zu realisieren, folgt hier die Erklärung zur Do-While-Loop-Schleife.

Schauen Sie wieder im Modul1 Ihrer Test-Mappe die von mir eingefügte Sub an:

```
Sub Zeitgeber1()
    Dim Start As Single
    Dim Pause As Integer
    Pause = 1 'als eine Sekunde
    Start = Timer   'Ein beliebiger Zeitpunkt
    Do While Timer < Start + Pause'(Start + Pause) ist Zahl, deshalb Pluszeichen
                    'hier keine Anweisungen, da nur als Sekundentaktgeber benutzt
    Loop 'Umkehr
End Sub
```

Wird also dieser Zeitgeber1 aufgerufen, läuft er eine Sekunde und beendet seine Funktion. Wurde der Zeitgeber von einer anderen Prozedur aufgerufen (z.B. mit Call Zeitgeber1), geht es in dieser aufrufenden Sub mit der Zeile weiter, die nach dem Call-Aufruf steht, sobald der Timer fertig ist.

Hier wird diese Do-While-Loop-Schleife nur verwendet, um Sekundenabstände einzustellen.

Bezüglich Aufruf einer Sub durch eine andere schauen sich Sie nochmals den **Anhang B Abb. B1** und die Erläuterung zum Schlüsselwort Call

(Direktfenster Call > [F1]) an.

Ich habe vorn im Buch erläutert, dass Call auch weggelassen werden darf, habe aber empfohlen, es zu schreiben, weil es durch die Blaufärbung besser im Quelltext gesehen werden kann.

Beachten Sie jetzt in der Sub ‚Zählschleife' <u>unter</u> der Zeile Cells(I, 1).Select zusätzlich die Zeile

Call Zeitgeber1.

Damit haben wir programmiert, dass jeweils die nächste Zelle in der Tabelle nach einer Sekunde markiert wird.

Stellen Sie in der Tabelle der Test-Mappe den Cursor in Zelle(„A10").

Testen Sie jetzt ENTWICKLERTOOLS > Makros > Zählschleife [Ausführen].

Wenn alles stimmt, wandert der Cursor im Sekundentakt abwärts zur Zelle(„A20").

Ich denke, dass mit diesem Beispiel die zwei Schleifenarten und die Timer-Funktion zu verstehen waren.

Gehen Sie zurück in den Teil 1 (Lesezeichen ?)

Lektion 11:   Programmiertechnische Grundlagen 4

Wichtige String-Funktionen von VBA (Zeichenkettenfunktionen):

- ✓ Die Funktion Len (Länge)
- ✓ Die Funktion Left (links)
- ✓ Die Funktion Right (rechts)
- ✓ Die Funktion Mid (Mitte)
- ✓ Die Eigenschaften SelStart und SelLength
- ✓ Weitere Zeichenkettenfunktionen (nur kurze Vorstellung)

Die Funktion Len

Diese System-Funktion gibt die Anzahl von Zeichen einer Zeichenkette zurück, also die Länge dieses Strings. Zeichen sind dabei alle Buchstaben, Zahlen, Satzzeichen und sogar Leerzeichen und Sonderzeichen, die zwischen den Anführungszeichen des Strings stehen. Testen Sie im Direktfenster:
? Len("Investment") >> 10 ist richtig
? Len("1. Tag") >> 6 ist richtig, Punkt und Leerzeichen wurden mit gezählt
? Len("§ ist ein Sonderzeichen")   >> 23 ist richtig.
? Len ("12345") >> 5 ist richtig.
(Zurück zum Teil 1, woher Sie wegen der Len-Funktion hierher kamen, sonst weiter.)

Die Funktion Left (links)

Mit der Funktion Left kann der linke Teil einer Zeichenkette als neue Zeichenkette herausgefiltert werden. Die Syntax lautet:

KetteLinks = Left(Zeichenkette, n)

wobei n die Zahl der Zeichen vom Anfang von Zeichenkette angibt. Testen Sie im Direktfenster: KetteLinks = left("Zeichenkette", 7): ? Kettelinks >> Zeichen ist richtig. In der Argumentklammer von left müssen Sie die Zeichenkette in Anführungszeichen schreiben. Verwenden Sie aber eine Variable, in der die Zeichenkette steckt, sind die Anführungszeichen natürlich wegzulassen. Testen Sie im Direktfenster:

ZK = „Honigmond": Teilkette = left (ZK,5) : ? Teilkette >> Honig ist richtig

Die Funktion Right (rechts)

Testen Sie analog zu Left im Direktfenster:

ZK = „Honigmond": Teilkette = Right (ZK,4) : ? Teilkette >> mond ist richtig

Die Funktion Mid (Mitte)

Hier ist es ähnlich, aber ein wenig komplexer. Mitte schneidet ab Position p ;
n Zeichen aus der Zeichenkette heraus. Die Syntax lautet: Teilkette = Mid(ZK, p, n)

Testen Sie im Direktfenster:

Teilkette = Mid(„Zeichenkette", 6, 4) : ? Teilkette >> enke ist richtig

Damit sind vier wichtige Stringfunktionen behandelt und von Ihnen nutzbar.
Die folgenden beiden Eigenschaften SelStart und SelLength können Sie zunächst
erst einmal weglassen. Wenn Sie gebraucht werden, schicke ich Sie noch einmal in
diese Lektion.

Die Eigenschaften SelStart und SelLength

Die Eigenschaften SelStart und SelLength nutzen wir, um in der Laufzeit Text in
einem Textfeld markiert erscheinen zu lassen. Dabei gibt selStart den Startpunkt für
eine Markierung an. Bei einem zu markierenden ganzen Wort ist das Position 0
(Null), d.h. die Einfügemarke steht vor dem ersten Zeichen der Markierung. Es kann
aber auch ein Wort mitten in einem Satz sein, das markiert werden soll. Dann wäre
selStart die Position vor dem ersten Zeichen des Wortes in diesem Satz.
SelLength, das sagt schon wieder der Name, ist die Länge der Markierung als
Anzahl der Zeichen (wieder mit Trennzeichen, Leerzeichen, Sonderzeichen usw.).
Damit kann ab sofort gearbeitet werden.

Weitere Zeichenkettenfunktionen

Weitere Zeichenkettenfunktionen nenne ich hier noch mit ihrer Zweckbestimmung,
erläutere diese aber hier nicht, weil wir diese bei unseren Praxisbeispielen nicht
verwenden. Wenn Sie selbst autodidaktisch weiterarbeiten, können Sie sich diese
per Hilfe oder weiterführende Literatur erschließen.

Instr-Funktion
kann prüfen, ob eine Zeichenkette in einer anderen enthalten ist.

Lcase- Funktion und Ucase-Funktion
können alle Groß- in Kleinbuchstaben und umgekehrt umwandeln.

Format-Funktion (Brauchen wir im Projekt „Briefkorrektur"!!!)
wandelt einen Zahlenstring in eine echte Zahl um, die ein bestimmtes Format hat,
wie z.B. mit Tausendertrenner, zwei Nachkommastellen usw. Diese Funktion
benutzen wir im dritten Praxisbeispiel. Da das aber hier noch in weiter Ferne liegt,
erläutere ich die Format-Funktion kurz, bevor wir sie brauchen.

Trim-Funktion
beseitigt Leerzeichen am Anfang oder Ende einer Zeichenkette.

String-Funktion
vervielfältigt ein Zeichen

Replace-Funktion
ersetzt eine Teilzeichenkette in einer anderen Zeichenkette

Lektion 12:   Programmiertechnische Grundlagen 5

Interessante Funktionen zur Problemlösung:

✓ Die Dialog-Funktionen (Überblick)
✓ Die Funktion FileDialog (Datei Dialog)
✓ Die API-Funktionen (Einführung
✓ Die API-Funktion ShellExecute

Dialog-Funktionen von VBA

Dialoge bedienen Sie bei der Arbeit am PC ständig. Beim Ändern von Schriftart-Eigenschaften wie Farbe, fett, unterstrichen usw. sind die Dialoge bereits in den Symbolleisten bereitgestellt. Sie sind sich dessen gar nicht bewusst, einen Dialog zu bedienen. Anders ist das beim ersten Abspeichern einer gerade bearbeiteten Datei. Mit **DATEI > Speichern unter** werden gleich mehrere Dialoge eingeblendet. Zuerst müssen Sie den Pfad zum Speicherordner angeben, dann den Dateinamen und ggf. noch den Dateityp und letztlich mit OK die Abspeicherung auslösen.
Um eine bereits gespeicherte PDF-Datei am bekannten Speicherort zu öffnen, haben Sie zwei Möglichkeiten. Sie klicken sich zum Speicherort im Windows-Explorer durch, doppelklicken eine zu wählende Datei und diese wird mit ihrer Anwendung gestartet und angezeigt.
In unserem Beispiel besteht aber die Absicht, in der Laufzeit des Programms durch Klick auf einen Button den entsprechenden Dialog zu öffnen, ohne sich im Explorer durchklicken zu müssen.
Dazu stellt VBA / VB „vorgefertigte" Dialoge zur Verfügung. Diese sind an eine Office-Anwendung gebunden, also an ein Application-Objekt.
Schreiben Sie zum Veranschaulichen im Direktfenster zunächst **Application.** und beobachten das Listenfeld mit der Menge an Möglichkeiten, die sich auftun. Scrollen Sie bis FileDialog oder schreiben Sie weiter **file.** Klicken Sie **FileDialog** und übernehmen Sie mit der Leertaste. Sofort öffnet sich wieder eine Liste und bietet vier Dialogtypen an, die alle mit dem Präfix mso (MicrosoftOffice) beginnen und in Argumentklammern einzuschließen sind: msoFileDialogFilePicker, msoFileDialogFolderPicker, msoFileDialogOpen und msoFileDialogSaveAs. Das sind DateiSuchen, OrdnerSuchen, Öffnen und SpeichernAls. Wir werden Öffnen verwenden. Schreiben Sie im Direktfenster nach der schließenden Klammer wieder einen Punkt und Sie sehen wieder die Fülle der Eigenschaften und Methoden, die genutzt werden können. Bei der Benutzung des FileDialogs „Öffnen" könnte man vermuten, dass dieser uns die auszuwählende Datei sofort öffnet. Aber das ist leider nicht so! Doch zunächst zur erforderlichen Syntax des Dialogs:

Wir brauchen die Members des Filedialogs.

Was sind denn schon wieder Members?

Wenn Sie Member übersetzen, bekommen Sie Mitglied, Teilnehmer, Glied, Angehöriger u. weitere.

Es sind also die zugehörigen Glieder des Dialogs und das können sein:

.InitialFileName ➜ der Pfad ohne Datei

.AllowMultiSelect = False oder True , d.h. Mehrfachauswahl möglich oder nicht, hier False, d.h. nur eine Datei wählbar
.Filters ➜ Filter bezüglich Datei (löschen und / oder setzen), hier erst löschen

.Filters.Clear ➜(alte Filter löschen) dann

.Filters.add "PDF-Dateien" "*.pdf" (Filter hinzu ➜ nur pdf-Dateien)

.show ➜ (Anzeigen des Dialogs)

.selectedItems ➜ (gewählte Artikel hier im Sinne einer Auswahl aus einer Auflistung, nämlich der Liste der im Ordner befindlichen pdf-Dateien)

Dazu habe ich weiter vorn erwähnt, dass sich das Ganze auf das aktuelle Application-Objekt bezieht. Hier ist das Excel selbst. Es könnte aber auch aus einer anderen Office-Anwendung heraus erfolgen. Mehr dazu, dann im Textteil bei der Programmierung des Buttons, dort komme ich darauf zurück, denn für das Öffnen, also Anzeigen der Datei, ist noch zusätzlich etwas nötig, nämlich eine **Windows-API-Funktion**, die ich im Textteil bereits erwähnt habe.

Die API-Funktionen / die Funktion ShellExecute

Wie bereits beschrieben, sind die API-Funktionen kein Bestandteil von VBA / VB, sondern Funktionen des Betriebssystems selbst. Sie erweitern quasi das Betriebssystem und befinden sich meistens in sogenannten **DLL-Dateien** (**D**ynamic **Li**nk **L**ibrary ➜ dynamisch verbundene Bibliotheken). Dynamisch bedeutet dabei, dass diese DLLs im Programmlauf einbezogen werden können. DLLs sind also Funktions-Speicher, die bei Erfordernis das Betriebssystem funktionell erweitern. Die DLL-Dateien befinden sich häufig im Windows-Ordner System32, nicht aber zwingend nur dort. Manche Software-Hersteller schaffen auch eigene DLL-Dateien und platzieren diese bei der Installation irgendwo anders. Wir brauchen aber hier die zum Umfang von Windows gehörige DLL namens Shell32.dll, die sich im Ordner System32 von Windows befindet.
Das englische Wort Shell bedeutet so viel wie Schale, wird aber auch manchmal mit Muschel übersetzt. Mir selbst gefällt Schale besser. Das Wort verweist auf die äußere Schale von Windows, also auf das, was von außen erreichbar ist. Shell ist

eigentlich eine eigenständige Funktion von Windows und kann z.B. eine Anwendung starten, <u>aber keine Datei öffnen!</u> Für Letzteres müssen wir etwas tiefer hineinsteigen.

Zunächst zur „Mechanik" der Nutzung von API-Funktionen.

Allen gleich sind die Declare-Anweisungen, die außerhalb von Prozeduren anzuordnen sind und eine scheinbar komplizierte Syntax haben. Aber so schlimm ist es gar nicht. Ich schreibe hier schon einmal die Deklaration auf, die wir zum Öffnen der PDF-Datei brauchen und die damit auch den Acrobat Reader startet.
Diese Deklaration muss bei Nutzung der VBA-Version 7 (64-Bit) zwingend mit dem Schlüsselwort PetrSafe geschrieben werden, um alle Datentypen, Parameter und Rückgabewerte darauf einzustellen. Mit PetrSafe bzw. LongPtr als Datentyp wird das erreicht. (LongPtr löst automatisch den Datentyp LongLong aus >> Schauen Sie in der Hilfe bei Datentypen nach!) Damit muss die Anweisung wie folgt geschrieben werden, wobei statt Public auch Private stehen könnte:

Public Declare PtrSafe Function ShellExecute Lib "Shell32.dll" Alias "ShellExecuteA" _ (ByVal hwnd As Long, ByVal lpOperation As String, ByVal lpFile As String, ByVal _ lpParameters As String, ByVal lpDirectory As String, ByVal nShowcmd As Long) As LongPtr

Lassen wir zunächst einmal die Klammern mit den vielen Argumenten weg und betrachten den Anfang der Anweisung:
Public Declare PtrSafe Function ShellExecute Lib "Shell32.dll" Alias "ShellExecuteA" (

Also rückübersetzt: Öffentliche Deklaration PtrSafe Funktion mit dem Funktionsnamen ShellAusführung Bibliothek „Shell32.dll" mit Aliasnamen „ShellexecuteA" (Argumente)

Der Schwerpunkt liegt auf dem Funktionsnamenteil Execute. Übersetzungen finden Sie mit ausführen, durchführen, vollstrecken, vollziehen, vollführen und weiteren zahlreichen Bedeutungen im Englischen.
Also, es wird etwas ausgeführt. Wir wollen erreichen, dass eine PDF-Datei ausgeführt, also inhaltlich angezeigt wird. Dass dabei die Anwendung Acrobat Reader oder ein anderes Programm, das PDF-Dateien standardmäßig bedient, gestartet werden muss, ist logisch.
Der Aliasname ist ein Stellvertretername und kann mit einem nachgestellten A oder W ergänzt werden. Das verweist auf die Verwendung des Ansi-Codes oder des Unicodes (>>> Hilfe). Wir verwenden hier A >> AnsiCode. Aber weiter müssen Sie sich hier nicht kümmern. Sie müssen es mir zunächst glauben.
Aber schreiben Sie dann in der Übernahme der Syntax alles genau ab, um Frust zu vermeiden.

Jetzt zu den Argumenten in der großen Klammer.

Diese werden mit ihren Werten übergeben, also ByVal (by Value = durch Wert)

hwnd verweist auf ein übergeordnetes Fenster. Wenn es das nicht gibt, kann hwnd Null sein (Longzahl) – und das ist es in unserem Fall.

lpOperation ist das wichtigste Argument für unseren Fall Öffnen -> also „**Open**", ist natürlich eine Zeichenkette.

lpFile als String ist der gesamte Pfad, einschließlich der zu öffnenden Datei – wir geben dem Ganzen den Variablennamen filepath, der natürlich zu deklarieren ist.

lpParameters als String kann leer sein und ist leer.

lpDirectory als String kann leer bleiben, denn es steckt bereits im lpFile mit drin.

nShowcmd als Longzahl gibt an, in welcher Art Fenster die Anzeige der Datei erfolgt, in unserem Fall 3 oder 1 (3 >> aktiviert und maximiert; 1 >> normale Fensteranzeige) Wir setzen auf 1.

Wie muss das letztlich alles in der Anweisungszeile geschrieben werden?

Es ist eine Funktion und die können wir mit Call aufrufen. Auch hier könnte Call weggelassen werden; wir nutzen es aber:

Call shellexecute(Null, „Öffnen", gesamter Pfad, leer, leer, 1) als richtige Syntax:

Also syntaktisch korrekt so:

Call shellexecute(0&, „Open", filepath, "", "", 1) (das & nach der Null steht für den Typ)

Mit dieser bescheidenen Zeile soll dann das schwierige Datei-Öffnen funktionieren?

Das wird es. Sie werden den Erfolg bejubeln.

Gehen Sie jetzt zurück in den Teil 1 (Lesezeichen?)

_____

Lektion 13: Programmiertechnische Grundlagen 6

In dieser Lektion werden behandelt:

- ✓ Die Zeichencodierung in Computern
- ✓ Der Zeichencode (KeyASCII)
- ✓ Der Tastaturcode (Keycode)
- ✓ Tastatur-Ereignisse und Ereignisprozeduren
- ✓ Die VB-Funktionen chr() und asc() (Character und ASCII)
- ✓ Objekte in Texten und einige ihrer Eigenschaften

Die Zeichencodierung in Computern

Wie bereits in der Lektion 5 'Zahlensysteme' angeklungen ist, werden alle alphanumerischen, aber auch nichtdruckbaren Zeichen nur in verschlüsselter Form im Computer verarbeitet. Zur Verschlüsselung dient seit den Zeiten der ersten Computer ein Zahlencode aus Dezimalzahlen, denen die Zeichen zugewiesen sind (Codetabelle). Natürlich werden im Computer keine Dezimalzahlen verarbeitet, aber diese sind nun einmal den Menschen geläufig, weil sie sein tägliches Zahlensystem sind.

Die amerikanische Standardisierungsbehörde ANSI hat diesen Code sehr zeitig verbindlich gemacht, da durch unterschiedliche Codierungen kein heilloses Chaos auf dem Computersektor entstehen sollte. Gott sei Dank!

Der erste Code kam mit 127 Verschlüsselungen aus und nennt sich ASCII-Code. Später reichten diese Verschlüsselungen nicht mehr aus und wurden auf 255 erweitert, wobei die Null mit enthalten ist.
255 ist bekanntlich die größte Dezimalzahl, die sich durch eine achtstellige Dualzahl darstellen lässt (11111111). Sie wissen, dass diese Bytes aus 8 Bits eine Schlüsselrolle im Computer hatten und haben.
Der Code mit 255 Verschlüsselungen ist der erweiterte ASCII-Code. Die gesamten Codetabellen entnehmen Sie bei Erfordernis bitte weiterführender Literatur(L) oder dem Internet.

Der Zeichencode

Der Zeichencode interessiert uns zunächst am meisten und davon wiederum die Ziffern sowie die Klein- und die Großbuchstaben.

Dezimalcodebereich	Zeichen
48 bis 57	0 bis 9 (Ziffern)
65 bis 90	A bis Z (Großbuchstaben)
97 bis 122	a bis z (Kleinbuchstaben)

65 ist also A, 122 ist z, 50 ist Ziffer 2; um nur ein paar Beispiele zu nennen. Sie müssen das aber nicht auswendig lernen, obwohl Sie sich mit zunehmender Programmierpraxis immer mehr ganz nebenbei merken werden.
Weitere Zeichen wie Satzzeichen, Klammern und einige Sonderzeichen liegen im Bereich bis 127 verstreut.

Sie werden in dieser Lektion noch lernen, wie Sie diese Zeichen und Codierungen leicht mittels Syntax aus dem System herausfragen können. Was hier zunächst wichtig ist, ist die Möglichkeit, die Vergleichsoperatoren > und < auf die Zeichen anzuwenden. Daraus ergeben sich u.a. einige interessante Programmierlösungen. In Wirklichkeit vergleicht man nicht die Zeichen selbst, sondern ihre Codierung. Und damit ist der Ausdruck ("A" < "a") WAHR! Groß A ist kleiner als klein a, denn 65 ist kleiner als 97. Merken Sie sich diese Möglichkeit.

Für den Zeichencode gibt es im System eine 'eingebaute' (systemeigene) Variable mit dem Namen Keyascii. In Keyascii steckt immer der Code des zuletzt auf der Tastatur benutzten Zeichens. Keyascii muss nicht erst deklariert werden, denn das System kennt seine Elemente natürlich. Aber Keyascii darf auch nicht anderweitig als neue Variable deklariert werden. Keyascii ist quasi öffentlich!

Jetzt wenden wir uns einem weiteren Code zu. Das ist der Tastaturcode.

Der Tastaturcode

Gibt es denn hier einen Unterschied – A ist doch A?

Die Frage ist berechtigt und doch gibt es den Unterschied.
Jede Taste hat ihren Tastaturcode, den das System auswertet, um das Tastaturereignis festzustellen.
Aber nicht jede Taste hat einen Zeichencode. Den haben nur die Tasten mit druckbaren Zeichen und noch einige spezielle Tasten wie Esc (27) und die Leertaste (Space: 32).
Wenn Sie die Taste für den Kleinbuchstaben a der Tastatur betätigen, werden beide Codes erzeugt. Die Variable Keyascii erhält den Wert 97, der Keycode, so heißt die Variable für den Tastaturcode, hat aber den Wert 65.

Woran liegt das? Das liegt wieder an den Ereignissen.

Ich habe die **Tastatur-Ereignisse** bereits als Beispiele in **Lektion 3** verwendet.

Jetzt kommt diesbezüglich an Erkenntnissen dazu, dass nur die Tasten mit druckbaren Zeichen alle drei Tastaturereignisse auslösen, während die Funktionstasten F1 bis F12 sowie Strg, Alt, Rücktaste usw. nur die beiden Ereignisse KeyDown und KeyUp nach sich ziehen.

Schreiben Sie also den Großbuchstaben A, sind Keyascii und Keycode gleich, nämlich beide 65.

Was mussten Sie aber tun, um den Großbuchstaben A überhaupt erzeugen zu können? Sie mussten zusätzlich die Shift-Taste drücken.

Ich nehme es hier vorweg: Durch logische Verknüpfung der Tastaturcodes wird das Ergebnis eindeutig gemacht.

Beim Drücken der Shift-Taste gibt es zuerst das KeyDown-Ereignis, das den Keycode 16 auslöst. Keypress gibt es hier nicht. Die Taste wird gehalten. Dann folgt das KeyDown-Ereignis von Taste A mit dem Keycode 65. Es folgt das Keypress-Ereignis der A-Taste, das eigentlich 97 wäre, wenn die Shift-Taste nicht vorher gedrückt worden wäre. Aber durch die intern durch den Keycode 16 gesteuerte logische Verknüpfung beider Tasten wird der Tastaturcode der Zeichentaste A, also 65, an Keyascii zugewiesen und damit natürlich ausgelöst. Damit sind beim großen A Keycode und Keyascii letztlich gleich, nämlich 65. Nach diesem Schema regelt sich alles, was an Zeichen mit der Shift-Taste erzeugt wird.

Es gibt aber noch eine dritte Ebene, nämlich die mit [Alt G] zu erreichenden Sonderzeichen, wie z.B. @, ~,\, } usw.

Deshalb folgt dazu ein komplexes Beispiel für die logische Verknüpfung von Tastaturereignissen, indem wir das Eurosymbol € bei der Eingabe erzeugen. Dazu ist bekanntlich die Taste [Alt Gr] und zusätzlich die [E-Taste] zu drücken.

Hier laufen nachstehende vier Ereignisse bzw. Codierungen ab:

Zuerst Tastencode 16 (Strg), dann Tastencode 17 (Alt), denn [AltGr] können Sie auch durch gleichzeitiges Drücken von [Strg] und [Alt] realisieren – und das sind genau die beiden ersten Tastencodes.

Dann folgt Tastencode 69 (E-Taste) und am Ende der Zeichencode 128 (€-Zeichen).

Bis vor kurzem war der Code 128 noch mit einem zweiten Fragezeichen belegt (das erste hat Code 63). Irgendwo musste das €-Symbol schließlich untergebracht werden; das geschah bei Zeichencode 128 eben.

Diese Codetabellen sind eben auch nicht starr für alle Zeiten, aber beständig sind sie schon, denn so viel ändert sich schließlich auch nicht.

Hier folgt noch ein Sonderfall, die Erzeugung des Zeichens ^, das bekanntlich den Potenzoperator darstellt. Das Zeichen wird erzeugt, indem zuerst die Zeichentaste und danach die Leertaste gedrückt wird. Das zieht nachstehende Codierungen nach sich: Tastencode 220 (°^), Tastencode 32 (Leertaste) und Zeichencode 94 (^).

Jetzt schauen wir uns noch die aufschlussreichen Prozedurkörper der Ereignisprozeduren der Tastaturereignisse an.

Wo erscheint denn eigentlich eine Reaktion, wenn eine Taste gedrückt wird?

Wieder eine gute Frage! Es muss ein Objekt sein, das Tastaturereignisse empfangen kann. In unserem Formular im Beispiel ist das natürlich jede Textbox, wenn sie das aktive Control ist.
Ganz allgemein kann festgehalten werden:

<u>Tastaturereignisse werden vom aktiven Objekt entgegengenommen, sofern dieses dazu geeignet ist. Das aktive Objekt ist in Formularen das Control, das den Fokus hat.</u>

Welche Objekte keine Tastaturereignisse auswerten können, werde ich Ihnen an geeigneter Stelle zeigen. Jetzt konzentrieren wir uns auf die Textboxen bzw. allgemein auf die Eigenschaften von Controls, in die Text eingegeben werden kann.

Ereignisprozeduren zu Tastaturereignissen

Wir schauen uns diese mit Hilfe der Textboxen unseres Beispiels 'Investmentfond' an.

Gehen Sie in die IDE zum Formular und klicken Sie doppelt in eine der drei Textboxen. Das System schaltet zum Modul von frmHaupt und legt die Change-Prozedur für diese Textbox an. Die brauchen wir zwar jetzt nicht und werden sie wieder löschen, aber wir stehen im richtigen Objekt, das Sie oben links im Listenfeld lesen. Klappen Sie jetzt die rechte Liste auf, suchen Sie zunächst das KeyDown-Ereignis und klicken Sie es an. Die KeyDown-Ereignisprozedur wird angelegt. Wiederholen Sie den Vorgang mit dem Keypress-Ereignis und dem KeyUp-Ereignis. Damit haben Sie alle Prozedurkörper vor Augen. Ich gebe hier nur die Kopfzeilen wieder, die es auszuwerten gilt.
Es sind:

Private Sub txtDat_KeyDown(ByVal KeyCode As MSForms.ReturnInteger, ByVal _ Shift As Integer)

Private Sub txtDat_KeyPress(ByVal KeyAscii As MSForms.ReturnInteger)

Private Sub txtDat_KeyUp(ByVal KeyCode As MSForms.ReturnInteger, ByVal _ Shift As Integer)

Zunächst halten wir fest, dass KeyDown und KeyUp gleich beschaffen sind. Ich erkläre mit der einen die andere gleich mit.

Außerdem fällt auf, dass im Gegensatz zu den bisher behandelten Ereignisprozeduren das Klammernpaar hinter dem Namen nicht leer, sondern sogar verwirrend reichlich gefüllt ist.

Die Ereignisprozeduren der Tastaturereignisse benötigen als Argumente den Keycode und Shift bzw. Keyascii. Diese Codes werden vom System an die Prozeduren übergeben. Sie können vom Programmierer verwendet werden.

Damit haben Sie ein erstes Beispiel dafür kennengelernt, bei dem normalen Sub-Prozeduren wie bei Funktionsprozeduren Werte übergeben werden müssen, damit diese Prozeduren richtig arbeiten. Diese Argumente können vom System kommen, aber auch vom Programmierer vorgesehen sein.

Der Unterschied zur Funktionsprozedur ist, dass letztere Werte an das Programm zurückliefern, Sub-Prozeduren mit Argumenten aber nicht – diese lösen Aktionen aus!

Jetzt übersetzen wir die Kopfzeilen ausführlich, was die Argumentklammern betrifft, denn der Teil davor ist aktueller Kenntnisstand. Zunächst fällt das Schlüsselwort ByVal auf, was DurchdenWert bedeutet (hatten wir schon). Zu Byval und seinem Pendant ByRef wird noch viel zu sagen sein, aber hier reicht es, wenn Sie zur Kenntnis nehmen, dass ein Argument durch einen Wert übergeben wird.

Damit ist die Klammer im ersten und im dritten Prozedurkopf übersetzbar:

durch den Wert Keycode als MSFormsRückgabezahlInteger und
durch den Wert Shift als Integerwert

Das bedeutet, dass Keycode als Integerzahl eines bestimmten systemtypischen Datentyps und Shift als normale Integerzahl (Sie wissen es schon → 16) an die Prozedur übergeben wird.

Die Klammer im zweiten Prozedurkopf lautet analog übersetzt:

DurchdenWert Keyascii als Integerzahl eines bestimmten systemtypischen Datentyps

Beim Schreiben der Ereignisprozeduren spielen also die ganzzahligen Code-Werte der Zeichen und Tasten eine Schlüsselrolle. Auf diese Code-Zahlen müssen Sie die

Auswerte-Syntax richten. Um Shift müssen Sie sich nicht kümmern, den Wert kennt das System. Er ist und bleibt 16.

Die Systemfunktionen chr() und asc()

chr() und asc() dienen dazu, aus einer Code-Zahl das zugehörige Zeichen oder zu einem Zeichen den zugehörigen Code zu ermitteln. Es handelt sich wieder um zwei 'eingebaute' Funktionen, die Sie hiermit kennenlernen.

Die Funktion chr() → Character ermittelt das Zeichen aus dem Code. Demzufolge muss der Funktion als Argument die Codezahl übergeben werden.

Die Funktion asc() → Ascii ermittelt also den Ascii-Code zum Zeichen, das der Funktion als String übergeben werden muss. Ist dieser String länger als ein Zeichen, wird von der Funktion der Code des ersten Zeichens des Strings zurückgegeben. Beispiele,

die Sie gleich im Direktfenster ausprobieren sollten:

? chr(65) → A
? chr(97) → a
? asc("B") → 66
? asc("c") → 99
? asc("Maus") → 77 {ist das Gleiche wie ? asc("M")   }

Mit diesem Kenntnisstand sind Sie in der Lage, Tastaturereignis-Prozeduren zu programmieren.

VBA-Objekte in Texten

Da ich Ihnen nicht so viel von VBA-Word vermitteln will wie von VBA-Excel, muss ich mich hier auf einige wenige, aber wichtige Objekte beschränken.

Das Objekt Characters() (sh. auch Hilfe)

Es gibt kein **Einzelobjekt Character,** sondern nur ein Range-Objekt in einer Liste (Auflistung) von Characters, das ein Zeichen darstellt. Also das einzelne Zeichen ist ein Range-Objekt!

Beispiel: Wenn Sie hier oben das Wort Einzelobjekt markieren (Cursor rein und dblKlick: „Einzelobjekt" ist jetzt Selection-Objekt), dann ist das E am Anfang Selection.characters(1) und
folglich das o von objekt (in Einzelobjekt: Selection.characters(7)

Die Eigenschaft Words()

Es gibt auch kein Einzelobjekt Word, sondern nur Range-Objekte in Words-Auflistungen! Jedes Element in der Words-Auflistung ist ein Range-Objekt, das ein Wort darstellt.(Beachten Sie Wort (Sprache) und Words (Programmiersprache).)
Es werden auch hier Indizes verwendet, um ein Words-Objekt zurückzugeben.
Mit der Indexnummer geben Sie also ein Range-Objekt zurück, das ein Wort im Text darstellt, egal, wo dieser Text steht.
Mit der Words-Eigenschaft wird also ein Words-Objekt zurückgegeben.
Das ist – zugegeben – etwas gewöhnungsbedürftig, aber verstehbar.

Öffnen Sie ein beliebiges Word-Dokument in Ihrem Speicher, das direkt mit Text beginnt, also kein Briefkopf oder dgl., gehen Sie in die erste Zeile, dann in das Direktfenster und schreiben Sie:

? Activedocument.Words(1) > >[Enter]

Das erste Wort Ihrer ersten Zeile sollte im Direktfenster zu sehen sein. Falls Ihre erste Zeile aber z.B. mit einer KlammerAuf beginnt, sehen Sie **(** , eine KlammerAuf eben.
Ändern Sie den Index in 2 und drücken [Enter], dann sollte das erste Wort erscheinen. Zum Test könnten Sie Ihren ersten Satz mal einklammern, um das zu beobachten. In dieser Weise können Sie jedes Words-Objekt anzeigen, indem Sie immer den Index um 1 erhöhen.
Geben Sie der Vollständigkeit halber noch ein:

? Activedocument.words.count und erhalten damit die Anzahl der Words-Objekte in Ihrem aktiven Dokument.

Wichtig bei den Words() ist, dass in einem Text viel mehr Words() vorhanden sind als Wörter. Das erläutere ich an folgendem Satz:

Das   Fernsehgerät   kostete   524,83   Euro
(fünfhundertvierundzwanzigdreiundachtzig)

Jedes Textelement, das mit einer Farbe gekennzeichnet ist, ist ein eigenständiges Element der Words-Liste des Dokuments. Das sind damit zehn Words, aber nur sechs Wörter, wenn wir die Zahl dazurechnen. Selbst das Komma in der Zahl und die beiden Klammern sind eigenständige Words(). Es sind Range, also Bereichs-Objekte. Selbst das einzelne Zeichen ist ein Range-Objekt. Stellen Sie jetzt den bunten Satz ganz an den Anfang eines Dokuments, dann ist Das >> words(1); Fernsehgerät >> words(2) und
Fünfhundertvierundzwanzigdreiundachtzig >> words((9) und die KlammerZu) >> words(10).

Zu den words() gehört <u>immer auch das Leerzeichen</u> vor dem nächsten words().
Bei den einzelnen Zeichen analog: Das D von **Das** ist characters(1), das s >> characters(3).
Bei Texten sind das die beiden wichtigsten Objekte. Wir werden im Beispiel nur mit diesen beiden arbeiten.

Die Paragraphs-Auflistung

Die Paragraphs-Auflistung beinhaltet alle Absätze eines Dokuments oder eines Bereiches. Beachten Sie, dass jede Zeile, die Sie mit [Enter] abschließen, einen eigenständigen Absatz bildet!

Testen Sie im Direktfenster
Debug.Print ActiveDocument.Paragraphs.Count & " Absätze"

Eine Anzahl von Absätzen wird gemeldet. Ändern Sie im Dokument eine Zeilenschaltung mit Absatzzeichen mit Shift+[Enter] ab, löschen Sie ein ¶-Zeichen und testen Sie im Direktfenster noch einmal. Jetzt sollte die Absatzanzahl um 1 kleiner sein.

Die Selection.Range-Eigenschaft

Diese Eigenschaft gibt ein Range-Objekt zurück, das den Teil eines Dokuments darstellt, der im angegebenen Objekt enthalten ist. Dies ist etwas schwer zu verstehen. Bei der Anwendung wird es klar werden. Wir nutzen es im Beispiel nicht.

Die Eigenschaften <u>Start</u> und <u>End</u> eines Range-Objektes

Wenn Sie ein Bereichsobjekt deklarieren und mit Range typisieren, hat dieser Bereich, sobald er konkret ist, einen Startpunkt und einen Endpunkt. Konkret wird er z.B. durch Markierung (Selection-Objekt)
Nennen wir das Objekt ‚Apunkt', deklarieren Dim Apunkt as Range und setzen
Set Apunkt = Selection.Range. Das setzt natürlich voraus, dass etwas markiert ist.
Wenn Sie jetzt noch die zwei Variablen Pos1 und Pos2 als Integer deklarieren, können Sie beiden die Eigenschaften Start und End des Objektes APunkt zuweisen:

Pos1 = Apunkt.Start
Pos2 = Apunkt.End

Das ist nützlich, wenn Sie in Texten verschiedene Objekte herausgreifen und bearbeiten bzw. verarbeiten wollen. Im Beispiel wird es deutlich werden.

Der Vollständigkeit halber nenne ich noch die weiteren Objekte, ohne diese hier zu erklären. Wenn Sie diese in der weiteren Folge brauchen, können Sie sich diese über die Hilfe oder weiterführende Literatur erschließen.

Das sind:

Sentences- Objekt: Auflistung einzelner Sätze im Dokument

Sections-Objekt: Abschnitte im Dokument

Selections-Objekt: alle Wörter in einer Auswahl, d.h. z.B in einer Markierung

Damit können Sie die Erarbeitung des dritten Praxisbeispiels im Teil 1, Abschnitt 12 weiter angehen.

Gehen Sie zum „Roten Faden" zurück.

_____

Lektion 14: Programmiertechnische Spezifika

In dieser Lektion werden behandelt:

- ✓ Der Vergleich einer Tabelle mit einem zweidimensionalen Datenfeld
- ✓ Ein zweidimensionales Datenfeld und seine Erweiterung mit
  Redim Preserve
- ✓ Die sequentielle Abspeicherung von Daten
- ✓ Import von Namespaces (Einführung)
- ✓ Prüfung von Ordner auf eine vorhandene Datei

Vergleich Tabelle vs. Datenfeld

In der weiteren Folge werden Daten eingegeben, die zwischengespeichert werden müssen.

Aber wie und wohin werden diese gespeichert, denn eine Speichertabelle wie in Excel haben wir hier doch nicht?

Und das genau ist der springende Punkt. Ich greife mal vor auf die Abspeicherung der Antworten auf die 19 Fragen und die persönlichen Angaben. Im VBA-Beispiel haben wir eine Excel-Tabelle genutzt und dort die Daten abgelegt. Wenn wir die Tabelle betrachten, dann ist sie vergleichbar mit einer zweidimensionalen Matrix, einem zweidimensionalen Datenfeld also. In der Excel-Tabelle SpeiDat haben wir deren Umfang bei Eingabe jedes neuen Datensatzes immer nach unten um X Zeilen erweitert. Bei einem Datenfeld ist das prinzipiell auch möglich, aber es gibt eine Tücke.

Organisieren wir ein Datenfeld, nennen es in Anlehnung an VBA:

Tabelle(Zeilen, Spalten),

dann könnte nur die letzte Dimension (hier Spalten) in der Laufzeit erweitert werden. In unserer Excel-SpeiDat wurden aber ständig Zeilen erweitert. Natürlich muss es eine Lösung geben. Diese besteht darin, dass wir das Datenfeld einfach „spiegeln" und somit aus Zeilen Spalten machen und umgekehrt. Am Ende wird das dann zurück ‚gespiegelt'. Aber mit dem gespiegelten Datenfeld Tabelle(Spalten, Zeilen) kann die ständige Erweiterung natürlich erfolgen. Damit wäre zu deklarieren:

Public Tabelle(26, 0) **As Variant** 'muss Variant oder String sein, weil Text mit drin steht.
Hier 27 Spalten (0 – 26) und 1 Zeile (Nullzeile)
An entsprechender Stelle mehr dazu.

Eine weitere Überlegung:

In VBA bleibt die SpeicherTab physisch bestehen, wenn das Programm beendet wird. Ein Datenfeld aber wird bei Programmende gelöscht. Deshalb müssen diese Daten vor Programmende in eine separate Datei geschrieben und abgespeichert werden. Bei Neustart des Programms wird dann diese Datei wieder in das Datenfeld eingelesen. Es wird dazu eine sogenannte sequentielle Datei organisiert, in die, das Attribut sagt es, nacheinander (sequentiell) alle Daten hineingeschrieben und ebenso wieder ausgelesen werden können. Nennen wir diese sequentiellen Dateien Dat_Jahr, also z.B. Dat_2021. Damit wäre DatName = „Dat_" & Jahr zu programmieren. (Übrigens haben diese Dateien keine Datei-Endung nach einem Punkt!)

Weiter unten sehen Sie schematisch ein Datenfeld (gelb), über das eine Tabelle so gelegt ist, dass sich die Tabellenbereiche (hellblau) mit denen des Datenfeldes decken. Damit sind Feldelemente gleich den Tabellenelementen, außer in der Nullzeile und der Nullspalte. In diesen kann nur das Feld Werte haben. Diese Bereiche können also zur Unterbringung einzelner Werte dienen, die nicht in der Tabelle enthalten sind, aber bei der Abspeicherung mit erfasst werden sollen.

	0	1	2	3	4	5	6	7	8	9	10
0	F(0, 0)	F(0, 1)	F(0, 2)	F(0, 3)	F(0, 4)	F(0, 5)	F(0, 6)	F(0, 7)	F(0, 8)	F(0, 9)	F(0, 10)
1	F(1, 0)	T(1, 1)·F(1, 1)									
2	F(2, 0)		T(2, 2)·F(2, 2)								
3	F(3, 0)										
4	F(4, 0)										
5	F(5, 0)				T(5, 4)·F(5,4)						
6	F(6, 0)										
7	F(7, 0)										
8	F8, 0)									T(8, 9)·F(8,9)	
9	F(9, 0)										
10	F(10, 0)										

Abb. A 6 Eine Tabelle (hellblau) über einem Datenfeld (gelb)

Wenn das Feld hier deklariert wäre als
Dim Feld(10, 10) As Variant,
dann kann jedes Feldelement Text-Daten oder Zahlen-Daten aufnehmen. Auch diese Deklaration wäre möglich:
Dim Feld(10, 10) as String,
denn dann würden Zahlen als String abgelegt, die dann wieder mit Typanpassung zu echten Zahlen gemacht werden könnten.

Und hier kommt das Problem:

Während die Tabelle bei dieser Konfiguration in der Laufzeit nach unten, also zeilenweise, erweitert werden kann, geht das bei dem Feld nicht, denn bei diesem kann nur die letzte Dimension, hier die Spalte, erweitert werden.

Man muss also organisieren, dass dazu ein Feld verwendet wird, bei dem die letzte Dimension der Zeilenindex ist.
Im Programm habe ich die Tabelle so deklariert:

Public Tabelle(26, 0) As String

Die Deklaration des zweidimensionalen Datenfeldes Tabelle(26, 0) ist im Modul1 erfolgt. Sie hat in dieser Form 27 Spalten (0 bis 26) und eine Zeile (0).
Wenn dieses Feld erweitert werden soll, muss man es sozusagen re-dimensionieren.
Dafür gibt es das Schlüsselwort Redim.
Mit Redim Tabelle(26, 10) würde das Feld auf 11 Zeilen erweitert (0 bis 10), aber die bis dahin im Feld vorhandenen Daten würden gelöscht. Um das zu verhindern und die Daten zu behalten, kommt ein weiteres Schlüsselwort hinzu: Preserve:

Redim Preserve Tabelle(26, 10) würde das erreichen und die Daten, die vorher schon drin waren, blieben erhalten. Diese Erweiterungen werden in unserem Projekt ständig mittels der Datensatznummer DsNr erfolgen.

Nun ist bei unserem Stand der Programmierung des Buttons noch nichts im Feld gespeichert. Aber da das ein neues Feld namens Tabelle mit DsNr = 1 ist, muss das irgendwie gespeichert werden. Dafür nutzen wir wieder, ähnlich dem VBA-Beispiel mit dem eindimensionalen Feld, die Zeile Null für die Abspeicherung dieses Wertes. Es ist also festzulegen: Tabelle(0, 0) = 1, ehe die Tabelle in die Datei geschrieben wird. Hier stehen also in der ersten Dimension die 26 Spalten aus unserer SpeiDat des VBA-Beispiels und zusätzlich eine Nullspalte in der ersten Dimension zur Verfügung. In der zweiten Dimension (Zeilen) ist zunächst nur die Nullzeile vorhanden. Im weiteren Verlauf wird dann die zweite Dimension ständig erweitert, wie bei der echten Excel-Tabelle die Zeilen.
Wie die Daten dann in die richtige Position des Feldes gelangen, erkläre ich, wenn das programmiert wird.

Die sequentielle Abspeicherung von Daten

Zu diesem Zweck haben die Microsoft-Entwickler ganz leistungsstarke Syntax-Lösungen geschaffen. Früher bei VB 6.0 musste eine Datei zur Ausgabe geöffnet werden, in die dann mit einer Schleife jedes einzelne Element eines Datenfeldes hineingeschafft bzw. wieder herausgelesen werden musste.

Im heutigen VB wird ein Filestream (Dateistrom) deklariert und sofort mit dem Pfad belegt, der bis zur Datei im Speicher-Ort reicht, um die Daten dort in die Datei zu schreiben. Ich habe Sie den Speicherort im laufenden Buchtext organisieren lassen und zwar im System-Ordner {ProgramData} im Laufwerk C:.

Damit kann der Filestream, den wir kurz fs nennen wollen, wie folgt deklariert werden, wenn wir voraussetzen, dass der Dateiname (DatName) bereits gebildet und mit einem Wert (z.B. Dat_2021) belegt worden ist.

‘FileStream für die Datei erstellen
Dim fs As Filestream =
File.OpenWrite("C:\ProgramData\BefragungPat_Install\DatSafe\" & _ DatName) ’

Rückübersetzt:
Deklariere die Variable **fs** als Dateistrom = zugewiesen an Datei.ÖffnenZum Schreiben(Pfad und Dateiname)

Das klingt zwar etwas holprig, ist aber m.E. plausibel. Sehr rationell ist hier das Zusammenfassen von Deklaration und Zuweisungsoperation.

Es wird aber noch ein weiteres Element benötigt, das noch mächtiger ist und in einer Zeile ein ganzes zweidimensionales Feld, nämlich in unserem Fall die Tabelle(26, X), in einem ‚Rutsch‘ in die Datei transportiert.

Dieses Element nennt sich <u>BinaryFormatter</u>, was mit BinärFormatierer übersetzt werden kann. Dieser ist in der Lage, aus einem Datenfeld die Elemente als Strom von binären Daten in die Datei zu schaffen. Dazu muss der BinaryFormatter, den wir kurz **bf** nennen wollen, als neuer BinaryFormatter zunächst deklariert werden. Das erledigt nachstehende Zeile:

Dim **bf** As New BinaryFormatter() ‘Den neuen BinaryFormatter deklarieren

In der nächsten Zeile wird der Datentransport direkt realisiert

bf.Serialize(fs, Tabelle) ’Speichert die ganze zweidim. Tabelle in einem Zug

Zurück übersetzt: BinaryFormatter.Serialisiere, also gib seriell aus (den Dateistrom aus dem Feld ‘Tabelle‘). Wohin es geht, war bereits in der Zeile Dim fs …..deklariert worden.
Die Dimensionen des Feldes werden hier nicht angegeben, denn die sind dem System bekannt und den Objektnamen für das Feld ‚Tabelle‘ gibt es nur einmal. Damit ist das eindeutig.
Am Ende muss der filestream, ähnlich einem Bereichsobjekt, wieder frei gegeben werden.
Das geschieht mit der Zeile

fs.Dispose() ’filestream freigeben

In gleicher Weise können Daten aus einer derartigen Datei auch wieder eingelesen werden.

Den Filestream muss man dabei zum Lesen (Read) öffnen:

'FileStream für das Einlesen erstellen

Dim fs As Filestream =

File.OpenRead("C:\ProgramData\BefragungPat_Install\DatSafe\" & _ DatName) '

Nach der Zeile Dim bf As New BinaryFormatter()

muss nur das Gegenstück, die <u>DeSerilisation</u> geschrieben werden, die die seriellen binären Daten wieder als normale Text- und Zahlen-Daten aus der Datei in das Feld einliest:

Tabelle = bf.Deserialize(fs) 'Deserialisieren , also Laden

Damit ist das ‚Handwerkszeug‘ für das Speichern und Zurückholen von Daten bekannt und wir werden gleich hier zwei Unterprogramme daraus machen, die wir in das Modul1 unseres Projektes einbauen.

Noch eine Bemerkung zu den Datenzugriffen. Es gibt mehrere Zugriffsarten (Access) auf Daten:

- Serieller Zugriff
- Wahlfreier Zugriff
- Binärer Zugriff

Wenn Sie das genauer wissen wollen, verweise ich auf die Hilfe und weitere Literatur (L). In unserem Projekt reicht der serielle Zugriff auf binär abgespeicherte Daten aus, wie ich ihn oben beschrieben habe.

Jetzt die zwei Unterprogramme:

'1. Array Tabelle() in sequentielle Datei exportieren

```
Sub TabInDat()
    'DatName ist aus Vorlauf bekannt
    '*'MsgBox(" Dateiname wird " & DatName) >>OK Dat_Jahr
    Dim fs As FileStream =
File.OpenWrite("C:\ProgramData\PatBefrag_Install\DatSafe\" &_
                DatName) 'Filestream für die Datei erstellen
Dim bf As New BinaryFormatter()'der Formatter für das Abspeichern
    bf.Serialize(fs, Tabelle)   'Speichert die ganze zweidim. Tabelle in einem Zug
    fs.Dispose()   'Filestream freigeben
End Sub 'TabInDa
```

'2. Array Tabelle() aus Sequ-Datei wieder einlesen

```
Sub TabAusDat() '
Dim fs As FileStream =
File.OpenRead("C:\ProgramData\PatBefrag_Install\DatSafe\" _ DatName) '
    Dim bf As New BinaryFormatter()
    Tabelle = bf.Deserialize(fs) 'Deserialisieren / Laden
    fs.Dispose() 'Filestream freigeben
  End Sub 'TabAusDat
```

Schreiben Sie diese beiden Unterprogramme in das Modul1 des Projektes.
Wenn Sie das erledigt haben, werden Sie feststellen, dass verschiedene
Syntaxelemente wieder mit roten Wellenlinien unterstrichen sind, wie z.B.

Dim bf As New BinaryFormatter()

Das bedeutet, dass die Syntax nicht korrekt oder unvollständig ist. Im
Video_T2_Vi22 habe ich das sichtbar gemacht, aber auch die Hilfen, die das
System anbietet. Hier muss man den Namespace kennenlernen.

Namespace /(Namensraum) kennenlernen

Setzt man den Cursor in das mit roter Wellenlinie markierte Syntax-Element oder
klickt das kleine Symbol am linken Rand, werden Korrekturmöglichkeiten angeboten.
Bei Filestream oder File wird erkennbar, dass ein Namespace **System.IO** (System
Eingaben und Ausgaben) in das Projekt aufgenommen werden muss, denn der
Filestream realisiert Eingaben und Ausgaben aus dem Projekt heraus. Ein
Namespace (Namensraum) bietet dem Programmierer an, Elemente seines
Raumes für Lösungen in diesem Projekt zu verwenden. Im Video sehen Sie, dass

Imports System.IO

oberhalb der Zeile Module Module1, wo die beiden Subprozeduren eingetragen
wurden, vom System eingefügt worden ist. Das erfolgte nach Auswahl eines
Korrekturangebotes, das im Video zu sehen war. Damit sind die roten Wellenlinien
dort verschwunden, diese Syntax ist somit in Ordnung gebracht worden.
Der importierte **Namespace System.IO** gewährleistet also die Benutzung seiner
Elemente für den Datentransfer.
Etwas anders sieht es bei BinaryFormatters aus. Dort ist eine Spezifizierung des
BinaryFormatters erforderlich. Die Systemhilfe hat angeboten, statt

Dim bf As New BinaryFormatter(), die folgende Zeile zu verwenden:
Dim bf As New Runtime.Serialization.Formatters.Binary.BinaryFormatter()

was sinngemäß bedeutet: Neuer Laufzeit.SerialisierungsBinärerFormatter, der auf einen Datentransport in der Laufzeit spezifiziert ist.

Wenn man diesen Vorschlag der Hilfe annimmt, muss in jeder Prozedur – hier in TabInDat() und TabAusDat() –diese Zeile geändert werden.

Fügen Sie jedoch eine Imports-Anweisung oben ein, die so lautet:

Imports System.Runtime.Serialization.Formatters.Binary

dann können Sie die von mir eingangs verwendeten Zeilen

Dim bf As New BinaryFormatter()

in beiden Subs belassen. Das empfehle ich.
Das ist hier ziemlich ‚starker Tobak‘, den Sie nicht sofort komplett verstehen müssen. Es ist die für dieses Projekt bisher am schwersten zu verstehende Syntax. Verwenden Sie diese einfach und beseitigen Sie die roten Wellenlinien nach diesem Prinzip, das das Video zeigt. Sollte Ihnen das nicht gelingen, ändern Sie einfach die Syntax von Hand. Tragen Sie dann oben Imports System.IO
und die zweite Imports-Anweisung für den Formatter wie oben beschrieben ein.

Damit sollten die roten Wellenlinien beseitigt sein.

Wenn Sie die Namespaces später näher kennenlernen wollen, gehen Sie in die Hilfe und tragen dort Namespace ein. Für unser Praxis-Projekt ist das vorab nicht erforderlich.

Einen Ordner auf das Vorhandensein einer Datei prüfen

Wenn Sie im Projekt den Button weiter programmieren wollen, muss für das eingegebene Jahr eine vorhandene Datei geöffnet oder, wenn es das aktuelle Jahr ist, ggf. erst eingerichtet werden. Wenn es ein Jahr ist, das vor dem aktuellen Jahr liegt, kann eine Datei existieren oder auch nicht. Für den Fall, dass keine existiert, muss der User eine Meldung erhalten und das Programm kann beendet werden.
Damit besteht eine Aufgabe für ein Unterprogramm darin, in einem Ordner auf das Vorhandensein einer Datei zu prüfen. Im Projekt haben wir schon den Dateinamen aus dem eingegebenen Jahr gebildet (DatName = „Dat_" & Jahr).
Der Ordner, in dem sich die Dateien befinden, ist {DatSafe} im Pfad „C:\ProgramData\BefragungPat_Install\DatSafe\". Wir haben die Ordnerstruktur bereits eingerichtet.

Dazu braucht es eine Syntax, die prüft, ob etwas existiert, hier, ob eine Datei existiert.

Das prüft man im Dateisystem (Filesystem) des Computers. Das Dateisystem gehört zum Namespace System.IO, das bereits bei der Programmierung der beiden Unterprogramme für die Aus- und Eingabe von Daten im Modul1 oben eingetragen wurde. Der Computer kann in VB mit My.Computer angesprochen werden. Dabei spielt das Schlüsselwert My eine wesentliche Rolle (siehe auch Me, MyBase usw.) Der My-Namespace stellt viele Eigenschaften und Methoden bereit, die der Programmierer nutzen kann.

Damit kann man diese Aufgabe zunächst so beschreiben:
Wenn auf dem Computer (My.Computer) im Dateisystem eine Datei existiert, die mit dem folgenden Pfad einschließlich Dateinamen benannt ist, dann setze ein Flag auf True (vorhanden), sonst False. Die Syntax dazu ist so zu schreiben

```
If My.Computer.FileSystem.FileExists("C:\ProgramData\BefragungPat_Install\ _
DatSafe\" & DatName) = True Then NamFlag = True
```

Das werden wir nutzen und Sie sehen, dass wieder ein kleines Objekt hinzukommt, das <u>NamFlag</u>. Deklarieren Sie es gleich im Modul1 as Boolean, damit das nicht vergessen wird. Public NamFlag as Boolean.

Und damit kann auch das Unterprogramm geschrieben und im Modul1 untergebracht werden:

```
    'TESTEN OB EINE Datei im Ordner EXISTIERT
Sub Dat_Test()
NamFlag = False 'zurück setzen, falls es true war
If My.Computer.FileSystem.FileExists("C:\ProgramData\BefragungPat_Install\ _
DatSafe\" & _ DatName) = True Then
'*'MsgBox("Datei ist da")
NamFlag = True
Else
'*'MsgBox("Nix")
NamFlag = False
End If
'*'MsgBox("NamFlag ist " & NamFlag)
End Sub 'Dat_Test
```

Aktivieren Sie zunächst die zur Kontrolle eingefügten MsgBoxen (Apostrophe raus).

Gehen Sie jetzt zurück zur weiteren Programmierung des Buttons CmdJahr_Ok im Teil 2 des Buches

---------------------------------ENDE ANHANG A----------------------------

Anhang B:

Ergänzende Tafeln, Abbildungen, Kästen und Glossar

	A	B	C	D	E	F	G	H	I
1	Datenbank für Investmentkonten								
2	Fondsname	Provesta VL							
3									
4		Preis/DM	Preis/DM	Anlage-	Ausschütt.	Umsatz	Summe	Anteile	Wert aktuell
5	Datum	Ausgabe	Rückname	Betrag / DM	Gebühr/DM	Anteile	Einz. / DM	Summe	Depot/DM
6	11.09.1991	114,64	108,91	78,00		0,6804	78,00	0,6804	74,10
7	12.09.1991	114,64	108,91	156,00		1,3608	234,00	2,0412	222,30
8	15.10.1991	111,59	106,01	78,00		0,6990	312,00	2,7402	290,49
9	11.11.1991		103,34		7,67	0,0742	319,67	2,8144	290,84
10	13.11.1991	108,42	103,00	78,00		0,7194	397,67	3,5338	363,98
11	11.12.1991	100,90	95,86	78,00		0,7730	475,67	4,3068	412,83
12	01.01.1992		97,13		8,36	0,0861	484,03	4,3929	426,68
13	13.01.1992	104,87	99,63	78,00		0,7438	562,03	5,1367	511,75
14	12.02.1992	111,86	106,27	78,00		0,6973	640,03	5,8340	619,96
15	11.03.1992	115,29	109,53	78,00		0,6766	718,03	6,5106	713,07
16	13.04.1992	115,30	109,54	78,00		0,6765	796,03	7,1870	787,23
17	13.05.1992	116,51	110,68	78,00		0,6695	874,03	7,8565	869,59
18	11.06.1992	117,20	111,34	78,00		0,6655	952,03	8,5220	948,84
19	13.07.1992	112,98	107,33	78,00		0,6904	1030,03	9,2124	988,78
20	12.08.1992	104,49	99,27	78,00		0,7465	1108,03	9,9589	988,58
21	11.09.1992	100,57	95,54	78,00		0,7756	1186,03	10,7345	1025,59
22	16.10.1992	95,83	91,04	78,00		0,8139	1264,03	11,5484	1051,35
23	12.11.1992	97,65	92,77	78,00		0,7988	1342,03	12,3472	1145,42
24	16.11.1992		90,21		34,33	0,3806	1376,36	12,7278	1148,17
25	14.12.1992	92,22	87,61	78,00		0,8458	1454,36	13,5736	1189,17
26	01.01.1993		89,59		47,00	0,5246	1501,36	14,0982	1263,06
27	14.01.1993	93,48	88,81	78,00		0,8344	1579,36	14,9326	1326,10
28	11.02.1993	99,23	94,27	78,00		0,7861	1657,36	15,7186	1481,77
29	11.03.1993	104,47	99,25	78,00		0,7466	1735,36	16,4653	1634,12
30	14.04.1993	104,70	99,47	78,00		0,7450	1813,36	17,2102	1711,82
31	13.05.1993	103,45	98,28	78,00		0,7540	1891,36	17,9642	1765,48
32	14.06.1993	106,74	101,40	78,00		0,7307	1969,36	18,6950	1895,73
33	14.07.1993	109,97	104,47	78,00		0,7093	2047,36	19,4043	2027,19
34	12.08.1993	118,69	112,76	78,00		0,6572	2125,36	20,0614	2262,04
35	14.09.1993	118,16	112,25	78,00		0,6601	2203,36	20,7216	2326,04
36	14.10.1993	124,82	118,58	78,00		0,6249	2281,36	21,3465	2531,24
37	12.11.1993	131,39	124,82	78,00		0,5937	2359,36	21,9401	2738,58
38	17.12.1993		123,42	78,00	76,08	0,5778	2437,36	22,5179	2887,92
39	15.01.1994	132,70	126,07	78,00		0,3938	2488,36	22,9117	2967,07
40	01.01.1994		131,24		8,50	0,0648	2.488,36	22,9765	3.015,43
41	13.01.1994	136,92	130,07	78,00		0,5697	2.566,36	23,5462	3.062,74
42	14.02.1994	139,85	132,86	78,00		0,5577	2.644,36	24,1039	3.202,38
43	14.03.1994	141,61	134,53	78,00		0,5508	2.722,36	24,6547	3.316,79
44	14.04.1994	144,98	137,73	78,00		0,5380	2.800,36	25,1927	3.469,82
45	11.05.1994	146,91	139,56	78,00		0,5309	2.878,36	25,7237	3.590,11
46	14.06.1994	140,51	133,48	78,00		0,5551	2.956,36	26,2788	3.507,81
47	15.07.1994	140,30	133,29	78,00		0,5560	3.034,36	26,8347	3.576,67
48	12.08.1994	144,93	137,68	78,00		0,5382	3.112,36	27,3729	3.768,80
49	14.09.1994	143,90	136,71	78,00		0,5420	3.190,36	27,9150	3.816,11
50	13.10.1994	141,05	134,00	78,00		0,5530	3.268,36	28,4680	3.814,63
51	14.11.1994		131,56		97,33	0,7398	3.268,36	29,2078	3.842,57
52	14.12.1994	132,36	125,74	78,00		0,5893	3.346,36	29,9244	3.762,75
53	01.01.1995		131,15		20,00	0,1525	3.346,36	30,0769	3.944,59
54	12.01.1995	134,33	127,61	78,00		0,5807	3.424,36	30,6576	3.912,32
55	14.02.1995	137,64	130,76	78,00		0,5667	3.502,36	31,2243	4.082,82

Tafel B1: Zahlenmaterial aus der Excel-Tabelle zum Diagramm in Abb.1 Die Tabelle Tafel B1 finden Sie im Bildmaterial auf der Buch-DVD skalierbar.

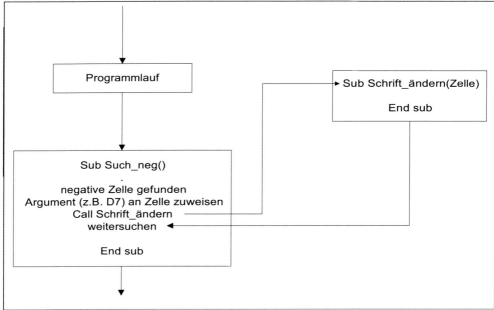

Abb. B1: Prinzip eines Unterprogrammaufrufs mit Argumentübergabe

Präzisieren der Aufgabenstellung „Anderthalb Drittel von Hundert":
Anderthalb ist 1,5 ; Drittel ist 1/3, von Hundert ist mal Hundert. Damit

$$\frac{1,5}{3} * 100 = ? \qquad \frac{1}{2} * 100 = \frac{100}{2} = 50$$
$\rightarrow$ kürzen

Hätte ich Sie mit klarer Aufgabenstellung gefragt, wieviel die Hälfte von Hundert ist, hätten Sie mein Buch eventuell in die Grundschule getragen.

Kasten B1: Lösung der scherzhaften Aufgabe „anderthalb Drittel" aus Lektion 4

Die Aufklärung dieser falschen Rechnung besteht darin, dass Sie durch die verbale Verkleisterung des Sachverhalts nicht bemerkt haben, dass ich Ihnen mit Worten das Gegenteil von dem untergejubelt habe, was unsere Mathematik-Lehrer uns seit frühester Kindheit eingebläut haben: Punktrechnung geht vor Strichrechnung. Indem Sie der verbal vorgeführten Rechnung vertraut haben, haben Sie Strichrechnung vor Punktrechnung akzeptiert → und damit war der Euro weg.

Bewiesen ist: → Im Kopf macht man die meisten Fehler !

Kasten B2: Auflösung der scherzhaften Aufgabe vom „verschwundenen Euro"

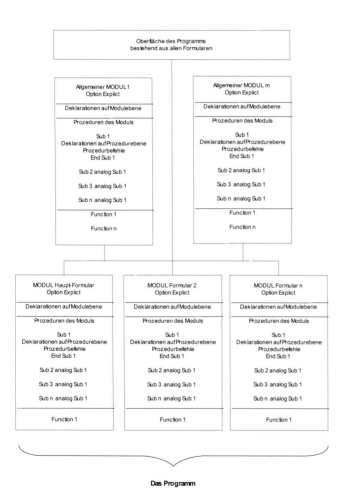

Abb. B2: Prinzipstruktur eines VB / VBA-Programms

```
∧              → Potenzoperator (hoch)
-              → Vorzeichenoperator Minus
* und /        → Multiplikation und Division
\              → Integerdivision (Ganzzahldivision)
MOD            → Division mit Rest (Modulardivision)
+ und -        → Addition und Subtraktion
= und <> und < und > und <= und >= und LIKE →
Vergleichsoperatoren
NOT            → Logisches NICHT
AND            → Logisches UND
OR             → Logisches ODER
XOR            → Logisches exklusives ODER
                  (ausschließendes ODER)
EQV            → Logische Äquivalenz (Entsprechung)
IMP            → Logische Implikation (Einbeziehung)
```

Kasten B3: Die Operatoren in Visual Basic in der Reihenfolge ihrer Prioritäten

Mit Klicken und Ziehen können Sie auch in WINWORD Textpassagen leicht markieren. Es geht aber komfortabler. Suchen Sie sich aus Ihrem Bestand ein Word-Dokument, das aus mehreren Seiten und Absätzen besteht, aus. Der Inhalt ist völlig unerheblich.

Setzen Sie erstens den Cursor irgendwo in ein Wort, das Sie markieren wollen, und klicken Sie dann doppelt. Das ganze Wort erscheint markiert. Scheinbar nebensächlich ist, dass das Leerzeichen zum nächsten Wort mit markiert wird. Das ist aber wichtig, wenn wir in VBA-Word programmieren. Bitte merken!
Ist das markierte Wort aber das letzte im Satz, wird das folgende Satzzeichen nicht mit markiert. Probieren Sie es aus!
Ich greife hier wieder hinsichtlich spezieller Objekte in VBA-Word vor. Es handelt sich hier um words-Objekte. Ein normales Wort ist also mit seinem abschließenden Leerzeichen ein eigenständiges words-Objekt. Jedes Satzzeichen ist ebenfalls ein words-Objekt. Die Zahl 2.123,54 in einem Word-Text besteht aus 5 einzelnen words-Objekten. Finden Sie selbst heraus, aus welchen!

Kasten B4.1 Klicktechniken in Word (Teil 1 / 2)

Daraus resultiert eine ganz wesentliche Feststellung:

Die Anzahl der Wörter und die Anzahl der words-Objekte in einem Word-Dokument sind normalerweise nicht gleich! In der Regel ist die Anzahl der words-Objekte größer.

Während den normalen User von Word die Anzahl der Wörter interessiert und er von words-Objekten nicht einmal etwas ahnt, sind letztere für das Programmieren in VBA-Word von immenser Bedeutung!

Suchen Sie sich jetzt eine Textpassage, in der nicht jede Zeile mit |ENTER| abgeschlossen wurde. (Jeder Abschluss mit |ENTER| macht die Textpassage zum Absatz! In vielen Dokumenten einiger User ist damit jede Zeile ein Absatz. Das ist aber nicht im Sinne des Erfinders. Schalten Sie deshalb am besten die Option

"Alle nichtdruckbaren Zeichen anzeigen"

ein, indem Sie in der Symbolleiste den Button klicken, der das Zeichen ¶ trägt. Das ist das Absatzzeichen, das anzeigt, dass hier ein Absatz endet.)

Zeigen Sie <u>zweitens</u> jetzt mit der Maus <u>vor</u> eine Zeile Ihres Dokuments, die nicht die letzte im Absatz ist. Der Cursor wird zum Mauspfeil, der nach rechts oben zeigt. Danach:

- Einfachklick → ganze Zeile markiert
- Doppelklick → ganzer Absatz markiert
- Dreifachklick → ganzes Dokument markiert

Ein Klick irgendwo in die Arbeitsfläche beseitigt die gesamte Markierung wieder. Klicken Sie also nicht versehentlich noch einmal, wenn die Markierung noch benötigt wird.

<u>Übrigens:</u> Eine Markierung ist das Selection-Objekt (Auswahl-Objekt). Ist etwas markiert, existiert das Selection-Objekt als Markierung, ansonsten existiert es nur als Einfügemarke(*). Das Selection-Objekt ist also ein ziemlich wechselhafter und flüchtiger Geselle. Später mehr dazu.   (*) bei WinWord

Kasten B4.2 Klicktechniken in Word (Teil 2 / 2)

Gehen wir davon aus, daß ein User in einem deutschsprachigen Land im Hauptarbeitsbereich von Excel, also in einer Tabelle, arbeitet. Durch die länderspezifische Auswahl bei der Installation ist als Sprache Deutsch eingestellt. Damit gelten auch alle Konventionen für Deutsch, wie Datumsangaben mit tt.mm.jjjj oder Zahlenangaben, bei denen ein Punkt die Tausender trennt und ein Komma das Dezimaltrennzeichen ist usw. ¶

Bei der Programmierung ist das ganz anders! Hier gelten immer die englischen Regeln und Konventionen: Der Punkt in einer Zahl ist das Dezimaltrennzeichen, das Komma hingegen trennt die Tausender. Eine Datumsangabe habe z.B. die Form:¶

yy/mm/dd (Jahr Monat,Tag).¶

Der Programmierer muß also immer englisch schreiben, auch für den deutschen User. Das System erzeugt automatisch bei der Ausgabe das richtige Format für den, der vor dem Bildschirm sitzt über dessen länderspezifische Einstellungen.¶

Hierfür prägen Sie sich bitte folgende gedankliche Brücke als Merkregel ein:¶

Ein User einer Anwendung arbeitet quasi „vor dem Bildschirm" mit den eingestellten Konventionen für die Landessprache.¶
Der Programmierer arbeitet quasi „hinter dem Bildschirm" nur in englischer Sprache! ¶

Das scheint banal zu sein, ist es aber nicht, wie Sie gleich merken werden. Dazu eine kleine Skizze: ¶

Gedachte Trennlinie¶

User-Seite¶	**Programmierer-Seite¶**
User liest im Textfeld für MwStN: 0,19¶	Programmierer schreibt für MwStN:¶ 0.19¶
User gibt einen Nettowert ein:¶ z.B. 123,45¶	System wandelt die Zahl um in: 123.45¶
User löst Bruttoberechnung aus¶	Programm berechnet 123.45 * 0.19 => ¶
Ausgabe erfolgt als : 23,46¶	23.4555¶

Wenn der User diese Berechnung in einer Excel-Zelle ohne VBA vornimmt, muss er schreiben: = 123,45 * 0,19 ¶
Alles auf dem Bildschirm, somit nur in Deutsch → also mit Kommas.¶

Kasten B5.1 Unterschiede hinsichtlich Tabellenformeln und Funktionen in VBA Teil 1 / 2 (Fortsetzung in Kasten B5.2)
Größeres Bild auf der Buch-DVD

Hätte der Programmierer die Berechnung mit Zahlenwerten direkt im Programm vorgenommen, hätte er z. B. schreiben müssen:
Brutto = 123.45 * 0.19 . Brutto als Single-Variable hätte dann den Wert 19.752 erhalten.
ABER:
Hätte er versehentlich mit Kommas als Dezimaltrenner programmiert:
Brutto = 123,45*0,19: Debug.Print Brutto wäre nachstehende Ausgabe erschienen:

Und dann erhalten ggf. Variablen falsche Werte, die sich durchschleichen und irgendwo dazu führen, dass Sie sich mächtig am Kopf kratzen! (Gemeine logische Fehler!) Deshalb also immer das Achtungszeichen bei Programmierschritten mit Zahlen als Festwerten, Datums- und Zeitangaben usw.!!
Noch ein Beispiel zur Quadratwurzel aus 8, weil die Quadratwurzel-Funktion im Text Ausgangspunkt dieser Betrachtung war :

Die Zellformel in Excel, die der User schreibt, lautet **= Wurzel(8)** und die Zelle liefert das Ergebnis 2,82842712. (Bitte nachvollziehen!)

Der Programmierer schreibt aber z.B. im Direktfenster:
Wurzel8=SQR(8): Debug.Print Wurzel8 (Wurzel8 ist der Variablenname)

Im Direktfenster erscheint in der nächsten Zeile: 2,82842712474619

Wieso denn mit Komma, die Ausgabe erfolgt doch im Programmierbereich?

Die Frage ist berechtigt, aber das Direktfenster hat quasi eine Doppelfunktion:
Eingabe im Programmierbereich und Ausgabe im User-Bereich.
Die Ausgabezeile liegt also quasi „auf dem Bildschirm".
Der Programmierer, der sich einen Wert zu Kontrollzwecken ausgeben lässt, ist damit gleichzeitig User.
Das ist etwas gewöhnungsbedürftig, aber vom Prinzip her sicher zu verstehen.
Das Ganze führt aber zu einer wesentlichen Schlussaussage, die hier folgt:

Viele Programmierfehler entstehen dadurch, dass versehentlich mit Konventionen in der Landessprache statt in Englisch programmiert wird. Das trifft vor allem auf Berechnungen und die anderweitige Verwendung von Zahlen zu.

Kasten B5.1 Unterschiede hinsichtlich Tabellenformeln und Funktionen In VBA Teil 2

Fondsanteile werden zum Ausgabepreis gekauft (Spalte B der Tabelle in PROVVL.xls). Den Ausgabepreis erfahren Sie aus der Tagespresse, aus dem Internet oder durch Anfrage bei der Gesellschaft. Verkauft werden Anteile zum Rücknahmepreis (Spalte C). Dieser liegt um die Höhe des Ausgabeaufschlags (Agio) unter dem Ausgabepreis. Im Falle des betrachteten Fonds „Provesta" beträgt das Agio 5 %. Aus dem Agio finanziert die Gesellschaft ihre Aufwendungen. Der Preis bezieht sich immer auf <u>einen</u> Fondanteil. Ein Fondsanteil beim Aktienfonds setzt sich aus einer Vielzahl von Einzelaktien unterschiedlichster Unternehmen, die die Fondsgesellschaft im Interesse ihrer Anleger (und damit auch im eigenen Interesse) gemäß Marktlage erwirbt und verkauft, zusammen. Damit sind diese Preise marktabhängig und unterliegen den Kursschwankungen des Aktienmarkts. Durch die Mischung im Fondsanteil ist die Schwankung des Fondspreises i.d.R. viel geringer als die Schwankung einer Einzelaktie, die darin enthalten ist. Daher resultiert u.a. auch das reduzierte Risiko bei Aktienfonds gegenüber Einzelaktien. Natürlich sind damit auch die Gewinnspannen analog reduziert.

Zur Berechnung:
Betrachten Sie die Zeile vom 4.03.1993.
Ein Anteil kostete damals 102,25 DM. Eingesetzt wurde an diesem Tag der Maximalwert für die vermögenswirksamen Leistungen von monatlich 78,- DM nach dem sogen. 936-Mark-Gesetz (12 *78,- = 936,- DM).
Dafür bekam der Anleger an diesem Tag 78 / 102,25 = 0,7628 Anteile dieses Fonds, die in Spalte F eingetragen sind. Anteile werden mit vier Nachkommastellen genau berechnet.
In Spalte G der Tabelle wird kumulativ aufsummiert, wieviel in den Fond bereits eingezahlt wurde. Die Summe aller Anteile wird in Spalte H kumuliert. Wird in Spalte I der Wert eingetragen, der sich aus der Multiplikation der Anteile mit dem Rücknahmepreis ergibt (Spalte H * Spalte C oder Spalte H * Spalte B * 95 %), stellt dieser den sogenannten Depotwert für diesen Tag dar. Das ist der Betrag, den Sie bei Verkauf ihrer Anteile an diesem Tag erhalten würden.
Das war das Wichtigste.
In der Tabelle sind noch Werte für Ausschüttungen enthalten, Gebühren sind keine angefallen. (Das wären negative Werte in Spalte E.)

Ausschüttungen werden wieder angelegt. Es ist also so, als hätte der Anleger Anteile hinzugekauft, wobei aber der Kauf aus dem Gewinn finanziert wird. Ein Vorzug der Wiederanlage ist, dass dafür der Rücknahmepreis angesetzt wird. Es ist also ein Vorzugspreis. Bei Wiederanlage erhält man diese Anteile billiger.

Damit können Sie die Berechnungen verstehen, die für unser Beispiel erforderlich sind.

Kasten B6: Kleine Fondskunde: Berechnung von Werten eines Investmentfonds (zum Verständnis des Beispielprogramms „Investmentfonds")

Die Dateiattribute können vom User und vom System gesetzt (verändert) werden. Suchen Sie im Windows-Explorer im CD-ROM-Laufwerk die Datei PROVVL.xls und klicken Sie mit der rechten Maustaste darauf. Es erscheint ein Kontextmenü, das den Eintrag Eigenschaften enthält. Klicken Sie darauf und die Eigenschaften der Datei zeigen sich. (Geht übrigens auch mit Ordnern und Laufwerken.)
Bei diesen Eigenschaften finden Sie Dateiattribute wie Archiv versteckt und eben schreibgeschützt als Checkboxen mit oder ohne Häkchen vor. Das Attribut wird aufgehoben, indem einfach das Häkchen weggeklickt wird.

Dateien, die sich auf CD-ROM befinden, können normalerweise auf der CD nicht mehr verändert werden. Damit haben sie automatisch das Attribut ‚schreibgeschützt'. Wird eine solche Datei auf die Festplatte zurückkopiert, kann dieses Attribut mitgenommen werden. Dadurch können keine Änderungen dieser Datei gespeichert werden, bis das Attribut aufgehoben ist. Machen Sie das immer gleich nach dem Kopieren, denn auch hier könnten Sie „für die Katz'" arbeiten.
Falls Sie umfangreiche Änderungen vorgenommen haben und diese speichern wollen, erhalten Sie die lakonische Meldung, dass die Datei schreibgeschützt ist. Da Sie diese schließen müssen, ehe das Attribut zurückgesetzt werden kann, war diese erste Mühe umsonst! Deshalb: Einkopieren und gleich Attribute rücksetzen!

Kasten B7: Verändern von Dateiattributen (speziell Schreibschutz)

Glossar (Mini)

Im Mini-Glossar werden nur Begriffe behandelt, die im Buchtext markiert sind

A:

Anwendung:
Darunter versteht man allgemein ein Anwendungsprogramm wie in Microsoft Office die Anwendungen Excel, Word, PowerPoint usw., aber auch Adobe Reader als nicht Microsoft-Programm. In letzter Zeit hat sich die Abkürzung App eingebürgert.

Argument
Variablen oder andere Objekte, die einer Syntax-Einheit, wie z.B. einer mathematischen Funktion, als Werte übergeben werden und spezielle Ergebnis-Reaktionen auslösen. (Vgl. im Buchtext die Funktion „Wurzelberechnung)
Bei einer Druckmethode ist das Argument der zu druckende Text.

B:

Bitmuster
Als Bitmuster bezeichnet man eine Folge von Zeichen, die nur 0 und 1 oder auch 0 und L enthalten. Damit werden die zwei Grundelemente binärer (dualer) Zahlen dargestellt. In der Lektion 5 A über Zahlensysteme im Anhang A finden Sie dazu nähere Erklärungen.

Block; Blockstruktur
Ein Syntaxbereich, der mehrfach auf ein spezifiziertes Objekt angewendet wird. Damit kann wiederholendes Schreiben der Objektspezifizierung eingespart werden.

Boolsche Konstanten
Können nur die Eigenschaften True (wahr) oder False (falsch) haben. Geht auf Mister Boole zurück, einem Wegbereiter der Schaltalgebra. B K werden zur Feststellung von Zuständen benutzt.

C:

Compiler
sind spezielle Software-Programme, die Quelltext höherer Programmiersprachen in Maschinencode übersetzen. Compiler übersetzen den gesamten zusammengehörigen Quelltext in einem Arbeitsgang und sind damit schneller als Interpreter (sh. Interpreter).

D:

Deklarationen
Ein Vorgang, der dem System bekannt gibt, dass eine neue Variable erzeugt wurde, die den benannten Namen hat. Mit der Deklaration wird in der Regel auch angegeben, welchen Datentyp die Variable verkörpert, z.B. Typ Byte >> eine kleine Ganzzahl im Bereich von 0 bis 255.
Deklarationen, die mit dem vorangestellten Schlüsselwort Public (öffentlich) vorgenommen werden, lassen die Verwendung der Variablen im ganzen Programm zu. Derartige Deklarationen müssen in einem allgemeinen Modul erfolgen.

Datentyp
Variablen, die Daten verkörpern, haben auch einen Datentyp, der mit anderen Typen nicht vermischt werden darf (Type Mismatch). Siehe Deklarationen

E:

Editor
Der Bereich, in dem Quelltext erzeugt wird.

Entwurfszeit
Zeit, in der schriftlich und grafisch das Projekt gestaltet wird und im Gegensatz zur Laufzeit noch nicht aktiviert wurde.

Eigenschaften
Wie im allgemeinen Sprachgebrauch die charakteristischen Eigenschaften eines Objektes (Rot als Schriftfarbe ist eine Eigenschaft des Objektes Schrift)

Ereignisse
Sind Vorgänge, auf die ein Programm in vorhersehbarer Weise reagieren kann oder muss. (Beim Textverarbeitungsprogramm ruft das Ereignis ‚A-Taste-Drücken' die Reaktion hervor, dass im Word-Dokument der Buchstabe a erscheint.)

F:

Fokus
Wörtlich Brennpunkt, ist in der Programmierung der Zustand eines Control, das aktive Control zu sein. Meist ist das an grafischen Eigenschaften zu erkennen, wie einem verstärkten Rahmen, einer Einfärbung u.dgl.

Fehlerbehandlung
Fehlerbehandlungsroutinen sind einzufügende Syntax, die Fehler des Users bei der Bedienung des Programms so abfangen, dass er zur Korrektur gezwungen wird, oder den Fehler, sofern möglich, automatisch korrigieren.

H:

Hilfe
Steht vor allem als Systemhilfe im Internet zur Verfügung. Aus dem Quelltext heraus oder durch Eingeben von Begriffen kann die Verwendung und Syntax von Quelltextelementen erfahren werden.

I:

Interpreter
Sind Software-Programme, die Quelltext höherer Programmiersprachen zeilenweise in Maschinencode übersetzen. Das erleichtert die Fehlersuche, verläuft aber langsamer als bei Compilern (sh. Compiler).

IDE
Integrated Development Environment >> Integrierte Entwicklungsumgebung (im Buchtext ausführlich behandelt)

K:

Konstanten
Wie in der Mathematik Buchstaben und Zahlenkombinationen, die stellvertretend für absolute Werte stehen, die im Programmlauf unveränderlich, also konstant sind

Klassenmodul
Ein besonderer Modulbereich, in dem neue Objekt-Klassen programmiert werden können (Im Buch wird das nicht benötigt. Wir kommen mit den vorhandenen Klassen aus.)

L:

Laufzeit
Zeitraum, in dem ein Programm aktiv arbeitet (vgl. Entwurfszeit).

Laufzeitfehler
Sind Fehler, die erst im Programmlauf, aber noch nicht beim Entwurf auftreten und erkannt werden können.

Let
Schlüsselwort, das die Deklaration von Variablen einleitet. Let kann weggelassen werden. Da meist der Datentyp mit deklariert wird, ist das auch ohne Let gut lesbar.

Logische Fehler
Sind Fehler, die durch falsche Denkweise des Verursachers entstehen. Diese kann kein Computerprogramm erkennen, sondern nur der denkende Mensch.

M:

Makros:
Der Begriff ist nicht eindeutig definiert. Allgemein werden darunter kleine Programmelemente verstanden, die einen bestimmten Zweck erfüllen, wie z.B. eine bestimmte Berechnung schnell mit anderen Zahlen wiederholbar zu machen. Makros werden auch mit sogenannten Makro-Recordern erzeugt. Dabei startet der User eine Aufzeichnungs-„Mechanik", die genau registriert, welche Aktionsfolgen er auslöst, und zeichnet diese in der Programmiersprache auf.
Ich verwende den Begriff Makro nur für aufgezeichneten Quelltext. Sobald das Makro mit weiteren Programmierschritten in seiner Funktionalität so erweitert wird, wie es der Makro-Recorder nicht kann, spreche ich von Prozeduren, kurz Subs.

Maschinencode
Programmtext, der elektrische Signale auslöst, die einem Computer zur Ausführung übergeben werden. Diese Signale (Strom an oder Strom aus bzw. Spannung hoch oder Spannung niedrig) stellen die zwei Zustände dar, die im dualen (binären) Zahlensystem die zwei „Ziffern" bilden, die Null und Eins genannt werden Eine Folge von Nullen und Einsen wie z.B. 100111001 wird Bitmuster genannt. Maschinencode besteht also aus Folgen von Bitmustern.

Methode
Ein Vorgang, der auf Objekte angewendet, diese zu Reaktionen veranlasst bzw. Veränderungen bei ihnen hervorruft. Methoden sind feste syntaktische Einheiten. Es sind Systemfunktionen.

Modul
Bereiche in der IDE, in denen Programmtext geschrieben werden kann.

O:

Objekt
Ist in der Programmierung so ziemlich alles. Es können grafische Elemente auf dem Bildschirm, bestimmte Bereiche in Tabellen, Tabellen selbst, ganze Programme wie Excel selbst und einzelne Zeichen des Textes sein. Alles kann unter den Begriff Objekt fallen. Im Buchtext wird „Object" umfassend behandelt.

P:

Private
Schlüsselwort für Programmbereiche. Gibt an, dass die deklarierte Variable nur in dem Modul gültig ist, in welchem sie deklariert ist.

Prozedur
Kleinste zusammengehörige Einheit einer Problemlösung (kleines Unterprogramm), die mit dem Schlüsselwort Sub bezeichnet ist. Sub ist der Teil von Sub Procedure, was im Englischen auch Unterprogramm bedeutet.

Programmablaufplan (PAP)
Eine Grafik, die den logischen Ablauf der Problemlösung und die wichtigsten Teilschritte darstellt.

Public
Schlüsselwort für Deklarationen. Muss in einem allgemeinen Modul stehen und macht die Variable öffentlich (public). Gültig für alle Module des Programms.

S:

Schlüsselwort
Ein feststehendes, unveränderliches syntaktisches Element der Programmiersprache, das nach Regeln der Programmiersyntax eingesetzt werden muss.

Syntax
Der „Satzbau" in der Programmiersprache. Wie in der lebendigen Sprache gibt es Regeln, wie bestimmte Programmtexte zu schreiben sind >> Syntaxregeln. Der gesamte Quelltext eines Programms ist seine Syntax.

Syntaxfehler
Ein Programmfehler, der durch falsche Schreibweise der Programmierelemente verursacht wird.

String
Zeichenkette. Eine Folge von druckbaren Zeichen.

Sprungbefehl (GoTo = GeheZu)
Der Befehl überspringt vom Ausgangsort ganze Teile der Syntax zu einer Sprungmarke, von der aus es dann weiter geht. Dadurch kann die „logische Kette" verloren gehen. Deshalb ist der Sprungbefehl sehr sparsam und wohlüberlegt einzusetzen. Gut geeignet ist er bei Fehlern, wo man bei Auftreten des Fehlers z.B. zu einer Fehlerbehandlungsroutine (errorhandler) springt

T:

Task

(im Englischen Aufgabe, Auftrag, Pflicht, Amt und Pensum) Nutzen wir Aufgabe: Wenn Sie gleichzeitig Excel und Wort parallel öffnen, sind zwei Tasks erzeugt (Multitasking = gleichzeitiges (besser paralleles) Verrichten mehrerer Tätigkeiten).

V:

Variablen

Wie in der Mathematik Buchstaben und Zahlenkombinationen, die stellvertretend für absolute Werte stehen. Das können Zahlen, Texte und Objekte sein. Der absolute „Wert" wird den Variablen im Programmlauf zugewiesen. Da er wechseln kann, ist der Umgang mit diesen Werten eben variabel möglich.

Variablendeklaration

Siehe Deklarationen

_____ENDE Anhang B _____

HINWEIS:

Ab der folgenden Seite (Anhang C) finden Sie das originale Listing aller Projekte im Querformat. Dadurch ist erreicht, dass nicht so viele Syntaxzeilen mit Fortführungsoperatoren notwendig wurden. Fortführungsoperatoren haben nur Syntaxzeilen, die auch im Querformat mehrere Textzeilen erforderlich machen.

Anhang C: Listings

Listings zum VBA-Projekt „Investmentfond"

1.1 Listing zum Button [Eingaben übernehmen] im VBA-Projekt „Investmentfond"

```
Private Sub cmdEin_Click()
'PRÜFEN, ob die Eingaben hinreichend sind, falls nicht, Prozedur vorzeitig beenden
    'Verhindern, dass falsche Typen übernommen werden
    If Not IsDate(txtDat.Text) Then txtDat.Text = "" : Exit Sub ' doppelte
    Anführungszeichen nebeneinander ohne Leerzeichen dazwischen sind
    der Leerstring
    If Not IsNumeric(txtApreis.Text) Then txtApreis.Text = "" : Exit Sub
    If Not IsNumeric(txtBetrag.Text) Then txtBetrag.Text = "" : Exit Sub

    'Nulleingaben abfangen
    If txtApreis = 0 Then txtApreis = "" : Exit Sub ' Null in einem der Felder
    If txtBetrag = 0 Then txtBetrag = "" : Exit Sub ' Führt zu Absturz

'Abhängig von der Checkbox werden die Variablen belegt
    'Datum ist davon unabhängig, muss aber hier auf richtige Länge getestet werden
        If Len(txtDat.Text) < 8 Then txtDat.Text = "" : Exit Sub ' nur volle Jahrezahl zugelassen

Datum = CDate(txtDat.Text) 'Text in Datum und der Variable Datum übergeben
        Sheets("Tabelle1").Cells(LBZ + 1, 1) = Datum 'Spalte 1

    'Nachtrag: Den Button [cmdDiagNeu] zulassen
    If Datum <> 0 Then cmdDiagNeu.Enabled = True
```

```vb
' Zusammenführen der Teile

If chkAus = False Then ' Wenn kein Haken drin ist, also Kauf
    APreis = CSng(txtApreis.Text) 'Text in Single-Zahl wandeln
    Betrag = CSng(txtBetrag.Text) ' Text in Single-Zahl wandeln
    Sheets("Tabelle1").Cells(LBZ + 1, 2) = APreis ' Apreis eintragen in Spalte 2
    ' Rücknahmepreis berechnen Apreis *0,95
    Sheets("Tabelle1").Cells(LBZ + 1, 3) = APreis * 0.95 'Spalte 3
    Sheets("Tabelle1").Cells(LBZ + 1, 4) = Betrag ' Anlagebetrag aus Eingabe Spalte 4
    Sheets("Tabelle1").Cells(LBZ + 1, 5) = "" ' Leer bei Kauf
    'Erworbene Anteile berechnen und eintragen
    Sheets("Tabelle1").Cells(LBZ + 1, 6) = (Sheets("Tabelle1").Cells(LBZ + 1, 4)) / _
                                (Sheets("Tabelle1").Cells(LBZ + 1, 2)) ' D/B

    ' Einzahlungssumme Spalte G (7)
    Sheets("Tabelle1").Cells(LBZ + 1, 7) = (Sheets("Tabelle1").Cells(LBZ, 7)) _
    + (Sheets("Tabelle1").Cells(LBZ + 1, 4)) ' G-1 + D
Else ' wenn Checkbox den Haken nicht hat
    RPreis = CSng(txtApreis.Text) 'Text in Single-Zahl wandeln; Variable Rpreis
                                wird aus dem Textfeld APreis bedient

    Ausbetrag = CSng(txtBetrag.Text) 'wird aus Textfeld Betrag bedient
    'Rpreis eintragen in Spalte 3 bei Ausschüttung
    Sheets("Tabelle1").Cells(LBZ + 1, 3) = RPreis
    Sheets("Tabelle1").Cells(LBZ + 1, 4) = "" ' Spalte 4 ist leer bei Ausschüttg.
    Sheets("Tabelle1").Cells(LBZ + 1, 5) = Ausbetrag ' in Spalte 5 eintragen
    ' Umsatz-Anteile berechnen > wenn Kauf Sp6 (F)  D/B sonst E/C als Ausschüttung
    Sheets("Tabelle1").Cells(LBZ + 1, 6) = (Sheets("Tabelle1").Cells(LBZ + 1, 5)) / _
                                (Sheets("Tabelle1").Cells(LBZ + 1, 3)) 'E/C
```

```vba
' Einzahlungssumme Spalte G (7)
Sheets("Tabelle1").Cells(LBZ + 1, 7) = (Sheets("Tabelle1").Cells(LBZ, 7)) _
        + (Sheets("Tabelle1").Cells(LBZ + 1, 5)) ' G-1 +E

End If 'Chkaus = False

'Spalte H > Summe Anteile (H-1) +F
Sheets("Tabelle1").Cells(LBZ + 1, 8) = (Sheets("Tabelle1").Cells(LBZ, 8)) + _
        (Sheets("Tabelle1").Cells(LBZ + 1, 6)) ' H-1 +F

' Depotwert aktuell
Sheets("Tabelle1").Cells(LBZ + 1, 9) = (Sheets("Tabelle1").Cells(LBZ + 1, 8)) _
        * (Sheets("Tabelle1").Cells(LBZ + 1, 3)) ' H * C

' Zeile ist eingetragen >> LBZ erhöhen
LBZ = LBZ + 1
Debug.Print "Erhöhte LBZ ist: " & LBZ

Meldung = MsgBox("Ihre Eingaben wurden erfolgreich verarbeitet und Ihre Fondtabelle wurde erweitert. Sie hat jetzt aktuell " & LBZ & " Zeilen. Wollen Sie weitere Eingaben machen oder das Programm beenden? Klicken Sie OK oder Abbrechen an.", vbOKCancel, "der geklickte Button meldet:")

'MSGBOX bedienen

If Meldung = vbCancel Then End

If Meldung = vbOK Then ' If-Block könnte weggelassen werden, denn wenn nicht vbCancel, geht es hier 'sowieso weiter
    ' Textboxen löschen und in der Laufzeit bleiben, Sub ist sowieso fertig
    txtDat = ""
```

```
        txtApreis = ""
        txtBetrag = ""
    End If ' Meldung
End Sub 'cmdEin_Click
```

1.2 . Listing zum Button [Neues Diagramm] im VBA-Projekt „Investmentfond"

```
Private Sub cmdDiagNeu_Click() 'Neues Diagramm erzeugen
'Deklarationen auf Prozedurebene reichen hier aus
Dim S1 As Range, S7 As Range, S9 As Range, MF As Range
Dim Diag As Chart ' Variable für Diagramm deklarieren

'Alle vorhandenen Diagrammblätter löschen, bevor neues Diagramm erzeugt wird
Application.DisplayAlerts = False ' Warnung bei Löschung abschalten
For Each Diag In ActiveWorkbook.Charts
Diag.Delete()
Next Diag
Application.DisplayAlerts = True 'Warnungen wieder zulassen
'Drei Spalten auswählen
With Sheets("Tabelle1")
Set S1 = .Range(Cells(5, 1), Cells(LBZ, 1))  'erste Markierung
Set S7 = .Range(Cells(5, 7), Cells(LBZ, 7)) 'zweite Markierung
Set S9 = .Range(Cells(5, 9), Cells(LBZ, 9)) 'dritte Markierung
Set MF = Union(S1, S7, S9) 'Die Dreifachmarkierung aus der Vereinigung (Union) von drei Einzelmarkierungen
'erzeugen (Union-Methode)
End With
```

```vba
'Diagrammtyp wählen
Sheets("Tabelle1").Shapes..AddChart2(332, xlLineMarkers).Select 'Liniendiagramm
'Die Quelle für die Daten des Diagramms angeben; hier die Mehrfachmarkierung MF
ActiveChart.SetSourceData Source:=MF, PlotBy:=xlColumns 'Erklärung im Text
' Angeben, dass das neue Diagramm als neues Blatt einzufügen ist
ActiveChart.Location Where:=xlLocationAsNewSheet
' Den Diagrammtitel neu festlegen
ActiveChart.ChartTitle.Text = " Entwicklung meines Fonds Provesta VL am " & Datum
End Sub 'cmdDiagNeu_Click
```

1.3 . Listings zu weiteren Prozeduren im VBA-Projekt „Investmentfond"

1.3.1 Deklarationen im Modulkopf von FrmHaupt und des allgemeinen Moduls 1 mit Sub Auto_Open

```vba
'MODUL des Hauptformulars
    Option Explicit
    'Deklaration von erforderlichen Variablen auf Formularebene f

    Dim Datum As Date        ' Datum der aktuellen Zeile
    Dim APreis As Single     'Ausgabepreis des Fonds
    Dim Betrag As Single     'Anlagebetrag
    Dim RPreis As Single     'Rücknahmepreis
    Dim Ausbetrag As Single 'Ausschüttungsbetrag

'MODUL1 (allgemein)
    Option Explicit
```

```vba
'Deklarationen
Public LBZ As Long 'LBZ ist öffentlich im ganzen Programm und kann theoretisch größer
'als 32767 werden, deshalb Typ Long
Public Meldung As String 'Meldungsvariable für das ganze Programm


Sub Auto_open()
    'Beim Start aktuelle Tabellenlänge feststellen. LBZ: letzte benutzte Zeile
    LBZ = Sheets("Tabelle1").Cells.SpecialCells(xlCellTypeLastCell).Row
    '*'Debug.Print "LBZ ist " & LBZ 'LBZ-Wert kontrollieren, auskommentieren
    'Hauptformular anzeigen
    FrmHaupt.Show
End Sub
```

1.3.2   Prozeduren UserForm_Activate und der Buttons [Diagramm anzeigen] und [Tabelle anzeigen]

```vba
Private Sub UserForm_Activate()   ' Letztes Datum wieder aus der Tabelle extrahieren
    ' Beim Aufrufen des Formulars altes Datum aktivieren
    'Letztes Datum einsetzen, wenn keine Eingabe erfolgt und Diagramm sofort gerufen wird
    Datum = CDate(Sheets("Tabelle1").Cells(LBZ, 1))
End Sub

Private Sub cmdZeigDiag_Click()   ' Button [Diagramm anzeigen]
    ActiveWorkbook.Charts(1).Activate
End Sub
```

'Deklarationen
Public LBZ As Long 'LBZ ist öffentlich im ganzen Programm und kann theoretisch größer
'als 32767 werden, deshalb Typ Long
Public Meldung As String 'Meldungsvariable für das ganze Programm

Sub Auto_open()
'Beim Start aktuelle Tabellenlänge feststellen. LBZ: letzte benutzte Zeile
LBZ = Sheets("Tabelle1").Cells.SpecialCells(xlCellTypeLastCell).Row
'*Debug.Print "LBZ ist " & LBZ 'LBZ-Wert kontrollieren, auskommentieren
'Hauptformular anzeigen
FrmHaupt.Show
End Sub

1.3.3 Prozeduren UserForm_Activate und der Buttons [Diagramm anzeigen] und [Tabelle anzeigen]

Private Sub UserForm_Activate() ' Letztes Datum wieder aus der Tabelle extrahieren
' Beim Aufrufen des Formulars altes Datum aktivieren
'Letztes Datum einsetzen, wenn keine Eingabe erfolgt und Diagramm sofort gerufen wird
Datum = CDate(Sheets("Tabelle1").Cells(LBZ, 1))
End Sub

Private Sub cmdZeigDiag_Click() ' Button [Diagramm anzeigen]
ActiveWorkbook.Charts(1).Activate
End Sub

```vba
Private Sub cmdZeigTab_Click()   'Button [Tabelle anzeigen]
Sheets("Tabelle1").Activate
End Sub
```

1.3.3 Prozedur chkAus_Click für Checkbox „Ausschüttung"

```vba
Private Sub chkAus_Click()   ' Checkbox im Hauptformular bei
' Umschaltung auf Kauf oder Ausschüttung
If chkAus = False Then ' Kauf; kein Haken
    Label2.Caption = "Ausgabepreis"
    Label3.Caption = "Betrag"
Else
    Label2.Caption = "Rücknahmepreis"
    Label3.Caption = "Ausschüttung"
End If

'Textfelder löschen und Variablen Null setzen wegen neuer Eingabe
txtDat = ""
txtApreis = ""
txtBetrag = ""

Ausbetrag = 0
Betrag = 0
RPreis = 0
APreis = 0
End Sub 'chkAus_Click
```

2. Listings zum VBA-Projekt „BefragPatient.xlsm"

2.1 Listings zum Modul 1 imVBA-Projekt „BefragPatient.xlsm " mit Deklarationen und Unterprogrammen, sowie der Declare -Anweisung für die API-Funktion shellexecute

```
'Modul1 (allgemein) Projekt Patientenbefragung

Option Explicit On
'Deklarationen
Public Meldung As Variant ' Allg. Meldung
Public Wert(18) As Integer ' Eindimensionales Integerfeld
Public opt As Control 'OptionButton als öffentliches Objekt
Public DsNr As Integer ' Zählvariable für die Datensätze
Public Objektname As String 'Name der zu benutzenden Tabelle oder Datei, z. B. DSätze_2021
Public Aktjahr As Integer ' Das aktuelle Jahr
Public Jahr As Integer 'Variable für irgendein Jahr
Public Aktblatt As String ' Name der aktuell zu benutzenden Tabelle
Public NamFlag As Boolean ' Flag für gefundenen Namen einer Datei oder eines Blattes
'*Public DSFeld() As Variant ' Datensatzfeld aus Haupttabelle erzeugen
Public Statistflag As Boolean ' Zeigt an , dass die Statistik erzeugt wurde
'''''''''''''''''''''''''''''''''''''''''''''''''''''

Public Declare PtrSafe Function ShellExecute Lib "Shell32.dll" Alias "ShellExecuteA" (ByVal hwnd
As Long, ByVal lpOperation As String, ByVal lpFile As String, ByVal lpParameters As String, ByVal lpDirectory As String,
ByVal nShowcmd As Long) As LongPtr
```

2.1.1. Sub Auto_Open

```vba
Sub Auto_open() 'Startprozedur
  ' Aktuelles Jahr aus System holen
  'Startnamen Erstbelegung
  '*'AktName = ActiveWorkbook.Name ' Name der aktiven Excel-Datei
  Aktjahr = CInt(Right(Of Date, 4)()) ' wird später benötigt
  '*'Pfad = "D:\_Patientenbefragung\"

  'Prüfen, ob zum AktJahr schon eine Tabelle Objektname existiert.
  Objektname = CStr("DSätze_" & Aktjahr) ' z. B. DSätze_2021

  Call ObjektSuche() ' Falls das Blatt noch nicht existiert, wird Namflag = False zurückgegeben

  'Wenn nicht vorhanden, neu anlegen
  If NamFlag = False Then 'Blatt anlegen und NamFlag wieder auf False
    '?'Sheets("LeerTab").Select ' Das Leertab benutzen, select unnötig
    Sheets("LeerTab").Copy After:=Sheets("AW18") 'Leertab als Kopie hinter AW18 einfügen
    '?'Sheets("LeerTab (2)").Select 'Leerblatt-Kopie aktivieren
    Sheets("LeerTab (2)").Name = "DSätze_" & Aktjahr ' Neues Blatt angelegt >> umbenennen
  End If ' NamFlag = False
  ' Im Startformular wird der Tabellenname erneut abgefragt, dann ist die neue Tabelle da, falls sie benutzt werden soll
  'Startformular anzeigen
  frmStart.Show
End Sub ' Auto_Open
```

2.1.2 Unterprogramm PDF-Datei öffnen

```vba
Sub PDFDateiÖffnen()
'In diesem Beispiel öffnet Microsoft Excel das Dateidialogfeld, was es dem
  Benutzer ermöglicht, mindestens eine Datei auszuwählen.
'Deklarationen
Dim Filepath As String  ' Deklaration lokal
'Dateidialog öffnen
With Application.FileDialog(msoFileDialogOpen)
  .AllowMultiSelect = False 'Nur eine Datei wählbar
  .InitialFileName = "D:\_Patientenbefragung\Statistiken\"
  .Filters.Clear() ' Alte Filter löschen
  .Filters.Add "PDF-Dateien ", "*.pdf" 'Nur PDF-Dateien wählbar
  .Show() 'Anzeigen des Dialogfensters
'Datei auswählen. Wenn Dialog ohne Auswahl geschlossen wird, Fehler abfangen
  On Error GoTo KeineWahl 'KeineWahl: ist die anzuspringende Textmarke
'*'MsgBox (Application.FileDialog(msoFileDialogOpen).SelectedItems(1))
  Filepath = Application.FileDialog(msoFileDialogOpen).SelectedItems(1)
'*' MsgBox Filepath

End With 'Application.FileDialog

'Geklickte Datei öffnen '*'ShellExecute 0&, "Open", Filepath, 0&, 0&, 3
Call ShellExecute(0&, "Open", Filepath, "", "", 3) '
frmHaupt.Show ' Zurück zum Hauptfenster
Exit Sub ' Vor der Fehlerbehandlung Sub beenden

KeineWahl:  'Ansprungmarke > > Doppelpunkt beachten
```

```vba
    MsgBox "Es wurde keine Datei ausgewählt!"
    frmHaupt.Show ' Zurück zum Hauptfenster

End Sub 'PDFDateiÖffnen
```

2.1.3 Unterprogramm ObjektSuche

```vba
Sub ObjektSuche() 'Testen, ob eine Tabelle oder später Datei existiert
    Dim Objekt As Object ' ein Tabellenblatt oder eine Datei
    NamFlag = False 'Anfangswert setzen
    For Each Objekt In ActiveWorkbook.Sheets
        "Debug.Print "Aktuelles Objekt ist : " & Objekt.Name & " > Gesuchter Objektname :" & Objektname
    If Objekt.Name = Objektname Then
        NamFlag = True ' Flag für gefundenes Blatt
        '"MsgBox "Gefunden " & Objektname
        Exit Sub ' weil gefunden
    End If ' Objekt.name...
    Next Objekt

'Wird kein gleichnamiges Objekt gefunden, wird Namflag = False an die aufrufende Sub zurückgegeben
'Nachstehende Zeilen heraus genommen und in die Sub cmdJahr verlegt
'
'*Meldung = MsgBox("Für das eingegebene Jahr " & Jahr & " wurde kein ent" _
'   & "sprechendes Objekt gefunden! Wollen Sie ein anderes Jahr eingeben [OK] oder " _
'   & "Programm beenden [Abbrechen]", vbOKCancel, "Gesuchtes Objekt nicht vorhanden")
'"If Meldung = vbCancel Then End
'
End Sub 'ObjektSuche
```

445

2.1.4 Unterprogramm InTab (Daten in Tabellenblatt übertragen)

```vb
Sub InTab() ' Realisiert die Werteübernahme in das Tabellenblatt
    'wird aufgerufen von cmdDsFertig_Click
    Dim J As Integer 'Zählvariable auf ProzedurEbene

    Sheets(Aktblatt).Cells(DsNr, 1) = DsNr 'Neue Datensatznummer
    Sheets(Aktblatt).Cells(DsNr, 2) = frmHaupt.txtDatBefrag.Value   'Befragungsdatum

    'Geschlecht
    If frmHaupt.fraGeschlecht.optMann = True Then
        Sheets(Aktblatt).Cells(DsNr, 3) = 1
    Else
        Sheets(Aktblatt).Cells(DsNr, 3) = 2
    End If

    'Diagnosen
    If frmHaupt.fraPers.optNeuro = True Then Sheets(Aktblatt).Cells(DsNr, 4) = 1
    If frmHaupt.fraPers.optPsori = True Then Sheets(Aktblatt).Cells(DsNr, 4) = 2
    If frmHaupt.fraPers.optViti = True Then Sheets(Aktblatt).Cells(DsNr, 4) = 3
    If frmHaupt.fraPers.optUrti = True Then Sheets(Aktblatt).Cells(DsNr, 4) = 4
    'Sonstige Diagnose
    If frmHaupt.fraPers.optSonst = True Then
        Sheets(Aktblatt).Cells(DsNr, 4) = 5   'Sonstige Diagnose
        Sheets(Aktblatt).Cells(DsNr, 5) = frmHaupt.txtSonst.Text   'Text für sonstige D
    End If

    'Altersgruppe
```

```vba
'Prüfen, ob eine Option ausgewählt ist, falls ja, über Tabindex eintragen
For Each opt In frmHaupt.fraAlter.Controls
    If opt.Value = True Then
        Sheets(Aktblatt).Cells(DsNr, 6) = opt.TabIndex + 1
    End If
Next opt

' Die 19 Werte eintragen
For J = 8 To 26 ' Spalte 8 - Wert(0); Spalte 26 - Wert(18)
    Sheets(Aktblatt).Cells(DsNr, J) = Wert(J - 8)
Next J

'Altes Wert-Feld löschen für neue Eingabe und DsNr erhöhen
For J = 0 To 18
    Wert(J) = 0
Next J

DsNr = DsNr + 1 'DsNr hier erhöhen
'*'MsgBox "DsNr erhöht auf" & DsNr
Unload frmHaupt ' Damit die Werte zurück gesetzt werden
frmHaupt.Show
End Sub 'InTab
```

2.1.5 Unterprogramme Timer1 und Timer2 / Zeitgeber

```vba
Sub Timer1() 'Timer für Einblendungsdauer einer Meldung
    Dim Wartezeit As Integer
```

```vba
    Dim Start As Single
    Dim Ende As Single
    Wartezeit = 1 '1 Sek einblenden
    Start = Timer 'Moment des Drückens
    Do While Timer < Start + Wartezeit
        frmHaupt.lblDauert1.Visible = True
        frmHaupt.cmdStatistik.Caption = "Alte Daten werden gelöscht"
        frmHaupt.cmdStatistik.ForeColor = vbRed
        DoEvents 'Damit der Vorgang weiter laufen kann
    Loop
End Sub 'Timer1


Sub Timer2() 'Timer für Einblendungsdauer einer Meldung
    Dim Wartezeit As Integer
    Dim Start As Single
    Dim Ende As Single
    Wartezeit = 1 '1 Sek einblenden
    Start = Timer 'Moment des Drückens
    Do While Timer < Start + Wartezeit
        frmHaupt.cmdStatistik.Caption = "Datenübernahme läuft"
        DoEvents 'Damit der Vorgang weiter laufen kann
    Loop
End Sub 'Timer2
```

2.2 Modul des Startformulars mit den Prozeduren für den Formularstart, Hilfsprozeduren und der Hauptprozedur CmdJahr VBA-Projekt „BefragPatient.xlsm"

'Modul des Startformulars
   Option Explicit

2.2.1 Initialisierungsprozedur des Startfensters und Aktivierung

```
Private Sub UserForm_Initialize() ' Startbildschirm
'Bildschirmgroß starten (Laptopbildschirm beachten)
Width = Application.Width ' Breite ist Excel-Breite
Height = Application.Height 'Höhe ist Excel-Höhe
'Zentrieren
fraAußen.Left = (Application.Width - fraAußen.Width) / 2
fraAußen.Top = (Application.Height - fraAußen.Height) / 2
End Sub
```

```
Private Sub UserForm_Activate()
txtJahr.SetFocus 'Beim Fensterstart Fokus setzen
End Sub
```

2.2.2 Prozeduren CmdJahr (Übernahme Jahreszahl) und txtJahr_Change (Änderung in Jahreseingabe)

```
Private Sub cmdJahr_Click() ' Jahr übernehmen und Fenster schließen
```

```
On Error GoTo beiFehler
Dim Z As Integer ' Zeilenzähler
Z = 1 'Anfangswert
Jahr = CInt(txtJahr.Text)
' Jahr in der Zukunft abfangen
If Jahr > Aktjahr Then GoTo beiFehler
Objektname = "DSätze_ " & Jahr
'*"MsgBox " Objektname ist jetzt " & Objektname
Call ObjektSuche    ' Sub im allg. Modul
If NamFlag = True Then
    Aktblatt = Objektname 'Neues Blatt wird aktiviert
    '*"MsgBox "AktBlatt ist " & Aktblatt


    'Die Datensatznummer aus der Tabelle holen
    If Sheets(Aktblatt).Cells(1, 1) = "" Then  ' wenn Zelle "A1" noch leer ist
        DsNr = 1   'dann ist DsNr = 1, also der erste Datnsatz
    Else ' sonst beginnt hier die Ermittlung von DsNr
        Do While Not IsEmpty(Sheets(Aktblatt).Cells(Z, 1))
            Z = Z + 1
        Loop
        DsNr = Z
    End If 'Sheets(Aktblatt)
    '*"MsgBox "Nächste Datensatz-Nr ist " & DsNr  ' wieder auskommentieren

Else  ' NamFlag ist False
Meldung = MsgBox("Für das eingegebene Jahr ist keine Tabelle vorhanden. Wollen Sie ein anderes Jahr „ _
& „eingeben [OK] oder das Programm [Abbrechen]?", vbOKCancel, "Tabellenblatt nicht vorhanden")
```

```vba
'Bei OK geht es weiter, neue Jahreseingabe, sonst Programmende
If Meldung = vbCancel Then
    End  'Beenden
Else
    GoTo beiFehler ' Neue Jahreseingabe erwarten
End If ' Meldung = VbCancel
End If 'NamFlag = True

Unload frmStart ' Startformular entladen, um Werte zu löschen
frmHaupt.Show ' Hauptformular anzeigen

Exit Sub   ' Hier abbrechen, damit die Prozedur nicht ohne Fehler in die
                                  Fehlerbehandlung reinläuft
beiFehler:' Das ist der errorhandler Doppelpunkt beachten
    txtJahr.Text = "20" ' Wegen Fehler rücksetzen
    txtJahr.SetFocus
End Sub 'cmdJahr_Click
```

```vba
Private Sub txtJahr_Change() 'Bei Eingaben ändert sich der Inhalt
If Len(txtJahr.Text) = 4 Then  'Wenn die Textlänge vier Zeichen beträgt
    cmdJahr.SetFocus              'Geht der Fokus zum Button [cmdJahr]
    End If
End Sub 'txtJahr_Change
```

2.3 Modul des Hauptformulars mit den Prozeduren für den Formularstart, Hilfsprozeduren und Prozeduren für die Buttons im VBA-Projekt „BefragPatient.xlsm"

```vba
'Modul des Hauptformulars
    Option Explicit

Private Sub UserForm_Initialize()
    'Bildschirmgroß starten
    Width = Application.Width  ' Breite ist Excel-Breite
    Height = Application.Height 'Höhe ist Excel-Höhe
    'Außenrahmen zentrieren
    fraAußen.Left = (Application.Width - fraAußen.Width) / 2
    fraAußen.Top = (Application.Height - fraAußen.Height) / 2
End Sub 'UserForm_Initialize
```

```vba
Private Sub UserForm_Activate() 'Buttons ab- oder aufblenden
cmdDSFertig.Caption = "Datensatz Nr. " & DsNr & " jetzt abspeichern"
fraAußen.Caption = "Übernahme der Daten aus den Patientenbefragungsbögen für das Jahr " & Jahr
lblDsBisher.Caption = "Für das Jahr " & Jahr & " sind bisher " & DsNr - 1 & " Datensätze gespeichert."
    '*'MsgBox "StatistFlag ist " & Statistflag

    If Statistflag = True Then
        cmdStatistik.Enabled = False
        cmdZeig.Enabled = True
        cmdExport.Enabled = True

    Else
```

452

```
        cmdStatistik.Enabled = True
        cmdZeig.Enabled = False 'vorübergehend für Test auf True
    End If
End Sub 'UserForm_Activate
```

2.3.1 Prozedur „Datensatz fertig"

```
Private Sub cmdDSFertig_Click() ' Datensatz fertig > Daten übertragen
Dim fra As Object ' Allgemeine Variable für ein Frame-Objekt

Dim Num As Byte ' Nummer des fra in fraFragen
Dim FundFlag As Boolean ' Flag für gefunden

FundFlag = False ' Anfangswert setzen, noch kann nichts gefunden sein

'Außenschleife
For Each fra In fraFragen.Controls
    If Left(fra.Name, 3) = "fra" Then
        Num = CByte(Right(fra.Name, 2))

        For Each opt In fra.Controls ' Für alle Option-Buttons im aktuellen Frame
            If opt.Value = True Then
'*MsgBox "True gefunden in " & opt.Name & " Tabindex+1 ist : " & _ (opt.TabIndex) + 1
                Wert(Num) = (opt.TabIndex) + 1
                FundFlag = True
                Exit For ' each opt
            Else
```

```vb
            FundFlag = False
        End If ' opt.Value
    Next opt
    If FundFlag = False Then
    Meldung = MsgBox("In Frage " & Num & " fehlt die Eingabe!" , , "Bitte Eingabe" _ & "nachholen!")
        Exit Sub
    End If 'FundFlag = False
    End If 'left
    FundFlag = False 'zurücksetzen
Next fra
'*"MsgBox " Alle Fragen durchforstet, keine fehlenden Eingaben mehr"

"Feld Werte(18) zur Kontrolle ausgeben >> wieder auskommentieren
'Dim J As Integer 'Zählvariable einrichten
'For J = 0 To 18
'Debug.Print " Frage " & J & " hat den Option-Button " & Wert(J) & " aktiv ."
'Next J

' Eingaben in die Tabelle übertragen
'Feld und Werte in die Tabelle eintragen und altes Wertefeld löschen
Call InTab 'Prozedur steht im allgemeinen Modul

cmdPersKompl.Enabled = True ' Button wieder zulassen

End Sub 'cmdDSFertig_Click
```

2.3.2 Prozedur Statistik exportieren

```vba
Private Sub cmdExport_Click() ' Die aktuelle Statistik exportieren
Dim Datname As String ' Dateiname für PDF-Datei bilden
Datname = "Statistik_" & Jahr ' Name für die Exportdatei vorbereiten

' Als Auswertungsdatei eine neue Mappe öffnen
Workbooks.Add() ' Neue Mappe hinzufügen

'Die E-Tabellen in die neue Mappe kopieren
Workbooks("BefragPatient.xlsm").Sheets(Array("AWA", "AW1", "AW2", "AW3", "AW4", "AW5", "AW6", "AW7", "AW8", "AW9", "AW10", "AW11", "AW12", "AW13", "AW14", "AW15", "AW16", "AW17", "AW18")).Copy _ Before:=ActiveWorkbook.Sheets(1)

Application.DisplayAlerts = False
ActiveWorkbook.Sheets("Tabelle1").Delete ' Tabelle1 löschen, die die neue Mappe mitbrachte
Application.DisplayAlerts = True

'Titel in den Tabellenkopf einfügen
Application.ScreenUpdating = False
Dim Seite As Worksheet
For Each Seite In ActiveWorkbook.Sheets
    Seite.Activate()
    ActiveSheet.PageSetup.CenterHeader = "Jahresstatistik " & Jahr
Next
Application.ScreenUpdating = True
```

455

'Auswertungsdatei als Pdf speichern und schließen

ActiveWorkbook.ExportAsFixedFormat Type:=XlTypePDF, FileName:=
"D:_Patientenbefragung\Statistiken\" & Datname, Quality:=
XlQualityStandard, IncludeDocProperties:=True, IgnorePrintAreas:=False,
OpenAfterPublish:=False ' Wenn true, wird die PDF sofort angezeigt

'Die Hilfsmappe ohne Speicherung schließen
Application.DisplayAlerts = False
ActiveWorkbook.Close
Application.DisplayAlerts = True

Workbooks("BefragPatient.xlsm").Activate
cmdExport.Enabled = False
End Sub 'cmdExport

2.3.2 Prozedur des Buttons [Persönliche Angaben komplett]

Private Sub cmdPersKompl_Click() 'Button [Persönliche Angaben fertig]

'Prüfen auf korrekt und vollständig
' Wenn im Textfeld für Monat keine Zahl steht oder die Eingabe nicht zweistellig ist, dann....
If Not IsNumeric(txtDatBefrag.Text) Or Len(txtDatBefrag.Text) <> 2 _
Or CInt(txtDatBefrag.Text) > 12 Then
Meldung = MsgBox("Falsche oder fehlende Eingabe des Befragungsmonats.", , "Monat zweistellig eingeben!")
txtDatBefrag.Text = "" ' Textfeld Monat wieder löschen
txtDatBefrag.SetFocus ' Nach Löschung den Cursor in das Textfeld zurück setzen

```vb
        Exit Sub ' Abbrechen der Sub wegen Fehleingabe
    End If

    'Diagnosen fehlen
    If optNeuro.Value = False And optPsori.Value = False And optViti.Value = False And optUrti.Value = False And _
optSonst.Value = False Then
        Meldung = MsgBox("Keine Diagnose angegeben!", , "Diagnose ist zwingend anzugeben!?")
        Exit Sub ' Sub wegen fehlender Diagnose abbrechen
    End If

    'Geschlecht fehlt
    If optWeib.Value = False And optMann.Value = False Then
Meldung = MsgBox("Geschlecht ist zwingend anzugeben!", , "Leider nicht fertig!") : Exit Sub ' Sub
                                                                    ' wegen fehlender Geschlechtsangabe
                                                                            abbrechen

    End If

    'Altersgruppe
    Wert(0) = 0 'Anfangswert als Null setzen, keine Option ist gewählt
    For Each opt In fraAlter.Controls 'Für jedes Opt im Frame fraAlter
    If opt.Value = True Then 'wenn laufende Option den Wert True hat, also geklickt ist
Wert(0) = (opt.TabIndex) + 1 ' erhält das Feldelement Wert(0) den Wert Tabindex +1
        '*"MsgBox "Ausgewählt: " & Wert(0)
        Exit For
    End If
    Next opt

If Wert(0) = 0 Then Meldung = MsgBox("Es wurde keine Altersgruppe gewählt" _
& ,, - bitte nachholen!", , "Leider noch nicht fertig!") : Exit Sub ' Abbruch
```

457

```vba
'Frage A
Wert(0) = 0 'Anfangswert als Null setzen, keine Option ist gewählt
For Each opt In fraA.Controls 'Für jedes Opt im Frame Frage A
    If opt.Value = True Then ' wenn laufende Option den Wert True hat, also
                             'geklickt ist
        Wert(0) = (opt.TabIndex) + 1 ' erhält Wert(0) den Wert TabIndex +1
        '*"MsgBox "Ausgewählt: " & Wert(0)
        Exit For
    End If
Next opt
If Wert(0) = 0 Then Meldung = MsgBox("Es wurde in Frage A keine Option"_
& „, geklickt - bitte nachholen!"‚ , "Leider noch nicht fertig!"): Exit Sub'Abbruch
    fraFragen.Visible = True 'Erst einblenden, wenn alle Fehlerquellen behandelt sind
cmdPersKompl.Enabled = False ' Button abblenden, um versehentlichen zweiten _
                             'Klick zu vermeiden

End Sub 'cmdPersKompl_Click
```

2.3.3 Prozedur des Buttons [Statistik anzeigen]

```vba
Private Sub cmdZeig_Click() ' PDF-Statistik anzeigen
    frmHaupt.Hide
    Call PDFDateiÖffnen 'die funktionierende Variante
End Sub 'cmdZeig
```

458

2.3.4 Prozedur des Buttons [Tabelle anzeigen]

```
Private Sub cmdZeigTab_Click() 'Aktuelle Tabelle anzeigen
    Sheets(Aktblatt).Activate 'Tabelle aktivieren
    frmHaupt.Hide ' Hauptformular verbergen; nicht entladen!
End Sub 'cmdZeigTab_Click
```

2.3.4 Wechsel-Prozedur des Option-Buttons [Sonstige Diagnosen]

```
Private Sub optSonst_Change() ' Option Sonstige Diagnose wurde geklickt
    If optSonst.Value = True Then ' wenn optSonst geklickt ist
        txtSonst.Visible = True 'Textfeld txtSonst sichtbar machen
        txtSonst.Text = "o.A." ' o.A. eintragen und markieren
        txtSonst.SetFocus ' Fokus in das Textfeld setzen
            "markieren
        txtSonst.SelStart = 0 ' Auswahl-Start bei null, also vor erstem Zeichen
        txtSonst.SelLength = 4 ' Auswahl-Länge 4 Zeichen: O, Punkt , A, Punkt
    Else
        txtSonst.Text = "" ' o.A. wieder löschen, sonst würde es gespeichert
        txtSonst.Visible = False ' wenn User versehentlich Sonst geklickt hat
    End If
End Sub 'optSonst_Change
```

459

2.3.5 Prozedur des Buttons [Statistik erstellen]

```vba
Private Sub cmdStatistik_Click() ' Daten statistisch auswerten
'Deklarationen auf Prozedurebene
Dim I As Integer 'Hier Datensatznummer von 1 bis DSNr zählen
Dim Z As Integer 'Zeilensprungnr. der akt. Zeile in den AW-Tabellen 5,7,9,11,13
Dim J As Integer 'Hier die Spalten 2 bis 7 in den AW-Tabellen
Dim S As Integer 'Hier die Spalten 8-26 in DS-Tab (die einzelnen AW-Spalten)
Dim A As Integer 'Hier der Tabellenindex der AW-Tabelle
Dim D As Integer 'Hier der Diagnoseschlüssel von 1 bis 5
Dim W As Integer 'Hier der Wert von 1 bis 6 der Eingabe – Optionen

Call Timer1 ' Meldungslabel einblenden Dauert

'Alle E-Tabellen vor Neubelegung löschen (Index 1-19)
For A = 1 To 19  'E-Tabellen 1 bis 19 nacheinander behandeln
    Sheets(A).Activate    ' E-Tabelle aktivieren – sie wird ActiveSheet
    Z = 5  'Anfangszeile in den E-Tabellen festlegen
Do While Z < 14   'Zeilen 5,7,9,11,13 behandeln, 14 nicht mehr << mittlere Schleife
    For J = 2 To 7  ' Spalten 2 bis 7 behandeln << innere Schleife
        ActiveSheet.Cells(Z, J) = 0  'Nullwert setzen
    Next J
    Z = Z + 2  ' Zeile überspringen
    Loop
Next A

Call Timer2 ' Datenübernahme läuft
```

```
' Für alle Tabellen nacheinander; Auszählen und in die Etabellen schreiben
'Aktblatt ist die Jahrestabelle; ActiveSheet die jeweilige Empfangstabelle

For I = 1 To DsNr 'Alle Datensätze durchlaufen > Außenschleife
    For A = 1 To 19 'Alle Blätter durchlaufen > mittlere Schleife
        'Bei A = 1 ist S = 8 Bei A = 2 ist S = 9 Bei A = 4 ist S = 11 usw.
Sheets(A).Activate 'Blatt aktivieren
'> Bei A = 1 wird AW(1) = AWA aktiviert, bei A = 2 AW(2) = AW1
    S = A + 7 'Spalte in DSätze ist um 7 Spalten jeweils versetzt
    'Wenn D = 1 ist (Neurod) , ist die Zeile 5 in AW  , bei D = 2  ist die Zeile 7 usw
        Z = 5 'erste Zeile wieder gesetzt
For D = 1 To 5 'Diagnosen durchlaufen > Innenschleife

If Sheets(Aktblatt).Cells(I, 4) = D And Sheets(Aktblatt).Cells(I, S) = 1 Then ActiveSheet.Cells(Z, 2) = _
ActiveSheet.Cells(Z, 2) + 1 'Je nach D

Bei Note1 in ETab Spalte2 erhöhen
If Sheets(Aktblatt).Cells(I, 4) = D And Sheets(Aktblatt).Cells(I, S) = 2 Then ActiveSheet.Cells(Z, 3) = _
ActiveSheet.Cells(Z, 3) + 1 'Je nach D

'Bei Note2 in Etab Spalte3 erhöhen
If Sheets(Aktblatt).Cells(I, 4) = D And Sheets(Aktblatt).Cells(I, S) = 3 Then ActiveSheet.Cells(Z, 4) = _
ActiveSheet.Cells(Z, 4) + 1 'Je nach D

'Bei Note3 in Etab Spalte4 erhöhen
If Sheets(Aktblatt).Cells(I, 4) = D And Sheets(Aktblatt).Cells(I, S) = 4 Then ActiveSheet.Cells(Z, 5) = _
ActiveSheet.Cells(Z, 5) + 1 'Je nach D
```

```vba
'Bei Note4 in Etab Spalte5 erhöhen
If Sheets(Aktblatt).Cells(I, 4) = D And Sheets(Aktblatt).Cells(I, S) = 5 Then ActiveSheet.Cells(Z, 6) = _
ActiveSheet.Cells(Z, 6) + 1 'Je nach D
'Bei Note5 in Etab Spalte6 erhöhen
If Sheets(Aktblatt).Cells(I, 4) = D And Sheets(Aktblatt).Cells(I, S) = 6 Then ActiveSheet.Cells(Z, 7) = _
ActiveSheet.Cells(Z, 7) + 1 'Je nach D
'Bei Note6 in Etab Spalte7 erhöhen
                Z = Z + 2 ' In E-Tabellen eine Zeile überspringen
                If Z > 13 Then Exit For ' Wenn Zeile 13 erreicht ist, ist die Diagnose abgearbeitet

        Next D ' nächste Diagnose
    Next A ' nächste E-Tabelle
Next I ' nächste Zeile in SpeiTab

Statistflag = True 'Statistik durchlaufen

lblDauert1.Visible = False ' Meldungslabel ausblenden
Application.ScreenUpdating = False
Unload Me ' Hauptformular entladen und sofort wieder aufrufen
frmHaupt.Show
Me.cmdZeig.Enabled = True ' Statistik anzeigen erlauben, aber erneutes Berechnen verbieten
'*frmHaupt.cmdStatistik.Caption = "Die Daten statistisch auswerten"
Me.cmdStatistik.Enabled = False ' Erneute Datenübernahme verhindern
Me.cmdExport.Enabled = True ' Export erlauben
    Application.ScreenUpdating = True  'Bildschirmaktualisierung wieder erlauben
End Sub 'cmdStatistik_Click
```

462

2.3.5 Prozedur des Buttons [Programm beenden]

```
Private Sub cmdEnd_Click() ' Programm im Hauptfenster beenden
    End
End Sub 'cmdEnd
```

3. Listings zum VBA-Word-Projekt „Briefkorrektur"

3.1 Modul des Word-Dokuments, das als Bedienoberfläche genutzt wird

'Modul des Dokuments (hier Bedienfläche des Programms)

Option Explicit

3.1.1 Prozedur des Buttons [Datei öffnen]

Private Sub cmdDatei_Click() ' Datei öffnen

Dim Anzahl As Byte ' Anzahl geöffneter Dateien

If Application.Documents.Count >= 2 Then MsgBox " Es ist bereits eine Briefdatei oder ein" _
&" anderes Word-Dokument geöffnet. Schließen Sie dieses und setzen Sie dann hier fort.": Exit Sub

Call DateiÖffnen
'*Debug.Print ActiveDocument.Name ' Die rufende Datei hat den höheren Index als die gerufene
Call Timer1 ' Zeit geben
On Error GoTo Mende ' Wenn Auswahl abgebrochen wird
Anzahl = Application.Documents.Count ' Die Anzahl geöffneter Dokumente in Word
Datname = Application.Documents(Anzahl - 1).Name ' Daraus den Namen der Briefdatei extrahieren
'*MsgBox " Geöffnete Datei: " & Datname ' Namen nochmal ausgeben aktivieren und als ActiveDocument ausgeben
lassen
    Documents(Datname).Activate ' Die Briefdatei zum aktiven Dokument machen
Mende:

464

End Sub 'cmdDatei_Click

3.1.2 Prozedur des Buttons [Briefkorrektur]

```
Private Sub cmdBriefKorr_Click() ' Briefkorrektur
    If Application.Documents.Count = 1 Then MsgBox " Es ist noch keine Briefdatei geöffnet ": Exit Sub
    Call BriefKorrektur
End Sub 'cmdBriefKorr
```

3.1.3 Prozedur des Buttons [Briefdatei anzeigen]

```
Private Sub cmdZeigDatei_Click()
    If Application.Documents.Count = 1 Then MsgBox " Es ist noch keine Briefdatei geöffnet ": Exit Sub
    Documents(Datname).Activate
End Sub 'CmdSpeiNeu
```

3.1.4 Prozedur des Buttons [Korrigierte Briefdatei speichern]

```
Private Sub cmdSpeiNeu_Click()
    'Aktuelle Briefdatei neu abspeichern
    If Application.Documents.Count = 1 Then MsgBox " Es ist keine Briefdatei geöffnet ": Exit Sub
    Pfad = "D:\_Briefkorrektur\Neue Briefe\"
    Documents(Datname).SaveAs Pfad & Datname ' Speicherung in neuen Ordner mit altem Namen
    Documents(Datname).Close
```

End Sub 'cmdEuro

3.1.5 Prozedur des Buttons [Speichern und beenden]

```vba
Private Sub cmdEnde_Click()
' Es ist nur das Programm geöffnet
If Application.Documents.Count = 1 Then ActiveDocument.Save : ActiveDocument.Close : Exit Sub
' Programm und Briefdatei sind geöffnet
If Application.Documents.Count = 2 Then
Meldung = MsgBox(" Geöffnete Datei und Programm werden geschlossen ", _
        vbOKCancel, " Programm benden ?")

If Meldung = vbOK Then
    Application.DisplayAlerts = False
    Documents(1).Save 'Geöffnete Datei speichern am alten Ort und schließen
    Documents(1).Close
    Documents(1).Save 'Verbliebene Programmdatei schließen
    Documents(1).Close
    Application.DisplayAlerts = True
Else
    Exit Sub
End If 'vbOK
End If ' count = 2
End Sub 'CmdEnde
```

466

3.2 Allgemeiner Modul1 des VBA-Word-Projektes „Briefkorrektur"

'Modul1 "VBA-Word-"Briefkorrektur"

Option Explicit

'DEKLARATIONEN

Public Declare PtrSafe Function ShellExecute Lib "Shell32.dll" Alias "ShellExecuteA" (ByVal hwnd As Long, ByVal lpOperation As String, _
ByVal lpFile As String, ByVal lpParameters As String, ByVal lpDirectory As String, ByVal nShowcmd As Long) As LongPtr

Dim I As Integer ' Zähler lokal
Dim L As Byte ' Länge eines Words()
Dim Leerz As String ' Leerzeichen zum Einbau
Dim Wort As Range ' ein Words-Objekt
Dim J As Integer 'Zähler lokal
Dim S As Integer 'Startwert für Zahlenstring
Dim R As Range 'irgendein Range-Objekt
Dim Pos1 As Integer ' Positionsvariable
Dim Pos2 As Integer 'dito
Dim Einsatz As String ' einzusetzende Klammer nachrichtlich..
Dim DMZahl As Range ' Hat aber String-Character
Dim Zeichen As Variant ' Einzelnes Zeichen als Bereichsvariable
Public Datname As String 'Name der zu bearbeitenden Briefdatei
Public Pfad As String ' Allgemeiner Pfad
Public Meldung As String 'Allgemeine Meldung

3.2.1 Unterprogramm „Datei öffnen"

```vba
Sub DateiÖffnen() 'Gerufen vom Button [Datei öffnen]
    'Wenn ein anderes Word-Document schon geöffnet ist, Schließung verlangen
    'In diesem Beispiel öffnet Microsoft Excel das Dateidialogfeld,
    'was es dem Benutzer ermöglicht, mindestens eine Datei auszuwählen.
    'Deklarationen in der Sub
    Dim Filepath As String
    'Dateidialog öffnen
With Application.FileDialog(msoFileDialogOpen)
    .AllowMultiSelect = False 'Nur eine Datei wählbar
    .InitialFileName = "D:\_Briefkorrektur\Briefe\"
    .Filters.Clear() ' Alte Filter löschen
    .Filters.Add "WordDateien ", "*.docx; *.docm; *.doc" 'Nur Word-Dateien wählbar
    .Show() 'Anzeigen des Dialogfensters

' Datei auswählen, wenn Dialog ohne Auswahl geschlossen wird, Absturz abfangen
    On Error GoTo KeineWahl 'KeineWahl: ist die anzuspringende Textmarke
    '*'MsgBox (Application.FileDialog(msoFileDialogOpen).SelectedItems(1))
    'Pfad mit Datei
Filepath = Application.FileDialog(msoFileDialogOpen).SelectedItems(1)

    End With 'Application.FileDialog

'Geklickte Datei öffnen'
Call ShellExecute(0&, "Open", Filepath, "", "" , 1) ' Die Windows–API-Funktion
Exit Sub 'Vor der Fehlerbehandlung Sub beenden
```

KeineWahl: 'Ansprungmarke für Fehler; Doppelpunkt beachten
    MsgBox "Es wurde keine Datei ausgewählt!"
End Sub ' UP DateiÖffnen

3.2.2 Unterprogramm „Briefkorrektur"

```
Sub BriefKorrektur() ' Gerufen vom Button [Brieftext korrigieren]
  ' Anfangswerte
  Leerz = ""
  I = 1 ' Anfangswert

'1. Zahl hängt links am Text

For Each Wort In Documents(Datname).Words

'Wenn rechts eine Zahl und links keine Zahl, hängt die Zahl am Text
If IsNumeric(Right(Documents(Datname).Words(I), 1)) And Not _
IsNumeric(Left(Documents(Datname).Words(I), 1)) Then
  L = Len(Documents(Datname).Words(I))
'*"MsgBox " Zahl am Ende und Länge des Words() ist " & L
  ' Words() teilen
  For J = 1 To L
    If IsNumeric(Documents(Datname).Words(I).Characters(J)) Then
      '*MsgBox "erstes Zahlzeichen bei " & J
      Exit For ' Bei aktuellem J aussteigen
    End If ' isnumeric2
    Next J
```

```vba
' Vor Zeichen(J) Leerzeichen einbauen
Documents(DatName).Words(I).Characters(J).InsertBefore Leerz

End If ' isnumeric and not

I = I + 1
Next Wort

'2. Zahl hängt rechts am Text

I = 1 ' geht von vorn los
'*MsgBox "zweiter Durchlauf aller Words"

For Each Wort In Documents(DatName).Words

'Wenn links eine Zahl ist und nächstes ist keine Zahl dann Leerzeichen rein
If IsNumeric(Left(Documents(DatName).Words(I), 1)) And Not _ IsNumeric(Right(Documents(DatName).Words(I), 1)) Then _
L = Len(Documents(DatName).Words(I))

'Words teilen durch Leerz Einfügung
For J = 1 To L
If Not IsNumeric(Documents(DatName).Words(I).Characters(J)) Then

'J für erstes Zeichen nach Zahl gefunden, davor Leerz einfügen
Exit For
```

```vba
      End If ' Not isnumeric(
    Next J

    'Wenn drittes Zeichen = "D" ist, klebt DM dran >> LZ rein
    If Mid(Documents(Datname).Words(I), 3, 1) = "D" Then
      '*'MsgBox "Leerzeichen wird eingefügt"
      Documents(Datname).Words(I).Characters(J).InsertBefore Leerz
    End If ' Mid(
  End If ' Isnumeric(Left
  I = I + 1
  Next Wort

  '3. wenn DM rechts am Text klebt
  I = 1
  'Wenn DM und nachfolgender Text zusammenhängen >> Leerzeichen zum Trennen
  For Each Wort In Documents(Datname).Words
    '*'Documents(Datname).Words(I).Select
    'Wenn Words() keine Zahl ist, (sondern Text) mit DM beginnt und noch Text daran hängt, Länge also größer 3 ist 'dann mit
    Leerzeichen trennen
    If Not IsNumeric(Documents(Datname).Words(I)) And Left(Documents(Datname).Words(I), 2) = _
    "DM" And Len(Documents(Datname).Words(I)) > 3 Then
      '*'MsgBox "drittes Zeichen ist " & Documents(Datname).Words(I).Characters(3)
      'Vor drittem Zeichen Leerz einfügen
      Documents(Datname).Words(I).Characters(3).InsertBefore Leerz
    End If

    I = I + 1
  Next Wort
```

'4. Wenn hinter einem Währungswert DM fehlt

I = 2 ' Damit Words(0) keinen Fehler verursacht

For Each Wort In Documents(Datname).Words
  'Bei vorletztem Words beenden, das beim letzten Plus 1 einen Fehler bringt,
  wie auch Beginn mit 2
  If I = (Documents(Datname).Words.Count) - 1 Then Exit Sub

'Wenn Zahl gefunden und Words vorher war, Komma und Words, danach kein "D", dann muss DM rein
If IsNumeric(Documents(Datname).Words(I)) And Documents(Datname).Words(I - 1).Characters(1) = _
"" And Documents(Datname).Words(I + 1).Characters.First <> "D" Then

Documents(Datname).Words(I + 1).InsertBefore "DM "

End If ' isnumeric usw.

  I = I + 1
  Next Wort

End Sub ' Briefkorrektur

3.2.2 Unterprogramm „Euroberechnung"

Sub Euro() ' Fügt die Klammer mit der Euroberechnung ein; Gerufen vom Button
  '[Euroberechnung einfügen]
  I = 1 ' Anfangswert für Zählvariable I setzen

```
'Prüfen, ob die Einfügung schon existiert, um Doppeleinfügung zu unterbinden
' >> Wort "nachrichtlich" suchen

For Each Wort In Documents(Datname).Words
  If Documents(Datname).Words(I) = "nachrichtlich " Then
  MsgBox ("Diese Einfügung ist im Dokument schon vorhanden." _
  & " Wenn diese geändert werden soll, nehmen Sie diese Änderung bitte" _
  & " von Hand vor. Diese Funktion wird jetzt beendet", vbOKOnly, _
      "Doppeleinfügung vermeiden")
Exit Sub
  End If
  I = I + 1
Next Wort

' DIE EINFÜGUNG MIT EURO VORNEHMEN
I = 1 ' Anfangswert für neuen Durchlauf setzen
For Each Wort In Documents(Datname).Words
  ' Findet erstes Zahlzeichen
  '*Documents(Datname).Characters(I).Select
If IsNumeric(Documents(Datname).Characters(I)) Then
  '*Documents(Datname).Characters(I).Select
  Pos1 = I - 1 'Start bei Zeichen 74
  S = I ' Anfangswert von S

  Do While Not (Documents(Datname).Characters(S) = "D")
    '*Documents(Datname).Characters(S).Select ' markiert Zeichenweise
    S = S + 1
    Loop
```

Pos2 = S - 1 'Wenn D erreicht ist, ist Zeichen davor letztes in der Zahl

Set DMZahl = Documents(Datname).Range(Start:=Pos1, End:=Pos2)
'*'DMZahl.Select ' Bereich ist markiert
' DMZahl verarbeiten
'*'Debug.Print CSng(DMZahl) 'KEIN WIDERSPRUCH
Einsatz = '' (nachrichtlich '' & Format(DMZahl / 1.95583, "##,##0.00") & " Euro)'" Liefert z. B. 1.767,77€.

Set R = Documents(Datname).Range(Start:=Pos2 + 2, End:=Pos2 + 2) 'Einfügemarke rein
R.InsertAfter Einsatz ' Einfügemarke hinter die Klammer Einsatz setzen.

'Nach Einsetzung beenden
GoTo Mende

End If ' 'isnumeric
I = I + 1
Next Wort

Mende:
Set R = Nothing
Set DMZahl = Nothing
End Sub ' Euro

474

3.2.3 Unterprogramm „Timer1" / Zeitgeber

```
Sub Timer1() 'Timer für Einblendungsdauer einer Meldung
    Dim Wartezeit As Integer
    Dim Start As Single
    Wartezeit = 1 '1 Sek für Aktionen
    Start = Timer 'Moment des Drückens
    Do While Timer < Start + Wartezeit
        DoEvents 'damit der Vorgang weiter laufen kann
    Loop
End Sub 'Timer1
```

4. Listings zum Visual Basic-Projekt „Patientenbefragung"

4.1. Prozeduren des Startformulars (Option Explicit ist in den Projekteigenschaften für ganzes Projekt eingestellt)

Public Class FrmStart 'Klassendeklaration für das Startformular

---

—

4.1.1 Ladeprozedur des Startfensters

```
Private Sub FrmStart_Load(sender As Object, e As EventArgs) Handles MyBase.Load 'Ladeprozedur

'Neue Werte für Fenster in Normalgröße, zunächst Außenrahmen
FraAussen.Width = Me.Width - 50   ' minus 50
FraAussen.Height = Me.Height - 60   ' minus 60
FraAussen.Left = 20
FraAussen.Top = 10
'Innenrahmen
FraInnen.Left = (FraAussen.Width - FraInnen.Width) / 2
FraInnen.Top = ((FraAussen.Height - FraInnen.Height) / 2) + 50 ' Top nach unten ziehen
' Fokus in rechtes Textfeld setzen
TxtZehner.Select()

' Aktuelles Jahr extrahieren
Aktjahr = CInt(Year(Today))      'das aktuelle Jahr >> Jahr(von Heute)
'*MsgBox("AktJahr ist " & AktJahr) 'Test wieder auskommentieren

End Sub 'FrmStart_Load
```

476

4.1.2 Änderungsprozedur für Jahres-Textfeld des Startfensters

```
'Fokus auf Button setzen, um mit ENTER sofort weiter zu kommen (ohne Mausklick)
Private Sub TxtZehner_TextChanged(sender As Object, e As EventArgs) _ Handles TxtZehner.TextChanged
    If Len(TxtZehner.Text) <> 2 Then Exit Sub
    CmdJahr_Ok.Select() 'Fokus auf Button
End Sub ' TXtZehner
```

4.1.3 Prozedur des Buttons [Jahreseingabe übernehmen]

```
'Jahreseingabe im Startformular übernehmen
Private Sub CmdJahr_Ok_Click(sender As Object, e As EventArgs) _
                    Handlles CmdJahr_Ok.Click

    ' Fehleingabe verhindern
    If Not IsNumeric(TxtZehner.Text) Or Len(TxtZehner.Text) <> 2 Then
    'Neueingabe erzwingen
        'Falschen Wert entfernen und Cursor setzen
        TxtZehner.Clear()
        TxtZehner.Select() 'Setzt den Fokus rein
        Exit Sub   'Abbruch wegen Eingabefehler
    End If
    'Das gewählte Jahr bestimmen
    Jahr = 2000 + CInt(TxtZehner.Text)
    '*MsgBox("Jahr ist " & Jahr) 'Test wieder auskommentieren
    'DatName der Speicherdatei zum eingegebenen Jahr
    DatName = "Dat_" & Jahr
```

477

```vba
'Jahr prüfen auf gleich oder kleiner Aktjahr, zunächst gleich Aktjahr
If Jahr = Aktjahr Then
        'prüfen, ob Sequ-Datei existiert Dat_Jahr
Call Dat_Test() 'Bringt NamFlag = True, wenn eine Jahresdatei existiert, sonst False
If NamFlag = False Then ' Datei existiert noch nicht >> Tabelle und Datei erzeugen

    ReDim Preserve Tabelle(26, 0) 'DsNr ist noch unbekannt, deshalb die
                                    'Tabelle nur Nullzeile

    'In Nullzeile (0, 0) die erste DsNr eintragen
    Tabelle(0, 0) = 1
    'Tabelle in Sequ-Datei exportieren
        Call TabInDat() ' Im Modul 1
MsgBox("Für das Jahr " & Aktjahr & " wurde soeben eine Jahresdatei angelegt" _
& ", und abgespeichert.", vbOKOnly, "Information über Datenspeicher")
    ' Gleich wieder einlesen
        Me.Hide() 'Startfenster verbergen
        FrmHaupt.Show() ' Hauptfenster öffnen
    Exit Sub ' Beenden des Startfensters

Else ' Namflag nicht False, Dat_Jahr als vorhanden > einlesen in Tabelle
        Call TabAusDat() ' Datei vorhanden, gleich einlesen in Tabelle
    '*'MsgBox(" Tabelle(0, 0) ist " & Tabelle(0, 0)) ' Ok bringt 1
    'Tabelle ist eingelesen, gehe zum Hauptformular
        Me.Hide() 'Startfenster verbergen
        FrmHaupt.Show()
    Exit Sub ' Aufgabe erfüllt, Jahresdatei Aktjahr geladen
    End If 'NamFlag = False

Else ' Jahr ist nicht Aktjahr, sondern vorheriges
```

```vb
Call Dat_Test() 'Prüfen, ob das Jahr eine Datei hat
' Wenn dafür NamFlag True ist, Datei in Tabelle laden, sonst Meldung ausgeben,
'dass dafür keine Datei (mehr) existiert
If NamFlag = True Then
    Call TabAusDat() ' Datei vorhanden, gleich einlesen in Tabelle
    '*'MsgBox(" Tabelle(0, 0) ist " & Tabelle(0, 0)) '
    Me.Hide() 'Startfenster verbergen
    FrmHaupt.Show()
    Exit Sub ' Aufgabe erfüllt, Tabelle geladen
Else ' NamFlag ist False: Keine Datei (meh)r vorhanden > Meldung und neue Eingabechance ; Fenster
                                                                                    'bleibt offen

    MsgBox("Für das Jahr " & Jahr & " ist keine Datei (mehr) vorhanden." , _
    vbOKOnly, ,,Information über Datenspeicher")
    Me.TxtZehner.Select()   ' Eingabefeld aktivieren
    Me.TxtZehner.Clear()    'Eingabefeld leer setzen für neue Eingabemöglichkeit

    End If 'NamFlag = True
End If 'Jahr = Aktjahr
End Sub 'CmdJahr_Ok
```

4.1.4 Prozedur des Buttons [Hilfe anzeigen]

```vb
Private Sub CmdHilfe_Click(sender As Object, e As EventArgs) Handles CmdHilfe.Click
    Process.Start("C:\ProgramData\BefragungPat_Install\DatSafe\Hilfedatei BefragungPat.pdf")
    End Sub ' CmdHilfe
```

```vb
End Class ' FrmStart
```

4.2. Prozeduren des Hauptformulars

Public Class FrmHaupt ' Klassen-Deklaration des Hauptformulars

---

4.2.1 Ladeprozedur des Hauptformulars

```
'Laden von FrmHaupt
Private Sub FrmHaupt_Load(sender As Object, e As EventArgs) Handles MyBase.Load
' Wenn das Hauptformular aufgerufen wird, ist die aktuelle Datensatz-Nummer DsNr bekannt
    DsNr = Tabelle(0, 0) 'sie wird immer in Tabelle(0, 0) eingetragen, sobald sie sich ändert
'*'MsgBox("Tabelle(0, 0) ist in FormLoad " & Tabelle(0, 0) & " DsNr ist " & DsNr)

    Satz = DsNr 'u.a.für die Aktualisierung des Buttons erforderlich
'*'MsgBox("DsNr ist" & DsNr & " Satz ist " & Satz) 'Kontrolle auskommentieren

'Neue Werte für Fenster in Normalgröße , zunächst Außenrahmen
    FraAussen.Width = Me.Width - 50  ' minus 50
    FraAussen.Height = Me.Height - 60  ' minus 60
    FraAussen.Left = 20
    FraAussen.Top = 10

Call TexteAktu() ' Texte anpassen auf Buttons und in Labels

'Wenn mindestens ein Datensatz existiert, also DsNr > 1 ist, Korrektur erlauben
' und Auswertung erlauben, 'd. h. die Buttons auf Enabled = True setzen
' Wenn DsNr = 1 ist, ist der erste Ds noch nicht eingegeben, Korrektur sinnlos
    If DsNr > 1 Then
```

"?TxtMon.Text = Tabelle(2, DsNr - 1) ' Monat rücktragen

    CmdStatistik.Enabled = True ' Mit einem Satz kann Statistik schon gemacht werden

    CmdKorr.Enabled = True ' Auch erster Datensatz korrigierbar

End If ' DsNr > 1

End Sub 'FrmHaupt_Load

4.2.2 Prozedur des Buttons [Persönliche Angaben fertig]

' Persönliche Angaben mit Button übernehmen
Private Sub CmdPersKompl_Click(sender As Object, e As EventArgs) Handles CmdPersKompl.Click

'Eingabefehler abfangen

If Not IsNumeric(TxtMon.Text) Then MsgBox(" Befragungsmonat falsch!", vbOKOnly, "Bitte nur Ziffern „ _
& „eingeben") : TxtMon.Text = "" : Exit Sub
If Len(TxtMon.Text) <> 2 Then MsgBox(" Befragungsmonat falsch!", vbOKOnly, "Bitte zweistellig, z. B. 04 „ _
& „eingeben") : TxtMon.Text = "" : Exit Sub
If CInt(TxtMon.Text) > 12 Or CInt(TxtMon.Text) < 1 Then MsgBox(" Befragungsmonat falsch!", vbOKOnly, _
& "Bitte nachholen.") : TxtMon.Text = "" : Exit Sub

If OptWeib.Checked = False And OptMann.Checked = False Then MsgBox(" Geschlechtsangabe fehlt!", _ vbOKOnly, "Bitte
nachholen.") : Exit Sub

    CheckFlag = False 'Zurücksetzen für nächste Gruppe
    For Each Opt In FraDiag.Controls

```vba
        If Opt.checked = True Then ' Eine Option wurde gewählt
            CheckFlag = True
        End If
    Next Opt
    If CheckFlag = False Then MsgBox(" Diagnose fehlt!", vbOKOnly, "Bitte nachholen.") : Exit Sub

    CheckFlag = False 'Zurücksetzen für nächste Gruppe
    For Each Opt In FraAlter.Controls
        If Opt.checked = True Then ' Eine Option wurde gewählt
            CheckFlag = True
        End If
    Next Opt
    If CheckFlag = False Then MsgBox(" Altersangabe fehlt!", vbOKOnly, "Bitte nachholen.") : Exit Sub

    CheckFlag = False 'Zurücksetzen für nächste Gruppe
    For Each Opt In FraA.Controls
        If Opt.checked = True Then ' Eine Option wurde gewählt
            CheckFlag = True
        End If
    Next Opt
    If CheckFlag = False Then MsgBox(" Frage A ist nicht beantwortet", _
                vbOKOnly, "Bitte nachholen.") : Exit Sub

    'Info ausblenden, das auf den Fragenblock hinweist
    LblInfo.Visible = False
    'Fragenblock einblenden
    FraFragen.Visible = True
    FraEin.Visible = True

    'Farbe Rot des Korrekturmod. zurück auf Schwarz
```

```
'*'FraFragen.ForeColor = Color.Black
    'Button sich selbst abblenden , nach Speicherung einblenden
    CmdPersKompl.Enabled = False
End Sub ' CmdPersKompl
```

4.2.3 Prozeduren der Option-Buttons, die die Checkbox zulassen

```
' Hauptdiagnose oder Sonstige Diagnose
'Bei Wahl der 4 ersten Diagnosen den ChkZus erlauben, bei OptSonst wird er wieder abgeblendet
Private Sub OptNeuro_CheckedChanged(sender As Object, e As EventArgs) Handles OptNeuro.CheckedChanged
    If OptNeuro.Checked Then ChkZus.Enabled = True
End Sub

Private Sub OptPsori_CheckedChanged(sender As Object, e As EventArgs) Handles OptPsori.CheckedChanged
    If OptPsori.Checked Then ChkZus.Enabled = True
End Sub

Private Sub OptViti_CheckedChanged(sender As Object, e As EventArgs) Handles OptViti.CheckedChanged
    If OptViti.Checked Then ChkZus.Enabled = True
End Sub

Private Sub OptUrti_CheckedChanged(sender As Object, e As EventArgs) Handles OptUrti.CheckedChanged
    If OptUrti.Checked Then ChkZus.Enabled = True
End Sub
```

4.2.4 Änderungs-Prozedur des Option-Buttons "Sonstige Diagnosen"

'Sonstige Diagnosen
```
Private Sub OptSonst_CheckedChanged(sender As Object, e As EventArgs) Handles OptSonst.CheckedChanged
    'Texteingabe für Sonstige Diagnose einblenden
    If OptSonst.Checked = True Then ' Wenn OptSonst aktiviert wird
        TxtSonst.Text = "o.A." 'wieder o.A. einsetzen
        TxtSonst.Visible = True 'Textfeld sichtbar machen
        ChkZus.Checked = False ' Zusatz-Checkbox deaktivieren
        ChkZus.Enabled = False ' Falls Sonstige geklickt ist, verstecken
        'Wenn Textfeld gewählt, erhält es zuerst den Wert "o.A.", der markiert ist
                                        'und überschrieben werden könnte.

        TxtSonst.Text = "o.A."
        TxtSonst.Select() ' Select setzt den Fokus und markiert damit
    Else ' wenn OptSonst nicht checked ist
        TxtSonst.Clear() 'Textfeld leer machen
        TxtSonst.Visible = False 'zunächst Textfeld wieder verstecken
        ChkZus.Enabled = True ' Falls andere Diagnose geklickt wird
    End If ' OptSonst.Checked = True

End Sub ' OptSonst_CheckedChanged
```

4.2.5 Änderungs-Prozedur der Checkbox"Zusatz-Diagnosen"

'Checkbox für Mehrfachdiagnosen
```
Private Sub ChkZus_CheckedChanged(sender As Object, e As EventArgs) Handles ChkZus.CheckedChanged
    'Wenn Sonstige checked ist, darf Zus nicht wählbar sein, aber eine andere Diagnose muss gewählt sein
```

```vb
    If ChkZus.Checked = True Then
OptSonst.Enabled = False ' OptSonst verstecken damit nicht zurück geschaltet wird
        TxtSonst.Visible = True ' Textfeld zeigen
        TxtSonst.Clear() ' Textfeld leer setzen, konnte vorher o.A. sein
        TxtSonst.Select() ' Fokus in das Textfeld
    Else ' Haken ist (wieder) raus
        OptSonst.Enabled = True ' damit kann Sonstige wieder gewählt werden
        TxtSonst.Visible = False 'Textfeld wieder verbergen
    End If 'ChkZus.Checked = True

End Sub 'ChkZus_CheckedChanged
```

4.2.6 Prozedur des Buttons [Hilfe anzeigen]

```vb
'Hilfe aufrufen
Private Sub CmdHilfe_Click(sender As Object, e As EventArgs) Handles CmdHilfe.Click
    Process.Start("C:\ProgramData\BefragungPat_Install\DatSafe\Hilfedatei BefragungPat.pdf")
End Sub
```

4.2.7 Prozedur des Buttons [Programm beenden]

```vb
'Programm beenden
Private Sub CmdEnde_Click(sender As Object, e As EventArgs) Handles CmdEnde.Click
    Call TabInDat() 'Vor Beenden speichern
    End
End Sub
```

4.2.8 Prozedur des Buttons [Datensatz übernehmen]

```
'Datensatz übernehmen
Private Sub CmdDSFertig_Click(sender As Object, e As EventArgs) Handles CmdDSFertig.Click
'* ' MsgBox(" Satz ist in CmdFertigClick " & Satz) 'Satz ist hier noch Null, da in FormLoad so gesetzt

Call DSFertig() 'Sub in Modul1 wegen Verwendung von Left und Right bringt DsOKFlag zurück
'DsOKFlag hier auswerten
If DsOKFlag = True Then
    DsNr = DsNr + 1  ' DsNr hier erhöhen und Satz darauf setzen und in die Tabelle eintragen
    Satz = DsNr 'Für nächsten Datensatz
    Tabelle(0, 0) = DsNr ' Rücktragen der erhöhten DsNr
    Call TexteAktu() ' Beschriftungen aktualisieren
    CmdPersKompl.Enabled = True 'Hatte sich selbst abgeblendet
    Call KillOptions() ' Optionen leer setzen
Else
    Exit Sub ' Wenn DSatz nicht gespeichert wurde
End If 'DsOKFlag true

End Sub 'CmdDSFertig_Click
```

4.2.9 Prozedur des Buttons [Korrigierten Datensatz speichern]

```
'Den korrigierten Datensatz wieder speichern
Private Sub CmdSpeiKorr_Click(sender As Object, e As EventArgs) Handles CmdSpeiKorr.Click

'Eingaben sind quasi fertig nach Korrektur >> sofort in die Tabelle() zurück
```

'*"MsgBox(" Satznr. ist in CmdSpeiKorr " & Satz)

' Einfach DSFertig rufen
Call **DSFertig()** ' Das Unterprogramm schafft den korrigierten Datensatz der Nummer Satz zurück

'Rücksetzungen nach Rückkehr aus DsFertig
'FraFragen verbergen, FraEin verbergen, Buttons behandeln >> abblenden bzw. aufblenden
CmdKorr.Enabled = True 'Damit neu klickbar für weitere Korrektur
CmdStatistik.Enabled = True 'Aufblenden, weil während Korrekturmodus abgeblendet
CmdDSFertig.Visible = True ' Datensatz fertig wieder sichtbar machen
CmdSpeiKorr.Visible = False ' Korr. Datensatz speichern wieder verbergen
Me.**FraFragen.Text** = "Eingaben zu den 18 Fragen" ' Caption der Gruppe FraFragen auf alten Text
Me.**FraFragen.ForeColor** = Color.Black 'Farbe wieder schwarz
Me.**FraFragen.Visible** = False 'Fragenblock verbergen
Me.**FraEin.Visible** = False ' Die Gruppe FraEin verbergen
Me.**LblInfo.Visible** = True 'Infolabel wieder zeigen

' Speichern, Optionen nullen, Texte aktualisieren
Call **TabInDat()** 'Tabelle In Datei schreiben
Call **KillOptions()** ' Optionen rücksetzen
Call **TexteAktu()** ' Beschriftungen aktualisieren

End Sub 'CmdSpeiKorr

487

4.2.10 Prozedur des Buttons [Statistik erzeugen und speichern]

```
'Statistik erzeugen und speichern
Private Sub CmdStatistik_Click(sender As Object, e As EventArgs) Handles CmdStatistik.Click
    CmdStatistik.ForeColor = Color.Red
    CmdStatistik.Text = "Das kann einige Zeit dauern! Bitte warten!"
    PBar1.Maximum = 20 ' Konnte von anderer Sub auf DsNr-1 stehen
    Call Statistik() 'Unterprogramm im Modul1
    CmdStatistik.ForeColor = Color.Blue
    CmdStatistik.Text = "Statistische Auswertung und Dateiexport (PDF)"
    PBar1.Visible = False 'Progressbar verbergen
End Sub 'CmdStatistik_Click
```

4.2.11 Prozedur des Buttons [Daten als Excel-Tabelle anzeigen]

```
' Die Daten des aktuellen Jahres in einer Excel-Tabelle anzeigen
Private Sub CmdAnz_Click(sender As Object, e As EventArgs) Handles CmdAnz.Click
    CmdAnz.ForeColor = Color.Red
    CmdAnz.Text = "Das kann einige Zeit dauern! Bitte warten!"
    PBar1.Maximum = DsNr - 1 ' 1 für Laufvariable genutzt
    Call Anzeige() ' Anzeigen der Datensätze ausführen
    CmdAnz.ForeColor = Color.Black
    CmdAnz.Text = "Die Daten des Jahres als Excel-Tabelle anzeigen"
    PBar1.Visible = False 'Progressbar verbergen
End Sub 'CmdAnz_Click
```

4.2.12 Prozedur des Buttons [Daten als Excel-Tabelle anzeigen]

```
Private Sub CmdZeigStatist_Click(sender As Object, e As EventArgs) Handles CmdZeigStatist.Click
    Dim filepath As String
    OpenFileDialog1.InitialDirectory = "C:\ProgramData\BefragungPat_Install\Statistiken\"
    filepath = ""  'Als Anfangswert
    If OpenFileDialog1.ShowDialog() = DialogResult.OK Then  ' Wenn Dialoganzeige OK ist

        filepath = OpenFileDialog1.FileName ' in den Dateipfad den Wert der Dateiauswahl
        'als gesamten Pfad mit Dateinamen eintragen

    End If
    If filepath = "" Or filepath = Nothing Then Exit Sub ' FEHLER abfangen
    Process.Start(filepath) 'Die gewählte Datei öffnen
End Sub ' CmdZeigStatist
```

4.2.13 Prozedur des Buttons [Einen Datensatz korrigieren]

```
'DATENSATZ KORRIGIEREN
Private Sub CmdKorr_Click(sender As Object, e As EventArgs) Handles CmdKorr.Click

'Datensatz-Nr. mit Inputbox anfordern
Meldung = InputBox("Geben Sie die Datensatznummer ein [Leereingabe wird als Abbruch behandelt!]", _
& "LETZTE DATENSATZNUMMER IST " & DsNr - 1)

If Not IsNumeric(Meldung) Then MsgBox("Abbruch wegen Fehleingabe " & Meldung) : Exit Sub
If Meldung <> "" And CInt(Meldung) <> 0 Then 'Wenn keine Leereingabe und keine Null, dann
    Satz = CInt(Meldung)
```

489

```
Else
    MsgBox("Abbruch wegen Fehleingabe " & Meldung)
    Exit Sub 'Falls nichts eingegeben, aber [OK] geklickt wurde
End If
" MsgBox("DSNR ist " & DsNr & "  Satz ist " & Satz)
If Satz > DsNr - 1 Or Satz < 1 Then MsgBox("Abbruch wegen Fehleingabe " & Meldung) : Exit Sub ' -2
                                                                    '(minus2) wäre auch eine Zahl

' Feld aus der Tabelle zurücktragen; EingabeBlock als KorrekturModus kennzeichnen
'FraFragen einblenden, Buttons behandeln >> abblenden
CmdKorr.Enabled = False 'Damit nicht neu klickbar, bis Korrektur beendet ist
CmdStatistik.Enabled = False ' Während Korrekturmodus abblenden
CmdDSFertig.Visible = False ' Datensatz fertig verbergen
'*"CmdSpeiKorr.Visible = True ' Korr. Datensatz speichern sichtbar erfolgt unten am Ende
Me.FraFragen.Text = " Korrekturmodus für den Datensatz " & Satz
Me.FraFragen.ForeColor = Color.Red 'Farbe Rot machen
Me.FraFragen.Visible = True
Me.FraEin.Visible = True
Me.LblInfo.Visible = False
' DsNr muss nicht eingetragen werden, die bleibst stehen, wie sie ist
'Monat rückholen
TxtMon.Text = Tabelle(2, Satz)
'Spalte 3 Geschlecht
If Tabelle(3, Satz) = 1 Then
    OptMann.Checked = True
Else
    OptWeib.Checked = True
End If
```

```vb
'Spalte 4 Diagnose
Dim Y As Integer ' Y ist Läufer für Diagnose
Y = Tabelle(4, Satz) 'Spalte 4 ,Zeile Satz auf Wert testen (1 bis 5)
Select Case Y
    Case 1
        OptNeuro.Checked = True
    Case 2
        OptPsori.Checked = True
    Case 3
        OptViti.Checked = True
    Case 4
        OptUrti.Checked = True
    Case 5
        OptSonst.Checked = True
End Select

'Spalte 5
TxtSonst.Text = Tabelle(5, Satz) 'Textfeld Sonstige Diagnosen
'?TxtSonst.Visible = True 'Anzeigen, auch wenn leer

'Spalte 6 Altersgruppe
Y = Tabelle(6, Satz)
Select Case Y
    Case 1
        OptAlt1.Checked = True
    Case 2
        OptAlt2.Checked = True
    Case 3
```

491

```vb
            OptAlt3.Checked = True
        Case 4
            OptAlt4.Checked = True
        Case 5
            OptAlt5.Checked = True
    End Select

'Spalte 7 ist die freie leere Spalte, keine Behandlung nötig

'Spalte 8 Frage A
Y = Tabelle(8, Satz)
Select Case Y
    Case 1
        OptA1.Checked = True
    Case 2
        OptA2.Checked = True
    Case 3
        OptA3.Checked = True
    Case 4
        OptA4.Checked = True
    Case 5
        OptA5.Checked = True
    Case 6
        OptA6.Checked = True
End Select
```

'DEN FRAGENBLOCK ZURÜCKHOLEN, ein Fra nach dem Anderen

```
'Frage 1
Y = Tabelle(9, Satz)
Select Case Y
    Case 1
        Opt1_1.Checked = True
    Case 2
        Opt1_2.Checked = True
    Case 3
        Opt1_3.Checked = True
    Case 4
        Opt1_4.Checked = True
    Case 5
        Opt1_5.Checked = True
    Case 6
        Opt1_6.Checked = True
End Select

'Frage 2
Y = Tabelle(10, Satz)
Select Case Y
    Case 1
        Opt2_1.Checked = True
    Case 2
        Opt2_2.Checked = True
    Case 3
        Opt2_3.Checked = True
```

```vba
Case 4
            Opt2_4.Checked = True
        Case 5
            Opt2_5.Checked = True
        Case 6
            Opt2_6.Checked = True
End Select
'Frage 3
Y = Tabelle(11, Satz)
Select Case Y
    Case 1
        Opt3_1.Checked = True
    Case 2
        Opt3_2.Checked = True
    Case 3
        Opt3_3.Checked = True
    Case 4
        Opt3_4.Checked = True
    Case 5
        Opt3_5.Checked = True
    Case 6
        Opt3_6.Checked = True
End Select
'Frage 4
Y = Tabelle(12, Satz)
Select Case Y
    Case 1
        Opt4_1.Checked = True
```

```
                Case 2
                    Opt4_2.Checked = True
                Case 3
                    Opt4_3.Checked = True
                Case 4
                    Opt4_4.Checked = True
                Case 5
                    Opt4_5.Checked = True
                Case 6
                    Opt4_6.Checked = True
            End Select

'Frage 5
Y = Tabelle(13, Satz)
Select Case Y
                Case 1
                    Opt5_1.Checked = True
                Case 2
                    Opt5_2.Checked = True
                Case 3
                    Opt5_3.Checked = True
                Case 4
                    Opt5_4.Checked = True
                Case 5
                    Opt5_5.Checked = True
                Case 6
                    Opt5_6.Checked = True
            End Select
```

```vba
'Frage 6
Y = Tabelle(14, Satz)
Select Case Y
    Case 1
        Opt6_1.Checked = True
    Case 2
        Opt6_2.Checked = True
    Case 3
        Opt6_3.Checked = True
    Case 4
        Opt6_4.Checked = True
    Case 5
        Opt6_5.Checked = True
    Case 6
        Opt6_6.Checked = True
End Select
'Frage 7
Y = Tabelle(15, Satz)
Select Case Y
    Case 1
        Opt7_1.Checked = True
    Case 2
        Opt7_2.Checked = True
    Case 3
        Opt7_3.Checked = True
    Case 4
        Opt7_4.Checked = True
    Case 5
```

```vba
Opt7_5.Checked = True
    Case 6
        Opt7_6.Checked = True
End Select
'Frage 8
Y = Tabelle(16, Satz)
Select Case Y
    Case 1
        Opt8_1.Checked = True
    Case 2
        Opt8_2.Checked = True
    Case 3
        Opt8_3.Checked = True
    Case 4
        Opt8_4.Checked = True
    Case 5
        Opt8_5.Checked = True
    Case 6
        Opt8_6.Checked = True
End Select
'Frage 9
Y = Tabelle(17, Satz)
Select Case Y
    Case 1
        Opt9_1.Checked = True
    Case 2
        Opt9_2.Checked = True
    Case 3
```

```
            Opt9_3.Checked = True
        Case 4
            Opt9_4.Checked = True
        Case 5
            Opt9_5.Checked = True
        Case 6
            Opt9_6.Checked = True
End Select
'Frage 10
Y = Tabelle(18, Satz)
Select Case Y
    Case 1
            Opt10_1.Checked = True
        Case 2
            Opt10_2.Checked = True
        Case 3
            Opt10_3.Checked = True
        Case 4
            Opt10_4.Checked = True
        Case 5
            Opt10_5.Checked = True
        Case 6
            Opt10_6.Checked = True
End Select
'Frage 11
Y = Tabelle(19, Satz)
Select Case Y
        Case 1
```

```vba
            Opt11_1.Checked = True
        Case 2
            Opt11_2.Checked = True
        Case 3
            Opt11_3.Checked = True
        Case 4
            Opt11_4.Checked = True
        Case 5
            Opt11_5.Checked = True
        Case 6
            Opt11_6.Checked = True
    End Select
    'Frage 12
    Y = Tabelle(20, Satz)
    Select Case Y
        Case 1
            Opt12_1.Checked = True
        Case 2
            Opt12_2.Checked = True
        Case 3
            Opt12_3.Checked = True
        Case 4
            Opt12_4.Checked = True
        Case 5
            Opt12_5.Checked = True
        Case 6
            Opt12_6.Checked = True
    End Select
```

```vb
'Frage 13
Y = Tabelle(21, Satz)
Select Case Y
    Case 1
        Opt13_1.Checked = True
    Case 2
        Opt13_2.Checked = True
    Case 3
        Opt13_3.Checked = True
    Case 4
        Opt13_4.Checked = True
    Case 5
        Opt13_5.Checked = True
    Case 6
        Opt13_6.Checked = True
End Select
'Frage 14
Y = Tabelle(22, Satz)
Select Case Y
    Case 1
        Opt14_1.Checked = True
    Case 2
        Opt14_2.Checked = True
    Case 3
        Opt14_3.Checked = True
    Case 4
        Opt14_4.Checked = True
    Case 5
```

```vba
        Opt14_5.Checked = True
    Case 6
        Opt14_6.Checked = True
End Select
'Frage 15
Y = Tabelle(23, Satz)
Select Case Y
    Case 1
        Opt15_1.Checked = True
    Case 2
        Opt15_2.Checked = True
    Case 3
        Opt15_3.Checked = True
    Case 4
        Opt15_4.Checked = True
    Case 5
        Opt15_5.Checked = True
    Case 6
        Opt15_6.Checked = True
End Select
'Frage 16
Y = Tabelle(24, Satz)
Select Case Y
    Case 1
        Opt16_1.Checked = True
    Case 2
        Opt16_2.Checked = True
    Case 3
```

```
Opt16_3.Checked = True
            Case 4
                Opt16_4.Checked = True
            Case 5
                Opt16_5.Checked = True
            Case 6
                Opt16_6.Checked = True
End Select
'Frage 17
Y = Tabelle(25, Satz)
Select Case Y
        Case 1
                Opt17_1.Checked = True
        Case 2
                Opt17_2.Checked = True
        Case 3
                Opt17_3.Checked = True
        Case 4
                Opt17_4.Checked = True
        Case 5
                Opt17_5.Checked = True
        Case 6
                Opt17_6.Checked = True
End Select
'Frage 18
Y = Tabelle(26, Satz)
Select Case Y
        Case 1
```

```
        Opt18_1.Checked = True
    Case 2
        Opt18_2.Checked = True
    Case 3
        Opt18_3.Checked = True
    Case 4
        Opt18_4.Checked = True
    Case 5
        Opt18_5.Checked = True
    Case 6
        Opt18_6.Checked = True
End Select
'Button Speichern erlauben und beschriften
CmdSpeiKorr.Visible = True
CmdSpeiKorr.Text = "Korrigierten Datensatz " & Satz & " wieder speichern"
End Sub 'CmdKorr_Click
```

4.2.14 Prozedur des Buttons [Einen Datensatz korrigieren]

```
'DIE AUTOMATIK-PROZEDUREN
' 1. Werte für Note 1
Private Sub Opt1_1_KeyPress(sender As Object, e As KeyPressEventArgs) Handles Opt1_1.KeyPress
    Dim X As String ' Variable für Fallentscheidung als String, kann aber Ziffer enthalten
    X = Val(e.KeyChar)  X kommt als Zahl zurück, wenn Ziffer gedrückt
    Select Case X
        Case 0 : For Each Fra In FraFragen.Controls ' Alle unter 1 bis 18 True setzen
                    For Each Opt In Fra.Controls
```

```
            If Opt.Tabindex = 0 Then Opt.checked = True
        Next
    Next
Case 9 : For Each Fra In FraFragen.Controls
    If Fra.TabIndex < 9 Then 'Alle bis 9 unter 1 True setzen
        For Each Opt In Fra.Controls
            If Opt.Tabindex = 0 Then Opt.checked = True
        Next
    End If
Next
Case 8 : For Each Fra In FraFragen.Controls
    If Fra.TabIndex < 8 Then 'Alle bis 8 unter 1 True setzen
        For Each Opt In Fra.Controls
            If Opt.Tabindex = 0 Then Opt.checked = True
        Next
    End If
Next
Case 7 : For Each Fra In FraFragen.Controls
    If Fra.TabIndex < 7 Then 'Alle bis 7 unter 1 True setzen
        For Each Opt In Fra.Controls
            If Opt.Tabindex = 0 Then Opt.checked = True
        Next
    End If
Next
Case 6 : For Each Fra In FraFragen.Controls
    If Fra.TabIndex < 6 Then 'Alle bis 6 unter 1 True setzen
        For Each Opt In Fra.Controls
            If Opt.Tabindex = 0 Then Opt.checked = True
```

```
          Next
        End If
      Next
Case 5 : For Each Fra In FraFragen.Controls
      If Fra.TabIndex < 5 Then 'Alle bis 5 unter 1 True setzen
        For Each Opt In Fra.Controls
          If Opt.Tabindex = 0 Then Opt.checked = True
        Next
      End If
      Next

Case 4 : For Each Fra In FraFragen.Controls
      If Fra.TabIndex < 4 Then 'Alle bis 4 unter 1 True setzen
        For Each Opt In Fra.Controls
          If Opt.Tabindex = 0 Then Opt.checked = True
        Next
      End If
      Next

Case 3 : MsgBox("Na, nicht so faul! Bis 3 kann man doch klicken , oder ?" ,, " ☺ ")
Case 2 : MsgBox("Na, nicht so faul! Bis 2 kann man doch klicken , oder ?" ,, " ☺ ")
Case 1 : MsgBox("Taste 1 ist Blödsinn, der Button ist eh* geklickt!" ,, " ☺ ")

End Select
End Sub 'Opt1_1_KeyPress

'2. Werte für Note 2
Private Sub Opt1_2_KeyPress(sender As Object, e As KeyPressEventArgs) Handles Opt1_2.KeyPress
```

```
Dim X As String
X = Val(e.KeyChar) ' GEHT, kommt als Zahl zurück
Select Case X
    Case 0 : For Each Fra In FraFragen.Controls ' Alle unter 2 True setzen
        For Each Opt In Fra.Controls
            If Opt.Tabindex = 1 Then Opt.checked = True
        Next
    Next
    Case 9 : For Each Fra In FraFragen.Controls
        If Fra.TabIndex < 9 Then 'Alle bis 9 unter 2 True setzen
            For Each Opt In Fra.Controls
                If Opt.Tabindex = 1 Then Opt.checked = True
            Next
        End If
    Next
    Case 8 : For Each Fra In FraFragen.Controls
        If Fra.TabIndex < 8 Then 'Alle bis 8 unter 2 True setzen
            For Each Opt In Fra.Controls
                If Opt.Tabindex = 1 Then Opt.checked = True
            Next
        End If
    Next
    Case 7 : For Each Fra In FraFragen.Controls
        If Fra.TabIndex < 7 Then 'Alle bis 7 unter 2 True setzen
            For Each Opt In Fra.Controls
                If Opt.Tabindex = 1 Then Opt.checked = True
            Next
        End If
```

```
        Next
Case 6 : For Each Fra In FraFragen.Controls
    If Fra.TabIndex < 6 Then 'Alle bis 6 unter 2 True setzen
        For Each Opt In Fra.Controls
            If Opt.Tabindex = 1 Then Opt.checked = True
        Next
    End If
Next
Case 5 : For Each Fra In FraFragen.Controls
    If Fra.TabIndex < 5 Then 'Alle bis 5 unter 2 True setzen
        For Each Opt In Fra.Controls
            If Opt.Tabindex = 1 Then Opt.checked = True
        Next
    End If
Next
Case 4 : For Each Fra In FraFragen.Controls
    If Fra.TabIndex < 4 Then 'Alle bis 4 unter 2 True setzen
        For Each Opt In Fra.Controls
            If Opt.Tabindex = 1 Then Opt.checked = True
        Next
    End If
Next
Case 3 : MsgBox("Na, nicht so faul! Bis 3 kann man doch klicken, oder ?" ,, ☺ ")
Case 2 : MsgBox("Na, nicht so faul! Bis 2 kann man doch klicken, oder ?" ,, ☺ ")
Case 1 : MsgBox("Taste 1 ist Blödsinn, der Button ist eh* geklickt!" ,, ☺ ")
End Select
```

507

End Sub 'Opt1_2_KeyPress

```
' 3. Werte für Note 1 rechte Seite
Private Sub Opt10_1_KeyPress(sender As Object, e As KeyPressEventArgs) Handles Opt10_1.KeyPress
    Dim X As String
    X = Val(e.KeyChar) ' kommt als Zahl zurück
    Select Case X
        Case 1 : MsgBox("Taste 1 ist Blödsinn, der Button ist eh* geklickt!" ,, " ☺ ")
        Case 2 : MsgBox("Na, nicht so faul! Bis 11 kann man doch klicken, oder ?" ,, " ☺ ")
        Case 3 : MsgBox("Na, nicht so faul! Bis 12 kann man doch klicken , oder ?" ,, " ☺ ")
        Case 4 : For Each Fra In FraFragen.Controls
            If Fra.TabIndex > 8 And Fra.TabIndex < 13 Then ' von 10 bis 13 unter 1 checked
                For Each Opt In Fra.Controls
                    If Opt.Tabindex = 0 Then Opt.checked = True
                Next
            End If
        Next
        Case 5 : For Each Fra In FraFragen.Controls
            If Fra.TabIndex > 8 And Fra.TabIndex < 14 Then ' von 10 bis 14 unter 1 checked
                For Each Opt In Fra.Controls
                    If Opt.Tabindex = 0 Then Opt.checked = True
                Next
            End If
        Next
        Case 6 : For Each Fra In FraFragen.Controls
            If Fra.TabIndex > 8 And Fra.TabIndex < 15 Then ' von 10 bis 15 unter 1 checked
                For Each Opt In Fra.Controls
```

```vba
            If Opt.Tabindex = 0 Then Opt.checked = True
        Next
        End If
    Next
Case 7 : For Each Fra In FraFragen.Controls
    If Fra.TabIndex > 8 And Fra.TabIndex < 16 Then 'von 10 bis 16 unter 1 checked
        For Each Opt In Fra.Controls
            If Opt.Tabindex = 0 Then Opt.checked = True
        Next
        End If
    Next
Case 8 : For Each Fra In FraFragen.Controls
    If Fra.TabIndex > 8 And Fra.TabIndex < 17 Then 'von 10 bis 17 unter 1 checked
        For Each Opt In Fra.Controls
            If Opt.Tabindex = 0 Then Opt.checked = True
        Next
        End If
    Next
Case 9 : For Each Fra In FraFragen.Controls
    If Fra.TabIndex > 8 Then 'Alle von 10 bis 18 unter 1 checked setzen
        For Each Opt In Fra.Controls
            If Opt.Tabindex = 0 Then Opt.checked = True
        Next
        End If
    Next
    End Select
End Sub 'Opt10_1_KeyPress
```

'3. Und jetzt noch für Note 2 auf der rechten Seite.

```vb
Private Sub Opt10_2_KeyPress(sender As Object, e As KeyPressEventArgs) Handles Opt10_2.KeyPress
    Dim X As String
    X = Val(e.KeyChar) 'kommt als Zahl zurück
    Select Case X
        Case 1 : MsgBox("Taste 1 ist Blödsinn, der Button ist eh* geklickt!" ,, " ☺ ")
        Case 2 : MsgBox("Na, nicht so faul! Bis 11 kann man doch klicken , oder ?" ,, " ☺ ")
        Case 3 : MsgBox("Na, nicht so faul! Bis 12 kann man doch klicken , oder ?" ,, " ☺ ")
        Case 4 : For Each Fra In FraFragen.Controls
            If Fra.TabIndex > 8 And Fra.TabIndex < 13 Then ' von 10 bis 13 unter 2 checked
                For Each Opt In Fra.Controls
                    If Opt.Tabindex = 1 Then Opt.checked = True
                Next
            End If
        Next
        Case 5 : For Each Fra In FraFragen.Controls
            If Fra.TabIndex > 8 And Fra.TabIndex < 14 Then 'von 10 bis 14 unter 2 checked
                For Each Opt In Fra.Controls
                    If Opt.Tabindex = 1 Then Opt.checked = True
                Next
            End If
        Next
        Case 6 : For Each Fra In FraFragen.Controls
            If Fra.TabIndex > 8 And Fra.TabIndex < 15 Then 'von 10 bis 15 unter 2 checked
                For Each Opt In Fra.Controls
                    If Opt.Tabindex = 1 Then Opt.checked = True
                Next
```

```
          End If
      Next
Case 7 : For Each Fra In FraFragen.Controls
    If Fra.TabIndex > 8 And Fra.TabIndex < 16 Then 'von 10 bis 16 unter 2checked
        For Each Opt In Fra.Controls
            If Opt.Tabindex = 1 Then Opt.checked = True
        Next
    End If
Next
Case 8 : For Each Fra In FraFragen.Controls
    If Fra.TabIndex > 8 And Fra.TabIndex < 17 Then 'von 10 bis 17 unter 2 checked
        For Each Opt In Fra.Controls
            If Opt.Tabindex = 1 Then Opt.checked = True
        Next
    End If
Next
Case 9 : For Each Fra In FraFragen.Controls
    If Fra.TabIndex > 8 Then 'Alle von 10 bis 18 unter 2 checked setzen
        For Each Opt In Fra.Controls
            If Opt.Tabindex = 1 Then Opt.checked = True
        Next
    End If
Next
End Select
End Sub 'Opt10_2_KeyPress
```

4.2.15 Drei Prozeduren für Tooltips

```
' TOOLTIPS
' 1. Tooltip Befragungsmonat aktualisieren
Private Sub FraPers_MouseHover(sender As Object, e As EventArgs) Handles FraPers.MouseHover '
    Dim FP As New ToolTip
    With FP
        .AutoPopDelay = 3000 ' Haltezeit des TT
        .InitialDelay = 10 ' Zeit, nach der der Text erscheint
        .ReshowDelay = 1000 ' Zeit bis Neuerscheinung bei Wechsel zu anderem STE
    End With
    FP.SetToolTip(FraPers, "Ist der Befragungsmonat aktuell ?") 'In den Eigenschaften auch möglich
End Sub 'TT FraPers > Befragungsmonat
```

```
' '2. Tooltip
'Tooltip für Diagnose
Private Sub FraDiag_MouseHover(sender As Object, e As EventArgs) Handles FraPers.MouseHover '
    Dim FD As New ToolTip
    With FD
        .AutoPopDelay = 3000 ' Haltezeit des TT
        .InitialDelay = 10 ' Zeit, nach der der Text erscheint
        .ReshowDelay = 1000 ' Zeit bis Neuerscheinung bei Wechsel zu anderem STE
    End With
    FD.SetToolTip(FraDiag, "Wenn die Diagnose fehlt, klicken Sie 'Sonstige' an") 'In den Eigenschaften auch möglich
End Sub 'TT FraDiag
```

```
' 3. Tooltip
'Tooltip für Statistik-Button
Private Sub CmdStatistik_MouseHover(sender As Object, e As EventArgs) Handles CmdStatistik.MouseHover ' Tooltip
über dem Button
    Dim CS As New ToolTip
    With CS
        .AutoPopDelay = 3000 ' Haltezeit des TT
        .InitialDelay = 10 ' Zeit, nach der der Text erscheint
        .ReshowDelay = 1000 ' Zeit bis Neuerscheinung bei Wechsel zu anderem STE
    End With
    CS.SetToolTip(CmdStatistik, "Die statistische Auswertung ist nur einmal pro Sitzung zulässig!") 'In den Eigenschaften
auch möglich
End Sub 'TT CmdStatistik
```

End Class 'FrmHaupt

1.1. Das allgemeine Modul1 mit Imports, Deklarationen und Unterprogrammen (VB-Projekt „Patientenbefragung")

4.3.1 Kopf des allgemeinen Moduls1

```
'IMPORTS stehen noch oberhalb des Modul-Kopfes
Imports System.IO
Imports System.Runtime.Serialization.Formatters.Binary
Imports Microsoft.Office.Interop
Imports Microsoft.Office.Interop.Excel
```

Module Module1   ' Modul als Klassenstruktur

' Öffentliche Deklarationen für das ganze Programm
Private XlTypePDF As XlFixedFormatType ' Deklaration für den DateiType PDF so erforderlich auf Modulebene
Public Meldung As String ' Allgemeine Meldung
Public Aktjahr As Integer ' Das aktuelle Jahr
Public Jahr As Integer ' Ein zu bearbeitendes Jahr
Public DatName As String ' Der Name einer Datei
Public Tabelle(26, 0) ' Zweidimensionales Feld analog zu Excel-Tabelle
Public NamFlag As Boolean ' Flag, das angibt, ob eine Datei vorhanden ist
Public DsNr As Integer   ' Die Datensatz-Nummer
Public Satz As Integer ' Die Datensatz-Nummer als Duplikat für andere Verwendung
Public CheckFlag As Boolean ' Flag, das anzeigt, das etwas checked (geklickt) ist
Public Wert(18) As Integer ' Eindimensionales Integerfeld
Public Exportflag As Boolean ' Zeigt an, dass die Statistik exportiert wurde
Public Feld(30, 19) ' Feld zur Übernahme und Hochrechnung der Werte
Public ObjExcel As Application ' eine Instanz von Excel selbst
Public Objworkbook As Workbook ' ist eine Arbeitsmappe
Public ObjSheet As Sheets ' ist ein Tabellenblatt
Private XlQualityStandard As Object ' Qualitätseigenschaft
Public FundFlag As Boolean ' Flag für gefundene Option
Public DsOKFlag As Boolean 'Datensatz Ok und abgespeichert

4.3.2 Unterprogramm „Statistik"

'STATISTIK ERZEUGEN UND EXPORTIEREN

Public Sub Statistik() 'Gerufen von CmdStatistik im FrmHaupt

```
'Deklarationen auf Prozedurebene
Dim S As Integer 'Zählvariable
Dim Seite As Worksheet ' eine Tabelle aus 19

'Auszählen
Call Auszählen()

'Dateinamen für die Statistik bilden
DatName = "Statistik_ " & Jahr

'EXCEL-DATEI DIAGRAMME ÖFFNEN

ObjExcel = CreateObject("Excel.Application") 'hier erster Zugriff auf Excel
ObjExcel.Visible = False
ObjExcel.WindowState = Excel.XlWindowState.xlMinimized ' Zunächst minimieren
ObjExcel.DisplayAlerts = False ' Rückfrage wegen Änderungen speichern
Objworkbook = ObjExcel.Workbooks.Open("C:\ProgramData\BefragungPat_Install\DatSafe\Diagramme.xlsm") '
Auto_ open wird zunächst                                                                    'beendet wegen

Dateinamen Diagramme
    ObjExcel.DisplayAlerts = True ' Rückfrage wegen Änderungen speichern
```

```vba
'Das Einfügen der Werte in die ETabs muss in der gleichen Sub erfolgen,
'in der die Excel-Mappe geöffnet wird, sonst treten Ausnahmefehler auf

'PBar spät einblenden HIER
FrmHaupt.PBar1.Visible = True

For S = 1 To 19 'Durchläuft alle Tabellen

    FrmHaupt.PBar1.Value = S   ' mit Durchlauf Werte von Pbar setzen, damit der Balken weiterrückt

    'Objworkbook.Sheets(S).Activate ' Das Blatt auswählen hier nicht nötig, da es direkt angesprochen wird

    Objworkbook.Sheets(S).Cells(5, 2) = Feld(1, S)
    Objworkbook.Sheets(S).Cells(5, 3) = Feld(2, S)
    Objworkbook.Sheets(S).Cells(5, 4) = Feld(3, S)
    Objworkbook.Sheets(S).Cells(5, 5) = Feld(4, S)
    Objworkbook.Sheets(S).Cells(5, 6) = Feld(5, S)
    Objworkbook.Sheets(S).Cells(5, 7) = Feld(6, S)

    Objworkbook.Sheets(S).Cells(7, 2) = Feld(7, S)
    Objworkbook.Sheets(S).Cells(7, 3) = Feld(8, S)
    Objworkbook.Sheets(S).Cells(7, 4) = Feld(9, S)
    Objworkbook.Sheets(S).Cells(7, 5) = Feld(10, S)
    Objworkbook.Sheets(S).Cells(7, 6) = Feld(11, S)
    Objworkbook.Sheets(S).Cells(7, 7) = Feld(12, S)

    Objworkbook.Sheets(S).Cells(9, 2) = Feld(13, S)
```

```
Objworkbook.Sheets(S).Cells(9, 3) = Feld(14, S)
Objworkbook.Sheets(S).Cells(9, 4) = Feld(15, S)
Objworkbook.Sheets(S).Cells(9, 5) = Feld(16, S)
Objworkbook.Sheets(S).Cells(9, 6) = Feld(17, S)
Objworkbook.Sheets(S).Cells(9, 7) = Feld(18, S)

Objworkbook.Sheets(S).Cells(11, 2) = Feld(19, S)
Objworkbook.Sheets(S).Cells(11, 3) = Feld(20, S)
Objworkbook.Sheets(S).Cells(11, 4) = Feld(21, S)
Objworkbook.Sheets(S).Cells(11, 5) = Feld(22, S)
Objworkbook.Sheets(S).Cells(11, 6) = Feld(23, S)
Objworkbook.Sheets(S).Cells(11, 7) = Feld(24, S)
Objworkbook.Sheets(S).Cells(13, 2) = Feld(25, S)
Objworkbook.Sheets(S).Cells(13, 3) = Feld(26, S)
Objworkbook.Sheets(S).Cells(13, 4) = Feld(27, S)
Objworkbook.Sheets(S).Cells(13, 5) = Feld(28, S)
Objworkbook.Sheets(S).Cells(13, 6) = Feld(29, S)
Objworkbook.Sheets(S).Cells(13, 7) = Feld(30, S)

Next S 'alle Blätter fertig in der Datei Diagramme.xlsm

'Kopfzeilen eintragen
For Each Seite In Objworkbook.Sheets
    Seite.PageSetup.CenterHeader = "Jahresstatistik " & Jahr
Next Seite

'Die Abspeicherung als PDF–Datei
```

```vba
Objworkbook.ExportAsFixedFormat(Type:=XlTypePDF,
Filename:="C:\ProgramData\BefragungPat_Install\Statistiken\" & DatName,
Quality:=XlQualityStandard, IncludeDocProperties:=True, IgnorePrintAreas:=False, OpenAfterPublish:=False)

'Button [CmdStaistik] abblenden, wird bei Neustart wieder erlaubt
FrmHaupt.CmdStatistik.Enabled = False ' verhindert sofortige Wiederholung

ObjExcel.DisplayAlerts = False ' Rückfrage wegen Schließen unterdrücken
Objworkbook.Close() ' Die Hilfsdatei "Diagramme.xlsm" ohne Speicherung !!! schließen
ObjExcel.DisplayAlerts = True
ObjExcel.Quit() ' Excel Beenden

Call XLSMLöschen() ' Löschen von Metadatei, die das System einfügt

'*MsgBox("Export fertig")

End Sub 'Statistik
```

4.3.3 Unterprogramm „Metadatei löschen"

```vba
Public Sub XLSMLöschen() 'Metadatei löschen

    Dim Datname2 As String

    Datname2 = "Statistik_ " & Jahr
```

```vb
If My.Computer.FileSystem.FileExists("C:\ProgramData\BefragungPat_Install\DatSafe\" & Datname2) = True Then
    My.Computer.FileSystem.DeleteFile("C:\ProgramData\BefragungPat_Install\DatSafe\" & Datname2) 'Löschen der
Metadatei Statistik_Jahr, falls diese vom System erzeugt wurde.
    End If

End Sub 'Metadatei löschen
```

4.3.4 Unterprogramm „Daten als Excel-Tabelle anzeigen"

```vb
Public Sub Anzeige() ' Gibt das Feld Tabelle in Excel-Mappe aus

Dim I As Integer 'Zählvariable
Dim J As Integer ' Zählvariable

' Pbar1neu einstellen, da ggf. von Statistik schon benutzt
FrmHaupt.PBar1.Maximum = DsNr - 1 ' I durchläuft langsam alle Zeilen der Tabelle

'Label einblenden
FrmHaupt.LblAnzeige.Visible = True ' Das Label links vom Button anzeigen

'Die leere Anzeigedatei öffnen – minimiert
ObjExcel = CreateObject("Excel.Application") 'hier erster Zugriff auf Excel
ObjExcel.Visible = False ' Excel selbst zunächst nicht zeigen
ObjExcel.WindowState = Excel.XlWindowState.xlMinimized   ' Minimiert anzeigen in Task-Leiste
ObjExcel.DisplayAlerts = False ' Rückfrage unterdrücken
```

519

```
'Datei Anzeige.xlsm öffnen
Objworkbook = ObjExcel.Excel.Workbooks.Open("C:\ProgramData\BefragungPat_Install\DatSafe\Anzeige.xlsm") '
Objworkbook.Sheets(1).Name = "DSätze_" & Jahr 'Zeigt die Jahrestabelle
FrmHaupt.PBar1.Visible = True ' Hier spät einblenden


'Feld Tabelle() IN EINE EXCEL-TABELLE AUSGEBEN

For I = 1 To DsNr - 1  'Alle Datensätze durchlaufen > Außenschleife 'BEACHTE DsNr ist schon erhöht
    FrmHaupt.PBar1.Value = I ' PBar Wert setzen
    For J = 1 To 26
        Objworkbook.Sheets(1).cells(I, J) = Tabelle(J, I) ' Sheets(1) ist die einzige Tabelle hier
    Next J
Next I
"?" FrmHaupt.PBar1.Value = DsNr - 1  ' Endwert setzen
FrmHaupt.LblAnzeige.Visible = False ' Label verbergen
ObjExcel.DisplayAlerts = True '
ObjExcel.WindowState = Excel.XlWindowState.xlMaximized    ' Maximieren als Anzeige der Daten
End Sub 'Anzeige
```

4.3.5 Unterprogramm „Werte auszählen"

```
'Übertragen und Auszählen der Werte aus Array Tabelle()
Public Sub Auszählen() ' Gerufen von Sub Statistik
Dim Z As Integer ' Zähler für Datensätze (Zeilen)
Dim S As Integer ' Zähler für Fragen (Spalten)
```

```vb
'Neurowerte

For Z = 1 To DsNr - 1 'Alle Zeilen durchlaufen  Tabelle(Spalte, Zeile)
    If CInt(Tabelle(4, Z)) = 1 Then 'in Spalte 4 Wert 1 >> Neuroderm. suchen
        For S = 8 To 26 '19 Spalten
            If CInt(Tabelle(S, Z)) = 1 Then Feld(1, S - 7) = Feld(1, S - 7) + 1 ' sind die Einsen
            If CInt(Tabelle(S, Z)) = 2 Then Feld(2, S - 7) = Feld(2, S - 7) + 1 ' sind die Zweien
            If CInt(Tabelle(S, Z)) = 3 Then Feld(3, S - 7) = Feld(3, S - 7) + 1
            If CInt(Tabelle(S, Z)) = 4 Then Feld(4, S - 7) = Feld(4, S - 7) + 1
            If CInt(Tabelle(S, Z)) = 5 Then Feld(5, S - 7) = Feld(5, S - 7) + 1
            If CInt(Tabelle(S, Z)) = 6 Then Feld(6, S - 7) = Feld(6, S - 7) + 1 'sind die Sechser
        Next S
    End If 'Tabelle(4, J) = 1
Next Z

' Psoriwerte:

For Z = 1 To DsNr - 1 'Alle Zeilen durchlaufen
    If CInt(Tabelle(4, Z)) = 2 Then ' 2 ist Psoriasis
        For S = 8 To 26 'Spalten
            If CInt(Tabelle(S, Z)) = 1 Then Feld(7, S - 7) = Feld(7, S - 7) + 1 ' sind die Einsen
            If CInt(Tabelle(S, Z)) = 2 Then Feld(8, S - 7) = Feld(8, S - 7) + 1 ' sind die Zweien
            If CInt(Tabelle(S, Z)) = 3 Then Feld(9, S - 7) = Feld(9, S - 7) + 1
            If CInt(Tabelle(S, Z)) = 4 Then Feld(10, S - 7) = Feld(10, S - 7) + 1
            If CInt(Tabelle(S, Z)) = 5 Then Feld(11, S - 7) = Feld(11, S - 7) + 1
            If CInt(Tabelle(S, Z)) = 6 Then Feld(12, S - 7) = Feld(12, S - 7) + 1
        Next S
```

```vba
    End If
Next Z

'Vitiwerte:

For Z = 1 To DsNr - 1 'Alle Zeilen durchlaufen
    If CInt(Tabelle(4, Z) = 3) Then '3 ist Vitiligo
        For S = 8 To 26 'Spalten
            If CInt(Tabelle(S, Z)) = 1 Then Feld(13, S - 7) = Feld(13, S - 7) + 1 'Einsen
            If CInt(Tabelle(S, Z)) = 2 Then Feld(14, S - 7) = Feld(14, S - 7) + 1 ' Zweien
            If CInt(Tabelle(S, Z)) = 3 Then Feld(15, S - 7) = Feld(15, S - 7) + 1 '
            If CInt(Tabelle(S, Z)) = 4 Then Feld(16, S - 7) = Feld(16, S - 7) + 1
            If CInt(Tabelle(S, Z)) = 5 Then Feld(17, S - 7) = Feld(17, S - 7) + 1
            If CInt(Tabelle(S, Z)) = 6 Then Feld(18, S - 7) = Feld(18, S - 7) + 1
        Next S
    End If
Next Z

' Urtiwerte

For Z = 1 To DsNr - 1 'Alle Zeilen durchlaufen
    If CInt(Tabelle(4, Z) = 4) Then '4 ist Urticaria
        For S = 8 To 26 'Spalten
            If CInt(Tabelle(S, Z)) = 1 Then Feld(19, S - 7) = Feld(19, S - 7) + 1 'Einsen
            If CInt(Tabelle(S, Z)) = 2 Then Feld(20, S - 7) = Feld(20, S - 7) + 1 ' Zweien
            If CInt(Tabelle(S, Z)) = 3 Then Feld(21, S - 7) = Feld(21, S - 7) + 1 '
            If CInt(Tabelle(S, Z)) = 4 Then Feld(22, S - 7) = Feld(22, S - 7) + 1
            If CInt(Tabelle(S, Z)) = 5 Then Feld(23, S - 7) = Feld(23, S - 7) + 1
```

```
        If CInt(Tabelle(S, Z)) = 6 Then Feld(24, S - 7) = Feld(24, S - 7) + 1
      Next S
    End If
  Next Z

' Sonstwerte

For Z = 1 To DsNr - 1 'Alle Zeilen durchlaufen
  If CInt(Tabelle(4, Z)) = 5) Then '5 ist Sonstige
    For S = 8 To 26 'Spalten
      If CInt(Tabelle(S, Z)) = 1 Then Feld(25, S - 7) = Feld(25, S - 7) + 1 'Einsen
      If CInt(Tabelle(S, Z)) = 2 Then Feld(26, S - 7) = Feld(26, S - 7) + 1 ' Zweien
      If CInt(Tabelle(S, Z)) = 3 Then Feld(27, S - 7) = Feld(27, S - 7) + 1 '
      If CInt(Tabelle(S, Z)) = 4 Then Feld(28, S - 7) = Feld(28, S - 7) + 1
      If CInt(Tabelle(S, Z)) = 5 Then Feld(29, S - 7) = Feld(29, S - 7) + 1
      If CInt(Tabelle(S, Z)) = 6 Then Feld(30, S - 7) = Feld(30, S - 7) + 1
    Next S
  End If
Next Z
'MsgBox("Auszählen fertig")

End Sub ' Auszählen
```

4.3.6 Unterprogramm „Daten in sequentielle Datei abspeichern"

```
' Array Tabelle() in sequ. Datei exportieren
Public Sub TabInDat()
```

```
'*'MsgBox(" Dateiname wird " & DatName) '>>OK Dat_Jahr
Dim fs As FileStream = File.OpenWrite("C:\ProgramData\BefragungPat_Install\DatSafe\" & DatName) ' FileStream für die Datei erstellen
Dim bf As New BinaryFormatter()
'*'Dim bf As New Runtime.Serialization.Formatters.Binary.BinaryFormatter() ' Der Formatter, den wir zum Speichern verwenden. Diese
'Deklaration wurde in den Modulkopf verlegt und gilt für alle Formatter im Programm

bf.Serialize(fs, Tabelle)   'Speichert die ganze zweidim. Tabelle in einem Zug
fs.Dispose()   ' filestream freigeben
End Sub 'TabInDat
```

4.3.7 Unterprogramm „Daten aus sequentieller Datei einlesen"

```
' Array Tabelle() aus Sequ-Datei wieder einlesen

Public Sub TabAusDat() '
'*'DatName = "Dat_" & Jahr '> schon im Aufruf realisiert
'*'MsgBox(" Dateiname ist " & DatName) '>>OK Dat_Jahr
Dim fs As FileStream = File.OpenRead("C:\ProgramData\BefragungPat_Install\DatSafe\" & DatName) ' FileStream für die Datei erstellen
Dim bf As New BinaryFormatter()
'*'Dim bf As New Runtime.Serialization.Formatters.Binary.BinaryFormatter()
Tabelle = bf.Deserialize(fs) ' Laden/Deserialisieren
fs.Dispose() ' Filestream freigeben
End Sub 'TabAusDat
```

4.3.8 Unterprogramm „Testen, ob ein Objekt (Datei, Blatt o.ä. existiert"

'TESTEN, ob eine bestimmte Datei im Ordner existiert

```
Public Sub Dat_Test()           '
    NamFlag = False 'zurück setzen
If My.Computer.FileSystem.FileExists("C:\ProgramData\BefragungPat_Install\DatSafe\" & DatName) = True _  Then
        NamFlag = True
    Else
        NamFlag = False
End If
End Sub 'Dat_Test
```

4.3.9 Unterprogramm „Texte in Beschriftungen anpassen"

'Texte anpassen in Labels und auf Buttons

```
Public Sub TexteAktu()
    'Die Caption des Rahmens FraAussen hinsichtlich Jahr aktualisieren
    FrmHaupt.FraAussen.Text = "Übernahme der Daten aus den Patientenbefragungsbögen für das Jahr " & Jahr

    'Den Text des LblDSBisher hinsichtlich Jahr aktualisieren und DsNr anpassen
    FrmHaupt.LblDSBisher.Text = "Für das Jahr " & Jahr & " sind bisher " & DsNr - 1 & " Datensätze gespeichert.
Beginnen Sie den nächsten Datensatz mit Eingabe der persönlichen Angaben und kontrollieren „ _
& „ Sie, ob der Befragungsmonat aktuell ist."
```

'Die Beschriftung des Buttons [CmdPersKompl] hinsichtlich DsNr anpassen
FrmHaupt.CmdPersKompl.Text = "Persönliche Angaben für Datensatz " & DsNr & " fertig"

'Die Beschriftung des Buttons [CmdDsFertig] hinsichtlich DsNr anpassen
FrmHaupt.CmdDSFertig.Text = " Datensatz Nr.: " & DsNr & " jetzt abspeichern"

'Den Erfassungsmonat wieder aktualisieren
If DsNr < 2 Then
    FrmHaupt.TxtMon.Text = "01"
Else
    FrmHaupt.TxtMon.Text = Tabelle(2, DsNr - 1)
End If

End Sub 'TexteAktu

4.3.10 Unterprogramm „Fertigen Datensatz übernehmen"

Public Sub DSFertig() ' Werte aus Eingabe oder Korrektur wieder mittels WerteInTab zusammenführen
' Eingaben und Fehlerbehandlung
Dim Fra As Object ' Allgemeine Variable für ein Frame-Objekt
Dim Num As Byte ' Nummer des Fra in FraFragen
Dim Meldung As String
Dim Opt As RadioButton ' Option_Button
Dim J As Integer 'lokale Zählvariable

FundFlag = False ' Anfangswert setzen, noch kann nichts gefunden sein
DsOKFlag = False

```vb
'Optionen kontrollieren und fehlende anmahnen
For Each Fra In FrmHaupt.FraFragen.Controls ' Hier muss Formular FrmHaupt angesprochen werden

If Left(Fra.Name, 3) = "Fra" Then
    Num = CByte(Right(Fra.Name, 2))
    '*'MsgBox("Frage-Nr.: " & Num)
    For Each Opt In Fra.Controls ' Für alle Option-Buttons im aktuellen Frame
        If Opt.Checked Then
            '*'MsgBox("True gefunden in " & opt.Name & " Tabindex+1 ist : " & (opt.TabIndex) + 1)
            Wert(Num) = (Opt.TabIndex) + 1 ' Hier wird der Wert in das Feld eingetragen
            FundFlag = True
            Exit For ' each opt
        Else
            FundFlag = False
        End If ' opt.checked
    Next Opt

    If FundFlag = False Then
        Meldung = MsgBox(" In Frage " & Num & " fehlt die Eingabe! ", , "Bitte Eingabe nachholen!")
        Exit Sub
    End If 'FundFlag = False
End If 'left
Next Fra

'*'MsgBox("Alle Fragen durchforstet, keine fehlenden Eingaben mehr") ' wieder auskommentieren

'Feld Werte(18) zur Kontrolle ausgeben ' von hier bis "!!!!!!!!!!!!!!!!!!!!!!!!!!! wieder auskommentieren
'For J = 1 To 18
```

527

```vba
'    Debug.WriteLine(" Frage " & J & " hat den Option-Button " & Wert(J) & " aktiv.")
'Next J
''''''''''''''''''''''''''''''''''''''''''''''''''''''''''''''''''''''''''''''''''''

ReDim Preserve Tabelle(26, DsNr) ' Mit Satz als Zeilennummer würde falsche Dimension erzeugt >> DsNr
'Spalte 1 >> eintragen Satz
Tabelle(1, Satz) = Satz

'Spalte 2- >> eintragen
Tabelle(2, Satz) = FrmHaupt.TxtMon.Text 'der Befragungsmonat

'Spalte 3 >> Geschlecht
If FrmHaupt.OptMann.Checked = True Then
    Tabelle(3, Satz) = 1
Else
    Tabelle(3, Satz) = 2
End If

'Spalte 4 >> Diagnosen
For Each Opt In FrmHaupt.FraDiag.Controls  ' Hauptformular ansprechen ' ChkZus ??
    If Opt.Checked = True Then ' eine Option wurde gewählt
        Tabelle(4, Satz) = (Opt.TabIndex) + 1
        ' Kontrollausgabe mit MsgBox
        '*"MsgBox("Aktuelles Frame " & Fra.name & " Aktuelle Option " & Opt.name)
        Exit For ' Sobald eine Option gefunden wurde, Schleife verlassen, Wert ist erfasst
    End If ' Opt.checked = True
Next Opt
```

```vba
'Spalte 5 >> Sonstige Diagnosetexte einlesen, egal, wie diese in das Textfeld kamen
If FrmHaupt.OptSonst.Checked = True Or FrmHaupt.ChkZus.Checked = True Then
    Tabelle(5, Satz) = FrmHaupt.TxtSonst.Text
Else ' wenn keines der beiden Controls aktiviert ist, bleibt das Element leer
    Tabelle(5, Satz) = ""
End If '...checked

'Spalte 6 >> Altersgruppe (Erklärung siehe Diagnosen
For Each Opt In FrmHaupt.FraAlter.Controls
    If Opt.Checked = True Then ' eine Option wurde gewählt
        Tabelle(6, Satz) = (Opt.TabIndex) + 1
        Exit For
    End If
Next Opt

'Spalte 7 >> Freie Spalte bleibt leer
Tabelle(7, Satz) = ""

'Spalte 8 >> Frage A : Erklärung sh. Diagnosen
For Each Opt In FrmHaupt.FraA.Controls
    If Opt.Checked = True Then ' eine Option wurde gewählt
        Tabelle(8, Satz) = (Opt.TabIndex) + 1
        Exit For
    End If
Next Opt
'Spalte 9 bis 26
'Feld Wert() in die Tabelle übertragen von Spalte 9 bis 26
For J = 9 To 26   'Spalten in der Tabelle()
```

529

```
Tabelle(J, Satz) = Wert(J - 8) ' J minus 8 wegen Versatz
' Gleich Kontrollausgabe realisieren, dann wieder auskommentieren
'* Debug.WriteLine(" Tabelle Spalte " & J & " hat den Eintrag " & Tabelle(J, DsNr) & " Element von Wert
    "ist " & (Wert(J - 8)))
Next J

' Monat rücktragen in das Textfeld - User muss selbst prüfen, ob das noch gilt
FrmHaupt.TxtMon.Text = Tabelle(2, Satz)

Call TabInDat() 'Tabelle in Datei schreiben
Call KillOptions() ' Optionen rücksetzen

'Eingabefeld verbergen, Info wieder einblenden, Mehrfachdiagnosen abblenden
FrmHaupt.FraFragen.Visible = False ' Den Fragenblock verbergen
FrmHaupt.FraEin.Visible = False     'Das Frame mit den beiden Buttons verbergen
FrmHaupt.LblInfo.Visible = True     'Das Info-Label wieder sichtbar machen
FrmHaupt.ChkZus.Enabled = False      ' Die Checkbox wieder abblenden
FrmHaupt.CmdPersKompl.Enabled = True 'Button wieder erlauben
FrmHaupt.CmdDSFertig.Enabled = True ' Button wieder erlauben
DsOKFlag = True ' Das Flag für erfolgreiche Abspeicherung auf True setzen

End Sub 'DSFertig
```

4.3.11 Unterprogramm „Optionen rücksetzen"

```
'Optionen im Hauptfenster rücksetzen
Public Sub KillOptions()
```

```vba
'Textfeld mit den sonstigen Diagnosen löschen
FrmHaupt.TxtSonst.Clear()

'18 Fragen löschen
For Each Fra In FrmHaupt.FraFragen.Controls
    For Each Opt In Fra.Controls
        Opt.checked = False
    Next Opt
Next Fra

'Diagnosen löschen
For Each Opt In FrmHaupt.FraDiag.Controls
    Opt.checked = False
Next

'Geschlecht löschen
For Each Opt In FrmHaupt.FraGeschlecht.Controls
    Opt.checked = False
Next Opt

'Altersgruppe löschen
For Each Opt In FrmHaupt.FraAlter.Controls
    Opt.checked = False
Next Opt

'Frage A löschen
For Each Opt In FrmHaupt.FraA.Controls
    Opt.checked = False
Next Opt
```

'ChkZus zurücksetzen, falls ausgewählt war und wieder sichtbar machen
FrmHaupt.ChkZus.Checked = False
FrmHaupt.ChkZus.Visible = True

End Sub 'KillOptions

End Module

ENDE aller Listings des Buches

ENDE des Buches

Der Autor

Jürgen Schubert studierte nach Abitur und Armee-
dienst von 1962 bis 1967 an der Technischen
Universität Dresden Elektrotechnik und erwarb
1968 den akademischen Grad „Diplom-Ingenieur".
Danach arbeitete er in einer Entwicklungsstelle für
numerische Steuerungen von Werkzeugmaschinen,
später in einem Betrieb, der Elemente von Daten-
verarbeitungsanlagen entwickelte. Ab Anfang der
1970er Jahre wandte er sich, wie in der Armeezeit,
der Nachrichtentechnik zu und war auf den Ge-
bieten Funktechnik, Fernsprech- und Fernschreib-
technik langjährig tätig. Ab Mitte der 1980er Jahre
beschäftigte er sich mit der Computertechnik, interessierte sich vorrangig für die Programmierung,
spezialisierte sich aber auch auf Anwendungsprogramme wie Excel und Word. Ab Mitte der 1990er
Jahre arbeitete er als freiberuflicher IT-Dozent bei
verschiedenen Bildungseinrichtungen. Inzwischen
ist er pensioniert und fand endlich Zeit, dieses
lange geplante Buch zu schreiben.

Der Verlag

*Wer aufhört
besser zu werden,
hat aufgehört
gut zu sein!*

Basierend auf diesem Motto ist es dem novum Verlag
ein Anliegen neue Manuskripte aufzuspüren, zu veröffentlichen und deren Autoren langfristig zu fördern.
Mittlerweile gilt der 1997 gegründete und mehrfach
prämierte Verlag als Spezialist für Neuautoren in
Deutschland, Österreich und der Schweiz.

**Für jedes neue Manuskript wird innerhalb
weniger Wochen eine kostenfreie, unverbind-
liche Lektorats-Prüfung erstellt.**

Weitere Informationen zum Verlag und
seinen Büchern finden Sie im Internet unter:

www.novumverlag.com